全新彩色版

金敬梅 主编

中华文史大观

资治通鉴故事

上

（全2册）

世界图书出版公司

目 录

资治通鉴故事 · 目录

资治通鉴故事

· 目录

魏 纪

晋 纪

资治通鉴故事 · 目录

前言

"国学"，产生于西学东渐、文化转型的历史时期，兴起于20世纪初，鼎盛于20年代，80年代又有"寻根"热，90年代"国学"热再次掀起至今，无不是对传统文化在今日中国乃至世界多元文化中的一次次定位固基。

一般来说，国学指以释道儒三家学问为主干，文学艺术、戏剧音乐、武术菜肴、民俗礼仪等为枝叶的传统中国文化体系。

国学以学科分，应分为哲学、史学、宗教学、文学、礼俗学、考据学、伦理学、版本学等，其中以儒家哲学为主流；以思想分，应分为先秦诸子、儒道释三家等，儒家贯穿并主导中国思想史，其他列从属地位；以《四库全书》分，应分为经、史、子、集四部，但以经、子部为重，尤倾向于经部。

近代学者邓实定义国学说："国学者何？一国所自有之学也。有地而人生其上，因以成国焉。有其国者有其学。学也者，学其一国之学以为国用，而自治其一国者也。……国学者，与有国以俱来，本乎地理、根之民性而不可须臾离也。君子生是国则通是学，知爱其国无不知爱其学。"邓先生的国学概念很广泛，同时也强调了国学的经世致用性。

总的来说，国学是有别于西方学术，独具特点且自成体系的文化形态，是中国固有的文化传统、人文理念和认识方法。其博大精深之内涵，雄厚内敛之魂魄，足以令世人千百年传诵。可以说国学经典是中华文化的根基，其中蕴含着前人洞察世事的精妙哲理。学习国学可以在潜移默化中学会为人处世的方法，增强个人的文化修养，使思想在"润物细无声"中得到浸润和升华。

为让广大读者能够真正与国学亲密接触，我社去芜存菁，在卷帙浩繁的中华传统文化典籍中精心挑选出一系列国学经典。在尊重原著的基础上，通过释疑、修饰、考证、援引等，汇编成为本套丛书，以飨读者。

您现在所看到的《资治通鉴故事》便是丛书之一。

无论从哪个角度来讲，《资治通鉴》都称得上是一本经典之作。它由北宋司马光编撰，上自周威烈王二十三年（公元前403年），下至后周世宗显德六年（公元前959年），共记载了1362年的历史，是中国第一部编年体通史，具有相当高的史学价值和文学价值，历来与《史记》《汉书》等并列为中国古代史家之绝笔。

毛泽东一生酷爱此书，曾通读达十七遍之多，并最喜爱向人推荐。《资治通鉴》的内容以政治、军事的史实为主，展示了历代君臣治乱、成败、安危之迹，以此作为历代朝廷的借鉴。

本部《资治通鉴故事》以故事为线索，从原著巨大的篇幅及零散的叙述中，抽取完整的故事，加以组织、整理，并运用准确、流畅的白话文进行叙述。编者在每一篇故事前插入了简评，使本书的知识含量系统化；大量切合正文内容的彩色文物、艺术图片，使本书呈现出丰富的文化内涵。

衷心地希望本系列丛书能成为广大读者的良师益友，使您在品味国学博大精深的同时，能从中汲取源源不断的智慧甘泉。

周元王·姬仁　周贞定王·姬介　周哀王·姬去疾　周思王·姬叔　周考王·姬嵬　周威烈王·姬午　周安王·姬骄　周烈王·姬喜　周显王·姬扁　周慎靓王·姬定　周赧王·姬延

周纪　公元前 476 – 前 221 年

春秋末年，各诸侯国的经济逐步发展，政治形势也产生了相应的变化。各国不断争斗以扩充领地。晋国的六卿争斗到最后，剩下韩、赵、魏三家。周威烈王二十三年（公元前 403 年），周王正式承认三家为诸侯。周安王十一年（公元前 391 年），田民废除了齐康公，自立为国君，也得到周王的承认。弱肉强食的政治法则得以公认。

各诸侯国陆续形成国君之下将相分职、文武分权的中央官僚体制。国君对各级官吏分配粮食或赏给黄金、钱币作为俸禄。同时形成玺符制度，任免官吏以玺为凭，调动军队以兵符为据。从而使一切权力集中于国君。

铁制农具已普遍应用于生产活动，促进了农业的发展。普遍推广的一年两熟制，使农业产量得到了很大的提高。同时手工业大幅度发展，冶铁、青铜器铸造、漆器、丝织业的生产水平都有显著的提高。由此，社会分工逐渐扩大，促使商业得到发展。为了适应商业需要，又产生了流通数量大、种类繁多的货币。在政治、经济、文化的多重作用下，促进了城市的发展。

当时社会的剧烈变革对学术文化的发展也起到了重要的促进作用，各种思想流派纷纷涌现，形成了百家争鸣的繁荣局面。奠定了我国整个封建时代文化的基础，对中国古代文化有着非常深远的影响。

大事年表

- 公元前 403 年／周王下令给予韩、赵、魏三家诸侯称号。
- 公元前 385 年／吴起主持楚国变法。
- 公元前 353 年／齐田忌、孙膑"围魏救赵",大破魏军。
- 公元前 350 年／商鞅变法。
- 公元前 341 年／齐田忌、孙膑攻魏救韩,魏将庞涓自杀。
- 公元前 318 年／魏、赵、韩、楚、燕五国合纵入秦,不胜而归。
- 公元前 312 年／张仪破齐楚之盟。
- 公元前 309 年／秦初置丞相。
- 公元前 306 年／赵武灵王胡服骑射。
- 公元前 299 年／赵武灵王禅位,于公元前 295 年困死沙丘。
- 公元前 287 年／苏秦合纵赵、齐、楚、魏、韩五国攻秦,联军无功而返。
- 公元前 284 年／乐毅率五国联军伐齐。
- 公元前 279 年／田单用火牛阵攻燕,恢复齐国。秦王与赵王渑池相会,蔺相如 不屈于秦。
- 公元前 278 年／诗人屈原投汨罗江。
- 公元前 260 年／秦、赵长平之战,赵兵败,四十万人投降,被坑杀。
- 公元前 258 年／秦攻赵邯郸,信陵君窃符救赵。

周朝时，国家的基础建立在分封和禅让制度之上。但是到了东周，就出现了孔子所谓的"礼崩乐坏"：由于诸侯势力日益强大，天子的权威便不再被重视；而在各个诸侯国内部，也常常出现臣子冒犯国君的情况。

春秋后期，晋国^[1]大夫智宣子专政，他想把儿子智瑶立为家族的继承人。族人智果反对说："智瑶不如你的另一个儿子智宵。虽然智瑶有五个优点，那就是：第一，他仪表堂堂，身材高大；第二，他精通射箭，擅长驾车；第三，他技艺出众，才华超人；第四，他能言善辩，文词优美；第五，他坚强果断，刚毅勇敢。"但他有一个致命的缺点，他不讲仁义，刚愎自用，为人傲慢。靠着自己有五个优点，就盛气凌人，不讲仁义，谁能受得了呢？如果真的让智瑶做智家的继承人，智家一定会灭亡的。"

然而智宣子没有听取智果的意见。为了躲避智家的祸乱，聪明的智果就通过太史证明，把自己家从整个智氏家族里分出来，另外立了辅氏家族。

大夫赵简子的儿子里，大儿子叫伯鲁，小儿子叫无恤，赵简子想立继承人，却不知道立谁好。于是他把训诫的话分别写在两块竹简上，交给两个儿子，让他们认真记住上面的话。

过了三年，赵简子叫来两个儿子，问他们竹简上的内容。伯鲁吱吱唔唔说不上来，让他拿竹简出来，竹简已不知道弄到哪里去了。再问无恤，无恤背得滚瓜烂熟，问他要竹简，他就从袖子里拿出来交给赵简子。于是赵简子就认为无恤能干，把他立为赵家的继承人。

赵简子派尹铎治理晋阳，临走时尹铎请示说："我这次去是要搜刮民脂民膏还是要让百姓幸福安康？"赵简子说："当然是要让百姓幸福安康。"于是尹铎到了那儿，减免赋税，让百姓生活富足。

赵简子知道了，就对无恤说："一旦晋国发生祸乱，你不要嫌尹铎地位不高，也不要怕晋阳路途遥远，一定要去那儿投靠他。"

智宣子去世后，智瑶继承他的位置，就是智襄子。智襄子专擅晋国大政，暴虐无道。他和大夫韩康子、魏桓子在蓝台喝酒，宴席上戏弄韩康子，还侮辱他的家臣段规。智襄子的家臣劝说主公，让他别对人没有礼貌，以免招来灾祸，智襄子不理睬。

智襄子还平白向韩、魏两家索要土地。韩康子和魏桓子因为实力不

灭智氏三家分晋

够，只好暂时忍让，给智襄子土地，但心里都窝着一团火，打算将来找机会报仇。

这时赵简子也已去世，无恤继承家业，就是赵襄子。智襄子又向赵襄子索要蔡和皋狼两处土地，赵襄子不给。智襄子勃然大怒，带着韩、魏两家的军队攻打赵家。

赵襄子自知寡不敌众，退守到了晋阳。

智襄子统率三家联军包围住晋阳，并挖开汾水，引水淹没城墙。城墙被水浸没，露出水面的只剩六尺了，炉灶都沉在水底，到处爬满青蛙，然而城里的百姓却丝毫没有背叛的想法。

智襄子乘坐战车巡察水势，魏桓子驾车，韩康子在旁边保护。智襄子得意地说："我现在才知道，原来水也可以让别人的国家灭亡。"

魏桓子听了，用胳膊肘偷偷捅了一下韩康子，韩康子也轻轻踩了一下魏桓子的脚。两人同时会意：这么说来，智襄子也可以用汾水淹魏的安邑城，用绛水淹韩的平阳城了。

智襄子的谋士絺疵提醒他说："韩、魏两家一定会谋反，您要小心啊。"

智襄子问："你根据什么判断的？"

絺疵说："根据发生的事情就可以判断。我们统率韩、魏两家的军队攻打赵家，赵家灭亡后，灾祸一定会波及韩、魏。本来互相约好打败赵家以后，三家平分赵家的土地。现在城墙快要被水淹没，城里的粮食也吃得差不多了，靠人肉马肉苦苦支撑。赵家快要灭亡了，韩康子和魏桓子眼看就能分到土地，却一点也没有显露高兴的样子，反而愁眉苦脸的，这不是要反叛是什么呢？"

第二天，智襄子把絺疵的话转告给韩康子和魏桓子，他们赶紧解释说："絺疵这人专讲别人坏话，其实他才真的是想帮姓赵的说话，好让您怀疑我们的忠诚，来动摇您攻打赵家的决心。您想，我们怎么会不愿意马上分到赵家的土地，反而要去做些会带来危险，而且不可能成功的事呢？"

两人告辞离去以后，绨疵走进来说："主人为什么把臣子的话告诉他们两个？"

智襄子说："你怎么知道的？"

绨疵回答："我看到他们出去时，对我仔细端详，而且步履匆忙，就知道他们的心意了。"

智襄子最终还是不听劝告。绨疵为了避祸，就向智襄子请求出使齐国。

赵襄子派手下张孟谈偷偷出城，去见韩康子和魏桓子。张孟谈说："我听说唇亡齿寒。现在智襄子带着韩、魏的军队攻打赵家。赵家如果灭亡了，那韩、魏跟着也迟早会灭亡的。"

韩康子、魏桓子说："我们也知道，打算背叛他。但是担心事情还没成功，计划就已泄露，那我们就要大祸临头了。"

张孟谈说："计划从你们两位的嘴里说出来，只有我的耳朵听见，有什么好担心的呢？"

于是韩康子、魏桓子就暗中与张孟谈约好了行动的时间，然后把张孟谈送出去。

到了约定的时间，赵襄子派人在夜里杀死守护堤坝的官吏，决开堤坝放水冲智襄子的军队。智襄子的军队忙于救水，乱作一团，韩、魏两家乘机从侧翼进攻，赵襄子也率领士兵冲击智襄子的前军，一起打败了智襄子的军队。

于是他们杀死智襄子，并把智氏家族全部诛灭，只有智果因为已经分家，另外立了辅氏而得以保全。

从此韩、赵、魏三家共同把持晋国国政。周威烈王二十三年（公元前403年），周王下令给予三家诸侯称号，韩、赵、魏三国独立，晋国灭亡[2]。

相关链接

[1] 晋国：春秋时期周的诸侯国之一，位于现在的山西、河南及河北一带，晋文公在世时曾称霸诸侯。文公后，晋国国力日衰，权力渐渐落入卿大夫手中，至出公时，晋已名存实亡，国君成了卿大夫的傀儡。

[2] 三家分晋以后，已经被诸侯架空的周天子不得不承认既成事实，只得给予三家诸侯名分。从此，韩、赵、魏和秦、楚、齐、燕四国平起平坐，形成了有名的"战国七雄"。三家分晋，在历史上标志着春秋时代的结束和战国时代的开始。

秦商鞅变法

秦孝公执政以后，励精图治，想要富兵强国，他任用商鞅并用政治手段支持新法，使秦国很快繁荣昌盛起来。

商鞅，原名公孙鞅，是卫国庶出的国君后裔，因为后来被封在商地，所以又称商鞅。

秦献公去世后，他的儿子即位，是为秦孝公。当时在黄河、崤山以东有六个强国，淮河、泗水之间小国还有十几个，所有的国家都把秦国当夷狄看待，排斥秦国，不让它参加中原诸侯的会盟。于是秦孝公发愤图强，治理国家，整顿政治，想让秦国从此强大起来。

周显王八年（公元前361年），秦孝公在全国下令，先追怀祖先建立秦国并使之强大的功绩，然后说："门客和群臣只要想得出奇谋妙计，能够让秦国强大的，我就让他做大官，还封给他土地。"

公孙鞅听到秦孝公下的这道命令，就向西进入秦国。

公孙鞅喜好法家刑名的学问。他曾在魏国国相公叔痤府上做门客，公叔痤看出他是个了不起的人才，想把他推荐给魏王。但还没来得及推荐，公叔痤自己就先病倒了。

魏惠王来探病的时候，问公叔痤："万一您的病有个三长两短，国家大事应当托付给谁呢？"

公叔痤回答说："我的门客卫国的公孙鞅，虽然很年轻，却是一位奇才。希望主公把国家大事都交付给他！"

魏王认为公孙鞅年轻，又没有名声，所以沉默不语。

公叔痤又说："主公如果不听我的建议，不任用公孙鞅的话，那就一定要把他杀了，不要让他走出我国的国境，为别国效力。"魏王答应后回去了。

公叔痤把公孙鞅叫来，告诉他刚才的事，然后对他说："我以君主为先，以臣下为后，所以先替君主考虑，然后才告诉你。你赶快逃走，要不然就来不及了。"

公孙鞅说："魏王不能听从您的建议任用我，又怎么会听从您的建议杀我呢？"结果不走。

魏王回去后，对身边的人说："公叔先生病得太厉害了，真不幸啊！他让我把国家大事都交给公孙鞅，后来又劝我把他杀了，这不是自相矛盾，病得糊涂了吗？"

公孙鞅到秦国后,通过秦国的宠臣景监求见孝公,向孝公讲述富国强兵的办法。秦孝公听了高兴万分,留公孙鞅一起商议国家大事。

公孙鞅想实行变法,但秦国的贵族都不赞同。经过激烈的争论,秦孝公最终同意了变法的主张,于是任命公孙鞅为左庶长[1],实行变法。

于是下令:百姓按五家一伍、十家一什组织起来,互相监督,有事揭发,一家犯法,几家连坐;告发奸谋的人与斩敌人首级得到的赏赐一样,隐匿不告发与投降敌人受到的处罚一样;立下军功的人,各按标准受上等爵赏;私下械斗的人,各视情节处以相应的惩罚;努力做好本职工作,辛勤耕织而使粮食布匹增产的,可免除徭役;经商以及因懒惰而贫穷的,全家收为奴婢;就算是宗室出身,若没有立下值得称道的军功,也不能够录入族谱;为了使不同爵位的差别更为明显,不同等级的人,用不同的名号称呼他们的田宅、侍妾和服饰;有功劳的人显达光荣,没有功劳的人再富有也没有光彩。

在法令已经制定但还没有公布的时候,公孙鞅怕百姓不信任,就在国都的南门立了一根三丈高的木桩,悬赏十斤黄金,征求能将它搬到北门的人。

大家都觉得奇怪,没有人敢上去搬。

公孙鞅又下令:"能搬的人赏黄金五十斤。"

有一个人抱着试试看的心理,就走上去把木桩搬到北门,结果真的赏给他五十斤黄金。公孙鞅就用这个方式,来向人民表示赏罚必行。然后才正式发布变法的法令。

变法令施行了一年，秦国百姓到国都上访抱怨，说新法不好的有几千人。这时候太子也触犯了法令，公孙鞅说："法令不能推行，正是因为上层有人触犯。"就要处罚太子。因为太子是国君的继承人，不能对他施加刑罚，于是就处罚太子傅公子虔，又在太子师公孙贾的脸上刻了字。这样一来，第二天，秦国就没有人敢不遵从新法了。

新法施行十年后，秦国道不拾遗，山林之中也没有强盗，百姓为国家战斗时表现得很勇敢，但却不敢在私下里斗殴，乡村城市都安定繁荣。

秦国百姓当初抱怨说新法不好的，又重新来国都夸奖新法好。公孙鞅说："这些都是扰乱法治的奸民！"就把他们全部流放到边疆去。从此以后，百姓再没有人敢议论新法[2]。

相关链接

〔1〕左庶长：爵名，战国秦置，为二十等爵第十级，庶长意为众列之长，秦时多以军功得之。

〔2〕秦孝公去世，惠文王继位，他和秦宫中的保守派共同反对新法，给商鞅捏造罪名，说其有谋反意图。商鞅逃走，但在途中无人敢于收留，因为根据新法，不得收留身份不明的人，否则要受连坐的重罚。商鞅作茧自缚，只得喟然长叹，不久就被抓住，施以车裂之刑。

孙膑率领齐军帮助韩国和庞涓交战，利用"减灶"的计策成功地诱敌深入，最后使庞涓兵败自杀而死。

周显王二十八年（公元前341年），魏国大将庞涓[1]率军攻打韩国，韩国向齐国求救。

齐威王召集大臣商议，说："我们是早点救好，还是晚点救好？"成侯说："不如不救。"田忌说："如果不救，韩国打不过魏国，就会被魏国吞并。不如早点去救。"

孙膑则认为："如果在韩、魏的军队还没有疲惫的时候就去援救，等于是我们替韩国承受了魏国的进攻。而且，这还相当于是听命于韩国才这么做的。

"魏国有吞灭韩国的野心，一定会尽力进攻；韩国眼看要被灭亡，一定会东来向我们诉苦。我们应该等这个时候再出兵，既可以与韩国建立深厚的友谊，还可以趁魏军疲惫捡个大便宜。这样，既有双重的好处，还能获得好名声。"

齐威王听了以后连声叫好。于是私下里答应韩国使者出兵，然后送他回国。韩国仗着齐国许下诺言出兵，就大胆出击，与魏军交战。结果连续五次都打了败仗，只好往东依附齐国。

齐国抓住时机出兵，派田忌、田婴、田盼带领军队，孙膑为军师，直接袭击魏国的都城，来解救韩国的危机。

庞涓听说后，赶紧率军离开韩国返回。魏国国内也发动全国兵力，任命太子申为将军，以抵御齐国军队。

孙膑对田忌说："韩、赵、魏三国的军队向来骁勇善战，看不起齐军，认为齐军胆怯。会打仗的人应该因势利导，《孙子兵法》上不是说了，'从一百里外奔袭，会损失上将军；从五十里外奔袭，只有一半士兵能到达。'"

于是命令齐军进入魏国境内以后，第一天筑十万口灶，第二天筑五万口，第三天只筑二万口。庞涓跟在后头走了三天，越来越高兴，说："我就知道齐军胆怯，才进入我国境内三天，士兵逃走的就超过一半了。"于是把步兵留下，只带领精锐骑兵，日夜兼程追赶齐军。

孙膑推算庞涓的行程，估计傍晚能到达马陵。马陵道路狭窄，而且两边地势险要，便于埋伏。于是让士兵砍去一棵大树的树皮，在上面写"庞涓死此树下"六个大字，然后派齐军里擅长射箭的人，带一万张弓弩埋伏在道路两旁，约定天黑以后看见火光就一齐射箭。

当天夜里，庞涓果然到达马陵。经过那棵大树时，庞涓看到白树皮上写着字，就点起火把去照。六个字还没读完，四周万弩齐发，魏军顿时大乱，争相逃命，一下子就溃散了。

庞涓知道无法挽回，这仗已经失败，于是自刎而死，还说："竟成就了那小子的名声！"

齐军乘胜大败魏军，俘虏了太子申。

相关链接
〔1〕孙膑和庞涓都是战国时的名将，他们早年是同学，在鬼谷子那里学习兵法，孙膑的才能在庞涓之上。后来，庞涓在魏国做了将军，就把孙膑骗到魏国，然后加以诬陷，施以膑刑，想置他于死地。

齐愍王灭掉宋国以后，非常骄傲，经常攻打其他诸侯，并且图谋天子之位，乐毅带领诸侯联军讨伐齐国，很快攻下了许多城池。

齐湣王灭掉宋国[1] 以后，非常骄横，四处攻打其他诸侯，甚至想吞并二周，立自己为天子。燕昭王召来乐毅[2]，与他商议攻打齐国的事。乐毅说："齐国凭借桓公称霸时打下的基础，土地广大，人民众多，不是单凭我们的力量能够打下的。不如联合赵国、魏国和楚国三个国家。"于是燕王派乐毅出使联合赵国，又派使者联合楚、魏，还通过赵国旁敲侧击，以攻打齐国可获得利益来诱导秦国。各诸侯国都受齐湣王欺凌，争着与燕国联合去攻打齐国。

周赧王三十一年（公元前284年），燕王动员全国所有的军队，任命乐毅为上将军。秦太尉斯离也率领军队和韩、赵、魏的军队会合，赵王还把乐毅任命为他们的相国，于是秦、韩、赵、魏的军队由乐毅统一率领。齐湣王也动员了全国所有的军队，与联军在济西会战，齐军大败。乐毅让秦、韩两国军队先行回国，派魏国军队攻占原属宋国的土地，安排赵军收复河间。然后亲自率领燕国的军队，长驱直入追逐败逃的齐军。剧辛进言说："齐国强大而燕国弱小，我们依赖各国的协助才能大败齐军。现在应该及时攻占边境城镇，扩大我们燕国的疆域，这样才是为长远打算。您现在经过边境这些城镇，却不去攻占，反而打着旗号要深入腹地。这样做，对齐国其实造不成什么损伤，对燕国也没有什么好处，反而与齐国结下深仇大恨，以后一定会后悔的。"乐毅说："齐王骄横暴虐，任用阿谀谄媚之人，而不相信忠良贤臣，在国内横征暴敛，百姓早就对他不满了。现在齐军打了败仗，如果我们乘胜追击，深入腹地，齐国百姓一定会背叛齐国，归附我们，这样齐国国内就会大乱，我们征服齐国也就指日可待了。如果我们现在不乘胜进军，一旦齐王悔悟，改正以前的错误，体恤下属，爱惜民众，那我们再要图谋齐国就不容易了。"于是继续率军深入。齐国民众果然大乱，齐湣王仓皇出逃，后来在鼓里被楚国将军淖齿杀死。乐毅率军进入齐国的都城临淄，把齐国的金银珠宝以及贵重器皿都运回燕国。燕昭王非常高兴，亲自前往济上犒赏将士，封乐毅为"昌国君"，并让他留下来招降还未投降的城邑。乐毅听说昼邑的王蠋是位贤人，就命令军队环绕昼邑，在三十里外停留。然后派人去请王蠋，王

蠋辞谢不去。燕国的使者威胁说："你不去的话，我们就要屠杀昼邑。"王蠋说："忠臣不侍奉两位君主，烈女不嫁给第二个丈夫。齐王不肯听从我的劝告，所以我隐退到乡下耕田。国家残破，君主流亡，我没有办法挽救，而你们现在又想用武力逼迫我，我与其不忠不义地活着，还不如死！"于是把绳子挂在树上，套住自己的脖子，然后跳下来拉断颈骨而死。

乐毅整顿军队，禁止抢掠，礼遇民间的贤人，减轻赋税，废除严苛的法令，改善过去的政治，齐国人民欢天喜地。燕军长驱进军，如入无人之境。六个月之内，乐毅攻下齐国七十多座城邑，都更设为郡县，妥善治理。

相关链接

〔1〕战国时期，各个诸侯国之间经常发生大大小小的战争，其中有很多都是侵略战争，属于不正义的，齐王灭宋就是一个很明显的例子。齐国依仗自己势力强大，不但欺负小国，而且还想消灭周天子，于是在诸侯之间犯了众怒。乐毅顺应民心，率领联合军队攻打齐国，并且纪律严明，体恤民情，所以在很短的时间内取得了很大的胜利，相比之下，骄横的齐国就输得很惨了。

〔2〕三国时期的诸葛亮很佩服乐毅的军事才华，在隐居隆中时常常以其自比。

完璧归赵

秦国想要赵国的和氏璧，说以城池相交换，但又没有诚心，而赵又怕秦，于是蔺相如毛遂自荐前往秦国，成功地把和氏璧带了回来。

赵王[1]得到楚国的宝物和氏璧[2]，秦昭王想要，就派使者来，说要用十五座城跟赵王换。赵王想不给，又怕秦国军队强大；想给，又怕被秦王骗，于是向蔺相如求教。

蔺相如回答说："秦王用城池与大王交换，大王您如不答应，那么理亏的是我们；我们给他和氏璧，而秦王不给我们城池，那么理亏的是秦王。两相比较，宁可答应，就算得不到城池，也要让秦王理亏。我愿意携和氏璧出使秦国，如果秦王不给城池，我一定想办法把它完整地带回来。"

于是赵王派遣蔺相如为使者，带和氏璧到了秦国。秦王见了和氏璧，拿在手上把玩，爱不释手。蔺相如看到秦王并不是诚心要用城池交换，就用计骗秦王，又把和氏璧拿了回来，然后派随从揣着璧，从小路偷偷返回赵国，自己则留在秦国等候处置。

秦王认为蔺相如是个贤人，没有杀他，对他颇为礼貌，然后送他回到赵国。赵王见蔺相如立下大功，就任命他做上大夫。

相关链接

〔1〕赵王：即赵惠文王，公元前298至前266年在位，赵武灵王少子，是战国时期关东诸侯中主张抗秦的主要人物之一。

〔2〕和氏璧：据说是楚人卞和历尽千辛万苦而得到的玉璧，因而以其名字命名，价值连城。

田单火牛阵破敌

公元前284年，燕昭王任命乐毅为上将军，联合韩、赵、魏等国军队大举进攻齐国。

　　燕国军队进攻安平邑的时候，临淄的属官田单正好在安平城。他让自己的族人都用铁做的罩子罩在车轴两头，等到安平城被攻破的时候，大家争先恐后从城门逃跑，都因为车轴互相碰撞折断，而被燕军捉住，只有田单一族因为有铁罩保护才得以幸免，于是逃奔即墨。

　　当时齐国的土地都被燕军占领了，只有莒、即墨两座城池还没被攻下。乐毅把他的右军、前军合并起来包围莒城，左军、后军合并起来包围即墨。即墨的长官出去迎战，结果战死，即墨人就说："安平之战的时候，田单让他的族人用铁罩罩住车轴，而得以保全性命，可见田单是个有智谋而且通晓军事的人。"于是一起拥立田单为将军抵抗燕军。乐毅包围莒、即墨两座城池，过了一年还没有攻下，于是下令解除包围，采取怀柔政策，安抚新归附的人民，想用这个办法让两座城池自己投降。

　　这时燕国有人向燕昭王进言诋毁乐毅，说他之所以久久没有攻下这两座城池，是想在外面拥兵自重，寻找机会谋反。燕昭王杀了这个进谗言的人，表示自己完全信任乐毅，让他按自己的想法放手去做。

　　不久，燕昭王去世，燕惠王[1]即位。惠王在做太子的时候，就与乐毅发生过不愉快的事。田单听说以后，就派人到燕国行反间计，扬言说："齐王已经死了，齐国还没被攻下的城池，就只剩下两座。乐毅与燕国新王有矛盾，害怕被杀不敢回来，所以以伐齐国为借口，其实想发展实力在齐国称

○ 品画鉴宝

鼎形灯（战国）此器设计精巧，使用方便，工艺独特。

王。齐国人还没有完全依附，所以乐毅暂缓进攻即墨等两座城池，收买人心，等待时机。齐国人最害怕的，就是燕国派其他将领前来，那么即墨就保不住了。"

燕王本来就怀疑乐毅，现在又受齐人反间，于是便派骑劫代任将军，而把乐毅召回。乐毅知道燕惠王替换将领是心存不善，于是投奔了赵国。从此，燕军将士都愤懑不平，内部失和。

田单下令，城里的人吃饭时，要先在庭院中放置食物祭祀祖先，结果飞鸟经过时都盘旋而下，到城中吃食。燕国士兵看到了都很奇怪，田单就让人扬言说："将要有神师下来指导我。"有一个人听了，开玩笑说："我能不能做神师。"说完觉得害怕，回头就跑。田单起身把他追回来，让他东向而座，当作神师对待。那个人说："我是骗您的。"田单赶紧说："我知道，你别说了。"于是就以他为神师，每次发布命令，都说这是神师的旨意。田单又扬言说："我只害怕燕军割掉齐军俘虏的鼻子，把他们放在队列前边，那样即墨就守不住了。"燕军听说以后，真的像田单说的那样做了。城里的人看见投降的都被割掉鼻子，都很愤怒，守城的决心更加坚定，唯恐城破以后被燕军俘虏。

田单又派间谍对燕军将领说："我怕燕军把城外我们齐人的坟墓都给挖了，真让人心惊胆战。"燕军就真的把齐人的坟墓都挖开，还把尸体拖出来焚烧。齐人从城墙上看见，都流着眼泪，要求一起出去战斗，心中充满了仇恨。

田单知道士兵们可以上战场了，就亲自拿着版、锹，与士兵们一起劳动，又把自己的妻妾也编到劳动队伍中，把吃喝的东西全部拿出来，分给士兵们享用。然后命令全副武装的士兵趴下躲藏，让老弱病残以及女人登上城墙示弱，派遣使者与燕军商量投降事宜。

燕军早已厌倦战争，听说齐人投降，都高呼万岁。田单又从百姓那里收集了一千镒黄金，让即墨富豪送给燕军将领，请求说："我们马上要投降了，希望军队不要掳掠我们族人的家园。"燕军将领非常高兴，答应了他们。

采取这些措施后，燕军更加懈怠了。于是田单在城里征集了一千多头牛，给它们披上紫色的缯衣，画上五彩龙纹，在牛角绑上尖刀，牛尾巴上捆上灌注油脂的芦苇束。到了晚上，田单下令在城墙上凿开几十个洞，点燃牛尾巴上的芦苇后，把牛从洞中赶出去，派勇士五千人跟在牛后面。牛尾巴着火受热，狂怒地冲向燕军。

燕军士兵大惊失色，再看牛身上都是龙纹，被它碰到非死即伤，而且城里的人也呼叫呐喊，跟在牛后头冲出，老人小孩都敲击青铜器皿发出响声，声音震动天地。燕军士兵非常害怕，兵败逃跑。

齐国人杀掉骑劫，齐国的七十多座城池也一下子全都收复，于是在莒城迎立齐襄王。齐襄王抵达首都临淄以后，将田单封为安平君[2]。

相关链接

[1] 燕惠王：公元前279至前272年在位，名字失传。惠王在做太子的时候与乐毅就合不来，即位以后解除了乐毅的军权，迫使其逃亡赵国，不久燕军即齐败归。惠王后为相国成安君公孙操所杀。

[2] 田单的胜利解除了齐国的亡国之险，其指挥的"火牛阵"是历史上的经典战例之一。

○品画鉴宝 龙凤云纹皮盾（战国）此盾用兽皮制成，上绘龙凤云纹，用作装饰的可能性很大。

　　长平之战是历史上很著名的一次战争，是战国时期诸侯国之间最为惨烈的战争之一。这次战争使赵国元气大伤，光被活埋的士兵就有四十多万人。

　　周赧王五十五年（公元前260年），秦国左庶长王龁率军进攻赵国的长平。当时驻扎在长平的是赵国老将廉颇的军队，廉颇率领部队与秦军几次交锋，都被秦军打败，于是坚守壁垒，拒不出战。赵王认为廉颇损兵折将，还胆怯不肯出战，非常生气，屡次派人责备廉颇。

　　秦国的应侯范雎就派人带千金到赵国使反间计，宣称："秦国什么都不怕，只怕让马服君赵奢[1]的儿子赵括当将军。廉颇好对付，何况他马上就要投降了！"

　　赵王听到以后，就让赵括代替廉颇当将军率领军队，蔺相如劝谏说："您因为赵括有名气就派他做将军，这就像用胶粘住瑟柱，然后再鼓瑟，怎么能称心如意呢？赵括只会读他父亲留下来的兵书，而不知道灵活应变。"赵王没有听从。

　　当初，赵括从小就学习兵法，自以为天下没有人是他的对手。他曾经和父亲赵奢讨论军事，赵奢不能难倒他，但也没有称赞他。

　　赵括的母亲问赵奢为什么不加称赞，赵奢说："打仗，是最危险的绝地，而赵括那么轻巧地讨论它。假若赵国不让赵括当将军倒还罢了，如果一定要他当将军，那么将来让赵军败亡的一定就是赵括这小子。"

　　等到赵括被任命为将军，将要出发的时候，赵括的母亲上书，说不能任用赵括。赵王问为什么，赵母回答说："当年我侍奉他的父亲，他父亲担任将军，亲自捧着碗为人上饭的，有几十位；关系亲密的，有几百位。国君和宗室所赏赐的东西，全部分给部下官兵。从接受任命之日起，不再问家里的事情。

　　"如今赵括一下子当上将军，面东而坐接见部下，官兵们没有敢抬头看他的。大王赏赐的金银布帛，他全部拿回来藏在家里。而且每天看有没有便宜的田地房子，可以买的他就买下来。您一定以为赵括像他父亲，但其实他们父子截然不同，希望大王不要派遣他！"

　　赵王说："不要再说，我已经决定了。"赵母就说："那假如将来他有不称职的事情发生，我请求不要受到牵连。"赵王答应了她。

　　秦王听说赵括已经被任命为将军，就暗中派遣武安君白起[2]为上

将军，让王龁做他的副将，并且下令全军："谁要是敢泄露白起为统帅的消息，杀！"

赵括到达前线以后，完全改变了以前的命令，更换了各级军官，出动大军进攻秦军。白起假装败退，同时分出两支奇兵进行迂回。赵括乘胜追击，攻打秦军的防守阵地，但因防御坚固而无法攻入。

这时，白起派出的两支奇兵中，第一支二万五千人，切断了赵军回国的退路；另一支骑兵五千人，切断出击部队和大本营之间的联系。这样一来，赵军被一分为二，粮食补给也已中断。白起派骑兵攻击赵军，赵军战斗失利，就筑起工事坚守，等待援兵到达。

秦王听说赵军粮食供应中断，亲自到河内发动十五岁以上男子，让他们全部赶去长平，切断赵国援军以及粮食补给的通道。这时，齐国、楚国开始发兵救赵。赵军缺粮，就向齐国请求支援，齐王不肯答应。

到了九月，赵军断粮已经有四十六天了，营内都互相秘密残杀取食。赵括见情势紧急无法再守，只好主动出击进攻秦军堡垒，想分成四拨轮番进攻，这样连续攻了四、五次，还是没能突围。赵括亲自率领精锐士兵战斗，秦军用箭把他射死，赵军大败，士兵四十万人全部投降。

白起见降兵太多，心里担忧，与部下商议说："赵国士兵一向反复无常，不把他们全部杀掉，恐怕迟早会惹出祸乱。"于是使出诡计，将投降的赵军士兵全数坑杀，只留下年纪尚小的二百四十人，让他们回到赵国。

长平之战，赵军士兵前后被杀的共有四十五万人，赵国上下大为震惊。

相关链接

〔1〕赵奢：战国时期赵国的名将，曾大破秦军解围而还，被赵王赐号马服君，地位非常显赫。

〔2〕白起：战国时期秦国名将。善用兵，曾率军攻打韩、魏、楚等国，以武功封武安君。长平之战大败赵军，后因与范雎不和被贬，不久被赐死。

战国有著名的四公子：齐有孟尝君，赵有平原君，魏有信陵君，楚有春申君。他们都以善于"养士"、门下有很多有本领的食客而著称。毛遂就是平原君门下的一名精英。

周赧王五十七年（公元前258年），秦国军队攻打赵国都城邯郸，赵王派平原君出使楚国求救。

平原君想从他的门客之中，挑选二十个文武双全的人一起去，已经选出十九个，剩下一个怎么也挑不到满意的。有一个叫毛遂的门客就向平原君推荐自己。

平原君说："有本事的人在这个世界上，就像锥子放在布袋里，锥子的尖头立刻就会露出来。而你在我的门下，算到现在已有三年了，周围的人没有称颂过你，我也没有听谁说起过你，这就说明你没有什么长处。既然你没有什么长处，那还是请留下来吧。"

毛遂说："我只是直到今天，才请你把我放到布袋里罢了！如果让我早一点放进布袋，我早就脱颖而出了，绝不会是才露出尖头而已！"平原君听了，觉得他很有意思，就让他一起去了，其他十九个人都笑话他。

平原君到了楚国，向楚王陈说合纵抗秦的利弊，从日出就开始谈，到了日中还没有达成决议。

毛遂手扶剑柄走上台阶，对平原君说："合纵抗秦的利弊，三言两语就能够说清楚了。现在从日出开始谈，日中还没有达成决议，是怎么回事？"

楚王发怒，呵斥说："你怎么还不下去！我是和你的主人谈话，你是什么东西！"

毛遂按住剑柄上前说："大王之所以呵斥我，是依仗楚国那么多人都听您指挥。如今我和您相距十步，楚国人再多，您也无法依仗！您的性命掌握在我手里，我的主人就在面前，呵斥我干什么！

"何况我听说，商汤 [1] 只有七十里见方的国土，却能称王天下；文王 [2] 靠着一百里见方的国土，而能使诸侯臣服。他们难道是依靠手下的士兵众多吗？不！他们靠的是利用当时的形势，然后发扬他们的声威。

"如今楚国国土方圆五千里，军队一百万，这是成为霸主的资本。以楚国的强大，天下没有哪个国家可以抵挡。白起，小人物而已，率领几万人的军队，兴兵与楚国作战，一战就把楚国的鄢、郢两座城池给打下了，再一战连楚国的夷陵也给烧毁了，第三战甚至破坏了楚国先王的陵庙。

"这是千秋万载也难以化解的仇怨，连我们赵国也为您感到耻辱，而大王您却不知道愤恨。合纵抗秦，也是为楚国好，不单单是为赵国。我的主人就在面前，呵斥我干什么！"

楚王说："对对，确实像先生所说的那样，我谨奉上国家，参加合纵。"

毛遂就问："决定合纵了？"

楚王说："决定了！"

毛遂就让楚王的随从拿来鸡、狗和马的血，然后捧着铜盆跪着前行到楚王面前说："大王您应当歃血盟誓，订立合纵，然后是我的主人，然后是我。"于是在大殿之上把合纵订立下来。

毛遂左手端着血盆，右手招呼那十九个门客，说："你们也一起在堂下歃血！你们辛辛苦苦跟着来，正是所谓'靠别人成事'的人啊。"

平原君订立合纵后就返回了，到了赵国，说："我再也不敢以品评天下人才自诩了！"于是让毛遂做他的上宾。

相关链接

〔1〕商汤：商朝的开国之君。汤起于商（现在河南商丘一带），率军灭夏朝暴君桀而王天下。

〔2〕文王：即周文王姬昌，曾被商暴君纣长期囚禁，据说于牢中将八卦推广到了六十四卦，做《周易》一书；后其子武王姬发灭纣建周。

信陵君是魏国公子，他的姐姐是赵国平原君的妻子。秦军围困赵国，赵向魏求助，但魏王畏惧秦国的势力不敢出兵，信陵君通过"窃取"兵符，解了赵国之围。

信陵君魏国公子无忌仁厚待人，礼贤下士，收养食客达三千人。

魏国有位隐士名叫侯嬴，七十岁了，家中贫穷，在魏都城大梁北面的夷门看守城门。

有一次，无忌摆酒大宴宾客，来客都已经坐好了，无忌又领着车马，空出左边更尊贵的位子，亲自去迎接侯嬴。

侯嬴见到无忌来接他，理了理破旧的衣冠，直接跳上马车坐在无忌左边的座位，也不谦让一下。无忌手持缰绳，态度更加恭敬。

侯嬴又对公子说："我有个朋友在集市卖肉，希望麻烦车马，改道拜访他一下。"无忌就领着车马去集市。

到了集市，侯嬴下马车去看他的朋友朱亥，故意站了很久，与朋友说话，一边偷偷观察无忌，看到无忌的脸色愈加温和，这才与朋友道别上车，到无忌家里。无忌领着侯嬴到上座就座，还把他介绍给所有的宾客，宾客们都很吃惊。

后来秦国军队包围赵国都城邯郸，因为赵平原君的夫人是魏公子无忌的姐姐，魏王就派出晋鄙的军队，但又畏惧秦国，命令晋鄙把军队驻扎在边界观望。

平原君派了好多使者到魏国求援，并且责备无忌说："我之所以与公子家结为姻亲，是仰慕公子的高义，能够解救别人的危困。如今邯郸即将失守，魏国的救兵却还没到。就算公子不看重我，因而弃之不顾，难道就不可怜你姐姐吗？"

无忌很是忧虑，屡次请求魏王给晋鄙下令，让他去解救邯郸，还通过宾客、辩士多方向魏王游说，魏王就是不听。

无忌于是通知宾客，集结战车一百多辆，想去邯郸为赵国战死。经过夷门时，看见侯嬴，告诉他自己即将赴难的事，侯嬴说："公子好自为之，老臣我不能跟从。"

无忌离开后，走了几里，心里闷闷不乐，于是又转回去见侯嬴。侯嬴笑着说："我就知道公子会回来的。如今公子没有别的办法，所以想去迎战秦军，这就像把肉扔到饿虎面前，又有什么功劳？"

无忌拜两拜，请教计策。侯嬴让无忌屏退左右，说："我听说晋鄙的兵符在魏王卧室里，而如姬最受宠幸，一定能把它偷来。过去听说公子为如姬报了她的杀父之仇，如姬想报答公子，就算让她死也不会推辞。

"公子若真向她要求，那就能得到虎符[1]，夺过晋鄙的军队，北面解救赵国，西面打退秦军，这是春秋五霸的功业啊。"无忌按侯嬴说的去做，果然得到兵符。

无忌将要出发，侯嬴对他说："将在外，君令有所不受。如果晋鄙验过兵符，却仍不肯交出军队，还要向魏王请示，那么事情就危险了。

"我的朋友朱亥，是个武艺高强的人，可以带着他一起去。晋鄙若服从，那就最好；若不服从，可以让朱亥杀他！"于是无忌邀请朱亥一起前往。

到了邺城，晋鄙验过兵符，心里还是怀疑，举手看着无忌说："我率领十万大军驻扎在边境，承担着国家的重大使命。如今只派你孤身前来顶替，这是为什么呢？"

于是朱亥用袖子里藏着的四十斤重的铁椎[2]，椎杀了晋鄙。无忌收束军队，发布命令说："父子都在军队里的，父亲回去；兄弟都在军队里的，兄长回去；独生儿子没有兄弟的，回去赡养老人。"最后选出士兵八万人，率领着他们进军邯郸，在邯郸城下大破秦军，保全了赵国。

相关链接

[1] 虎符：古代调军，一般是用一种铜铸成的老虎牌，分成两半，一半在国君手里，一半在带兵大将手里。如果国君要调动军队，必须派使者持虎符传令，两半虎符相对无误时，传令才能生效。

[2] 椎：古代兵器的一种，一般短柄，头安重物。头的形状有圆形、椭圆形、蒜头形、多面形等。

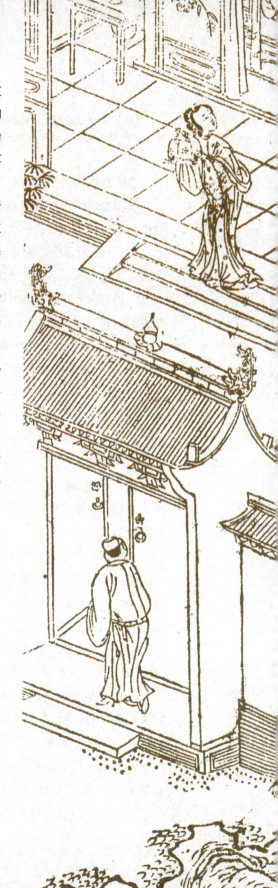

吕不韦早期的出名，是因为做生意发了大财；而他一生最得意的一笔生意，倒不是因为赚了多少金钱，而是经营了一位叫嬴政的君王。

秦国太子的正室称作华阳夫人，没有儿子。妾夏姬生了一个儿子，名叫异人。

异人在赵国作人质，因为秦国屡次攻打赵国，所以赵国对他并不以礼相待。再加上异人是以王族庶出子孙的身份去诸侯国作人质，秦国派给他的车马用度都不充裕，所以生活得很不如意。

阳翟的大商人吕不韦来到邯郸，见到异人，感叹道："这是稀罕货物，可以囤积牟利！"

于是前去求见异人，对他说："我能够光大你的门庭。"

异人笑着说："先去光大你自己的门庭吧！"

吕不韦说："你不明白，我的门庭要等你的门庭光大以后才能光大。"

异人心里明白他的意思，于是引他入内，坐下后进一步深谈。吕不韦说："秦王老了，太子喜爱华阳夫人，华阳夫人又没有儿子。你有兄弟二十几人，其中子傒最有希望做继承人，而且又有士仓辅佐他。你地位居中，不是很受宠爱，长期在诸侯国作人质，太子即位以后，你就无法再争立为继承人了。"

异人说："那该怎么办呢？"

吕不韦说："能够把你立为继承人的，只有华阳夫人。我吕不韦虽然不富裕，但愿意花上千金为你到秦国游说，争取把你立为继承人。"

异人说："要是真像你所说的那样，我愿意将秦国与你共享。"

于是吕不韦给异人五百黄金，让他结交宾客。又用五百黄金购买各种珍奇宝物，自己带着西行进入秦国，见到华阳夫人的姐姐，通过她把珍奇宝物献给华阳夫人，然后借这个机会称赞异人贤能，结交的宾客遍布天下，经常日夜哭泣，思念太子和华阳夫人。

吕不韦说："异人简直是把夫人当老天爷看待！"夫人听了非常高兴。吕不韦又让华阳夫人的姐姐劝夫人说："凡是靠容貌侍奉别人的，容貌老衰之后宠爱也就会减轻。

"如今夫人受到宠爱，但却没有儿子，不趁现在年华正盛，赶紧在庶子中选一个贤能孝顺的，把他立为嫡子，等到年老色衰，宠爱减轻时，就算想表示一下意见，都未必能做到了。

"如今庶子异人贤能，而且清楚自己地位居中，不可能做继承人，夫人若真能够在这个时候提拔他，对异人来说是从没国家到有国家，对夫人来说是从没儿子到有儿子。这样一来，也就相当于夫人终身在秦国得宠了。"华阳夫人认为很对，于是找机会对太子说："庶子异人非常贤能，来往之人都称赞他。"

然后哭着说："我不幸没有生下儿子，希望把庶子异人立为嫡子，让我将来有所依靠。"

太子答应了她，和她刻下玉符，约定让异人做继承人。然后又送非常多的财物给异人，并请吕不韦辅佐他。异人的名望从此在诸侯之间广泛流传。

吕不韦娶了邯郸极其美丽的女子一起居住，知道她已经有了身孕。异人在吕不韦那儿喝酒，见到这位女子后，就向吕不韦索要。吕不韦先假装生气，后来又把她献给异人。

那女子怀孕一年后，生下一个儿子，名叫政，异人便将她立为正室。后来异人回到秦国，继位成为秦国国君，是为庄襄王。庄襄王去世，儿子嬴[1]政继位，就是后来的秦始皇[2]。

○ 品画鉴宝
变形龙纹扁壶（战国）此器小口，短颈略内收，器腹长方格栏内饰斜角线构图的变形龙纹。

相关链接

[1] 秦国国君嬴姓，相传出自先祖颛顼；传自非子因养马有功受周孝王封于秦（今甘肃清水东北），为附庸小国；西周受西戎之乱时，秦因救驾并护送天子有功而被封为诸侯，自此以后，日益强大，至秦始皇，统一天下。

[2] 吕不韦曾经组织门下食客等人编写了一部书，叫《吕氏春秋》（又叫《吕览》），内容丰富庞杂，成为"杂家"代表作之一。当初吕不韦编写该书的目的，是为了辅佐少年秦始皇并为其以后的从政奠定基础。

秦纪

公元前 221 - 前 206 年

秦的统一，结束了长期以来各诸侯间的割据混战，有利于人民生活的安定和社会生产的发展，符合当时各族人民的共同愿望。

秦朝的疆域，东到大海，西到陇西，北到长城，南到南海，大大超过了前代，是中国历史上第一个统一的多民族的封建国家。

秦始皇嬴政规定国家的最高统治者称皇帝，国家的政治、经济、军事大权都集中在皇帝手里。他确立了中央和地方的行政机构，在中央设置丞相、御史大夫、太尉等官职，在地方推行郡县制度，全国划分为三十六郡，郡下设县。这样，皇帝把统治全国各地的行政权力也牢牢地控制在自己手里。

在经济方面，秦朝统一了度量衡和货币，促进了商业的发展及各民族各地区的经济交流。

在文化方面，秦朝统一了文字，把简化了的字体小篆作为标准字体，在全国推广使用。文字的统一，促进了各地区间的文化交流。

为了保卫北部边疆，秦始皇修建、增补秦、赵、燕三国的长城，使之连成一体，以此抵抗匈奴。同时南征越族，开凿灵渠，连通了长江与珠江。这些重大举措使边疆安宁，国家统治得以巩固。

大事年表

- 公元前251年／李冰主持兴修都江堰水利工程。
- 公元前249年／秦以吕不韦为相国。
- 公元前246年／秦建郑国渠。
- 公元前227年／燕太子丹派荆轲入秦刺秦王，不中。秦杀荆轲。
- 公元前221年／秦灭六国。秦王定称号为皇帝，自为始皇帝，分天下为三十六 郡，统一度量衡。
- 公元前220年／始修驰道。始皇北巡。
- 公元前219年／秦始皇在泰山封禅。
- 公元前218年／张良遣力士刺秦始皇于博浪沙中，未中。
- 公元前216年／令民众申报田地。
- 公元前215年／秦始皇派大将蒙恬率军三十万北伐匈奴。
- 公元前214年／修筑西起临洮，东至辽东的万里长城。开凿灵渠，连接湘江 和漓江。
- 公元前213－前212年／秦始皇焚书坑儒。
- 公元前210年／秦始皇死，其子胡亥即位，是为二世。
- 公元前209年／陈胜、吴广起义反秦。
- 公元前208年／项羽、刘邦等拥立楚怀王孙心为王。
- 公元前207年／巨鹿之战，项羽大败秦军。赵高杀秦二世，立子婴。子婴杀 赵高。

李牧屯兵边境，不与匈奴交战，匈奴都以为他很胆怯，其实他是在蓄养士气，后来他发兵而出，遂大败匈奴。

李牧是赵国的良将，曾经驻扎在代地的雁门防备匈奴[1]。李牧根据实际情况，灵活地设置官署。市场租税都收入将军府，用在士兵身上，每天都杀几头牛犒劳士兵。他让军队熟习骑射，小心准备烽火，多派间谍，并且订立规定，说："匈奴一旦入侵，赶紧回到堡垒防守。有敢擒拿匈奴的人斩首！"匈奴每次入侵，烽火及时报警，大家总是回到堡垒防守，不与匈奴交战。这样过了几年，倒也没有什么人员伤亡。

匈奴人都以为李牧胆怯，就是赵国边境的士兵也认为他们的将军胆怯。赵王责备李牧，李牧还是像以前一样，赵王生气了，就派其他人代替李牧。此后一年多，屡次出战，没能取胜，反倒损失了许多人马，而且边境屡受骚扰，已经不能耕种放牧了。

赵王于是又去请李牧担任将军，李牧说："一定要让我为将领，我要像以前一样，才敢接受任命。"赵王答应了。

李牧到达边境，还像以前一样，让大家照着规定去做。匈奴几年来什么也没劫掠到，但始终认为李牧胆怯。边境的将士每天得到赏赐，却没有用武之地，都希望与匈奴打上一仗。

李牧于是准备了精选出来的战车一千三百乘，战马一万三千匹，得到过百金以上赏赐的勇士五万人，善射的弓箭手十万人，把他们全部组织起来进行训练。又把牲畜放到郊外，到处都是。匈奴小部队入侵，李牧假装失利，把几十个人丢弃给他们。

匈奴王单于[2]听说后，举兵进犯。李牧设置了很多奇阵，张开左右两翼进行包抄，大败匈奴，杀匈奴骑兵十多万人，消灭两个部落，一个部落请降。匈奴王单于逃走，十多年不敢靠近赵国边境。

相关链接

[1] 匈奴：我国古代民族，战国时游牧在燕、赵、秦以北。东汉时分裂为南北两部。北匈奴在公元1世纪末为汉所败，西迁；南匈奴附汉，东晋时曾先后建立了几个小政权。

[2] 单于：匈奴首领的称号。

韩非客死秦国

韩非和李斯当年都是荀子的学生。李斯在秦国做了大官，而相比之下才华横溢的韩非却不那么得志。后来，韩非惨死于李斯手下。

韩非[1]是韩国的公子，擅长刑名法术方面的学问。韩非见韩国日益削弱，屡次上书劝说韩王，韩王都不肯采纳他的建议。

于是韩非痛恶治国者不能任用贤能，反而任用浮夸虚矫的蠹虫之流，把他们放置在有功之臣和实学之士之上。

于是考察了过去的兴亡得失，写下《孤愤》、《五蠹》、《内储》、《外储》、《说林》、《说难》等五十六篇文章，共十多万字。

秦王政十四年（公元前233年），韩王向秦国割让土地，并献出国君的印玺，请求臣服秦国，为秦国的附庸，并派遣韩非为使者，到秦国问候。秦王听说韩非是个人才，就想见他。

韩非上书劝说秦王："现在秦国领土方圆几千里，军队号称百万，号令统一，赏罚分明，天下没有比得上的。我冒死请求觐见大王，向您陈说破除各国合纵联盟的计策。大王要是能听从我的主张，一举之下，如果各国合纵联盟没有破除，赵国没有攻下，韩国没有灭亡，楚、魏不来臣服，齐、燕不来依附，秦王称霸的名声不能确立，四邻的诸侯不来朝拜，大王可以把我杀了，并在秦国示众，用以警告为您谋划却没有尽力的人。"

秦王听了很高兴，但并没有任用韩非。

李斯忌妒韩非，就进谗言要秦王杀了韩非，秦王于是就把韩非交给狱吏治罪。

李斯派人给韩非送去毒药，让他早点自杀。韩非想向秦王申述，却又见不到秦王。后来秦王后悔，派人去赦免韩非，但韩非已经服毒死了。

相关链接

[1] 韩非：历来被人们称为韩非子，韩国贵族身份。与秦相李斯都是荀子的学生。韩非因为口吃而不擅言语，但文章出众，连李斯也自叹不如。他的著作很多，主要收集在《韩非子》一书中。韩非是战国末期带有唯物主义色彩的哲学家，法家思想的集大成者。

　　秦国决心统一天下，燕国已经岌岌可危，燕太子丹善待荆轲，让他前往秦国刺杀秦王，以期保全自己。

　　燕太子丹曾经在秦国作人质，秦王对他礼数不周，太子丹生气，就逃回了燕国。

　　太子丹心里怨恨秦王，想要报复，就向太子傅鞠武询问计策。鞠武建议西面与韩、赵、魏结盟，南面联合齐、楚，北面结交匈奴，然后找机会攻打秦国。太子丹说："您的计策，需要的时间太久了，令人心中烦闷，恐怕等不及。"

　　过了不久，秦将军樊於期在本国获罪，逃到了燕国。太子丹接纳他，并给他安排住处。鞠武为此劝谏太子丹，不要不顾国家安危，为了结交一人而得罪秦国，太子丹不听。

　　太子丹听说卫人荆轲[1]是一个人才，就用谦卑的言辞、优厚的礼品请他见面。见面后，太子丹对荆轲说："如今秦军已经俘虏了韩王，又兴兵往南攻打楚国，往北逼近赵国。如果赵国不能抵挡秦军，那么战祸一定会蔓延到燕国。燕国弱小，屡次被战争消耗，哪里能够抵挡秦军！而各诸侯国都向秦国屈服，不敢联盟抗秦。

　　"以我个人的愚计，认为若真能得到一位天下难得的勇士，让他出使秦国，乘机劫持秦王，逼秦王把侵占的土地归还各诸侯国，就像当年曹沫劫持齐桓公，逼迫桓公归还鲁国的失地一样。若能那样，就最好不过了。否则，就把秦王刺杀了。

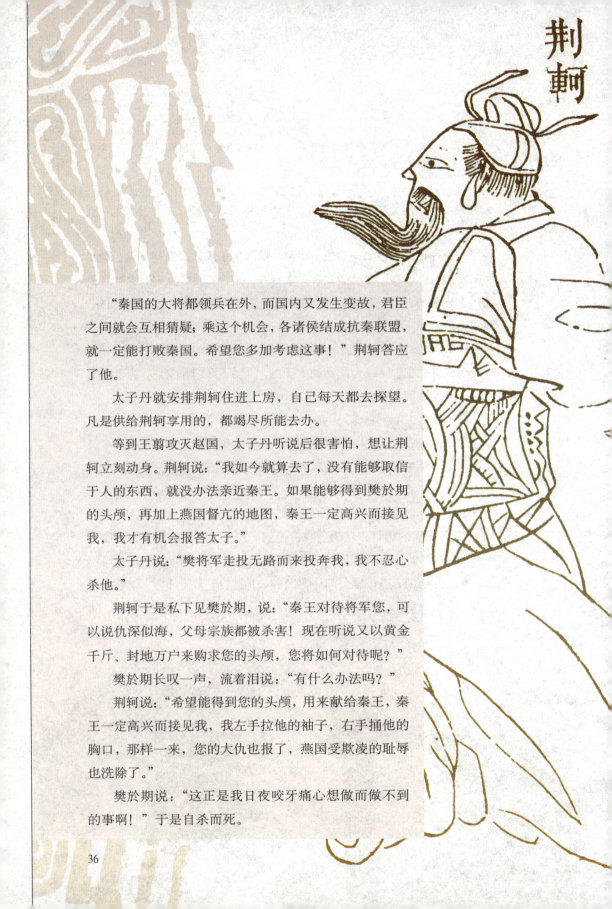

荆轲

"秦国的大将都领兵在外，而国内又发生变故，君臣之间就会互相猜疑；乘这个机会，各诸侯结成抗秦联盟，就一定能打败秦国。希望您多加考虑这事！"荆轲答应了他。

太子丹就安排荆轲住进上房，自己每天都去探望。凡是供给荆轲享用的，都竭尽所能去办。

等到王翦攻灭赵国，太子丹听说后很害怕，想让荆轲立刻动身。荆轲说："我如今就算去了，没有能够取信于人的东西，就没办法亲近秦王。如果能够得到樊於期的头颅，再加上燕国督亢的地图，秦王一定高兴而接见我，我才有机会报答太子。"

太子丹说："樊将军走投无路而来投奔我，我不忍心杀他。"

荆轲于是私下见樊於期，说："秦王对待将军您，可以说仇深似海，父母宗族都被杀害！现在听说又以黄金千斤、封地万户来购求您的头颅，您将如何对待呢？"

樊於期长叹一声，流着泪说："有什么办法吗？"

荆轲说："希望能得到您的头颅，用来献给秦王，秦王一定高兴而接见我，我左手拉他的袖子，右手捅他的胸口，那样一来，您的大仇也报了，燕国受欺凌的耻辱也洗除了。"

樊於期说："这正是我日夜咬牙痛心想做而做不到的事啊！"于是自杀而死。

太子丹听说后，跑去伏尸痛哭，但人已经死了，也没有办法，就用盒子把樊於期的头颅装起来。

太子丹事先已经求得天下少有的锋利匕首，让工匠用毒药浸泡，用人做试验，只要沾上一丝血液，没有不立刻死去的。于是打点行装让荆轲出发，派燕国勇士秦舞阳做他的副手，以使者的身份进入秦国。

秦始皇二十年（公元前227年），荆轲到达咸阳，通过秦王的宠臣蒙嘉，用谦卑的言辞求见秦王。秦王非常高兴，穿上朝服，召集群臣布置九宾大礼接见荆轲。

荆轲捧着地图进献秦王，并为秦王打开图卷。图卷完全展开的时候，匕首就露了出来，于是荆轲拉住秦王的袖子，拿起匕首刺他。匕首还没刺到，秦王已经受惊站起来，拉断了袖子。荆轲立刻去追秦王，秦王仓促之下拔不出剑，只好绕着柱子躲闪。

这时群臣都惊呆了，事情发生得太突然，以致他们都失去了常态。而且秦国法律规定，臣子在大殿之上不准携带任何兵器，所以大家只好一起徒手上前扑打荆轲，并且喊："大王背剑！"秦王把剑推到背后，才拔剑出鞘来砍荆轲，砍断了荆轲的左腿。

荆轲残废，就拿匕首向秦王掷去，但被铜柱挡住。荆轲自知行刺失败，就骂着说："这件事之所以没有成功，是想劫持活的，一定要拿到归还土地的契约来报答太子啊！"结果，荆轲被分尸示众 [2]。

秦王为此勃然大怒，向赵国增派军队，跟随王翦的军队攻打燕国。秦军与燕军和代王的军队在易水以西大战，秦军大败燕、代联军。

相关链接

[1] 荆轲：卫人，战国时著名侠客，因帮助燕太子丹前往秦国刺杀秦王而名传至今。荆轲早年很不得志，后经大臣推荐结识了太子丹。丹很看重荆轲，给予他非常优厚的待遇，几乎满足他的一切要求。后来荆轲奔赴咸阳，丹带领群臣亲自送到易水河边，著名乐师高渐离击筑，大家共同慷慨悲歌："风萧萧兮易水寒，壮士一去兮不复返！"

[2] 对于荆轲刺杀秦王，历来有不同的看法。有的认为荆轲是一位不折不扣的勇士，是一个大英雄；有的则认为荆轲是一个投机取巧于太子丹、看不清秦国统一天下的大势而又孤注一掷的人。

焚书坑儒

秦统一天下后，出于多种原因，李斯上书皇帝，认为儒生不但无所作为，且混淆百姓思想，扰乱法治，应该把他们的书籍都给烧掉。秦始皇采纳了李斯的建议，实行愚民政策，下令天下焚书，还活埋了几百儒生，给中华文化带来了惨重的损失。

秦始皇三十四年（公元前213年），丞相李斯上书说："从前各诸侯相争，都用丰厚的待遇招揽宦游的士人。现在天下平定，法令统一，百姓致力于农业和手工业生产，士人应该学习熟悉法令。

"现在儒生[1]们不学习今天的法令，而去学习古代的学问，用古代学问来批评当今社会，惑乱百姓，一起攻击法令教化。这些人听说新的法令已经颁布，就各用自己的学说议论它，在家则心生非难，出门在街谈巷议，靠夸耀主上来获取名声，靠标榜不同意见来显示高明，带领群众制造诽谤舆论。这样的事若不加禁止，就会使君主的威信下降，臣下之中分成不同的政治派别。当然是禁好！我请求命令史官，把史书中凡不是秦国撰写的全部烧掉。只要不是博士官所掌管，天下收藏的《诗》、《书》以及诸子百家的言论著作，都交给郡守和郡尉集中烧毁。有敢谈论《诗》、《书》的，处死；用古代的理论批评当今社会的，族诛；官吏知情而不举报的，与犯者同罪；命令下达三十天，还敢私藏以上书籍的，在脸上刺字，罚去做苦工。医药、卜筮、种树等方面的书不烧。如果有人想学习法令，让他以官吏为师。"秦始皇下令照办。次年，侯生、卢生互相讥讽议论秦始皇，害怕罪责难免，于是逃走了。秦始皇听说后，非常生气，说："卢生这些人，我对他们那么尊重，赏赐也很丰厚，现在居然诽谤我！那些还在咸阳的儒生，我要派人去查问，看看有没有人妖言惑众扰乱百姓的。"于是让御史一一加以盘问。

儒生之间互相告发牵连，最后捕获有罪之人四百六十多名，都在咸阳活埋，并通报天下，用以惩戒后人[2]。

相关链接

[1] 儒生：原指遵从儒家学说的读书人，后来泛指读书人。

[2] 儒家：先秦时期的一个思想流派，属于"百家"之一，以孔子为代表，主张以礼治国，强调传统的伦理关系。从南北朝时开始被称为儒教，和道教、佛教并称。

　　始皇去世以后，根据人们的认识，本来应该扶苏继位，可是赵高串通李斯给他发布虚假赐死诏令，扶植胡亥篡夺帝位，是为秦二世。

　　秦始皇三十七年（公元前210年），秦始皇出外巡游，在平原津地方病倒了。始皇很厌恶谈论死，所以群臣中没有人敢提始皇死后的事。等到病情更加严重时，才命令中军府令掌管符玺[1]的赵高写诏书给长子扶苏，说："回来治丧，到咸阳会合后安葬我。"诏书已经封好，在赵高那儿，还没有交给使者送出。

　　秋，七月二十日，秦始皇在沙丘平台驾崩。丞相李斯因为君主在外驾崩，担心各皇子争位及天下发生变故，所以秘不发丧，把棺材藏在有帘子遮阴的车子里，由始皇以前宠幸的宦官在旁边陪乘。每到一个地方，始皇饮食、百官上奏都像以前一样，由宦官在车中假冒始皇，准许大臣所奏的事情，只有胡亥、赵高还有受宠幸的宦官等五六人知道这件事。

　　当初，秦始皇尊宠蒙氏兄弟，非常信任他们。蒙恬在外为将，蒙毅在朝中参与谋划，有忠信之誉，就算是列为将相的人也不敢与他们争执。赵高没有生育能力，秦始皇听说他力气大，又精通刑狱法令，就提拔他当中车府令，让他教导胡亥如何断案，胡亥很宠幸他。赵高犯罪，秦始皇让蒙毅处理。蒙毅认为赵高依法应当处死，秦始皇因为赵高办事机敏，就把他赦免了。

　　赵高一向受胡亥宠幸，又怨恨蒙氏兄弟，于是劝说胡亥，请求假造始皇命令杀死扶苏，立胡亥为太子。胡亥同意了他的计谋。

　　赵高说："不和丞相合谋，恐怕大事不能办成。"

　　于是去见丞相李斯，说："始皇给扶苏的诏书与符玺，都在胡亥那儿。立谁为太子，就凭丞相您与我二人说的算。您看这事情怎么样？"李斯说："怎么能说这种亡国之言！这不是为人臣子所应当议论的！"

　　赵高说："您在才能、谋虑、功劳、劳而无怨以及是否受扶苏宠信，这五个方面能否与蒙恬相比？"

　　李斯说："比不上。"

　　赵高说："这样说来一旦扶苏即位，一定任用蒙恬为丞相，那看来您终究不能够身怀列侯印玺而荣归故里了。胡亥仁慈忠厚，可以做继承人。希望您仔细考虑，决定此事！"

○品画鉴宝

武士头像（秦）武士头戴高冠，圆脸，面部略带微笑，神情毕现。

　　李斯认为赵高说得有理，就与赵高一起谋划，假称得到始皇诏令，立胡亥为太子。另外伪造了一封诏书给扶苏，责备他不能开辟疆土，建立功业，使士兵受到损耗，反而屡次上书，直言诽谤，日夜抱怨，唯恐不能回来做太子。而将军蒙恬不加矫正，参与他的谋划，也依律一并赐死[2]，将军队交给副将王离。

　　扶苏打开诏书，看后哭了起来，进入内室想要自杀。

　　蒙恬说："陛下在外巡游，还没有立太子，命令我率三十万军队驻守边界，而让公子您监督，这是国家的重任！现在才一个使者来，你就自杀，你怎么知道这不是个骗局！再次请求以后再死，也不算晚。"使者屡次催促，扶苏对蒙恬说："父亲命令儿子死，还有什么可请求的！"就自杀了。蒙恬不肯自杀，使者就把他交付有关官吏，囚禁在阳周。又将护军一职更换为李斯的手下，然后使者就回去报告了。胡亥听说扶苏已死，就想释放蒙恬。正好蒙毅为始皇出巡而祈祷山川，回来时路过，赵高就对胡亥说："先帝想立贤能的你为太子已经很久了，而蒙毅劝谏说不可以，不如把他杀了！"于是把蒙毅囚禁在代县。

　　然后从井陉出发，抵达九原。当时正值酷暑，装载棺材的凉车发出臭气，于是下令随从将一石鲍鱼装在车上，用鲍鱼的臭味掩盖尸体的腐臭。车队走直道到达咸阳，然后才发丧。太子胡亥继承了皇位。

九月，将秦始皇安葬在骊山。秦始皇墓挖得很深，就想办法隔断了地下水；又想办法运来各种奇珍异宝，藏在墓穴里，装得满满的；命令工匠制作机关弓弩，有敢挖进来盗墓的，机关会自动发射将靠近者射杀；用水银模拟百川、江河、大海，靠机械灌注输送；后宫嫔妃没有子女的，一律让她们殉死陪葬。

下葬以后，有人说工匠们制造机关，知道其中的秘密，里面藏宝丰富，恐怕他们泄露。于是等安葬完毕，把工匠全部封闭在墓穴之中。

秦二世想诛杀蒙氏兄弟，二世的侄子子婴向他劝谏，让他莫杀功臣，二世不听。于是先杀了蒙毅，蒙恬听说后，服毒自尽。

○ 品画鉴宝

兵马俑（秦） 兵马俑军阵群容宏伟，气势庞大，锐不可当。体现了秦国军队的威式与强盛。

相关链接

〔1〕秦朝的皇帝玉玺上刻有"受命于天，既寿永昌"八个字，表示秦对天下的统治是遵从天命的，并且其统治将昌明鼎盛直到永远。

〔2〕按照古代传统理论，人们之间长幼尊卑有序，并且"君为臣纲，父为子纲"，"君叫臣死，臣不得不死；父叫子亡，子不敢不亡"。所以李斯赵高他们以始皇名义赐死扶苏。

刘邦起兵沛县

陈胜、吴广起义以后，天下群雄并起，硝烟弥漫。这时出现了一个放荡不羁的真命天子——刘邦。

刘邦，字季，长得高鼻梁，面有龙相，左边大腿有七十二颗黑痣。刘邦为人仁爱，喜好施舍财物，心胸宽阔，不拘小节。刘邦一向心怀大志，不肯从事那些平常人赖以养家糊口的事情。

起初，刘邦在泗水上做亭长[1]。单父县人吕公，喜欢给人看相，看见刘邦相貌，认为很奇特，就把女儿嫁给他做妻子。

后来刘邦作为亭长，为县里送刑徒[2]到骊山，刑徒在半路上逃走了很多。刘邦估计等到了骊山，刑徒也跑得差不多了，于是到了丰地以西一个沼泽中的亭子，就停下来喝酒。

到了晚上，刘邦释放所有的刑徒，对他们说："你们都走吧，我也要从此逃亡了。"

刑徒之中，年轻力壮而愿意跟从他的有十几人。

刘邦喝了酒，晚上穿过沼泽，看到一条大蛇挡在路上。刘邦拔出剑来，把蛇砍死了。

有一个老妇人哭着说："我的儿子，是白帝的儿子啊，化身为蛇，在路中间。现在赤帝的儿子把他杀了！"说完后，忽然不见了。

刘邦逃亡过程中，藏身于芒、砀的山泽之中，屡屡发生这样的怪事。沛县年轻人听说后，很多人想去归附他。

陈胜在大泽乡起义后，沛县县令想据沛县响应陈胜。

县掾萧何、主吏曹参说："您是秦国官吏，现在想背叛秦，这样去命令沛县的子弟，他们恐怕不会听从。希望你征召那些逃亡在外的，可以获得几百人，然后再胁迫大家，大家就不敢不听了。"于是命令樊哙去征召刘邦。

这时刘邦的手下已经有几百人，沛县县令后悔，害怕他会叛变。于是紧闭城门，严加防守，想杀萧何、曹参。萧何、曹参害怕，越过城墙逃走，投奔刘邦以求自保。

刘邦写了一封信，射到城上，送给沛城父老看，为他们陈说利害得失。沛城父老就率领子弟一起杀死沛县县令，开门迎接刘邦，立他为沛公。

漢髙祖

　　萧何、曹参等人为他招收沛县子弟，得到两三千人，以这些人马响
应天下诸侯。

相关链接

〔1〕亭长：秦时，行政区划分从高到低依次是郡、县、乡、亭、里，亭在乡下，是
　　　很低的行政单位，亭的长官也就是亭长，属于基层地方官员。
〔2〕刑徒：秦朝刑法苛刻，人民动不动就犯了罪名。刑徒一般要从事劳役。刘邦
　　　押送刑徒到骊山，就是从事修建陵墓、宫殿等劳役。

　　赵高依仗得宠于秦二世，在朝中排除异己、胡作非为，他给李斯罗列罪名，最后将他腰斩于咸阳街市。

　　秦郎中令赵高依仗二世恩宠专横跋扈，因为私仇诛杀了很多人。他害怕大臣入朝奏事，向二世报告这些事，于是向二世进言说：

　　"天子之所以尊贵，不过是因为群臣只能听到他的声音，而不能见到他的容颜罢了。况且陛下还很年轻，未必能对每件事情都熟悉，现在坐在朝廷上听群臣禀报事务，赏罚举止如有不当的地方，就会在大臣们面前暴露自己的短处，从此便不能向天下人显示您的圣明了。

　　"所以陛下不如深居宫中，由我和熟习法律的侍中们一起等事情入奏，事情奏上来以后，再与您一起研究处理。这样，大臣们就不敢胡乱上奏是非不明的事，天下人都会称您为圣明的君主了。"

　　二世采纳了赵高的建议，不再坐朝接见大臣，常常住在禁宫里。赵高在宫中侍奉左右，掌管事务，一切事情都由他来决定。

　　赵高听说丞相李斯对此不满，就去见李斯，说："现在关东地区盗贼很多，皇上却增调服徭役的人去造阿房宫，搜集猎狗快马这些无用的东西。我想进谏，担心自己地位卑贱，不敢劝说。这其实是您分内的事，您为什么不去劝谏呢？"

　　李斯说："是啊，我很久前就想劝谏了。现在皇上不坐朝廷，总是住在深宫之中。我想对他说的话，又是不能让别人转达的。想求见他，他又没有空闲。"

　　赵高说："您如果真能劝谏他，等到皇上有空闲时我一定来通知您。"

　　于是赵高等二世正在饮酒作乐，美女站在面前的时候，派人通知李斯说："现在皇上有空，可以进去奏事了。"李斯就到宫门求见。

　　这样的情况发生好几次，二世生气了，说："我平常有空，他不来。我正寻欢作乐，他就要来报告国家大事。难道李斯认为我年少无知，还是认为我见识浅陋？"

　　赵高趁机进谗言说："当初沙丘密谋，丞相是参与了的。现在陛下已继位做了皇帝，而丞相的地位并没有提高，这就说明他的意思是想割地称王。而且陛下您不问我，我也是不敢说的，丞相的长子李由做三川郡守，楚地反贼陈胜等人都是丞相家乡邻近县邑的子弟，因此他们才敢公然横行，经过三川城下，郡守李由也不肯出击。我还听说他们有书信往来，因为还未核实，所以不敢禀告陛下。何况丞相在宫廷之外，权力比陛下还大。"

二世相信了赵高的话，想惩办李斯，但又怕情况不实，就先派人调查三川郡守李由跟反贼沟通的情况。

李斯听说这事，就上书揭发赵高的短处，说："赵高专擅大权，权力可与陛下相比。从前田常做齐简公的相国，窃取齐简公的恩威，下得到百姓的欢心，上得群臣的支持，终于弑齐简公，夺取了齐国，这是天下人都知道的事情。现在赵高图谋不轨，有危乱反逆的行为，私人的财富可与田常在齐国为相时相比。他又贪得无厌，追逐利益没有止境，现在权力地位仅次于君主，利用陛下的威信，怀有不可告人的野心。陛下您不将他除去，我担心赵高迟早会发难啊。"

二世说："怎么会呢！赵高原来是宦官[1]，但他不因安定而放纵，不因危难而变心，努力改善自己的品德。他的地位是凭借自己的努力得来的，凭借忠诚得到升迁，依靠诚信保持地位，我确实认为他很贤能，而你却怀疑他，为什么呢？况且我不信赖赵高，又信赖谁呢！而且赵高为人精明廉洁，坚强而有毅力，下通人情，上合我意。希望你不要再怀疑他！"

二世向来宠幸赵高，怕李斯杀了他，就私下里把李斯进谏的事告诉赵高。赵高说："丞相所担心的只有我赵高一人；我死以后，丞相就要学田常造反了。"

这时，天下起义的军队越来越多，朝廷不停地征发关中士兵往东攻打义军。左丞相冯去疾、右丞相李斯、将军冯劫为此劝谏二世，让他暂时停止修建阿房宫，减轻徭役。

二世非常生气，就将冯去疾、李斯、冯劫交给掌管刑狱的官吏，立案审讯他们还有没有其他罪过。冯去疾、冯劫自杀了，只有李斯进了监狱。二世将李斯交给赵高处理，查问李斯与儿子李由一起谋反的情况，将他们的宗族、宾客全部逮捕。赵高残害李斯，拷打他一千余下，李斯忍受不了苦楚，只好含冤认罪。

李斯之所以没有自杀，是因为自负辩才，对国家有功，而且实际并没有谋反的心思，想上书为自己辩说，希望二世醒悟，将他赦免。

于是从监狱上书，说："我身为丞相，治理人民已经三十多年了。当初秦国地方狭隘，不过千里，士兵也只有几十万。我竭尽自己微薄的才能，暗中派遣谋士，资助钱财宝玉，让他们到各诸侯国游说。又在国内

修治武备，整饬政教，让英勇作战之士为官，尊奉有功之臣。所以最终能够胁迫韩国，削弱魏国，攻破燕、赵，平定齐、楚，最后兼并六国，俘虏他们的君主，立秦王为天子。

"又向北驱逐胡、貉，向南平定百越，来显示秦国的强大。还统一文字、度量衡，颁行天下，以树立秦国的威名。这都是我的罪过，我早就该死了！幸好陛下认为我尽了力，才能活到今天。希望陛下明察！"

书奏呈上以后，赵高命令官吏丢掉而不给二世看，说："囚犯怎能上书！"赵高又派他的门客十多人，伪装成御史、谒者、侍中，轮番讯问李斯。李斯改用实情回答，赵高就叫人再严刑拷打。后来二世派人验证李斯的口供，李斯以为还会跟前些日子一样，终于没敢更改自己的口供。李斯已经在供词上服罪，奏报上去，二世高兴地说："如果没有赵高，我差一点被丞相出卖了。"

当二世派去调查李由的人到达三川郡时，李由已被楚国的起义军杀死了。使者回来，正赶上李斯被关进监狱，赵高就胡乱伪造了一通谋反的内容扣在李斯头上。

最后决定处李斯五刑，在咸阳街市腰斩。李斯走出监狱，跟他的次子一起被押赴刑场，他回过头来对他的次子说："我想再和你牵着黄色的猎狗，一起出上蔡县的东门，去猎杀野兔，怎么还能做到呢！"于是父子相对而哭。

结果李斯被灭了三族[2]。二世就任命赵高做丞相，事情不论大小都由赵高决定。

相关链接

〔1〕 宦官：即太监，古代阉割生殖器后在皇宫里从事侍奉以及简单劳役的男子。赵高在很年轻的时候就做了宦官，先期侍奉秦始皇，后来侍奉二世。在皇帝的荫蔽下，他的权力很是强大。

〔2〕 三族：指父族、母族、妻族。古代刑法，根据犯人罪行轻重，有诛三族、九族等说。

和刘邦一样，项羽也是反秦力量之一。巨鹿一战，使项羽名声大振，成了各路诸侯的首领。

秦二世二年（公元前208年），秦将王离兵围巨鹿 [1]。次年，章邯修筑甬道连到黄河，通过它给王离运送军粮。王离军队的粮食充足，便加紧攻打巨鹿。

巨鹿城内粮食耗尽，士兵人数不足，张耳多次派人请陈馀前来援救。陈馀估计兵力不足，不能战胜秦军，不敢去救巨鹿。

这样过了几个月，张耳大怒，埋怨陈馀，派张黡、陈泽前去责备陈馀说："当初我和你为生死之交，现在赵王和我早晚性命不保，而你掌握着士兵几万人，却不肯前来援救，当年所说的同生共死在什么地方！如果信守前言，为什么不与我同赴秦军战死？况且还有十分之一二得以保全的机会。"

陈馀说："我估计前往巨鹿终究不能拯救赵军，白白牺牲所有的军队。而且我陈馀之所以不与你一起赴死，是想留下机会为赵王和你向秦报仇。现在一定要共同赴死，就像把肉块丢给饿虎一样，有什么好处呢！"

张黡、陈泽请求陈馀出兵一起死战，陈馀于是让张黡、陈泽带领五千人先试着进攻秦军。到了阵前，与秦军交战，五千人全部战死。这时，齐国的军队、燕国的军队都来援救赵国。张耳的儿子张敖通过收编北面代地的士兵，得到一万多人，也已带领他们赶来。这些军队都在巨鹿附近设营固守，不敢攻打秦军。

这时，项羽已经杀了不肯出兵救赵的楚上将军宋义，而后自己又被楚怀王 [2] 任命为上将军，威名震动楚国。他派遣当阳君、蒲将军带领军队二万人，渡河去救巨鹿。交战之后，取得了一些小的胜利，切断了章邯给王离部队运粮的甬道，使王离的部队因补给中断而缺粮。陈馀再次向项羽请求增援，于是项羽率领全部人马前去救援。

军队渡河以后，项羽下令把所有的船只凿沉，把做饭用的锅盆全部砸烂，把营房全部烧掉，每人只带三天干粮，以此向全军将士表示必死的决心，没有任何撤退的意思。因此楚军一到巨鹿，就包围了王离，与秦军接战，经过九次交锋，大败秦军。章邯领兵退却。诸侯的援军这时

○ 品画鉴宝

彩绘车马（秦）此俑为车驾俑，双手作持马缰状，神情专注，比例准确，栩栩如生。

才敢前进攻击秦军，杀死苏角，俘获王离，涉间不肯投降，自焚而死。

在这个时候，楚军之强为各路诸侯军之冠。援救巨鹿的各路诸侯军有营垒十几座，却没有敢出兵进击的。等到楚军攻打秦军的时候，各诸侯军的将领都在营垒上观战。楚军战士无不以一当十，喊杀声震天动地，各诸侯军将士无不心怀畏惧。结果打败秦军以后，项羽召见各路诸侯军将领，这些将领进入辕门的时候，无一不是跪着前行，谁也不敢仰视。项羽从此成为诸侯军的上将军，各路诸侯都服从他指挥。

相关链接

〔1〕巨鹿：位于现在的河北省邢台市。

〔2〕楚怀王：？—公元前205年，楚国没落贵族。楚国灭亡以后，曾隐居乡下。项羽起兵以后，立他为精神领袖，用以号召天下。后被尊为"义帝"，死于项羽谋杀。

　　赵高拥立二世以后，权倾朝野，胡作非为，不但排除了异己李斯，还指鹿为马，愚弄皇帝。后来干脆就想把二世除掉自己称帝。多行不义必自毙，他最终死在子婴手下。

　　中丞相赵高想独揽秦廷大权，又担心群臣不服，于是先进行试验，献一头鹿给二世，说："这是马。"二世笑着说："你错了吧，怎么把鹿叫做马？"于是向侍立左右的大臣们询问，大臣有的沉默不语，有的说是马来奉承赵高，有的则说是鹿。于是，赵高暗中将那些说是鹿的人治罪。此后群臣都畏惧赵高，没有人敢说他的过错。

　　赵高以前多次对二世说："关东的反贼，成不了什么气候。"等到项羽俘虏王离等人，章邯率领的大军又屡次失败，上书请求增兵。函谷关以东地区，人民几乎全都背叛秦朝官吏，响应各路诸侯，诸侯也都各自率领部下向西进攻。

　　秦二世三年（公元前207年）八月，刘邦率几万人攻打武关，屠灭了全城。赵高唯恐二世为这些事发怒，招致杀身之祸，就借口生病，不去朝见二世。二世梦见白虎咬自己座车的左边骖马，把它咬死，心中闷闷不乐，觉得很奇怪，便去询问占梦的人。占梦的人占卜之后说："泾水作祟。"二世便在望夷宫斋戒，想去泾水上祭神，把四匹白马沉在泾水中讨好神灵。又派使者就反贼之事责备赵高，赵高害怕，便暗中与他的女婿咸阳令阎乐和弟弟赵成谋划说："皇上不听从劝告，现在战事紧迫，就想归罪于我。我想另立皇帝，拥立子婴[1]。子婴仁爱俭朴，百姓都听从他的话。"于是让郎中令作内应，谎称宫里有厉害的强盗，命令阎乐召集官吏，出动士兵追捕。又劫持阎乐的母亲带到赵高府邸作人质，派遣阎乐率领官兵一千多人来到望夷宫殿门，捆绑了卫士长、仆射，说："强盗进入宫禁，为何不加以制止？"卫士长说："周围的区域内巡逻哨卡都很严密，怎么会有强盗敢进入宫内？"阎乐于是杀死了卫令，率领官兵直接冲进宫中，一边前进一边向郎官和宦官射箭。郎官及宦官十分惊恐，有的逃跑，有的抵抗。抵抗的立刻被杀死，死了几十人。郎中令与阎乐一起进入寝宫，用箭射二世的帷帐。二世大怒，召唤身边侍卫。侍卫们都惶恐混乱不肯战斗。二世身边有一位宦官侍奉二世，不敢离开。二世进入内殿，对宦官说："你为什么不早点告诉我，形势竟然到了这个地步？"

宦官说："我不敢对你说，所以能够保全性命。假如我早就对你说，早都被杀了，哪能活到今天？"

阎乐上前靠近二世，指斥他的罪过说："你骄纵妄为，任意诛杀无罪之人，天下一起反叛你。现在你为自己作最后的打算吧。"

二世说："能见丞相一面吗？"阎乐说不能。

二世说："我希望能得到一郡的地方去做藩王。"阎乐不答应。

二世说："希望做有万户食邑的侯爵。"还是不答应。

二世说："希望与妻子儿女一起贬为庶民，就像各位公子一样。"

阎乐说："我受丞相的命令，为天下人诛杀你。你就是说得再多，我也不敢回报给丞相。"然后指挥士兵进击，二世自杀而死。

阎乐回来报告赵高，赵高便召集所有大臣和公子，将诛杀二世的情况告诉他们，说："秦原来是诸侯国，始皇君临天下，所以称皇帝。现在六国又各自复国，秦国地方更加狭小，仍然沿用空头名义称为皇帝，不

应该。应该像以前一样称为王，比较合适。"于是立子婴为秦王，以庶民的身份埋葬了二世。

九月，赵高让子婴斋戒，到宗庙[2]参拜祖先，接受传国的玉玺。

斋戒五天后，子婴与他的两个儿子商量说："丞相赵高在望夷宫杀了二世皇帝，害怕群臣把他杀掉，才假装遵照大义拥立我。我听说赵高与楚军约定，消灭秦朝的宗室之后，在关中分别称王。如今他让我斋戒，到宗庙参拜，这是想乘机在宗庙里杀我啊。我不如称病不去，丞相一定会亲自前来请我，他来了就杀掉他。"赵高派了几拨人去请子婴，子婴就是不动身。

赵高果然亲自前往，说："参拜宗庙是大事，大王您为何不去？"子婴就在斋戒的地方杀了赵高，并诛灭赵高三族。

相关链接

〔1〕子婴：? —公元前206年，姓嬴，名子婴，据说是秦二世的侄子，秦朝最后一个统治者，刘邦进入咸阳后投降。后被项羽所杀。

〔2〕宗庙：古代帝王或诸侯设置自己祖先灵位和祭拜祖先的地方。

帝王世系表　西汉高祖（公元前 256 – 前 195 年）

西汉高祖·刘邦　西汉惠帝·刘盈　西汉前少帝·刘恭　西汉后少帝·刘弘　西汉文帝·刘恒　西汉景帝·刘启　西汉武帝·刘彻　西汉昭帝·刘弗陵　西汉宣帝·刘询　西汉成帝·刘骜　西汉哀帝·刘欣　西汉平帝·刘衎　新朝·王莽　东汉光武帝·刘秀　东汉章帝·刘炟　东汉和帝·刘肇　东汉殇帝·刘隆　东汉安帝·刘祜　东汉顺帝·刘保　东汉冲帝·刘炳　东汉质帝·刘缵　东汉桓帝·刘志　东汉灵帝·刘宏　东汉献帝·刘协

汉纪 公元前206 – 220年

两汉时期是中国历史上一个重要的阶段，它继承和巩固了自秦朝开始的统一国家，经济繁荣、国力强盛、人民安乐，呈现出一派太平盛世的景象，成为当时世界上最强大的帝国。

汉朝实行土地私有制，可以自由进行买卖。文景时期，实行贵粟政策，使国家存粮增加，经济实力增强，商人的地位有了一定幅度的提高。

汉朝是科技与文化非常辉煌的一个时期。国家十分重视教育，武帝时期设置的大学是中国古代的第一所学校。在史学方面，司马迁的《史记》是中国第一部纪传体通史。班固的《汉书》是中国历史上第一部内容完整的断代史。汉政府设立乐府，广为搜集民间诗歌，即为乐府诗。

在科技方面，东汉时的蔡伦改进了造纸技术，此造纸术成为中国的四大发明之一。东汉张衡制成了世界上第一台能够预报地震的候风地动仪。张仲景因《伤寒杂病论》而被尊为中华"医圣"。《周髀算经》及《九章算术》则是数学领域的杰作。

在汉朝时期，中国的典章制度、语言文字、文化教育、风俗习惯等方面逐渐统一，构成了共同的汉文化，出现了统一的汉民族。"汉"从此成为了伟大的华夏民族不朽的名字。

大事年表

- 公元前 206 年／刘邦入关亡秦，子婴降。项羽入咸阳，杀子婴，分封诸侯，自立为楚霸王。刘邦被封为汉王。
- 公元前 205 年／刘邦东进，入彭城，被项羽打败，退至荥阳，两军相持。
- 公元前 202 年／刘邦军围项羽于垓下，项羽突围南走，至乌江，自刎。刘邦即皇帝位，都洛阳。不久，迁都长安。
- 公元前 188 年／惠帝死，吕后临朝称制。
- 公元前 154 年／吴楚七国之乱。
- 公元前 136 年／汉武帝罢黜百家，独尊儒术。
- 公元前 104 年／司马迁开始著《史记》。
- 公元前 87 年／汉昭帝即位，霍光辅政。
- 公元 18 年／樊崇起义于莒（今属山东），史称赤眉起义。
- 公元 25 年／刘秀建立东汉。
- 公元 73 年／班超第一次出使西域。
- 公元 166 年／第一次党锢事件。
- 公元 184 年／张角领导黄巾军起义。
- 公元 189 年／董卓进洛阳。
- 公元 200 年／官渡之战，曹操大败袁绍。
- 公元 208 年／赤壁之战，孙权、刘备联军大破曹军。

公元前206年，刘邦率兵进入咸阳，子婴投降，秦朝结束。但刘邦并没有滥杀无辜，也没有在秦地称王，而是安抚人民，还军霸上。

汉高帝元年（公元前206年）十月，沛公刘邦率领军队抵达霸上。秦王子婴乘坐白车、驾着白马，颈上系着绳子，将皇帝玉玺和符节封好，在轵道亭旁边向刘邦投降。

众将领中有人主张杀掉子婴，刘邦说："当初怀王派我前来，就是因为我能宽容待人。何况人家已经投降了，再杀他是不吉利的。"于是把子婴交给官吏处置。

刘邦领兵向西进入咸阳，众将领都争先恐后地跑到秦贮藏金帛财物的府库，将金帛财物抢出来分掉。只有萧何先进去收取秦丞相府的地图册和户籍档案，将它们收藏起来。刘邦因此得以详细地了解天下的自然险要、户口的多少以及力量强弱的分布。

刘邦看到秦的宫室、帷帐、猎狗、骏马、重宝和宫女不计其数，就想留在皇宫里居住。樊哙劝谏说："您是想拥有天下呢，还是只想做一个富翁？所有这些奢华美丽的东西，都是秦朝灭亡的原因，您要它们做什么？希望您赶紧返回霸上，不要留在宫中！"刘邦不听。

张良[1]说："秦暴虐无道，所以您才能够来到这里。为天下人铲除残害百姓的秦贼，应当像服丧一样身穿缟素，以此赢得人心。如今您才刚入咸阳，就安于享乐，这就是人们所说'助桀为虐'啊！况且忠言逆耳利于行，良药苦口利于病，希望您听从樊哙的劝告。"刘邦于是率领大军返回霸上。

十一月，刘邦将各县的父老和地方豪强全都召集起来，对他们说："父老们被秦朝苛刻的法律所苦已经很久了。我与诸侯们约定，先入关中的人，在关中为王。按照约定，我就应当在关中称王。现在与父老们约法三章：杀人者处死，伤人者和偷盗者抵罪。

"除此之外，秦朝的法律统统废除，各官吏和百姓都按照原来的位置不动。我之所以到这里来，是为了替父老们除害，而不是要来侵犯你们，请你们不必害怕！况且我率领军队返回霸上，只是要等各路诸侯到来以后，一起制订法令，好让大家安居乐业罢了。"于是派人和秦朝的官吏一起走遍各县、乡、邑，向人们传达解释这些意思。

秦地的百姓非常高兴，争着献上牛、羊、酒和饭食来慰问刘邦的将士。刘邦辞让不肯接受，说："仓库中的粮食还很多，没有缺乏，不想让百姓破费。"百姓们更加高兴，唯恐刘邦不在秦地称王。

相关链接

[1] 张良：？－公元前186年，字子房，秦末汉初著名军事家。张良本为韩国贵族，其先人曾五世为韩相，至秦灭韩，张良开始四处流浪，曾于博浪沙锥击秦王，未遂。后从刘邦，为其统一和巩固天下立下了汗马功劳，和萧何、韩信并称为汉初三杰。

刘邦（公元前256－前195年）
字季，沛县丰邑人，西汉开国皇帝，史称汉高祖，政治家，军事家，于公元前209年起兵反秦，前206年进入咸阳，推翻秦朝，后与项羽发生楚汉战争，前202年打败项羽，统一天下。

项羽进入关中以后，设宴鸿门，宴请刘邦，其间暗藏杀机。但他并没有把握好这次机会，让刘邦得到了一条生路，以至于日后成了自己最强大的竞争对手。

汉高帝元年（公元前206年），沛公刘邦进入咸阳后，有人劝他说："关中地区比其他地方富裕十倍，且地势险要。听说项羽封章邯为雍王，称王于关中。现在如果他来了，您恐怕就不能再拥有此地。应当迅速派兵驻守函谷关[1]，不让诸侯的军队进入。然后再慢慢从关中地区征招士兵，增强自己的实力，抵御诸侯军队。"刘邦认为他的计谋有道理，就听从了。

不久，项羽到达函谷关，关门紧闭。项羽听说刘邦已经占据了关中，大怒，派黥布等人攻破了函谷关。

十二月，项羽进军到戏。刘邦的左司马曹无伤为了求得项羽的封赏，派人告诉项羽说："沛公想在关中称王，任命秦王子婴为相，奇珍异宝全都收归己有。"项羽大怒，让将士饱餐一顿，打算第二天进攻刘邦的军队。当时，项羽有四十万士兵，号称百万，驻扎在新丰县的鸿门[2]；刘邦有十万士兵，号称二十万，驻扎在霸上。

范增劝项羽说："刘邦在崤山以东的时候，既贪财又好色。现在进入了关中地区，不搜刮财物，不宠幸女色，说明他的野心不小啊。我让术士望他的气，都是龙虎形状，有五色的云气缭绕，这是天子的气啊！赶快进攻他，不要错失良机。"

楚的左尹项伯，是项羽的叔父，平时与张良的关系很好，就骑着马连夜赶到刘邦的军营中，偷偷会见张良，把事情全都告诉了他，想让张良和他一起走，说："别跟刘邦一块死！"

张良说："我为韩王送沛公，如今沛公有难，我自己逃走，是不义之举，不能不告诉他。"张良就进去禀报刘邦，刘邦听了惊恐万分。

张良说："您估计兵力足以抵挡项羽吗？"

刘邦沉默了一会，才说："兵力实在不如他。该怎么办呢？"

张良说："请让我去告诉项伯，说您不敢背叛项羽。"

刘邦说："你怎么和项伯有交情啊？"

张良说："秦朝时他和我一起出游，他曾经杀人，是我救了他；现在情况紧急，所以他幸而来告诉我。"

刘邦说："你和他年龄谁大？"

张良道："他比我大。"

刘邦说："你帮我叫他进来，我要当兄长一样对待他。"

张良出去，坚持邀请项伯进去，项伯于是进去见刘邦。刘邦手捧酒杯为项伯祝寿，并与他相约结为亲家，说："我入关以后，连一点小东西都没有碰过，登记官民百姓，封闭府库，等项羽将军到来。我之所以派兵把守函谷关，是为了防备盗贼出入和异常的情况。我日夜盼望项羽将军到来，怎么敢反叛呢？希望您将我的心意全都告诉项羽将军。"

项伯答应了，对刘邦说："你明天一定要早点来，亲自向项王道歉。"

刘邦说："一定。"

于是项伯又连夜回去，回到军营后，把刘邦的话报告给项羽，趁机说："刘邦如果不事先攻下关中，您又怎么敢进来呢？现在人家立了大功却还要去攻打，是不义呀。不如就此好好对待他。"项羽答应了。

第二天，刘邦带领一百多名随从骑马到鸿门见项羽，道歉说："我与将军合力攻秦，您在黄河以北作战，我在黄河以南作战，自己也没想到能先攻入关中，能够在这里与您再次相见。现在有小人进谗言，让您与我之间产生隔阂。"

项羽说："这是你的左司马曹无伤说的，否则，我怎么会这样做呢？"项羽就留刘邦一起喝酒。

范增几次向项羽使眼色，并三次举起他佩带的玉玦暗示项羽快下决心，项羽沉默不语，没有回应。范增起身出去，召来项庄，对他说："项王心慈手软，你进去给刘邦敬酒祝寿，祝完寿以后，请求表演舞剑，乘机在坐席上袭击刘邦，把他杀了。不然的话，你们都将被他俘虏！"

项庄就进去为刘邦祝寿，然后说："军营中没有什么娱乐，请让我为你们舞剑吧。"

项羽说："好。"项庄于是拔剑起舞。

项伯也起身舞剑，不时用身子护住刘邦，使项庄无法行刺。

于是张良到营帐门前见樊哙，樊哙说："现在事情怎么样了？"

张良说："现在项庄拔剑起舞，心思却放在沛公身上。"

樊哙说："那样说沛公情况紧急了，让我进去与项庄拼命！"

樊哙就握着剑、举着盾往里闯，营帐门前的卫士想挡住他不让他进去，樊哙侧过盾牌一撞，把卫士撞倒在地上。

　　于是闯进去，掀开帷幕站在那里，睁大眼睛瞪着项羽，头发竖了起来，眼眶两边像要裂开一样。

　　项羽握住剑柄站起来，问："你来干什么？"

　　张良说："这是沛公的参乘樊哙。"

　　项羽说："真是壮士！赐他一杯酒！"

　　左右侍从给了他一大杯酒。樊哙拜谢，起身后，站着一饮而尽。

　　项羽说："赐他猪腿！"

　　侍从们给了他一条生猪腿。樊哙把他的盾牌倒扣在地上，把猪腿放在盾牌上面，拔出剑来切下肉大口吞吃。

项羽说："壮士，还能再喝吗？"

樊哙说："我连死都不躲避，还会推辞一杯酒吗？秦有虎狼一般的野心，杀人就像怕杀不完一样，用刑罚也唯恐用得不够，天下的人都反叛他。楚怀王曾与各路将领约定：'先打败秦军攻入咸阳的，在关中为王。'现在沛公先打败秦军，攻入咸阳，却连一点点小东西都不碰，就率领军队返回霸上等待将军到来。劳苦功高成这样，您非但没有封爵赏赐，还听信小人的谗言，要诛杀有功之人。这是在重蹈秦朝的覆辙，我认为您这样做是不可取的！"

项羽无话可答，就说："坐。"樊哙就在张良后边坐下。

坐了一会儿，刘邦起身上厕所，趁机叫樊哙出来。

刘邦说："我要是现在走，还没有告辞，怎么办呢？"

樊哙说："现在是人为刀俎，我为鱼肉，还告什么辞！"于是离去。

鸿门与霸上相距四十里，刘邦把车辆、马匹丢下不管，自己一个人骑马，樊哙、夏侯婴、靳强、纪信四个人手持剑和盾牌跑步跟随，从骊山下去，取道芷阳，抄小路回到霸上。留下张良向项羽辞谢，以白璧献给项羽，大玉杯献给范增。

刘邦临走前对张良说："从这条小路回到军营，只有二十里地。估计我已经到达军营了，你再进去。"

张良估计刘邦抄近路已经回到军营，就进去道歉，说："沛公因为喝醉了，不能亲自告辞。谨让我奉上一对白璧，再拜敬献给将军；一对玉杯，再拜敬献给亚父。"

项羽说："沛公在哪儿？"

张良说："听说您有责备他的意思，所以抽身离开，现在已回到军中了。"

项羽接过白璧放在坐席上。范增接过玉杯放在地上，拔出剑来，将它们击碎，说："唉，小子不足以与他图谋大事！夺取将军天下的人，一定是刘邦。我们这些人也要成为他的俘虏了！"

刘邦回到军中，立刻诛杀了曹无伤。

相关链接

〔1〕函谷关：位于现在的河南省灵宝县，当时是秦国通往东方的要塞，历来为兵家必争之地。

〔2〕鸿门：位于现在的陕西省临潼县东鸿门堡。

　　萧何觉得韩信是一个非凡的人，就把他举荐给了刘邦，但一时之间并没有被重用。韩信有些心灰，就想逃走。这件事被萧何知道了，于是不顾一切地把他追了回来。这就是历史上有名的萧何月下追韩信。

　　当初，淮阴人韩信[1]还没有显达时，家境贫寒，又没有德行，不能被推举去做官，也不会做买卖谋生，常常跟着别人吃闲饭，大家都很讨厌他。

　　韩信曾经在城墙下钓鱼，有个在水边漂洗棉絮的妇人看到他饿了，就给他饭吃。韩信很高兴，对妇人说："我一定会报答你的。"妇人生气地说："男子汉大丈夫连自己都不能养活！我是可怜你才给你饭吃，难道是希图回报吗？"淮阴一个年轻的屠夫侮辱韩信，说："你虽然身材高大，喜欢佩刀带剑，其实胆怯懦弱。"又当众羞辱他说："韩信你要是不怕死，就来刺我。如果怕死，就从我胯下钻过去！"韩信仔细地看了看他，就趴下去从他的双腿间钻了过去。街市上的人都嘲笑韩信，认为他胆怯。等到项羽的叔父项梁渡过淮河北上，韩信背着剑去投奔他，在他手下一直默默无闻。项梁失败后，韩信又投奔项羽，项羽让他做郎中。韩信多次向项羽进献计策，项羽都没有采纳。汉王刘邦进入蜀地，韩信逃离楚军，归附刘邦，仍然没有什么名声。

萧何（？－公元前193年）
沛县丰邑人，秦末汉初著名的政治家。他是刘邦的重要谋臣和得力助手，在为刘邦夺取和巩固政权的过程中，作出了重大贡献，是西汉开国功臣之一。

　　后来韩信因连坐[1]获罪，判处死刑。一起的十三个人都被斩了，轮到韩信的时候，他抬起头，正好看见滕公夏侯婴，就说："汉王不是想得到天下吗？为什么要斩杀壮士呢？"滕公听了十分惊奇，又见他相貌威武，就没有杀他，与他交谈，非常欢喜，就奏报了刘邦。刘邦就任命韩信为治粟都尉，但并不认为他有什么过人之处。

韩信经常和萧何谈话，萧何觉得他很不一般。刘邦到达南郑的时候，将领和士兵都唱着歌想回到东边的家乡，有很多人中途逃走。韩信估计萧何等人已经向刘邦举荐他，但刘邦仍然没有重用他的意思，就也逃走了。萧何听说韩信逃走，来不及向刘邦报告，亲自去追赶韩信。有人报告刘邦说："丞相萧何逃走了。"刘邦大怒，仿佛失掉了左右手一般。过了一两天，萧何来拜见刘邦。

刘邦又是生气，又是欢喜，骂他说："你为什么要逃走？"

萧何说："我哪里敢逃走，我是去追逃走的人。"

刘邦说："你追的是谁呀？"

萧何说："韩信。"

刘邦又骂他说："逃跑的将领已经有几十个，你都没有去追。追韩信，骗我的吧？"

萧何说："其他将领很容易得到。至于韩信这样的人，天下再也找不出第二个。大王如果只想在汉中称王，自然用不着韩信；如果想要争夺天下，除了韩信，就再没有可以一起谋划的人了。就看大王到底想怎么样。"

刘邦说："我也想要东进，怎么能总呆在这里郁郁不得志呢？"

萧何说："如果您决定向东发展，能任用韩信，他就会留下来；如果不能任用他，他还是会逃走的。"

刘邦说："那我就看在你的面子上任命他为将军吧。"

萧何说："就算做将军，他也不会留下来的。"

刘邦道："那就任命他为大将军。"

萧何说："太好了！"

刘邦想要召见韩信授予官职，萧何说："大王一向轻慢无礼，现在要任命大将军，却像呼呵小孩一样，这就是韩信要离开的原因啊。您如果要授予他官职，就要挑选吉日，斋戒，设坛场，安排仪式，然后才可以。"刘邦答应了。等到做好准备，就要拜任大将军了，将领们都很高兴，以为自己会被任命为大将军。等到真正任命的时候，竟然是韩信，大家都非常惊讶。韩信接受任命，拜谢完毕，就在上座就坐。

刘邦说："丞相屡次向我提起你，你有什么计策献给我？"韩信谦让一番，就为刘邦分析了天下形势，以及项羽的弱点，和刘邦的长处，并教他平定三秦的办法。刘邦听了大喜，只恨不早点得到韩信这样的人才。

后来韩信帮助刘邦平定天下，被封为楚王。韩信到了楚地，召见曾经给自己饭吃的妇人，赐她千金。又召见羞辱自己，叫自己从他胯下爬过去的那个人，任命他为楚国的中尉，并且对手下将相说："这是壮士啊。当他侮辱我的时候，我难道不能杀了他吗？只是杀了他也没有名目，所以才忍下来，以至有今天。"

相关链接

〔1〕连坐：主要指中国古代因他人犯罪而使与犯罪者有一定关系的人连带受刑的制度。又称相坐、随坐、从坐、缘坐。连坐起源甚早，夏、西周、春秋、战国时期都有连坐制度。

韩信背水布阵

韩信背水一战，在历史上成了军事佳话。其实，他就是活用了兵法，故意把军队调到没有退路的地方，置之死地而后生。

汉高帝三年（公元前204年）十月，韩信和张耳率领几万名士兵向东进攻赵。赵王赵歇和成安君陈馀听说后，就在井陉口[1]集结部队，号称二十万大军。

广武君李左车劝成安君说："韩信、张耳乘胜追击，锋芒锐不可当。我听说：'从千里之外运送粮草，士兵就会面有饥色；临时拾柴割草做饭，军队就会食不果腹。'井陉口的道路，车辆和骑兵都不能并排而行，行军的队伍前后拉开几百里，那么粮草一定落在大部队后面。

"希望您拨给我三万士兵，从小路包抄，切断他们的后勤通道。而您守在深深的壕沟、高高的营垒后面，不要与他们交战。他们往前无仗可打，往后无路可退，野外又没有东西可抢，不到十天，韩信、张耳的头颅就可以献到您的帐前。否则的话，我们一定会被他们俘获。"

陈馀曾经自称是义兵，不用欺骗的计谋和奇特的策略，说："韩信兵力薄弱而又疲惫不堪，这样还要躲避不出去攻击，诸侯都会认为我胆怯，而轻易来攻击我了。"

韩信派探子打探消息，知道陈馀不用李左车的计谋，非常高兴，才敢于率领军队这样前进，在距离井陉口三十里的地方停下来扎营。半夜，命令军队出发，挑选了两千轻装骑兵，每个人都拿着一面红色旗帜，从小路上山，隐蔽起来观察赵军的动静。

韩信告诫他们说："交战时赵军看到我们撤退，一定会出动全部兵力追赶我们，大营必定空虚，你们就趁机冲进去，拔掉赵军的旗帜，插上汉军的红旗。"

又命令他的副将分发食物给将士们吃，说："等今天攻破赵军后会餐！"将领们都不相信，假装迎合说："好。"

韩信说："赵军抢占了有利地形安营扎寨，他们没看见我军大将的旗鼓，是不会进攻我们的先行部队的，因为他们担心我遇到险阻后就会撤退。"

于是派出一万人先行出发，出营后，背靠河水布阵。赵军看见后大笑。

天刚亮，韩信打出大将的旗鼓，敲着战鼓开出井陉口。赵军出营迎战，两军激战了很久。于是韩信和张耳假装丢旗弃鼓，逃回河边的军阵。河边军阵放他们进去，又和赵军激战。赵军果然全军出动，争抢汉军的旗鼓，追击韩信、张耳。韩信、张耳回到军阵里，全军拼死奋战，赵军无法打败他们。

韩信派出的二千骑兵等赵军全体出动去争夺战利品时，立刻冲进赵军营地，拔掉赵军旗帜，插上两千面汉军的红旗。赵军无法抓获韩信等人，就想退回营地，却发现大营中到处都是汉军的红旗，惊慌失措，以为汉军已经俘获了赵军的将领，于是士兵乱作一团，纷纷逃跑。

赵军将领斩杀逃兵，也不能阻止。汉军趁势前后夹击，大败赵军，在泜水岸边斩杀陈馀，活捉赵歇。

将领们献上敌人的首级和俘虏，向韩信祝贺，并问他："兵法上说'右边和背后应该靠山，前面和左边可以临水'，这次您却让我们背水布阵，还说'攻破赵军后会餐'，我们都不相信，但是竟然取胜了，这是什么战术？"

韩信说："这也是兵法上有的，只是你们没有留心罢了！兵法上不是说'陷之死地而后生，置之亡地而后存'？何况我率领的并不是训练有素的军队，这就是所谓的'驱赶平民百姓去打仗'，一定要把他们置于死地，让他们为了各自的生存而战斗。如果给他们留下活路，他们就会逃走，还怎么让他们去冲锋陷阵呢？[2]"

将领们都心悦诚服，说："是啊，确实不是我们能比的！"

韩信悬赏千金招募能活捉李左车的人。有人把李左车绑着送到韩信的帐前，韩信为他松绑，让他面向东坐，对待他像对老师一样。李左车见韩信诚恳，就为他出谋划策，成为韩信的得力助手。

相关链接

〔1〕井陉口：太行山上有名的八大隘谷之一。

〔2〕因此事留下背水一战这一成语：现指不留退路，决一死战。

楚汉之争中，项羽被困于垓下，四面楚歌。他英勇善战，不屈不挠，率领少数部下突围而出，行至乌江边而自杀。

　　汉高帝五年（公元前202年）十二月，项羽[1]到达垓下，士兵很少，粮食也快吃完，与汉军交战，没能取胜，就退入营寨固守。汉军和诸侯军队把项羽的军营层层包围。

　　晚上，项羽听到汉军四面都唱起楚歌，大惊失色，说："汉军已经将楚地都占领了吗？为什么有这么多楚人？"于是夜里起来，在帐中饮酒，慷慨悲歌，泪流满面，左右随从也都哭泣。项羽骑上他那匹名叫骓的骏马，部下勇士骑马跟从的有八百多人，乘夜色突破重围，往南奔逃。

　　天亮之后，汉军才发现项羽逃跑，就命令骑将灌婴率领五千骑兵追赶。项羽渡过淮河，跟上的骑兵只剩一百多人。到达阴陵后，迷了路，就向一个农夫问路，农夫骗他说："往左。"项羽等人往左走，结果陷入沼泽，因此汉军能够追上他们。

　　项羽又领兵向东奔逃，到达东城，只剩下二十八个骑兵。这时汉军的骑兵追来的有几千人。项羽估计自己是无法脱身了，就对手下骑兵说："我起兵到现在，已经八年了，身经七十多次战斗，没有失败过，这才称霸天下。今天被困在这里，这是老天要亡我，不是用兵的过错！今天要决一死战，协同你们痛快地打一仗，突破重围，斩杀敌将，砍倒军旗，连胜三次，让你们知道是老天要亡我，而不是用兵的过错。"

　　于是他把人马分为四队，面朝四个方向，汉军把他们重重包围。项羽对他的骑兵说："看我为你们斩他一名将领！"命令骑兵从四个方向冲下去，约定在山的东边会合，分为三个地方。接着项羽大声呼喊，策马飞奔而下，汉军溃散，项羽斩杀了一名汉将。郎中骑杨喜追击项羽，项羽瞪大眼睛呵叱他，杨喜人马都受了惊，退避了好几里。

　　项羽与他的骑兵分三处会合，汉军不知道项羽究竟在哪里，就兵分三路，又把他们包围起来。项羽奔突冲杀，又斩杀了汉军的一名都尉，杀死汉军几十人，然后重新聚集他的手下，只损失了两名骑兵。项羽对他的骑兵说："怎么样？"手下都敬佩地回答："就像您说的那样！"

　　项羽想东渡乌江，乌江亭长把船停在岸边等他，对他说："江东虽然狭小，地方也有千里，百姓几十万人，也足以称王了。希望大王赶快

渡江！现在只有我有船，汉军来了也没办法渡江。"

项羽笑着说："老天要亡我，我还渡江干什么？何况当年我与江东子弟八千人渡江西征，现在没有一个人生还。即使江东父老可怜我，仍旧让我为王，我又有什么脸面去见他们呢？就算他们什么也不说，我又怎么能不心中有愧呢？[2]"于是把自己的坐骑乌骓马送给亭长。

项羽让骑兵都下马步行，手持短兵器与汉军交战。仅项羽一人就杀死了几百人，项羽自己也身受十多处伤。

项羽回头看见汉军骑司马吕马童，说："你不是我的老朋友吗？"

吕马童转过头，对中郎骑王翳说："这就是项王！"

项羽说："我听说刘邦为买我的头颅悬赏千金和一万户封地，我就给你一些好处吧！"于是自刎而死。

王翳砍下项羽的头颅，其余的骑兵互相践踏争抢项羽的尸体，自相残杀了几十个人。最后，杨喜、吕马童和郎中吕胜、杨武各夺得项羽的一条肢体。五个人把项羽的肢体拼在一起，都对得上，因此就平分悬赏的万户封地，把五个人都封为列侯。

相关链接

〔1〕项羽：公元前232－前202年，名籍，字羽，下相人，楚国名将项燕之后，和其叔叔项梁共同起兵抗秦，后与刘邦相争天下，垓下之围后，冲出包围自刎。

〔2〕对于项羽不肯过江，我国宋朝女词人李清照曾写过一首诗，诗中充满了对他的敬佩之情："生当做人杰，死亦为鬼雄。至今思项羽，不肯过江东！"

○ 品画鉴宝

轪侯妻墓帛画（汉）此帛画用色丰富，构思浪漫，将天、地、人多元化的内容有机的统一在有限的表现空间中。

項羽烏江之敗

冒顿单于兴匈奴

在很长一段历史时期内，华夏民族的威胁都是来自于西北、北或东北的游牧民族。秦末汉初，朝廷内部纷争，无暇外顾，这时冒顿就带领匈奴民族在很短的时间内强大了起来，并对中原构成了一定的威胁。

当初，匈奴害怕秦朝，向北迁徙，生活了十多年。等到秦朝灭亡，匈奴才又渐渐往南渡过黄河。

匈奴单于头曼立的太子叫做冒顿[1]。后来，头曼所宠爱的阏氏（单于妻子的称号）为他生了个小儿子，头曼便想立小儿子为太子。这时东胡部落和月氏部族都很强盛，头曼就派冒顿到月氏去当人质。不久以后，头曼猛烈地进攻月氏，月氏想把冒顿杀掉。冒顿就偷了一匹月氏的好马骑上，逃回了匈奴。头曼因此认为冒顿勇猛强壮，让他统率一万名骑兵。冒顿就为自己制作了响箭[2]，训练部下在马上射箭，下令说："我的响箭射出以后，不一齐射向目标的人，斩首！"然后冒顿就用响箭射他自己骑的好马，接着又射他宠爱的妻子，手下的人有不敢跟着射箭的，都被杀了。最后冒顿用响箭射头曼骑的好马，他手下的人也都跟着放箭射单于的马。此后冒顿知道这些士兵可以用了，便在随同头曼出去打猎时，用响箭射头曼，他手下的人也跟着响箭一起射头曼，就把头曼杀死了。冒顿又把他的后母和弟弟以及大臣中不服从他的人全部诛杀，自己立为单于。东胡听说冒顿成为单于，就派出使者对冒顿说："我们想得到头曼当单于时的千里马。"冒顿向群臣询问，群臣都说："那是匈奴的宝马，不能给！"冒顿说："怎么能与人相邻，却舍不得一匹马呢？"于是就把这匹马送给了东胡。过了不久，东胡又派使者来对冒顿说："我们想得到单于的一位阏氏。"冒顿再次询问左右群臣，群臣都愤怒地说："东胡太不像话，竟敢索求阏氏，请发兵攻打它！"冒顿说："怎么能与人相邻，却舍不得一个女子呢！"就选取了自己所宠爱的阏氏送给东胡。

东胡王越来越骄纵。在东胡与匈奴之间，有一块被丢弃的土地，无人居住，方圆一千多里，双方各自占据了地的一边，设立戍守的哨所。

东胡又派出使者对冒顿说："这块无人居住的土地，我想得到它。"冒顿还向群臣询问，群臣中有人说："这是块荒地，给他们也可以，不给也可以。"谁知冒顿却勃然大怒，说："土地，是国家的根本，怎么能

単于王

给别人呢？"就把那些说可以给的人都杀了。冒顿骑上战马，下令说："都城里有晚出发的人，斩首！"随即率领军队袭击东胡。东胡一开始非常轻视冒顿，没有防备，冒顿因此就灭掉了东胡。冒顿凯旋之后，又往西进攻月氏，将月氏赶跑；往南兼并了居住在黄河以南的楼烦、白羊二王的领地；随即入侵燕、代地区，重新收复了当年被蒙恬夺取的全部匈奴旧地，并夺取了原来中原控制的一大片土地。

这时，汉军正与项羽相持，中原被战争拖累，疲惫不堪，因此冒顿得以强大起来，能弯弓射箭的士兵有三十多万，威势慑服了周边各国。

相关链接

〔1〕冒顿：？－公元前174年，姓挛鞮，于公元前209年杀死其父头曼单于而自立，后统一了蒙古草原，建立匈奴帝国，对华夏民族构成了一定的威胁。

〔2〕响箭：又称"鸣镝"，一种带哨的箭，射出去时有响声，故名。

叔孙通制礼仪

制礼作乐，周有周公旦，汉有叔孙通。通过征召儒生、制定礼仪，叔孙通不但给刚刚建立的西汉的官员们制定了"行为规范"，而且得到了高祖刘邦的赏识。

汉高帝刘邦开始时把秦朝烦琐的礼仪全部废除，力求简单易行。群臣一起喝酒争功，醉了，有人就胡言乱语，拔出剑来砍宫殿里的柱子，刘邦对这些现象越来越讨厌。

叔孙通[1]劝刘邦说："那些儒生，很难和他们一起打天下，但可以和他们一起守天下。我愿意去征召鲁地的儒生，与我的弟子一起制订大臣朝见皇帝的礼仪。"

刘邦说："该不会很麻烦困难吧？"

叔孙通说："五帝的乐舞不一样，三王的礼仪也不相同。礼制，是根据时世、人情的变化而制订出来，用以约束人的言行，修饰人的仪表的。我想采用许多古代的礼制，再和秦朝的礼仪杂糅到一起来制订新的。"刘邦说："可以试着做一下，要让人们容易理解。你估计我能做得到的，就可以去制订。"

于是叔孙通就奉命出使到鲁地，征召了三十多个儒生。

鲁地有两个儒生不肯去，说："你所侍奉的大概有十个君主了，都是靠着阿谀逢迎获得亲近富贵。如今天下刚刚平定，死去的人还没有安葬，受伤的人也还没有康复，却又要制作礼乐。礼乐的产生是很不容易的，要德性积累上百年之后才会兴起。我们不忍心做你所要做的事。你走吧，不要玷污了我们！"

叔孙通笑着说："你们真是浅陋的儒生，不懂得时势的发展变化！"

于是和所征召的三十个儒生一起西行入关，加上刘邦身边学习礼仪的人，还有自己的弟子，一共一百多人，用绵绳拦出场地，插茅束表示尊卑，在野外反复演练。过了一个多月，叔孙通告诉刘邦说："可以试看了。"刘邦就让他们进行礼仪表演，看完后说："这些我能做到。"于是命令群臣进行练习。

汉高帝七年（公元前 200 年）十月，长乐宫[2]落成，诸侯、群臣都来参加朝贺典礼。仪式在天亮之前举行，谒者主持典礼，按次序将所有人员引入殿门，排列在东、西两侧。侍卫官有的在台阶两边站立，有的排列在大殿里，都握着兵器，张开旗帜。然后传呼警戒，皇帝乘坐辇

车出房，诸侯王以下至六百石俸禄的官员在引导下按照次序朝拜祝贺，无不惶恐肃敬。等到典礼仪式完毕，又置备正式酒宴。官员在殿上陪坐的，都低身，垂首，按尊卑次序起身给皇上敬酒祝寿。酒已喝过九遍，谒者就宣告"罢酒"。

御史做纠察，举报不合乎礼仪的人，就将他们带出去。在朝贺典礼过程中一直到酒宴结束，没有出现敢大声喧哗、不合礼仪的人。

这时，刘邦说："我到今天才知道身为皇帝的尊贵啊！"于是任命叔孙通为太常，赏赐黄金五百斤。

相关链接

〔1〕叔孙通：西汉时薛国人。西汉建立后，他根据形势变化和实际需要，为帝王制定了很多礼仪章程，被太史公司马迁称为"汉家儒宗"。

〔2〕长乐宫：位于长安城内东南部，高祖五年（公元前202年），在秦兴乐宫原址上改建。据记载，它"周回二十里"，规模很是庞大。

韩信谋反被杀

当初，汉高帝刘邦任命阳夏侯陈豨为相国，监管赵、代二地的边境部队。陈豨拜访淮阴侯韩信，向他辞行。

韩信握着他的手，屏退左右，与他在庭院中散步，仰天长叹，说："有些话，可以跟你说吗？"

陈豨说："对于将军您，我唯命是从！"

韩信说："你所就任的地方，是天下精兵聚集之处；而你本人，是陛下所信任宠爱之臣。如果有人说你造反，陛下一定不相信；第二次有人这么说，陛下心里就会怀疑了；如果再有第三个人这么说，陛下一定会大怒，将亲自率领军队前来讨伐你了。你还不如率领边界的军队造反，然后让我在腹地起兵响应你，那么天下都是可以谋取的。"

陈豨一向知道韩信的能力，所以相信他的话，说："谨此接受您的指教。"

汉高帝十年（公元前197年）九月，陈豨起兵反叛，自称代王，攻打劫掠赵、代二国。刘邦亲自率领军队往东讨伐他。到第二年的冬天，陈豨军队溃败。

韩信假称生病，不跟从刘邦攻击陈豨，暗地里却派人到陈豨那里，与他串通谋划。韩信计划在夜里与家臣伪造诏书赦免官府里的役工以及奴仆，想把他们发动起来袭击吕后[1]和太子。一切都已安排妥当，只等陈豨的消息。

韩信手下有个舍人曾得罪韩信，被囚禁起来，将要处死。次年正月，那个舍人的弟弟上书举报，将韩信想要谋反的情况报告给吕后。吕后想把韩信召来，又担心他可能会不服从，就与相国萧何商量，让人假装从刘邦那儿来，说陈豨已经就擒，被处死。

列侯及群臣听到消息，都来朝中祝贺，萧何又骗韩信说："你虽然病了，也应当勉强撑着入朝道贺一下。"韩信入朝，吕后便让武士将他捆起来，在长乐宫钟室里斩首。

韩信将要被斩首的时候，说："我真后悔没有用蒯彻的计策，竟被小人女子所骗，这难道不是天意吗？"吕后下令诛韩信三族[2]。

刘邦回到洛阳，听到韩信谋反被杀，心里又是高兴，又是怜惜。他

彩绘骑马俑（汉） 骑俑下跨一彩绘健马，整体造型概括、夸张，体现了汉人激越昂扬的精神。

问吕后："韩信死前说了什么？"吕后说："韩信说后悔没有用蒯彻的计策。"刘邦道："哦，他说的是齐国的辩士蒯彻啊！"于是下诏命令齐国逮捕蒯彻。

蒯彻被押来后，刘邦问他："你曾经教韩信谋反吗？"

回答说："是的，我确实说过。但那小子不听从我的计策，所以才自取灭亡，落到这个地步。如果他用了我的计策，陛下怎么还能捉住他，并诛他三族呢？"

刘邦大怒，下令："烹了他！"

蒯彻连忙叫喊："哎呀！冤枉啊！居然要把我烹了！"

刘邦说："你教韩信造反，有什么冤枉的？"

蒯彻说："秦朝丢失他们的鹿，天下人一起去追，长得高、跑得快的人就能先得到。古代盗跖的狗对着尧吠，并不是尧不仁，而是狗本来就是要对不是它主人的人吠的。在那个时候，我只知道韩信，不知道有陛下。何况天下人拿着刀剑想做陛下所做之事的人多着呢，只是力量不够罢了，您难道能把他们都烹了吗？"

刘邦听完，说："别追究他了。"

后世有人认为，韩信为刘邦南征北战，汉朝能够得到天下，多半倒是靠了韩信的功劳；再看他拒绝蒯彻的建议，在陈迎接刘邦，哪里有造反的想法呢？实在是由于爵位被削，心里不平，所以才沦落到造反的地步。其实刘邦也有对不起韩信的地方。

相关链接

[1] 吕后：公元前241－前180年，名雉，字娥姁，单父县人，刘邦之妻，刘邦称帝，立为皇后，刘邦死后，惠帝年少，吕后消灭异己力量，大权在握，成为中国皇后专政第一人。

[2] 当年韩信被刘邦重用，是由于萧何的推荐，而吕后诛杀韩信的方法，也是萧何出的主意，所以人们说"成也萧何，败也萧何。"

萧何审功臣韩信

韩信等功臣被杀后，异姓诸侯人人自危，黥布就是其中的一个。他的谋反可以说是对周围环境的过敏反应。但无论如何，他也同样难逃一劫，因为现在刘邦是绝对不会对像他这样的人手下留情的。

淮阴侯韩信被杀后，淮南王黥布[1]心里很害怕。后来梁王彭越[2]也被诛杀，刘邦又把他的肉做成肉酱，分赐给各地诸侯。使者到达淮南，黥布正在打猎，见了彭越的肉酱，非常恐慌，便暗中派人聚集军队，等待邻郡报警告急。

黥布有一个宠姬，生病去就医，医生与中大夫贲赫住对门，贲赫便通过这个关系送给黥布的宠姬很厚重的礼物，并且在医生家陪宠姬喝酒。黥布怀疑贲赫与宠姬私通，想拘捕贲赫。

贲赫就乘机跑到长安举报，说："黥布想要造反，已有种种迹象，应该趁他发动之前先将他诛杀。"刘邦读了他的举报信，对相国萧何说起，萧何说："黥布应该不会做这样的事，恐怕是仇人妄图诬告他。我请求先把贲赫抓起来，再派人暗中察探黥布。"

黥布见贲赫因为得罪自己而逃去向刘邦举告，本来就怀疑他会说出本国的预谋，而汉朝又派使者来，查出不少造反的证据，便杀光贲赫全家，起兵造反。这时是汉高帝十一年（公元前196年）的七月。黥布造反的消息传到长安，刘邦就将贲赫赦免，任命为将军。

刘邦召集将领们询问对策，大家都说："发兵讨伐，杀了这小子，他能做什么大事！"汝阴侯滕公召来原楚国的令尹薛公，向他询问。

薛公说："黥布当然要造反。"

滕公问："皇上分封他土地，又赐给他爵位让他称王，他为什么要造反呢？"

薛公说："皇上去年杀了彭越，前年杀了韩信，这三个人，功劳相同，一荣俱荣，一损俱损，如今他自己疑心大祸将临，所以要造反。"

滕公将这些话告诉刘邦，刘邦就召见薛公，向他询问。

薛公回答说："黥布造反不足为怪。假如他采取上策，崤山之东便不再归大汉所有了；如果他采取中策，两方谁胜谁负还难以预料；如果他采取下策，那陛下就可以高枕无忧了。"

刘邦问他说："上策是什么？"

回答说："向东夺取吴地，向西攻占楚地，吞并齐地，占领鲁地，然后给燕、赵两国送去檄文，让他们在本国坚守，那么崤山以东就不再归大汉所有了。"

问："中策是什么？"

答："向东夺取吴地，向西攻占楚地，吞并韩地，占据魏地，控制敖仓的存粮，堵住成皋口通道，那么谁胜谁负就难以预料了。"

问："那下策是什么？"

答："向东夺取吴地，向西攻占下蔡，然后把辎重送回越地，自己回到长沙，那么陛下就可以高枕无忧，大汉就没有危险了。"

刘邦又问薛公："那黥布会采取哪个计策？"

薛公说："一定会采取下策。"

刘邦问："为什么他要舍弃上策、中策，反而采取下策呢？"

薛公回答说："黥布这个人，原本是在骊山上为秦始皇修陵墓的刑徒，靠自己的努力，爬到今天万乘之王的地位，这些都说明他只顾及自身，而不顾及后代，以及为老百姓作长远的打算。所以说他一定会采取下策。"

刘邦说："说得好！"于是封赏薛公一千户食邑。

这个时候，刘邦正好生病，想让太子前去进攻黥布。

太子的门客东园公、绮里季、夏黄公、角里先生劝建成侯吕释之说："太子统率大军，就算有功劳，地位已不能再增高；万一没有功劳，恐怕从此就会遭殃。

"你为什么不赶紧向吕后请求，让她找个机会在皇上面前哭诉，说黥布是天下闻名的猛将，擅长领兵打仗。而我方众将领又都是过去与陛下平起平坐的旧人，若是让太子统率这些人，无异于让羊去驱使狼，没有人肯听命于他。况且一旦黥布知道，一定会很高兴，击着战鼓，向西进攻了。

"如今陛下虽然生病，也应该勉强坐在车子上，躺着监督大军，那么将领们就不敢不尽力。皇上虽然辛苦，为了妻子儿女还是振作一下吧。"

于是吕释之马上连夜求见吕后。吕后找机会对刘邦哭诉，照四位门客的意思说了。刘邦说："我本来就知道这小子不足以担当这个重任，还是我自己去吧！"

于是刘邦亲自率领大军向东进发，大臣们留守朝廷，都到霸上送行。留侯张良病得很重，也勉强支撑，来到曲邮，对刘邦说："我本应随您出征，但病得实在厉害。黥布手下都是楚人，勇猛剽悍，希望陛下不要和他争胜！"又建议刘邦任命太子为将军，监督关中军队。

刘邦说："你虽然生病，请勉强躺着辅佐太子。"当时，叔孙通是太子的太傅，张良代理少傅事务。刘邦下令征发上郡、北地、陇西的战车和骑兵，巴、蜀两地的材官以及京师中尉的军队三万人，作为皇太子的警卫部队，驻扎在霸上。

黥布果然像薛公说的那样，向东进攻吴地的荆国，荆王刘贾败逃，死在富陵；黥布收编了刘贾的全部士兵，渡过淮河攻打楚国。

楚国征发军队，在徐县、僮县一带迎战，把军队分为三支，想以此靠互相援救来出奇制胜。有人劝说楚国领兵的将军说："黥布善于用兵，人们一向惧怕他。而且兵法上说：'诸侯在自己领土上作战，士兵容易逃散。'如今楚军分为三支，敌军只要打败其中一支，其余的就会逃跑，哪里还能互相援救呢！"楚将不听，果然黥布攻破一支后，其他两支就自行溃散了。然后黥布又率领军队西进。

次年十月，刘邦与黥布的军队在蕲西相遇。黥布军队十分精锐，刘邦就在庸城坚守。远远望去，黥布军队的布阵就像当年的项羽，刘邦心里很是厌恶。他与黥布互相望见，远远地问黥布说："你为什么要造反？"黥布说："想当皇帝而已！"刘邦怒声斥责他，于是双方军队大战。黥布军队战败逃走，渡过淮河，又屡次停下来再战，仍然不能取胜。他只好与一百多人逃到长江以南，刘邦另派一员将领追击。

汉朝另外的将领在洮水南、北追击黥布军队，都大获全胜。黥布过去与番君吴芮联姻，所以长沙成王吴臣就派人诱骗黥布，假装要和他一起逃到南越去。黥布相信了，就跟着使者前去，结果在布兹乡农民田舍被番阳人杀死。

相关链接

〔1〕黥布："黥布者，六人也，姓英氏。秦时为布衣。少年，有客相之曰：'当刑而王。'及壮，坐法黥。"（《史记》）

〔2〕彭越：？－公元前196年，字仲，昌邑（今山东巨野）人，西汉著名将领。西汉建立后被封为梁王，后以谋反罪被施以醢刑（剁成肉酱）。

吕后害如意母子

刘邦生前很宠爱如意母子，并想废掉吕后之子立如意为太子，这招来了吕后的嫉恨。刘邦死后，如意母子就失去了靠山，于是吕后就开始在他们身上暴露自己的残忍。

戚夫人[1] 很受刘邦宠爱，生下赵王如意[2]。刘邦因为太子刘盈性格软弱，而认为如意像自己，所以虽然如意的封地在赵，刘邦却常常把他留在长安。

刘邦出巡关东，戚夫人经常跟着去，日夜在刘邦面前哭泣，想立自己的儿子如意为太子。吕后因为年纪大了，总是在长安留守，与刘邦的关系日益疏远。

刘邦想废黜刘盈，改立如意为太子。大臣们劝阻，都没有说服刘邦。御史大夫周昌在朝廷上极力争辩，刘邦让他说说理由。

周昌口吃，当时又非常生气，说："我嘴里说不上来，但我就就就是知道不可以！陛下想废太子，我就就就是不接受！"

吕后在东厢房侧耳偷听，退朝以后，去见周昌，跪下来谢他，说："不是您，太子差点就要被废了。"

汉高帝十二年（公元前195年），刘邦讨伐黥布归来，伤病加重，就更加想换太子。张良劝阻不被接受，就借口生病不再过问政务。

叔孙通劝谏说："从前晋献公因为宠爱骊姬，废黜太子，另立奚齐，结果晋国内乱了几十年，被天下人耻笑。秦朝因为没有及早确立扶苏为太子，使赵高得以用欺诈手段立胡亥为皇帝，使自己宗庙绝祀，这是陛下您亲眼所见的。如今太子仁爱孝顺，天下人都听说了。吕后又与陛下同甘共苦，艰难创业，又怎能相背弃？陛下一定要废黜嫡长子而立小儿子为太子，我愿先受诛杀，让脖子里的血溅在地上！"

刘邦说："你别这样，我只是开玩笑罢了！"

叔孙通又说："太子，是天下的根本；根本一旦动摇，天下也会震动。怎么能拿天下来开玩笑呢？"

当时大臣中坚决劝阻的人很多，刘邦明白群臣的心意都不向着如意，就没有改立。四月二十五日，刘邦在长乐宫驾崩，太子刘盈继位，尊奉吕后为皇太后。

吕太后下令把戚夫人关在深巷里，剃掉头发，扣住脖子，穿上赭色

吕后

的囚服，让她在那儿舂米。她又派使者去召如意，使者去了三次。

赵国国相周昌对使者说："高帝生前把赵王托付给我。赵王年纪小，我听说吕太后怨恨戚夫人，想把赵王召回去一并杀掉，所以我不敢让赵王去。而且赵王也病了，不能接受诏令。"吕太后大为愤怒，先派人召周昌。周昌到长安后，就派人再去召如意。

如意来长安，还没有到达的时候，惠帝刘盈知道吕太后生如意的气，就亲自去霸上迎接如意，与他一起入宫，亲自带他一起吃饭睡觉。吕太后想杀如意，但始终找不到机会。

次年十二月，惠帝一早出去打猎，如意因为年纪小，不能早起，所以就没去。吕太后终于找到机会，便派人用毒药将如意毒死了。黎明，惠帝回来时，如意已经死了。

吕太后又下令砍断戚夫人的手脚，挖去眼珠，熏聋耳朵，灌下哑药，让她呆在厕所里，称她为"人彘"（意思是"人猪"）。

过了几天，吕太后召惠帝来看"人彘"。惠帝见了，询问后得知这就是戚夫人，于是大哭，从此生了病，一年多不能起身。他派人向吕太后请求说："这种事不是人做的。我作为太后您的儿子，终究不能再治理天下。"惠帝从此每天饮酒作乐，不理朝廷政务。

相关链接

[1] 戚夫人：？－公元前194年，定陶（今山东定陶）人，刘邦的宠妃，擅长歌舞。又称戚姬。

[2] 如意：公元前201－前194年，刘邦之子，为戚夫人所生。刘邦多次想立如意为太子，最终以吕后和大臣反对而作罢。刘邦死后，被吕后召至都城杀害。

吕后分封诸吕

当吕后把权力都握到自己手里时，就开始和自己的近人分享了。她违背刘邦当初的盟誓，不顾大臣的反对，封了很多吕氏人为王，为刘家江山日后的混乱留下了隐患。

汉惠帝七年（公元前188年），八月十二日，惠帝刘盈在未央宫驾崩。当初，太后吕雉让张皇后抱别人的儿子来抚养，把亲生母亲杀死，立为太子。惠帝下葬以后，太子继位为帝；因为年龄幼小，由吕太后到朝廷上行使天子的职权。

汉高后元年（公元前187年），吕太后与群臣商议，想要册封外戚[1]吕家的人为诸侯王。问右丞相王陵，王陵说："高帝刘邦曾经杀白马歃血盟誓，说：'不是刘氏而称王的，天下人可以一起消灭他。'现在封吕氏为王，违背当初的盟约。"

太后不高兴，又问左丞相陈平、太尉周勃[2]，他们回答说："高帝平定天下，分封刘氏子弟为王；现在太后临朝，分封吕氏为王。没有什么不可以的。"太后很高兴，就宣布退朝。

退朝后，王陵责备陈平、周勃说："当初与高帝歃血盟誓，你们难道不在场吗？现在高帝驾崩，太后一个女人主持朝政，要封吕氏为王，你们要是为了迎合太后而背弃盟约，还有什么脸面在九泉之下见高帝呢？"陈平、周勃说："今天，在朝廷上当面谏阻太后，我们的确不如你；但将来保全社稷，确保刘氏子孙拥有天下，你却不如我们二人。"王陵没有话可以对答。

十一月，太后任命王陵为太傅，表面上升了他的职，实际上是剥夺了他右丞相的实权。王陵于是告病回家。

太后追尊她的父亲临泗侯吕公为宣王，追尊哥哥周吕令武侯吕泽为悼武王，想以此开始逐渐分封吕氏为王。

太后想封吕氏为王，就先封名义上是惠帝儿子的刘强为淮阳王，刘不疑为恒山王；又派大谒者张释委婉地劝说大臣。于是，大臣就奏请太后封悼武王吕泽的长子郦侯吕台为吕王，划出齐国的济南郡，立为吕国。

到了汉高后七年（公元前181年），吕氏封王的越来越多，姓吕的人逐渐把持了朝政。朱虚侯刘章，年方二十，身强力壮，对刘氏子弟得不到有实权的职位非常不满。

他曾经进宫侍奉太后宴饮，太后让他为监酒官，刘章自己请求说："我是将军的后代，请太后允许我按军法监酒。"太后说："好啊。"喝得差不多时，刘章请求为大家唱一首《耕田歌》，太后答应了。刘章就唱道："深耕埋种，秧苗疏松；不是同种，锄头挖走。"太后沉默不语。

　　过了一会儿，吕家人里有一个人喝醉了，离席逃酒，刘章追上去，拔出剑斩杀了他，回来报告太后说："有一人逃酒，我按军法将他处

斩！"太后和身边的人都非常吃惊，但因为已经同意他按军法监酒，也没有办法治他的罪，于是结束宴会。

　　从此之后，吕家的人都很害怕刘章，朝廷大臣也依附于他，刘氏宗室的势力因此得到增强。

　　陈平担心吕家的人，自己的力量又不足以制约，担心大祸落到自己头上。有一天，陈平闲居在家，苦苦思索对策。正好陆贾来拜访，没有通报就直接进去坐下，而陈平竟然没有看见。

　　陆贾说："丞相想什么这么专注？"

　　陈平说："你猜我在想什么？"

　　陆贾说："您富贵已到极点，没有其他欲望了；能让您忧虑的，不外乎担心吕家的人，还有年幼的皇帝了。"

　　陈平说："对啊。该怎么办呢？"

呂后

陆贾说："天下安定，都看宰相的表现；天下纷乱，都看大将的表现。将相相处融洽，士人就会归附；那么天下即使有变故，大权也不会旁落。社稷的安危大计，就在将相二位的掌握之中。我曾想对太尉周勃说明这些道理，周勃与我说说笑话，没有把我的话当一回事。您为什么不与太尉交好，紧密联合呢？"于是为陈平谋划对付诸吕的几个关键问题。

陈平采纳陆贾的计策，就用五百斤黄金为周勃祝寿，举办丰盛的宴席；周勃也以相当的礼节回报他。从此两人紧密团结，吕氏篡国的阴谋越来越难以得逞。

次年七月，吕太后病得很厉害，就任命赵王吕禄为上将军，率领北军；吕王吕产率领南军。太后告诫吕产、吕禄说："吕氏受封为王，大臣心里都很不平。我就要去世，皇帝年纪还小，我担心大臣们会乘机发难。你们务必要牢牢掌握军队，守住皇宫，千万不要为我送丧，以免离开重地后被人制住。"

三十日，太后去世，留下遗诏：大赦天下，任命吕王吕产为相国，以吕禄的女儿为皇后。

相关链接

〔1〕外戚：也叫"外家"或"戚畹"，指帝王的妻族、母族的人。

〔2〕周勃：？—公元前169年，沛县（今江苏沛县）人，秦末汉初著名政治家、军事家，西汉开国功臣之一。

大树底下好乘凉。吕后在时，吕氏被封了很多王，可吕后去世后，就没有人保障他们的利益了，于是出现了"天下人共诛之"的局面。

太后吕雉去世后，吕家的人想要作乱，因为惧怕大臣周勃、灌婴等人，所以没敢贸然行动。朱虚侯刘章娶吕禄的女儿为妻，所以得知了吕氏的阴谋，就暗中派人告知他的哥哥齐王刘襄，想让刘襄率领军队向西，自己和东牟侯在长安为他作内应，来诛灭吕家的人，立刘襄为皇帝。齐王就和他舅舅驷钧、郎中令祝午、中尉魏勃暗中谋划发兵起事。

齐国国相召平反对发兵，齐王准备派人将他杀了。召平得知后，就发兵包围王宫。魏勃骗召平说："齐王想发兵，但他并没有朝廷的虎符，是违法的。您发兵包围王宫，做得很好，我请求为您带兵入宫围住齐王。"召平相信了，就让魏勃指挥军队。

魏勃掌握军队之后，就把相府包围起来，召平只好自杀。于是齐王任命驷钧为国相，魏勃为将军，祝午为内史，征发齐国所有的军队。

齐王派祝午到东面的琅邪国，骗琅邪王刘泽说："吕氏发动变乱，齐王发兵准备西入长安诛杀他们。齐王因为自己年纪轻，不熟悉军事，希望把整个齐国都交给大王指挥。大王您在高帝刘邦时就已经开始带兵了，经验丰富，请您前往齐都临淄，与齐王一起商议大事。"

琅邪王相信了他的话，就迅速西去进见齐王。齐王趁机扣留了琅邪王，而让祝午征发琅邪国的全部军队，全都由自己指挥。

琅邪王对齐王说："大王您是高皇帝的嫡长孙，应当立为皇帝；现在各位大臣对拥立谁做皇帝犹豫不定，而我在刘氏宗族中年龄最大，大臣们当然应该等我来作决定。现在大王把我留在这儿，让我无所作为，不如派我入关，商议大事。"齐王认为他说得有道理，就准备了许多马车送走琅邪王。

琅邪王出发后，齐王就率领军队向西进攻济南国。齐王给各诸侯王送去檄文，历数吕氏的罪名，以及说明自己起兵的目的，就是要诛杀他们。

相国吕产等人听说齐王举兵，就派颍阴侯灌婴率领军队前去征讨。灌婴行军到达荥阳[1]，心里想："吕氏在关中手握重兵，想要篡夺刘氏天下，自立为帝。现在我若打败齐军，回去报告朝廷，岂不是增加了吕氏谋反的资本。"

于是就在荥阳驻扎下来，并派使者告诉齐王以及诸侯各国，与他们相联合，静待吕氏发起变乱，然后一起诛灭吕氏。齐王得知以后，就退回到齐国的西部边境，等候大家一起依约行动。

吕禄、吕产想发起变乱，但朝廷内畏惧周勃、刘章等人，朝廷外害怕齐国和楚国的军队，又担心灌婴背叛他们，想等灌婴率领的军队与齐军交战之后再动手，所以一直犹豫，决定不下来。

周勃手中没有兵权。曲周侯郦商年老生病，他儿子郦寄与吕禄交好，周勃就与陈平谋划，派人劫持了郦商，让他儿子郦寄去骗吕禄说："高帝与吕后一起平定天下，姓刘的有九个人被立为诸侯王，姓吕的有三个人被立为诸侯王，这些都是朝廷里的大臣商议决定的，事情已经向天下的诸侯宣布，诸侯们都认为理应如此。

"现在太后驾崩，皇帝年幼，您身佩赵王大印，不立即返回封国镇守，却出任上将，率领军队留在京师，所以受到大臣和诸侯的猜疑。您为何不把将印交还给朝廷，把军队交给太尉，再请梁王吕产归还相国大印，然后你们二人与朝廷大臣订立盟约，各自回到封国？

"这样齐国的军队一定会撤走，大臣得以心安，您也可以高枕无忧，去做千里之地的诸侯王了。这是造福万世子孙的事啊。"

吕禄相信郦寄，认为他的计策有道理，想把军队交给太尉，就派人把这个打算告诉吕产和吕氏的长辈。结果有人认为这样做好，有人认为不好，一直犹豫不决，还是不能作出决定。

吕禄信任郦寄，经常与他一起外出游猎。有一次顺路拜访吕禄的姑姑吕媭，吕媭大怒说："让你当上将军，你却离开军队出来打猎，吕氏如今要无处容身了！"于是把家里的珍珠宝玉、贵重器皿全都拿出来，扔到堂下，说："我不要再为别人守着这些东西了！"

九月初十清晨，正行使御史大夫[2]职权的平阳侯曹窋，来见相国吕产商议事情。郎中令贾寿出使齐国返回，数落吕产说："大王不早点去封国！现在就算想去，还去得了吗？"把灌婴与齐、楚两国联合，想诛灭吕氏的事详细告诉吕产，并且催吕产赶紧入皇宫据守。贾寿的话曹窋听到了不少，就骑马赶去，报告陈平和周勃。

周勃想进入北军军营，但被阻止不让进。襄平侯纪通负责掌管皇帝符节，周勃就让他持符节，假称皇帝命令让太尉进入北军军营。

在这之前，周勃命令郦寄和典客刘揭先去劝说吕禄："皇帝派太尉前去守护北军，想让您去封国。您快交出将印，告辞离去。否则的话，

吕后

大祸就将来临了！"吕禄以为郦寄不会欺骗自己，就解下将印交给典客，而把北军交给周勃指挥。所以周勃进入北军时，吕禄已经离去。

周勃进入营门，在军中下令说："拥护吕氏的袒露右胳膊，拥护刘氏的袒露左臂膀！"军中将士全都袒露左胳膊。太尉因此得以指挥北军，但还有南军没有被控制。

陈平召来刘章辅助周勃，周勃派刘章监守军门，派曹窋告诉统率禁卫军的卫尉说："不许让相国吕产进入殿门！"

吕产不知吕禄已经离开北军，就进入未央宫，准备作乱。吕产来到殿门前，却被禁卫军阻挡，无法入内，在殿门外走来走去。曹窋担心不能阻止吕产入宫，就骑马告诉周勃。周勃当时还怕不能战胜诸吕，没敢公开宣布诛灭吕氏，就对刘章说："赶紧入宫护卫皇帝！"刘章请求给他士兵，周勃就拨给他一千多人。

刘章进入未央宫大门，看见吕产正在廷中徘徊。当时将近傍晚，刘章率领军队向吕产攻击，吕产逃走。天空忽然刮起大风，吕产所带的部属自己先慌乱，没有人敢上前战斗。刘章等人追逐吕产，在郎中府的厕所里将吕产杀死。

刘章杀死吕产后，皇帝派谒者持皇帝符节前来慰劳刘章。刘章要夺符节，谒者不肯放手，刘章就与谒者共乘一车，凭借皇帝的符节，驱车疾驰，斩杀长乐卫尉吕更始。

刘章回来之后，驾车驰入北军，报告周勃。周勃起身向刘章下拜，祝贺说："所担忧的只有吕产。现在吕产已经伏诛，天下已定了！"于是派人分头逮捕吕氏男女，不论老少一律处斩。

相关链接
〔1〕荥阳：地名，位于现在的河南郑州以西。
〔2〕御史大夫：西汉时御史大夫掌副丞相，凡国家大事，皇帝一般都和丞相、御史共同商议。丞相位出现空缺时，可由御史大夫晋补。御史大夫属官有御史中丞、侍御史、绣衣御史等。

社稷之臣汲黯

汲黯耿直忠诚，敢于直谏，宁可失去自己的生命也不让君主置于不仁不义之地，被汉武帝誉为"社稷之臣"。

汲黯一开始担任谒者，因为严厉，大家都很忌惮。东越地方各部落互相攻击，汉武帝[1]派汲黯前去巡察。汲黯没有到东越，才走到吴地就回来了，向武帝报告说："越人自己互相攻击，他们那儿本来就是这样的，不值得为此麻烦天子的使臣。"

河内郡失火，火势蔓延烧毁了一千多家民房，武帝派汲黯前去视察，回来之后，汲黯报告说："百姓不慎失火，因为房屋相连而蔓延开来，不值得陛下担忧。我路过河南，看见河南的贫民遭受洪水干旱之灾的有一万多家，有的甚至到了父子相食的地步。我就因地制宜，用陛下的符节，下令发放河南官仓的粮食赈济灾民。我现在请求归还符节，等待领受伪托天子命令的罪过。"武帝认为他做得好，就宽恕了他。

他在东海担任太守时，整顿官府，治理百姓，喜欢清静，先妥善地选择各级官吏，然后只决定大的方针，而不斤斤计较小事的处理。汲黯身体多病，躺在卧室里很少出来。过了一年多，东海治理得很好，百姓交口称赞。武帝听说后，召汲黯入朝，任命为主爵都尉，与九卿同列。汲黯处理政务讲究无为而治，从大的方面引导，而不拘泥条文细节。

汲黯为人，性格倨傲，不讲究礼数，常常当面指出错误，不能容忍别人的过失。当时武帝正在招揽文人学士和儒家学者，武帝说："我想要这样这样。"汲黯回答说："陛下心中有很多欲求，而表面上却施行仁义，这样怎么能像尧舜那样天下大治呢？"

武帝沉默不语，然后发怒，脸色很难看地宣布罢朝，公卿大臣们都替汲黯担心。武帝退朝回到寝宫，对左右侍从说："汲黯也太憨直了！"

群臣中有人批评汲黯，汲黯说："天子设立公卿等辅佐大臣，难道是让他们阿谀奉承、使君主陷入不仁不义的境地吗？况且我既然身在其位，虽然也爱惜自己的性命，但也不能为此让朝廷受辱呀！"

汲黯多次生病，病假的时间就要满三个月的期限了。武帝多次特别批准他延长休病假的时间，但最终还是不能痊愈。

最后一次病重的时候，庄助替他告假，武帝说："汲黯是什么样的人啊？"

庄助说："让汲黯当官，倒也没有什么超过常人的地方。但是如果让他辅佐年幼的君主，他一定会坚定不移。敌人用利禄引诱，不能够把他招走；主公以恶言驱赶，也不能让他抛下责任。即使有人自以为是孟贲、夏育那样的勇士，也无法改变他的志向。"

武帝说："是啊。古时候有所谓的社稷之臣，像汲黯那样，就差不多可以算是了。"

汲黯（？—公元前112年）字长孺，西汉濮阳（今河南濮阳）人，孝景帝时为太子洗马，武帝即位后为谒者，并先后任荥阳令、东海太守等官职。

相关链接

〔1〕汉武帝：公元前157—前87年，名彻，汉朝第五代皇帝，七岁被封为太子，十六岁登基，在位五十四年，他是一位有着雄才大略的皇帝。

飞将军李广

李广不但善于打仗、武艺高强，而且体贴士卒，带领将士多次打败匈奴，人称"飞将军"。

汉景帝中元六年（公元前144年）六月，匈奴攻入雁门关[1]，到武泉县。还攻入上郡，抢走了牧马场里的马匹。汉朝将士战死的有二千人。

陇西人李广担任上郡太守，曾经率领一百名骑兵出巡，遇到几千名匈奴骑兵。匈奴人看见李广的部队，还以为是汉军派出来引诱敌人的，都吃了一惊，跑上山坡布下军阵。

李广手下那一百名骑兵都很害怕，想骑着马跑回去，李广说："我们离大部队还有几十里，如果就这样往回跑，匈奴骑兵追射我们，很快就把我们全部消灭了。现在我们留在这里，匈奴人一定以为我们是诱敌的部队，不敢前来攻击我们。"

于是李广命令手下骑兵："前进！"快到距离匈奴军阵二里远的地方，又让大家停下来，下令说："全都下马，解下马鞍！"他手下骑兵说："敌人很多，而且离我们很近，万一出现紧急情况，怎么办？"李广说："敌人以为我们会逃走，现在我让你们都解下马鞍，向他们表示我们不会逃走，以此来坚定他们认为我们是诱敌部队的想法。"结果匈奴骑兵真的不敢进攻。

有一位骑白马的匈奴将领出阵，掩护匈奴军队。李广骑上马，和十多个骑兵飞奔而去，射死了骑白马的将军。然后又返回，回到他手下骑兵群中，解下马鞍，命令士兵解开战马，然后躺在地上休息。这时，正好太阳西下，匈奴骑兵对李广部队的行为迷惑不解，也不敢进攻。到了半夜，匈奴军队以为汉朝军队在附近有埋伏，想趁着夜色袭击他们，于是率领士兵离开了。黎明时分，李广的小分队才回归大部队。

武帝元光元年（公元前134年），卫尉李广担任骁骑将军，驻守云中郡。中尉程不识担任车骑将军，驻守雁门郡。李广和程不识都以边境郡守的身份指挥军队，在当时很有名气。李广行军没有固定编制，不讲究行列阵形，到了水草肥美的地方就驻扎下来，各人自便，夜间也不派敲着刁斗的士兵巡逻警卫，军中指挥系统的文书往来能简省就简省。不过，李广也很注意远远地派出侦察部队，从来没有遭受过突袭。

程不识则整顿部队编制，讲究行列队伍、营寨阵形，夜间派士兵敲

李广（？－公元前119年）
陇西成纪（今甘肃静宁）人，西汉著名军事家。做过骑郎将、骁骑都尉、未央卫尉、郡太守，镇守边郡使匈奴不敢犯多年，被称为"飞将军"。其一生未得封侯，或许时运不济，有历史典故"冯唐易老，李广难封"。公元前119年，随卫青出征匈奴，兵败，引颈自刎。

着刁斗巡逻，军队中的文吏要把文书整理非常清晰，军队常常得不到休息，但也从来没有遭遇过危险。

程不识说："李广的军队非常简单随便，一旦受到敌人突袭，就没有办法抵御了。但李广手下的士兵也很轻松自在，都愿意为李广效死卖命。我的军队虽然事务烦琐纷扰，但敌人也不能侵犯我。"不过匈奴人害怕李广的谋略，汉军士兵也多数愿意跟随李广打仗，而以跟随程不识打仗为苦差。

元光六年（公元前129年），骁骑将军李广从雁门关出击匈奴，被匈奴打败。匈奴活捉了李广，在两匹马中间用绳子结成网，把李广放在里面。李广躺着装死，走了十几里路，突然跃起跳到一个匈奴骑兵的马背上，把他推下马，夺了他的弓箭，赶着马往南跑，于是逃了回来。匈奴人惊叹不已，从此李广获得了"飞将军"美称。

元狩四年（公元前119年），汉武帝派出大军袭击匈奴。郎中令李广屡次请求让自己出征，开始武帝因为他年纪太大了，没有批准，过了很久才答应，任命他为前将军，跟随大将军卫青。

卫青大军出塞以后，捉来俘虏，从俘虏口中问出单于驻扎的地方，便亲自率领精锐部队急速进击，让李广与右将军赵食其合兵一处，从东路进军。

东路要绕道，路途遥远，水源和青草也比较少，李广就向卫青请求说："我是前将军，应该做前锋，如今您却另外让我从东路进军。而且我从少年时就开始与匈奴作战，直到今天才有机会正面对付单于，所以希望能在大军前面做先锋，先去和单于决一死战。"

临行前，武帝私下里告诫卫青，认为："李广年纪老了，总是没有好运气，不要让他正面攻击单于，不然的话，我怕我们最后会捉不住单于。"而且公孙敖不久前失去侯爵爵位，卫青也想给他立功机会，让他与自己一起在正面与单于作战，所以将前将军李广调到东路。李广知道这个情况，坚决地向卫青推辞，卫青没有同意。于是李广没有向卫青辞行，就率领军队出发，心里十分恼怒。

李广与赵食其率领的东路军因为没有向导，在沙漠中迷失了道路，所以落到了卫青的后面，没能赶上与单于的战斗。等到卫青率领军队回师，经过沙漠南部时，才遇到李广和赵食其二位将军。

卫青派长史责问李广和赵食其迷路的情况，并责令李广到军府完成书面报告。李广说："校尉们没有过错，是我自己迷了路，我现在自己写报告交到军府去。"

又对自己的部下说："我从少年时开始，与匈奴大大小小打了七十多仗，这次有幸跟着大将军出征，能够与单于正面交锋。谁知大将军将我的部队调到东路，路绕而且远，结果还迷失了方向，这难道不是天意吗！况且我六十多岁了，总不能再去面对那些刀笔小吏吧？"于是拔刀自刎。

李广为人清廉，得到赏赐就分给他的部下，吃喝与士兵一起，在二千石俸禄的职位上做了四十多年，家里却没有多余的财产。

他的手臂很长，擅长射箭，估计射不中目标就不发箭。他带领军队，在困难的情境下找到水源，士兵们还没有都喝到水，李广自己就不喝；士兵们还没有都吃过饭，李广自己就不吃。士兵们因此都乐意被他所用。等到李广自杀，全军将士没有不哭的。百姓听说以后，不管认识的还是不认识的，无论老少都为他流泪。

相关链接

〔1〕雁门关：又名"西陉关"，位于现在的山西省代县西北约四十华里的地方，有"天下九塞，雁门为首"的说法。

刘安是一个沽名钓誉而又不自量力的人，他以淮南之地谋反，最后落了个身败名裂的下场。

　　淮南[1] 王刘安[2]，喜欢读书写文章，好沽名钓誉，招罗的门客以及会各种技能的人达几千人之多。他的属官和门客，大多是江淮一带的轻薄之徒，他们常常用当年淮南厉王死于流放途中的事情来刺激刘安。

　　建元六年，天空出现彗星，有人劝说刘安，说："以前吴王刘濞起兵时，也有彗星，长只有几尺，尚且流血千里。现在的彗星横贯长空，天下兵马恐怕都要起事。"刘安觉得有道理，就造了许多攻城野战的器械，积攒金钱。

　　后来刘安被一件罪案牵涉，公卿们请求将刘安逮捕治罪。刘安的太子刘迁定下计策，派人身穿卫士服装，手持长戟站在刘安旁边，朝廷派来的使者如果要将刘安治罪，就上去将他刺杀，然后起兵造反。朝廷派中尉段宏到淮南讯问刘安，刘安见段宏态度一直很温和，就没有动手。

　　到了元狩元年（公元前122年），刘安与他的门客左吴等人日夜谋划造反，察看地图，安排行军路线。各地使者有从长安回来的，如果胡乱编造，说"皇上没有儿子，朝政混乱"，刘安就很高兴；如果照实说"朝政清明，皇上已有儿子"，刘安就很生气，认为是使者胡说八道，而事实并不是这样。

　　刘安召来中郎伍被，与他商量谋反的事，伍被说："大王怎么能说这种亡国的话呢？我听了，就像已经看到宫中长满荆棘，露水打湿行人衣服的凄惨景象了。"刘安发怒，抓来伍被的父母，把他们关了起来。

　　过了三个月，刘安又将伍被召来询问，伍被说："当年秦朝治国无道，奢侈暴虐到了极点，百姓希望天下大乱的有十分之六七。高皇帝在行伍之中崛起，最终立为天子，这就是所谓的把握时机，乘人之弊，在秦朝土崩瓦解的时候举事发动。如今大王只见高皇帝得到天下似乎很容易，唯独不见近世'七国之乱'的吴、楚吗？

　　"吴王刘濞统辖四个郡，国家富强，人口众多，计划成熟，准备充分，然后才起兵西进。然而一旦在梁国战败，向东奔逃，不但自己丢了性命，连宗庙的祭祀也从此断绝，这是为什么呢？实在是因为他逆天行事，不了解时势啊。

　　"如今大王的兵力，还不到吴、楚的十分之一。而天下安宁稳定，却比吴、楚起兵时好一万倍。大王如不听从我的劝告，我今天简直就像眼见您丢掉千乘之国的王位，接到赐死的诏书，先于群臣死在东宫的景象啊。"

刘安听了，流着眼泪站起身来。

刘安有一个庶出的儿子名叫刘不害，年龄最大，刘安不喜欢他，王后和太子也不把他当儿子、兄长看待。刘不害有一个儿子叫刘建，很有才华，而且年轻气盛，常常在心里怨恨刘迁，就暗中派人告发刘迁企图刺杀朝廷中尉的事，武帝将此事交给廷尉处理。

刘安很害怕，想起兵造反，又询问伍被，说："你认为当年吴王起兵造反，是对还是不对？"

伍被说："不对。我听说吴王后来非常后悔，希望大王不要像吴王那样后悔。"

刘安说："吴王哪里懂得怎么造反！当年他居然一天之内就让四十多个朝廷将领经过成皋。如今我切断成皋的通道，占据险要的三川之地，再招募崤山以东的兵马，像这样举事，左吴、赵贤、朱骄如都认为有九成胜算，只有你认为是有祸无福，这是为什么呢？一定像你说的那样，不能够侥幸成功吗？"

伍被回答说："如果大王非要这么做的话，我有一个计策：现在各诸侯对朝廷都没有二心，百姓也没有怨气，大王可以伪造丞相、御史的奏章，说是请求皇上将各郡国的地方豪强和殷实富户迁到朔方，我们多派一些甲兵，将期限定得很紧，装出朝廷害怕他们反抗的样子。然后再伪造朝廷发给各地的诏狱书，扬言要逮捕各封国的太子和宠臣。这样一来，百姓就会抱怨，诸侯也会害怕，紧接着派能言善辩的说客到各地游说，或许说不定会有侥幸的希望吧。"

刘安道："这倒是可以做。但是我还是觉得不至于要这么复杂。"

于是刘安制作了皇帝的印玺，还有丞相、御史大夫、将军、军吏、中二千石及周围各郡的太守、都尉的官印，以及朝廷使者的符节。又打算派人假装在淮南国犯罪而逃到长安，投在大将军卫青的门下效力。一旦这儿起兵，他就立即刺杀卫青。刘安还说："朝廷大臣中，只有汲黯喜欢直谏，能够严守臣子的节操，为忠义而死，难以用歪理迷惑住他。至于游说丞相公孙弘等人，就像掀掉盖子、抖去落叶一样容易。"

刘安打算调动封国内的军队，怕朝廷派来的国相和二千石官员不肯服从，就和伍被商量，先把国相和二千石官员杀死。又打算派人身穿制

服，拿着加急文书从东边赶来，高喊："南越的军队攻入我国边界了！"以此为借口发动军队。

正好这时候，廷尉前来逮捕刘迁。刘安听说后，与刘迁密谋，将国相和二千石官员召来，想把他们杀了，然后起兵造反。于是召国相等人，国相一个人来了，内史、中尉却都不来。刘安想，光杀国相一个人，也没有什么用处，就放他走了。刘安犹豫不决，拿不定主意，刘迁就自杀了，但没有死成。

伍被自己到负责官吏那里，告发自己与刘安图谋造反的种种情节。官吏就逮捕了淮南国太子、王后，包围住王宫，要把与刘安一起谋反的门客在淮南国的全部逮捕，并获取谋反的证据，好上报朝廷。汉武帝将刘安的党羽交给公卿处治，派宗正手持皇帝符节去淮南国处治刘安。

没等宗正赶到，刘安已经自刎而死。于是把王后、太子处死，所有参与谋反的人一律灭族。

相关链接

〔1〕淮南国：西汉刘姓封国之一，辖地在今安徽寿县一带。

〔2〕刘安：公元前179—前122年，刘邦之孙，淮南厉王刘长之子。公元前164年，文帝把原来的淮南国一分为三封给刘安兄弟三人，刘安以长子身份袭封为淮南王。

张骞出使西域

西汉武帝时，张骞历尽艰难两次出使西域，打通了丝绸之路，促进了中国与中亚、西亚、欧洲各国的往来以及经济文化交流，是中国走向世界的第一人。

匈奴投降汉朝的人说："月氏过去居住在敦煌和祁连山之间，是一个强国，匈奴的冒顿单于攻下了它。杀了月氏王，把他的头骨做成了尿壶，剩下的月氏部众逃到很远的地方去了。月氏人仇恨匈奴，但没有人与他联合攻打匈奴。"武帝听到以后，就招募能出使月氏的人。

汉中人张骞[1]以郎官的身份应募，取道陇西，然后直接进入匈奴腹地。匈奴的单于擒获张骞，把他扣押了十几年。张骞得到机会逃脱，朝着西方月氏所在的地方跑，跑了几十天，到达大宛。

大宛早就听说汉朝富饶，想与汉交通往来，但却无法实现，所以见到张骞十分高兴，为他安排了向导和翻译，抵达康居，再由康居转送到大月氏。

大月氏原来的太子做了国王，攻打大夏国之后，瓜分了大夏国的土地，在那儿安居下来。当地土地肥沃，物产丰富，很少有外敌入侵，所以他们已经没有什么找匈奴复仇的念头了。

张骞呆了一年多，最终也弄不明白月氏人到底怎么打算，就返回中原。张骞沿着南山走，想通过羌人的领地返回，结果又被匈奴捉住，扣押了一年多。

刚好伊稚斜驱逐於单，匈奴国内大乱，张骞就和堂邑氏的奴隶甘父逃了出来，回到中原。

武帝任命张骞为太中大夫，甘父为奉使君。张骞当初出发的时候有一百多人，去了十三年，只有他和甘父二人得以生还。

后来匈奴浑邪王向汉朝投降。汉军把匈奴的势力驱逐到大沙漠以北，盐泽以东再也不见匈奴的踪影，前往西域[2]的道路被打通了。

于是张骞向武帝建议说："乌孙王昆莫本来是匈奴的属国，后来兵力逐渐强大，不肯再侍奉匈奴。匈奴派兵攻打，未能获胜，于是远离而去。

"如今匈奴单于刚刚受困于我们，而过去的浑邪王领地又无人居住。蛮夷之族的习俗依恋故土，又贪图我朝的财物，如果我们现在真的能用丰厚的礼物贿赂乌孙，招他们东迁，住到以前浑邪王的领地去，与我们结为兄弟之国，他们势必顺从我们，顺从我们就相当于砍断了匈奴的右臂。

"与乌孙结盟之后，乌孙以西的大夏等国也都能招过来成为我们的属国。"

汉武帝认为有道理，就任命张骞为中郎将，率领三百人，每人二匹马，牛羊数以万计，和价值千万的黄金布帛。又任命很多持着天子符节的副使，如果有别的国家有方便的道路，就派一个副使前去通使。

张骞到达乌孙以后，乌孙王昆莫接见了他，但礼数不周，态度十分傲慢。

张骞转达汉武帝的谕旨，说："如果乌孙能够返回东边的故土居住，那么我们大汉将把公主许配给乌孙王为夫人，结为兄弟之国，共同抗拒匈奴，那么匈奴就不值一提了。"

然而乌孙认为自己距离汉朝太远，也不知道汉朝是大是小，而且做匈奴的属国已经很久了，与匈奴距离又近，手下的大臣都畏惧匈奴，不愿意东迁。

张骞在乌孙呆了很久，得不到明确的答复，于是向大宛、康居、大月氏、大夏、安息、身毒、于阗与附近各国分别派出副使进行联络。

乌孙派出翻译和向导送张骞回国，又派几十个人带了几十匹马跟随张骞到汉答谢，趁机了解汉的大小。当年，张骞回到长安，汉武帝任命他为大行。

又过了一年多，张骞派去出使大夏等国的副使也与那些国家的使臣一同归来。从此以后，西域各国就开始与汉交通往来了。

相关链接

[1] 张骞：约公元前164—前114年，中国西汉时期出色的外交家。公元前139年，他受命于汉武帝，率人前往西域，负责寻找曾被匈奴赶跑的大月氏，以期合力进击匈奴。

[2] 西域：狭义上是指葱岭以东，阳关、玉门关以西，即今巴尔喀什湖东、南及新疆广大地区。而广义的西域则是指凡是通过狭义西域所能到达的地区，包括亚洲中、西部，印度半岛等地区。

苏武牧羊

苏武出使匈奴，宁可自杀也不投降；后来，他被流放到北海牧羊，在恶劣的条件下，手持汉朝节杖，十几年如一日，表现出宁死不屈的崇高民族气节。

天汉元年（公元前100年），汉武帝派中郎将苏武[1]出使匈奴，与副使中郎将张胜和暂时充任使团官吏的常惠等一同前往。

苏武等人到达后，正好碰上曾归降过汉朝的匈奴缑王和长水人虞常，与跟随卫律投降匈奴的汉朝人一起，谋划劫持匈奴单于的母亲阏氏回到汉朝。

卫律是汉朝的使节，他父亲原是长水地区的匈奴人，因为推荐他的李延年一家被收捕，害怕获罪，便逃到匈奴投降，很受单于重用。

虞常在汉朝时与张胜关系很好，就来与张胜商量，说愿意为汉天子刺杀卫律，希望张胜回去多说好话，让他在汉朝的家人获得赏赐。张胜答应了，还送虞常许多财物。

过了一个多月，单于出去打猎，虞常等人想趁机发动。谁知他们中有一个人夜里逃出去告发，单于的子侄调兵镇压，缑王等人战死，虞常被活捉。

单于派卫律处理这件事。张胜听到后，担心此前与虞常合谋的事被查出，就把详细情况向苏武报告。

苏武说："事已至此，一定会牵连到我。我作为大汉的使节，如果到时受到侵犯，然后再死，将大大对不起国家。"于是准备自杀，张胜、常惠一起阻止了他。

虞常果然招出张胜，单于大怒，召集贵族一起商议，想要把汉朝使者都杀了。左伊秩訾说："谋害卫律，就要将他们处死，如果是谋害单于，还怎么加罪呢？应该把他们都招降了。"

单于派卫律向苏武等招降。苏武对常惠等人说："卑躬屈节，有辱使命，就算活下来，又有什么脸面回到汉朝？"抽出佩刀就刺进自己身体。

卫律大吃一惊，亲自抱着苏武，派人骑马去召医生。医生来了，在地上挖了一个洞，点起炭火，把苏武放在上面，用脚踩苏武的背，让淤血流出来。苏武呼吸都停了，过了很久才恢复过来。

常惠等人哭着将苏武抬回驻地。单于钦佩苏武的气节，早晚都派人问候，只将张胜逮捕，关进监狱。

苏武的伤渐渐好起来，单于派人来劝说苏武，想让他归降匈奴。这时，虞常刚好被定为死罪，就打算借此机会，逼苏武投降。

等到虞常的人头已被斩下后，卫律说："汉使张胜想谋杀单于的亲信大臣，罪当处死。单于现在正在招降，所以宽大处理，只要投降，就可以赦免。"说完举剑要刺张胜，张胜立刻请求投降。

卫律又对苏武说："副使有罪，你作为正使，应该连坐受罚。"

苏武回答说："我本来就没有参与谋划，与张胜又没有亲属关系，为什么要连坐受罚？"卫律举起剑威胁苏武，苏武仍然不为所动。

卫律说："苏先生，我以前背叛汉朝，归顺了匈奴。蒙单于大恩，赐号称王，拥有几万人众，满山的马匹牲畜，富贵至此！苏先生今天如果归降，明天就会和我一样。否则白白地牺牲自己，又有谁知道呢！"苏武不答理他。

卫律又说："你要是听我的，归降了匈奴，我与你就像兄弟一般。如果不听，以后就算是再想见我，还能办得到吗？"

○ 品画鉴宝

苏李泣别图（明）陈洪绶／绘　此图表现的是汉代苏武和李陵的故事。左立者为苏武，虽衣衫破烂，但右手持节，不失汉室荣光。

苏武骂他说:"你身为汉朝臣子,不顾恩义,背叛君主亲人,投降蛮夷异族,我为什么要见你?单于信任你,让你决定别人的生死,你不但不公平处理,反而想挑动两国君主争斗。以前南越国杀了汉使,被汉所灭,成为九郡;大宛王杀了汉使,结果他的人头被挂在长安宫廷的北门;朝鲜杀了汉使,即时被消灭;只有匈奴还没有做过这种事。你明知我不会投降,却想借此挑起两国的战争,只怕匈奴的灾难,要从我开始了。"

卫律明白苏武不会受他的威胁,只得禀报单于。单于听了,更想让他归顺,就把他囚禁在一个大地窖里,断绝饮食,想逼他就范。当时下着大雪,苏武躺在地上,把雪和衣服上的毡毛一起吞下去,过了几天竟然还没死。

匈奴人以为有神灵保护他,就把他放逐到北海[2]荒无人烟的地方,让他放牧公羊,说:"等到公羊能产出羊奶,你就可以回国了。"常惠等其他不肯投降的官员,也被分别扣押在其他地方。

苏武被匈奴放逐到北海边上,没有粮食供应,只好挖掘野鼠洞里储存的草籽。他牧羊的时候手里总拿着汉朝的符节,起居都带着它,节杖上的毛缨全都脱落了。

苏武在汉朝的时候,与李陵一起担任侍中。李陵投降匈奴以后,不敢求见苏武。过了很久,单于派李陵到北海边,李陵为苏武设了酒宴,还有歌舞助兴。

李陵对苏武说:"单于听说我和你平素交情很好,所以派我来劝你。单于愿意恭敬地对待你。你终究无法再回汉朝了,自己在这里白白地受苦,在这荒无人烟的地方,又有谁能看见你的信义节操呢?

"你的两个兄弟,都因连坐获罪,已经自杀了;我来的时候,你的母亲也已经去世;你的夫人年纪尚轻,听说已经改嫁别人,剩下两个妹妹、两个女儿、一个儿子,现在又过了十几年,是否还在人世也不知道。人生就像早晨的露水一样短暂,何必长久地自讨苦吃呢?

"我刚投降的时候,狂躁得快要发疯了,痛恨自己辜负了汉朝,还连累老母亲被囚禁在监狱里。你不愿投降匈奴的心情,怎么比得上我?何况皇上老了,法令变化无常,大臣无罪而被灭族的有几十家。自己的安危都不知道,你要为谁这样做呢?"

苏武说:"我们父子本来没有什么功德,蒙皇上厚恩,才有今天的地位。我们兄弟能够亲近皇上,愿意为皇上肝脑涂地。现在可以牺牲生命来报效皇上，就算是遭受斧钺砍杀，汤锅烹煮，也心甘情愿！身为臣子，侍奉君王，就像儿子侍奉父亲一样，儿子为父亲而死，没有什么遗憾。希望你不要再说了。"

李陵看到苏武的赤诚，叹着气说："唉！你真是义士！我和卫律的罪过，真是上通于天！"说完哭泣，眼泪流下来沾湿了衣襟，与苏武诀别离去，赐给苏武几十头牛羊。

后来，李陵又到北海边，告诉苏武汉武帝已经去世。苏武一连几个月，每天的早晨和晚上都面向南方号啕痛哭，甚至吐血。

壶衍鞮单于即位后，他的母亲阏氏行为不正，国内分崩离析，害怕汉军袭击，于是卫律为单于谋划，要与汉朝和亲。

汉朝的使者来到匈奴，要求放苏武等人回国，匈奴骗他们说苏武已经死了。后来汉使又来匈奴，常惠偷偷见到汉使，教使者这样对单于说："天子在上林苑打猎，射下一只大雁，脚上系着一封帛书，说苏武等人在某处湖泽。"

使者非常高兴，就按常惠教的责问单于。单于大吃一惊，环顾左右侍从，然后向汉使道歉，说："苏武的确还在人世。"于是把苏武放回。

李陵设酒宴为苏武祝贺，说："现在你返回汉朝，名声传遍匈奴，功劳显于汉朝，就算是史书里记载、丹青上描画的人物，又怎能比得上你？

"我虽然愚笨怯懦，如果当年汉朝能宽恕我的罪过，保全我的老母，我也能忍辱负重，像春秋的曹刿在柯会盟时那样，做出劫持齐桓公的壮举，这正是我念念不忘的志向。谁知汉朝竟将我满门抄斩，进行世上最残酷的杀戮，我还能再顾念什么呢？现在一切都过去了，我只是想让你明白我的心意罢了！"说完李陵泪流满面，与苏武诀别。

单于召集当年随从苏武的官属，除了已经归降和去世的，有九个人和苏武一起回到汉朝。抵达长安后，汉昭帝下诏命令苏武用牛、羊、猪的太牢之礼，前去祭拜汉武帝的陵庙。封苏武为典属国，品秩中二千石，赏赐了苏武二百万钱、两顷公田、一处住宅。

苏武被匈奴扣押了十九年，去的时候还是壮年，回来的时候，头发、胡子全都白了。

相关链接
〔1〕苏武：公元前140 – 前60年，字子卿，杜陵（今陕西西安）人。
〔2〕北海：即现在俄罗斯境内的贝加尔湖。

霍光废帝

霍光是一位非常忠直的人，为了社稷江山和天下百姓，他竟然冒着以下犯上的危险废黜了无道的天子，这在整个中国历史上都是屈指可数的事情。

元平元年（公元前74年），四月十七日，汉昭帝在未央宫驾崩，没有儿子。当时汉武帝的儿子只剩下广陵王刘胥，大将军霍光[1]与群臣商议立新帝时，大家都认为应当立广陵王。广陵王原来因行为不合法度，汉武帝不立他为太子，所以霍光心里感到不安。

郎官中有人上书朝廷，说："周太王不立长子太伯，而立太伯的弟弟王季为继承人；周文王不立长子伯邑考，立伯邑考的弟弟周武王为继承人。这就说明，选择皇位继承人，只有人选适合，即使是废长立幼也完全可以。广陵王这个人，不是能继承宗庙的。"

这道奏章一上，正合霍光心意。霍光将奏章拿给丞相杨敞等人看，并提升这位郎官担任九江太守。当天，由上官皇后颁下诏书，派人迎接昌邑王刘贺，准备立他为帝。

刘贺在封国中一向狂妄放纵，所作所为毫无节制。汉武帝驾崩的消息传来，刘贺依旧出外游猎。征召刘贺的诏书到达后，刘贺中午出发，前往长安，黄昏时就到定陶，走了一百三十五里，沿途不断有随从人员的马匹累死。

刘贺到达济阳，向地方上索要长鸣鸡，又在途中购买积竹杖。经过弘农时，刘贺派一个名叫善的奴仆用有帘子的车载美女。到达湖县时，朝廷派来迎接的使者以此事责问昌邑国相安乐。安乐转告郎中令龚遂，龚遂进去向刘贺询问，刘贺说："没有的事。"

龚遂说："就算并无此事，大王又何必为怜惜一个奴仆，而破坏礼义？请将善抓起来，交付官吏惩处，以洗清大王的名声。"于是立即抓出善，交给卫士长，将他处死。

刘贺抵达霸上，大鸿胪到郊外迎接，侍奉刘贺换乘皇帝的御车。刘贺命昌邑太仆寿成驾车，龚遂陪乘。

即将到达广明东都门时，龚遂说："按照礼仪，奔国丧的人望见国都时，就应该痛哭。这就是长安外城的东门了。"

刘贺说："我嗓子疼，不能哭。"

到了内城城门，龚遂再次提醒他。刘贺说："城门和郭门一样。"

将要到达未央宫东阙，龚遂说："昌邑国吊丧的行帐在东阙外驰道的北边，帐前有一条南北向的通道。有几步路马车开不进去，大王应当下车，面朝西边的宫阙，伏地痛哭，极尽悲哀，然后停止。"

刘贺答应说："好吧。"于是步行上前，依照礼仪哭拜。

六月初一，刘贺接受皇帝玺绶，承袭帝号，尊上官皇后为皇太后。

刘贺当皇帝后，淫乱放纵，没有节制。原昌邑国的官属都被征召到长安，很多人得到破格提升。龚遂等人向刘贺进谏，太仆张敞也上书劝说，刘贺不听。

霍光见到这种情景，忧虑烦恼，只向所亲信的旧部、大司农田延年询问。田延年说："将军身为国家柱石，确信这个人不成，为何不禀告太后，另选贤明的人，立为皇帝呢？"

霍光说："我现在想这样做，只是不知道古代有没有人这样做过。"

田延年说："当年伊尹辅佐商朝，为了国家的安定而废黜太甲，后人称颂伊尹的忠诚。将军如果也能这样做，就是汉朝的伊尹啊。"于是霍光让田延年兼任给事中，与车骑将军张安世秘密策划此事。

刘贺外出巡游，光禄大夫夏侯胜挡在车驾前面劝阻说："天气阴了很久，却不下雨，预示臣下阴谋对付主上。陛下出宫，要到哪里去？"

刘贺发怒，认为夏侯胜口出妖言，让人把他绑起来交给官吏治罪。负责这件事的官吏向霍光报告，霍光没有依法处置。

霍光以为张安世泄露计划，就责问他，发现张安世其实并未泄漏，于是召夏侯胜来询问，夏侯胜回答说："《鸿范传》上说：'君王若有过失，老天会以久阴不雨来惩罚他，那时就会发生臣下讨伐主上的事。'我不敢那样说，只好托言'臣下阴谋对付主上'。"霍光、张安世闻言大惊，因此更加重视经师和术士。

侍中傅嘉多次向刘贺进谏，刘贺也把他绑起来关进监狱。

霍光、张安世计议已定，就派田延年报知丞相杨敞。杨敞听了又惊又怕，不知说什么好，汗流浃背，只是唯唯诺诺而已。

田延年起身去厕所，杨敞的夫人急忙从东厢房对杨敞说："这是国家大事，如今大将军计议已定，派田延年来通知你，你还犹豫不决，就要被事先诛杀了！"田延年回来，杨敞夫人也参加谈话，许诺说："一切听大将军吩咐！"

二十八日，霍光召集丞相、御史、将军、列侯、中二千石、大夫、博士在未央宫一起商议。霍光说："昌邑王行为昏乱，恐怕会危害国家，该怎么办？"群臣一听，全都大惊失色，谁也不敢发言，只是出声应和而已。

田延年离开坐席，走上前去，手按剑柄说："先帝将年幼的孤儿托付给将军辅佐，并把国家前途委托给将军，是因为相信将军忠诚贤明，能够安定刘氏的江山。如今下面怨声鼎沸，社稷将要被颠覆。

"我大汉历代皇帝的谥号总有一个'孝'字，为的就是社稷永存，令宗庙祭祀不断。如果汉家祭祀断绝，将军就算以死赎罪，又有何面目见先帝于地下呢？今天的事，决不能后退，群臣最后响应的，我请求用剑将他斩首！"

霍光向田延年认错，说："田延年责备我，说得很对！如今国家不得安宁，我应当受处罚。"

于是参加会议的人都叩头说："百姓的命运，都取决于将军，我们唯大将军的命令是从！"

霍光随即与群臣一起晋见太后，向太后禀告，详细述说昌邑王刘贺不能够承继宗庙的理由。皇太后听了，命令车驾前往未央宫承明殿，下诏命令皇宫各门不准让昌邑国的群臣入内。

刘贺进殿朝见完太后，打算乘车返回温室殿。他进去时，中黄门宦官早已分别抓住门扇，等刘贺一进去，就将大门关闭，不让昌邑国的群臣入内。

刘贺问："这是干什么？"

霍光跪着回答说："皇太后有诏令，不让昌邑国群臣入宫。"

刘贺说："慢慢吩咐就是了，为何弄得那么吓人？"

霍光让人把昌邑国群臣全部赶出去，赶到金马门外面。张安世带着羽林军的骑兵，绑了赶出来的二百多人，全部送到廷尉负责的诏狱。

霍光让担任过昭帝侍中的宦官守护刘贺，并命令手下人说："小心守护！如果他突然死了，或者自杀了，就会让我对不起天下之人，背上杀主的恶名。"

这时刘贺还不知道自己即将被废，对身边的人说："我以前的群臣和属官犯了什么罪？大将军为什么把他们全部关起来？"

过了一会儿，太后下诏，召刘贺进见。刘贺害怕起来。

太后身穿珍珠串缀的短袄，华服盛装，坐在武帐之中，几百名侍卫手持兵器，与持戟的期门武士排列于殿下。文武群臣按照品位高低依次上殿，然后召刘贺，让他上前伏在地下，听候宣读诏书。

霍光与群臣连名上奏，弹劾刘贺，由尚书令宣读奏文："丞相杨敞等冒死上奏皇太后陛下：孝昭皇帝过早去世，朝廷派使者征召昌邑王前来，主持丧葬礼仪。

"昌邑王虽然身穿丧服，却并没有悲哀之心，废弃礼义，在路上不吃素，还派随从官员掳掠女子，载在有帘幕的车里，送到驿舍陪宿。

"昌邑王到了长安，谒见皇太后，被立为皇太子，还经常私下购买鸡肉、猪肉食用。昌邑王在先帝灵柩前接受皇帝的印玺，回到住处，打开印玺后就不再封存。

"还派从官手持皇帝符节，前去召引昌邑国的从官、车马官、官奴等二百多人，常与他们一起居住在宫禁之内，游玩取乐。曾经写信说：'皇帝问候侍中君卿，让中御府传令高昌奉上黄金千斤，赐给君卿，让他娶十个妻子。'

"先帝的灵柩还停在前殿，竟搬来乐府的乐器，让昌邑国的乐师入宫，鼓吹弹唱，演戏取乐。又召来泰一祭坛和宗庙的歌舞艺人，遍奏各种乐曲。

"还驾着天子的车驾，在北宫、桂宫等处驱驰，玩猪，斗虎。擅自调用皇太后御用的小马车，命官奴骑乘，在掖庭游玩。又与孝昭皇帝宫女蒙等淫乱，给掖庭令下诏说：'有敢泄露的，腰斩！……'"

太后听不下去了，说："停！为人臣子，竟可以如此悖乱吗？"刘贺离开坐席，伏在地上请罪。

尚书令接着读道："取来朝廷赐给诸侯王、列侯、二千石官员的绶带，以及黑色、黄色绶带，赏给昌邑国郎官及被免除奴仆身份的人佩带。取用皇家仓库中的金钱、刀剑、玉器、彩色丝织品等，赏给一起游玩的人。

"与从官、奴仆连夜狂饮，沉迷于酒醉之中。在温室殿设下九宾大礼，于夜晚单独接见其姐夫昌邑关内侯。还没举行祭祀宗庙的大礼，就私自颁发正式诏书，派使者携带皇帝符节，以三个太牢（太牢一般指牛、羊、猪三牲合用），前往祭祀其父昌邑哀王的陵庙，自称'嗣子皇帝'。

"即位以来二十七天，使者不断，持皇帝符节、以诏令向各官署征发的，共有一千一百二十七次。荒淫无度，昏庸迷乱，失去了帝王的礼义，败乱了大汉的制度。臣等多次规劝，昌邑王非但不肯更正，反而日益严重，这样下去恐怕将危害社稷，使天下不得安宁。

"臣等谨与博士商议，一致认为：

"当今陛下继承孝昭皇帝的帝位，却行为放荡，不守礼仪。《孝经》上说：'五种死刑之罪中，以不孝罪孽最大。'昔日周襄王不孝顺母亲，所以《春秋》[2] 上说'天王出居郑国'，因为其不孝，所以放逐到郑国，被天下所抛弃。宗庙重于君王，陛下既然不能承受天命，奉持宗庙，爱民如子，应该废黜！

"因此，臣请求太后命有关部门用一个太牢，向高祖之庙祭告。"

皇太后下诏说："可以。"

于是霍光命刘贺站起来，拜受皇太后诏书。刘贺说："我听说：天子只要有七位忠直的谏臣，即使失道，也不会失去天下。"

霍光说："皇太后已经下诏将你废黜，你哪里还能自称天子？"

当即抓住刘贺的手，将他佩戴的玺绶解下，交给皇太后。然后扶刘贺下殿，从金马门出宫，群臣跟随在后相送。

刘贺出宫后，面向西方拜别，说："我愚蠢憨直，不能担负汉家大事！"起身，登上御驾的副车，霍光将他送到长安昌邑王的官邸。

霍光表示歉意，说："大王的所作所为，是自绝于天。我宁可对不起大王，也不敢对不起社稷！希望大王自爱，我再也不能侍奉在大王左右了。"说完流泪而去。

相关链接

[1] 霍光：？－公元前68年，字子孟，河东平阳（今山西临汾）人。是汉武帝的
    重臣之一。
[2]《春秋》：我国最早的编年体史书，相传是孔子根据鲁国史官所编著的《春秋》
    整理而成，记载了公元前722－前481年间的鲁国历史。该书被后世奉为儒
    家经典之一。

　　郅支单于骄傲蛮横，不但成了西域的一霸，而且还挑衅汉朝，于是汉朝皇帝派陈汤、甘延寿出兵征讨。他们和西域痛恨郅支单于的国家联合起来，经过多次战争，终于除掉了这个祸害。

　　郅支单于[1]自以为匈奴汗国是个大国，声名远扬，很受尊重，又因为打了胜仗，更加骄傲。因为不被康居王礼遇，一生气就杀了康居[2]王的女儿，以及康居的贵族、平民，共有几百人，有的还被肢解，扔到都赖水里。他征发康居人为他修筑城池，每天五百名工人，修了二年才完工。又派遣使节，要求阖苏王国与大宛王国每年进贡，两个国家都不敢不给。

　　汉朝派使者到康居国去，郅支单于关押汉朝使者，侮弄他们，不接受汉朝的诏书。又通过西域都护上书，故意说："居住的地方困顿，愿意归顺强大的汉朝，派遣儿子入汉朝作人质。"态度非常傲慢。

　　建昭三年（公元前36年），汉元帝派西域都护、骑都尉甘延寿，和副校尉陈汤一起出兵，讨伐郅支单于。

　　陈汤为人沉着勇敢，多思，有谋略，喜好建立奇功。他与甘延寿商量，说："各少数民族都畏惧匈奴，这是他们的天性。西域本来属于匈奴，现在郅支单于威名远扬，侵略乌孙和大宛，又经常给康居出谋划策，想降伏这两个国家。如果让郅支单于得到乌孙和大宛，几年之内，西域各国都会有危险了。

　　"郅支单于剽悍骁勇，喜好战争，屡次取胜，时间长了，一定会成为西域的祸患。然而现在他们所处的地方遥远，没有坚固的城池和强劲的弓弩防守。我们如果征发屯田的队伍，再率领乌孙的军队，直接进军到他城下，他若想逃跑，没有地方让他逃；要坚守，又没有足够的兵力。这样，千载难逢的功业，一天就可以成就了。"

　　甘延寿认为他说的很对，想上奏朝廷请求批准。陈汤说："圣上会召集众公卿商议，大计不是那些普通人能理解的，一定不会批准。"甘延寿有些犹豫，没有听从。

　　正好甘延寿病了很久，陈汤自己假传命令，征发各城以及诸侯国的军队、车师戊己校尉的屯田军士。甘延寿得知后，大吃一惊，想阻止他。陈汤大发脾气，按着剑叱责甘延寿，说："大军已经会合，小子想打击士气吗？"甘延寿只好听从。

经过整编，共聚集四万多人的军队。甘延寿、陈汤上奏，弹劾自己假传命令的罪过，说明了这样做的理由。当天，率领大军推进，分成六部，三部沿南道越过葱岭，穿过大宛；另外三部由甘延寿亲自率领，从温宿国出发，由北道进入赤谷，穿过乌孙，沿着康居边境，开赴阗池西岸。

当时，康居的副王抱阗率领几千名骑兵，在赤谷城东面劫掠，杀死和俘虏乌孙国大昆弥的几千人，抢走大批牛、羊、马等牲畜，又尾随汉军，夺取了汉军后部的大量辎重。

陈汤派西域兵进攻，杀了四百六十人，夺回抱阗俘虏的乌孙百姓四百七十人，放他们回大昆弥。那些马、牛、羊，就供给军队做粮食。还俘获了抱阗手下的贵族伊奴毒。

进入康居国东部边境后，陈汤命令军队不准掳掠，然后秘密召康居贵族屠墨前来会面，告诉他汉朝的威信，设宴盟誓，然后送他回去。

大军继续推进，在距离单于城大约六十里的地方驻扎，捉来康居的贵族具色子男开牟，让他作向导。具色子男开牟，是屠墨的舅父，他们都痛恨郅支单于，汉军于是详细掌握了郅支单于的情况。

第二天，继续进军，在距离单于城三十里的地方扎营。

郅支单于派来使者，问："汉军为何而来？"

回答说："单于上书，说'居住的环境困顿，愿意归降强大的汉朝，亲自入朝'，皇帝哀怜单于，放弃那么大的国家，屈居在康居，所以派遣都护将军前来迎接单于及妻子儿女。担心惊扰左右，所以没敢直接抵达城下。"

双方的使者往来了好几次，甘延寿、陈汤责备单于说："我们为了单于远道而来，但是到今天，还没有一位名王、显贵来晋见都护将军，接受诏令，单于怎么如此疏忽，没有主人待客的礼节？军队远道而来，人马困乏，粮草也快用尽，恐怕回程都不够用，请单于和大臣慎重考虑。"

第二天，大军前进到都赖河畔，在距离单于城三里的地方，扎营布阵。远远望见单于城上插着五色旗帜，几百人身披铠甲守卫城楼；又出来一百多名骑兵，在城下来回奔驰；一百多名步兵在城门两侧，排成"鱼鳞阵"演习。城上的卫兵甚至向汉朝军队挑战："来打呀！"

一百多名匈奴骑兵冲向汉营，汉营的强弩全部张开对外，匈奴骑兵撤退。士兵射击城门外的匈奴骑兵、步兵，他们全部撤回城里。

甘延寿、陈汤命令军队："听到鼓声，就直冲城下，四面包围，各军都有自己防守的地方，挖掘战壕，堵塞门户。盾牌在前，戟弩在后，仰射城楼上的士兵。"城楼上的士兵退了下去。

土城外面，还有两层木头城墙，匈奴人从木城里射箭，汉朝军队伤亡很多。于是汉军放火，焚烧木城。

夜里，几百名匈奴骑兵想突围，汉军迎击，将突围的匈奴骑兵全部杀死。

郅支单于听说汉朝军队到达，想离开单于城。后来因怀疑康居王怨恨他，而做了汉军的内应，又听说乌孙各国的军队都被征发，认为无处可逃，所以离开单于城后，又回去了，说："不如坚守。汉朝军队远道而来，不可能进攻很久。"

郅支单于身披铠甲站在城楼上，与他的阏氏、夫人几十人，都用弓箭射城外的汉军。汉军射中郅支单于的鼻子，他的夫人很多都死了。郅支单于就下了城楼。

过了午夜，木城被攻破。木城里的匈奴军退入土城，登上城头高呼。正好康居一万多名骑兵驰援赶到，分散在十几个地方，四下包围，和城上的匈奴守军互相呼应。夜里，几次进攻汉军的营地失利，每次都只能撤回。

天亮的时候，四面起火，官兵大喜，乘着火势大喊，锣鼓声惊天动地。康居军队又向后撤退。汉军推着盾牌，从四面一起冲进土城。郅支单于率领男女一百多人逃进王宫，汉军放火，官兵争先恐后地冲进宫殿，郅支单于受重伤身亡。

汉军斩杀阏氏、太子、名王以及以下官员，共一千五百一十八人，俘获一百四十五人，投降的一千多人，都分给出兵的十五个国王。

相关链接

〔1〕郅支单于：？－公元前36年，匈奴南北两部分裂之后的北匈奴首代单于，曾打败大宛等国，一时之间称霸西域。

〔2〕康居国：在大月氏北、安息西北方，属于土耳其系的游牧民族国家。

○品画鉴宝

悬俘矛（汉）　此冷兵器刃部后端两侧各吊一裸体男子，似为受刑奴隶，给人凶猛森寒之感。

赵飞燕姐妹受宠

成帝时，将阳阿公主家舞女赵飞燕姐妹召进宫中，大加宠幸。后成帝又立飞燕为皇后，立其妹为昭仪；且听信谗言，对飞燕的荒诞行为充耳不闻。

许皇后与班婕妤都受到成帝的宠爱。有一次，成帝在后宫庭院游玩，想和班婕妤[1]同乘一辆车，班婕妤拒绝，说："观看古代的图画，圣贤的君王身边都是名臣相随，三代末世的君王身边才有宠妾。现在陛下想让我同乘一辆车，是不是有些类似呢！"成帝对她的回答很赞赏，于是作罢。

太后听说后，也非常高兴，说："古有樊姬，今有班婕妤！"班婕妤把侍从李平进献给成帝，李平受到宠幸，也被封为婕妤，赐姓卫。

后来，成帝微服出行，经过阳阿公主家，喜欢公主家的舞女赵飞燕[2]，召她进宫中，大加宠幸。赵飞燕有个妹妹，也被召进宫，姿色非常美艳。左右的人见了她，全都惊叹赞美。

汉宣帝时候的一位披香博士淖方成，当时正站在成帝身后，却唾骂她们，说："这是祸水呀，一定会灭了汉朝的火（按当时的五行学说，汉属火德）！"

赵飞燕姐妹都被封为婕妤，尊贵压倒后宫的其他人，许皇后、班婕妤都失宠了。赵飞燕还向成帝进谗言，说许皇后、班婕妤用妖术诅咒后宫的美人，蛊惑皇上。

鸿嘉三年（公元前18年）十一月，许皇后被废，搬到昭台宫居住。许皇后的姐姐许谒等人都被处死，亲属都被驱逐回原来的郡县。

讯问班婕妤的时候，班婕妤回答说："我听说'死生有命，富贵在天'。行为正当的人还没有蒙受福祉，邪恶的更别想有什么指望了。如果鬼神能够明白，不会听从蛊惑主上的诅咒；如果鬼神不能明白，向鬼神诅咒又有什么用？所以我是不会这样做的。"

成帝认为她说得有道理，赦免了她，还赏赐黄金百斤。赵氏姊妹骄横好妒，班婕妤害怕时间长了还是会被她们陷害，就请求到长信宫侍奉太后。成帝答应了。

成帝想立赵飞燕为皇后，皇太后嫌她出身卑微低贱，进行阻拦。太后姐姐的儿子淳于长任侍中，经常到东宫为成帝传话。过了一年多，才得到太后的旨意，答应了。

趙飛燕

赵飞燕当上皇后，成帝对她的宠爱有些减少。她的妹妹却倍加受宠，被封为昭仪，住在昭阳舍，中庭的墙全漆上朱红色，而殿上漆成黑色；门框全包上铜，再涂上黄金；台阶用白玉雕成；屋内墙壁的横木上嵌着黄金环，环里镶着蓝田美玉、明珠、孔雀的羽毛装饰。这是后宫从来没有过的华丽奢侈。

赵皇后住在另外的宫殿，经常和侍郎、宫奴私通。赵昭仪曾经对成帝说："我姐姐性格刚烈，如果被人诬陷，赵氏就要灭族了！"哭得很悲伤。成帝相信了，所以等有人报告皇后的奸情，成帝就把他杀了。

相关链接

[1] 婕妤：亦写作"倢伃"，妃嫔称号，汉武帝置，为妃嫔之首。

[2] 赵飞燕：公元前45－前1年，名宜主，擅长跳舞，因舞姿轻盈如燕飞凤舞，故称"飞燕"。

王莽专权

汉哀帝去世以后，外戚王莽应召进宫。从此，他就开始笼络自己的权势，一步一步往上攀升，很快权倾朝野。

元寿二年（公元前1年），汉哀帝[1]驾崩，太皇太后召来新都侯王莽[2]，让他辅佐大司马董贤办理丧事。王莽承太后旨意，让尚书弹劾董贤，随即以太后诏书罢免董贤，夺取他的大司马印绶，董贤自杀。

太皇太后下诏让公卿举荐大司马人选。王莽从前当过大司马，名声又好，所以满朝文武都举荐王莽。只有前将军何武、左将军公孙禄互相商量，认为外戚专权危害社稷，所以不举荐王莽，两人各自举荐对方为大司马。最后太皇太后亲自任命王莽为大司马，主管尚书事务。

王莽当上大司马后，就利用外戚的权力，在宫廷内外打击异己。王莽因大司徒孔光是著名的儒家学者，辅佐过三位君主，就极力尊崇孔光，引荐孔光的女婿甄邯担任侍中、奉车都尉。

王莽对自己平时不喜欢的人，就罗织罪名，牵强附会，写下弹劾的草稿，让甄邯拿给孔光，以太后的意思暗示孔光。孔光一向畏惧他，不敢不上奏。然后王莽再告诉太后自己的意见，太后总是批准奏请。于是，弹劾何武、公孙禄两人互相保举，都被免去官职，何武被遣送回原来的封国。

从此以后，依附和顺从王莽的人，就能被提拔；违背和怨恨王莽的都被诛杀。王莽任用王舜、王邑为心腹，甄丰和甄邯负责弹劾、管理司法，平晏掌管机要事务，刘秀负责起草文书，孙建掌管军事。甄丰的儿子甄寻、刘秀的儿子刘棻、涿郡人崔发、南阳人陈崇，都因为有才干而受王莽宠幸。

王莽神色严肃，言语直接，想做什么，只要稍微暗示一下，党羽就会按照他的意思上奏。王莽却叩头涕泣，坚持推让。这样上迷惑太后，下以此获取众庶的信任。

大司空彭宣因为王莽专权，于是上书说："三公，像鼎的三只脚，承负国君，一只脚不能胜任，就会使鼎倾倒，毁坏里面的好东西。我才能不足，年纪也老了，经常生病，头昏眼花，记忆衰退，愿意缴上大司空、长平侯的印绶，请求让我辞官回乡，了却残生。"

王莽告诉了太后，让太后下诏，免去彭宣的官职，让他返回封国。

王莽对彭宣辞官十分怨恨，故意不赐给他黄金、车马。彭宣返回封国，几年后去世。

平帝当时只有九岁，太皇太后临朝听政，大司马王莽把持政权，群臣都听王莽的决定。

王莽的权势日益强盛，孔光很是忧惧，不知该怎么办，于是上书告老还乡。王莽对太后说，皇帝年纪还小，应该给他设师傅。于是调任孔光为皇帝的太傅，位居四辅，兼任给事中，负责宫里的护卫、供养，兼管宫中官署门户，检查皇帝的衣服、用品、食物。

元始元年（公元1年），太皇太后下诏，任命王莽为太傅，参与四辅之事，号称"安汉公"，加封采邑二万八千户。王莽接受了称号，但辞让加封的采邑，说："希望等到百姓家家丰足后，再接受加赏。"

王莽既已讨好官吏百姓，想要专权。他知道太皇太后年纪大了，厌倦政事，就暗示公卿上书，说："过去的规矩，是按照官吏的功绩，逐级提升到二千石。各州刺史所推荐的茂才和才能突出的官吏，很多都不称职，应该让他们去谒见安汉公。另外，太皇太后年老，不合适再亲自过问这些小事。"

于是让太皇太后下诏，说："从今以后，只有封爵才禀告我，其他事务，都由安汉公和四辅决定。新任命的州牧、二千石以及茂才担任官吏，就直接到安汉公官署考核，询问上任后的安排，考察他们是否称职。"

王莽挨个接见了这些人，施以恩德，赠送厚礼。对那些不迎合他的人，就公开上奏，免去官职。这样一来，王莽的权力几乎和皇帝一样了。

相关链接

〔1〕汉哀帝：公元前27－前1年，名欣，字和，生前宠幸男侍董贤。

〔2〕王莽：公元前45－23年，字巨君，魏郡元城人（今河北大名县东）人，篡汉建立新朝，公元8－23年在位。

在汉朝宫中，王莽的野心渐渐暴露出来。后来，他害死汉平帝，并且做好了称帝的准备。然后，他就开始真正登上帝位了，国号为"新"，并且去除汉朝的一切名号，汉朝大臣没有人敢反对。

元始五年（公元5年），泉陵侯刘庆上书，说："周成王年幼，由周公[1]居位摄政。如今皇帝年纪还轻，应该让安汉公王莽代行天子职权，就像周公那样。"群臣都说："应该照刘庆说的办。"

平帝[2]年纪渐渐大了，因为母亲卫后被王莽留在中山，不让他们母子见面，所以心中怨恨，非常不高兴。

十二月，王莽趁着腊日，向平帝进献椒酒，在椒酒里下毒。平帝中毒生病，王莽写了策书，请求到泰畤祈祷上天，愿意自己代替平帝。然后把策书藏在金縢里，放在前殿，敕令大臣们不准说出去。

平帝在未央宫驾崩，太皇太后与朝廷群臣商量册立子嗣。元帝没有后代，宣帝的曾孙为王的有五人，为列侯的有四十八人，王莽讨厌他们都已经成年，就说："兄弟之间不能相互做后代。"于是征召宣帝的玄孙，挨个挑选。

当月，前辉光谢嚣上奏，通报武功县长孟通疏浚水井的时候，挖出一块白色的石头，上圆下方，上面有朱红色的文字，写着"告安汉公莽为皇帝"。于是符命之说，从此兴起。

王莽让大臣们把符命的事告诉太皇太后，太皇太后说："这是欺骗天下，不能施行！"

太保王舜对太皇太后说："事已如此，也没有办法，即使想阻止也没有足够的力量。王莽也没有别的企图，只想公开摄政，加强自己的权力，慑服天下罢了。"太皇太后知道不可以这样做，但又没有力量阻止，只好同意。

王舜等人一起让太皇太后下诏，说："孝平皇帝短命驾崩，已经命令主管部门征召孝宣皇帝玄孙二十三人，挑选合适的做孝平皇帝的子嗣。玄孙年龄还小，如果没有道德达到极致的君子辅佐，怎么能够安定？

"安汉公王莽，辅佐三代，与周公世代不同，但功业相同。最近前辉光谢嚣和武功县长孟通上书，通报写在白石上的符命，我仔细思考，'为皇帝'意思就是代行皇帝的职权。现在任命安汉公居位摄政，效仿周公。详细计划典礼仪式，然后上奏。"

群臣于是上书，要求让王莽登上皇位，穿戴天子的衣冠，南向朝见臣子，居位摄政。太皇太后下诏同意。

居摄元年（公元6年），三月初一，册立宣帝玄孙刘婴为皇太子，号称孺子。刘婴是广戚侯刘显的儿子，当时只有二岁，王莽假称卜卦的卦象显示他最合适，于是将他册立，尊王皇后为皇太后。

初始元年（公元8年），各地纷纷出现符瑞，显示要王莽做真皇帝。这些符瑞也不知是真是假，但王莽一概欣然接受。

王莽准备正式即位，先拿来各种符瑞报告太皇太后，太皇太后大吃一惊。当时孺子刘婴还没有即位，皇帝的御玺印绶仍然收藏在太皇太后的长乐宫。等到王莽即位，向太后请求交出御玺，太皇太后不愿授给王莽。王莽就让安阳侯王舜去劝说。

王舜一向严谨，太后很喜欢他，也很信任他。王舜进见太皇太后，太皇太后知道他是为王莽求取御玺，大怒，骂他说："你们父子宗族，蒙汉朝恩德，世代富贵，不但不回报，反而趁机夺取政权，不再顾念恩义。这样的人，连猪狗都不吃他剩的东西，天下怎么能容忍你们兄弟呢！

"你们自己以金匮符命做了新皇帝，更改历法、服饰、制度，也该自己另外刻御玺，万世流传，为什么要这个亡国不祥的御玺？我是汉朝的老寡妇，就快死了，要和御玺一起下葬。你们到头来也得不到！"

太后边说边哭，身边的侍从和下面的卫士都哭泣流泪，王舜也悲伤得不能自已。过了很久，王舜才抬头对太后说："我无话可说，但王莽一定要得到传国御玺，太后难道能不给他吗？"

太后听王舜说得诚恳，又怕王莽以武力胁迫，于是拿出御玺扔到地上，对王舜说："我老了，快要死了，知道你们兄弟会被灭族！"

王舜得到御玺，报告王莽。王莽大喜，为太皇太后在未央宫渐台设宴，让大家尽情作乐。

王莽想要更改王太后在汉朝的旧封号，更换她的玉玺印绶，又担心她拒绝。王莽的远支族亲王谏想谄媚王莽，上书说："皇天废除汉朝，建立新朝，太皇太后不适合再称尊号，应该跟随汉朝废除，以顺应天命。"

王莽把奏章给太后看，太后说："说得对啊！"

王莽却说："这是违背德义的臣子，罪该诛杀！"

冠军人张永献上玉璧形状的铜片，上面有符命文字，说太皇太后应

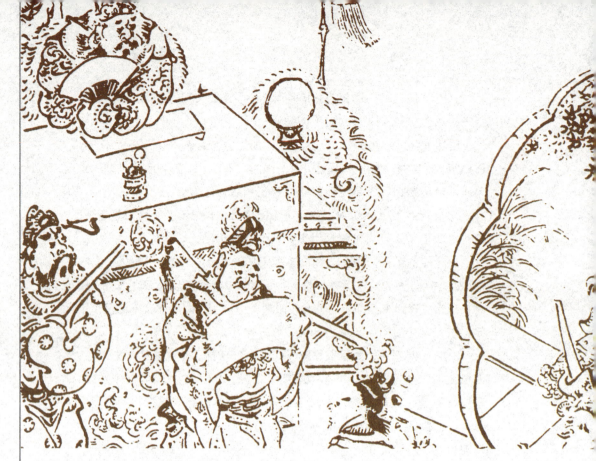

称为"新室文母太皇太后"。王莽于是下诏采纳，用鸩酒毒死王谏，封张永为贡符子。

始建国元年（公元9年），正月初一，王莽率文武百官向太皇太后奉上皇太后御玺，顺应上天的符命，去除汉朝的各种名号。

王莽颁下册书，册命孺子为定安公，封给他居民一万户，土地方圆一百里。让他在封国内建立汉朝宗庙，与周朝的后代一样，被允许使用自己的历法和服饰颜色。

册书宣读完毕，王莽亲自执着孺子的手，流着眼泪说："当初周公摄政，最终能够把政权还给周成王。如今独有我迫于上天威严的命令，竟不能够按自己心里的意思，把政权交还给你！"悲伤叹息了很久。

中傅带着孺子下殿，面朝北方，对王莽称臣。百官陪在两旁，没有不受感动的。

相关链接
〔1〕周公：即周公姬旦，西周杰出的政治家和军事家，曾辅佐年幼的周成王治理天下。
〔2〕汉平帝：公元前9－5年，名衍，原名箕子，中山王刘兴之子，在位五年。

116

　　继绿林赤眉起义之后，西汉皇室后裔刘秀兄弟也在南阳揭竿而起，反抗王莽的统治，力图恢复刘姓江山。

　　刘秀[1]是汉长沙定王刘发的后代，父亲刘钦，曾担任南顿令，共生了三个儿子：刘縯、刘仲、刘秀。兄弟三人幼年丧父，由叔父刘良抚养长大。

　　刘縯性格刚强坚毅，慷慨大度，自从王莽篡夺汉朝政权之后，心中愤愤不平，有光复汉朝的大志。他不经营家业，反而卖田卖宅，结交天下的英雄豪杰，以致破产。刘秀长得鼻梁高耸，额角突出，种地十分勤劳。刘縯常嘲笑他，把他比作刘邦的哥哥刘喜。

　　刘秀的姐姐刘元，是新野人邓晨的妻子。刘秀曾经和邓晨一起拜访穰县人蔡少公，少公对图谶[2]颇有研究，说："刘秀应当做天子！"

　　有人说："是国师公刘秀吧？"国师公刘秀是王莽朝的大臣。刘秀开玩笑地说："怎么知道不是我呢？"在座的人哄堂大笑。只有邓晨心里暗自欢喜。

　　宛城人李守，喜好星象与谶纬，担任王莽的宗卿师。李守曾对他的儿子李通说："刘氏定当复兴，李氏将会辅佐。"等到新市、平林起兵，南阳郡人心惶惶，李通的堂弟李轶对李通说："现在天下动荡，汉朝应当复兴。南阳的刘姓宗族，只有刘伯升兄弟博爱宽容，可以和他们一起图谋大事。"李通笑着说："我正有此意。"正好刘秀到宛城卖粮食，李通派李轶迎接刘秀，和他会面，详细述说了谶文的事，并且互相订约结交，定下计谋。李通打算在立秋那天，趁武士骑马检阅的时候，劫持前队大夫甄阜和属正梁丘赐，让他们发号施令，聚众起兵，让李轶与刘秀回舂陵起兵呼应。

　　刘縯召集当地豪杰，与他们商议，说："王莽残酷暴虐，百姓分崩离析。现在连年大旱，战乱四起，这是上天灭亡他的时候，也是恢复高祖的大业、建立万世基业的时候！"大家都表示同意，于是分别派遣亲友宾客到各县起兵。刘縯自己发动舂陵的子弟。大家很害怕，都逃走躲了起来，说："刘縯要害死我！"等他们看到刘秀也穿着红衣，戴着武官的帽子，都吃惊地说："谨慎敦厚的人也这样做了呀！"心里才稍稍安定。刘縯一共聚集了七、八千人，部署给自己的手下，自称"柱天都部"。当时刘秀二十八岁。李通还没有发兵，计划就泄露了，只好逃走，四处流亡。他的父亲李守与家人连坐处死的有六十四人。刘縯让同族人刘嘉说服了新市、平林兵，和他们的首领王凤、陈牧一起向西进发，进攻长聚。又进攻唐子乡，进行了屠杀，还杀死了湖阳县尉。这时军队里财物分配不公，大家很愤怒，打算调转兵器进攻刘姓的部队。刘秀集中同族人得到的财物，全部交出来分给他们，大家才高兴了。

起义军继续向前进发，攻占了棘阳。李轶、邓晨也都带着他们的宾客前来与起义军会合。

相关链接

〔1〕刘秀：公元前6－57年，字文叔，南阳蔡阳（今湖北枣阳）人，汉高祖刘邦九世孙，公元22年起事，反对王莽的统治，力图恢复刘姓江山；公元25年称帝，定都洛阳，建立东汉；公元25－57年在位，历史上称为光武帝。

〔2〕图谶：古代以看相或算命等来宣扬预言、预兆的书籍。

○ 品画鉴宝

汉光武帝涉水图（明）仇英／绘　此图远峰壁立千仞，中景巨石跌宕。前景仆役肩挑手提，前呼后应。

刘玄称帝

在起义军发展到一定规模时，便想拥立一个首领，于是他们选择了皇族刘玄，但这并不是一个很合适的决策。

更始元年（公元23年），反对王莽、复兴汉朝的起义军已经发展到十几万人，将领们商议，认为军队虽然力量强大，而没有一个共同的领袖。于是想拥立一个刘姓皇族，以顺从大家的愿望。

南阳郡[1]的豪杰与下江兵王常等人，都主张立刘縯。但是新市兵、平林兵的将领平时恣意妄为，不守军纪，害怕刘縯的威严。春陵戴侯刘熊渠的曾孙刘玄[2]，当时在平林兵里，称更始将军。新市兵、平林兵的将领们贪图刘玄的怯懦，于是先自行商定拥立刘玄，然后才召刘縯来，告知他们的决定。刘縯说："各位将军想尊立刘姓皇族，这很好！但是现在赤眉在青州、徐州兴起，拥有几十万人。如果听到南阳拥立了刘姓皇族，恐怕他们也会拥立一位刘姓皇族。王莽还没有消灭，刘姓皇族就先互相攻击，这会使天下人起疑，而损害自己的力量，这不是能够用来打败王莽的。春陵距离宛城只有三百里，突然自己称起皇帝来，会成为天下的目标，使后起之人得以利用我们的疲敝，这也不是好的计策。不如暂时称王，以此发号施令，权力足以斩杀将领。如果赤眉拥立的人贤明，我们就去投奔他，他们也一定不会剥夺我们的爵位。如果赤眉没有拥立皇帝，那等我们消灭了王莽，收服了赤眉，然后再称帝，也为时不晚。"大部分将领都说："好！"张卬却拔出佩剑，击在地上，说："怀疑自己做的事，一定不会成功。今天的决定，不允许有别的意见！"大家都只好顺从。

二月初一，在淯水岸边的沙滩上设置坛场，让刘玄即皇帝位，面南而站，接受群臣朝拜。刘玄非常羞愧，汗流满面，举起手，却说不出话来。刘玄即位后，实行大赦，更改年号，任命堂叔刘良为国三老，王匡为定国上公，王凤为成国上公，朱鲔为大司马，刘縯为大司徒，陈牧为大司空，其他将领都是九卿将军。英雄豪杰感到失望，很多人都不服气。

相关链接

[1] 南阳郡：始设于秦朝昭王三十五年（公元前272年），治所在宛县（今河南南阳）。

[2] 刘玄：字圣公，南阳蔡阳(今湖北枣阳)人，西汉皇室后裔，刘秀的族兄。

糟糠之妻不下堂

宋宏向刘秀推荐桓谭，是让他用忠义之心辅导君主，并不是让他去弹奏靡靡之音；宋宏虽然富贵了，却坚持贫贱之交不可忘，糟糠之妻不下堂。

大司空[1]宋弘推荐沛国人桓谭做议郎、给事中。刘秀让桓谭弹琴，喜爱他那种复杂的曲调。宋弘知道后，很不高兴，听说桓谭从宫中出来，就穿上公服，坐在大司空府中，派官吏去召桓谭。

桓谭到了，宋弘不让他坐下就责备他，说："自己能改正过失吗？还是要我根据法律检举你？"桓谭磕头谢罪。过了很久，宋弘才让他回去。

后来，刘秀大会群臣，让桓谭弹琴。桓谭看见宋弘，弹得颇失常态。刘秀很奇怪，就向他询问。宋弘从座席上站起来，摘下帽子道歉，说："我推荐桓谭，是希望他能以忠义之心辅导君主，而他却让朝廷沉湎于靡靡之音，这是我的罪过。"刘秀听了，很是惭愧，一脸严肃地向宋弘道歉。

刘秀的姐姐湖阳公主新近守寡，刘秀和她一起评议朝臣，暗中观察她的心意。公主说："宋弘的威仪容貌，道德气度，没有人能赶得上。"刘秀说："我正在考虑这件事。"

不久，刘秀召见宋弘，让公主坐在屏风后面。刘秀对宋弘说："俗话说：'地位尊贵了，就换朋友；财富增加了，就换妻子。'这是人之常情吧？"宋弘说："我听说：'贫贱之交不可忘，糟糠之妻[2]不下堂。'"刘秀就回头对公主说："事情看来没有希望了。"

相关链接
〔1〕大司空：西汉成帝时，改御史大夫为大司空，和大司徒、大司马并称三公。
〔2〕糟糠之妻：比喻在贫贱之时和自己共患难的妻子。

121

家奴杀害彭宠

彭宠原来是刘秀的手下，后来却背叛了刘秀，于是他手下的人就把他杀了，把他的人头送到了洛阳，他的家族也被诛灭了。

彭宠[1]原来是刘秀的将领，后来起兵反叛，建立独立势力。他死前，他的妻子多次做恶梦，又常常看见奇怪的现象，去问占卜师和望气的术士，都说内部要起乱兵。

彭宠因为堂弟子后兰卿曾在洛阳作过人质，所以不信任他，派他率军驻守在外地，远离宫廷。

有一天，彭宠在便室里斋戒[2]，奴仆子密等三人趁他睡觉的时候，将他绑在床上，对外面的官员说："大王正在斋戒，官吏全都放假。"又假称他的命令，把男女奴仆全都囚禁起来，然后以又请他的妻子来。其妻走进便室，大吃一惊，说："奴才反了！"家奴就揪着她的头，狠狠地打她耳光。彭宠急忙说："赶快为将军们整理行装！"于是两个奴仆押着彭宠妻子，到后宫收取珍宝财物，留下一个奴仆看守彭宠。彭宠对看守自己的奴仆说："你这个小孩，我平时很喜欢你。现在你不过是被子密胁迫，快替我解开绳索，我就把女儿彭珠给你做妻子，家里的财宝全都给你。"小奴仆想解开绳索，看见子密在门外听他们说话，就不敢动了。子密等人收集了后宫的珍宝财物，回到彭宠所在的便室里装好，准备了六匹马，让他的妻子用细绢缝制了两个口袋。天黑以后，逼他给守卫城门的将军写信，说"今天派子密等人到子后兰卿那里，不要留难他们"。然后，就把彭宠和他的妻子杀了，把人头放到口袋里，拿着手令骑马出城，把人头送到东汉洛阳。

第二天，宫门没有人开，彭宠手下的官员翻墙进去，看到他的尸体，惊慌失措。尚书韩立等人共同拥立其子彭午为燕王；国师韩利杀死彭午，砍下他的头，带到东汉祭遵那里投降。祭遵把彭宠家族全部诛杀。

相关链接

[1] 彭宠：字伯通，南阳人，曾跟随刘秀建立天下，后拥兵反叛，自称燕王。
[2] 斋戒：古人在祭祀、战争等大事到来之前都要斋戒沐浴，以示敬诚。

建武五年，刘秀派大将军耿弇讨伐张步。耿弇大破之，得到了刘秀的嘉奖，拿他和韩信比，说他的功劳甚至比韩信还高。后来张步归降。

汉建武五年（公元29年），光武帝刘秀命令建威大将军耿弇[1]前去讨伐张步。耿弇先在外围扫荡，平定了济南郡[2]，然后逐渐威胁张步。当时，张步以剧县作为都城。派他的弟弟张蓝率领精兵两万人在西安县驻守，各郡太守集合一万多人守卫临菑，两地相距四十里。

耿弇率领军队进军画中，画中位于西安和临菑之间。耿弇看到西安城虽然很小，却很坚固，张蓝的守军也很精锐；临菑虽然名为大城，但实际上却很容易攻取。于是传令各将校，五天以后会合，攻打西安。张蓝听说后，日夜警戒。

到了预定的日期，半夜的时候，耿弇命令各将领让部队在睡觉的地方吃饭。到了天亮，军队开到临菑城。

护军荀梁等人对这一军事行动表示反对，说："攻打临菑，西安一定会派兵援救；攻打西安，临菑却不能救援。所以，不如攻打西安。"

耿弇说："不对！西安听说我们要去进攻，日夜戒备，正担心自己的安全，哪有功夫援救别人？临菑没有想到我们会去进攻，一定会惊慌失措。我用一天的时间，就一定能攻破。攻下临菑，西安就孤立了，和剧县的交通也被断绝，防守军队一定会弃城逃跑。这就是所谓的'击一而得二'。

"如果先攻打西安，不可能很快攻下，军队在坚固的城池下驻扎，伤亡一定会很大。就算攻破，张蓝也会率领军队逃回临菑，和那里的守军会合，观察我们的虚实。我们深入敌人腹地，后面没有补给，一个月之内，不用打仗也会受困的。"于是派军队进攻临菑，只用了半天时间，就将它攻下，军队进去占据了该城。耿弇下令，不许军队抢掠，要等张步来了以后才掠夺财物，以激怒张步。西安的张蓝听说后，非常害怕，就率领军队逃回剧县。

张步听说临菑被攻下，大笑说："当初尤来、大彤有十多万人，我照样攻进他们的营垒，将他们打败。如今耿弇的军队比他们人少，又疲惫不堪，有什么可怕的？"于是联合三个弟弟张蓝、张弘、张寿以及前大彤军首领重异等人的军队，号称二十万，抵达临菑城东，准备进攻耿弇。

耿弇向刘秀报告，说："我占据临菑，深挖战壕，高筑城墙。张步从剧县进攻，军队疲惫不堪。他要进军，我就引诱他进攻；他要撤退，我就追击。我依靠自己的营垒作战，比敌军精锐百倍，以逸待劳，以实攻虚，十天之内，就能斩获张步的脑袋。"

耿弇率领军队出营，到淄水边，遇上重异的军队。骑兵突击队想要进攻，耿弇害怕挫了敌军的锐气，让张步不敢再前进，就率军回到临菑城，在城内驻扎，派都尉刘歆、泰山太守陈俊分别在城下布阵。耿弇是故意表现自己的软弱，来助长对方的气焰。张步气盛，直接进攻耿弇的军营，与刘歆等人交战。耿弇登上原齐国宫殿残剩的高台，观察刘歆等人同张步交战的情况。时机一到，就亲自率领精锐部队，在东城下从侧面攻击张步，大败敌军。有流箭射中耿弇的大腿，耿弇用佩刀砍断箭杆，身边都没有人知道。天色渐黑时才收兵。

第二天早晨，耿弇又率军出营交战。此时，刘秀在鲁城，听说耿弇被张步攻击，亲自率领军队前去援救，但还没有抵达。陈俊对耿弇说："剧县敌兵士气旺盛，我们可以暂时关闭营门，休养士兵，等待皇上的到来。"耿弇说："皇上就要到来，身为臣子的应当杀牛备酒，招待百官，难道反而要把贼寇留给皇上吗？"于是出兵与敌人交战，从早晨一直战到黄昏，再次大败敌军。杀伤敌人无数，尸体填满了水沟。耿弇料到张步失利后会撤退，预先在左右两翼设下了埋伏。深夜，张步果然率领军队撤退。埋伏的士兵发起进攻，一直追到巨昧河边，前后八九十里的路上留了一地的死尸。耿弇缴获张步的辎重几千车；张步逃回剧县，兄弟各自带兵撤回。

过了几天，刘秀抵达临菑，亲自犒劳军队，大会群臣。

刘秀对耿弇说："从前，韩信攻破历下，开创了大业的基础。今天将军攻破祝阿，建功立业。两次战役都发生在齐国的西部边界，你们二人的功劳也足以相比较。韩信进攻的是已经投降的国家，将军却独自打败了强大的敌人，建功比韩信更为艰难。

"从前郦食其被田横烹杀，等到田横投降刘邦时，刘邦曾经

124

下诏，让卫尉郦商不要报仇。张步以前也杀了伏隆，现在他若前来归顺，我也会下诏，消解大司徒伏湛的怨恨。这也是很相似的事情。

"以前在南阳的时候，将军你订下这个重大的策略，我总觉得计划庞大，难以成功。但现在证明，有志者事竟成啊！"刘秀进入剧县，耿弇则继续追击张步。张步逃奔平寿县，苏茂率领一万多人前来援救。

苏茂责备张步说："凭南阳军的精锐，延岑那么善战，却被耿弇打败。大王为什么要前去进攻耿弇的阵地呢？您既然征召我来，就不能等等吗？"

张步说："实在是惭愧，没有什么可说的。"

刘秀派使者告诉张步、苏茂，能诛杀对方并投降的，封侯。于是张步杀死苏茂，到耿弇的军营门口，脱去上衣，袒露臂膀，向汉投降。刘秀封他为安丘侯，让他与妻儿一起住在洛阳。

○ 品画鉴宝

骑俑（东汉）此俑为护卫骑兵俑之一。骑士俑坐跨骏马之上，抬头挺胸，右手持戟，面容威严。

相关链接

〔1〕耿弇：公元3－58年，字伯昭，扶风茂陵（今陕西兴平东北）人，东汉中兴名将，封好畤侯，"云台二十八将"之一。

〔2〕济南郡：汉初，设立济南郡，治所在东平陵（今山东章丘平陵）。晋时，移到历下，即现在的济南。

125

楚王谋反兴冤狱

东汉明帝时，楚王刘英谋反，事发自杀。明帝继续深究此案，把许多无辜的人都关进了监狱。后来由于寒朗等人的努力，很多冤者才得到平反。

明帝[1]永平十三年（公元70年），楚王刘英与方士制作金龟、玉鹤，刻上文字假造符瑞[2]，意图谋反。此事被人告发，朝廷进行追究，刘英自杀。

事后，朝廷极力追查楚王谋反一案，连续查了好几年。供词互相牵连，从京城的皇亲国戚，诸侯，州郡豪杰，直到审案的官吏，因为依附逆臣而被处死、流放的有上千人，关在监狱里的还有几千人。

刘英曾经暗中将天下名士的姓名记录成册。明帝得到这份名单，看见有吴郡太守尹兴的名字，就召尹兴及其所属官吏五百多人，到廷尉受审。属官们受不了酷刑，死了大半；只有门下掾陆续、主簿梁宏、功曹史驷勋，受尽各种毒刑，肌肉溃烂，却始终不改口供。陆续的母亲从吴郡来到洛阳，做了饭食送给陆续。陆续以往遭受拷打，言辞神色从不改变，面对饭菜却痛哭流涕，不能自已。狱吏问他原因，陆续说："母亲来了，我们却不能相见，所以伤心。"

狱吏问："你怎么知道的？"

陆续说："我母亲切肉总切得方方正正，切葱也是一寸长短，所以知道是她来了。"

狱吏将这一情况上报，明帝才赦免了尹兴等人，但终生不许他们为官。

○ 品画鉴宝　石走兽（东汉）石兽综合
狮、虎等特点而成为一种凶猛形态的神
兽，名"辟邪"，专司守卫坟墓。

颜忠、王平的供词牵连到隧乡侯耿建、朗陵侯臧信等人。耿建等人的供词则说从未与颜忠、王平见过面。明帝十分生气，审案的官员也都很惶恐。所有被牵连的人，几乎全被判罪定案，没有人敢根据实情考究的。

侍御史寒朗心里同情耿建等人冤枉，就以耿建等人的音容相貌，单独讯问颜忠和王平。二人惊愕不能回答。

寒朗知道其中有冤情，就上书说："耿建等人没有罪过，是颜忠和王平诬陷。我怀疑天下无辜的罪人，像这样的很多。"

明帝问："如果是这样，那么颜忠、王平为什么要牵连他们呢？"

寒朗回答说："颜忠、王平知道自己犯了大逆不道的罪过，所以凭空牵连很多人，想以此表白自己。"

明帝问："如果是这样，你为什么不早奏明？"

寒朗回答说："我担心天下还有人真能揭发出耿建等人阴谋的。"

明帝生气地说："你这个墙头草！"就让人把寒朗拉下去打。

左右侍卫刚要把寒朗拉下去，寒朗说："我想说一句话再死。"

明帝问："谁和你一起写的奏章？"

寒朗答："是我一个人写的。"

明帝问："为什么不和三府商议？"

寒朗答："我知道自己一定会获罪灭族，不敢连累他人。"

明帝问："为什么会被灭族？"

寒朗答："我审查这件案子，查了一年，没能彻底查清奸谋，反而为犯人申冤，自知罪当灭族。但是我上奏，实在是盼望陛下能醒悟而已。

"我看到审问犯人的官员，都说叛逆大罪，臣子应该共同仇恨。如今判人无罪不如判人有罪，那样以后就不用承担责任。所以，审讯一个人就牵连出十个人，审讯十个人就牵连出一百个人。

"公卿上朝，陛下问起案情处理的得失，他们都跪着回答说：'依照以前的规定，大罪应当诛灭九族。陛下大恩，只处罚当事的人，天下的幸运啊！'等他们回到家里，口里虽然不说，却仰望屋顶暗自叹息。没有人不知道这里有很多冤屈，但没有人敢忤逆陛下说实话。我今天说出这番话，就是死也没有遗憾了！"

明帝怒意渐解，下令把寒朗放了。

过了两天，明帝亲自到洛阳监狱，审查囚犯，释放了一千多人。当时正值天旱，事后立刻下起了大雨。

马皇后也认为楚王的案子有很多是胡乱定罪的，乘机向明帝进言。明帝有所醒悟，感到悲伤，夜里起床徘徊，因此宽恕赦免了很多犯人。任城县令袁安升任楚郡太守。到达楚郡后，他不进太守府，而是先去审查楚王的案件，查出缺少确凿证据的犯人，登记上报，准备释放。

郡府的大小官员都叩头争相劝说，认为"依附叛逆，依法要和他们同罪，千万不能这样做"。袁安说："如果有什么不合朝廷心意，太守自己承担罪责，不会连累你们的。"于是分别详细奏明。

这个时候，明帝已经醒悟，于是批准了袁安的奏请。又有四百多家因此获释。

相关链接

〔1〕汉明帝：名庄，刘秀第四子，公元57—75年在位。

〔2〕符瑞：这里指刘英和方士在金龟等物体上刻的预示刘英称帝的祥瑞符号、文字等。

明帝永平时期，班超奉命两次出使西域，不但重新宣扬了汉朝国威，而且恢复了汉朝与西域各国已经中断了六十多年的交往。

永平十六年（公元73年），窦固派假司马班超和从事郭恂一起出使西域。班超到达鄯善国[1]，鄯善王广待他非常尊敬周到，后来忽然冷淡疏远了。

班超对他的手下说："有没有觉得广的态度冷淡了？"

手下说："胡人做事经常变化，没有什么特别的原因。"

班超说："一定是有北匈奴的使者来到，鄯善王犹豫不决，不知道该怎么办。明眼人在事情刚有端倪的时候就能看出来，何况现在事情已经很明白了呢！"

他召来胡人的侍从，骗他说："匈奴使者来了几天了，如今在哪儿？"

胡人侍从惶恐地说："已经来了三天，在离此地三十里的地方。"

班超就把胡人侍从全部关了起来，又召集手下的属官，一共有三十六人，和他们一起喝酒。酒喝到酣畅的时候，班超趁机激怒大家，说："你们和我在这么遥远的地方，现在北匈奴的使者才来了几天，鄯善王就冷淡疏远了，如果使者让鄯善王把我们抓起来送给匈奴，那我们的骨头都要喂豺狼吃了。我们现在该怎么办？"

属官都说："现在在这危险的地方，生死都听司马您的！"

班超说："不入虎穴，焉得虎子。现在能行得通的办法，只有在夜里火攻匈奴，让他们不知道我们到底有多少人马。他们一定会受惊害怕，这样就能把他们全部消灭。除掉北匈奴的使者，鄯善胆破，我们的事情就能成功了。"

大家说："这件事情应该和从事商量。"

班超很生气，说："吉凶就在今天决定，从事只是普通的的文官，听了我们的计划一定害怕，就会泄露计划。那时，我们死得无名无份，就算不上壮士了！"

大家都说："好！"

当天夜里，班超就带领部下悄悄前往北匈奴使者的营地。正好刮起了大风，班超让十个人拿着鼓，藏在匈奴人帐房后面，与他们约定："看见着火，就一齐摇鼓大喊。"剩下的人都拿着刀剑弓弩，埋伏在营门两边。

班超（公元 32 — 102 年）
字仲升，扶风平陵（今陕西咸阳东北）人，东汉著名的军事家
和外交家。班超是著名史学家班彪的幼子，其长兄班固、妹妹
班昭也是著名的史学家。班超为人有大志，不修细节。但内心
孝敬恭谨，居家常亲事勤苦之役，不耻劳辱。他口齿辩给，博
览群书，能够权衡轻重，审察事理。

班超顺着风势放火，营帐前后一起大声呐喊。匈奴人惊慌失措，陷入混乱。班超亲手杀了三个人，下属斩杀北匈奴使者及其随从一共三十多人。剩下将近一百人，全都被火烧死。

第二天，班超等人返回，告知郭恂。郭恂大吃一惊，脸色都变了。班超明白他的心意，举着手说："从事虽然没有参与行动，但是我怎么会独占功劳呢？"郭恂于是高兴了。

班超叫来鄯善王广，把匈奴使者的脑袋给他看。事情传开，鄯善全国都为之震惊。班超把汉朝的国威和恩德告诉鄯善王，说："从今以后，不要再和北匈奴来往。"

鄯善王叩头，说："愿意归顺汉朝，决无二心。"于是把王子送到汉朝作人质。

班超回来后，报告窦固，窦固非常高兴，把班超的功劳详细上报，并请求重新选派使者出使西域。

明帝听了说："有班超这样的，为什么不派遣，却要另外挑选他人呢？现在就任命班超为军司马，让他完成先前的功业。"

窦固又让班超出使于阗，想增加他的随从，但是班超只要带领原来跟随的三十六人。他说："于阗是个大国，路途遥远，现在如果率领几百人前去，对增强战斗能力并没有益处。万一有不测发生，人多反而累赘。"

当时于阗王广德在西域南道称雄，但于阗国仍然受匈奴使者的监护。班超到达后，广德待他十分冷淡。

于阗国有迷信巫术的风俗，巫师说："神很生气，问我们为什么要归顺汉朝？汉朝的使者有一匹黑唇黄马，快去找来给我作祭品！"

广德于是派宰相私来比找班超，要求他把马送给于阗王。班超暗中得知了这件事情，就答应了，但要巫师亲自来取马。

不久，巫师来了，班超立刻将他斩首，并抓住私来比，鞭笞了几百下。班超把巫师的首级送给广德，趁机谴责他。

广德早就听说班超在鄯善斩杀北匈奴使者的事，十分惊恐，立刻杀了匈奴的使者，向汉朝投降。班超重重赏赐于阗王及其大臣，设镇安抚他们。

从此以后，西域各国都派王子到汉朝作人质。西域与汉朝的关系中断了六十五年，到现在才重新恢复交往。

相关链接

〔1〕鄯善国：《汉书·西域传》载："鄯善国，本名楼兰，王治扜泥城，去阳关千六百里，去长安六千一百里。户千五百七十，口万四千一百，胜兵二千九百十二人。"

张纲检举外戚

张纲检举外戚梁冀,梁冀心生怨恨,将张纲派到盗贼猖狂的广陵郡做太守。张纲到任以后,用仁义收服了盗首张婴。

汉安[1]元年(公元142年),朝廷派遣杜乔、周举、张纲等人到各州郡视察,表彰有才能、忠于职守的官员;有贪赃枉法的刺史或两千石俸禄的官员,就上奏弹劾,级别低的就自行处理。

杜乔等人接到使命,前往各州郡,只有张纲把车轮埋在洛阳的都亭,说:"豺狼当道,为什么去追究狐狸?"上奏弹劾大将军梁冀等人,列数了十五条罪状。奏章呈上去后,京都大为震惊。

当时,皇后梁氏得宠,梁氏亲戚遍布朝廷。顺帝虽然知道张纲说得对,却不能采纳。

梁冀痛恨张纲,想陷害他。广陵郡的盗贼首领张婴在扬州、徐州一带,作乱已有十几年,历任郡太守都不能镇压。梁冀就任命张纲为广陵太守。以前的广陵太守都请求朝廷多派兵马,张纲却独自乘了一辆车就去上任。到达广陵以后,张纲直接到张婴的营垒门口求见。张婴大吃一惊,急忙下令关闭营门。张纲在门口把跟着他来的官吏和百姓都打发回去,只留下十几个亲信,然后写信给张婴,请他出来相见。张婴看到张纲十分诚恳,就出营来拜见。

张纲让张婴坐在上座,劝他说:"以前的历任太守,多数都贪婪残暴,让你们愤恨不满,才聚众起兵。郡太守的确有罪,但你们这样也不符合大义。

○ 品画鉴宝 陶水田附船模型（东汉） 此模型生动地反映了古代珠江三角洲夏收夏种的繁忙景象。

　　"现在君主仁爱圣明，想用恩德降伏叛乱，所以才派我来，准备赐给你们爵位和官职，不想惩罚你们，这确实是灾祸转为福祉的好机会。

　　"若你们听了这些道理还不愿归附，天子发怒，云集荆州、扬州、兖州、豫州的大军，你们就会身首分离，子嗣灭绝。其中的利害，你要仔细考虑清楚。"

　　张婴听了，流着泪说："我们这些愚民，身处偏僻之地，发生事情，不能自己向朝廷通报，又不堪忍受迫害，才聚集起来，苟且偷生，就像鱼在锅里游，自己也知道不能长久，不过是苟延残喘罢了。今天听到您的话，真是我们重生的日子。"说完，向张纲告辞回营。

　　第二天，张婴率领手下的一万多人和妻子儿女，把双手绑在面前，来向张纲投降。张纲接受投降，独自乘车进入张婴的军营，设宴饮酒，然后遣散张婴的部属，任由他们选择愿意投奔的地方。张纲还亲自为张婴选择住宅，察看田地，张婴的子孙里有想做地方官吏的，他都加以任用。百姓心悦诚服，地方平和安定。

　　朝廷评论功绩，应当封张纲为侯爵[2]，但被梁冀阻挠。

　　张纲在广陵郡任职一年后，去世。张婴等五百多人，为他服丧，把他的灵柩送回家乡犍为，还为他运送泥土，修筑坟墓。

相关链接

〔1〕汉安：东汉顺帝刘保的年号。

〔2〕侯爵：公、侯、伯、子、男五等爵位的第二等。

党锢之祸

东汉桓帝时，由于宦官诬告，出现了中国历史上著名的"党锢之祸"事件，当时的很多名人都受到了牵连。

汉桓帝还未即位的时候，曾经跟随甘陵人周福读过书。等到他做了皇帝，就提拔周福担任尚书。

当时，与周福同郡的河南尹房植，在朝廷上名望很高，于是同乡们编了一首歌谣说："天下人的榜样啊，是房植；靠做老师当官啊，有周福。"

结果这两家的宾客，就开始互相讥笑、攻击对方。他们各自联结党羽，招收门徒，慢慢结下了怨仇。从此，甘陵的士人就分为南北两派，对党人的议论也从此开始。

党锢[1]之祸真正发生，是在桓帝延熹九年（公元166年）。当时太学学生共有三万多人，其中最为出色的是郭泰和贾彪，他们两人与当时的名士大夫李膺、陈蕃、王畅互相推重，在学生中流传这样一句话："天下楷模是李膺，不畏强权看陈蕃，才智出众数王畅。"

朝廷内外受到这样的风气影响，纷纷以品评人物、交相褒贬为时尚。自三公九卿以下，满朝大臣没有不怕受到这些名人贬低的，所以争先恐后地登门与他们结交。

河南人张成，精通风水之术，他推算朝廷将会大赦，就教唆他的儿子杀人。担任司隶校尉李膺督促有关部门逮捕了张成父子。不久，朝廷果然大赦，谁知李膺更加愤恨，处斩了张成父子。

张成平时靠方术结交宦官，有时候连桓帝也找他卜卦。于是宦官就指使张成的徒弟牢修上书，控告"李膺等人拉拢太学游士，结交各郡派到京都求学的学生，互相标榜结党，诽谤朝政，扰乱风俗"。桓帝大怒，下诏命令各郡、各封国逮捕党人，并布告天下，让天下人都憎恨他们。

诏书经过太尉、司徒、司空三府，太尉陈蕃退回了诏书，说："这次要逮捕的人，都是天下称赞、忧国忧民的忠臣，可以宽恕子孙十代，怎么能罪名都没查清就被逮捕呢？"

桓帝更加生气，把李膺等人关进了黄门北寺监狱。李膺等人的供词涉及到的有太仆杜密、御史中丞陈翔，以及太学学生陈寔、范滂等

二百多人。有的人逃走，未能捕获，朝廷就悬赏捉拿，派出使者到处搜捕。

　　陈寔说："我不去投案，大家心里都会失去依靠。"于是自己投案，请求入狱。

　　范滂被送进监狱，狱吏对他说："凡是坐牢的犯人，都要祭拜皋陶[2]。"

　　范滂说："皋陶是古代正直的大臣，如果他知道我没有犯罪，就会为我向天帝申诉，如果我真的犯了罪，祭祀他又有什么用？"结果其他的囚犯也都不祭祀。

陈蕃又上书劝谏桓帝。桓帝嫌他言辞激烈，就以陈蕃推荐的官员不称职为借口，免去了他的官职。

当时，因党人案被牵连入狱的，都是天下知名的贤士。度辽将军皇甫规，认为自己是西州的豪杰，却没有被列入名单，把这当作一种耻辱，就上书说："我以前推荐过前任大司农张奂，这是依附党人。我过去被罚到左校服苦役的时候，太学生张凤等人上书为我辩护，这是被党人所依附。所以我也应该连坐入狱。"朝廷知道情况，并不追问。

陈蕃被免去官职后，朝中大臣都很害怕，没有人再敢为他们说话。贾彪说："我要是不去一趟，这场大祸一定不能免除。"于是在次年五月西行至洛阳，劝说城门校尉窦武、尚书霍谞等人，让他们出面营救党人。

窦武向桓帝上书，替党人求情。呈上奏章后，就称病辞职。霍谞也上书请求赦免党人。桓帝看了他们的奏章，怒气稍稍化解，就派中常侍王甫去监狱审问范滂等人。

范滂等人颈上戴着木枷，带着手铐脚镣，还用布袋蒙住头，站在台阶下面。王甫挨个审问，说："你们互相推举，互相袒护，到底有什么企图？"

范滂回答说："孔丘说过：'看到善，赶紧学习，唯恐来不及。看到恶，赶紧远离，就像手伸进滚水，会马上抽出。'我只是想称赞良善，让大家都来效仿高洁，贬斥奸恶，让大家都知道远离污秽。

"我本来以为朝廷会鼓励这样做，却没想到被认为是在结党。古人修德积善，可以为自己谋福；现在修德积善，却惹来杀身之祸。我死后，希望能把我的尸首埋在首阳山侧，上不负皇天，下不愧对伯夷、叔齐。"

王甫听了范滂的话，被深深地感动，让官吏解下了他们身上的刑具。

李膺等人的口供中，又牵连出许多宦官子弟，宦官们也怕事情扩大，就请求桓帝，以日食为借口，赦免了他们。

于是桓帝下诏，大赦天下。党人共有二百多人，都被遣送回家乡；把他们的姓名登记在太尉、司徒、司空三府之中，终身不许再出来做官。

相关链接

〔1〕党锢：指结集党派。

〔2〕皋陶：偃姓，皋城（今安徽六安）人，传说舜时被任为掌管刑法的官员，以刚正不阿闻名。

　　灵帝时，宦官专权，祸乱朝政，大臣窦武、陈蕃决定肃清皇宫，于是和宦官展开了一场激烈的斗争。

　　汉灵帝[1] 时，窦妙被册封为皇后，陈蕃曾经出过力。等到窦妙临朝主持朝政，就把大小政事都交给陈蕃处理。陈蕃和窦武齐心协力，辅佐王室，征召天下闻名的贤士李膺、杜密、尹勋、刘瑜等人，共同参与朝政。天下的士人都殷切地盼望太平盛世的来临。

　　灵帝的奶妈赵娆和女尚书们，整天伺候在窦太后身边，和中常侍曹节、王甫等人互相勾结，谄媚奉承窦太后，得到窦太后的宠信，多次下诏，给他们封官。陈蕃、窦武对此十分痛恨。

　　有一次，在朝堂上商议政事的时候，陈蕃悄悄地对窦武说："曹节、王甫等人，从先帝的时候，就操纵国家大权，扰乱天下，今天不杀掉他们，将来就更没有办法了。"窦武很是赞同。陈蕃非常高兴，推开坐席站了起来。

　　窦武就和志同道合的尚书令尹勋等人一起策划。

　　当时正好发生日食，陈蕃对窦武说："以前一个石显，就困住了萧望之，何况今天有几十个石显那样的人！我今年已经八十岁了，只想帮助将军铲除祸害。我们可以抓住发生日食这个机会，以顺应天意消除异象为由废黜宦官。"

　　窦武于是禀告太后说："按照以前的规矩，黄门、常侍只负责宫内的职务，看守门户，保管财物。现在却让他们参与朝廷政事，掌握大权，结果家人子弟遍布天下，贪婪暴虐。天下议论纷纷，都是因为这个原因。应该把他们全部诛杀或者废黜，以肃清朝廷。"

　　窦太后说："汉朝以来的制度，世代都有宦官，只应该诛杀有罪的，怎么能全都消灭呢？"

　　当时，中常侍管霸，颇有才能谋略，在宫中独断专行。窦武请窦太后先逮捕管霸与中常侍苏康等人，论罪处死。

　　窦武又多次请求窦太后诛杀曹节等人，窦太后一直犹豫不决，事情耽搁了很久。

　　陈蕃又上书说："现在京城人心惶惶，议论纷纷，都说侯览、曹节、公乘昕、王甫、郑飒等人，和赵娆及尚书相互勾结，扰乱天下。依附他们的人，都能升官，违背他们的就会被陷害。满朝官员，就像河水里漂

着的木头一样，随波逐流，一会儿东，一会儿西，只知道贪图俸禄，唯恐会遭到陷害。陛下现在不赶快除去这些奸佞小人，一定会有变乱发生，危害国家，灾祸难以估量。请把我的奏章宣示左右，让天下的奸佞小人都知道我对他们深恶痛绝。"窦太后没有听从他的意见。

侍中刘瑜精通天文，见金星侵犯房宿上将星，侵入了太微星座，认为这是不吉的征兆，就向窦太后上书说："按照《占书》上所说，宫门将会关闭，将相都会遭遇不利，奸人就在身旁。应该紧急防备。"同时，又写信给窦武、陈蕃，认为星辰错乱，对大臣不利，应当迅速定下计策。

窦武、陈蕃于是任命朱寓为司隶校尉，刘祐为河南尹，虞祁为洛阳令。窦武奏请免除了黄门令魏彪的官职，而由他亲信的小黄门山冰接替。又让山冰上奏，弹劾并逮捕了长乐尚书郑飒，囚禁在北寺监狱。

陈蕃对窦武说："这些小人，就该当场诛杀，还用得着审问？"窦武没有听从，让山冰、尹勋、侍御史祝瑨一起审问郑飒。郑飒的供辞牵连到曹节、王甫。尹勋、山冰根据郑飒的口供，奏请逮捕曹节等人，奏章由刘瑜呈递。

建宁元年（公元168年），九月初七，窦武休息，出宫回府。

主管奏章的宦官得到消息，先报告了长乐五官史朱瑀，朱瑀偷偷拆阅窦武的奏章，大骂说："宦官恣意妄为，自然应当诛杀，但我们有什么罪过，竟然要全部灭族？"然后大声叫喊："陈蕃、窦武奏请皇太后，要废黜皇帝，真是大逆不道！"

连夜召集平时亲信长乐从官史共普、张亮等十七人，歃血盟誓，谋划杀害窦武等人。

曹节急忙禀报灵帝，说："外面情况紧急，请陛下赶快登上德阳前殿。"并让灵帝拔出佩剑，做出刺杀的样子，派奶妈赵娆等人保护灵帝。自己拿着符信，关闭宫门，又召来尚书台官属，用刀威胁他们写诏书，任命王甫为黄门令，拿着符节到北寺监狱，逮捕尹勋、山冰。

山冰怀疑诏书是假的，拒绝不受。王甫就杀了山冰，又杀了尹勋，把郑飒放出监狱。然后率领卫兵回宫，劫持窦太后，夺取皇帝的玺印。命中谒者守卫南宫，关闭宫门，截断通往北宫的各条道路。派郑飒等人持符节率领侍御史、谒者，去逮捕窦武等人。

窦武拒绝接受诏令，骑马逃到步兵校尉军营，和他的侄儿步兵校尉窦绍一起射杀使者。他们召集了北军五校尉营的将士几千人，屯兵都亭，对将士们说："黄门、中常侍谋反，尽力作战的人，将会封侯重赏。"

陈蕃闻讯，带领部属官员和门生共八十多人，拔出刀剑，闯进承明门，一直闯到尚书台门前，振臂高呼，说："大将军忠心卫国，黄门反叛，怎么反说窦武大逆不道？"

王甫出来，正好和陈蕃碰面，听到他说的话，斥责他说："先帝刚刚去世，陵墓都还没竣工。窦武有什么功劳，兄弟父子三人竟然同时封爵？窦武在家里大摆筵席，挑选宫中美女陪伴，十天之内，财产累积巨万，身为朝廷大臣，竟然这样做，不是大逆不道，是什么？你身为宰辅大臣，胡乱依附他，还怎么肃清奸贼？"命令武士逮捕陈蕃。

陈蕃拔剑斥责王甫，言辞脸色愈加严厉。可是武士终于把陈蕃逮捕，囚禁到北寺监狱。

黄门从官骑士用脚踢陈蕃，得意洋洋地说："死老怪，还能裁减我们的人吗，还能削减我们的俸禄吗？"当天就把陈蕃杀了。

这时，护匈奴中郎将张奂正好被召回洛阳。曹节等人认为张奂刚到，不知道他们的谋划，就假传圣旨，任少府周靖为行车骑将军，授予符节，和张奂率领五校尉营剩下的将士讨伐窦武。

这时天色微明，王甫率领虎贲、羽林卫士[2]等共一千多人，在朱雀掖门外布阵防守，与张奂等会合。不久，全部抵达宫廷正门，和窦武对阵。

王甫的兵力渐渐强大，他让士兵们向窦武的军队大喊，说："窦武谋反，你们都是宫中禁兵，应当保卫皇宫，怎么追随谋反的人呢？先投降的有赏！"

北军五营校尉府的官兵一向畏惧宦官，于是窦武的军队里开始有人投奔王甫，从清晨到早饭的时候，几乎全都归降了。

窦武、窦绍逃走，各路军队追击包围，两人自杀身亡，人头被悬挂在洛阳都亭示众。

相关链接

〔1〕汉灵帝：公元 156 – 189 年，名宏，公元 168 – 189 年在位。
〔2〕虎贲、羽林卫士：这里指专门守卫王宫、护卫君主的士兵。

东汉黄巾起义

东汉末期，张角以宣扬"太平道"的宗教手段召集百姓，为甲子起义做准备。事发后，士兵都以黄巾扎头，号称"黄巾军"。

东汉末年，巨鹿人张角信奉黄老[1]之术，以法术传授门徒，号称"太平道"。他用念过咒语的符水治病，举行仪式让病人跪着忏悔自己的过错，不时有病人因此痊愈，人们都觉得他很神奇。

张角分别派遣他的弟子，到四方行走，招收信徒。通过口耳相传，诳骗引诱，经过十几年的时间，信徒多达几十万，青、徐、幽、冀、荆、扬、兖、豫八州，到处都有人响应。很多人抛弃家产，或者将家产变卖，背井离乡，前去投奔张角，人多得堵塞了道路。还没有到达就在半路上生病或死亡的，也数以万计。郡县官员不明白张角的真实意图，反而向上报告说，张角教人行善，因而民心向着他。

太尉杨赐当时担任司徒，上书说："张角欺骗百姓，虽然曾经受到赦免，仍不思悔改，反而逐渐发展其势力。现在如果下令州、郡拘捕镇压，恐怕会发生骚乱，给自己招惹灾祸。

"应该命令刺史、郡守清查流民，派兵将他们分别遣回本郡，以孤立和削弱张角一伙的势力，然后再诛杀那些首领。这样，不必劳师动众，就可以平息事态。"正好这时杨赐离职，他的建议被搁置起来，未能实行。司徒掾刘陶再次上书，重提杨赐的建议，说："张角等人正加紧谋划，各地私下传言，说张角等人偷偷潜入京城洛阳，窥探朝廷的动静，党徒们则在下面遥相呼应。

"州郡官员怕如实报告会受朝廷处分，不愿意上报，只在私下里相互转达，不肯落实到公文。陛下应该明确颁下诏书，悬重赏捉拿张角等人，许以封侯；官员中有敢逃避责任的，与张角等人同罪论处。"灵帝很不当回事，反而下诏让刘陶整理《春秋条例》。张角设置了三十六方。方，有点像将军，大方率领一万多人，小方率领六七千人，各自任命他们下面的各级头领。又诡称："苍天已死，黄天当立。岁在甲子[2]，天下大吉。"并用白土在京城各官署及各州郡官府的大门上，都写上"甲子"二字。大方马元义等人先集结荆州、扬州的徒众几万人，约定在邺城会合起事。马元义多次前往洛阳，买通中常侍封谞、徐奉等人作内应，约定在次年的三月五日，京城内外同时发动。

　　汉中平元年（公元184年）正月，张角的弟子唐周向上面告发了这件事。于是朝廷逮捕马元义，在洛阳将他车裂处死。灵帝给三公和司隶校尉下诏，命令找出皇宫及各官署、禁军还有普通百姓中，信奉张角"太平道"的，处死了一千多人。同时还下令冀州的官员，让他们捉拿张角等人。张角等得知计划已经泄露，便派人昼夜兼程赶往各地，通知各方首领，一时之间全都起兵。他们都头扎黄巾作为标志，所以当时的人叫他们"黄巾贼"。

　　二月，张角自称天公将军，他弟弟张宝称地公将军、张梁称人公将军。他们焚烧当地官府，劫掠人口集中的乡邑。各州郡无力抵抗，官吏大多逃跑。不到一个月，天下响应，京师为之震动。

相关链接

〔1〕黄老：指黄帝和老子，道家把他们奉为祖师。
〔2〕岁在甲子：指甲子年起义。甲子：采取的是天干地支纪年法。十天干配十二地支，六十年为一轮。

盖勋大公无私

盖勋与苏正和有仇，可当他有机会报复时，却没有那么做；在和羌人打仗时，他视死如归，其英勇和义气连羌人都感动了。

武威太守倚仗权贵的势力，肆意妄为，贪婪残暴。凉州[1] 从事苏正和立案调查，举报了他的罪行。凉州刺史梁鹄感到害怕，想杀死苏正和，以免牵连自己，于是向汉阳郡长史盖勋[2] 求教。

盖勋一向与苏正和有仇，有人劝盖勋趁此机会进行报复，盖勋说："借公事杀害有才能的官员，是不忠；乘人之危，是不仁。"

于是劝梁鹄说："豢养猎鹰，是希望它能够捕捉猎物；现在因为它捕捉猎物而将它杀了，那当初为什么要养它呢？"梁鹄因此打消了杀苏正和的念头。

苏正和听说这件事，前去求见盖勋，要向他道谢。盖勋不肯见他，说："我为梁使君打算，不是为苏正和。"他怨恨苏正和，仍旧像以前一样，没有改变。

后来，刺史左昌偷盗军粮几万石，盖勋进行劝阻，左昌非常生气，就让盖勋与从事辛曾、孔常另外带领一支军队，驻扎在阿阳抵御盗贼，想借此寻找盖勋的过错。但没想到盖勋屡立战功，一点小辫子也抓不到。

后来北宫伯玉叛变，攻打金城，盖勋劝左昌发兵援救，左昌不听。金城太守陈懿死后，边章等人的叛军在冀县包围左昌，左昌叫盖勋等人前去救他。

从事辛曾等心存犹疑，不想出兵援救。盖勋发怒说："从前庄贾身为监军，而不能如期赶到，被司马穰苴处死；如今的从事，难道比当时的监军还要尊贵吗？"辛曾等人害怕了，才跟随他前去援救。

盖勋到达冀县后，以背叛的罪名斥责边章等人，边章等都说："左使君要是肯早点听从您的建议，出兵攻打我们，或许还可以让我们改过自新。如今罪孽已重，不能再投降了。"于是撤围离去。

羌族人叛乱，在官府的畜牧场包围住了护羌校尉夏育。盖勋与州、郡集合兵力前去援救，到达狐槃时，被羌族人打败。

盖勋的部下剩了不到一百人，他自己身上三处负伤，却仍然安坐不动，指着路边的木牌说："就将我的尸体放在这里。"

斧车（东汉）此车是车队的前导车。据《后汉书·舆服志》，
千石秩别以上官吏，导从置斧车，象征权力。

　　句就部落的羌人滇吾，手执兵器挡着，不让大家杀盖勋，说："盖
长史是贤人，你们要是杀了他，会得罪上天的。"

　　盖勋仰天骂道："该死的叛贼，你懂得什么，快点来杀我！"

　　羌人大吃一惊，面面相觑。滇吾下马让盖勋骑，盖勋不肯骑，结果
被羌人俘虏。羌人佩服他的义气与勇敢，不敢加害，把他送回汉阳。之
后，凉州刺史杨雍上表，举荐盖勋兼任汉阳太守。

相关链接

〔1〕凉州：古地名，即现在的甘肃省河西走廊东端的武威一带。

〔2〕盖勋：字元固，敦煌广至人，年五十一而卒。

董卓入京为乱

当初何进召董卓进京，无异于引狼入室。董卓到达洛阳后，不但竭尽全力排除异己、扩张势力，还废立了皇帝，更有甚的，他自己也有做皇帝的念头。

汉中平六年（公元189年）八月，大将军何进被宦官杀死，他的部下吴匡、张璋进攻皇宫，与虎贲中郎将袁术一起率领部下攻入皇宫，诛杀宦官。

中常侍张让、段珪等人无计可施，只好带着少帝刘辩和陈留王刘协等十几个人逃出洛阳。当天夜里，逃到小平津，河南中部掾闵贡等也赶到与他们会合。

闵贡大声呵斥张让等人，说："你们要是还不快死，我就要把你们杀了！"并且亲自挥剑，砍死了几名宦官。张让等宦官非常害怕，拱手拜了两拜，向少帝叩头辞别说："我们死了，请陛下自己保重！"然后投河而死。

闵贡扶着少帝与陈留王，循着萤火虫的微光向南走，想回到宫中。走了几里路，从百姓那里获得一辆板车，大家乘车继续前进，一直到洛舍才休息。后来又找到马匹，少帝单独骑一匹马，陈留王刘协和闵贡合骑一匹，从洛舍向南走。

董卓 [1] 听到消息，率军来到显阳苑，远远望见起火，知道变故已经发生，就率领军队迅速前进。天还没亮，董卓到达城西，听人说少帝在北边，就和大臣们一齐到北芒阪下奉迎少帝。

少帝看见董卓率领大军前来，吓得哭了起来。大臣们对董卓说："皇帝下诏，要军队撤走。"董卓说："你们身为国家大臣，不能辅佐王室，致使皇帝流亡在外，却为何要让军队撤走？"

董卓与少帝说话，少帝语无伦次，不知道在说什么。问陈留王刘协事变经过，刘协自始至终都回答得很清楚，没有什么遗漏。董卓听了很高兴，认为刘协有才能，而且是董太后养大的，他自以为与董太后是同一宗族，就开始想废黜少帝，改立刘协为皇帝。

少帝回到宫中，大赦天下。在混乱中，传国御玺丢失，但其他的玉玺都找到了。

骑都尉鲍信到泰山郡招募士兵，正好回来，他劝袁绍说："董卓兵力强盛，有造反的打算。现在不趁早谋取，将来一定会受制于他。应该

144

乘他刚到，军队还很疲惫，赶紧偷袭，可以把他抓住！”袁绍害怕董卓，不敢攻击，鲍信就率领军队返回泰山郡。

董卓到洛阳的时候，步兵、骑兵一共只有三千人。他害怕自己兵力单薄，大家不肯服从，每隔四五天，就带着军队在夜里偷偷离开军营；第二天早上，再大张旗鼓地回来，让人们以为凉州又有军队来了。洛阳城中的人都不知道真相。

不久以后，原先何进与何苗的队伍都投靠了董卓。董卓又暗中说动执金吾丁原的手下吕布，让他杀死丁原，自己顺势吞并了丁原的军队。这样一来，董卓的兵力大大增强。他暗示朝廷，以接连下雨为理由，让皇帝罢免司空刘弘的职务，而由自己接替。

董卓对袁绍说：“天下的君主，应该由贤明的人担任才对。我每次想到灵帝，就觉得愤恨不已。刘协看起来还可以，我想改立他为皇帝，不知他是否能胜过刘辩？有的人小事聪明，大事糊涂，不知道刘协是不是这样？如果他也不行，那我看刘氏的后代就不值得再辅佐了！”

袁绍说：“汉朝统治天下四百多年，恩德深厚，百姓拥戴。现在皇上年龄还小，没有什么过失让天下人埋怨。你想废嫡立庶，恐怕大家不会同意吧？”

董卓握着剑柄呵叱袁绍，说：“小子敢如此放肆！天下的事，难道不是我决定的？我想这样做，谁敢不服从？你以为我董卓的刀刃不锋利吗？”

袁绍也勃然大怒，说：“天下的英雄豪杰，难道只有你董公一人吗？”拔出佩刀，横着作了个揖，就径直出去了。

董卓因为刚到洛阳，见袁家是大家族，历代都做高官，所以不敢害他。

袁绍出去后，把司隶校尉的符节挂在上东门，就逃离洛阳，投奔冀州。

九月，董卓召集文武百官，昂着头说："皇上没有能力继承宗庙，做天下人的君主。现在我想按照以前伊尹、霍光的做法，改立陈留王为帝，大家说怎么样？"公卿以下的官员都很惶恐不安，没人敢回答。

董卓又大声说："从前霍光决定废黜昌邑王，田延年手握剑柄，要诛杀后响应的人。现在谁敢反对，都以军法处置！"在座的人都很恐惧。

尚书卢植说："从前太甲继位后昏庸无能，昌邑王更是有几千条罪状，所以伊尹、霍光才会将他们废黜，另立新帝。现在皇帝还小，没有什么过失，不能和前代相比。"

董卓大怒，从座位上站起来，想杀了卢植。蔡邕为卢植求情；议郎彭伯也劝阻董卓，说："卢尚书是天下的大儒，为人们所尊重。现在杀了他，天下人都会震惊不安的。"董卓这才罢手，只免去卢植的官职。于是卢植逃到上谷郡隐居起来。

董卓又派人把废立皇帝的计划拿给太傅袁隗看，袁隗表示同意。

九月初一，董卓在崇德前殿召集百官，逼迫何太后下诏废黜少帝刘辩，说："皇帝为先帝守丧的时候，没有尽孝道，而且缺少君王应有的仪表。现在废他为弘农王，立陈留王为皇帝。"

袁隗把刘辩身上的玺绶解下来，进奉给陈留王刘协。然后扶刘辩下殿，向坐在北面的刘协 [2] 称臣。何太后见了哽咽流泪，群臣心里都很悲伤，但没有人敢说话。

董卓又主张："何太后曾经逼迫董太后，使她忧虑而死，违背了儿媳的礼数。"于是把何太后迁到永安宫。过了两天，董卓用毒药害死何太后，公卿及以下官员不准穿丧服；举行葬礼的时候，只穿白色的衣服而已。到了第二年正月，董卓又派郎中令李儒将刘辩毒死了。

董卓性情残忍，控制朝政以后，占据了全国的军队和珍宝，威震天下。他的欲望也还远远没有得到满足，对门客说："看我的相，是至尊无上的相啊！"

相关链接

〔1〕董卓：？－公元192年，字仲颖，陇西临洮（今甘肃临洮）人，东汉将领之一，曾在西部平定少数民族叛乱，后来又参与平定黄巾军起义。生性残暴。

〔2〕刘协：即汉献帝，公元189－220年在位，是汉朝最后一个皇帝。

　　东汉末年，天下群雄并起，都想把董卓除掉，就推举袁绍为盟主。为了扩充自己的势力，同时给自己寻找一个根据地，袁绍就把目标放在了冀州。

　　东汉末年，天下群雄并起，讨伐董卓。大家一致推举渤海太守袁绍[1]为盟主，袁绍让冀州[2]刺史韩馥驻守邺城，负责供应粮草。

　　韩馥因为豪杰们大多拥戴袁绍，心里忌妒他，就私下减少对袁绍的军粮供应，想让他的士兵离散。恰好韩馥的部将曲义叛变，韩馥前去讨伐，反而被曲义打败了。袁绍就乘机与曲义联合。

　　袁绍的门客逢纪对袁绍说："将军想做大事，却要依靠别人供应粮草，这样是不行的。如果不占据一个州，就无法保全自己。"劝他夺取冀州。

　　袁绍说："冀州兵力强盛，我的士兵又饥饿又疲倦，如果失败，就没有立足之地了。"

　　逢纪说："韩馥是一个庸才，您可以暗中联合公孙瓒，让他攻打冀州。趁韩馥惊慌恐惧之时，我们就派有口才的使者去为他分析利弊。韩馥迫于突然发生的危机，一定愿意把冀州让给您。"

　　袁绍认为有道理，就写信给公孙瓒。公孙瓒率领军队到达冀州，表面上声称讨伐董卓，暗地里却袭击韩馥。韩馥与公孙瓒交战，没有取胜。

　　适逢董卓进入函谷关，袁绍就退兵返回延津，派外甥高干与韩馥的亲信辛评、荀谌、郭图等人去劝说韩馥："公孙瓒统率燕、代两地的军队乘胜南下，各郡纷纷响应，势头锐不可当。袁绍又率军东进，意图不明，我们都为将军担心。"

　　韩馥很害怕，问他们说："既然这样，该怎么办呢？"

　　荀谌说："您认为自己的宽厚仁义，在让天下豪杰归附方面，与袁绍相比怎么样？"

　　韩馥说："比不上他。"

　　荀谌又问："那么，临危决断，智勇过人，与袁绍相比呢？"

　　韩馥说："比不上。"

　　荀谌再问："那么先人世代施恩立德，使天下人家都受其恩惠方面，与袁绍相比呢？"

　　韩馥说："比不上。"

荀谌说："袁绍是一世豪杰，将军在三个方面都不如他，却一直在他之上，他一定不肯屈居将军之下。冀州，是物产丰富的地区，如果他与公孙瓒合力夺取冀州，将军立刻就会陷入危亡的困境。袁绍是将军的旧交，又曾经结盟，一起讨伐董卓。如今的办法，不如把冀州让给袁绍，他必定会感激您的厚德，公孙瓒也没有力量与他争夺。这样，将军又有让贤的美名，而自身又能比泰山还要安稳。"韩馥生性怯懦，就同意了他们的计策。

韩馥的长史耿武、别驾闵纯、治中李历得知后，劝谏说："冀州有一百万正规军，储存的粮食足够支撑十年。袁绍只是一支孤军，没有自己的地盘，仰仗我们的鼻息，就像怀里的婴儿，不给他奶吃，立刻就会饿死。为什么要把冀州让给他呢？"

韩馥说："我本来是袁家的老部下，而且才能也不如袁绍，所以让给他。衡量自己的德操，让给更加贤能的人，是古人称赞的行为，你们为什么要反对呢？"

此前，韩馥派从事赵浮、程涣率领一万名弓弩手驻守孟津，他们听到这个消息，就率领军队迅速赶回冀州。当时袁绍驻扎在朝歌清水口，赵浮等人从后面赶上来，有战船几百艘，士兵一万余人，军容严整，在夜里经过袁绍的军营，袁绍很是厌恶。

赵浮等赶到冀州，对韩馥说："袁绍军中没有一斗粮食，士兵将要溃散，虽然近来有张杨、於扶罗等归附于他，但也不见得肯为他效力，不是我们的对手。我们这几个小从事，愿率领现有的部队抵御他，不出十天，他们一定会土崩瓦解。将军您只需打开房门安心睡觉，没有什么可担心，也没有什么可害怕的！"

○ 品画鉴宝
百鸟朝凤熏炉（东汉）炉体呈球形。盖镂空，顶部中央一立凤展翅欲翔，周边环饰六鸟作仰视状，美观大方。

148

韩馥还是不听，于是避开冀州牧的官位，从府署搬出，住在以前中常侍赵忠的房子里。派儿子把印绶送去给袁绍，让出冀州。

　　袁绍快要到达邺城，韩馥手下的十名从事争相离开韩馥，只有耿武、闵纯挥刀阻拦，但也无济于事，只得作罢。袁绍就将耿武、闵纯二人处死。袁绍兼任冀州牧，借皇帝的名义任命韩馥为奋威将军，但既不给士兵，也没有官属。又任命广平人沮授为奋武将军，派他监管所有将领，对他十分宠信。魏郡人审配、巨鹿人田丰因为正直而不被韩馥重用，袁绍任命田丰为别驾，审配为治中，与南阳人许攸、逢纪、荀谌一起成为袁绍的主要谋士。

　　袁绍任命河内人朱汉为都官从事。朱汉曾经受韩馥侮辱，又想迎合袁绍的心意，就擅自发兵包围了韩馥的住宅，拔出兵器走进屋去。韩馥跑上了楼，朱汉捉到韩馥的大儿子，打断了他的双脚。袁绍听说后，立即逮捕朱汉，将他处死。

　　韩馥仍然惊恐不安，向袁绍请求离去，投奔陈留太守张邈。后来，袁绍派使者去见张邈，有事情要商议。使者对着张邈耳边说话，韩馥当时在旁边，就以为是在打自己的主意。过了一会儿，他起身去厕所，用裁书的刀自杀了。

相关链接

〔1〕袁绍：公元153—202年，字本初，豫州汝南（今河南汝阳）人，后汉群雄之一。

〔2〕冀州：今为河北省衡水冀州市。

王允计除董卓

董卓性情残忍，杀人如麻。手下的将领说话稍有差错，就被当场处死，以致每个人心里都惶恐不安。

中郎将吕布[1]擅长骑射，膂力惊人。董卓知道自己向来不以礼待人，怕人报复，平时总让吕布随从保护，对他十分宠信，收他为义子。然而董卓性格暴躁，曾经因为一件小事不合心意，就拔出手戟掷向吕布。幸亏吕布身手敏捷，避开了手戟，又和颜悦色地向董卓道歉，董卓的怒气才得以平息。

吕布从此心里怨恨董卓。董卓又让吕布守卫中阁，吕布乘机与董卓的侍女私通，心里更加不安。

司徒王允[2]与司隶校尉黄琬、仆射士孙瑞、尚书杨瓒一起密谋诛杀董卓。王允向来对吕布很好，所以吕布见到王允时，告诉他自己差点被董卓杀掉的事。王允就趁机把诛杀董卓的计划告诉吕布，并让他作内应。

吕布说："可我们是父子，怎么办？"

王允说："你本姓吕，又不是他的骨肉。现在担心被杀都来不及，还谈什么父子？他拿手戟扔你的时候，又哪里有父子之情呢？"吕布就答应了。

汉初平三年（公元192年）四月，献帝大病初愈，在未央殿大会群臣。董卓身穿朝服，乘车入殿，从军营到皇宫，道路两旁都派士兵列队守卫，左边是步兵，右边是骑兵，皇宫周围也都安排了卫士，吕布等人则在身边侍卫。

王允让孙瑞亲自撰写诏书给吕布。吕布让士同郡的骑都尉李肃与勇士秦谊、陈卫等十几个人身穿制服，假冒卫士，在北掖门埋伏，等候董卓。董卓一进门，李肃用戟刺他，董卓里面穿了铁甲，刺不进去，只伤了手臂，从车上摔下来。

董卓回头大叫："吕布在哪？"

吕布说："奉皇上诏令，诛杀贼臣董卓！"

董卓大骂说："狗贼，你竟敢这样！"

驭车出行图（东汉） 此墓室壁画反映了墓主人生前交际、出行等的生活情况，写实性强。

吕布没等董卓骂完，就用铁矛刺死了他，让士兵砍下他的头。主簿田仪和董卓的仆人扑到董卓尸体前，也被吕布杀了，一共杀了三个人。

吕布从怀里拿出诏书，对官兵宣布："皇帝下诏，只讨伐董卓一人，其他人一概不追究。"

官兵都笔直站着不动，高呼万岁。百姓知道后，在街上唱歌跳舞；长安城里的男男女女变卖衣服首饰，用来买酒买肉，互相庆贺的人群挤满了街道。

董卓的弟弟董旻、董璜及留在郿坞的董氏家族，无论老少都被他们的部下杀死。董卓的尸体被拖到街市当中示众。当时天气已经转热，而董卓身体肥胖，脂肪都流到地上。看守尸体的小吏就做了个大灯芯，放在董卓的肚脐里点燃，从晚上烧到天亮，一连烧了好几天。袁氏家族的门生，把董卓的零星尸体收集起来，烧成灰，撒在大路上。

相关链接

〔1〕吕布：？－公元198年，字奉先，五原郡九原（今内蒙古包头）人，擅长骑射，武艺超人。

〔2〕王允：公元137－192年，字子师，东汉时期太原祁（今山西祁县）人。

刘备始领徐州牧

刘备是西汉皇族后裔，有着皇室血统。当年，刘备前往徐州帮助陶谦。陶谦死后，人们就推举他做徐州牧。

刘备[1]，涿郡人，是西汉中山靖王刘胜的后代。他小时候父亲就去世了，家境贫苦，和母亲靠贩卖草鞋为生。刘备身高七尺五寸，双手垂下来超过膝盖，耳朵很大，大到自己都能看到。他胸怀大志，平日少言寡语，喜怒不形于色。

刘备曾经与公孙瓒一起在卢植门下学习，因此后来投靠了公孙瓒。公孙瓒派他与田楷夺取青州，建立了战功，于是任命他为平原相。

刘备年轻时与河东人关羽、涿郡人张飞是好朋友，于是委任他们为别部司马，分别统领部下军队。他与关、张二人同榻睡眠，情同手足。但在人多的场合，或是在宴席上，关羽和张飞整天在刘备身旁侍立。跟随刘备应付周旋，就算艰难险阻也决不逃避。

常山人赵云率领本郡的队伍前去投奔公孙瓒，公孙瓒问他说："听说你们冀州人都愿意归附袁绍，为什么只有你能迷途知返呢？"

赵云说："天下纷纷起兵，还不知道谁是天命所归。百姓现在遭受的苦难，就像被倒着吊起来一样。而我们冀州人的看法，是谁施行仁政，我们就跟从谁，并不是轻视袁绍而亲近将军。"

刘备见到赵云后，觉得这个人不同寻常，与他结交。赵云就跟随刘备到平原，为他统领骑兵。

汉兴平元年（公元194年），徐州[2]牧陶谦受到曹操进攻，向青州刺史田楷求援。田楷与刘备率军前去援救。刘备自己有几千军队，陶谦又加给他丹阳的士兵四千，于是刘备离开田楷，归附陶谦。陶谦上表任命刘备为豫州刺史，驻扎在小沛。

当年十二月，陶谦病得很重，快要死了。他对别驾糜竺说："除了刘备，没有人能安定本州。"于是陶谦去世后，糜竺率领全州的官民迎接刘备。

刘备不敢接受，说："袁术就在附近的寿春，你们可以把徐州交给他。"

典农校尉陈登说："袁术骄横跋扈，不是能安定乱世的君主。现在，我们准备为您集结起步兵、骑兵十万人，上可以辅佐君主，拯救百姓；下可

以割据一方，守卫领土。如果您不答应我们，我们也不敢听从您的建议。"

北海相孔融劝刘备说："袁术哪里是忧国忘家的人？不过是依仗祖上留下的威德，根本不值得顾虑。今天的事，是为百姓推选贤能。这是老天赐予你的，如果不接受，将来后悔就来不及了。"刘备就答应了，兼任徐州牧。

相关链接
〔1〕刘备：公元161－223年，字玄德，河北涿县（今河北涿州）人，西汉景帝之子中山靖王刘胜的后代，建立蜀汉，为三国之一。
〔2〕徐州：州名，治所在郯县（今山东郯城），古代九州之一。

孙策起兵震江东

孙坚死后，其子孙策起兵江东。孙策不但英俊潇洒，而且骁勇善战，一路所向披靡，很快在江东有了很大的名声。

孙坚娶钱塘人吴氏为妻子，生下四个儿子，他们是孙策[1]、孙权、孙翊、孙匡，此外还有一个女儿。孙坚出征在外，把家属留在寿春。

孙策十多岁时，就开始结交当地名流。舒县人周瑜与孙策同岁，也天生英武豪迈，听到孙策的名声，从舒县前来拜访。两人一见如故，推心置腹，结为生死之交。周瑜劝孙策把家搬到舒县，孙策同意了，周瑜就把路边的一座大宅院让给孙策住。

汉初平二年（公元191年），孙坚奉命讨伐刘表，在追击刘表的部下黄祖时，被黄祖设下伏兵射死。当时孙策才十七岁，他把父亲的棺木送回老家曲阿安葬，然后渡过长江，住在江都，结交英雄豪杰，立志要为父亲报仇。

汉兴平元年（公元194年），因为丹阳太守周昕与袁术互相敌对，袁术就上表推荐孙策的舅舅吴景兼任丹阳太守，率军进攻周昕。攻占丹阳郡后，又任命孙策的堂兄孙贲为丹阳都尉。

孙策把他母亲和弟弟妹妹托付给广陵人张纮，自己直接到寿春去见袁术，流着泪对袁术说："先父当年从长沙起兵，入关讨伐董卓，与您在南阳相会，订立盟约，结下友谊。他不幸中途遇难，没能成就功业。我

○ 品画鉴宝
车马仪仗俑群（东汉）俑群是一组排列有序的车马出行仪仗俑，生动展现了当时的礼仪制度。

154

很感念您对先父的旧恩，希望继续为您效力，请您体察我的一片诚心。"

袁术很欣赏孙策，认为他不同一般，但仍然不肯把孙坚原先率领的部队交还给他。袁术对孙策说："我已经任命你舅舅吴景为丹阳太守，你堂兄孙贲为都尉。他们所在之处，是出精兵的地方，你可以回去依附他们，在那儿自己招募兵马。"

孙策就与汝南人吕范、同族孙河将母亲接到曲阿，依附舅舅吴景。然后借着过去孙坚的影响，在当地招募士兵，得到几百人。就在这时，孙策遭到泾县本地的豪强祖郎袭击，几乎没能幸免。于是他又一次前去求见袁术，袁术过意不去，把孙坚旧部一千多人还给孙策，并向朝廷上表推荐他担任怀义校尉。

孙策手下有一名骑兵犯了过错，逃入袁术大营，躲藏在里面的马房中。孙策派人进去，就地把那名骑兵杀了，然后亲自拜见袁术，向他谢罪。袁术说："当兵的人喜欢叛变，我和你一样痛恨这种行为，你谢罪干什么？"从此以后，孙策军队里的人对他更加畏惧。

袁术最初曾答应任命孙策为九江太守，但不久却另外任用丹阳人陈纪。后来，袁术想攻打徐州，要求庐江太守陆康提供三万斛米，陆康不给。袁术因此大发雷霆，派孙策去进攻陆康，对孙策说："以前我错用陈纪为九江太守，以致常常后悔，没有按最初的想法做。这回你如果战胜陆康，庐江就真的归你管了。"

孙策进攻陆康，获得胜利。但是袁术又任用自己以前的部下刘勋为庐江太守，孙策对他更加失望。

丹阳人朱治曾经担任孙坚的校尉，他看到袁术政治混乱，不讲仁德，就劝孙策返回故乡，去占领江东[2]。当时他舅舅吴景攻打樊能、张英等人，一年多还未能攻克，孙策就趁机向袁术请求说："我家在江东做过不少好事，当地的人都心怀感激。我愿意帮助舅舅进攻横江。攻下横江后，我

155

就回到家乡去招募，可以获得三万人马，用来辅佐将军平定天下。"

袁术知道孙策对自己不满，又因为当时扬州刺史刘繇占据曲阿，会稽太守王朗据守本郡，他认为孙策未必能打败他们，就同意了，上表推荐他为折冲校尉。孙策率领一千多名士兵，还有几十匹马，一边前进一边招兵，到达历阳的时候，已经有五六千人了。当时周瑜的伯父周尚担任丹阳太守，周瑜率军前来迎接孙策，并支援他军费和粮草。孙策喜出望外，说："我有你的帮助，事情一定能成功！"

孙策进攻横江、当利，战无不克，樊能、张英战败逃走。

孙策渡江以后，辗转作战，所向披靡，没有人敢与他正面交锋。百姓听说孙策要来了，全都吓得失魂落魄；地方官们纷纷弃城而逃，躲到深山之中。孙策到了以后，军队纪律严明，士兵们都不敢掳掠，百姓家里的东西，小到鸡狗蔬菜，都丝毫不去侵犯。于是百姓万分喜悦，争着用牛肉和美酒去犒劳孙策的军队。

孙策容貌俊美，谈吐幽默，性情豁达，能听取别人的意见，善于任用人才。因此，无论士人还是百姓，没有不尽心尽力，乐意为他效死的。孙策进攻刘繇设在牛渚的军营，夺取了存在那里的全部粮草和器械。当时，彭城相薛礼、下邳相笮融都拥戴刘繇为盟主，薛礼驻守秣陵城，笮融驻扎在秣陵县南，他们都被孙策击败。孙策又在梅陵打败了刘繇的另外一支部队，转而进攻湖孰、江乘，也全都攻克。于是进军曲阿，攻击刘繇。

刘繇与孙策交战，军队战败，刘繇逃往丹徒。孙策进入曲阿，犒赏将士，发布宽大的命令，通知各县说："凡是刘繇、笮融等人从家乡带来的私人军队，只要来自首归降的，一概既往不咎。愿意从军的，一户人家出一个人后，免除全家的徭役；不愿意从军的，也不勉强。"不到十天，前来投效的人从四面八方涌来，得到士兵二万多人，战马一千多匹，声威震动江东。

相关链接

〔1〕孙策：公元175－200年，字伯符，东汉末年吴郡富春（今浙江富阳）人，为汉末江东割据势力。

〔2〕江东：所指并没有确定的范围，可指南京一带，也可指安徽芜湖以下的长江下游以南地区。

建安元年，汉献帝逃出长安到达旧都洛阳，曹操也很快率领军队抵达。后来，他听从董昭的建议，把献帝"迁"到了自己的驻地许昌。

汉建安元年（公元196年），献帝逃出长安[1]后，在韩暹、杨奉等人的护送下，回到东都洛阳。当时曹操在许昌[2]，打算迎接献帝，但手下都认为："崤山以东还没有平定。韩暹、杨奉等人，又仗着护驾有功，骄横跋扈，不能够一下子就把他们制服。"因而反对。

荀彧说："从前晋文公重耳接来周襄王，诸侯纷纷响应；汉高祖为义帝服丧，天下人心归附。自从天子流离在外，将军率先倡导义军，只是因为崤山以东变乱没有平定，还来不及远行迎接圣驾。

"如今献帝车驾返回洛阳，然而旧都荒芜，义士百姓无不感慨。如果您真能借此良机，满足大家的期望，前去奉迎天子，是最顺应潮流的；以大公无私感服天下人心，是极重要的策略；扶助朝廷，弘扬大义，招揽天下英才，是非常了不起的德行。这样一来，即使四方还有叛逆，他们又能有什么作为？

"韩暹、杨奉之流，有什么值得顾虑的？若不赶紧决定，让别的豪杰生出奉迎的念头，先走一步，以后哪怕再费心机，也来不及了。"

于是曹操派遣扬武中郎将曹洪率军往西，到洛阳迎接献帝。但是董承等人扼守险要阻拦，使曹洪不能前进。

议郎董昭认为杨奉的兵力最强盛，只是缺少同伴援助，就以曹操的名义写信给杨奉，说："我对将军闻名已久，仰慕您的义气，愿意跟您推心置腹。如今将军在危难之中救出天子，护送回旧都洛阳，护卫天子再加上辅佐朝廷的功勋，盖世无双，难以用语言赞美！

"现在，各地的强盗扰乱中原，天下不得安宁，那么最重要的就是君主的平安，而主要靠辅佐的大臣。必须让众多贤士一齐努力，才能扫清君王道路上的障碍，这绝不是一个人的力量所能办到的。

"身体与四肢，是互相依存的，缺少了任何一部分，都成了残废。将军应当在朝廷主持大政，我则在朝廷之外援助；如今我有粮草，将军有兵马，互通有无，足以成就大事。我们应该紧密团结，生死与共。"

杨奉接到信后十分高兴，对将领们说："兖州刺史曹操的军队，近在许昌，有兵有粮，朝廷正应当倚仗他们的支援。"于是联名上表，推

曹操

荐曹操担任镇东将军，并承袭他父亲曹嵩的爵位费亭侯。

韩暹凭借护驾的功劳，专横放肆，董承对他非常不满，就暗中派人征召曹操，曹操就亲率大军到达洛阳。曹操到达后，向献帝奏报韩暹、张杨的罪过。韩暹害怕被杀，单人匹马投奔杨奉。献帝因为韩暹、张杨护驾有功，所以下诏，一律不加追究。

八月十八日，献帝下诏，让曹操兼任司隶校尉、录尚书事。于是曹操处罚有罪之人，诛杀尚书冯硕等三人；奖赏有功之臣，封卫将军董承等十三人为列侯；表彰死难烈士，追赠射声校尉沮俊为弘农太守。

曹操请来董昭，让他与自己坐在一起，问他说："现在我到了这儿，应当采取什么措施？"

董昭说："将军发起义兵，讨伐乱臣贼子，入京朝见天子，辅佐王室，这是春秋五霸一般的功业啊。洛阳的各位将领，心中打算各不相同，未必肯服从将军的调遣。现在如果留在洛阳辅佐朝政，情势上会有很多不利因素，最好的办法只有请天子移驾到许昌。

"但是天子流离在外已经很久了，现在刚刚回到旧都，远近之人都盼望从此能够安定。如果再要移驾，倒不符合人心。不过，要做不同寻常的事，得采取不同寻常的手段，希望将军衡量利弊，作出最佳的选择。"劝曹操将献帝迁往许昌。

曹操说："这正是我本来的打算。只是杨奉就在附近的梁，听说他军队强盛，该不会成为我的障碍吧？"

董昭说："杨奉缺少同党，没有外援，所以是真心与将军联合。任命您为镇东将军，封费亭侯，这些事情最终都是杨奉决定的。您应该不时派遣使者，带上厚礼前去表示谢意，让他安心。并告诉他迁都的理由，就说：'洛阳没有军粮，想让献帝暂时移驾鲁阳；鲁阳靠近许昌，运输较为方便，可不必担心军粮匮乏。'杨奉虽然作战勇猛，但为人缺心眼，一定不会怀疑。在使者往来过程中，我们的大事早都办成了，他怎么能成为您的障碍呢？"

曹操说："很好！"立即派使者去见杨奉，按计策行事。

二十七日，献帝车驾出辕辕关，向东进发，迁都许昌。任命曹操为大将军，封武平侯。

○ 品画鉴宝

彩绘陶翼兽（汉） 该兽形如虎体，为虎的加翼变形，是当时人们将虎视为瑞兽的反映。

相关链接

〔1〕长安：今陕西西安。献帝为董卓废灵帝所立，为了远离东方诸侯的反对和讨伐，后董卓带领献帝离开洛阳移都长安。

〔2〕许昌：即现在的河南省许昌市。旧称许，又称许县，魏黄初二年（公元221年），曹丕以"汉亡于许，魏基昌于许"，改许县为许昌。

白门楼斩吕布

吕布有勇无谋，注定在群雄逐鹿的年代不会有所建树。曹操水灌下邳，他就只能做困兽之斗了。虽然自降，但终究难免一死。

汉建安三年（公元198年），曹操打算亲自去攻打吕布，诸将都说："刘表、张绣在后面虎视眈眈，您若再远道袭击吕布，那必定会发生危机。"荀攸说："刘表、张绣刚刚打了败仗，形势摆在那儿，他们不敢轻举妄动。吕布骁勇善战，又倚仗袁术的势力，如果让他在淮河、泗水之间形成势力，豪杰们一定会起来响应他。应该现在就去攻击他，趁他刚刚起兵反叛，大家还不能齐心协力，肯定能够打败他。"曹操听了说："很好！"

曹操大军出发时，泰山驻军的首领臧霸、孙观、吴敦、尹礼等都归降了吕布。曹操在梁地遇到刘备，与他一起进军彭城。

陈宫对吕布说："应该进军迎击他们。我们以逸待劳，无往而不胜！"吕布却说："不如等待他们自己前来，我把他们逼到泗水里去。"

十月，曹操攻下彭城，进行了屠杀，然后进军到下邳[1]。吕布亲自率领部队，与曹操屡次交战，全都大败，只好退守城池，不敢出战。

曹操给吕布写信，向他讲清楚利害关系。吕布害怕，打算投降。

陈宫说："曹操远道而来，势必不能坚持很久。将军如果率领步兵、骑兵到城外驻扎，我率领剩下的军队守卫城池，如果曹操进攻将军，我就领兵从他们的背后进攻；如果曹军攻城，则将军在城外援救。这样，用不了一个月，曹军的军粮吃完，我们再大举进攻，就可以打败敌人。"

吕布认为他说得对，就准备留陈宫与高顺守城，自己率领骑兵切断曹军的运粮通道。

吕布的妻子对吕布说："陈宫与高顺一向不和，将军一出城，万一他们俩闹起矛盾来，谁要是打开城门投降了曹操，将军以后在哪里立足呢？况且曹操对待陈宫，就像父母对待怀里的婴儿一样，陈宫还丢下曹操来归附我们；你待陈宫不如曹操待他那么好，就把全城交给他，把妻儿老小丢在这里，孤身一人率军远出。如果一旦发生变故，我哪里还能再做你的妻子呢？"吕布听了，又打消了原来的计划，偷偷派下属官员许汜、王楷向袁术求救。

袁术曾和吕布订下儿女婚姻。后来吕布与曹操联合，又拒绝了这桩婚事。如今袁术见吕布向自己求援，就说："吕布不肯把女儿给我嫁过来，反而去联合曹操。现在被曹操攻打，失败了也活该，还来找我干什么？"

许汜、王楷说："您现在不救吕布，是让自己败亡啊。吕布一旦被灭，您也就难以自保了。"袁术于是让军队作好准备，造出要援救吕布的声势。

吕布担心袁术因为自己不嫁女儿，就不肯发兵救援。于是用丝绵将女儿身体裹住，绑在马上，夜里亲自送女儿出城。结果与曹军士兵遭遇，经过短兵相接和弓箭往来后，仍然无法通过，只好又退回到城里。

曹操挖掘壕沟包围下邳城，过了很久也没能攻下，士兵疲惫不堪。曹操打算撤军，谋士荀攸、郭嘉说："吕布有勇无谋，现在接连打了败仗，锐气已衰。主将是三军的灵魂，主将锐气一衰，则三军都没有斗志。陈宫虽然有智谋，但应变能力不足。现在应该乘吕布锐气还没有恢复，陈宫的策略还没有决定，迅速发动猛攻，一定可以消灭吕布。"

曹操认为说得对，就命令曹军开凿沟渠，引来沂水、泗水灌城。

过了一个多月，吕布更加窘迫，登上城墙对曹军将士说："你们不要这样逼我，我要向明公自首。"陈宫在一旁劝谏说："曹操只不过是个逆贼，怎么配称明公？我们现在投降他，就像把鸡蛋扔到石头堆里，哪里还能够保全呢？"

吕布的部将侯成丢失了他的宝马，幸好不久后又找了回来，将领们一起送礼向他道贺。侯成把礼物里的酒肉分出一份，献给吕布。谁知吕布却发了怒，说："我下令禁酒，而你们竟敢偷偷酿造，难道想借酒来一起算计我吗？"侯成又气又怕。

十二月二十四日，侯成与宋宪、魏续等将领一起捉住陈宫、高顺，率领部下向曹操投降。吕布与

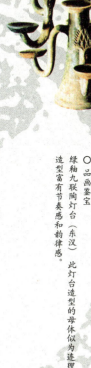

161

手下亲兵登上白门楼[2]，曹军四面包围，攻得很急。吕布命令手下砍下自己的脑袋，然后投降曹操。手下们不忍心下手，吕布就自己下楼向曹操投降。

吕布见到曹操，说："从今以后，天下就可以平定了。"

曹操说："为什么这么说？"

吕布说："您所担忧的人，没有比得上我吕布的。如今我已归顺，如果让我率领骑兵，您自己统率步兵，天下有谁能抵挡得住呢？"

又回头对刘备说："刘玄德，如今你是座上客，我是阶下囚。我身上的绳子捆得这么紧，难道你就不能帮我说句话吗？"

曹操笑着说："捆猛虎，不能不紧。"于是叫人给吕布松绑。

刘备说："不可以。您难道忘了吕布是怎么侍奉丁原和董卓的吗？"

曹操听了，点头同意。

吕布瞪着刘备说："大耳朵的小子，最不能够相信！"

曹操又对陈宫说："你平生自认为智谋多得没地方用，现在怎么落到这个地步？"

陈宫指着吕布说："这个人不听我的话，所以落得这样的下场。如果他早听我的话，也不见得就会被你捉住。"

曹操爱惜他的才能，想招降他，就说："你的老母该怎么办？"

陈宫说："我听说以孝治天下的人，不伤害他人的双亲；我老母能否活下来，取决于您，而不取决于我。"

曹操说："那你的妻子儿女怎么办？"

陈宫说："我听说在天下施行仁政的人，不会让他人祭祀中断；我妻子儿女的生死，也取决于您，而不取决于我。"

曹操再没有话说。陈宫请求行刑，就走出门去，不再回头，曹操忍不住为他落泪。

陈宫与吕布、高顺全都被绞死，他们的头颅都被送往许都。曹操把陈宫的母亲召来，一直赡养到她去世，又把陈宫的女儿嫁出去，抚慰并照顾他的家人，比当初陈宫跟随自己的时候还要好。

相关链接

〔1〕下邳：今江苏睢宁县古邳镇。

〔2〕白门楼：今江苏睢宁一带。

孙策英年早逝，临死时把江东交给了弟弟孙权。群臣都认为孙权可以成就大业，所以都愿意为他效力。

孙策杀死吴郡太守许贡，许贡的家奴和门客躲在民间，打算为许贡报仇。

孙策喜欢打猎，经常出外追猎鸟兽。孙策骑着一匹骏马，速度非常快，卫士们的马根本跟不上。有一次，孙策快马疾驰，把卫士们都抛在后面，结果遇到许贡的三个门客，他们用箭射孙策，射中了孙策的面颊。很快后面的卫士骑马赶到，将门客全部杀死。孙策伤得很重，就把张昭等人叫进来，对他们说："中原正逢战乱，而吴、越人口众多，三江地区防守坚固，足以脱身事外，看他们斗个你死我活。你们一定要好好辅佐我弟弟！"又叫孙权[1]进来，把印绶给他挂上，对他说："统率江东的军队，在战场上捕捉机会，与天下英雄争胜负，你不如我；选贤与能，任用人才，使他们效忠尽心，保住江东，我不如你。"说完不久，孙策就去世了，当时才二十六岁。孙权悲伤号哭，不去主持军政事务。张昭对他说："孙孝廉，这难道是哭的时候吗？"就给孙权换上官服，扶孙权上马，要他出去巡视军营。张昭率领文武官属，向朝廷上表奏报孙策的死讯，并通知所管辖的城镇，命令各官员和将军守住自己的岗位。周瑜[2]从巴丘带兵赶来奔丧，就留在吴郡，担任中护军，与张昭一起主持各项事务。当时孙策虽然已经占据会稽、吴、丹阳、豫章、庐江、庐陵这几个郡，但边远偏僻的地区，还没有完全降服；从中原流亡，而客居江南的士大夫，也还抱着暂时躲避战乱的想法，与孙氏之间的君臣关系还不够稳固。但张昭、周瑜等人认为，孙权这人是可以一起成就大事的，所以都尽心尽意地为他效力。

相关链接

[1] 孙权：公元182－252年，字仲谋，孙坚之子，孙策之弟，建立吴国，为三国之一。

[2] 周瑜：公元175－210年，三国时期吴国将领。字公瑾，庐江舒县（今安徽庐江西南）人。美姿容，精音律，多谋善断，人称周郎。公元208年赤壁之战中大败曹军，奠定三分天下之基础。后图进中原，不幸早逝。

孙权继承孙策

官渡之战

公元200年，汉献帝建安五年，袁绍率领大军进攻许昌，曹操进军官渡抵抗，于是展开了历史上著名的官渡之战。

汉建安五年（公元200年），袁绍率领大军进攻许都，曹操进军官渡[1]抵抗。

七月，袁绍大军驻扎在阳武，沮授劝袁绍说："我军数量虽多，但不如曹军精锐；曹军粮草不足，物资储备比不上我军。因此，速战速决对曹操有利，而我军适合打持久战。应当相持作长期打算，用时间来拖垮敌人。"袁绍没有采纳。

八月，袁绍大军稍稍向前推进，靠沙丘扎营，东西达数十里。曹操也把军队分开驻扎，使两军营垒数量相当。

九月，曹操出兵与袁绍交战，没有取胜，又退回营垒，坚守不出。袁绍造起高楼，堆起土山，居高临下向曹营射箭。以至于曹军将士在营垒中，行走都要用挡箭板挡着。曹操就制造霹雳车，向袁绍的高楼发射大石头，将它们全都击毁。袁绍又挖地道进攻，曹操命令士兵在营内挖掘深沟，以抵御袁军的地下攻势。

曹操兵力缺乏，粮食吃尽，士兵都疲惫不堪，百姓交不起沉重的赋税，有很多人背叛曹操，向袁绍投降。曹操非常担忧，给荀彧写信，说准备退回许都，让袁军深入。

荀彧回信说："袁绍将全部军队调到官渡，打算与您一决胜负。您以弱抗强，如果不能制敌，就将为敌所制，这正是平天下的关键。而且袁绍，只不过是布衣中的英雄罢了，能够招揽人才，却不能加以任用。以您的英明神武，加上尊奉天子，名义上我们以顺讨逆，做什么会不成功呢？

"如今粮食虽少，也还远没到楚、汉在荥阳、成皋之间对峙时的那种地步。那时刘邦、项羽谁也不肯先撤退，因为先撤退，形势就会向对方倾斜。您以袁绍十分之一的军队，拉开战线与敌军对峙，凭借扼守要害，使袁绍无法前进，已经有半年了。眼看僵持局面已经到了尽头，形势必定要发生变化，这正是出奇制胜的时机，一定不可错失。"曹操听从荀彧的劝告，坚

〇 品画鉴宝
舂食物俑（东汉）　此俑头、身分部模制，套合成形，塑造了古代劳动妇女勤劳、善良、可亲的真实形象。

164

守营垒，继续与袁绍相持。

曹操见到运送粮草的人，安抚他们说："再过十五天，我为你们击败袁绍，不用再辛苦你们了。"

袁绍的运粮车几千辆来到官渡。曹操听取荀攸的建议，派偏将军徐晃与史涣绕到押运的将领韩猛的前面，在半路上截击运粮队，击退了韩猛，将辎重烧毁。

十月，袁绍又派出车辆运送粮草，让大将淳于琼等人率领一万多士兵护送，在袁绍大营北面四十里处宿营。沮授劝说袁绍："可以派遣蒋奇另外率领一支军队，在车队的外围巡逻，以防曹操派军队袭击。"袁绍不听。

许攸说："曹操军队本来就少，现在全部兵力又都集中在官渡，许都那儿剩下的守军一定很弱。如果另派出一支骑兵，星夜赶路，前去偷袭，一定可以攻陷许都。攻下许都后，就奉迎天子讨伐曹操，曹操就没有地方可逃了。假如许都暂时没有攻下，也能使曹操两头不能兼顾，疲于奔命，一定能将他打败了。"

袁绍不同意，说："总之我要先打败曹操。"

正在这时，许攸家里有人犯法，留守邺城的审配将他们逮捕。许攸知道后大为光火，就投奔了曹操。曹操听说许攸前来投奔，来不及穿鞋，光着脚出来迎接他，拍手笑着说："许子卿，你远道而来，我的大事可以成功了！"

坐下后，许攸对曹操说："袁绍军队很强，您拿什么对付他？现在还剩多少粮草？"

曹操说："还可以对付一年。"

许攸说："没有那么多，再说一次。"

曹操又说："可以支持半年。"

许攸说："您不想打败袁绍吗？怎么说的都不是实话！"

曹操说："前面说的都是开玩笑的。其实只够坚持一个月了，该怎么办呢？"

许攸说："您孤军独守，外面没有援军，粮草也已吃完，这是危急关头啊。袁绍辎重车有一万多辆，都停在故市、乌巢，守军戒备不是很森严，如果派骑兵前去偷袭，出其不意赶到，将他们的粮草与军用物资焚毁，那么不用三天，袁绍大军就会自行溃败了。"

曹操大喜，就留下曹洪、荀攸驻守营寨，自己率领五千名骑兵出发，一律打着袁军的旗号。士兵嘴里衔着木棍，绑上马嘴，以防发出声音。夜里

从小路行军，每人抱一捆木柴，路上遇到有人盘问，就回答说："袁公担心曹操袭击后方辎重，派兵去加强守备。"听的人信以为真，都没有丝毫警惕。

到目的地后，将安放辎重的军营围住，在四周放起大火，营中顿时乱作一团。这时天色开始发亮，淳于琼等看到曹军人少，就冲出营门摆开阵势；曹操率军猛攻，淳于琼抵挡不住，退回军营防守。于是曹军全力进攻辎重营。

袁绍听到曹操袭击淳于琼的消息，对儿子袁谭说："就算曹操攻破淳于琼，我攻破他的大营，他就无处可归了。"于是派遣大将高览、张郃等攻打曹军大营。

张郃说："曹操亲率精兵前去袭击，一定能攻破淳于琼；淳于琼一败，辎重被毁，那么大事就完了，请让我先去救援淳于琼。"

郭图坚持要求先攻曹操大营。张郃说："曹操营寨坚固，一定不能攻克。如果淳于琼等被捉，我们都将成为俘虏。"但袁绍只是派轻装骑兵援救淳于琼，而派重兵进攻曹军大营，结果没能攻下。

袁绍增援的骑兵到达乌巢，曹操身边有人说："敌人的骑兵离我们越来越近了，请分出士兵前去抵挡。"曹操发怒说："敌人到了背后，再来报告！"曹军士兵都拼死作战，结果大败袁军，斩杀淳于琼等。

曹操将袁军粮草全部烧毁，又将袁军士兵一千多人的鼻子割下，将牛马的嘴唇、舌头也割下，拿去给袁绍军队看。袁军将士看到后，大为恐惧。

郭图因为自己的计策失败，非常惭愧，又去袁绍那里诋毁张郃说："张郃对我军失利幸灾乐祸！"张郃听说后，又是愤怒，又是害怕，就和高览烧毁攻城的器械，到曹营投降。

曹操生怕中计，不敢接受他们投降。荀攸说："张郃因为计策不被袁绍采用，一怒之下前来投奔，有什么可怀疑的？"于是接受张郃、高览的投降。

辎重被烧，张郃降敌，袁绍军队惊恐不安，以致全军崩溃。袁绍与袁谭等人戴着头巾、骑着快马，率领八百骑兵渡过黄河逃跑。

曹操派人追赶，没有追上，于是将袁绍的辎重、图书和珍宝全部收缴。袁军剩下的士兵投降曹操，曹操将他们全都杀了，先后杀死七万多人[2]。

相关链接

〔1〕官渡：今河南中牟县东北。

〔2〕官渡之战是曹操和袁绍双方力量发生转变的一次战役，它奠定了曹操统一北方的基础。

167

官渡之战后不久，袁绍就去世了，为了争夺继承人的地位，他的三个儿子闹起了矛盾，于是曹操趁虚而入，渔翁得利，不但占据了广大的土地，还把袁氏兄弟都给赶尽杀绝了。

袁绍自从官渡之战失败后，又是羞愧又是愤恨，以致生病吐血。汉建安七年（公元202年）五月，袁绍去世。

袁绍有三个儿子：袁谭、袁熙、袁尚。袁绍的后妻刘氏偏爱袁尚，经常在袁绍面前称赞他。袁绍想让袁尚做继承人，但没有明白地表示过。他把长子袁谭过继给自己的哥哥，让他去青州担任刺史。

沮授劝袁绍说："人们经常说，一万个人追一只兔子，一个人捉到，其他人就停下来了，因为已经确定了归谁所有。袁谭是您的长子，本该做继承人，您却把他排斥在外，一定会引起祸乱的。"

袁绍说："我想让儿子各自管理一州的事务，以考察他们的能力。"于是又任命次子袁熙为幽州刺史，外甥高干为并州刺史。

逢纪、审配一向遭袁谭记恨，而辛评、郭图则依附于袁谭，都与逢纪、审配有矛盾。袁绍死后，大家都认为袁谭是长子，准备让他做继承人。审配等人害怕袁谭掌权后，自己会被辛评他们迫害，就假传袁绍的遗命，尊奉袁尚为继承人。

袁谭从青州赶来奔丧，没做成继承人，就自称车骑将军，把军队驻扎在黎阳。袁尚给袁谭很少的兵力，并且让逢纪去做他的下属。袁谭要求增加兵力，袁尚与审配等商量后，没有答应。袁谭大怒，把逢纪杀了。

次年二月，曹操进攻黎阳，与袁谭、袁尚在黎阳城下交战。袁谭、袁尚战败逃走，退回邺城[1]。

四月，曹操率领大军追到邺城，收割了邺城郊区的小麦。曹军的将领想乘胜攻击，郭嘉说："袁绍很喜欢这两个儿子，想不好立谁做继承人。现在，他们力量相当，各自都有党羽。外面情况危急的时候，就会互相援助，等外面的压力稍有缓和，他们又会互相争斗。不如先向南攻取荆州，等形势发生变化时，再寻找机会进攻，可以一举成功。"曹操说："好！"

五月，曹操回到许都，留下部将贾信驻守黎阳。

袁谭对袁尚说："我的装备不够精良，所以才败给曹军。现在曹军

長揖橫文出將
軍蓋代雄頭顧之千
里失計殺田豐
問渠

169

撤退，士兵都想回乡，在他们还没全部渡过黄河之前，出兵偷袭他们，可以大获全胜。这个机会绝不能错过。"袁尚怀疑袁谭，既不给他增加兵力，也不给他的士兵更换铠甲武器。

袁谭极其不满，郭图、辛评乘机对他说："袁公把你过继给他哥哥，是审配出的主意。"袁谭就率军进攻袁尚，在邺城门外交战。袁谭战败，率军退回南皮。

袁谭的别驾王修，率领官吏和百姓从青州赶来援助袁谭。袁谭想再次进攻袁尚，王修劝他说："兄弟就像人的左右手，如果一个人要与别人争斗，却先砍断自己的右手，还说'我一定能胜'，可能吗？抛弃兄弟而不去亲近，天下还有谁能亲近？那些奸佞小人，挑拨他人的骨肉关系，只是为了追求一点眼前的利益。希望您塞住耳朵，不要听信。如果能杀掉几个小人，与兄弟和睦相处，齐心协力，抵御四方，就可以横行天下。"袁谭不听。

袁谭的部将刘询在漯阴起兵，背叛袁谭，附近各县城都响应他。袁谭叹息着说："现在全州叛变，难道是我缺少恩德吗？"

王修说："东莱太守管统，虽然远在海边，但这个人绝不会背叛，一定会来追随。"过了十几天，管统果然抛家弃子前来投奔袁谭，他的妻儿都被叛军杀了。袁谭任命管统为乐安太守。

八月，袁尚亲自率领军队进攻袁谭，袁谭大败，逃到平原，据城固守。袁尚把平原城包围起来猛攻，袁谭派辛评的弟弟辛毗到曹操那里求援。

刘表写信劝袁谭说："君子逃难，也不会逃到敌国；与人绝交，也不会辱骂对方。何况你忘记先人之仇，抛弃兄弟之情，做出这种万世都会引以为戒的事，同盟的人也都为你感到耻辱。如果袁尚轻慢兄长，你也应该委曲求全。等到大事已定，再让天下人来评论是非曲直。这样，不也是高尚的节操吗？"

刘表又写信给袁尚，说："金、木、水、火，因为刚柔相济，才能得到和谐，可以为人所用。袁谭脾气急躁，不能明辨是非；你器量宽宏，足以包容他。应当以大容小，以优容劣，先除去曹操，了却你父亲的遗憾。等到大事已定，再来评论是非，不好吗？如果执迷不悟，那么连胡人夷人都会笑话你们，更何况我们这些同盟，谁还会再尽力帮助你吗？这正是韩卢犬和东郭兔自相追逐，结果陷入困境，而让耕田老农不劳而获啊！"袁谭、袁尚都不听。

曹操答应袁谭出兵救援，于十月抵达黎阳。袁尚听说曹军已经渡过黄河，解除了对平原的包围，撤回邺城。

曹操知道袁谭不是真心投靠自己，就为自己的儿子曹整娶袁谭的女儿为妻，想以此安抚袁谭。

建安九年（公元204年）二月，袁尚又到平原进攻袁谭，留下部将审配、苏由镇守邺城。曹操乘机进攻，包围了邺城。

七月，袁尚率领军队一万多人赶回来援救邺城，结果被曹操打败，袁尚逃往中山。

八月，邺城被曹操攻破。

曹操围攻邺城的时候，已经归降曹操的袁谭又发动叛变，攻取了甘陵、安平、勃海、河间。然后袁谭进攻据守中山的袁尚，袁尚大败，逃到故安，投奔幽州刺史袁熙。袁谭将袁尚残余的部队全部收编，撤回龙凑驻扎。

曹操写信给袁谭，责备他违背誓约，与他断绝婚姻关系，并把袁谭女儿送了回去，出军讨伐袁谭。

十二月，曹操率领大军到达其门，袁谭从平原撤出，退守南皮，在清河沿岸布防。曹操进入平原，占领周围各县。

次年正月，曹操进攻南皮，袁谭率军出战，曹军伤亡惨重。曹操准备稍微减缓攻势，议郎曹纯说："现在我们孤军深入，不能支持很久，如果不能上前攻下敌人城池，一旦后退，我军的威势就会大大受损。"于是曹操亲自擂动战鼓，催促部下进攻，攻克了南皮。袁谭弃城逃跑，被追上的曹军杀死。

同年，袁熙也受到自己部将的攻击，与袁尚一起投奔辽西的乌桓[2]。

建安十二年（公元207年），曹操征讨乌桓，袁熙与袁尚被迫投奔辽东太守公孙康。公孙康想借袁熙、袁尚立功，就设伏兵将他们捉住，砍下头颅送给了曹操。就这样，袁氏兄弟因为内部不和，互相争斗，结果被曹操渔翁得利，借机清除了河北袁氏的势力。

相关链接

[1] 邺城：位于今邯郸市南临漳县漳河岸边。

[2] 乌桓：又叫乌丸，中国古代民族之一，原为东胡部落联盟中的一支。

刘备三顾茅庐

　　刘备在荆州时，求贤若渴，于是有人向他推荐诸葛亮。刘备三顾茅庐，终于请得诸葛亮出山相助。

　　刘备在荆州时，询问襄阳人司马徽如何寻找人才。司马徽说："儒生俗士，哪里懂得天下大事；懂得天下大事的，只有俊杰。要说这儿的俊杰，有卧龙与凤雏。"

　　刘备问是谁，司马徽说："就是诸葛亮[1]与庞统呀。"

　　徐庶在新野拜见刘备，刘备很器重他。徐庶对刘备说："诸葛亮乃是卧龙，将军想要见他吗？"刘备说："你带他一起来吧。"徐庶说："这个人，你可以去见他，但不能召他来，将军应当屈驾去拜访他。"

　　于是刘备亲自去拜访诸葛亮，一共去了三次，才见到他[2]。

　　刘备让左右的侍从都出去，说："汉室已经衰微，奸臣窃位，控制大权。我自不量力，想为天下伸张正义，但是智谋短浅，以致遭受挫折，到了今天这个地步。但我的雄心壮志仍然没有被消灭，你认为应当怎么做呢？"

　　诸葛亮说："如今，曹操拥有百万大军，挟天子以令诸侯，确实不可与他争锋。孙权占据江东已有三代，地势险要，民心归附，贤能人才都为他效力，可以与他联盟，但不能够谋取他。

　　"荆州地区，北方有汉水、沔水为屏障，南方直通南海，东边连接吴郡、会稽，西边可达巴郡、蜀郡，正是英雄用武之地，但刘表却不能据守，这恐怕是上天赐给将军您的。

　　"益州地势险要，土地肥沃，是天府之国；益州牧刘璋昏庸懦弱，张鲁在北边作他的屏障，虽然百姓富庶，财力充足，却不知道珍惜，智士贤才都希望能有一个圣明的君主。

　　"将军您是汉朝王室的后代，信义闻名于天下，如果能占据荆州与益州，据守关隘险要，安抚戎、越等族，与孙权联盟结交，对内修明政治，对外观察形势变化，这样就能建立霸业，复兴汉朝王室了。"

　　刘备听了，连连说好。从此与诸葛亮的情谊日益亲密。

　　关羽、张飞心里不痛快，刘备解释说："我得到诸葛亮，就像鱼得到水，希望你们不要再说了。"关羽、张飞于是不再抱怨。

相关链接

〔1〕诸葛亮：公元181－234年，字孔明，号卧龙，三国时著名的政治家、军事家。曾辅助刘备建立蜀汉。

〔2〕三顾茅庐：比喻求贤若渴，真心实意地拜访、请求有才能的人。三：多，多次的意思。

○ 品画鉴宝

三顾一遇图（清）孙亿／绘　图绘刘备三顾茅庐邀请诸葛亮出山辅佐他完成宏图大业的故事。画中人物姿态各异，相互呼应。

刘备逃离荆州

公元208年，刘表去世，其子投降曹操，迫使刘备离开荆州，途中曹兵紧追不舍，致使刘备损失惨重。

汉建安十三年（公元208年），刘表在荆州去世，他的部下蔡瑁、张允拥立刘表的小儿子刘琮继任荆州牧，而将他的大儿子刘琦排斥在外。正好这时曹操率领大军南下，到达荆州，刘琮性格懦弱，听从手下人的建议，没有抵抗就投降了曹操。

刘备当时驻守在樊城，刘琮不敢把投降的事告诉刘备。过了很久，刘备才觉察出情形不对，就派亲信去问刘琮：刘琮命令下属宋忠去向刘备传达旨意。当时，曹操已经到达宛城。

刘备大惊失色，对宋忠说："你们怎么这样办事！不早点告诉我，如今大祸临头才讲，也太过分了！"并拔出刀指着宋忠，说："现在就是砍下你的头，也不足以解我心头的愤恨！况且我身为大丈夫，临别时若杀你们这样的人，岂不是一桩耻辱。"就把宋忠放了回去。

刘备召集部属，共同商议对策。有人劝刘备进攻刘琮，夺取荆州。

刘备说："刘表临死的时候，曾把他儿子托付给我，像这种只考虑自己而违背信义的事情，我不能做！不然死后有什么脸面去见刘表呢？"刘备率领部下撤离，经过襄阳时，停下马来呼喊刘琮。刘琮害怕，不敢露面。刘琮的左右亲信和荆州的士民，很多都跟随刘备离去。刘备到刘表的墓前祭奠后，洒泪辞别。

刘备到达当阳时，跟随他的人已有十几万，还有几千车辎重[1]，每天只能走十几里路。刘备派关羽另外率领几百艘船，让他从水路赶到江陵会师。

有人劝刘备说："您应当迅速前行，保守江陵。现在虽然人数众多，但身穿铠甲的士兵很少，如果曹军来了，要怎么抵挡呢？"刘备说："成就大事，必须以人为本。现在众人来归附我，我怎么忍心抛弃他们呢？"曹操因为江陵储备了军用物资，害怕刘备抢先占据，就留下辎重，轻装前进。到达襄阳时，曹操听说刘备已经过去了，于是亲自率领五千名精锐骑兵紧急追赶，一天一夜跑了三百多里路，在当阳的长坂追上刘备。刘备抛下妻儿，与诸葛亮、张飞、赵云等几十人骑马逃走，曹操俘获了大量的人马和辎重。徐庶的母亲被曹操俘获。徐庶向刘备告辞，指着自

已的心说："我本来要与将军共创大业，全赖这方寸之地；现在失去老母亲，方寸已乱，留下也没有什么帮助，请从此与将军分别。"刘备也不加阻拦，让徐庶去见曹操。

张飞率领二十名骑兵断后，只见他据守河岸，拆掉桥梁，瞪大眼睛，横握长矛[2]，对曹军大喊："我是张翼德，谁敢来决一死战！"曹军士兵没有敢上前的。

有人对刘备说："赵云往北边逃走了。"刘备听了大怒，把手戟朝那人扔过去，说："赵子龙不会丢下我逃跑的。"不久以后，赵云抱着刘备的儿子刘禅，与关羽的船队会合，渡过沔水。后来又遇到刘琦所率领的一万多人，一起到达了夏口。

相关链接

〔1〕辎重：行军时运输部队所携带的粮草、兵器等物。
〔2〕长矛：古代兵器的一种，为枪（红缨枪）的前身，长柄尖头，多为马上使用。

曹操志在统一天下，所以，在北方打败袁氏以后就把目标转移到了南方的孙氏身上。但是这一次，却没有那么顺利了，赤壁大战，使他大受挫折。

汉建安十三年（公元208年），曹操写信给孙权，说："我奉天子之命，讨伐叛逆之臣，挥师南进，刘琮已经束手投降。现在，我统率水军八十万人，准备与将军在吴地较量一番。"

孙权把这封书信给手下大臣看，他们全都大惊失色。

长史张昭等人说："曹操是豺狼虎豹一般的人，他挟持天子，征讨四方，动不动就说是朝廷的命令。如今我们若是抵抗，情形可能更加糟糕。何况将军所用来抵挡曹操的，靠的是长江天险。现在，曹操占据了荆州，刘表经营的水军，几千艘大小战船，已经由曹操接管。曹操让全部战船都顺流而下，再加上步兵，一齐前进。这样，长江天险已是曹操与我们所共有的了；而兵力方面，我们又不如他们。照这样看，还是应该迎接曹操。"

只有鲁肃[1]没有说话。孙权起身上厕所时，鲁肃也追到房檐下。孙权知道鲁肃有话要说，就握着他的手问："你想说什么？"

鲁肃说："刚才我考虑大家的建议，其实都是在贻误将军。如果我现在投降曹操，曹操当然会让我回乡。凭我的名声地位，总可以做个小官，出门可以乘牛车，带几个侍从，结交些士大夫，官做久了，慢慢地还能升到州郡一级。如果将军投降曹操，准备到哪里去安身呢？希望您赶紧决定，不要听从大家的建议。"

孙权叹气说："这些人的话，太让我失望了。你所说的，正和我想的一样。"

周瑜当时奉命到番阳去，鲁肃劝孙权召他回来。周瑜回来后，对孙权说："曹操名义上是汉朝的丞相，实际是汉朝的贼臣。以将军的英明神武，雄才伟略，再加上父亲和兄长奠立的基础，割据江东，地方几千里，军队精锐，物资充足，英雄们都愿意为您效力，正应当横行天下，为朝廷清除奸臣。如今曹操自己前来送死，又怎么能迎降？

"请让我为将军分析局势：现在北方还没有完全平定，马超、韩遂还驻守在函谷关以西，足以成为曹操的后患。曹操南来，舍弃鞍马，改用舟船，到吴、越之地来一争高下，地利上丝毫不占便宜。现在又正值严寒，战马缺少草料，骑兵的战斗力要打一个折扣。曹操驱使中原的士兵远道而来，到江河湖泊众多的水乡来打仗，水土不服，一定会生病。这都是用兵的大忌，曹操却都贸然不顾。现在正是将军打败曹操的绝好时机，又怎么能错过呢？请让我率领几万精兵，进驻夏口，保证能为将军攻破曹贼。"

　　孙权说："曹操老贼早就想废黜献帝篡位了，只是顾忌袁绍、袁术、吕布、刘表和我而已。现在，那几位英雄都被消灭，只剩下我了。我与老贼势不两立！你主张迎战曹操，正合我心意，是上天把你赐给我啊！"

　　当时群臣都在，孙权拔出佩刀，砍向面前的奏案，说："不论武将文官，敢再说投降曹操的，就与这张奏案一样！"于是结束了会议。

　　当天晚上，周瑜又去见孙权，说："大家只看到曹操信中说有军队八十万，慌乱恐惧，也不分析其中的虚实，就要投降曹操，真是太不像话了。

　　"现在我们根据实际情况分析一下。曹操率领的中原部队不过十五六万，而且经过长期征战，早已疲惫不堪；新近收编的刘表军队，顶多七八万人，而且士兵心里都还疑虑不安。一支疲惫的部队，再加上一些疑虑不安的士兵，人数虽然多一点，但也并不值得害怕。我只需要五万精兵，就足以制服他们。请将军不必担忧！"

　　孙权拍着周瑜的背说："周公瑾，你这样说，正合我的心意。张昭、秦松他们只知顾念自己的妻子儿女，为自己考虑，让我很失望。只有你和鲁肃与我的看法相同，这一定是上天派你们两个人来帮助我。

　　"五万精兵，不容易一下子集结，我已经选了三万人，战船、粮草和武器也都准备好了。你和鲁肃、程普先率领军队出发，我继续调拨人马，运送物资粮草，作为你的后援。你若觉得能够打败曹操，就在战场上将问题解决；如果情况不妙，就先退回来，让我与曹操一决高下。"

　　于是，孙权任命周瑜、程普为左右二军统帅，带领军队与刘备联合，一起迎战曹操，任命鲁肃为赞军校尉，协助筹划战略。

刘备驻守在樊口，每天派人巡逻，在江边眺望，等候孙权的部队。巡逻的人看到周瑜的船队，立刻骑马报告刘备。

刘备派人前去犒劳，周瑜说："我有军务在身，不能委派别人。如果刘备能屈尊前来相会就好了。"

刘备听了，就乘一只小船去见周瑜，说："抵抗曹操，真是一个明智的选择。你们有多少兵力？"周瑜说："三万。"刘备说："可惜少了点。"周瑜说："这就足够了，您只需看着我击败曹操就可以了。"

刘备想要召鲁肃等来一起商议，周瑜说："他也有军务在身，不能随便委托给别人。如果您想见鲁肃，可以去他那里。"刘备很是惭愧，但心里也很高兴。

周瑜继续前进，在赤壁^[2]与曹操相遇。当时曹操的士兵中，已经有很多人因为水土不服而生病了。第一次交锋，曹军失利，退到长江北岸。周瑜等人在长江南岸驻扎。

周瑜的部将黄盖说："现在敌众我寡，很难长时间相持。曹军现在把战船连在一起，首尾相连，用火攻可以打败他们。"于是选了十艘战船，装上干草和枯柴，在里边浇上油，外面用帐篷蒙起来，上边插着旌旗；另外准备了快艇，系在船尾。

黄盖派人送信给曹操，假装向他投降。当时东南风正急，黄盖把十艘战船排在最前面，到江心时升起船帆，其余的船也跟在后面。曹军官兵都走出军营张望，指着船说黄盖来投降了。

黄盖等离曹军的船还有二里多远时，下令把十艘战船同时点燃。着火的战船借着风势，像箭一样向前飞驶，把曹军船只全部烧光，火势还蔓延到陆地上的营寨。一时之间，火光冲天，曹军人马烧死和淹死的不计其数。

周瑜等人率领精锐骑兵随后进攻，战鼓声震天动地，大败曹军。曹操率领剩下的部队从华容道撤退，道路泥泞不通，又刮起大风。曹操让伤病残弱的士兵背负柴草，垫在路上，骑兵才得以通过。垫路的士兵被人马践踏，又死了很多。

刘备、周瑜水陆并进，追击曹操，一直追到了南郡。

相关链接

〔1〕鲁肃：公元172－217年，字子敬，临淮东城（今安徽定远）人，三国时吴国著名军事家、政治家。

〔2〕赤壁：位于今湖北省黄冈境内。

公元211年，曹操开始西进关中，关中虽将领众多，但势力分散，曹操很快就占据了大片土地。

汉建安十六年（公元211年）三月，曹操派司隶校尉钟繇讨伐张鲁，命令征西护军夏侯渊等人，率领大军从河东出发，与钟繇会合。

仓曹属高柔劝曹操说："大军西进，韩遂、马超会怀疑我们是去袭击他们，一定会互相煽动。应当先安抚三辅地区，平定了三辅，只要往各地区发发檄文，就可以平定汉中。"曹操不听。

关中的将领果然起了疑心，马超、韩遂、侯选、程银、杨秋、李堪、张横、梁兴、成宜、马玩等十支部队起兵反叛，加在一起有十万人马，据守潼关。曹操派安西将军曹仁统率各将领抵抗，让他们坚守营寨，不要出战。命令五官中郎将曹丕留下驻守邺城，让奋武将军程昱协助曹丕处理军务；任命门下督徐宣为左护军，在邺城统率各部；任命乐安人国渊为丞相府的居府长史，负责留守事务。

七月，曹操亲自率领大军，进攻马超等人。

许多参与军务的人都说："函谷关以西的士兵擅长使用长矛，不挑选精锐的部队作前锋，是抵挡不住的。"

曹操说："战事的主动权在我，不在敌人。他们虽然善用长矛，我会让他们的长矛无法刺杀。你们就等着看好了。"

八月，曹操到达潼关，与马超等人隔着潼关安营扎寨。曹操急着控制局势，暗中派遣徐晃、朱灵率领步兵、骑兵四千人渡过蒲阪渡口，到黄河以西扎营。

闰八月，曹操从潼关向北渡过黄河，大军先渡，曹操与虎贲武士一百多人留在南岸断后。这时马超率领步兵、骑兵一万多人前来进攻，箭像雨点一样飞来，曹操仍然坐在折凳上不动。许褚扶曹操上船，撑船的人被流箭射中死了，许褚左手举起马鞍为曹操抵挡乱箭，右手撑船。校尉丁斐把曹军携带的牛马放出来引诱敌人，马超的军队大乱，士兵都争着去抢牛马，曹操才得以渡过黄河。

曹操大军从蒲阪渡过西河，沿河开凿甬道，逐渐向南推进。马超等人退守渭口，也就是渭水流进黄河的入口。曹操设下许多疑兵，暗中却用船载着士兵进入渭水，修筑浮桥，然后趁夜另派士兵到渭水南岸扎下

魏太祖

乘時檀命 暴戾剛強
戕害國母脅制天王

营垒。马超等人连夜进攻，被埋伏的士兵打败。马超等人到渭南驻军，派使者求和，说愿意割让黄河以西的土地。曹操不答应。

九月，曹操进军，全部军队都渡过渭水。马超等人屡次挑战，曹操都不与他们交战；马超等人又一再求和，要割让土地，并送儿子作人质。贾诩认为可以假装答应，曹操问他下一步怎么办，贾诩说："离间他们。"曹操说："我明白了。"

曹操与韩遂以前有过交情，韩遂请求与曹操相见，曹操就答应了。他们骑着马聊天，聊了很久，并不讨论正事，只说些在京城的旧友往事，高兴时拍手欢笑。当时，当地的关中人与胡人都来看热闹，前前后后围了好多人，曹操笑着对他们说："你们来看曹操吗？曹操也是人，并不是有四只眼睛两张嘴，只是智谋多一些罢了。"

会面结束后，马超等人问韩遂："你们说了些什么？"韩遂说："没说什么。"马超等人怀疑韩遂。有一天，曹操给韩遂写了一封信，信中圈改涂抹了很多，弄得就像是韩遂改过一样，马超等因此更加怀疑韩遂。

曹操与马超等约定日期交战。曹操先派小部队挑战，与马超等交战良久，才派精锐骑兵夹击，大获全胜，斩杀了成宜、李堪等。韩遂、马超逃奔凉州，杨秋逃奔安定。将领们问曹操说："当初，敌军据守潼关[1]，渭水以北的道路都没有设防。但您不从黄河以东进攻冯翊，反而在潼关附近驻扎，呆了些日子，才北渡黄河，为什么？"

曹操说："敌军据守潼关，如果我军进入河东，敌军就会据守各处渡口，我们就无法渡过西河了。我故意集中大部队开往潼关，敌军也就在那儿集中防守，西河的戒备松懈，所以徐晃、朱灵两位将军能够轻易夺取西河。然后我再率领大军北渡黄河，敌军无法与我争夺西河，因为已经有两位将军在那里驻军了。

"我连结车辆，打下木栅，开凿甬道往南推进，既是为了安全，也是向敌军示弱。渡过渭水后修筑营垒，敌人挑战而坚守不出，是让敌军骄傲自满，因此敌军没有修筑营垒，而只是请求割地。我答应他们，是为了使他们自以为安全而不加防备。同时，我们养精蓄锐，一旦进攻，就迅雷不及掩耳。用兵之道，变化莫测，本来就不能拘泥于一种方法。"

关中[2]各将领纷纷率军赶来，每来一支部队，曹操都很高兴。部下将领觉得奇怪，就问他原因，曹操说："关中地域辽阔，如果他们各自据守关隘险要，我们要征讨他们，不用上一年两年是平定不了的。现在，他们自己集中在一起，人数虽多，但相互之间谁也不服谁。军队没主帅，可以一举消灭，比一个一个征讨要容易多了。所以我见他们来，就很高兴。"

十月，曹操从长安出发，向北讨伐杨秋，将安定包围。杨秋投降，曹操恢复他的爵位，让他留下来安抚百姓。

十二月，曹操从安定回师，让夏侯渊留在长安驻守，任命议郎张既为京兆尹。张既用怀柔的政策招集流亡难民重返家乡，兴建并恢复县城村镇，很受百姓的拥戴。

相关链接

〔1〕潼关：《水经注》载："河在关内南流潼激关山，因谓之潼关。" 位于今关中平原东端，即陕西、山西、河南三省交界处。

〔2〕关中：古人对函谷关以西地区的泛称，现在指我国陕西秦岭北麓渭河冲积平原一带。

刘璋迎刘备入蜀

刘璋害怕曹操打败张鲁后对自己不利，于是迎接刘备入蜀，想借刘备打败张鲁后壮大自己的实力，但是刘备进入蜀地以后并没有立即进攻张鲁，而是开始着手巩固自己的力量。

扶风人法正担任益州牧刘璋[1]的军议校尉，没有受到刘璋重用，又被他一同客居益州的同乡瞧不起，心里郁闷，很不得志。法正与益州别驾张松关系很好，张松自负自己的才干，觉得与刘璋一起不能有什么作为，经常暗自叹息。

张松劝刘璋联合刘备，刘璋说："谁可以担任使者？"张松推荐法正。刘璋就让法正作使者，法正先是推辞，然后假装不得已的样子接受了任务。法正出使回来后，对张松说刘备有雄才大略，两人就密谋奉迎刘备为益州之主。

曹操派钟繇率军讨伐汉中的张鲁[2]，刘璋听说后，十分恐惧。

张松乘机劝他说："曹操的军队天下无敌，如果攻下汉中，利用张鲁的物资进攻益州，有谁能够抵挡呢？刘备是您的同宗，又是曹操的大仇人，擅长用兵。如果让刘备去讨伐张鲁，一定能打败他。张鲁一破，益州的势力就会增强，曹操就算进攻，也已无能为力。现在本州的将领如庞羲、李异等人，都仗着自己立过功劳，骄纵蛮横，都有投靠别人的想法。如果得不到刘备的帮助，那么外面有敌人进攻，里面有百姓叛变，一定会失败的。"刘璋听从了他的建议，派法正率领四千人去迎接刘备。

主簿黄权劝谏刘璋说："刘备以骁勇闻名，现在把他请来只当部下对待，恐怕不能令他满意；如果像宾客那样礼待他，那么一国之中，又难容二主，客人安如泰山，主人就会危如累卵。不如封锁边界，等待局势安定下来。"刘璋不听，把黄权调出去担任广汉的长官。

从事王累把自己倒着吊在成都的城门，想以此劝阻刘璋，刘璋也一概不听。

法正到荆州后，暗地里向刘备献计说："以将军的英明神武，应该利用刘璋的懦弱无能。张松是益州的主要官员，有他作内应，攻取益州，易如反掌。"刘备还有疑心，所以犹豫不决。

庞统对刘备说："荆州荒芜破败，人才尽失，而且东有孙权，北有曹操，难以施展。现在益州的百姓有一百万，土地肥沃，财物充足，如

○品画鉴宝 蜀道图（明）谢时臣／绘 图中『之』字形狭长栈道盘桓险峰巨石之间，不仅很好地贯穿了画意和气韵，也突出了『蜀道之难，难于上青天』的主题。

果真能获得益州，以此为资本，可以成就大事！"

刘备说："现在与我水火不容的，只有曹操。曹操严厉，我就宽厚；曹操凶暴，我就仁慈；曹操诡诈，我就忠信；各方面都与曹操相反，才可以成就大事。如果现在因贪图小利，而在天下人面前失去信义，那还怎么办？"

庞统说："天下混乱的时候，本来就不是一种方法所能平定的。而且兼并弱小，进攻愚昧，用不合礼义的方法取得，再用合乎礼义的方法治理，都是古人所崇尚的。等大事已定，再赐给刘璋一块大的封地，又哪里违背信义了？今天我们不去夺取，终究会落到别人手里。"

刘备同意了，留下诸葛亮、关羽等守卫荆州，任命赵云兼任留营司马，自己率领几万名步兵进入益州。

刘璋下令沿途各郡、县，让他们为刘备提供日常所需。刘备进入益州，就像回到家里一样，前后获赠的各种资财数以亿计。

刘备到达巴郡，巴郡太守严颜抚着胸口，叹着气说："这真是所谓'独坐穷山，放虎自卫'呀！"

刘备从江州往北，从垫江走水路到达涪县。刘璋率领步兵、骑兵三万多人，车辆帐篷，在太阳底下闪闪发光，前来会见刘备。

张松让法正向刘备建议，在会面的时候袭击刘璋。刘备说："这件事情，不能做得那么仓促！"庞统说："现在乘会面之机捉住刘璋，那么将军不用兴兵动武，就可坐得一州之地。"刘备说："刚刚进入别人的地方，还没有表现出恩德与信义，这样做不行。"

刘璋推举刘备代理大司马，兼任司隶校尉。刘备也推举刘璋代理镇西大将军，兼任益州牧。两人部下的官兵，也互相交往，在一起宴饮，达一百多天。

刘璋给刘备增加兵力，拨给他大量军用物资，让他去进攻张鲁，还让刘备指挥驻守在白水的益州部队。加上益州的士兵，刘备所指挥的军队总共有三万多人，车辆、铠甲、武器、粮草和军费都很充足。

刘璋回到成都，刘备则向北进发，到达葭萌。这时刘备并没有立即进攻张鲁，而是先广施恩德，收买人心。

相关链接

〔1〕刘璋：字季玉，江夏竟陵（今湖北潜江）人，益州牧。

〔2〕张鲁：字公祺，沛国丰（今江苏丰县）人，五斗米道祖师张陵之孙。

公元212年，刘璋让刘备进攻张鲁，刘备暂时将军队驻扎在葭萌。后来，刘备兵围成都，刘璋投降，刘备平定蜀中。

汉建安十七年（公元212年），刘璋让刘备率军进攻张鲁，刘备暂时将军队驻扎在葭萌。

庞统向刘备建议说："现在应该秘密挑选精兵，日夜兼程，直接袭击成都。刘璋不懂军事，又一向没有防备，大军突然到达，必然可以一举平定，这是上策。

"杨怀、高沛都是刘璋手下的名将，各自统领强大的军队，据守关头。听说他们曾多次劝刘璋把将军您遣回荆州。将军不如派人去告诉他们，说荆州有紧急情况，您准备回去援助，并让人整理行装，作出要回去的样子。这两个人既佩服将军的英名，又欣喜将军离去，估计一定会只带很少的人，骑马来见将军。趁这个机会抓住他们，再去吞并他们的部队，再进军成都，这是中策。

"退回白帝城[1]，联合荆州的力量，再慢慢想办法，这是下策。但若在这儿犹豫不决，无所作为的话，一定会陷入困境，难以坚持很长时间。"刘备同意采用庞统的中策。后来曹操进攻孙权，孙权要求刘备派军队援救。刘备给刘璋写信，向他说明自己必须回军援救孙权，并请求刘璋补充他一万兵力和物资粮草。

刘璋只答应给他四千士兵，其余的要求都只落实一半。刘备就借此激怒他手下的将士说："我们为益州征讨强敌，士兵们都尽了自己的努力，而刘璋却积攒财物，舍不得犒赏，这样怎么能让士大夫为他战死呢？"

刘备一走，张松写信给刘备和法正说："大事即将成功，为什么丢下这儿离开呢？"

张松的哥哥、广汉太守张肃知道张松的计谋后，害怕会连累到自己，就向刘璋告发了张松。

刘璋知道后，就把张松抓起来，将他杀了。又向驻守各关口和要塞的将领发送檄文，命令他们都不要再与刘备往来。刘备非常生气，召见刘璋手下的白水军督杨怀、高沛，责备他们对客人无礼，还斩杀了这两个人。然后率领军队进驻关头，吞并了杨怀、高沛的部队。又继续进军，占领涪城。

次年，益州从事郑度听说刘备起兵，对刘璋说："左将军刘备孤军深入，他手下的士兵不到一万人，而且还不是全心全意地归附他，军队缺少给养，只能靠田野里的庄稼为食。

"对我们来说，最好的办法是把巴西与梓潼的百姓全都驱赶到内水、涪水以西，把巴西与梓潼仓库中的粮食物资和田野里的庄稼全部烧掉。然后我们修筑营垒，深挖战壕，以逸待劳等他们到来。

"刘备前来挑战，我们就坚守不出。他们没法得到粮草，不超过一百天，一定会自动撤退。我们趁他们撤退时实行追击，一定可以擒获刘备。"

刘备听说后，十分担心，向法正询问对策。法正说："刘璋肯定不会采纳郑度的计策，您不必担心。"

刘璋果然对部下说："我听说抵抗敌人是为了让百姓安居乐业，从没听说迁移百姓来躲避敌人的。"于是不采用郑度的计策。

刘璋派手下的将领刘璝、冷苞、张任、邓贤、吴懿等人抵挡刘备，结果都被击败，退守绵竹，吴懿向刘备投降。刘璋又派护军李严、费观

统领驻守绵竹的军队，李严、费观也率领部下向刘备投降。

这样一来，刘备的兵力更加强大，就分派部下将领去占领周围的县城。

刘璝、张任与刘璋的儿子刘循一起撤退，在雒城驻守。刘备进军，包围了雒城。张任率领军队出城，在雁桥与刘备大军交战，结果大败，张任战死。

汉建安十九年（公元214年），刘备围攻雒城都快一年了，还没有攻下。其间，庞统不幸被流箭射中，伤重而死。

法正写信给刘璋，分析形势的强弱，向他劝降，说："左将军刘备起兵以来，对您仍有旧情，实际上没有恶意。我认为您可以考虑其他的选择，以保留您的家门。"刘璋没有回信。

刘备终于攻破了雒城，接着就包围成都。诸葛亮、张飞、赵云也率领军队前来会合。

马超[2]知道张鲁不足以一起图谋大事，张鲁的部将杨昂等人又多次诋毁他，心中抑郁不安。

刘备派建宁督邮李恢前去劝说马超，马超就从武都逃到氐人部落，秘密写信给刘备，请求归降。

刘备暗中派兵帮助他。马超到达成都后，刘备让他率军在城北驻扎，城里的人都很惊恐。刘备包围成都几十天，派从事中郎简雍进城劝降刘璋。这时城中还有精兵三万，粮草还可以支持一年，官吏和百姓都愿意抵抗到底。

刘璋说："我们父子统领益州二十多年，没有施给百姓什么恩德。百姓苦战三年，暴尸荒野，都是因为我刘璋，我怎么能安心呢？"于是下令打开城门，和简雍共乘一辆马车，出城投降，部下无不哭泣流泪。刘备把刘璋安置在公安，归还他的全部财物，让他佩带振威将军的印绶。

刘备进入成都，大摆酒宴，犒劳士兵。取出城中存储的金银，赐给将士，粮食和丝帛则物归原主。刘备兼任益州牧，任命军师中郎将诸葛亮为军师将军、益州太守。然后封官拜将，建立地方政权。

相关链接

〔1〕白帝城：位于今重庆市奉节县瞿塘峡口的长江北岸。

〔2〕马超：公元176 – 222 年，字孟起，扶风茂陵（今陕西兴平东北）人，归降刘备后成为其出色将领。

吕蒙计夺零陵

吕蒙本武功之人，后听孙权劝，学兵书、读经史，计取零陵，成为历史佳话。

孙权曾经对吕蒙[1]说："你现在担任要职，掌管事务，不能不学习。"吕蒙以军中事务繁忙为借口推辞。

孙权说："我又不是要你研究儒家经典，去做博士！只是要你博览群书，了解历史。你说事务繁忙，难道比我还忙吗？我经常读书，自己认为得到了很多好处。"于是吕蒙就开始读书。

鲁肃路过寻阳，与吕蒙交谈后大吃一惊，说："你今天的才能谋略，已经不再是吴郡的那个阿蒙了！"吕蒙说："士别三日，当刮目相看，大哥这么晚才明白这个道理吗？"鲁肃就去拜见吕蒙的母亲，与吕蒙结为好友，然后才告辞离去。

刘备得到益州后，孙权派中司马诸葛瑾[2]向刘备要回荆州的郡县。刘备不答应，说："我正准备夺取凉州，等到平定凉州后，就把荆州全都还给你。"

孙权说："这是借了不还，只是想找借口拖延时间罢了。"于是任命了长沙、零陵、桂阳三郡的地方长官。三郡长官前去上任，关羽把他们全都驱逐了出去。

孙权大为恼火，派吕蒙率领二万士兵夺取三郡。吕蒙向长沙、桂阳发送檄文，这两郡都望风归降，只有零陵太守郝普据城坚守，不肯投降。刘备听说后，亲自从蜀地来到公安，派关羽夺取三郡。

孙权亲自坐镇陆口，指挥调度各路人马，派鲁肃率领一万士兵驻守益阳，抵挡关羽；又发出紧急书信传召吕蒙，让他放弃零陵，去帮助鲁肃。

吕蒙接到孙权的书信后，偷偷藏了起来。当夜，他召集部下将领，宣布自己的作战计划。第二天早晨，军队进攻零陵。

吕蒙对郝普的老朋友邓玄之说："郝普知道世间有忠义之事，也想那样做，但他不懂时势。现在刘备在汉中被夏侯渊包围，关羽还在南郡，有我们主公亲自讨伐。他们现在的处境，就像被倒着吊起来一样，救自己的命都来不及，哪里还有余力来援助零陵？

"现在我经过力量对比，战术安排，然后进攻零陵，用不了多久，一定可以攻进城去。城破之后，郝普送了自己的命，对事情也没有什么帮

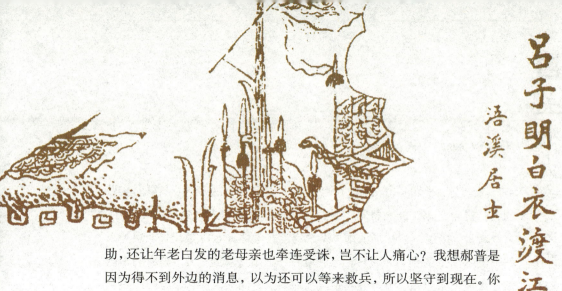

吕子明白衣渡江

浯溪居士

助,还让年老白发的老母亲也牵连受诛,岂不让人痛心?我想郝普是因为得不到外边的消息,以为还可以等来救兵,所以坚守到现在。你为什么不去见他,给他说明利害祸福呢?"

邓玄之去见郝普,把吕蒙的话全都告诉他。郝普害怕,出城投降。

吕蒙亲自迎接郝普,拉着他的手一起下船,说完话,把孙权的书信给他看,然后拍手大笑。郝普见到书信,知道刘备已经到达公安,关羽也在益阳,惭愧后悔,恨不得钻到地下去。

相关链接

〔1〕吕蒙:公元178－219年,字子明,汝南富坡(今安徽阜南东南)人,吴国著名将领。

〔2〕诸葛瑾:公元174－240年,诸葛亮之兄。诸葛亮事蜀汉,其兄事东吴。

关羽大意失荆州

东汉建安二十四年，公元219年，刘备手下大将关羽失守荆州，兵败身亡，荆州被孙权占据。

汉建安二十四年（公元219年）七月，前将军关羽[1]率军向樊城的曹仁进攻。曹仁派左将军于禁、立义将军庞德等人到樊城以北驻扎。

八月，接连下了几场大雨，汉水泛滥，平地上水深数尺，于禁等人的七支部队都遭到水淹。于禁与将领们登上高处躲避大水，关羽的军队乘坐大船前去进攻。于禁等人走投无路，于是向关羽投降。庞德经过苦战，最后被擒，但他不肯投降，被关羽杀死。

关羽得到于禁等人的士兵几万人，粮食很快就吃完了，供应不上。关羽擅自取走了孙权湘关粮仓的存粮。孙权听到这个消息后，就派遣军队进攻关羽。

孙权准备让征虏将军孙皎和吕蒙分别担任左、右两路军队的主帅。吕蒙说："如果您认为征虏将军有才能，就应该任用他做统帅；如果认为我有才能，就应该任用我。

"以前，周瑜和程普分别担任左、右两军主帅，率领军队攻打江陵。虽然决定权在周瑜那儿，但程普仗着自己是老将，而且和周瑜一样是主帅，结果两人相处不和睦，几乎坏了国家大事。这件事正是如今应该引以为戒的。"

孙权醒悟过来，向吕蒙道歉，说："以你为统帅，让孙皎作你的后援就可以了。"

曹操出兵汉中时，派平寇将军徐晃驻扎在宛城援助曹仁。等到于禁兵败，徐晃前进到阳陵陂。关羽调遣军队驻守偃城，徐晃军队到达后，使用计谋，围绕偃城挖了一道壕沟，假装要截断偃城守军的后路。于是关羽的守军就烧毁营寨退走了。徐晃占据偃城后，靠营寨相连，又往前稍稍推进了一点。

曹操派赵俨以议郎身份参与曹仁的军务，让他和徐晃一起前往。这时其他救兵尚未赶到，而徐晃的军队不足以解樊城之围，但将领们却嚷嚷着责备徐晃，催促他去救曹仁。

赵俨对将领们说："如今敌人已经将樊城牢牢围住，水势仍然很大，我们兵力单薄，与曹仁隔绝，不能协同作战。

神威能奋武儒雅更知文
天日心如镜春秋义薄云
古吴双松馆主人谨篆

　　"现在如果上去强攻，恰恰会使城里城外一齐受困。如今不如向前逼近关羽的包围圈，然后派间谍通知曹仁，让他知道外面救兵已到，以此激励守城将士。

　　"算来曹仁被围不超过十天，还可以坚守一阵子。等时机成熟，然后城里城外一齐发动，一定可以打败敌人。将来若因援救不及而被问罪，由我一人替各位承担。"将领们听了都很高兴。

　　徐晃在离关羽的包围圈三丈远的地方，通过挖地道和射箭书等方式通知曹仁，多次互通消息。

　　孙权写信给曹操，要求他讨伐关羽，为朝廷效力，并请求不要泄漏这个消息，让关羽有所防范。

　　曹操向群臣询问，群臣都说应当为他保密。董昭却说："行军打仗，讲究随机应变，要根据形势来制定策略。我们可以答应孙权为他保密，但暗中将消息透露出去。

　　"关羽听到孙权要进攻他，如果退兵自保，那樊城的包围也就解除了，我们可以收到很大的利益。而且，还能让孙权和关羽相互僵持，我们可以坐收渔利。

　　"如果保守秘密而不泄露，正让孙权得志，这不是上策。再说，被围困的将士不知道又有救兵，看看城中粮食就快吃完，估计难以

○ 品画鉴宝
关羽擒将图（明）商喜／绘　图中关羽注视着战俘，周仓手提青龙偃月刀侍立一旁。作者通过对人物情态、动作的刻画，将具有冲突和张力的气氛渲染得十分出色。

坚守，一定会惊慌不安，万一生出投降的想法，那我们的损失就大了，所以还是透露出去的好。况且关羽为人强悍，自恃江陵、公安两座城池防守坚固，一定不会立即退兵。”

曹操说：“董昭说得对！”于是立即让徐晃将孙权的书信用箭射入被围的城中，以及关羽的军营。围城里的将士得到书信后，士气旺盛百倍；而关羽果然犹豫不决，没有撤兵回去。

关羽在围头和四冢都派出军队驻扎，徐晃就扬言要进攻围头，实际上却秘密攻打四冢。关羽见四冢危急，亲自率领步兵、骑兵五千人出战。徐晃上前迎击，关羽军队失利，逃回大营，徐晃率军紧追不舍。

关羽本来在包围圈的营垒周围设置了十重鹿角，用来阻挡敌军，这次撤回来时，徐晃紧追关羽，跟着关羽进入樊城的包围圈，并打败了关羽军队，傅方、胡修都被杀死。关羽只好撤除包围圈，率军退走，但关羽的舰船仍然控制着沔水，去襄阳的水路隔绝不通。

吕蒙到达寻阳，把他的精锐士兵都藏在普通的船中，让百姓摇橹，穿着商人的衣服，日夜兼程。又将关羽设置在江边据点里的侦察人员全都捉了起来，所以关羽对吕蒙的行动一无所知。

廉芳、士仁一向对关羽不重用他们心怀不满。关羽军队出外作战，廉芳、士仁负责供应军需物资，没有能全部按时送到，关羽说：“回去以后，一定要治他们的罪。”廉芳、士仁都感到很害怕。

吕蒙到达后，命令原骑都尉虞翻写信劝说士仁，为他指明利害得失。士仁收到虞翻的书信，立刻便投降了。虞翻对吕蒙说："这可以看作一支奇兵，应该带上士仁同行，留下自己的部队守城。"

于是吕蒙将士仁带上，到达南郡。糜芳在南郡守城，吕蒙突然叫士仁出来与他相见。糜芳一见之下，也立刻开城投降了。

关羽得知南郡失守后，立即向南撤退。曹操从弟曹仁召集将领们商议，大家都说："如今关羽处境危险，内心恐惧，可以派军队追击，一定能将他擒获。"

赵俨说："孙权借着关羽军队与我军作战的时机，想从关羽的后方实施偷袭，又顾忌关羽撤军回救，怕我军趁他们两败俱伤时从中渔利，所以才低声下气，表示是要为我们效力，只不过是想乘乱观望，好占一些便宜罢了。

"如今关羽势单力孤，仓促逃走，我们更应该让他保存下去，去牵制孙权。我们若对关羽穷追不舍，将他抓住，那么孙权没有了关羽这个敌人，就要给我们制造麻烦了，魏王一定会对此深为忧虑的。"

于是曹仁不再追击关羽，下令军队戒严休整。曹操得知关羽败逃，唯恐将领们追击他，果然迅速给曹仁下达指令，就像赵俨所判断的那样。

关羽多次派使者与吕蒙联系，吕蒙每次都厚待关羽的使者，允许在城中各处游览，向关羽部下亲属各家表示慰问，有人亲手写信托他带走，作为平安的证明。

使者返回后，关羽部属私下向他询问家中情况，尽知家中平安，所受对待超过以前，因此关羽的将士都无心再战了。

关羽自知处境孤独，陷入绝境，便向西退守麦城[2]。孙权派人诱降，关羽假装投降，把假人立在城墙上，然后弃城逃走，士兵们也全都逃散，只有十几名骑兵跟随他。

孙权事先已派朱然、潘璋切断了关羽的退路，关羽和他儿子关平逃到章乡时，被潘璋手下的司马马忠擒获，将他们斩首。从此以后，整个荆州都被孙权占据。

相关链接

[1] 关羽：？-公元220年，字云长，河东解良（今山西运城）人，三国时期蜀国著名将领，曾和刘备、张飞桃园三结义，以忠义闻名。死后备受民间推崇，被奉为关圣帝君，后来有统治者尊之为"武圣"，与"文圣"孔子齐名。

[2] 麦城：在今湖北省当阳市境内。

魏元帝·曹奂

魏高贵乡公·曹髦

魏齐王·曹芳

魏明帝·曹叡

魏文帝·曹丕

魏武帝·曹操

魏纪

公元 220 – 265 年

魏是三国时期最强大的国家，始于魏文帝曹丕，终于魏元帝曹奂。曹丕之父曹操未称帝，后被追封为魏太祖，又称魏武帝，计曹操在内，魏国历六帝，共四十六年。

三国初期，各国主要致力于整顿吏治，恢复社会秩序和发展经济。其中以曹魏的成就比较突出。随着北方的统一和屯田制、租调制的施行，北方社会秩序趋于稳定，生产逐渐恢复。政府修整道路，兴建水利，便利了交通和漕运。恢复了冶铁业，利用水力鼓风冶铸的水排得到推广。丝织业也兴盛起来。商品交换渐有起色，魏明帝时重新发行钱币。洛阳、邺城日趋繁华。魏国与日本境内的邪马台国保持着较频繁的交往，西域诸国也有使臣和商人往来。

文化方面，文学、哲学和科学技术都有重要成就。曹操、曹丕、曹植父子都是著名的诗人，另外，有以王粲、陈琳为代表的建安七子，他们为后世留下了许多名篇佳作。以何晏、王弼为代表的玄学的产生，代表了哲学思想的突出成就。华佗首创了用麻沸散作为手术麻醉剂的方法。数学家刘徽在圆周率计算上有重大贡献。

- 公元 220 年／曹操死，其子曹丕代汉称帝，国号魏。
- 公元 221 年／刘备称帝，国号汉，史称蜀汉。
- 公元 222 年／吴陆逊大败刘备于夷陵。
- 公元 223 年／刘备卒，太子禅即位（后主），封丞相诸葛亮为武乡侯。
- 公元 225 年／诸葛亮平定南中叛乱。
- 公元 227 年／诸葛亮进驻汉中，上表请伐中原。
- 公元 228 年／诸葛亮第一次攻魏。马谡失街亭，诸葛亮还汉中。
- 公元 229 年／孙权称帝，国号吴。
- 公元 230 年／吴遣卫温、诸葛直航海求夷洲、亶洲。
- 公元 234 年／诸葛亮屯兵五丈原，病死。
- 公元 235 年／魏马钧作指南车。
- 公元 238 年／魏司马懿攻辽东，破襄平，杀公孙渊。
- 公元 249 年／司马懿发动高平陵政变。
- 公元 252 年／吴大帝孙权卒。太子亮即位，年十岁。
- 公元 260 年／朱士行赴干阗求经，为内地往西域求法最早的僧人。
- 公元 263 年／魏钟会、邓艾攻蜀，后主降，蜀汉亡。刘徽注《九章算术》成书。

公元220年正月，曹操于洛阳去世，为避免出现乱局，大臣司马孚辅助太子曹丕迅速登上王位，汉献帝也派去使者授以官印、玺绶等。

魏黄初元年（公元220年）正月，魏武王曹操到达洛阳。二十三日，曹操去世。

当时太子曹丕正在邺城，驻守洛阳的军队发生骚动。大臣们想先保守秘密，暂时不公布曹操去世的消息。谏议大夫贾逵认为事情不应该保密，才把丧事公布。

有人建议把各个城池的守将都换上曹操嫡系的谯县人和沛国人，魏郡太守徐宣大声说："现在不论远近，归于一统，人人都愿意为国效忠，为什么一定要任用谯县、沛国的人，而伤害原来那些守将的感情呢？"撤换的事情才被阻止。

青州籍的原黄巾军士兵擅自击鼓互相招呼离去，大家都认为应该阻止，如果有人不服从命令，就应当派兵讨伐。贾逵说："这样做不行。"于是他写了一篇很长的文告，命令青州兵所到之处的地方官府为他们提供饮食。

鄢陵侯曹彰从长安赶来，询问贾逵曹操的玺绶在什么地方。贾逵脸色严肃地对他说："国家已经确立了正式的继承者，先王的玺绶这些东西，不是君侯您应该打听的。"

噩耗传到邺都，太子曹丕放声痛哭，不能自已。中庶子[1]司马孚劝谏说："先曹操王驾崩[2]，天下大事都依赖殿下做主；应当上为宗庙祭祀的延续着想，下为天下百姓的生计考虑，怎么能像普通人行孝一样，只知道号哭呢？"太子又哭了很久，才勉强止住，说："您说得对。"

这时群臣刚刚听到魏武王的死讯，聚在一起痛哭，连上朝的行列也无法保持。司马孚在朝中大喊，说："现在君王去世，天下震动，应当尽早拜立新君，以稳定全国局势。你们难道就只知道哭吗？"于是下令让群臣退朝，设置宫廷的警卫，料理丧事。

群臣认为太子即位应该等待皇帝的诏令。尚书陈矫说："大王在外地去世，全国上下惶恐不安，太子应当节哀，继承王位，以维持天下人的期待。况且还有先王宠爱的其他儿子在一边等待拥立的机

会，万一来去之间发生变故，那么国家就会有危机了。"于是立即安排官员备办礼仪，一天之内全部准备齐全。

第二天早晨，借用王后的名义命令太子即位，大赦天下。汉朝皇帝也很快派遣御史大夫华歆带着诏书，授给曹丕丞相官印、魏王玺绶，让他兼任冀州牧。

相关链接

〔1〕中庶子：官职名，国君、太子等的侍从之臣。

〔2〕驾崩：指皇帝死亡。《礼记·曲礼》："天子死曰崩。"

公元222年，为了给关羽报仇，刘备从蜀中顺江东下进攻孙吴，但他却将驻扎的营寨相连很长，犯了兵家忌讳；陆逊以火攻之，刘备惨败。

刘备为了给关羽报仇而进攻孙吴。魏黄初三年（公元222年），刘备从秭归[1]出兵，治中从事黄权进谏说："吴人剽悍善战，而我们的水军顺长江而下，前进容易，撤退困难。我请求充当先锋，向敌人发动进攻，陛下您应该在后方坐镇。"刘备没有听从，反而任命黄权为镇北将军，让他统领长江以北各路蜀军；自己则率领军队，从长江以南翻山越岭，驻扎在夷道县的猇亭。

东吴的将领都想迎击蜀军。陆逊[2]说："刘备率领大军沿长江东下，锐气正盛，而且凭据高山，扼守险要，很难一下子攻取；即使攻击成功，也很难把他们完全打败。如果进攻失利，将会损害我们的整体布局，绝不是小小的失误。现在只需暂且鼓励将士，运用各种谋略，等待形势的变化。如果这一带是平原旷野，我们还要为互相之间的袭击追逐操心；现在他们沿着山岭行军，兵力无法展开，自己就已经被草木山石所牵制，等他们精疲力尽，我们再慢慢加以利用就可以了。"将领们仍然不理解，都以为陆逊惧怕刘备大军，各自心怀不满。

蜀军从巫峡建平直到夷陵附近，一连修筑了几十座营寨，以冯习为总指挥，张南为前军指挥，从正月开始与吴军对峙，到了六月，还没有决战。

刘备命令吴班率领几千人在平地扎营，吴军将帅都要求出击，陆逊说："这里一定有诡计，我们先观察一下。"

刘备知道他的计策没有效果，只好带领埋伏的八千人从山谷里出来。陆逊说："我之所以不让诸位进攻吴班，是猜到刘备一定有计谋的缘故。"

陆逊向吴王上书说："夷陵这一军事要地，是进入我国的关口，虽然容易得到，也很容易失去。失去它，不仅是损失一郡的土地，整个荆州都会受到威胁。如今我们争夺夷陵，一定要取得胜利。刘备违背常情，不守护自己的巢穴，却胆敢自己送上门来，我虽然没有大的本事，但凭借您的威灵，名正言顺讨伐逆贼，大破敌军就在眼前，没有什么可担忧的。我起初担心刘备会水陆并进，现在他却舍弃舟船，从陆路进发，到处设立营寨，就他的军事部署来说，一定不会发生什么不利于我们的变故的。希望大王您高枕而卧，不必为这件事担心。"

○ 品画鉴宝　陶独角兽(三国)　此陶兽造型古拙质朴，别具一格。

　　闰六月，陆逊要向蜀军发动进攻，部下将领都说："进攻刘备应当在一开始他还没有站稳脚跟的时候，现在已经让他深入我国五六百里，和我们对峙了七八个月，他的各个要害都已派兵固守，攻击他一定没有什么好处。"

　　陆逊说："刘备是个狡猾的家伙，经验又很丰富，他的军队刚刚集结的时候，考虑问题一定非常周详深入，不是我们发动攻击的时候。现在蜀军驻扎了那么久，仍然找不到我们的漏洞，将士疲劳，士气低落，再也无计可施。要想进攻这伙入侵者，就在今天了！"于是先向蜀军的一座营寨发起进攻，战斗失利。

　　将领们都说："白白损失兵力罢了！"陆逊却说："我已经知道破敌的办法了。"于是命令士兵每人拿一束茅草，点燃后用火攻，终于将营寨攻克。

　　攻克了一座，又乘势通报其他各支军队，命令他们同时用这个办法发起进攻。斩杀了张南、冯习及胡王沙摩柯等人，攻破蜀军营寨四十几座。蜀汉将领杜路、刘宁等人走投无路，只好向吴军投降。

　　刘备登上马鞍山，环绕自己布置兵力。陆逊督促各路军队，从四面压缩，蜀军土崩瓦解，战死一万多人。刘备连夜逃走，驿站官员亲自挑着乐器铠甲在险要路口焚烧截断后路，才得以逃到白帝城。

　　蜀军的船只、器械，水、陆军队的军用物资，全部损失殆尽；尸体布满长江江面，顺流而下。刘备非常惭愧，也非常愤怒，说："我竟然被陆逊折辱，这是天意啊！"

　　将军傅肜负责断后，部下全部战死，他却愈战愈勇。吴军劝他投降，傅肜叱责说："吴狗，哪有汉将军会投降的！"于是战斗而死。

　　从事祭酒程畿坐船逆流而退，部下说："后面的追兵就要到了，应该把连结两船的方舟解开，轻舟撤退。"程畿说："我从军以来，还没学过在敌人面前逃跑的。"也战斗而死。

　　先前，诸葛亮和尚书令法正的爱好、追求不同，但他们都看重对方为公

守义，诸葛亮总是很赞赏法正的智谋。刘备伐吴惨败的时候，法正已经去世，诸葛亮感叹说："如果法正仍然在世，一定能阻止主上进攻东吴；就算最后还是去了，也一定不会惨遭失败。"

当初，魏文帝曹丕听说蜀军树桩立栅，营寨相连七百多里，就对他的大臣们说："刘备不懂打仗，哪有营寨相连七百里还能与敌人对峙的！'在杂草丛生、地势平坦、潮湿低洼、艰险阻塞等处安营的军队，一定会被敌人打败'，这是兵家大忌。孙权报捷的奏文，很快就要到了。"过后七天，吴军大破蜀军的捷报果然送到了。

相关链接

〔1〕秭归：在长江北岸卧牛山麓，又有石头城、葫芦城之称。

〔2〕陆逊：公元183－245年，字伯言，吴郡吴县（今上海松江）人，三国时期吴国著名将领。

刘备托孤诸葛亮

公元223年，刘备在永安去世，临死时嘱咐诸葛亮辅佐少主刘禅。诸葛亮鞠躬尽瘁，在外交上，派邓芝前往东吴游说，于是孙权断绝了和曹魏的关系，转而和西蜀往来。

魏黄初四年（公元 223 年），汉主刘备病重，临终前嘱托丞相诸葛亮辅佐太子，让尚书令李严做诸葛亮的副手。

刘备对诸葛亮说："你的才能胜过曹丕十倍，一定能使国家安定，最终完成光复汉室的大业。

"如果刘禅 [1] 还值得辅佐，你就辅佐他；如果他不争气，你就取他的位置而代之吧。"

诸葛亮流着眼泪说："我怎敢不竭尽全力，以忠贞之节相报效？至死不渝！"

刘备又下诏给太子："人活到五十岁而死，就不能算'夭折'，我活了六十多岁，也就没有什么可遗憾的，只是心里放不下你们兄弟。要努力，再努力！不要因为坏事小而放任自己去做，不要因为好事小而轻视不去做！只有贤明和德行，才能够使人折服。你父亲德行浅薄，不足以令你效仿。你将来与丞相一起处理政务，要把他当父亲来对待。"

四月，汉主刘备在永安 [2] 病逝，谥号昭烈。丞相诸葛亮护送灵车返回成都，任命李严为中都护，留下来镇守永安。

五月，太子刘禅即位，当时十七岁。尊奉先主的皇后为皇太后，宣布大赦，改年号为建兴。

又封丞相诸葛亮为武乡侯，兼任益州牧。政事无论大小，都听诸葛亮的意见。于是诸葛亮精简官职，修订法制，向百官发下文告说："所谓参与政事，署理政务，就是要集合众人的智慧，广泛听取有益于国家的建议。如果因为一点小小的嫌隙而互相疏远，就无法听到不同的意见，对我们的事业将是重大的损失。听取不同意见并得出正确结论，这就好比丢弃破旧的草鞋而获得珍珠美玉。

"可惜人们往往做不到这一点，只有徐庶在这件事情上能不受困惑。还有董和，参与政事、署理政务七年，事情处理有不妥当的，他都反复向我征求汇报，甚至能有十几次。如果你们都能做到徐庶的十分之一，像董和那样勤勉，对国家尽忠职守，那么我就可以减少许多过失了。"

又说:"过去我结交崔州平,他屡次指出我的优缺点;后来又结交徐庶,得到很多启发和教诲;原先和董和商议事情,他总能做到知无不言、言无不尽;之后又与胡伟度共事,他多次劝谏,阻止我犯错误。

"我尽管生性愚昧,见识浅陋,不能全部吸取他们的教益,但与他们四人始终相处融洽,这应该能说明我对直言劝谏是不会猜疑的。"

胡伟度,就是诸葛亮的主簿义阳人胡济。

诸葛亮曾亲自校改公文,主簿杨颙走进来劝谏他说:"治理国家是有体制的,上下的职权不能混淆。

"请允许我以治家为您打个比方:现在有一个人,让奴仆负责耕种,婢女负责做饭,雄鸡管报晓,狗看门防盗,牛拉车负重,马代步远行;这样家中事务没有荒废的,需要的都能得到满足,主人高枕无忧,所要做的只是吃饭饮酒而已。

"忽然有一天想所有的事都自己来做,不再交给奴婢牲口,而代之以自己的辛劳,结果为这种种琐碎的家务,身体疲劳,精神困顿,还闹得一事无成。这难道是因为他的智力比不上奴婢鸡狗吗?当然不是,是因为他放弃了作为一家之主的职责。

"因而古人说:'坐在殿堂之上讨论治国方针的,叫做王公;在下面辛辛苦苦实行具体政策的,叫做士

漢王正位續

大統

螢窗逸史

大夫。'所以丙吉不过问横在路中的死人，而担忧耕牛因天热气喘；陈平不想知道钱粮收入的具体数目，而说'自有具体负责的人'；他们都真正懂得各司其职的道理。现在您要治理整个国家，却亲自去校改公文，整天汗流浃背，不是太辛劳了吗？"

诸葛亮为自己的错误向他道歉。后来杨颙去世，诸葛亮哭了三天。

尚书邓芝对诸葛亮说："现在主上年幼，刚刚登上至尊之位，应该派遣重要使臣再次向东吴申明和好的愿望。"

诸葛亮说："我考虑这个问题很久了，只是一直没有找到合适的人选，今天总算找到了。"邓芝问："是谁呢？"

诸葛亮说："就是使君你呀。"

于是派遣邓芝以中郎将的身份到东吴重建友好关系。

冬，十月，邓芝到达东吴。当时吴王还没有同曹魏断绝关系，正在犹豫之中，所以没有立即接见邓芝。

邓芝便自己上表请求接见，表文说："臣下这次来，也是为吴着想，不仅仅是为蜀。"

于是吴王接见他，说："我确实愿意与蜀和好，但是担心蜀主年幼，蜀国疆域狭小，势力不强，一旦被魏钻了空子，就不能够保全自己啊。"

邓芝回答说："吴、蜀两国，跨有四个州的地域。大王您是当世的英雄，诸葛亮也是一代人杰；蜀国地势险要、防守坚固，吴国有长江等三条大江相阻隔。

"把两国的优势联合起来，如唇齿般互相依存，进可以兼并天下，退可以鼎足而立，这是很自然的道理。

"大王您现在若向魏送礼讨好，魏必定会得寸进尺，上则要求大王入魏朝拜，下则要求太子为人质侍奉，如果大王您不遵从，他们就会以讨伐叛逆为借口兴兵，蜀也会顺流而下寻找机会进攻。这样的话，江南这块地方将不再为大王您所拥有了。"

吴王沉默了很久，说："先生说得对。"于是和魏断绝了关系，一心与蜀汉联合。

相关链接

〔1〕刘禅：公元207－271年，字公嗣，小名阿斗，涿郡涿县（今河北涿州）人，刘备之子，刘备去世后即位，庸碌无能，为蜀国亡国之君，谥曰思。

〔2〕永安：在今重庆奉节一带。

七擒孟获平定南中

在蜀国内部，公元225年，诸葛亮征讨南中叛乱，其间七擒孟获，使他心服口服，甘愿为蜀汉效力，南中平定。

魏黄初六年（公元225年），汉诸葛亮到达南中[1]，征讨叛乱，所到之处，战无不胜。诸葛亮从越巂进攻，斩杀了雍闿和高定。派庲降督李恢从益州进攻，门下督巴西人马忠从牂牁进攻，占领了各个县城，再与诸葛亮会合。

孟获[2]收编雍闿残部抗拒诸葛亮，孟获向来为当地夷人和汉人所服膺，诸葛亮要求把他活捉。捉到以后，让他参观蜀军兵营军阵，然后问他说："这样的军队怎么样？"

孟获回答说："先前我不了解虚实，所以失败。现在蒙您许可参观了兵营军阵，如果只是这个样子，我一定能轻易取胜。"诸葛亮笑了笑，放走孟获让他再来交战。

这样七次放走，又七次擒获，而诸葛亮还要再放他走，孟获留下不走了，说："您啊，天降的神威，南边的人不会再反叛了！"于是诸葛亮到达滇池。

益州、永昌、牂牁、越巂四个郡都平定了，诸葛亮仍然任用原来的部落首领为四郡的长官。有人为这件事劝说诸葛亮，诸葛亮说："如果留下外地人作四郡的长官，就要留下驻守的军队，军队留下来得有地方提供粮草，这是第一个难题；这些夷族刚刚经历过战争，父兄多有死伤，如果留下外地人而不留军队，一定会酿成祸患，这是第二个难题；另外，夷族多次废杀地方长官，自知有罪，如果留外地人为长官，终究难以令他们安心，这是第三个难题。

"现在我这样做，是想不用留军队，不用运粮草，而能使法纪大体确立，夷族和汉人大致相安无事啊。"

于是诸葛亮把孟获等本地人才全部收罗，任命为地方官吏，让他们缴纳金、银、丹、漆、耕牛、战马，以供给军队和朝廷使用。从此在诸葛亮有生之年，夷族再也没有反叛。

相关链接

〔1〕南中：大致在今四川、云南和贵州的西南部。
〔2〕孟获：生卒年不详，三国时期南中少数民族首领。

206

在外与吴国通好、内平南中之乱后，公元227年，诸葛亮出师北伐曹魏，力图光复汉室，上书刘禅，留下了千古流传的《出师表》。

魏太和元年（公元227年），蜀汉丞相诸葛亮出师北伐。三月，诸葛亮率领各路军队向北挺进，驻军汉中，让长史张裔、参军蒋琬留下来处理丞相府的各项事务。出发前，诸葛亮上书说：

"先帝刘备创立大业，还没有完成一半而中途去世。现在天下分而为三，就数益州的蜀国最为贫穷困乏，这实在是生死存亡的危急关头。然而陛下身边的近臣仍然兢兢业业在朝廷内尽职，忠诚的将士仍然奋不顾身在沙场上拼杀，他们之所以这样，是因为追念先帝不同寻常的礼遇，而想报答在陛下您的身上。陛下正应虚心听取各方面的意见，光大先帝遗留下的美德，振奋有志之士之气节；不应该妄自菲薄，讲出不合适的话来，以致阻塞忠臣进谏的渠道。

"宫廷和相府，应看作是一个整体，提拔、贬黜、表彰、批评，都不应该有什么区别。如果有作奸犯科，或者尽忠立功的人，应该交给有关部门按规定给予处罚、奖赏，以显示陛下您的英明公允；不应该偏心护短，使宫廷内外执法标准不一。

"侍中 [1] 郭攸之、费祎和侍郎董允等人，都善良诚实、忠心淳厚，所以先帝选拔他们来辅佐陛下。我认为宫中的事务，不论大事小事，都应当先向他们咨询一下，然后再付诸实施，就一定能够弥补缺漏，获得更多的益处。

"将军向宠，生性善良而不偏颇，精通军事，以前领兵打仗，先帝也称赞他有本事，所以被大家推举为掌管禁兵的中部督。我认为军营中的事务，都应该向他咨询，就一定能使将士相处和睦，按能力的高低分派各人的职位。

"亲近贤臣，疏远小人，这是前汉之所以兴盛的原因；亲近小人，疏远贤臣，这是后汉之所以衰败的原因。先帝在世时，每当和我谈论起这件事，没有一次不叹息痛恨桓帝、灵帝两位昏君。侍中、尚书、长史、参军，他们都是正直贤良、能以死报国的忠臣，希望陛下亲近他们，信任他们，那么汉室的兴盛，就指日可待了。

"我本是平民百姓，在南阳亲自耕作，只求能在乱世保全性命，并不奢望飞黄腾达、闻名诸侯。先帝不嫌弃我地位卑下、见识浅鄙，屈尊俯就，三顾茅庐来拜访我，向我咨询当今天下大事。我由此感激万分，于是答应先帝为他奔走效命。后来军事上遭遇失利，我在兵败之时承担重任，在危难之际接受使命，到今天已经有二十一年了。先帝知道我为人谨慎，所以临终前将辅佐之事托付给我。

"我自从接受先帝遗命，日夜叹息忧虑，唯恐辜负重托，而损害先帝的知人之明。因此前年五月我率领军队渡过泸水，深入到荒凉的不毛之地。现在南方已经平定，武器兵马也已充足，正应当激励将士，统率三军，北伐平定中原。我愿意竭尽自己平庸的能力，铲除奸贼，兴复我大汉皇室，重返故都，这正是我报答先帝，并且尽忠陛下的职责与本分。

"至于处理朝政，进谏忠言，则是郭攸之、费祎、董允他们的职责。希望陛下把讨伐国贼、兴复汉室的重任交付给我，如果我不能完成使命，则请您将我治罪，以告先帝在天之灵；责备郭攸之、费祎、董允等人疏忽职守，以表明他们的过错。陛下您自己也应该多加思考，征询好的治国方略，接受正确的观点，认真体会先帝的遗诏，我将受恩匪浅，不胜感激。眼看就要远离陛下，我写表[2]时忍不住流泪，不知道自己说了些什么。"

相关链接

〔1〕侍中：官职名，负责侍从皇帝。

〔2〕表：古代文体的一种。诸葛亮的《出师表》，不但表现出了他对国家、君主的忧虑和耿耿忠心，而且语言朴实，志尽文畅，历来得到人们的高度评价，被认为是"表"中的杰作。

刘备曾说马谡是一个好说大话、没有真才实学的人，但诸葛亮不那么认为，仍然加以任用，结果在北伐战争中，马谡不服从指挥，任意调遣军队，失守街亭，导致诸葛亮退兵汉中。

魏太和二年（公元228年）春，诸葛亮将要攻打魏，与部下商议军事行动。

丞相司马魏延说："听说镇守长安的夏侯楙是曹操的女婿，此人胆小而没有智谋。现在如果拨给我五千人的精锐部队，携带五千人的口粮，直接从褒中出发，沿着秦岭向东进发，到子午道后折向北方，用不了十天，就可以抵达长安。

"夏侯楙听说我带军队突然杀到，一定会弃城逃跑。这样长安城中就只剩下御史、京兆太守这些文官了。横门粮仓的存粮和百姓逃散所留下的粮食，足以供我的军队取食。等魏在东方集结起军队，还要二十多天时间，而您从斜谷出来接应，也够时间抵达。这样，一下子就可以平定咸阳以西各个地区。"

诸葛亮认为这个计划过于冒险，不如从安全角度出发采取稳妥的方法，可以顺利夺取陇右地区，有百分之百的把握而没有风险，所以没有采用魏延的计策。

诸葛亮扬言从斜谷道进取郿城，命令镇东将军赵云、扬武将军邓芝充当疑兵，据守箕谷。魏明帝则派遣曹真统率关右诸军驻扎在郿城。诸葛亮亲自率领大军进攻祁山，军容整齐，号令严明。

起初，魏因为蜀汉昭烈帝刘备死后，几年来都没有什么动静，因此几乎没有做什么防备；结果突然听说诸葛亮出兵，朝野上下都非常恐惧，于是天水、南安、安定都背叛魏而响应诸葛亮，关中受到震动，朝中大臣都不知道该采取什么对策。

魏明帝说："诸葛亮本来依靠山岭阻隔进行固守，现在自己前来，正合兵书所说的诱敌出动的策略，我们一定能将他打败。"于是统领步兵和骑兵共五万大军，派右将军张郃监管军务，向西抵御诸葛亮。

越巂太守马谡[1]才能气度都超过常人，喜好谈论军事谋略，诸葛亮十分器重他。刘备临终前曾对诸葛亮说："马谡这个人言语浮夸，超过他的实际才能，不能委以重任，希望你认识清楚。"

诸葛亮却认为刘备说得不对，任命马谡为参军，时常召他来议论，从白天一直谈到夜晚。等到从祁山出兵，诸葛亮不任用旧将魏延、吴懿等人为先锋，反而让马谡统率各路军队在前面，与张郃在街亭[2]交战。

马谡违背诸葛亮的指挥调度，军政措施烦琐冗杂，舍弃水源到山上驻扎，而不在山下据守城池。张郃切断马谡的取水通道，发动进攻，大败马谡，蜀军溃散。诸葛亮失去了前军的据点，于是攻取西县一千多户人家返回汉中。回到汉中后，把马谡关进监狱，并且杀了他。诸葛亮亲自前去吊丧，痛哭流涕，抚慰他的子女，恩待一如马谡生前。

蒋琬对诸葛亮说："过去晋楚相争，楚国杀了能干的臣子，晋文公喜形于色。现在天下尚未平定却杀掉有智谋的人，难道不觉得可惜吗？"诸葛亮流着泪说："孙子之所以能够无往而不胜，是因为执法严明，因此扬干触犯法令，魏绛就杀了他的仆从。如今四海分裂，战

马谡拒谏失街亭

招隐盦主

争才刚刚开始，如果置法度于不顾，那还怎么来讨伐贼寇呢！"

马谡还没失败的时候，裨将军王平一再规劝马谡，马谡不肯听从；等到失败，兵众四下逃散，只有王平率领一千人擂着战鼓守卫自己的营地，张郃怀疑他设有伏兵，所以不去进逼，于是王平慢慢收拢各部残余士兵，率领人马返回。

诸葛亮诛杀马谡与将军李盛以后，还夺取了将军黄袭等人的兵权，这时王平的功劳显得格外突出，于是提拔他为参军，统领五部军队兼管营寨事务，官位晋升为讨寇将军，封亭侯。诸葛亮上书请求将自己连降三级，蜀汉后主任命诸葛亮为右将军，兼理丞相事务。

当时赵云、邓芝的军队也在箕谷战败，赵云聚集部众固守，所以损失不大。赵云也被牵连贬为镇军将军。

诸葛亮问邓芝说："街亭兵败撤退，兵将离散不可收拾。箕谷兵败撤退，兵将还能够聚集，这是什么原因呢？"

邓芝回答说："赵云亲自负责断后，各种军需物资，保存完好都没有丢弃，兵将没有理由散乱逃失。"

赵云还有剩下的军用物资以及绢帛等物品，诸葛亮让他赏赐给众将士，赵云说："战事失利，为什么还要赏赐！请把这些物资全部存入赤岸库，等到十月作为冬季慰问品再行赏赐。"诸葛亮对他的回答极为赞赏。

有人劝说诸葛亮率领更多的军队再次出兵，诸葛亮说："上次大军在祁山、箕谷，两个地方的兵力都超过敌人，但最后没能打败敌人，反而被敌人打败，这说明问题不在兵力不够，在于缺少一个好的将领。现在我想精简兵将，明令赏罚，反省过错，为将来解决问题开辟道路。如果不能做到这些，即使士兵再多又能有什么帮助呢？从今以后，凡是要为国家谋划效忠的人，只需多多批评我的过错，那么大事就能够成功，敌人就可以打垮，功业只需跷着脚等它到来了。"

于是考察有功劳的人，连微小的勋劳也不放过；对壮烈之士加以选拔；引咎自责，把自己的过失在国境内公开宣布；砥砺将士，宣扬武道，为将来的进攻作准备。结果兵将精练，百姓也忘记了以往的失败。

相关链接

〔1〕马谡：公元190－228年，字幼常，襄阳宜城（今湖北宜城）人。
〔2〕街亭：在今甘肃省庄浪县与秦安县交界一带。

诸葛亮命殒五丈原

公元234年，诸葛亮调动全部军力进攻魏国，驻军五丈原，和司马懿军长期相峙。后诸葛亮劳竭命殒于军营，魏军进攻，蜀军撤回成都。

魏青龙二年（公元234年）二月，诸葛亮动用全部兵力共十万大军从斜谷出发进攻魏，并派遣使者前往东吴约定同时进攻。

诸葛亮到达郿县，大军驻扎在渭水南面。司马懿[1]率领军队渡过渭水，沿着河水筑营抵抗诸葛亮。司马懿对将领们说："诸葛亮如果从武功出发，依山往东进发，那么确实值得担忧；如果向西前往五丈原[2]，你们就可以不必操心了。"诸葛亮果然在五丈原驻军。

雍州刺史郭淮对司马懿说："诸葛亮肯定会争夺北原，我们应当先行占领这个地方。"参与议论的人多数认为不必这样，郭淮说："如果诸葛亮跨过渭水登上北原，和北山连兵，断绝长安与陇西的通道，会导致民情不安，这是对国家很不利的。"司马懿便派郭淮驻防北原。堑壕和营垒还没有筑成，蜀军就已浩浩荡荡杀来，郭淮带兵迎战，击退了蜀军。诸葛亮前几次出兵，都因为粮草运输跟不上，才没有成功，于是分出部队实行屯田，作为长期驻军的基础。屯田的士兵和渭水之滨的居民杂处，百姓安居乐业，军队不生私弊。

司马懿同诸葛亮相持了一百多天，诸葛亮屡次挑战，司马懿就是不出战。诸葛亮就把妇女用的服饰送给司马懿，司马懿恼羞成怒，上表请求出战。

魏明帝派遣卫尉辛毗持符节担任军师来节制司马懿的行动。护军姜维对诸葛亮说："辛毗持符节到来，敌人不会再出战了。"

诸葛亮说："司马懿本来就无心出战，之所以一定向朝廷请求出战，是要向部下表示自己不害怕出战而已。将领身在军中，君主的命令不一定要接受，如果他真能够打败我，哪里还需要向千里之外的君主请战呀！"

诸葛亮派遣使者到司马懿军中，司马懿向使者询问诸葛亮的睡眠、饮食和事务多寡，而不打听军事上的消息。使者回答说："诸葛先生早起晚睡，凡是二十杖以上的责罚，都亲自批阅；吃的饭食不到几升。"司马懿对别人说："诸葛孔明进食少而事务烦劳，这样下去能坚持多久呢！"

诸葛亮病重，后主派遣尚书仆射李福前来探望，顺便询问国家大事。李福和诸葛亮谈完话，辞别离去，几天之后又再回来。

诸葛亮说："我知道你再回来的意思，上次虽然谈了一整天，有些事却还没有交代，所以你又来听取决定。你所要问的事，蒋琬可以担当。"

李福道歉说："日前的确没有询问，如果您百年之后，谁可以担当重任，所以就又回来了。再请问蒋琬之后，谁可担当重任？"

诸葛亮说："费祎可以继任。"

又问费祎之后谁可继任，诸葛亮没有回答。

这个月，诸葛亮在军中去世。长史杨仪整顿军马撤退，百姓跑着去报告司马懿，司马懿率领军队追赶蜀军。姜维让杨仪调转战旗顺序，擂响战鼓，像是要向司马懿进攻。司马懿见状，以为诸葛亮尚在，立刻收束军队后退，不敢继续进逼。于是杨仪结阵离去，进入斜谷之后才发丧。百姓为此事编了一句谚语说："死诸葛吓走活仲达（仲达是司马懿的字）。"

司马懿听到后，笑着说："这是我能够猜测活着的诸葛亮，不能够猜测死了的诸葛亮的缘故。"司马懿到诸葛亮驻军营垒察看，感叹说："真是天下的奇才啊！"追到赤岸，没能追上蜀军，于是率领军队返回。

各路军队返回成都。朝廷宣布大赦，赐诸葛亮谥号"忠武侯"。当初，诸葛亮曾上表汉主说："我在成都有桑树八百株，薄田十五顷，供给家人衣食之外，还能有一些富余，我也不另置产业来增加收入。我死的时候，一定不让家里有多余的绢帛，外面有多余的钱财，而辜负陛下。"最后真的就像他说的那样。

丞相长史张裔曾称赞诸葛亮说："先生行赏不忽略生疏的人，处罚不宽恕亲近的人，封爵不允许无功者获取，刑责不因为权贵而免除。这正是无论贤愚都能够忘身报国的原因啊！"

蜀地民众请求为诸葛亮建庙祭祀，后主没有准许。百姓就逢时节自己在路上祭祀。步兵校尉习隆等人向后主建议：请在沔阳诸葛亮的墓地附近，建一座庙用于祭祀，使百姓不必再私下祭祀。后主同意了。

相关链接

〔1〕司马懿：公元179－251年，字仲达，河内温（今河南温县）人，三国时期魏国杰出的政治家、军事家。

〔2〕五丈原：位于今陕西省岐山县五丈原镇。

司马氏政变诛曹爽

曹爽权力很大，但骄奢无度，司马懿父子密谋发动政变除掉他，趁他随皇帝外出时占据他的兵营并上书魏帝揭发他的罪行，曹爽认罪被贬，后身死族灭。

魏大将军曹爽[1]骄奢无度，穿戴饮食，依照皇帝的标准；尚方署[2]的珍宝器玩，在他家里摆得满满的；他还私自留用明帝宫中的才人作歌舞乐伎。他建造地下宫室，在四周布置了华丽的装饰，经常与他的党羽何晏等人在里面饮酒作乐。他弟弟曹羲对此非常忧虑，屡次流着眼泪进行劝阻，但曹爽不听。

曹爽经常与兄弟一起出游，司农沛国人桓范对他说："你们兄弟总理万机，掌管禁兵，不应该同时出城，如果有人在城内兵变，关闭城门，还有谁在里面接应呢？"曹爽说："哪有人敢这样？"

魏正始九年（公元248年）冬，河南令尹李胜出任荆州刺史，到太傅司马懿家辞行。司马懿让两个婢女侍奉着，拿一下衣服，没拿住掉在地上；又说口渴，婢女端来粥，司马懿拿不动碗让婢女端着给他喝，粥从嘴边流出沾满了前胸。

李胜说："大家都说您中风之症旧病复发，但想不到您身体竟糟到这个地步！"

司马懿气喘吁吁地说："我年老体弱，卧病不起，恐怕就快死了。你这次屈就并州刺史，并州靠近胡地，要好好加强戒备。恐怕我们不能再见面了，我把儿子司马师和司马昭兄弟托付给你了。"

李胜说："我是回去愧为家乡荆州的刺史，不是并州。"

○ 品画鉴宝
青瓷羊形烛台（三国）此烛台羊形，伏卧状，琢刻细致，线条流畅，具观赏性和实用性。

司马懿就假装错听了他的话，说："你将要去并州？"

李胜又说："是愧为荆州刺史。"

司马懿说："我年老糊涂，没听明白你的话。如今你回家乡并州，德行昭著，正好建立功勋。"

李胜告退后，禀告曹爽说："司马公只比死人多一口气，形体、精神已经分离，不值得担心了。"过些日子，又流着泪对曹爽等人说："太傅病体不能康复了，令人悲伤啊。"

因此曹爽等人不再对司马懿加以戒备。司马懿则与他的儿子中护军司马师、散骑常侍司马昭密谋诛杀曹爽。

魏嘉平元年（公元249年），正月初六，魏帝祭扫高平陵，大将军曹爽和他的弟弟中领军曹羲、武卫将军曹训、散骑常侍曹彦等都随侍同行。太傅以皇太后的名义，命令关闭各个城门，带领士兵占据了军械库，并派兵出城据守洛水浮桥；传召司徒高柔持节代理大将军职务，占据曹爽兵营；命令太仆王观代理中领军职务，占据曹羲兵营。然后向魏帝上奏控诉曹爽的罪恶。

曹爽得到司马懿的奏章，没有通报魏帝，但惶恐窘迫得不知道怎么办好，就把魏帝车驾留宿在伊水之南，砍伐树木堆成拒敌的鹿角，并调遣屯田的士兵数千人充当护卫。司马懿派遣侍中高阳人许允和尚书陈泰去劝说曹爽，告诉他们应尽早归降认罪；又派曹爽所信任的殿中校尉尹大目去对曹爽说，投降以后只免去他的官职而已，并指着洛水发誓。

这时，有智囊之称的桓范从洛阳城逃出，赴魏帝车骑效命。桓范到了之后，劝说曹爽兄弟挟持天子前往许昌，然后调集四方兵马辅助自己。

曹爽还在犹豫不决，桓范对他说："这件事解决起来明明白白，真不知道你读书是干什么用的！在现在的形势下，像你们这样门第的人，就算想求得贫贱安稳的日子也已不可能了！而且普通百姓有一个人被劫持，人们尚且希望他能活命，你们和天子在一起，天下谁敢不响应呢？"兄弟两人都不说话。

桓范又对曹羲说："你中领军的别营就在城南，洛阳典农的治所也在城外，可以随意调遣。如今去许昌，不过两天两夜的路程，许昌的军械库，也足够装备军队；所担忧的应该是粮食，但大司农的印章在我身上，可以签发征调。"

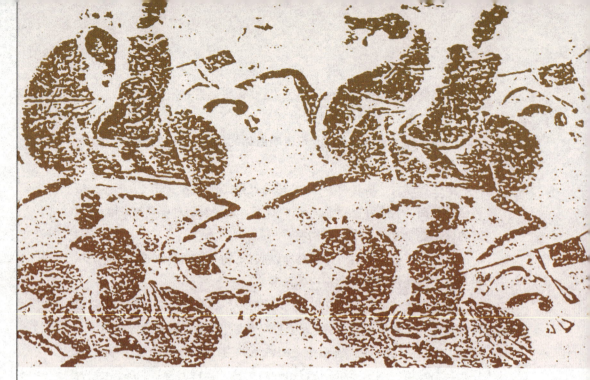

　　曹羲兄弟沉默不答，从初更坐到五更，曹爽忽然把刀扔到地上说："即使投降，我至少还能做一个有钱人！"

　　桓范哭着说："曹子丹那么出色的人，生下的你们兄弟，却像猪崽牛犊一样！哪里想到今天受你们的牵累而灭族啊！"

　　于是曹爽将司马懿上奏的事通报魏帝，告诉魏帝下诏免掉自己的官职，侍奉魏帝回宫。曹爽兄弟回家以后，司马懿调遣洛阳的士兵包围曹府并日夜看守；在围墙四角搭起高楼，派人在楼上监视曹爽兄弟的举动。曹爽拿着弹弓到后园去，高楼上的人就高声宣唱："前大将军去东南边了！"曹爽愁闷不已，又不知如何是好。

　　初十，有关部门禀告说："黄门张当私自把选中的才人送给曹爽，怀疑他们之间互相勾结。"于是逮捕张当交给廷尉审讯核实，供词说："曹爽与尚书何晏、邓飏、丁谧、司隶校尉毕轨、荆州刺史李胜等人阴谋造反，等到三月中旬发动。"

　　于是逮捕曹爽、曹羲、曹训、何晏、邓飏、丁谧、毕轨、李胜还有桓范，都关进监狱，以大逆不道的罪名起诉，最后和张当一起都被诛灭三族。

相关链接

〔1〕曹爽：？－公元249年，字昭伯，沛国谯县（今安徽亳州）人。

〔2〕尚方署：负责制办并掌管皇家器物等的官署。

司马氏发动政变除掉曹爽以后，便开始专权，先是废了曹芳，后又杀死不满于傀儡地位的曹髦，充分暴露了其野心，可以说"司马昭之心，路人皆知"。

太常夏侯玄在天下威名远扬，司马懿发动政变诛杀曹爽以后，因为与曹爽是亲戚，所以不能担任有权势的职位，平时常闷闷不乐。张缉因为是皇后的父亲，被免去郡守职位在家闲居，因而也很不得意。

中书令李丰与两人关系都很好，他虽然蒙大将军司马师提拔，但心里更倾向于夏侯玄。李丰任中书令二年，魏帝曹芳[1]屡次召见他与之谈话，但不知说些什么。

司马师知道他们在议论自己，就请李丰相见诘问他。李丰不肯以实言相告，司马师大怒，就用刀柄上的铁环把李丰打死，把尸体送到廷尉处，并逮捕李丰的儿子李韬以及夏侯玄、张缉等人，捏造罪名将他们全都处死，并诛灭三族。魏帝曹芳对李丰被杀感到愤愤不平。安东将军司马昭[2]镇守许昌，魏帝下诏召他入京，要让他去攻打姜维。

魏正元元年（公元254年）九月，司马昭领兵入京晋见魏帝，魏帝到平乐观检阅他的军队。左右亲信劝魏帝借司马昭进见辞行的机会杀掉他，再带领军队击退大将军司马师。需要的诏书都已写好放在面前，魏帝突然害怕了，不敢发动这一计划。

司马昭领兵入城后，大将军司马师就预谋废掉曹芳。十九日，司马师借郭太后名义召集群臣，宣称"魏帝曹芳荒淫无度，迷恋声色，不能继承帝王之位"，群臣谁也不敢反对。于是上奏要收回玺绶，将曹芳贬回齐王。然后派郭芝入宫告诉太后。

太后正与魏帝对坐闲谈，郭芝对魏帝说："大将军想废掉陛下，立彭城王曹据为帝。"魏帝就站起身走了。

太后很不高兴，郭芝说："太后您有儿子不能好好教育，如今大将军主意已定，又在外面布置了军队以防变故，只能顺着他的旨意，还有什么可说的呢！"

太后说："我要见大将军，有话要对他说！"

郭芝说："还有什么好见的！只要快点把玺绶拿出来！"

太后软了下来，就让旁边的侍从取来玺绶放在座位上。

郭芝出来报告司马师，司马师大喜，又派使者把齐王的印绶交给曹芳，让他出来住在西宫。曹芳与太后洒泪辞别，乘坐藩王坐的车子，从太极殿南边出来，群臣前来相送的有几十人，司马孚悲痛不能自已，其他人也大多流泪。二十二日，司马师再次召集群臣，拿出太后的旨令给大家看，决定到元城迎立高贵乡公曹髦。曹髦是东海定王曹霖之子，当时年仅十四岁。十月初五，曹髦进入洛阳，在太极前殿即皇帝位。

魏景元元年（公元 260 年），魏帝曹髦见自己的权威日渐削弱，感到非常愤恨。五月初七，曹髦召见侍中王沈、尚书王经、散骑常侍王业，对他们说："司马昭之心，路人皆知。我不能坐等被废黜的耻辱，今天将亲自与你们一起出去讨伐他。"王经说："古时鲁昭公因不能忍受季氏专权，讨伐失败，丢掉国家出走，被天下人耻笑。如今权柄被司马家掌握，已经很久了；朝廷内外都为他效命，而不顾逆顺之理，也不是一天两天了。而且宫中宿卫空缺，武器盔甲又少又差，陛下凭借什么？而且您一旦这样做，岂不是想要除去疾病却反而使病更厉害了吗？祸患难以预料，应该等待更好的时机。"

魏帝这时就从怀里拿出黄绢诏书扔在地上说："我已经决定这样做了！即使死了也没有什么可怕的，何况不一定死呢！"说完就进内宫去禀告太后。王沈、王业跑着去报告司马昭，还想叫王经一起去，但王经不去。魏帝随即拔出佩剑登上辇车，率领宫殿里的宿卫僮仆等人呼叫着冲出来。司马昭的弟弟屯骑校尉司马伷在东止车门遇上魏帝，魏帝左右之人怒声呵斥他们，司马伷的兵士被吓得逃走了。

中护军贾充由外而入，在南殿之下与魏帝战斗。魏帝亲自用剑拼杀，众人想要退却，骑督成倅的弟弟太子舍人成济问贾充说："事情紧急了，你说怎么办？"贾充说："司马公养你们这些人，正为了今日。今日之事，没什么可问的！"于是成济立即持戈上前刺魏帝，将他杀死在辇车之下。司马昭闻讯大惊，自己跪倒在地。太傅司马孚跑过去，把魏帝的头枕在自己的腿上，哭得很伤心，说："陛下被杀，是我的罪过啊！"司马昭进入殿中，召群臣一起商议。尚书左仆射陈泰没有来，司马昭派陈泰的舅舅尚书荀颤去叫他。荀颤是荀彧的儿子。陈泰见了他说："世人议论的时候，把我陈泰跟舅舅您相比，今天看来您不如我陈泰。"

但家人都逼着陈泰去，才不得已而入殿，见到司马昭，悲恸欲绝，司马昭也对着他流泪，说："玄伯，你将如何为我打算呢？"

陈泰说："只有杀掉贾充，才能稍稍谢罪于天下之人。"

　　司马昭考虑良久，说："你再想想其他办法。"

　　陈泰说："我只能说到这个地步，不知道还有其他的。"

　　司马昭就不再说话了。

　　太后下令，列举高贵乡公曹髦的罪状，把他贬为庶人，以百姓的丧礼安葬。拘捕王经及其家属交付廷尉处置。王经向他母亲道歉，他的母亲神色不变，笑着回答说："人谁能不死，就怕死的不是地方。为这事大家同死，又有什么遗憾的！"被杀之日，他以前的下属向雄为他哭泣，悲哀之声让整条街的人为之感动。

　　初八，太傅司马孚等人上奏，请求以藩王的丧礼安葬高贵乡公，太后同意了。

相关链接

〔1〕曹芳：公元232－274年，字兰卿，魏明帝曹睿之子，初封为齐王，公元240年继其父称帝。

〔2〕司马昭：？－公元265年，字子上，河内温（今河南温县）人，司马懿次子，其子司马炎建立晋朝后追封他为晋文帝。司马师是他的哥哥。

孙綝废明主孙亮

孙权之子孙亮继位后，由于年幼，大将军孙綝专权，孙亮密谋除掉他，但是走漏了消息，最后反被孙綝废黜。

魏嘉平四年（公元252年），孙权去世，谥号大皇帝。太子孙亮[1]即位，当时年方十岁。十五岁时，魏甘露二年（公元257年）四月，孙亮亲临正殿，实行大赦，开始自己执政。

大将军孙綝的上表奏章，多次受到他的责问。又选士兵子弟十八岁以下、十五岁以上的三千多人，选大将子弟中年轻而勇敢健壮的，让他们领兵，每天在御苑操练，说："我建立这支军队，是想和他们一起成长。"

他还多次拿出府藏书册阅览大皇帝孙权的旧事，询问左右侍臣说："先帝常常自己制定诏令，现在大将军奏事，为什么只让我签字同意呢？"

曾经有一次，孙亮想吃生梅，让黄门到内库里取蜂蜜。蜂蜜中有老鼠屎，就召守库官来询问，守库官叩头谢罪。

孙亮说："黄门向你要过蜂蜜吗？"守库官说："以前要过，我没敢给他。"黄门不服。孙亮让人剖开鼠屎，中间是干的，于是笑着对左右说："如果鼠屎事先就在蜂蜜中，那么里外都应该是湿的；现在外面湿而里面干，这一定是黄门放进去的。"诘问黄门，他果然服罪，左右之人没有不惊叹畏惧的。

吴大将军孙綝专权，等到吴主孙亮亲政，对他多次质问责难，孙綝非常害怕。魏甘露三年（公元258年），孙綝从镬里出征回来后，便称病不去上朝，让他弟弟威远将军孙据进仓龙门担当宿卫，武卫将军孙恩、偏将军孙干分别屯守各军营，想以此自保。

孙亮对此非常憎恶，于是就追查朱公主的死因。当初孙峻专权，有人谋杀他而没有成功，全公主向孙峻诬告朱公主是同谋，于是孙峻诛杀了朱公主。

全公主见孙亮调查朱公主的死因，心里害怕，就说："我确实不知道，都是朱据两个儿子朱熊、朱损告发的。"这时朱熊担任虎林督，朱损担任外部督，孙亮把他们都杀了。

朱损的妻子，就是孙峻的妹妹。孙綝进谏劝阻，孙亮不听，孙綝因此更加害怕。

孙亮暗地里与全公主及将军刘丞密谋诛杀孙綝。全皇后的父亲全尚担

帝王图·孙权（唐）阎立本／绘　孙权（公元182－252年），汉族，字仲谋，为吴大帝，三国时吴国的建
立者，吴郡富春县（今浙江富阳）人。父孙坚，曾任长沙太守，封破虏将军。兄孙策，为讨逆将军，封吴侯。

吴主孙权

任太常、卫将军，孙亮对全尚的儿子黄门侍郎全纪说："孙綝
专权，竟敢轻视我。我上次命令他迅速登岸，为唐咨等人作后
援，他却留在湖中不肯上岸，又把罪责推卸给朱异；擅自杀害
功臣，也不事先上表奏文；又在朱雀桥南建造府第，不再上朝
相见，在家里逍遥自在，不知道有所畏惧。

"不能再容忍了，现在我打算将他绳之以法。你父亲担任中军都督，让他秘密地整顿兵马，我将亲自出宫登上朱雀桥，率领宿卫虎骑及左右之人突然包围孙綝的府第，再颁诏命令孙綝统领的军队就地解散，不得反抗。

"如果一切都按我所说的去做，一定能够成功。你出去后，须秘密行事！你向你的父亲宣示诏令，千万不要让你母亲知道。女人不能明晓大事，更何况她又是孙綝的堂姐，如果遇见孙綝时泄露出去，就会误我的大事！"

全纪接受诏令并告诉全尚。全尚不是能深谋远虑的人，就把此事告诉了全纪的母亲，全纪的母亲又派人秘密地报告孙綝。

九月二十六日，孙綝深夜派兵袭击全尚，把他扣押起来，又派其弟孙恩在苍龙门外杀掉刘承。等到天快亮时，就将王宫围住。

孙亮勃然大怒，骑马带上弓箭就要出宫，说："我是大皇帝的嫡子，在位已经五年，谁敢不服从我！"侍中近臣以及乳母等人连拉带扯地阻止他，使他不能出宫。

孙亮叹息生气不肯吃饭，又骂全皇后说："你父亲糊涂，坏了我的大事！"又派人去叫全纪，全纪说："我父亲奉行诏令却不谨慎，辜负了陛下，我没有脸面再见陛下。"于是自杀。

孙綝让光禄勋孟宗祭告太庙，把孙亮废为会稽王。又召来群臣议论说："少帝耽于享乐，身体多病，昏乱糊涂，不可以居天子之位，继承宗庙，已经祭告先帝把他废了，诸位若有不同意的，请提出异议。"大家都很害怕，说道："唯将军命令是从！"

孙綝派中书郎李崇褫夺吴帝的玺绶，把孙亮的罪状布告各地。尚书桓彝不肯署名字，孙綝发怒，把他杀了。

典军施正劝孙綝把琅邪王孙休[2]迎来立为天子，孙綝同意了。二十七日，孙綝派宗正孙楷与中书郎董朝到会稽迎接琅邪王，派遣将军孙耽遣送会稽王孙亮到他的封国。孙亮当时十六岁。又把全尚迁移到零陵，过了不久又追上去把他杀了。又把全公主迁移到豫章。

相关链接

〔1〕孙亮：公元243－260年，字子明，孙权之子，被孙綝废黜后任会稽王。

〔2〕孙休：公元235－264年，字子烈，孙权之子，孙亮之兄，初为琅邪王，孙綝废黜孙亮后被立为帝。

"他们都崇尚虚无的道家哲学，轻蔑世俗的礼仪法度，每日纵情饮酒，不问世事。"

谯郡人嵇康，文章写得雄壮富丽，喜好谈论《老子》、《庄子》[1]，崇尚新奇，好侠仗义。他与陈留人阮籍、阮籍的侄子阮咸、河内人山涛、河南人向秀、琅邪人王戎、沛国人刘伶是至交好友，号称竹林七贤[2]。他们都崇尚虚无的道家哲学，轻蔑世俗的礼仪法度，每日纵情饮酒，不问世事。

阮籍担任步兵校尉的时候，他母亲去世。当时他正在与人下围棋，对方要求别下了，但阮籍硬要留下他一决胜负。下完棋，又喝了两斗酒，高呼一声，吐血几升，衰弱憔悴得只剩皮包骨头了。居丧期间，和平日一样饮酒无度。

司隶校尉、何夔的儿子何曾很讨厌他，就在司马昭座前当面指责阮籍说："你这个纵酒无度、违背礼仪、败坏风俗的人，如今忠诚贤明的人执掌朝政，要综合考察人物是否名实相符。像你这类人，绝不可以助长你们的气焰！"

于是对司马昭说："您正以孝道治理天下，却听任阮籍居丧期间在您客座之上饮酒食肉，以后还怎么教导别人？应该把他流放到荒远之地，不让他污染我们华夏的风气。"

司马昭喜爱阮籍之才华，常常帮助保护他。

阮咸喜欢姑姑的婢女。姑姑带婢女离开的时候，阮咸正在陪客人，听说后马上借了客人的马去追，然后两人共骑一匹马回来了。

刘伶喜欢喝酒，经常坐一辆小车，带一壶酒，让人扛着锄头跟着，说："万一醉死就把我埋了。"当时士大夫都称赞他的行为，争相效仿，称作放达。

钟会正得宠于司马昭，听到嵇康的名声就去拜访他。嵇康张开腿坐在那儿打铁，根本不理会主人应有的礼节。钟会将要离去，嵇康问他："你听到了什么而来，见到了什么而去？"钟会答："听到听到的而来，见到见到的而去！"从此对嵇康怀恨在心。

山涛任吏部郎，推荐嵇康代替自己。嵇康写信给山涛，说自己无法忍受流俗，并且有菲薄商汤、周武的意思。司马昭听说后很生气。嵇康与东平人吕安是好朋友，吕安的哥哥吕巽诬告吕安不孝，嵇康为吕安作证证明他并非不孝。

钟会借此事挑拨说："嵇康曾经想帮助毌丘俭，而且吕安、嵇康在世上享有盛名，然而他们言语放荡，为害当世，扰乱名教，应该借此机会杀掉他们。"司马昭就把嵇康和吕安杀了。

西晋统一中国以后，王戎担任了三公那样的高官。他随着时势变化而升降，却不做任何积极的努力。他把事务都交给手下人去办，自己则出去游玩。他性格又很贪婪吝啬，土地田产遍布天下，常常自己拿着统计用的算筹，不分白天黑夜地在那儿计算，仿佛总是还不满足的样子。他家里有品种很好的李树，卖李子时害怕别人获得种子，就用钻子把李核钻透，让人无法再种。他所赏识和提拔的人，也都只看重虚名。

阮咸的儿子阮瞻曾经见王戎，王戎问他说："儒家看重名教，道家与他们的宗旨相同还是不同？"王瞻说："将无同（差不多一样吧）。"王

○ 品画鉴宝　高逸图（唐）孙位／绘　据考证，此图为《竹林七贤图》残卷，四个人物为山涛、王戎、刘伶和阮籍。是研究晚唐人物画的重要资料。

戎赞叹不已，于是召阮瞻做自己的属官。当时的人称之为"三语掾"，意思是三个字的属官。

相关链接

〔1〕《老子》、《庄子》：前者为春秋时代李耳的著作，后者为战国时代庄周的著作，这两本书再加上《周易》被称为"三玄"。

〔2〕竹林七贤：我国三国时期嵇康、阮籍、向秀、刘伶、王戎、阮咸及山涛七位名士的合称，因他们常聚集在山阳县（今河南辉县西北一带）的竹林之下开怀畅饮，故名。七人是魏晋玄学的代表人物，喜欢清谈，行为放浪无羁。

嵇康（公元223－262年或者公元224－263年）
字叔夜，本姓奚，祖籍会稽（今浙江绍兴），其先人因避仇迁家谯国铚县（今安徽宿县西南），改姓嵇。"竹林七贤"的领袖人物。三国时魏末著名的诗人和音乐家，是当时玄学家的代表人物之一。

刘禅乐不思蜀

蜀汉灭亡以后，刘禅及家人、部分臣子都被迁到洛阳。大家都记着亡国之痛，不忘怀念蜀地，唯有刘禅每天过得很高兴。

蜀汉投降后，刘禅全家迁居洛阳，临行的时候，纷乱仓促，刘禅的大臣没有随行的人，只有秘书令郤正和殿中督张通舍弃妻儿老小，只身跟随刘禅。

刘禅仰仗郤正的指导帮助，才使自己的言谈举止中规中矩，没有失礼，于是慨然长叹，恨自己对郤正了解得太晚。

后来，刘禅被魏封为安乐公，刘禅的子孙与臣属封侯的有五十多人。晋王司马昭设宴招待刘禅，为刘禅演奏蜀地的乐舞，旁边的人都为之感伤，刘禅却像平常一样高兴。

晋王对贾充[1]说："人缺乏感情，竟然能到这个地步。就算诸葛亮不死，也不能辅佐他长治久安，何况姜维呢！"

有一天，晋王问刘禅说："你还思念蜀吗？"

刘禅说："在这儿很开心，不思念蜀。[2]"

郤正听到后，就对刘禅说："如果晋王以后再问你，你应当哭着回答，就说：'先人的坟墓，都远在蜀地，我心里常常西向悲伤，没有一天不思念。'然后闭上眼睛。"

后来晋王又问他，刘禅就按郤正教的那样回答，晋王说："你的话怎么像是郤正说的？"

刘禅惊讶地看着他说："确实像您所说的那样。"旁边的人都哈哈大笑。

相关链接

〔1〕贾充：公元217－282年，字公闾，平阳襄陵（今山西襄汾）人，西晋开国功臣之一。

〔2〕后由此事引申出"乐不思蜀"这一成语，意为：在一个地方得到了快乐，就不再想回到原来的地方去了，比喻乐而忘返或乐而忘本。

晋恭帝·司马德文　晋安帝·司马德宗　晋孝武帝·司马曜　晋简文帝·司马昱　晋废帝·司马奕　晋哀帝·司马丕　晋穆帝·司马聃　晋康帝·司马岳　晋成帝·司马衍　晋明帝·司马绍　晋元帝·司马睿　晋愍帝·司马邺　晋怀帝·司马炽　晋惠帝·司马衷　晋武帝·司马炎

晋纪

公元 265 - 420 年

晋朝分为西晋与东晋两个时期。西晋为晋武帝司马炎所建立，建都洛阳；东晋为晋元帝司马睿所建立，建都建康。

作为统一的帝国，西晋确立了一整套官僚制度。它设立的三省制对后世产生了较大的影响。西晋开始实行分封制和都督制以加强皇室对地方的控制，但这些封国在晋末反而削弱了中央势力。

西晋末年的"八王之乱"引起了大规模的流民起义与少数民族频繁的反晋活动。内迁的诸民族乘机举兵，造成"五胡乱华"。人民纷纷南渡，北方进入五胡十六国时期。

东晋初期，王导等人采取镇之以静策略，以稳定局势。南方的农业生产有了很大的提高，北方农民不断渡江南来，补充了南方不足的劳动力，也带来了比较先进的生产工具和生产技术。南北农民的结合，北方的工具技术同南方水田种植经验的结合，是南方农业发展的重要原因。于是，中国经济重心从此开始南移。此外，东晋在手工业和商业方面也有长足进步。

该时期的文化向多元发展。儒教的至高地位被打破，哲学、文学、艺术、史学及科技纷纷革新，形成众多独立的学科。当代思想有本土的玄学、道教及由印度东传的佛教，士大夫阶级盛行清谈。边疆民族带来的草原文化与东晋的中原文化及江南文化彼此交流，相互融合。

大事年表

- 公元 265 年／司马炎逼迫魏帝禅位，废魏帝为陈留王，改魏为晋。建都洛阳。
- 公元 280 年／西晋灭吴，统一全国。
- 公元 290 年／晋武帝卒，太子司马衷继位，是为惠帝。
- 公元 291－306 年／八王之乱。
- 公元 301 年／李特率流民起义。
- 公元 308 年／汉王刘渊称帝。
- 公元 310 年／汉刘渊卒。太子和继位。刘聪杀和夺位。
- 公元 316 年／汉国刘曜攻占长安，西晋亡。
- 公元 317 年／司马睿在建康称帝，东晋开始。
- 公元 319 年／石勒称王，以赵为国号，史称后赵。
- 公元 352 年／秦王苻健称帝。
- 公元 366 年／敦煌莫高窟开凿，敦煌文书即发现于此。
- 公元 370 年／秦王苻坚遣兵灭燕。
- 公元 376 年／前秦苻坚统一北方。
- 公元 383 年／淝水之战，苻坚大举进攻东晋失败。
- 公元 384 年／慕容垂称燕王，攻邺，后燕始此。
- 公元 417 年／宋武帝刘裕灭后秦。

　　蜀汉灭亡以后，吴国人都害怕了，大臣们于是拥立孙皓登上帝位。刚上任时，他显得很开明，可是后来就残暴无道了。但是，吴灭亡后，作为亡国之君的他在洛阳的表现，要比刘禅优秀得多。

　　魏咸熙元年（公元264年）七月，东吴景帝孙休去世。当时蜀汉刚刚灭亡，交趾的吕兴又发动叛乱，国内人心惶惶。大臣们商量，觉得应该由一位年长的君主来统治国家，于是就拥立乌程侯孙皓[1]为帝。

　　孙皓刚即位的时候，发下优抚诏书，体恤臣民百姓，打开仓库，赈济贫困，按条例放出宫女许配给没有妻子的人，养在御苑里的飞禽走兽也都放归山林。当时大家交口称赞，认为他是个明君。可是等孙皓控制大权以后，就变得粗暴骄横，喜好醇酒美女，朝廷上下的人都大失所望，拥立他的大臣心中都暗暗后悔。

　　东吴散骑常侍王蕃，相貌气质不凡，不会看人脸色、顺从别人的意思行事，孙皓对此很不高兴。散骑常侍万彧、中书丞陈声便乘机诋毁他。孙皓大宴群臣，王蕃喝醉了酒趴着起不来。孙皓怀疑他是故意装出来的，就用车子把他送出去。过了一会，又召他回来。这时王蕃容貌举止又恢复庄严，行走自如。

　　孙皓大怒，喝令左右侍卫在殿堂下把他杀了，然后出门，登上来山，让左右随从投掷王蕃的头颅，并装成老虎和狼的样子啃咬，把头颅咬碎。孙皓还派遣黄门走遍各个州郡，挑选将吏家的女儿，凡是俸禄为二千石的大臣家里的女儿，每年都要申报姓名年龄，到十五六岁时要经过一次检选，没有被选中的才可以出嫁。后宫女子几千人，孙皓仍然不断地挑选新人入宫。

　　孙皓要建昭明宫，凡是俸禄在二千石以下的官员，都要亲自到山里去督促砍伐木材。然后又大规模地开辟打猎场，推平土山，修筑楼台，极尽工匠与劳工的能力，工程耗费数以亿万计。大臣屡次劝谏，孙皓一概听不进去。东吴人刁玄伪造谶文说："黄色的旗帜、紫色的车盖，出现在东南方。最终得天下者，是荆、扬的君主。"孙皓信以为真，就在那个月的最后一天，从华里大规模出兵，让太后、皇后以及后宫几千人坐在车上，从牛渚向西进发。东观令华核等人极力谏阻，孙皓不听。途中遇到大雪，道路毁坏，士兵身披铠甲，手持兵器，一百个人一起拉一

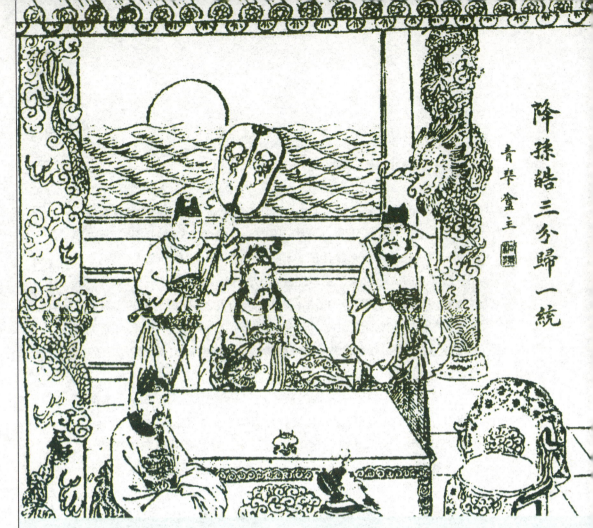

降孙皓三分归一统

青巢阁主

辆车子，人几乎被冻死。士兵们都说："如果遇到敌军，我们就倒戈。"
孙皓听到这些话，才下令返回。

中书令贺邵，中风后不能说话，请假离职几个月。孙皓怀疑其中有
诈，就把他抓起来关到酒窖里，拷打了几千下，也没能让他说出一个字
来。于是把铁锯烧红，锯下贺邵的头颅，把他的家人放逐到临海。

吴国有很多谈论祥瑞的人，孙皓就此事向侍中韦昭询问。韦昭说：
"这不过是人家箱子里收的小说怪谈一类的东西。"

韦昭兼任左国史，孙皓想让他为自己的父亲作纪，韦昭说："你父
亲文皇没有登天子之位，应当作传，不应当作纪。"孙皓不高兴，渐渐
开始对韦昭有所责骂甚至生气。后来孙皓认为韦昭不执行他的命令，不
忠心尽职，前后的不满累计起来，终于把韦昭抓起来关进监狱。韦昭通
过狱吏上书陈说，献上他写的书，希望以此求得赦免。但孙皓却责怪他
的书又脏又旧，于是杀死韦昭，把他的家人放逐到零陵。

有一次，孙皓的宠妾派人到集市上抢夺百姓的财物，司市中郎将陈声一向受孙皓宠爱，就把抢东西的人绳之于法。宠妾向孙皓哭诉，孙皓发怒，就借口其他事情，烧红铁锯割断陈声的头颅，把他的身躯扔到四望山下。孙皓每次宴请群臣，都让他们喝得烂醉。又安排十个黄门郎做统计过失的人。宴会结束之后，黄门郎各自奏报大臣的过失，一个顶撞的眼神，一句说错的话，没有不举报的。重者就要被杀，轻者按犯罪处置，或者剥人的脸皮，或者挖人的眼睛。从此大小官员人心离散，没有肯为他尽力的。

孙皓还嫉妒比他强的人。侍中、中书令张尚，思维敏捷，善于辩论，谈起问题来常常有出人意料的观点，孙皓就很不满，怨恨越积越多。后来孙皓问张尚："朕喝酒可以与谁相比？"

张尚说："陛下有百觚 [2] 的酒量。"相传孔子能饮酒百觚，张尚的意思也就是拿孙皓与孔子相比。谁知孙皓听了说："你明知孔子没有做君王，居然拿朕跟他相比！"于是发怒，把张尚抓了起来。自公卿而下的大臣一百多人到宫殿叩头，替张尚请罪，张尚才得以免死，被送到建安去造船。不久以后，孙皓还是把他杀了。

晋太康元年（公元280年），晋水军兵临建业城下，孙皓把双手绑在前面，抬着棺材，到军营门口投降。五月初一，孙皓被送到洛阳。

初四，晋武帝司马炎在殿前平台会见文武官员中有爵位的以及四方的使者，国子监学生也都参加。司马炎派人把孙皓与投降的东吴人带来相见。孙皓登上大殿向司马炎稽首。

司马炎对孙皓说："我设这个座位等你已经等很久了。"

孙皓说："我在南方，也设了这样的座位等待陛下。"

贾充对孙皓说："听说你在南方，挖人的眼睛，剥人的脸皮，这是哪一级的刑法？"

孙皓说："为人臣子却杀他的君王，或者做奸恶不忠的事情，就给他施这样的刑罚。"贾充听了一言不发，很是惭愧，孙皓脸上却丝毫没有愧色。

相关链接

〔1〕孙皓：公元242－284年，字元宗，东吴最后一位皇帝，公元264－280年在位。
〔2〕觚：古代一种圆口细腰的酒器。

陆抗虎父无犬子

陆抗是陆逊的儿子。陆逊当年曾火烧连营大败刘备，他死后由陆抗接袭爵位。陆抗善战而谦虚，虽然在西陵一举击破步阐的叛军，但是回去后脸上连一点骄傲的神色都没有。

陆抗[1] 是陆逊的儿子，孙策的外孙。陆逊的长子早夭，所以陆逊死后由陆抗袭爵。

晋泰始八年（公元272年）九月，东吴西陵督步阐占据了西陵向晋投降。当时陆抗担任镇军大将军，西陵正在他管辖区内，就马上派将军左奕、吾彦等前去讨伐。

晋武帝司马炎[2] 派荆州刺史杨肇到西陵迎接步阐，又派车骑将军羊祜率领步兵进攻江陵，派巴东监军徐胤率领水军攻打建平来救援步阐。陆抗命令西陵各军设立严密的包围圈，从赤溪一直到故市，内可围困步阐，外可抵御晋军。

陆抗不分昼夜催促各军修建包围工事，就好像敌人已经到来似的，各部队都觉得很辛苦。将领们劝谏说："现在应该乘着三军的锐气，迅速进攻步阐，等到晋的救兵来到，一定可以攻克西陵，何必去做修建工事这样的事，让士兵和百姓都觉得疲惫呢？"

陆抗说："西陵城所处的地势已经够稳固了，粮食又很充足，况且所具有的防御设施、器具，都是我早先在西陵任职时所准备的，现在反过来攻打它，不可能很快攻下。如果等晋兵到来而我们还没有攻下来，里外受敌，靠什么抵御？"

诸将还是都想攻打步阐，陆抗想让众人心服，就听任他们去试了一试，果然没有胜利。包围圈的工事都准备好的时候，羊祜的五万军队也正好到了江陵。

将领们都认为陆抗不应该离开江陵，陆抗说："江陵城防坚固，兵员充足，没有什么可担忧的。就算敌人打下江陵，破坏了城防，他们也一定守不住，我们的损失不会很大。如果晋兵占领了西陵，那么南山众多夷族都会骚动，麻烦就难以估量了！"于是亲自率领部队奔赴西陵。

当初，陆抗因为江陵以北道路平坦开阔，就命令江陵督张咸建造大坝阻断水流，把平地淹没以阻挡敌人的侵犯和内部的叛乱。羊祜想借大坝拦住的水用船运送粮草，就故意扬言要凿破大坝好让步兵通过。

陆抗听到这个消息，就让张咸立刻破坏大坝。将领们都迷惑不解，多次谏阻也没有用。结果羊祜到了当阳，听说大坝已毁，只好改用车子运粮，耗费了许多时间与力气。

十一月，杨肇到达西陵。陆抗命令公安督孙遵沿着南岸抵御羊祜，水军督留虑抵御徐胤，陆抗亲自率领大军凭藉长围与杨肇对峙。

将军朱乔营里的都督俞赞逃到杨肇那里，陆抗说："俞赞是军队里的老官吏，清楚我军的虚实。我经常担心夷兵平时的训练不够，敌人如果进攻包围圈，一定先攻打夷兵防守的地方。"于是当夜更换夷兵，全都用精兵把守。

第二天，杨肇果然攻打原先夷兵防守的地方。陆抗下令反击，弓箭与石块像下雨一样袭来，杨肇的部下接连死亡。

十二月，杨肇无计可施，趁黑夜逃走。陆抗想追击，又担心步阐积蓄力量在一旁等待时机，自己的兵力不足以分成两路，于是只擂鼓威吓敌人，做出要追赶的样子。杨肇的部下果然恐惧不安，全都丢弃铠甲轻身而逃。

陆抗派骑兵追击，杨肇军队大败，羊祜等人都率领军队撤退。陆抗于是攻克西陵，杀死步阐以及与他同谋的将吏几十人，全都诛灭三族，而为剩下几万人向皇帝请求赦免。

陆抗返回东边的乐乡，脸上没有自负的神色，谦虚平淡也一如既往。孙皓加封陆抗为都护。

相关链接

[1] 陆抗：公元226－274年，字幼节，吴郡吴县（今上海松江）人，陆逊次子，三国时期吴国著名将领。

[2] 司马炎：公元236－290年，字安世，司马昭长子，晋朝开国君主，于公元265年建晋代魏，谥号晋武帝。

○品画鉴宝

持盾俑（西晋） 俑作跪姿，右手扛矛，左手持盾，盾上怪兽双目圆睁，獠牙尖利，使人望而生畏。

马隆自荐却敌

西晋时，鲜卑人树机能侵犯凉州，马隆毛遂自荐，请求平敌，得到了司马炎的允许。他于是率兵西上，遂灭树机能。

晋咸宁五年（公元279年）正月，鲜卑[1]的秃发树机能攻陷了凉州。晋武帝司马炎因为以前有大臣请求发兵，自己没有同意而非常后悔，在朝会的时候叹气，说："有谁能为我讨平这个敌寇？"

司马督马隆[2]上前说："陛下如果能任用我，我可以平定树机能。"

司马炎说："你若真能平定敌人，我为什么不能任用你，只是你的策略是怎样的？"马隆说："我打算招募三千名勇士，不管他们以前如何，率领他们西进，敌寇都不够我讨伐的。"司马炎同意了，任命马隆为讨虏护军、武威太守。大臣们都说："我们现在的将士已经很多了，不应该再凭空悬赏招募。马隆这个小将只是瞎说，不值得相信。"司马炎不听。马隆招募士兵，录取的标准是能拉开一百二十斤张力的弓，能拉开发射时有九石力量的弩。他立下标志考试选拔，从早晨到中午，得到三千五百人。马隆说："足够了。"

他又请求亲自到武器库里去挑选兵器，以至于武库令因为麻烦与他吵了起来。御史中丞向皇帝上奏弹劾马隆，马隆说："我将要在战场上拼命，武库令却给我曹魏时期生锈的兵器，这可不是陛下用我的本意。"司马炎于是下令，武器库中的兵器任马隆挑选，并供给他三年的军用物资，然后派他出征。

马隆向西渡过温水，树机能等人带领几万名部众凭借险要关口抵抗。因为山路狭隘，马隆就造了扁箱车，还做了木屋，架在车上，一边战斗一边前进，走了一千多里，打死打伤了很多敌人。

自从马隆向西出发以后，音讯断绝，朝廷为他们担忧，有的人甚至说他们已经全军覆没了。后来马隆的使者在夜里到达，司马炎拍着手笑了。清晨，召集群臣，对他们说："假如听从了诸位的意见，就没有凉州了。"于是下诏，赐给马隆符节，封他为宣威将军。

马隆到达武威，鲜卑部落首领猝跋韩且万能率领一万多个部落前来归降。十二月，马隆与树机能大战，斩杀了树机能。凉州终于平定。

相关链接

〔1〕鲜卑：古代我国北方游牧民族，兴起于大兴安岭山脉。

〔2〕马隆：生卒年不详，字孝兴，东平平陆（今山东汶上）人，西晋将领。

周处被认为是三害之一，他知道后，不但除掉了另外两害——老虎和蛟龙，而且自己也痛改前非，立志读书学习，后来终于成了一个有用的人才。

周鲂的儿子周处[1]，臂力无人可比，他为人不拘小节，乡里的百姓对他都感到很头疼。周处曾经问乡里的老人说："如今四时调顺，年岁丰收，但人们却不开心，这是为什么呢？"

老人叹着气说："三害不除掉，哪里能够开心？"

周处说："三害是什么？"

老人说："南山的白额虎，长桥的蛟龙，再加上你，就是三害了。"

周处说："如果所担忧的只有这三害，那我就能将它们除掉。"

于是，周处进山搜寻老虎，将老虎射死；然后跳到河里，与蛟龙搏斗，杀死蛟龙；然后师从陆机、陆云求学，一心读书，磨炼操守与德行。过了一年，州郡的官府纷纷征召他去做官。

周处在晋惠帝时担任御史中丞，弹劾官吏的时候，从不回避权贵国戚。梁王司马肜曾经违犯法律，周处按律弹劾他。

晋元康六年（公元296年）十一月，皇帝下诏任命周处为建威将军，与振威将军卢播一同隶属安西将军夏侯骏，让他们去讨伐氐人[2]齐万年。当时，司马肜为征西大将军，统管雍、凉二州军务。

中书令陈准上朝的时候进言，说："夏侯骏和梁王都是皇亲贵族，都不是将帅之才，他们进不求名誉，退不怕罪责。而周处是吴人，忠诚耿直，勇敢果断，有仇人而没有后援。应当命令积弩将军孟观，率领一万精兵作为周处的前锋，一定能够消灭敌人。不然的话，梁王就会让周处担任前锋，并且不加救援，以陷害他，那么周处就一定会失败。"朝廷没有听从。

齐万年听说周处率领军队前来，说："周府君曾经担任新平太守，文武全才。他如果是不受制约而来，那就不可抵挡；如果他受制于人，这次就会被我擒获。"

次年正月，齐万年驻扎梁山，有部众七万人。梁王司马肜、夏侯骏派周处率领五千士兵攻击。

周处说："军队没有后续部队，一定失败。这样不仅是我个人丧命，也会给国家带来耻辱。"司马肜、夏侯骏不理他，逼着他出发。

初四，周处与卢播、解系在六陌攻打齐万年。周处军队的士兵们还没有吃饭，司马肜就催促他们立即进攻。从早上一直打到晚上，消灭了很多敌军。最后弓弦断了，箭也射完了，救兵还是不来。

周处身边的人劝他撤退，他按着长剑说："这正是我效忠舍命的日子。"于是奋力作战而死。朝廷虽然因此埋怨司马肜，但是也没办法治他的罪。

相关链接

〔1〕周处：公元236－297年，字子隐，东吴吴郡（今江苏宜兴）人。

〔2〕氐人：我国古代西北民族，东晋时建立过前秦、后凉政权。

王衍清谈误国

王衍身为尚书令，却喜欢清谈，崇尚虚无，在其位不谋其职，后被石勒俘虏，死于非命。

晋惠帝时，王衍[1]担任尚书令，南阳人乐广担任河南尹，他们都喜好清谈，把心思寄托在事务之外。他们当时在社会上名声很大，朝廷内外的人都争相效仿他们。王衍与弟弟王澄，喜好品评人物，当时的人都以他们的评价作为标准。

王衍神态聪明，容貌秀美。他小的时候，山涛见到他，赞叹了很久，说："什么样的妇人，竟然生下这样好的孩子！但是危害天下百姓的，未必就不是这个人。"

乐广性情淡泊简约，与世无争。他每次谈论，总是用简略的语言辨析事理，使人感到内心满足。而对于他所不知道的事情，他就保持沉默。他议论别人，一定先称赞这个人的长处，那么这人的短处不用他说，也就自然而然地显现出来了。

王澄以及阮咸、阮咸的侄子阮修、泰山人胡毋辅之、陈国人谢鲲、新蔡人毕卓等人，都以任性放纵为通达，甚至喝醉了酒发狂裸体，也不觉得有什么不对。

胡毋辅之曾经痛饮，他的儿子胡毋谦之见到了，厉声叫着他的字说："彦国，你是上了年纪的人，不应该做这样的事了！"胡毋辅之放声大笑，叫他进来一起喝酒。

毕卓曾经担任吏部郎，隔壁主人酿造的酒熟了，毕卓借着酒劲，趁

夜跑到隔壁放酒瓮的房间里去偷酒喝，被看管的人捆绑起来。第二天早晨一看，原来是吏部郎毕卓。乐广听说以后笑他说："名教之中自有欢乐之处，何必这样呢？"

当初，何晏等人师法、继承老庄学说，他们创立的观点认为："天地万物，都以'无'作为根本。所谓'无'，就是滋生万物，成就万事，无论到哪儿都存在的东西。阴阳依赖它而变化相生，贤者依赖它而成就德性。所以'无'所到之处，没有爵位也照样富贵。"

王衍他们都喜爱和尊重何晏。从此，朝廷的士大夫都把虚浮放诞看作美好的行为，荒废了自己的职务正业。

侍中裴𫖮认为崇尚虚无有害无益，就写了一篇论文《崇有论》，来纠正虚无思想的误导。然而风气习俗已经形成，裴𫖮的论文也不能够匡救了。

晋怀帝永嘉五年（公元 311 年）四月，石勒 [2] 率骑兵追击太傅司马越的灵车，在苦县宁平城追上，大败晋军，让骑兵包围他们并用弓箭射击，十多万晋朝官兵相互践踏，尸体堆积如山，无一人幸免。

石勒擒获太尉王衍等人，让他们坐在帐幕下，向他们询问晋朝的事情。王衍详细陈说了祸患衰败的原因，声称计策不是自己制定的，并且说自己从小就没有当官的欲望，不参与俗世的事务。又借这个机会劝石勒称帝，希望自己能因此得到赦免。

石勒说："您年轻力壮的时候就登上朝廷，名声响彻海内，身居重任，凭什么说自己没有当官的欲望呢？把天下搞得一团糟，不是你又是谁呢？"命令随从将王衍架了出去。

石勒对手下孔苌说："天下我去过的地方多了，还不曾见过这种人，应该让他们活在世上吗？"

孔苌说："他们都是晋朝的王公大臣，终究不会被我们所用。"

石勒说："那就杀了他们。不过为了表示尊重，就不要让他们死在刀刃之下了。"

于是当天晚上，派人推倒墙壁，把他们压死了。

相关链接

〔1〕王衍：公元 256－311 年，字夷甫，琅邪临沂（今山东临沂）人。

〔2〕石勒：公元 274－333 年，字世龙，原名匐勒，羯族，上党武乡（今山西榆社北）人，十六国时期后赵建立者。

贾南风毒计除太子

司马遹自幼聪慧，得到了其祖父司马炎的赏识，其父司马衷称帝后，他被立为太子。皇后贾南风心狠手辣，和他人阴谋算计司马遹，用尽各种办法，废黜并杀死了他。

当初，晋武帝司马炎把才人谢玖赐给太子，生下了皇孙司马遹。有一天夜里，皇宫失火，司马炎登楼查看。司马遹当时只有五岁，他牵着司马炎的衣服下摆走进暗处，说："夜里事起突然，应当防备不寻常的变故，君主不可以站在亮处让别人看到。"司马炎因此认为司马遹很不一般。

司马炎曾经对着群臣称赞司马遹像宣帝司马懿，所以天下人都归心于司马遹。司马炎知道太子没有能力，但是因为司马遹聪慧，司马炎才没有废黜太子的想法。

晋惠帝[1]司马衷即位以后，皇后贾南风[2]的母亲郭槐因为皇后没有孩子，经常劝皇后疼爱太子。贾南风的外甥贾谧骄纵放肆，屡次对太子无礼，郭槐总是严厉地叱责他。

郭槐想让韩寿的女儿去做太子妃，太子也想与韩氏联姻以稳固自己的地位。韩寿的妻子贾午及皇后都不同意，而为太子聘定王衍的小女儿。太子听说王衍的大女儿容貌美丽，而皇后却为贾谧聘定了她，所以心里愤愤不平，说了一些抱怨的话。

郭槐病重，临终的时候，拉住贾南风的手，叫她对太子尽心，言辞非常恳切。又说："赵粲、贾午，一定会把你家的事搅乱；我死后，不要再让他们随便进出宫殿。用心记住我的话！"皇后却没有听从，反而与赵粲、贾午图谋陷害太子。

太子年幼时有好名声，等到长大，却不喜欢学习，只知与周围的人玩耍。贾南风又让黄门之类的人引诱他，使他变得奢侈糜烂，而且强横暴虐。从此太子的声誉逐渐衰落，而骄横傲慢却日益突出，有时竟然不去向父皇请安伺候，而纵情游乐。他还在宫中设立市场，让手下人买卖酒肉，太子用手拈分量，轻重丝毫不差。太子的亲生母亲，原来是屠夫的女儿，所以太子也喜好买卖。太子月俸有五十万，却经常预支两个月的，还不够开销。又让西园出售蔬菜、蓝草籽、鸡、面粉等物品，收取利润。又爱好阴阳术数之类的小把戏，有很多禁忌约束。

辅佐太子的官员劝说太子，太子也不听。中舍人杜锡，担心太子的

地位不稳定，经常尽力劝谏，言辞恳切。太子不但不感激，反而觉得杜锡讨厌，把针放在杜锡平常所坐的毡垫里，杜锡被扎出了血。

太子性格刚烈，知道贾谧倚仗皇后的势力而骄横，不能容忍敷衍贾谧。贾谧当时担任侍中，到太子所住的东宫来，太子有时就把他撇在一边，自己到后园玩耍。

太子的属官詹事裴权劝谏太子说："贾谧是皇后亲近的人，一旦他想陷害你，情况就危险了。"太子不听。

贾谧果然向贾南风诬陷太子说："太子储藏很多私财，有结交小人的目的，就是要图谋您啊。如果皇帝驾崩，他登基继位，一定会按照您过去对杨太后的做法，诛杀我们，把您废黜并囚禁在金墉城，对他来说易如反掌。不如早作打算，另立一个心慈面顺的人做太子，这样您就可以放心了。"

贾南风采纳了贾谧的建议，于是宣扬太子的短处，并到处传播。又假称自己怀孕，在宫内准备了接生用具，然后接来妹夫韩寿的儿子韩祖慰抚养，想用韩祖慰来取代太子。

晋元康九年（公元299年）十二月，太子的大儿子生病，太子为他请求王爵，没有被同意。后来病情加重，太子为他祈祷求福。

贾南风听说后，就假称惠帝身体不适，召太子入宫朝见。太子进宫后，皇后不见他，把他安排在其他房间，派婢女陈舞假称惠帝的命令赐太子三升酒，让他全部喝掉。

太子推辞说喝不了三升，陈舞逼迫他说："不孝啊！天子赐你酒而你不喝，难道酒中有脏东西吗？"太子迫不得已，勉强喝完，于是大醉。

贾皇后让黄门侍郎潘岳写了一封信的草稿，又让小婢女承福，拿着纸、笔和草稿，趁着太子喝醉，伪称惠帝下诏命令他抄写，内容是这样的："陛下应当自己了断，如不自己了断，我就要进宫替您了断。皇后更应该尽快自己了断，若不自己了断，我当亲手将你了断。而且我已经和谢妃约定，到时在皇宫内外一起发动，请不要迟疑犹豫，以免招来后患。我在日、月、星三辰之下茹毛饮血，请皇天允许我扫除祸患，立道文为王，蒋氏为王后。愿望实现，我将用猪、牛、羊三牲供奉北君。"

太子醉得迷糊不觉，于是就照着写了。有的字只写了一半，皇后把它补完整，然后交给了惠帝。

三十日，惠帝到式乾殿，召公、卿入宫，让黄门令董猛出示太子的信以及青纸写的诏书，然后说："司马遹的信如此大逆不道，现在赐死。"把太子的信和青纸诏书给所有的王公大臣看，大家都不作声。

张华说："这是国家的大祸患，自古以来，常常因为废黜太子而导致祸乱。再说我朝拥有天下的时间还短，希望陛下仔细考虑。"

裴頠认为应当先检查传递这信的人，又请求核对太子的笔迹，否则的话，恐怕里面有欺骗妄为的地方。

贾南风就拿出太子平时报告事情的十几张启事，大家对比着看，也没有人敢说不一样。贾南风又让董猛假托长广公主的话对惠帝说："这件事应当尽快决断，大臣们意见各不相同，对那些不服从命令的，应当按军法处置。"大臣们商议到太阳西下，还没有决定。

皇后见张华等人态度坚决，害怕事情发生变化，就建议把太子贬为庶民，惠帝同意了。于是派人到东宫宣读诏书，废黜太子，贬为庶民。

太子换上平民的衣服，步行出宫，坐上简陋的牛车，一家人被士兵押送到金墉城囚禁。王衍亲自上表要求离婚，司马衷准许，太子妃王氏痛哭着回到娘家。

次年正月，贾南风又用计诬陷太子谋反。于是司马衷下令将太子迁移到许昌的宫殿囚禁。

三月，贾南风命令太医令程据配制毒药，假造惠帝诏旨命令黄门孙虑到许昌毒死太子。太子自从被废，担心被人下毒，经常自己烹煮食物，并一直守着。

孙虑把诏令毒死太子的事告诉奉命看守太子的持书御史刘振，刘振就让太子搬到小房间里，断绝了他的饮食。后来又拿毒药逼太子吃，太子不肯吃，孙虑就用捣药的药杵将太子砸死了。

相关链接
〔1〕晋惠帝：公元259－306年，即司马衷，字正度，西晋第二位皇帝，公元290－306年在位。
〔2〕贾南风：公元256－300年，平阳襄陵（今山西襄汾）人，晋惠帝司马衷的皇后，为人残酷阴毒。

司马伦在废黜贾皇后后，又接着废掉了皇帝，自己即位，引起了各地藩王的不满，各地纷纷起兵，讨伐司马伦，爆发了晋朝历史上著名的"八王之乱"，从此西晋王朝便一蹶不振。

皇后贾南风施计废黜了太子，朝廷上下，群情激愤。晋永康元年（公元300年），右卫督司马雅、常从督许超，都曾经在东宫任过职，就与殿中中郎士猗等一起策划废黜皇后，恢复太子的地位。

他们认为右军将军赵王司马伦[1]掌握兵权，生性贪婪冒失，可以借他的力量完成此事，于是劝司马伦的亲信孙秀说："皇后残暴嫉妒，不守本分，与贾谧等人一起诬陷、废黜太子。现在国家失去继承人，社稷面临危险，大臣们将要发动政变。您名义上在皇后的中宫任职，与贾氏、郭氏关系亲密。太子被废黜，大家都说您事先就知道了。一旦发生政变，灾祸一定会落到您头上。为什么不让赵王先行发动，废黜皇后呢？"

孙秀许诺答应，告诉了司马伦。司马伦同意了，于是通知通事令史张林和省事张衡等人，让他们作内应。

准备要起事的时候，孙秀对司马伦说："太子聪明刚猛，如果让他回到东宫，一定不会受制于人。您一直是贾皇后那边的人，路人皆知，如今就算为太子立下大功，太子也会认为您只是为了满足百姓的愿望，才反过来协助太子以求免受惩罚罢了。

"您即使忍气吞声，太子也一定不会真心感激您。将来如果发生一点小矛盾，您还是不能避免被杀。不如拖延时间，贾后一定会加害太子，那时候您废黜皇后，为太子报仇。这样不只免去灾祸，还可以进一步提高您的地位。"司马伦认为有道理。

于是孙秀就派人挑拨离间，扬言说宫中有人想废黜皇后，扶立太子。贾南风多次派宫女乔装打扮去民间探察，听到这些流言后非常害怕。司马伦、孙秀也趁机劝说贾谧等人尽快除掉太子，让人们断绝希望。结果，贾南风就派人杀了太子。

太子死了以后，司马伦和孙秀准备讨伐贾后，告诉了右卫佽飞督闾和。闾和追随他们，约定四月初三半夜的时候，用鼓声作信号。

到了约定的时候，司马伦假借皇帝旨意，命令皇宫禁卫军三部司马说："贾皇后与贾谧等人杀害朕的太子，现在派车骑将军进宫废黜皇后，

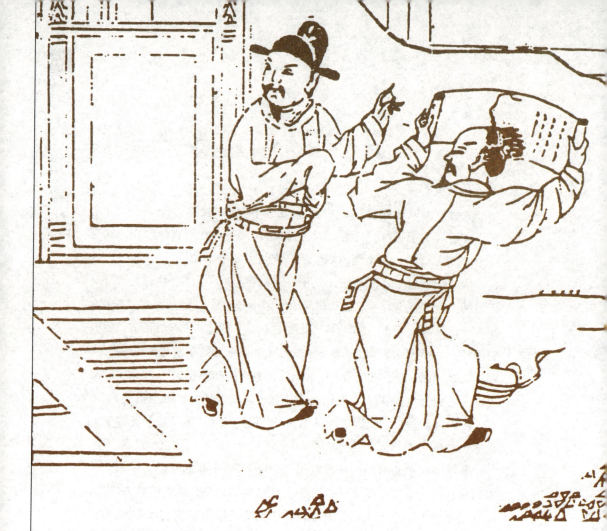

你们都应该服从命令。事成之后，赐爵关中侯。不服从的人，诛灭三族。"
大家都服从了。

　　又假称诏令骗开宫门，趁天黑进宫，把士兵布置在路的南边，派翊
军校尉齐王司马冏带领一百名士兵入宫。华林令骆休为内应，把晋惠帝
司马衷接到东堂，下诏把贾谧召到殿前，要杀了他。贾谧跑到西钟下面，
大叫："皇后救我！"士兵上前把他杀了。

　　贾南风见到司马冏，惊讶地问："你来干什么？"

　　司马冏说："有诏令要逮捕你。"

　　皇后说："诏令应该是从我这儿发出的，还有什么诏令！"

　　贾南风跑到皇帝住的地方，远远地对司马衷喊："陛下有妻子，却
让人废黜，就说明陛下自己也将被废黜了。"

　　当时，梁王司马肜也参与了行动，贾南风问司马肜说："事情是谁
发起的？"

司马肜说："梁王和赵王。"

贾南风说："系狗本来应该系在脖子上，结果反倒系在尾巴上，怎么能不这样呢？"

于是把皇后废为庶民，囚禁在建始殿。

司马伦成功地废黜了贾南风以后，又与孙秀图谋篡夺皇位，打算先除掉朝廷中有名望的大臣，并借机报复以前结怨的人，于是就把张华、裴頠等人抓起来杀掉，并诛杀三族。并让自己担任相国、侍中等多项要职。

晋永宁元年（公元301年）正月，相国司马伦和孙秀让牙门赵奉假传宣帝司马懿的神灵传语，说："司马伦应当尽快入西宫即位。"

散骑常侍义阳王司马威一向谄媚侍奉司马伦，司马伦就让司马威兼任侍中，派他逼迫惠帝交出玺绶，起草禅让的诏书。又派尚书令满奋手持符节，捧上玺绶，表示惠帝已经把帝位禅让给司马伦。

初九，司马伦准备好皇帝专用的车马仪仗，进入皇宫，即皇帝位。然后大赦天下，改年号为建始。

让司马衷从华林园西门出宫，到金墉城居住，派张衡带兵看守，然后尊他为太上皇。

司马伦当上皇帝，大肆封官，手下的人被越级提拔的不可胜数。甚至奴仆士兵，也都封官晋爵。每当朝会，插着貂尾、蝉羽的高级官员坐得满满的。当时的人为此编了谚语说："貂不足，狗尾续。"

这一年，全国府库的储备，都不够用来赏赐。封侯的人太多，来不及铸造官印，有的就给他一个没有字的光板印代替。

司马伦废黜了司马衷，自己当皇帝，引起众藩王的强烈不满。于是各地纷纷起兵，讨伐司马伦。

此后，他们又互相攻伐，连年不止，西晋陷入严重的动荡局面。卷进这一系列攻伐的主要有八个藩王，因此这一段历史也就被称为"八王之乱[2]"。

相关链接

[1] 司马伦：字子彝，司马懿第九子，西晋王朝"八王之乱"的始作俑者。

[2] 八王之乱：主要有楚王司马玮、赵王司马伦、齐王司马冏、长沙王司马乂、汝南王司马亮、河间王司马颙、东海王司马越、成都王司马颖等八王，战乱从公元291年持续到306年，历时十六年之久，给西晋的政治、经济造成了很大的破坏。

陆机、陆云兄弟是西晋著名的文学家，二人在司马颖手下做事，宦官孟玖很嫉恨他们，就通过捏造罪名把他们杀害了。

陆机[1]、陆云兄弟，是西晋著名的文学家，人称"二陆"。

晋太安二年（公元303年），大将军、成都王司马颖与河间王司马颙一起讨伐太尉、长沙王司马乂。

司马颖率领军队在朝歌[2]驻扎，任命平原内史陆机为前将军、前锋都督，统领中郎将王粹、冠军将军牵秀、中护军石超等人的军队共二十多万，向南进军，进逼洛阳。陆机本来在司马颖门下当幕僚，这次一下位居众将领之上，让王粹等人心里很不服气。

十月初九，司马乂奉持皇帝与陆机在建春门展开激战，最后陆机的军队惨败。

当初，宦官孟玖很受大将军司马颖的宠爱，孟玖想让他父亲做邯郸的县令，左长史卢志等人都不敢反对，只有右司马陆云坚决不同意，他说："邯郸的县令，历来都是有公府掾属资格的人担任的，怎么能让宦官的父亲做呢？"孟玖因此十分怨恨陆云。

孟玖的弟弟孟超，是统领万余人的小督，战斗还没开始，就放纵他的部下到处抢掠。陆机拘捕了带头的人，孟超带了一百多全副武装的骑兵一直冲到陆机麾下，夺走犯人，回头对陆机说："狗奴才，你会做都督吗？"陆机的司马孙拯劝陆机杀掉他，陆机没有听从。

孟超向大家扬言说："陆机想要叛变。"又写信给孟玖，说陆机有叛变之心，所以军队不能迅速取胜。战斗开始后，孟超不听陆机的指挥，自己轻率地领兵深入，结果大败，全军覆没。

孟玖怀疑是陆机杀了孟超，就对司马颖进谗言说："陆机怀有二心，与长沙王勾结。"牵秀一向奉承孟玖，将军王阐、郝昌，帐下督公师藩等人也都是由孟玖引荐而被任用的，这些人一起证实孟玖的话是真的。司马颖大怒，派牵秀带兵去拘捕陆机。

参军事王彰劝谏说："今天的战斗，强弱对比十分明白，连庸人都知道一定打不过，何况像陆机那样明白通达的人呢？只是因为陆机是吴人，殿下又过于重用他，才引起北方旧将的嫉妒而已。"司马颖不听从他。

陆机听说牵秀到了，就脱下军服，戴着便帽，与牵秀相见，又给司

平复贴（西晋）陆机／书　《平复贴》是现存最早的传
世墨迹。该贴是写给友人的信札，为文人传世书信中最
早的一件。

马颖写信辞别。然后叹着气说："故乡华亭的鹤鸣声，还能再听到吗？"
于是牵秀就把他杀了。司马颖又拘捕了陆机的弟弟清河内史陆云、平东
祭酒陆耽以及孙拯，把他们都关进监狱。

记室江统、陈留人蔡克、颖川人枣嵩等人共同上书，认为："陆机
因计谋不周密而导致失败，可以处死。至于说他反叛，大家都知道是不
可能的。应该先审核陆机谋反的情况，如能证实，再杀陆云等人也不
迟。"江统等人不停地恳求，司马颖犹豫了三天。

蔡克进入王府，到司马颖面前，叩头叩到流血，说："孟玖怨恨陆
云，是远近都知道的。现在如果陆云真的被杀，我为您感到惋惜！"跟
随蔡克进去的几十个手下，也都流着泪请求。司马颖很伤心，神色中颇
有宽恕的意思。

孟玖扶着司马颖进去，催司马颖下令杀掉陆云、陆耽，诛灭陆机三
族。狱吏拷打孙拯数百下，打得两脚的踝骨都露出来了，但孙拯始终说
陆机是冤枉的。

狱吏知道孙拯正直刚烈，就对孙拯说："二陆的冤枉，谁不知道呢？
但是您不爱惜自己吗？"

孙拯仰天长叹，说："陆机两兄弟，是天下的奇士，我承蒙他们的
知遇和厚爱，现在既然不能把他救活，又怎么忍心再诬陷他呢？"

孟玖等人知道不能使孙拯屈服，就命令狱吏伪造孙拯的供词。

司马颖杀了陆机以后，常常后悔，等看见孙拯的供词，非常高兴地
对孟玖等人说："如果不是你们尽力，就不能挖出这个奸人。"于是诛灭
了孙拯三族。

孙拯的学生费慈、宰意两个人到狱中为孙拯声冤，孙拯开导他们并让他们离开，说："我从道义上不能辜负二陆，死是我的本分，你们又为了什么呢？"

二人回答说："您既然不能辜负二陆，我们又怎能辜负您呢？"于是坚持说孙拯是冤枉的，孟玖把他们也杀了。

相关链接

〔1〕陆机：公元261－303年，字士衡，吴郡吴县（今江苏苏州）人，陆抗之子，文学家，与其弟陆云合称"二陆"，二人皆死于"八王之乱"。

〔2〕朝歌：位于现在的河南淇县。

晋惠帝北伐司马颖，侍中嵇绍随行。在战争中，他奋不顾身保护自己的君主，被敌军杀死时鲜血都溅到了惠帝的衣服上。

晋永兴元年（公元304年），皇太弟司马颖愈发地不守本分，奢侈无度，让自己宠爱的小人执掌权力，大家都很失望。司空、东海王司马越与右卫将军陈眕以及长沙王司马乂过去的部将上官巳等人一起谋划，准备讨伐司马颖。

七月初一，陈眕率领士兵攻入云龙门，用皇帝的诏书召集三公、群臣与殿中将领，宣布戒严，讨伐司马颖。

初四，司马越奉持惠帝司马衷北伐，司马衷任命司马越为大都督，征调前侍中嵇绍 [1] 到身边随行。

侍中秦准对嵇绍说："现在随行，安危难测，你有好马吗？"

嵇绍严肃地说："臣子护卫皇帝的御车，死也不能离开，要好马干什么？"

司马越发出檄文 [2]，召集各地的军队。奉诏赶来的队伍很多，行军到安阳，已经有十多万人了，邺城中的人都很惶恐。

司马颖召集幕僚询问计策，东安王司马繇说："天子亲自征伐，应当放下武器身穿素缟出去迎接，并向天子请罪。"司马颖没有听从他的意见，派石超率领五万人前去迎战。

折冲将军乔智明劝司马颖迎接司马衷御驾，司马颖生气地说："你空有明白事理的名声，投奔到我身边做事。现在皇上被小人逼迫，你为什么想让我捆住自己的手脚去接受刑罚呢？"

陈眕的两个弟弟陈匡、陈规，从邺城赶到司马衷身边，说邺城里已经人心离散，因此大家都没怎么防备。

二十四日，石超的军队忽然到达，在荡阴大败司马衷的军队。司马衷脸颊上受伤，中了三箭，大小官员和侍卫全都逃散了。

嵇绍穿着上朝的官服，下马登上御车，用身体护卫司马衷。士兵把嵇绍拉到车辕上就要砍头，司马衷说："这是忠臣，不要杀！"

兵士回答说："奉皇太弟之令，唯独不冒犯陛下一人而已。"于是杀了嵇绍，鲜血溅到司马衷的衣服上。

司马衷从车上掉到草丛里，丢失了六枚御玺。石超侍奉司马衷到自

己兵营中。司马衷很饿，石超端上水，左右随从奉上秋桃。司马颖派卢志迎接司马衷。

二十五日，司马衷进入邺城，宣布大赦，改年号为建武。随从想为司马衷洗衣服，司马衷说："上面有嵇侍中的血，不要洗了！"

相关链接

[1] 嵇绍：字延祖，其父嵇康为魏晋之际"竹林七贤"之一。

[2] 檄文：古时候用于征召、通告或声讨、揭发罪状等的文书。

公元304年，匈奴人刘渊趁晋朝暴发"八王之乱"之机，于左国城称王，建都离石县，国号汉，改年号为元熙。

当初，皇太弟司马颖奏请任命匈奴左贤王刘渊[1]为冠军将军，监理五部匈奴的军政事务，让他在邺城统领军队。

刘渊的儿子刘聪，很是骁勇，能拉开三百斤张力的大弓。又博览经史典籍，很会写文章，二十多岁的时候到京都游玩，京都的名士都愿意与他结交。司马颖因为他聪颖，就任命他为积弩将军。

晋"八王之乱"开始，中原混战。

刘渊堂祖父右贤王刘宣对他的族人说："自从汉朝灭亡以后，我们的单于只徒有虚名，不再有一寸土地了。像我这样的王侯，地位也降到与百姓一样。现在我们虽然衰落，但仍然有两万多人，怎么能这样俯首帖耳地被奴役一百年呢？

"左贤王英明威武，上天如果不想让匈奴复兴的话，一定不会白白生出这个人。现在司马氏骨肉相残，四海扰动，如同像鼎中的沸水一样。复兴呼韩邪单于的大业，现在正是时候了！"于是一起谋划，推举刘渊为大单于，派他的同党呼延攸到邺城去告诉他。

刘渊请求司马颖让他回乡参加葬礼，司马颖不答应。刘渊就让呼延攸先回去，通知刘宣等人让他们召集五部匈奴以及其他小民族，佯称援助司马颖，实际上打算叛变。

王浚和东嬴公司马腾起兵以后，刘渊劝司马颖说："现在幽、并二州的镇守将领十分猖狂，部下十多万人，恐怕禁军和附近郡县的军队都无法抵挡，我请求为殿下回去说服五部匈奴来救国难。"

司马颖说："真的能发动五部匈奴吗？即使能发动他们，鲜卑、乌桓，也不容易抵挡。我想侍奉皇帝回洛阳，以避开他们的锋芒，然后再向天下发送檄文，宣布他们为叛逆，以此来制服他们。你认为怎样？"

刘渊说："殿下是武帝的儿子，为王室立过大功，威武恩德远近著称，四海之内，谁不愿意为殿下拼命呢？又有什么难以发动的？

"王浚是个小人物，东嬴公是皇室远亲，怎能与殿下相比！殿下一旦离开邺城，就是向人示弱，能不能到洛阳还不知道。即使到了洛阳，殿下的威望权势也不会再有了。

"希望殿下勉励部下，镇伏他们，我请求为殿下用两部匈奴摧毁东嬴公，三部匈奴杀王浚，悬挂两个小子的头颅，指日可待。"

司马颖很高兴，任命刘渊为北单于、参丞相军事。

晋永兴元年（公元304年），刘渊回到左国城。刘宣等人奉上大单于称号，二十天之内，召集了五万人，在离石县建都，封刘聪为鹿蠡王。

王浚与鲜卑、乌桓等族军队攻打邺城，司马颖离开邺城，侍奉惠帝返回洛阳。

刘渊听说后，感叹说："不采纳我的意见，反倒自行逃跑，真是奴才啊！然而我和他有言在先，不能不救他。"打算发兵攻打鲜卑、乌桓。

刘宣等人劝谏说："晋朝人奴役我们，现在他们骨肉相残，是上天抛弃他们，要复兴我们呼韩邪单于的大业啊。鲜卑、乌桓，是我们的同类，可以支援我们，怎能攻打他们呢？"

刘渊说："好！大丈夫应当做汉高祖、魏武帝，呼韩邪单于有什么可效仿的？"

刘宣等人叩头说："出我们意料。"

刘渊将都城迁到左国城[2]。胡人、汉人归附他的越来越多。

刘渊对群臣说："过去汉能长久统治天下，是用恩德凝聚百姓。我，是汉朝刘氏的外甥，相约为兄弟，哥哥亡故而弟弟继承，也是可以的啊。"于是建国，国号为汉。

刘宣等人请求奉上皇帝尊号，刘渊说："现在四方还没有平定，暂且像汉高祖当年那样称汉王。"于是即王位，宣布大赦，改年号为元熙。追封安乐公刘禅为孝怀皇帝，制作汉高祖、世祖、昭烈皇帝三祖，以及汉太宗、世宗、中宗、显宗、肃宗五宗的牌位来祭祀他们。

相关链接

〔1〕刘渊：？－公元310年，字元海，匈奴左贤王刘豹之子，十六国之一匈奴汉国的建立者。

〔2〕左国城：在今山西离石县。

司马睿经营江东

　　司马睿做安东将军镇守江东时，在司马王导的帮助下结交名流，收拢士人，逐渐在江东取得人心，为以后成就大业打下了基础。

　　晋永嘉元年（公元307年），朝廷任命琅邪王司马睿[1]为安东将军，统管扬州和江南各项军务，持符节镇守建业。

　　九月初一，司马睿到达建业。司马睿让安东司马王导[2]做自己的主要谋士，对他推心置腹，每件事都要咨询他。

　　司马睿平素没有什么名望，吴人都不依附他。在建业住了很久，也没有士大夫来拜访，王导非常忧虑。

　　恰好司马睿要去参观禊祭，王导让司马睿乘上抬轿，安排了威严的仪仗，王导和名士们都骑马侍从。贺循、顾荣等人看见感到很惊讶，都在道路左边行礼。

　　王导趁机劝司马睿说："顾荣、贺循，是这个地区最有名望的人，应该结交他们来收服人心，他们两人来了，其他人也都会跟着来。"司马睿就派王导拜访贺循、顾荣，两个人都接受邀请来见司马睿。

　　司马睿任命贺循为吴国内史，顾荣为军司马，加授散骑常侍。凡是军政事务，都与他们商议。另外又任命了很多江东士人做各级官员。

　　王导劝说司马睿："谦逊地对待士人，节俭使用度充足，以清静无为的原则处理政务，安抚以前的部下与新结交的士人。"因此在江东地区大得人心。

　　司马睿刚来时，常常因为喝酒耽误事情，王导劝说他，司马睿就命人斟上酒，他接过酒杯后把酒倒掉，从此便戒了酒。

　　晋永嘉五年（公元311年），全国一片混乱，只有江东略微安定，中原的士人百姓大多南渡长江去避乱。镇东司马王导劝说司马睿，招纳贤能的人才，与他们一同成就事业。

　　司马睿采纳了王导的意见，任用了一百多人作为掾属，当时的人称之为百六掾。

　　江州刺史华轶，是华歆的曾孙，认为自己受朝廷任命却被司马睿领导，觉得不平，所以经常不接受司马睿的命令。所属郡县的长官大多都劝谏他，华轶说："我只是想看到朝廷的诏书罢了。"

　　后来司马睿派扬州刺史王敦、历阳内史甘卓与扬烈将军周访集中兵

力攻打华轶，华轶的军队大败，他自己逃奔安成，被周访追上，把他杀了，还杀了他的五个儿子。

相关链接

〔1〕司马睿：公元276－322年，字景文，司马懿的曾孙，公元317年建立东晋王朝，为晋元帝。

〔2〕王导：公元276－339年，字茂弘，晋朝琅邪临沂（今山东临沂）人，曾辅佐司马睿建立东晋。

刘聪杀兄夺位

刘聪杀死听信谗言想除掉自己的刘和后，即皇帝位，但他又害怕自己的哥哥刘恭夺权，于是把他也给杀死了。

晋永嘉[1]四年（公元310年）七月，刘汉高祖刘渊病逝，太子刘和继位。

刘和性格多疑，不施恩德。宗正呼延攸是呼延翼的儿子，刘渊因为他没有才能和德行，终身没有给他升官。

侍中刘乘，一向怨恨楚王刘聪[2]。卫尉、西昌王刘锐，对没有让他参与刘渊临终授命而感到羞耻。

这几个人一起密谋，对刘和说："先帝没有安排好势力的轻重，让三位藩王在皇城里统领强兵，又让大司马刘聪率领十万人马在近郊驻扎，这样陛下就只不过是在为他人保存这个位子了。应当尽早考虑对策啊。"刘和是呼延攸的外甥，所以对他深信不疑。

二十日夜，召安昌王刘盛、安邑王刘钦等人，告诉他们这些情况。刘盛说："先帝的棺柩还没有安葬，四位藩王也没有叛逆的举动，一旦自相残杀，天下会怎么说陛下呢？何况大业未成，陛下不要听信小人的谗言，猜疑兄弟。兄弟都不能相信，那谁还值得相信呢？"

呼延攸、刘锐对他发怒，说："今天商议的事情，没有其他道理可讲，领军你这是什么话！"便命令随从把刘盛杀了。刘盛已经被杀，刘钦害怕，就说："全听陛下吩咐。"

二十一日，刘锐带领马景在单于台攻打楚王刘聪，呼延攸带领永安王刘安国到司徒府攻打齐王刘裕，刘乘带领安邑王刘钦攻打鲁王刘隆，派尚书田密、武卫将军刘璿攻打北海王刘乂。

田密、刘璿带着刘乂冲过关卡，归附刘聪，刘聪命令将士穿上铠甲等待刘锐。刘锐得知刘聪已有防备，迅速回师，与呼延攸、刘乘一起攻打刘隆、刘裕。当天，杀死了刘裕。次日，杀死刘隆。

二十三日，刘聪攻克西明门。刘锐等人逃进南宫，冲在前面的人紧追不舍。

二十四日，刘聪在光极殿西室杀了刘和，抓住刘锐、呼延攸、刘乘，杀死后，把首级悬挂在路口示众。

大臣们请刘聪即位，刘聪因为北海王刘乂是单太后的太子，就把皇位让给刘乂。

刘乂流着泪坚持请刘聪即位，刘聪过了很久才同意，说："刘乂和各位正是因为祸乱还很厉害，看重我年纪大几岁罢了。这是国家的事业，我怎么敢推辞。等刘乂长大，我再把大业交还给他。"于是即位。宣布大赦，改年号为光兴。

后来，刘聪因为自己是超越长幼次序而当的皇帝，所以猜忌他的亲哥哥刘恭。于是趁着刘恭睡觉，挖穿他卧室的墙壁，将刘恭刺杀了。

相关链接

〔1〕永嘉：晋怀帝司马炽的年号。

〔2〕刘聪：？—公元318年，字玄明，匈奴人刘渊第四子。

259

西晋永嘉之乱

晋怀帝永嘉年间，都城洛阳被刘汉军队攻破并焚烧，皇帝成了俘虏，少数民族纷纷入侵中原，士人百姓大批南迁，历史上称这次事件为"永嘉之乱"。

晋永嘉五年（公元 311 年）三月，东海孝献王司马越在项县[1] 去世，太尉王衍等人一起扶奉司马越的灵柩回东海郡安葬。四月，石勒率领轻装骑兵追击司马越的灵车，追到苦县的宁平城，消灭了十几万护送的晋朝军队。

五月，刘汉昭武帝刘聪派前军大将军呼延晏率领二万七千人进攻京城洛阳。

等汉军到达河南的时候，晋军已经打了十二次败仗，前后共死了三万人。刘汉始安王刘曜，还有王弥、石勒都带领军队与呼延晏会合。

刘曜等人的增援军队还没赶到，呼延晏把辎重留下，自己先于二十七日到达洛阳。

次日，进攻平昌门，两天后攻克。于是焚烧东阳门以及各官府衙门。

六月初一，呼延晏因为增援部队还没赶到，就俘虏劫掠了一番后离去。

晋怀帝司马炽在洛水[2] 准备了很多舟船，准备从水路往东逃走，呼延晏将它们全都烧了。

初五，王弥到达宣阳门。初六，刘曜到达西明门。十一日，王弥、呼延晏攻克宣阳门，进入南宫，将宫女、珍宝洗劫一空。司马炽从华林园的园门逃走，想逃奔长安，被刘汉士兵追上抓获，关在端门。刘汉军队攻入洛阳后，杀死大批没有逃走的官员，加上士人百姓，共死了三万多人。

当初，刘曜因为王弥不等自己到达，就先行攻入长安，所以心怀不满。

到了洛阳以后，王弥劝刘曜说："洛阳位于天下中心，四面有天险阻塞，城墙和宫殿房屋都不用再修建，应该报告主上，让他把都城从平阳迁到这儿。"

刘曜认为天下还没有平定，洛阳四面受敌，不可以据守，所以没有采纳王弥的建议，而且放火焚烧了洛阳。

当时的西晋，军队接连打了败仗，京城失陷被焚，皇帝也被抓走，全国乱成一片。

紧接着各少数民族纷纷入侵，中原的士人百姓为避战乱，也纷纷往南渡过长江，迁移到相对安定的江东去。

变乱发生时正是永嘉年间，所以历史上称之为"永嘉之乱"。

相关链接

〔1〕项县：在今河南沈丘一带。

〔2〕洛水：即洛河，发源于陕西洛南，向东流入河南境内，于河南巩义汇入黄河。洛阳因在洛水以北而得名。

石勒收服段氏

段疾陆眷攻打石勒，石勒不是他的对手，就以人质求和，段疾陆眷同意了，于是双方和好并结盟。

晋永嘉六年（公元312年），王浚派遣督护王昌率领各路军队，以及辽西公段疾陆眷，段疾陆眷的弟弟段匹磾、段文鸯、堂弟段末杯等人的部众五万人，到襄国攻打石勒。

段疾陆眷驻扎在渚阳，石勒派了多名将领前去攻打，都被段疾陆眷打败。段疾陆眷制造了大量的攻城器具，准备攻城，石勒的部众都很害怕。石勒召集将校商议，说："现在城墙堑壕[1] 还不坚固，粮食储备也不多，敌众我寡，外面没有救援，因此我想用全力与他决战，怎么样？"武将们都说："还不如坚守，让敌人疲惫，等他们退走时再攻打他们。"张宾、孔苌说："鲜卑部落中，段氏最为骁勇骠悍，而段末杯更是突出，他们的精锐部队都在段末杯那里。今天听说段疾陆眷几天之内就要攻打北城，他的军队从远方来，又连日战斗，认为我们孤立无援，兵力微弱，不敢出去交战，斗志一定松懈了。

"我们最好暂且不出去，让他们觉得我们胆怯。然后在北城墙凿二十几道暗门，等他们前来，阵势还没有布好的时候，出其不意，直冲段末杯的军帐，他们一定很震惊，来不及采取对策，这样就一定能打败他们。段末杯被打败，其他军队就不攻自溃了。"石勒听从了这个计策，秘密设置暗门。不久，段疾陆眷攻打北城，石勒登上城墙观望，发现他们的武将士兵有的甚至放下兵器躺着，就命令孔苌带领精锐士兵从暗门突袭，城上擂鼓呐喊助威。

孔苌进攻段末杯的军帐，没能攻破，于是撤退。段末杯追击，进入孔苌的军营大门，被石勒的军队擒获。段疾陆眷等人的军队都退走了。孔苌乘胜追击，杀死了很多人，尸体相连三十多里，缴获披甲战马五千多匹。段疾陆眷召集剩余部众，退到渚阳驻扎。

石勒以段末杯为人质，派使者去向段疾陆眷求和，段疾

陆眷同意了。段文鸯劝谏说："现在因为段末柸一个人的缘故，而把面临灭亡的敌人放跑，该不会让王浚不满，而招来后患吧？"段疾陆眷不听。又用铠甲马匹金银去贿赂石勒，并且用段末柸的三弟作人质，请求换回段末柸。各将领都劝石勒杀了段末柸，石勒说："辽西鲜卑是强盛的国家，与我们向来没有仇，这次只是受了王浚的指使而已。现在因为杀一个人而与一个国家结仇，怎么可以呢？放他回去，他们一定会很感激我，不再被王浚利用。"

于是用丰厚的金子、布帛回报他，派侄子石虎 [2] 去与段疾陆眷在渚阳结盟、拜为兄弟。段疾陆眷带兵撤回辽西。石勒召来段末柸，与他宴饮盟誓，结为父子，然后让他返回辽西。段末柸在路上，每天都朝南拜三拜。

从此段氏一心附从石勒，王浚的势力从此衰败。

相关链接

〔1〕堑壕：沿阵地正面挖掘的供战斗时使用的壕沟。

〔2〕石虎：公元295－349年，字季龙，上党武乡县（山西榆社北）人，石勒之侄，十六国时后赵皇帝。

石勒假降杀王浚

石勒假装要投降王浚，并说要拥立他为皇帝，王浚信以为真，等到石勒带兵进入蓟城时，他还下令不让阻挡。

晋尚书令王浚因为他父亲的字叫"处道"，自以为应验了"当涂高"（会往高处走的意思）的谶语，于是图谋称帝。前渤海太守刘亮等人委婉而恳切地劝谏他，王浚不听，反而将他们杀了。结果士人和百姓都很害怕怨恨他，而王浚却越来越骄纵狂妄，不亲自管理政务，所任用的都是苛刻的小人。

王浚负责幽州、冀州等地的军务。当时天下大乱，中原地区避乱的人，多半往北去依附王浚。但王浚不能好好安抚，行政法度又没有建立，士人和百姓又纷纷离开他。开始时王浚还能倚仗鲜卑、乌桓的帮助，后来鲜卑、乌桓也都叛离他。

石勒想袭击王浚，因为还不知道他的虚实，想派使者去窥探一下。于是在晋建兴元年（公元313年）十二月，派舍人王子春、董肇带上很多珍宝，带上表文给王浚，说要降附他，助他称帝。

王浚正因为鲜卑族段氏刚刚叛离，士人和百姓又大多离开自己，听到石勒要归降他，大喜过望，将王子春、董肇都封为列侯，派遣使节前去问候，送去很多的财物。次年正月二十二日，王子春和王浚的使者到达襄国。石勒把他的强壮士兵与精锐装备都藏起来，把老弱残兵和空荡荡的府库给使者看，郑重地向北拜见使者，接受王浚的信。

王浚送给石勒标志风雅的麈尾，石勒假装不敢拿在手上，把它挂在墙壁上，早晚都恭敬地向它叩拜，说："我不能见到王公，见他所赐的物品，就像见到他一样。"又派遣董肇向王浚上表，约定三月中旬亲自到幽州尊奉王浚为帝。又给枣嵩去信，请求担任并州牧、广平公。石勒向王子春询问王浚的内政情况，王子春说："幽州去年发大水，百姓都没有粮食吃，王浚囤积了一百万石粟米，却不赈济灾民。刑罚政令都很苛刻严酷，赋税劳役征发频繁，忠臣贤士都离开他，夷人、狄人也在外面叛离。人人都知道他快要灭亡了，而王浚的神气和以前一样，没有害怕的意思。现在正在设置官署，安排官位，自以为汉高祖、魏武帝都无法与自己相比。"

石勒拍着几案笑着说："这下真的能抓到王浚了。"

王浚派的使者返回蓟城[1]，都说："石勒目前势单力薄，十分诚恳，没有二心。"王浚非常高兴，更加骄纵懈怠，不再设置防备。

二月，石勒戒严，准备袭击王浚，但还在犹豫，没有发兵。

张宾说："袭击敌人，应该出其不意，现在军队戒严一整天还不出发，难道是害怕刘琨及鲜卑人、乌桓人会成为我们的后患吗？"

石勒说："是的。该怎么办呢？"

张宾说："他们三方没有一个人的才智和胆略能和将军您相比，将军即使远征，他们也一定不敢妄动，再说他们未必认为将军真能孤军深入一千里，去夺取幽州。骑兵一来一回，不过二十天，假如他们真的怀疑，等他们商议后出师，我们已经回来了。

"再说刘琨、王浚，虽然名义上都是晋朝的大臣，实际上却是仇敌。如果我们给刘琨去信，送去人质请求停战，刘琨一定为我们的顺服高兴，为王浚的败亡称快，根本不会为救王浚而袭击我们。用兵贵在神速，不要再拖延时间了。"

石勒说："我所没有解决的，右侯你已帮我解决了，我还有什么可迟疑的！"

于是举着火把连夜行军，到达柏人县。因为主簿游纶的哥哥游统在范阳，害怕他泄露消息，就把他杀了。

又派遣使者带着信给刘琨送去人质，陈述自己罪恶，请求以讨伐王浚来报效刘琨。刘琨大喜过望，向州郡传布檄文，宣布好消息。

三月，石勒的军队到达易水，王浚的督护孙纬急速派人告诉王浚，准备指挥军队阻击石勒，游统阻止了他。

王浚的将领都说："胡人贪婪不讲信用，一定有诡计，请攻打石勒。"

王浚发怒说："石公来，正是要尊奉拥戴我，有敢说攻打的人，杀！"

大家都不敢再说话。王浚安排宴会准备接待石勒。

初三早晨，石勒到蓟城，喝令卫士开门。开门后石勒还怀疑有伏兵，就先驱赶几千头牛羊进城，声称是送给王浚的礼物，实际上想用牛羊堵塞住各街巷。

王浚这才有些害怕，坐立不安。石勒进城后，放纵士兵抢掠，王浚身边的官员请求抵抗，王浚还不允许。

石勒登上了大厅，王浚就走出殿堂，石勒命令手下把他抓住。石勒召来王浚的妻子，与她并排坐着，押着王浚站在前面。

王浚大骂："胡奴[2]调戏你老子，为什么这样凶逆！"

石勒说："你位高权重，手握大兵，却坐视朝廷倾覆不去救援，还想尊自己为天子，难道不是凶逆吗？又任用奸诈贪婪的小人，残酷虐待百姓，迫害忠良，祸害遍及燕地，这是谁的罪过？"

石勒派他的将领王洛生带领五百骑兵把王浚押送到襄国去，王浚投水自杀，士兵们把他捆住拉出来，在襄国的街市上把他杀了。

相关链接

〔1〕蓟城：在今北京的西南部。

〔2〕胡奴：这是王浚骂石勒的用词，含有蔑视意味。胡：胡人；奴：奴才。

司马睿迁都建东晋

晋愍帝都城长安失陷以后，司马睿在江东称王，后在群臣拥立下称帝，都建康，是为晋元帝，西晋结束，东晋开始。

晋建兴四年（公元316年），丞相、琅邪王司马睿听说长安失守，愍帝[1]被俘，带领军队露宿野外，亲自穿上铠甲，并向各地发送檄文，限定日期北伐。

因为漕运延期，就斩了督运令史淳于伯。行刑以后，刽子手在柱子上擦刀，血沿着柱子往上流，一直到二丈多高的柱子顶端才流下来，观看的人都认为淳于伯冤枉。

丞相司直刘隗进言说："淳于伯罪不当死，请免除从事中郎周莚等人的官职。"于是右将军王导等人上书归咎于己，请求免职。

司马睿说："政令和刑罚失当，都是由于我的昏聩造成的。"没有追究任何人的责任。

次年二月二十八日，平东将军宋哲到达建康[2]，自称接到愍帝司马邺诏书，让司马睿全面负责国家事务。

三月，司马睿换上白衣服，出宫避居，举哀三日。于是西阳王司马羕和官员、掾属等共同奉上皇帝尊号，司马睿不接受。

司马羕等人坚持请求，不肯罢休，司马睿感慨流泪，说："我身为丞相，没有尽到辅佐的责任，是有罪之人。你们如果这样不停地逼我，我只好回琅邪封国去了。"然后传呼私人奴仆，命令准备车驾，要返回封国。

司马羕等人就请求司马睿依照魏、晋旧例，称晋王。司马睿同意了。

初九，司马睿即晋王位，大赦天下，改年号为建武。设置百官，建立宗庙社稷。

晋大兴元年（公元318年），三月初七，愍帝死讯传到建康，晋王穿上丧服，移居倚庐。百官请求奉上皇帝尊号，司马睿不同意。

纪瞻说："晋朝嗣统中断，到现在都已两年了，陛下应当继承大业。遍观皇室子弟，还可以推让给谁呢？陛下如果荣登皇位，那么祖先的神灵和全国百姓都能有所凭依。如果忤逆天命，违背人心，大势一去，就不会再回来了。

"现在洛阳、长安两座京城都被焚烧洗劫，刘聪在西北自立尊号，而陛下却在东南为显示清高推让帝位，这就如同要您救火，你却作揖谦让啊。"

司马睿还是不同意，让殿中将军韩绩撤去摆好的皇帝宝座。纪瞻呵斥韩绩说："皇帝的座位与天上星辰相应，敢挪动的斩首！"司马睿为之动容。

奉朝请周嵩上书说："古代的帝王，道义周全然后择取，谦让完备然后拥有，所以能长久地统治国家，光耀万世。现在愍帝的梓宫还没有归国，故都还没有恢复，义士泣血，士民子女惊惶不安。

"应当广开言路，接受好的建议，训练士卒，整治兵器，先洗雪大耻，满足天下人的共同愿望，那代表天下的宝鼎还会落到什么地方呢！"

周嵩说的违背了司马睿的心意，被贬出京城，担任新安太守。后来又因为抱怨，被免除官职。

初十，司马睿即皇帝位，文武百官陪立两列。司马睿让王导登上御床同坐，王导坚决拒绝，说："如果太阳与天下万物等同，怎么能普照众生！"司马睿于是不再坚持。大赦天下，改年号为大兴。

○ 品画鉴宝
黑瓷鸡首壶（东晋）　此器盘口、细颈、无肩、腹圆鼓，壶身肥大，呈球状，无足平底，为典型的东晋德清窑产品。

相关链接

〔1〕晋愍帝：313－316年在位，司马氏，名邺，洛阳陷落、怀帝被杀后，贾疋拥立他在长安称帝。

〔2〕建康：在今江苏南京市，古称金陵。

郭猗和靳准都和皇上刘聪的弟弟刘乂有矛盾，就勾结刘聪的儿子刘粲给他设计谋反的罪名并杀死了他。

刘汉中宫仆射郭猗与中护军靳准都和太弟刘乂有矛盾。

郭猗对相国刘粲说："殿下是光文帝刘渊的长孙，皇上的嫡子[1]，四海之人都把希望寄托在您身上，为什么却想把天下传给太弟呢？

"况且我听说太弟刘乂与大将军刘骥密谋，准备在三月宴会的时候发动叛乱，事情成功的话，要以皇上为太上皇，大将军刘骥为皇太子，又应允卫将军刘劢为大单于。三王的地位都不被猜疑，并且掌握着重兵，以这样的条件来成就大事，没有不成功的。

"但是刘乂与刘骥二王贪图一时的小利，不顾忌父亲、哥哥，他们一旦得逞，皇上哪有能够保全的道理？殿下兄弟，自然更不用说了。这样，东宫、相国、单于这些地位，将属于刘乂的儿子刘武陵兄弟，怎么肯让给别人呢？

"现在离祸乱的日子已经非常紧迫，应当尽快想办法。我多次对皇上说起这件事，可皇上过于相信友爱亲情，因为我是刑余的宦官，终究不相信我。希望殿下不要泄露今天的谈话，秘密地报告刘乂谋反的情况。

"殿下如果不相信我，可以召来大将军从事中郎王皮、卫军司马刘惇，向他们示以恩德，允许他们自首，再向他们询问，就一定会了解了。"刘粲同意了。

郭猗私下里对王皮、刘惇说："谋反的情况，皇上与相国刘粲都知道了，你们参与了吗？"

二人惊骇地说："没有。"

郭猗说："这件事已决定了处置办法，我只是可怜你们亲戚朋友都要被族灭罢了！"

说完就抽泣流泪。二人十分恐惧，连忙磕头哀求。

郭猗说："我替你们考虑，你们能听从吗？相国如果问你们，你们只说'有此事'，如果相国斥责你们不事先奏报，你们就说：'我们的确身负死罪。但我们以前只是害怕说了也不会被相信，就会因为诬陷挑拨的罪名被处死，所以不敢说。'"王皮、刘惇答应了。

　　刘粲召他们来询问，两人来的时间不同，但所说的话相同，刘粲就认为刘义是真的要谋反。

　　靳准又对刘粲说："殿下应当自己到东宫做皇位继承人，兼任相国，使天下早一点有所寄托。现在街谈巷议，都说大将军、卫将军想尊奉太弟进行变乱，时间定为春季三月。如果让太弟得到了天下，那么殿下将没有立足之地了。"

　　刘粲说："怎么办呢？"

　　靳准说："有人报告太弟要变乱，皇上一定不会相信。应当放松对东宫的警戒，使宾客能够得以随便往来。太弟一向喜欢接待士人，一定不会对警戒放松有意见，轻薄小人中也一定有迎合太弟心意、为他谋划的人。然后我替殿下上表，奏报太弟的罪行，殿下把太弟的宾客和与太弟来往的人拘捕拷问。有了供词以后，皇上就没有不相信的道理了。"

刘粲于是命令负责警戒东宫的卜抽从东宫调走一部分士兵。

晋建武元年（公元 317 年）三月，刘粲让他的党羽王平对刘乂说："刚才得到宫中密诏，说京城将有变故，应该在里面穿上甲衣以防不测。"刘乂相信了他的话，于是让东宫的臣属都在外衣里面穿上甲衣。

刘粲派人骑马告诉靳准、王沈。

靳准禀报昭武帝刘聪说："太弟刘乂准备造反，手下已经在里面穿上甲衣了。"

刘聪大吃一惊，说："怎么会有这种事情？"

王沈等人都说："我们早已听说太弟刘乂有造反的念头，多次进言，但陛下不信我们的话。"

刘聪命令刘粲率领军队包围东宫，刘粲让靳准、王沈拘捕了听命于东宫的氐、羌族酋长[2]多人，严刑拷打，把他们的脑袋都用木枷固定在高高的木格子之上，烧红烙铁灼烫他们的双眼。酋长们受不过，便诬陷自己与刘乂共同谋反。

刘聪对王沈等人说："我现在才知道你们的忠心！你们以后要知无不言，不要怨恨过去进言而不被我采纳。"于是诛杀东宫属官，以及平时与刘乂关系密切，凡被靳准、王沈等人怨恨的大臣几十人，坑杀士兵一万五千多人。

四月，废黜刘乂太弟身份，改封北部王。不久刘粲又让靳准谋杀了他。刘乂清秀爽朗，为人宽厚仁爱又有气度，所以为士人所景仰。

刘聪听说刘乂的死讯，恸哭着说："我们兄弟仅剩二人，却仍容不下他，怎能让天下人明白我啊！"氐族、羌族反叛的人很多，刘聪让靳准兼任车骑大将军，征讨平定了叛乱。

相关链接

〔1〕嫡子：正妻所生的儿子，多指嫡长子。
〔2〕酋长：少数民族的部落首领。

刘粲即位，靳准弑之而称帝，但他抵挡不住刘曜和石勒两支军队的讨伐，部下就杀了他向刘曜投降了。

晋大兴元年（公元318年），七月十九日，刘汉昭武帝刘聪病逝。二十日，太子刘粲继位。

靳准有谋反的念头，他私下里对刘粲说："我听说公卿们准备像商代伊尹[1]、汉代霍光那样代摄朝政，先杀掉太保呼延晏和我，让大司马刘骥总管朝政，陛下应当尽早想办法。"刘粲没有听从。

靳准害怕，又让皇太后和皇后二位靳氏劝说，刘粲于是听从了。拘捕了太宰刘景、大司马刘骥、刘骥的同母弟弟车骑大将军吴王刘逞、太师刘颢和大司徒齐王刘劢，把他们全都杀了。

八月，刘粲在上林苑练兵，准备征讨石勒。让丞相刘曜担任相国，统管所有内外军务，仍然镇守长安。任靳准为大将军、录尚书事。刘粲经常在后宫游玩宴饮，军国大事都由靳准决定。靳准假称诏令，让堂弟靳明任车骑将军，靳康为卫将军。

靳准想要造反，与王延合谋。王延不肯加入，骑马准备去告发他，路上遇见靳康，被抓了回来。靳准于是领兵登上光极殿，派甲兵抓住刘粲，罗列他的罪名，然后杀了他，谥号隐帝。

刘氏族人，不论老幼都在东市斩杀了。又挖掘永光、宣光两座陵墓，用刀砍刘聪的尸体，焚烧了刘氏宗庙。靳准自称大将军、汉天王，行使皇帝职权，设置百官。

靳准对安定人胡嵩说："自古以来没有胡人当天子的，现在我把传国玉玺交给你，还给晋王室。"胡嵩不敢接受，靳准发怒，把他杀了。

靳准派使者告诉司州刺史李矩说："刘渊是匈奴屠各部的小丑，乘晋内乱的机会，假称天命，使得晋怀帝、晋愍帝被俘身死。我立即率领大家扶持二帝梓宫[2]送回南方，请上报晋朝皇帝。"

李矩急忙向晋元帝司马睿上表，司马睿派太常韩胤等人奉迎梓宫。

刘汉尚书北宫纯等招集晋人，在东宫设立堡垒，被靳康攻灭。靳准想让王延任光禄大夫，王延大骂说："屠各部的逆贼，为什么不快点杀了我？把我的左眼放在西阳门，好看相国刘曜攻进来。把我的右眼放在建春门，好看大将军石勒攻进来！"靳准就把他杀了。

相国刘曜听说发生变乱，从长安赶来救难。石勒也率领五万精兵讨伐靳准，占据了襄陵以北的平原。靳准多次挑战，石勒坚守不出，以挫败敌人的锐气。

十月，刘曜到达赤壁。太保呼延晏等人从平阳前来归附，与太傅朱纪等共同奉上皇帝的尊号。刘曜于是即位，大赦天下，只有靳准一族不被赦免。

靳准派侍中卜泰赠送车驾、服御给石勒，向他请和。石勒囚禁了卜泰，把他押送到刘曜那里。

刘曜对卜泰说："先帝刘粲末年，所作所为实在违背人伦。大司空靳准像伊尹、霍光那样，使朕登上皇位，功劳很大。他如果能早日迎接大驾，我会把朝政全部委托给他，何况免除一死呢？你替朕进城，向靳准说明我的意思。"

卜泰回到平阳，靳准因为杀了刘曜的母亲、兄弟，所以心里犹豫，最终没有答应。

十二月，左、右车骑将军乔泰、王腾和卫将军靳康等人合谋杀了靳准，推举尚书令靳明为君主，派卜泰带着传国的六颗玺印投降刘汉。

相关链接

〔1〕**伊尹**：？－公元前1713年，名伊（另说名挚），尹为官名，莘地（今山东莘县）人，曾辅佐汤灭夏建商。
〔2〕**梓宫**：古代帝王、皇后等所用的以梓木制作的棺材。

伯仁为王导努力而并不让他知道。王敦攻入建康后，问王导该如何处置伯仁，他不表态，王敦便杀了伯仁。后来王导整理档案时发现了伯仁搭救自己的表文，于是后悔莫及。

晋永昌元年（公元322年），王敦起兵反叛。王导带领堂弟中领军王邃、左卫将军王廙、侍中王侃、王彬以及各宗族子弟二十多人，每天清晨到上朝的地方等候定罪。

周颛[1]正准备入朝，王导叫住他说："伯仁，我把王氏宗族一百多人的性命都托付给你了！"伯仁是周颛的字。

周颛连头也不回地走进去。见到晋元帝司马睿以后，周颛述说王导的忠诚，极力为他申明。司马睿听从了他的话，周颛十分高兴，以致喝醉了酒。

周颛走出宫门，王导还在门外等候，又呼唤周颛。周颛不理他，却环顾左右说："今年杀掉这些乱臣贼子以后，就能得到斗大的金印，挂在胳膊后面。"回去以后，又上奏声言王导无罪，言辞十分恳切。王导不知道这些事，对周颛十分怨恨。

三月，王敦攻克建康，司马睿命令公卿百官前去拜见。王敦对周颛说："伯仁，你对不起我！"

周颛说："你凭借武力行忤逆之事[2]，我亲自统率六军，结果没有成功，让君王的军队溃逃，这就是我对不起你的地方。"

元帝在广室召见周颛，对他说："近来发生了大事，但二宫没有受到伤害，大家都还平安，这是否表明大将军王敦本来就是符合众望的呢？"

周颛说："二宫的情况，正像陛下说的那样，但是我们这些人会怎样，现在还不知道。"

护军长史郝嘏等人劝说周颛避让王敦，周颛说："我是备位大臣，现在朝廷衰败，难道能躲在草丛中求活，然后出外投奔胡、越吗？"

王敦的参军吕猗，曾经做过台郎，为人奸诈谄谀。戴渊担任尚书，非常讨厌他。吕猗劝王敦说："周颛、戴渊的名望都很高，足以蛊惑众人，近来他们的言谈，又毫无惭愧的意思，您现在不除去他们，将来恐怕还会再有需要举兵的时候。"

王敦素来忌惮他们二人的才能，心里觉得吕猗说得有道理，于是不

王导（公元276—339年）字茂弘，晋朝琅琊临沂（今山东临沂）人。王导在少年时代就很有识量，陈留高士张公曾对他的从兄王敦说：此儿容貌志气不凡，是将相的才器。长大后，为司空刘寒所知，被任为东阁祭酒，迁秘书郎、太子舍人，后奉东海王司马越军事。

动声色地问王导说："周颢、戴渊，是南北方人们所共同仰望的，应该让他们担任三公，大概是没有问题的。"王导没有回答。

王敦又说："如果不让他们担任三公，难道只让他们担任令或仆射吗？"王导又不回答。

王敦说："如果不这样，就只能杀了他们！"王导还是没有回答。

二十三日，王敦派部将邓岳逮捕了周颢和戴渊。

在这之前，王敦曾对谢鲲说："我准备任命周颢为尚书令，任命戴渊为仆射。"

这一天，王敦又问谢鲲说："近来人心如何？"

谢鲲说："明公的做法，虽然是想保全社稷，但舆论却认为不合大义。如果能任用周颢和戴渊，就能安抚宽慰大家的心意了。"

王敦大怒，说："你疏忽了吧！这两个人名不副实，已被我逮捕了。"谢鲲大吃一惊，怅然若失。

参军王峤说："'济济多士，文王以宁'，怎么能诛戮名士呢！"王敦勃然大怒，要把王峤斩首，众人谁也不敢说话。

谢鲲说："明公图谋大业，不诛杀

一个人。现在王峤因为进谏违背您的旨意，就要诛杀他，不是太过分了吗？"王敦这才放了王峤，把他贬为领军长史。周颢被捕，经过太庙的时候，大声说："贼臣王敦，颠覆社稷，乱杀忠臣，神灵有知，就当赶快杀掉他！"捕卒用铁戟刺伤周颢的嘴，鲜血一直流到脚后跟，但他容颜举止泰然自若，旁观的人都哭泣流泪。周颢和戴渊都在石头城南门外被处死。

元帝派侍中王彬犒劳王敦，王彬平时与周颢的关系很好，他先去哭吊周颢，然后才去见王敦。王敦奇怪他神色凄惨，就问他原因。

王彬说："我刚才去哭吊伯仁，情不自禁。"

王敦发怒，说："伯仁受刑是自找的，而且一向把你当平常人对待，你为什么去哭吊他？"

王彬说："伯仁是长者，也是兄长你的亲友。他在朝的时候虽然算不上正直，但也没有结党营私，却在大赦天下后遭受极刑，我因此而伤痛惋惜。"然后发怒，数落王敦，说："兄长违抗君命，有违臣子之德；杀戮忠良，图谋不轨，灾祸就要降临到你家了！"言辞慷慨激昂，声泪俱下。

王敦大怒，厉声呵斥他，说："你狂悖成这样，以为我不能杀你吗？"

当时，王导也在旁边，为王彬担心，劝王彬起来道歉。

王彬说："我脚痛不能起来，再说这又有什么可道歉的！"

王敦说："脚痛和脖子痛相比，哪样更痛？"

王彬丝毫没有畏惧的神色，最终也不肯下拜。

后来王导清理中书省的旧档案，看到周颢搭救自己的表文，拿在手里，流下了眼泪，说："伯仁虽然不是我杀的，却是由于我而死。我对不起这样的好朋友啊！"

相关链接

〔1〕周颢：公元269－322年，字伯仁，安城（今河南汝南东南）人。
〔2〕忤逆之事：这里指的是王敦的反版之事。忤逆：背叛，大逆不道。

王敦阴谋篡位

东晋明帝司马绍时，王敦阴谋篡位，派兵攻打都城建康，还没成功他就死了，反叛集团也随之溃散。

晋太宁元年（公元 323 年），王敦阴谋篡夺皇位，暗示朝廷征召自己。晋明帝司马绍亲手写诏书征召他。

四月，加授王敦黄钺和班剑，允许他奏事可以不通报姓名，入朝可以不趋行[1]，还可以佩剑着履上殿。

王敦迁去镇守姑孰，驻扎在湖县，让司空王导任司徒，王敦自任扬州牧。王敦想要谋反，王彬极力劝谏他。

王敦十分生气，用目光示意右侍从逮捕王彬。王彬神色凛然地说："您过去杀害兄长，现在又要杀害兄弟吗？"王敦这才作罢，任命王彬为豫章太守。

王敦的侄子王允之，当时还是个小孩子。王敦因为他聪明机警，所以非常宠爱他，经常把他带在身边。

有一次，王敦夜里请人喝酒，王允之喝醉了，先告辞去睡觉。王敦便与钱凤一起商量反叛作乱的事情，全都被王允之听到了。

不久，恰好王允之的父亲王舒升任廷尉，王允之请求回去看望父亲，趁机把王敦、钱凤的密谋全都告诉了王舒。王舒与王导一起报告司马绍，暗中作了准备，以防不测。

王敦病情恶化，于是假称诏令，任命王应为武卫将军，做自己的副职。任命王含为骠骑大将军、开府仪同三司。

钱凤问王敦说："如果您有不幸，是否把身后的事情托付给王应呢？"

王敦说："这不是一般的事情，不是平常的人能够胜任的。何况王应年轻，怎么能承担大事？我死后，你们不如归顺朝廷，以保全家族，这是上策；退回到武昌，集中军队自保，仍旧给朝廷进献物品，这是中策；乘我还活着的时候，发动所有的兵力攻打京城，希望能侥幸取胜，这是下策。"

钱凤对他的党羽说："王公所说的下策，其实正是上策。"于是与沈充谋划，等王敦一死就作乱。又认为守卫京城的士兵还是太多，上奏要求减少三分之二。

当初，晋明帝司马绍亲近信任中书令温峤，王敦十分不满，请求任

命温峤为左司马。于是温峤假装勤勉恭敬，治理王敦府上的事务，经常出些主意来附合王敦的意思。

温峤又与钱凤结交，帮助钱凤提高声誉，总是对别人说："钱世仪神采奕奕。"温峤向来有知人的美名，钱凤于是非常高兴，尽力与温峤交好。

恰好丹杨尹的职位空缺，温峤就对王敦说："京尹是咽喉要地，您应当自己挑选人才担任，否则只怕朝廷任命的人，有的会不尽心治理。"

王敦认为他说的很对，问温峤说："谁比较适合呢？"

温峤说："我认为没有谁能比得上钱凤。"钱凤也推举温峤，温峤假装推辞，王敦没有答应。

六月，王敦上表任命温峤为丹杨尹，并且让他窥探朝廷。温峤担心钱凤在自己走后再挑拨离间，趁着王敦设宴饯别的时候，起身祝酒。走到钱凤面前，钱凤还没来得及喝，温峤假装喝醉，用手版打掉钱凤的头巾，摆着脸色说："钱凤你是什么人，我温太真敬酒，你竟敢不喝？"王敦以为温峤醉了，就把双方劝开。

温峤临走的时候，与王敦道别，哭泣流泪，几次出门了又转回来。温峤走后，钱凤对王敦说："温峤与朝廷关系非常密切，与庾亮也有深交，不能信任这个人。"王敦说："温峤昨天喝醉了，对你稍有失敬，你怎么能马上就诋毁他呢！"

温峤到达建康以后，把王敦的造反阴谋全都报告了司马绍，请求事先作好准备。又和庾亮共同策划讨伐王敦的办法。

王敦听说以后，勃然大怒，说："我竟然被这个小人骗了！"于是写信给司徒王导说："温峤才离开几天，竟然就做出这种事情！我要找人把他活捉回来，亲自把他的舌头拔出来。"

司马绍想要征讨王敦，就向光禄勋应詹征询意见，应詹鼓励司马绍，司马绍终于下定决心。于是下诏任命将领，准备讨伐王敦。

这时，司徒王导听说王敦病得很重，就赶紧带领家中子弟为王敦发丧。大家以为王敦真的死了，士气更为振奋。于是尚书向王敦府邸颁下诏书，列数王敦的罪状。

王敦见到诏书，非常生气，但因为病情越来越严重，自己已经不能领兵出战了。准备发动军队攻打京师的时候，王敦让记室郭璞[2]占卦，郭璞说："事情不会成功。"王敦一直怀疑郭璞帮助温峤、庾亮，听说卦象是凶兆，就问郭璞："你再算算我还有多久的寿命？"郭璞说："由刚才的卦象推算，明公如果起兵，灾祸一定很快就会降临。如果您不起兵，仍然住在武昌，还可以活很久。"王敦发怒，说："你的命有多长？"郭璞说："活到今天中午。"王敦就把他抓起来杀了。

王敦让钱凤和冠军将军邓岳、前将军周抚等人率领军队向京师进发。

王含对王敦说："这本是我们王家的事，我应当亲自前往。"王敦于是任命王含为元帅。

钱凤等人问他说："事成之日，天子该怎么处置？"

王敦说："还没有去南郊祭天，怎么能称天子？出动你们的全部兵力，保护东海王和裴妃就是了。"于是以诛杀奸臣温峤等人为理由，向司马绍上书。

七月初一，王含等人率领水军、步兵共五万人，到达江宁秦淮河南岸，京城的人都惶恐不安。

温峤把部队转移到屯河北岸驻扎，烧掉朱雀桁来挫伤敌方的锐气，使王含等人无法渡河。

司马绍还想亲自率领军队出击，听说桥已经被烧断，勃然大怒。温峤说："现在宿卫的士兵人少体弱，征召的援军还没到，如果让敌人冲进来，就会危及朝廷，连祖先的宗庙恐怕都保不住，何必吝惜一座桥呢！"

司马绍统率各路军队出城，在南皇堂驻扎。初三夜里，招集精壮士兵，派遣将军段秀、中军司马曹浑等人率领一千名披甲士兵渡过秦淮河，趁着敌人没有防备，攻击他们。清晨，在越城与敌人交战，大胜，斩杀了敌军的前锋将何康。

王敦听说王含战败，勃然大怒，说："我这个哥哥，简直像个老女人。这下门户衰败，大事不成了！"他回头对参军吕宝说："我要起来。"然后用力起身，但身体虚弱，只好又躺下了。

于是，王敦对舅父少府羊鉴和王应说："我死后，让王应即位，先设立朝廷百官，然后再安排丧事。"过了不久，王敦就死了。

王应隐瞒死讯，秘不发丧，用席子包裹尸首，在外面涂上蜡，埋在议事厅里，和诸葛瑶等人日夜纵酒淫乐。

王敦死后，叛军如同一盘散沙，很快就被打败了。王含、王应父子投奔荆州的王舒，王舒带着军队前来迎接，把他们二人沉入长江淹死。

钱凤逃到阖庐洲，被先前投奔王敦的寻阳太守周光斩杀。周光赴朝廷想借此赎罪。

沈充逃跑时迷了路，来到自己以前的部将吴儒家。吴儒骗沈充躲在自己家墙壁的夹层里，然后笑着对沈充说："三千户的侯爵在这儿了。"

沈充说："你如果还顾念以前的情义保全我，我家一定会重重报答你；你如果为了谋取利益而杀我，我死了，你家一定会被灭族！"吴儒就把他杀了，把他的头颅送到建康。

相关链接

〔1〕趋行：快步走。古代大臣朝见天子的时候都要快步前进，表示尊敬。王敦不用趋行，在当时是很高的待遇。

〔2〕郭璞：公元276－324年，字景纯，河东闻喜（今山西闻喜县）人，东晋时期著名学者。

庚亮逼反苏峻

庚亮掌权后，严刑峻法，不得人心。他认为在历阳的苏峻会酿成祸害，准备把他召进朝中除掉，苏峻知道后拥兵而反。

东晋王导辅佐朝政的时候，因为宽厚平和，所以很得人心。等到后来庚亮掌权，严刑峻法，颇失人心。

历阳内史苏峻，对国家有功，威望日益显赫，拥有精兵万人，军械精良，朝廷把长江以外地区交付给他治理。但苏峻颇有骄纵之心，轻视朝廷，招纳亡命徒，人数日渐增多，都靠国家供给生活物资，陆运、水运络绎不绝，稍有不如意，就肆无忌惮地斥骂。

南顿王司马宗因为被庚亮[1]罢免了官职，所以心怀怨恨。他平时又与苏峻交好，庚亮想杀他，司马宗也想废黜庚亮，自己执政。正好有御史弹劾司马宗谋反，庚亮就派右卫将军赵胤拘捕司马宗。司马宗率领士兵抵抗，结果被赵胤杀死。

庚亮又免了西阳王司马羕的太宰职务，把他的爵位降为弋阳县王。司马宗是皇室近亲，司马羕则是先帝的辅佐大臣，庚亮随随便便就把他们杀戮或者废黜，从此更加失去人心。

司马宗的党羽卞阐逃走，投奔了苏峻。庚亮发下朝廷符令让苏峻把卞阐送回来，苏峻把他藏了起来。

司马宗被杀，晋成帝司马衍并不知道。很久之后，司马衍问庚亮说："以前那个白头发老公公在什么地方？"庚亮回答说，因为谋反已经被诛杀了。司马衍哭着说："舅舅说人是反贼，就把他杀了。如果别人说舅舅是反贼，该怎么办？"庚亮害怕，脸色都变了。

庚亮认为苏峻在历阳，迟早会酿成祸乱，想下诏征召他入京，于是询问司徒王导的意见。

王导说："苏峻多疑阴险，一定不肯奉诏前来，不如暂时容忍他。"

庚亮在朝中说："苏峻狼子野心，将来一定会造反。今天征召他，他若不服从诏令，就此造反，造成的灾难还不算大。如果再过几年，就制服不了他了，就会像汉朝的七国之乱一样。"

满朝大臣都没有人能反驳他，只有光禄大夫卞壶争辩说："苏峻拥有强大的军队，又靠近京城，用不了一天就能到达。一旦发生变乱，容易出大差错，应当仔细考虑。"庚亮没有听从。

卞壶知道庾亮一定会失败,就写信给江州刺史温峤说:"庾亮征召苏峻的主意已定,这是国家的大事情。苏峻已经表现出狂悖的姿态,还去征召他,这是自己在去招惹啊。他一定会用他的力量对付朝廷。朝廷的威势和力量虽然也很强盛,但不知道是否真的能将他擒获。"

温峤也写了很多信劝阻庾亮,满朝大臣都认为不可以,庾亮一概不听。

苏峻听说了此事,就派司马何仍去见庾亮,说:"讨伐敌人,或者在地方上任职,无论远近我都唯命是从。至于在朝廷中辅佐,实在不是我能胜任的。"

庾亮没有答应,征召北中郎将郭默为后将军、兼任屯骑校尉,任命弟弟司徒右长史庾冰为吴国内史,带领军队,以防备苏峻。然后颁下礼遇周到的诏书,征召苏峻为大司农,加授散骑常侍,赐位特进,让苏峻的弟弟苏逸代替苏峻管辖私人部曲。

苏峻上表说:"昔日明皇帝亲自拉着我的手,命令我到北边讨伐胡虏[2]。现在中原还没有平定,我怎么敢擅自回到安宁的地方?乞求让我到青州随便哪一个荒僻的郡县去补任,让我得以为朝廷施展鹰犬之长。"又没有获得同意。

苏峻整顿行装准备赴召,正在犹豫,还没有决定。参军任让对苏峻说:"将军您请求去荒僻的郡县都没有被允许,情势已经是这个样子,返回朝廷恐怕已经没有生路,不如拥兵自守。"阜陵令匡术也劝苏峻造反,苏峻于是没有服从诏令,举兵反叛。

次年正月,苏峻的叛军攻入京城,挟持天子。庾亮乘坐小船逃走,与温峤一起起兵讨伐苏峻。后来苏峻在战斗中大意被杀,剩余的军队一直到下一年的二月才被平定。

相关链接

〔1〕庾亮:公元289－340年,字元规,颍川鄢陵(今河南鄢陵北)人,东晋外戚大臣。

〔2〕胡虏:对胡人的蔑称。

石虎父子相残

石虎无法忍受太子石邃的骄慢荒淫，就把他给杀了，立石宣为太子，而石宣杀害了石虎宠爱的石韬，于是石虎又把他给杀了。父子兄弟之间相互残害。

后赵太子石邃一向骁勇善战，赵王石虎非常喜欢他，常对大臣们说："司马氏父子兄弟自相残杀，所以朕[1]得以有今天。如果像朕这样，哪里有杀石邃的道理呢？"

后来，石邃娇纵荒淫，残忍好杀，喜欢把漂亮的姬妾打扮起来，然后斩下首级，洗去血污，放在盘子里，与宾客传递观赏。还同时煮姬妾身上的肉吃。河间公石宣、乐安公石韬都被石虎所喜爱，石邃像仇敌一样憎恨他们。

石虎沉溺于酒色，喜怒无常。他让石邃处理尚书事务，每当石邃有事禀报，石虎就很不满地说："这种小事，也值得禀报？"

有时听不到石邃的禀报，又不满地说："为什么不禀报！"于是对石邃斥责怒骂，鞭打杖击，一月之内会有好几次。

石邃私下对中庶子李颜等人说："天子的心愿难以满足，我想做冒顿单于那样的事，你们跟我干吗？"也就是要谋反。李颜等人听了，跪在地上不敢回答。

七月，石邃声称生病，不处理政事，却秘密带领宫内大臣、文武官员五百多人骑马到李颜的别宅宴饮，乘机对李颜等人说："我要到冀州杀死河间公石宣，有不跟从的斩首！"走出几里路之后，众人都逃散了。

李颜叩头劝阻，石邃也就醉醺醺地回去了。石邃的母亲郑氏听说了这件事，私下派身边的人责问石邃。石邃发怒，把来人杀了。

佛图澄对石虎说："陛下不宜经常去东宫。"石虎本来准备去探望石邃的病情，想到佛图澄的话，便回去了。

过了一会儿，石虎瞪大眼睛，大声说："我是天下人的君主，父子之间都不能互相信任吗？"于是让自己亲信的女尚书前往察看。石邃喊她走近说话，乘机拔出剑来想要刺杀她。

石虎知道后非常生气，拘捕了李颜等人诘问，李颜详细述说了原委。石虎就杀死了李颜等三十多人，把石邃幽禁在东宫，不久又赦免了他，在太武东堂召见。

石邃朝见的时候也不谢罪，过了一会儿就离去了。石虎让人对他说:"太子应当朝见皇后,怎么可以急急忙忙地离开!"石邃头也不回,径直出去了。石虎勃然大怒,把石邃废黜为庶民。

当天夜里,又下令杀死了石邃与他的妃子张氏,连同男女侍从共二十六人,合葬在一口大棺材内。又诛杀了东宫属臣中的二百多党羽,把郑皇后废黜为东海太妃。石虎立儿子石宣为天王皇太子,石宣的母亲杜昭仪被封为天王皇后。

晋永和四年(公元348年),后赵秦公石韬很得石虎的宠爱,石虎想立他为太子,可是因为太子石宣年长,所以犹豫不决。

石宣曾违背石虎的指令,石虎很生气,说:"真后悔没立石韬为太子!"石韬因此更加傲慢骄纵。

他在太尉府建造了一座殿堂,命名为宣光殿,横梁长达九丈。石宣看到后,勃然大怒,杀了工匠,截断横梁离去。石韬也发怒,又把横梁加长到十丈。

石宣听说以后,对他的亲信杨杯、牟成、赵生说:"这小子竟敢如此傲慢刚愎!你们如果能杀了他,我即位后,一定把他现在的封国郡邑全都分给你们。石韬死后,主上一定会亲自去哀悼,到时我趁机把他也杀掉,有什么不能成功的?"杨杯等人答应了。

八月,石韬和他的属官在东明观宴饮,晚上留宿在佛精舍。石宣乘机派杨杯等人爬着梯子翻进佛精舍,杀死了石韬,扔下刀剑离去。第二天早上,石宣禀报石韬被杀的消息,石虎听后震惊悲痛,昏了过去,许久才苏醒过来。

他正准备亲自去临丧,司空李农劝他说:"现在还不知道杀死石韬的人是谁,凶手还在京师,君主的车驾不应该随便出去。"石虎于是取消了计划,命令士兵严加戒备,在太武殿进行哀悼。

石宣前往参加石韬的丧事,不仅不哭,还"呵呵"地笑,又让人揭开覆盖尸体的毯子看,然后大笑离去。他又把大将军记室参军郑靖、尹武等人抓了起来,打算将罪责归到他们头上。

石虎怀疑石宣杀了石韬,想召见他,又怕他不来,于是谎称他母亲杜后因悲哀过度而病危。石宣没有想到已被怀疑,到中宫朝见,就被扣押了起来。

建兴人史科知道石宣策划杀害石韬的计谋,告发了他们,石虎就派人去抓杨杯、牟成,但他们都逃走了,只抓到赵生,拷问他,他全都招供了。

石虎听到后更加悲愤不已，就把石宣囚禁在贮藏坐具的仓库里，用铁环穿透他的下巴颏儿把他锁起来，拿来杀死石韬的刀剑，让他舔上面的血。石宣的哀号声震动了整个宫殿。

佛图澄对石虎说："石宣、石韬都是陛下的儿子，今天如果为了石韬而杀石宣，这是祸上加祸啊。陛下如果加以宽恕，福祚还可以延长些。如果一定要杀了他，石宣当化为彗星，横扫邺城宫殿。"

石虎没有听从，命令在邺城北面堆上柴草，在上面架上横杆，横杆的末端装了辘轳[2]，绕上绳子，把梯子靠在柴堆上，将石宣押到下边。

又命令石韬所宠爱的宦官郝稚、刘霸揪着石宣的头发，拽着石宣的舌头，拉他登上梯子。郝稚把绳索套在他的脖子上，用辘轳绞上去。刘霸砍断他的手脚，挖出他的眼睛，刺穿他的肠子，让他和石韬一样。

然后又在柴堆四周点火，浓烟烈焰冲天而起。石虎带着昭仪以下几千人登上中台观看。火灭以后，又把灰烬洒在通向各个城门的十字路口上。

诛杀石宣的妻儿共九人。石宣的小儿子才几岁，石虎平时很喜爱他，因此临杀前抱着他哭泣，想要赦免他，但手下的大臣却不同意，从怀里抱过来就给杀掉了。小孩拽着石虎的衣服大哭，连腰带都给拽断了，石虎也因此得了大病。

石虎还废黜了石宣的母亲皇后杜氏，把她贬为平民。又杀了石宣周围的三百人，宦官五十人，把他们全部车裂肢解以后，扔到漳水里。石宣居住的太子东宫被改作饲养猪牛的地方。东宫卫士十多万人全都被贬谪去戍卫凉州。

事发之前，赵揽曾对石虎说："宫中将有变故，最好加以防备。"石韬死后，石虎怀疑他知道情况却不禀告，就把他也杀了。

相关链接
〔1〕朕：古代皇帝自称为朕，其他人不能用，起于秦始皇。之前为第一人称，相当于"我"，每个人都可以用。
〔2〕辘轳：利用轮轴原理制造的一种起重工具，一般放在井上汲水用。

成汉君主李期暴虐，汉王李寿怕不能自保，在别人的建议下发兵攻克成都，即帝位，改国号为汉。

成汉君主幽公李期越来越骄纵暴虐，到处杀人，还吞没被杀的人的财物和妻女，因此大臣们都惶恐不安。

汉王李寿[1]一向职高位重，威名远扬，李期和建宁王李越等人都忌惮他。李寿害怕自己也不能免祸，每逢入京朝见，总是假造边境告急文书，以警讯紧急为理由推辞不去。

当初，巴西处士龚壮的父亲、叔父都是被李特杀死的，龚壮想要报仇，多年都穿着丧服。李寿屡次礼数周到地征召他为官，龚壮都不应征。现在，龚壮却前去拜见李寿，李寿悄悄地问龚壮自保的方法，龚壮说："巴蜀的民众本来都是晋朝的臣民，您如果能够发兵夺取成都，向晋朝称臣，谁不争着为您挥舞兵器向前冲呢？这样福泽便可延续到子孙，名垂不朽，不只是摆脱今天的祸患啊！"

李寿觉得他说得有道理，就与长史罗恒、解思明秘密谋划，想要进攻成都。

李期对此事略有所闻，多次派许涪到李寿的镇所观察动静，又投毒杀害了李寿的养弟、安北将军李攸。

李寿于是伪造妹夫任调的来信，说李期将要攻取李寿，李寿的部众都相信了。于是李寿率领步兵、骑兵一万多人由涪县出发，偷袭成都，并许愿把城中的财物奖赏给部众。

李期没有料到李寿突袭，一点防备也没有。李寿的世子李势任翊军校尉，打开城门迎接李寿，于是攻克了成都，在宫门前驻军。李期派侍中犒劳李寿。

李寿奏称建宁王李越、景骞、田褒、姚华、许涪以及征西将军李遐、将军李西等人心怀不轨，扰乱朝政，把他们全都抓起来杀掉。然后放纵士兵大肆劫掠，几天后才平息下来。李寿又假称奉太后任氏旨意，将李期废黜为邛都县公，幽禁在其他宫殿。

罗恒、解思明、李奕等人劝李寿自称镇西将军、益州牧、成都王，向晋王室称臣，把邛都公李期送到建康。任调和司马蔡兴、侍中李艳等人劝李寿自己称皇帝。

李寿让人占筮[2]，占筮的人说："可以当几年的天子。"

任调高兴地说："能当一天就满足了，何况几年呢。"

解思明说："几年的天子，怎么比得上百世诸侯呢？"

李寿说："朝闻道，夕死可矣。"

于是即帝位，改国号为汉，实行大赦，改年号为汉兴。

李寿用安车、束帛征召龚壮任太师，龚壮誓死也不答应，李寿赠送的礼物，也一概没有接受。

李寿改立宗庙，追尊父亲李骧为献皇帝，母亲昝氏为皇太后。立妃子阎氏为皇后，世子李势为皇太子。又把旧宗庙改为大成庙，各种制度也更改了许多。

○ 品画鉴宝
青瓷羊头盘口壶（东晋）此壶肩部塑一羊头，造型别致，雕塑精巧。

相关链接

[1] 李寿：公元300－343年，字武考，废李期后即皇帝位，改元汉兴，改国号为汉，在位六年，谥曰昭文帝，庙号中宗。其所建立的国家为我国古代十六国之一。

[2] 占筮：即占卜算卦。

石虎不但胡乱征发劳力修建宫殿、园囿等大型工程，而且大肆从民间搜集美女充斥后宫，导致怨声载道、民不聊生，整个国家走到了崩溃的边缘。

晋咸康八年（公元 342 年），后赵王石虎在邺城修建了四十多所台观，又在洛阳、长安两地营造宫室，使用劳力达四十多万人。

石虎又想从邺城修建阁道到襄国，于是敕令[1] 黄河以南的四个州郡整治南伐的军备，让并州、朔州、秦州、雍州准备西讨的军资，让青州、冀州、幽州为东征作准备。各州军队锻造甲兵的有五十多万人，船夫十七万人，被水淹死、被虎狼吞噬的占三分之一。再加上各级官吏也钻营私利，百姓失去家业，忧愁困顿。贝丘人李弘借百姓的怨怒，自称姓名符合谶言，于是聚集党羽，设置百官。事情败露后，被诛杀，连坐的有几千家。石虎打猎没有节制，早晨出去，夜晚才返回。又经常微服出行，亲自检视劳役的情况。侍中韦谀劝谏说："陛下轻视自己的安全，随便暴露于危险之中。假如突然有狂人叛乱，即使智勇双全，又如何施展呢？并且征发徭役不分时节，荒废了百姓的耕作，路上到处都有百姓在叹息，这恐怕不是仁君圣人忍心做的事啊。"石虎赏赐给韦谀很多谷物钱帛，但修建的工程更多，自己仍然和以前一样巡游视察。青州上报说："济南平陵城北的石雕老虎，一夜之间被移到城东南，有一千多只狐狸和狼的脚印跟在后面，踩成了一条条小路。"石虎很高兴，说："所谓石虎，就是朕啊。从西北迁到东南，是上天想让朕荡平江南。命令各州军队明年全部会合，朕将亲自统领六军，以尊奉天命。"大臣们纷纷祝贺，有一百零七人呈上《皇德颂》。

石虎下诏说："被征调的士兵每五人出一辆车，二头牛，十五斛米，十匹绢，不然就斩首。"百姓甚至卖儿卖女来缴纳军需，可是仍然凑不齐，许多人都在路边的树上吊死了。

建元二年正月，石虎在太武殿设宴与群臣共饮，有一百多只白雁栖息在马道的南面。石虎让人射猎，都没能射中。当时，各州的军队一百多万人已经会集起来了，太史令赵揽偷偷地对石虎说："白雁停栖在庭院，是宫室将要空寂无人的征兆，不适宜向南进发。"石虎相信他，就驾临宣武观，只举行了盛大的阅兵式，就作罢了。石虎喜欢打猎，后来年龄大了，身体沉重不能骑马，就造了一千辆打猎用的车子，定期举行打猎比赛。从灵昌津向南到荥阳东边的阳都，都划为猎场，让御史监管护理。如果有人伤害其中的禽兽，就会被判罪，乃至处死。百姓有漂亮的女子和肥美的牛马，御史如果弄不到手，就诬陷他们伤害禽兽，判罪处死了一百多人。又在各州征发了二十六万人，修建洛阳宫，征发百姓养的牛二万头，调配给朔州的牧官。又增设宫中的女官至二十四等，东宫的增至十二等，七十多个公侯封国的都增至九等。大举征选了三万多民女，分成三等配置到各处。太子、各王公各自私下征选的美女又将近万人。各个郡县都极力选取美女，经常强行夺取百姓的妻子，杀掉她们的丈夫，加上自杀的，死了三千多人。美女送到邺城以后，石虎亲自在殿前挑选分等。认为使者很能干，封了十二个人为侯。荆楚、扬、徐等地的百姓几乎都逃光了，当地的守令被认为没有好好安抚而被判罪，关进监狱，然后，被诛杀的有五十多人。金紫光禄大夫逯明在侍奉石虎的时候进谏，石虎大为光火，让龙腾把他拉出去杀了。

　　到晋永和三年（公元347年），石虎占据了十个州的地域，聚积金银玉帛，以及其他国家进献的奇珍异宝，堆在府库里的财物不计其数。可是他还是觉得不够，就把前代的陵墓全都挖开，取走陪葬的财宝。僧人吴进对石虎说："胡族将要衰落，晋朝就要复兴，应当让晋人服艰苦的劳役，以抑制他们的气势。"石虎就让尚书张群从附近各郡征发了十六万人，十万辆车，运土到邺城北面，修筑华林苑及长长的围墙，方圆几十里。申钟、石璞、赵揽等人上书，说目前天象 [2] 紊乱，百姓凋敝。石虎大怒，说："如果宫苑和围墙早晨建好，我晚上就死，也没有遗憾。"石虎督促张群，让人们点着烛火，夜里也不停工。暴风骤雨突然来临，死了几万人。

　　各郡国先后送上十六只苍麟，七头白鹿，石虎让司虞张曷柱驯练它们，用来驾驶自己的座车，举行盛大朝会的时候，就陈列在庭院里。

相关链接

〔1〕敕令：指帝王自上而下所发布的命令、法令等。
〔2〕天象：泛指各种天文现象，如流星、彗星、日食、月食等，古人多以此为吉祥或灾恶等大事将要发生的征兆。

桓温认为被废黜的殷浩之所以总打败仗，是因为君主把人才放错了地方，于是重新起用他，殷浩欣喜万分，多次修改给桓温的信，结果送去的却只是一个空信封。

　　晋永和十年（公元354年），中军将军、扬州刺史殷浩[1]连年北伐，屡次打败仗，粮草、装备消耗殆尽。

　　征西将军桓温借着朝野上下对殷浩的怨言，就上书列数殷浩的罪名，请求将他废黜。朝廷不得已，把殷浩贬为庶民[2]，流放到东阳郡的信安县。从此朝廷内外的大权全都集中到桓温一个人身上。

　　殷浩年轻时就和桓温齐名，但心里总是与他相比，不肯比他差。桓温常常轻视他。殷浩被废黜以后，虽然心里忧愁怨愤，但是从不表现出来，只是常用手在空中写"咄咄怪事"四个字。

　　后来，桓温对属官郗超说："殷浩有德行，又善于言辞，如果以前让他出任尚书令或仆射，足以成为百官的楷模。朝廷任用他，根本不是地方。"桓温想任命殷浩为尚书令，就写信告诉他。

　　殷浩十分欣喜地接受了。回信的时候，担心信里还有不妥，就拆开信封检查，然后又封上，这样弄了十多次，结果送到桓温手里的竟然只是一个空信封。桓温勃然大怒，从此断了起用殷浩的念头。最后殷浩死在了流放的地方。

相关链接

〔1〕殷浩：？—公元356年，字深源，陈郡长平人，有《唐书经籍志》、《隋书志》
　　等作品传世。

〔2〕庶民：指平民百姓。

前秦暴君苻生

前秦皇帝苻生只有一只眼睛，却暴虐无比，残害无辜无数，失却君道，苻法、苻坚兄弟就把他谋杀了，谥号厉王。

前秦[1]淮南王苻生小的时候瞎了一只眼睛，性情暴烈。

有一次，他的祖父苻洪和他开玩笑，说："我听说瞎儿只有一只眼流泪，是真的吗？"

苻生听后发怒，拔出佩刀就把自己瞎的那只眼睛刺出血来，说："这只眼也流泪！"

苻洪十分震惊，就用鞭子打他。

苻生说："我能忍受刀矛，但不能忍受鞭打！"

苻洪对他父亲苻健说："这个小孩狂暴悖逆，应该尽早除掉他，不然，一定会弄得家破人亡。"苻健就想把苻生杀了。

苻健的弟弟苻雄劝他，说："孩子长大以后自然就会改变性情，你怎么这么不耐烦呢？"

苻生长大后，能举千斤重的东西，空手与猛兽搏斗，跑起来追得上奔跑的马，击剑刺刀骑马射箭各种武艺，都是举世无双的。

太子苻苌死后，强太后想立小儿子晋王苻柳。景明帝苻健因为谶文中有"三羊五眼"字样，就立苻生为太子。晋永和十一年（公元355年），六月十五日，苻健去世，太子苻生即位。

苻生虽然在为苻健服丧，但游玩宴饮一如往常。接见大臣的时候，总是携带刀剑，锤、钳、锯、凿等刑具，准备得很齐全。

即位没多久，后妃、公卿以下的官员还有侍奉的奴仆，被杀掉的总共有五百多人，被截断小腿、锯断脖子、剖开孕妇肚子的，比比皆是。

有一天，苻生在太极殿宴请群臣，让尚书令辛牢做酒监。正喝到兴头上，看到有人没喝醉，就拉开弓箭射死了辛牢。群臣十分害怕，都不敢不喝醉，全都趴着躺着，连帽子都掉下来了，苻生这才高兴。

次年三月，苻生调集三辅的百姓去修建渭水桥，金紫光禄大夫程肱劝谏，认为这样做妨碍农耕，被苻生杀了。

四月，长安刮起一场大风，屋瓦被掀掉，树也被连根拔起。前秦王宫中一片恐慌，有人说敌兵要来了，因此大白天也关着宫门，一直持续了五天才平息。前秦国主苻生追究那个宣称敌兵要来的人，把他的心挖了出来。左光禄大夫强平劝谏说："天降灾祸，陛下应该安抚百姓，祭祀神灵，减轻刑罚，推崇德行，才可顺应天意啊。"苻生听后大怒，凿开他的头顶，把他杀了。

卫将军广平王苻黄眉、前将军新兴王苻飞、建节将军邓羌都因为强平是强太后的弟弟，叩头劝谏。但苻生不听，还把苻黄眉贬谪为左冯翊，把苻飞贬谪为右扶风，把邓羌贬谪为咸阳太守，只是念及他们作战勇猛，才一个也没有杀掉。苻生晚上吃了太多枣子，第二天早晨不舒服，就召来太医令[2]程延诊断。程延说："陛下没什么病，只是枣吃多了。"苻生发怒说："你又不是圣人，怎么知道我吃枣了？"于是就把程延杀了。苻生梦见大鱼吃蒲草，长安城里也有歌谣说："东海大鱼化为龙，男皆为王女为公。"苻生就杀了太师、录尚书事、广宁公鱼遵，和他的七个儿子、十个孙子。

金紫光禄大夫牛夷害怕灾祸降临到自己头上，就请求到荆州任职。苻生不答应，任他为中军将军。召见他的时候，戏弄地说："老牛生性迟缓稳重，善驾车辕，虽然没有马的蹄子，却能负担百石的重量。"

牛夷说："虽然驾着大车，但没有走过险峻的地方。愿意试试重车，就能知道我的用处了。"

苻生笑着说："痛快！你嫌所负载的太轻吗？朕就用鱼公爵的职位安置你。"

牛夷十分害怕，回去后就自杀了。

苻生喝酒不分昼夜，有时一连几个月都不上朝。上奏的奏折不审阅，常常扔在寝宫里，或者在酒醉中处理政事，周围的人趁机做了很多奸恶之事。有时到申时酉时才上朝，乘着醉意杀了许多人。

因为自己瞎了一只眼睛，就忌讳说"残、缺、偏、只、少、无、不全"一类的话，误说了这些字眼被杀的人，不可胜数。

他喜欢活剥牛、羊、驴、马的皮，用热水拔活鸡、活猪、活鹅、活鸭的毛，把它们放到大殿前面，几十只一群。有的时候则剥掉人的脸皮，让他们唱歌跳舞，他观看作乐。

他曾经问周围的人说："自从我统治天下以来，你们在外边听到些什么？"

有人说他圣明，苻生认为是在向他献媚，将说话的人杀了。有人说他刑罚过重，他认为是在诽谤他，又将其杀了。

有功的旧臣和亲戚，都被诛杀殆尽。群臣们得以保全一天，如同度过十年一样。

晋升平元年（公元357年）六月，太史令康权对苻生说："昨天晚上有三个月亮同时出现，彗星进入太微星座，连着东边的井宿星。从五月上旬，天气就一直沉阴却不下雨。将要有臣下图谋主上的灾祸了。"苻生非常愤怒，认为这是妖言，就把他摔死。

特进兼御史中丞梁平老等人对苻坚说："主上丧失德行，上上下下怨声连天，都有谋反的念头，燕、晋二朝，也伺机而动，恐怕灾祸发生的时候，宗族、国家都要灭亡。这是殿下的大事，应该及早图谋！"苻坚心里也这样认为，但又畏惧苻生的勇猛，没敢作声。

苻生夜里对服侍他的婢女说："苻法、苻坚兄弟也不可信，明天就该把他们除掉。"婢女偷偷地告诉了苻坚和他的哥哥清河王苻法。

苻法和梁平老以及特进光禄大夫强汪率领几百名精壮的士兵潜入云龙门，苻坚和吕婆楼率领部下三百人敲着鼓跟随，守卫王宫的将士全都丢掉武器归顺了苻坚。苻生还在酩酊大醉中，苻坚的士兵冲了进去，苻生惊慌地问周围的人，说："这些是什么人？"

周围的人回答说："强盗！"

苻生说："为什么不叩头？"苻坚的士兵都笑了。

苻生又大声说："还不赶快叩拜，不拜的就杀头！"

苻坚的士兵把苻生安置到别的房间，废黜他为越王。过了不久，就把他杀了，谥号厉王。

相关链接

[1] 前秦：公元351－394年，氐族人苻坚所建，都城在长安（今陕西西安）。中国古代十六国之一。

[2] 太医令：指在宫廷里领导太医的医生。太医：古代在宫廷中专门为皇帝等人治病的医生。

符坚称王以后，重用王猛。王猛不负所望，执法判案，刚正严明，无所顾忌，使符坚大为感叹。

晋升平二年（公元358年）六月，符坚[1]废黜厉王符生，自己即位，去掉了皇帝的称号，称大秦天王。

当初，苟太后姑姑的儿子李威，和魏王符雄关系一直很好。符生好几次想杀掉符坚，全靠李威营救才得以逃脱。李威受苟太后宠爱，符坚对待他像侍奉父亲一样。

李威知道王猛[2]很贤明，经常劝符坚把国家重任交给他。符坚对王猛说："李公了解你，就像鲍叔牙了解管仲一样。"王猛对待李威就像对待哥哥一样。

符坚到中书省巡视，看到文案堆积，没有处理，就罢免了左丞程卓的官职，让王猛代替。

到了第二年，王猛日益受到重用，宗族亲戚以及有功的旧臣都很讨厌他。特进、姑臧侯樊世，本是氏族的豪强，曾辅佐前景明帝符健平定关中。

他对王猛说："我们耕种，你吃现成的吗？"

王猛说："不仅让你耕种，还要让你煮熟！"

樊世勃然大怒，说："一定要把你的脑袋挂在长安城门上，不然，我就不再活在这个世上！"

王猛告诉了符坚，符坚说："一定要把这个氏族老头杀了，然后群臣百官才能恭敬从命。"

○ 品画鉴宝
青瓷牛形灯盏（东晋）此器造型精巧独特，构思新颖，是一件集实用和观赏为一体的艺术精品。

刚好樊世进宫奏事，和王猛在苻坚面前争论起来。樊世想起身打王猛，苻坚大怒，把他杀了。从此以后，群臣见到王猛连大气也不敢出。

苻坚从河东返回，任命骁骑将军邓羌为御史中丞，任命咸阳内史王猛为侍中、中书令，兼领京兆尹。特进、光禄大夫强德是强太后的弟弟，他酗酒无度，骄纵蛮横，抢夺别人的财产、子女，是百姓的祸害。

王猛一上任就拘捕了他，上奏的奏章还没回复，就已经把强德杀了，在街市上示众。苻坚见到奏章后赶快派使者来赦免强德，但已经来不及了。

王猛与邓羌志向相同，判案除恶，无所顾忌。几十天的时间，被依法处死和判罪免职的权贵、豪强、贵戚就有二十多人，朝廷上下为之震动，奸邪狡诈的小人都收敛起来，境内路不拾遗。苻坚感叹地说："我现在才知道天下有法的样子！"

相关链接

〔1〕苻坚：公元338－385年，字永固，氐族人。

〔2〕王猛：公元325－375年，字景略，晋北海（今山东寿光东南）人。

刘肃弱冠除张邕

张邕骄傲放肆、专擅朝政、结党营私，张天锡的部下刘肃，一个不到二十岁的年轻人奋身而出，决计除掉张邕。

前凉张邕骄傲自负，放纵肆虐，结党营私，专擅朝政，滥施刑法，杀戮无数，京城的人都为此担忧。

张天锡的亲信刘肃对张天锡说："国家的事情还没有平定。"张天锡说："这是从何说起？"刘肃说："如今护军张邕出入朝廷，就像当年的长宁侯张祚。"张天锡吃惊地说："我本来就怀疑他，只是没有敢说出口而已，有什么办法对付他呢？"刘肃说："应该赶快除掉他！"张天锡说："谁能为我除掉他？"刘肃说："这个人就是我！"刘肃当时正值弱冠[1]。张天锡说："你太年轻，再找一个助手。"刘肃说："赵白驹和我两个人就足够了。"

晋升平[2]五年（公元361年）十一月，张天锡和张邕一起入京朝见，刘肃和赵白驹在张天锡身后跟随。刘肃拿刀砍张邕，没有砍中。赵白驹接着砍，又没砍中。他们二人和张天锡一起入宫。张邕逃脱以后，率领三百多披甲的士兵攻打宫门。张天锡登上屋顶大喊，说："张邕凶残无道，除去了宋澄后，又想颠覆我家的位子。你们这些将士世代都是凉臣，怎么忍心拿武器对着我呢？我现在要捉拿的，只是张邕而已，其他人一概不予追究！"于是张邕的士兵全都逃散，张邕自刎而死。张天锡把张邕的宗族和同党也全部消灭。

这件事之后，前凉冲王张玄靓任命张天锡为使持节、冠军大将军、都督中外诸军事，辅佐朝政。

相关链接
〔1〕弱冠：古代男子二十岁时加冠，行冠礼，表示已经成年，未满二十岁，则称为弱冠。
〔2〕升平：东晋穆帝司马聃的第二个年号，为公元357－361年。

苻坚平五公

苻坚执政的时候，厉王苻生掌握权力的弟弟还有五个，他们串通起来谋反，苻坚就把他们都打败了，从而巩固了政权。

晋兴宁二年（公元364年），前秦汝南王苻腾谋反，事发后被诛杀。苻腾是前秦厉王苻生的弟弟。这时，苻生的弟弟像晋公苻柳这样有地位的还有五个，王猛对苻坚说："不除去这五公，他们迟早会成为祸患。"苻坚没有听从。

次年十月，淮南公苻幼率领杏城的士兵乘虚偷袭长安，被守卫长安的卫大将军李威打败杀死。

苻幼反叛的时候，晋公苻柳、赵公苻双都与他串通，苻坚因为苻双是自己的同母胞弟，苻柳是先帝苻健所疼爱的儿子，所以隐忍下来而没有追究。

晋太和三年（公元368年），苻柳、苻双又与魏公苻廋、燕公苻武合谋造反。

镇东主簿姚眺劝谏苻廋说："您因为与皇帝有周公、召公那样的亲戚关系，受命镇守一方；有人想造反危害国家，您应当尽力将他们除去，怎么能自己起来作乱呢？"苻廋不听。苻坚听说以后，就征召苻柳等人来长安。

十月，苻柳占据蒲阪，苻双占据上邽，苻廋占据陕城，苻武占据安定，一起举兵反叛。

苻坚派使者劝谕他们说："我对待你们这些人，恩遇可以说到了极点了，你们为什么要造反呢？我现在先不征讨你们，你们应当各自罢兵，各自回到职位上去，一切都像以前一样。"还给他们送去咬过的梨作为信物，他们都不肯听从。

第二年正月，苻坚派遣后将军杨成世、左将军毛嵩分别讨伐上邽、安定，辅国将军王猛、建节将军邓羌进攻蒲阪，前将军杨安、广武将军张蚝进攻陕城。命令蒲阪、陕城的军队都离城三十里，严守营垒，不准与叛军交战，俟秦州、雍州平定以后，然后再集中兵力攻打。

二月，苻廋投降前燕[1]，请求前燕派军队接应。前秦非常害怕，派出很多兵力驻守华阴。前秦很多人请求援救陕城，下一步再谋取关中。

太傅慕容评说："前秦，是大国，如今虽然有战乱，也不是随便就

○ 品画鉴宝

女史箴图（东晋）顾恺之／绘（唐摹本） 此图根据西晋张华《女史箴》一文而画。描写古代妇女的节义行为。

能攻打的。主上虽然英明，但不如先帝的时候。我们也算有智谋，却又无法与当年的太宰慕容恪相比。只要能够闭关守住边界，就应该满足了，平定前秦不是我们份内的事。"

苻廋给前燕吴王慕容垂和皇甫真写信，说："苻坚、王猛，都是人中豪杰，图谋入侵前燕已经有很久了。如今你们不趁此良机攻取前秦，我担心前燕君臣将来后悔都来不及啊！"

慕容垂对皇甫真说："如今可以成为祸患的一定会是前秦。主上年纪还轻，你看太傅慕容评的见识气度，怎么能与苻坚、王猛相匹敌呢？"

皇甫真说："是啊，我也知道，只是说了也没有用，又怎么办呢？"

三月，前秦杨成世被苻双打败，毛嵩也被苻武打败，两个人都逃了回来。苻坚又派武卫将军王鉴、宁朔将军吕光、将军冯翊郭将、翟傉等人率领三万军队前去讨伐。四月，苻双、苻武乘胜追击，到达榆眉，让苟兴做前锋。

王鉴想速战速决，吕光说："苟兴刚刚打了胜仗，气势很盛，应该谨慎等待。他们粮食吃光以后，就一定会退兵。等他们退兵的时候，我们再进攻，一定会成功的。"过了二十天，苟兴开始退兵。吕光说："可以进攻了。"于是追上去袭击，打败了苟兴。

然后乘势进攻苻双、苻武，大获全胜，斩首五千多级。苻武放弃安定，与苻双一起逃奔上邽，王鉴等人紧随其后发动进攻。

蒲阪那边，苻柳屡次出来挑战，王猛都不理他。苻柳以为王猛害怕他，五月，留下他的长子苻良镇守蒲阪，率领二万军队向西奔赴长安。

等他离开蒲阪一百多里的时候，邓羌率领精锐骑兵七千人趁着夜色偷袭，打败了苻柳。苻柳带兵撤回，王猛迎上去进攻他，把他的军队全数俘虏。苻柳与几百名骑兵逃回蒲阪，王猛、邓羌紧接着进攻。

七月，王鉴等人攻下上邽，斩杀苻双、苻武。九月王猛等人攻下蒲阪，斩杀苻柳。然后王猛在蒲阪驻扎，派遣邓羌与王鉴等一起攻打陕城。十二月，攻下了陕城，将苻廋抓获，送到长安。

○ 品画鉴宝　女史箴图（东晋）顾恺之／绘（唐摹本）

符坚问符廋为什么反叛，符廋回答说："我本来没有反叛的想法，只是因为兄弟们屡次谋划造反，我害怕受他们牵连，一起被杀，所以才谋反。"

符坚哭着说："你一向是长者，我就知道这不是你本来的意思。"于是将符廋赐死。

因为不能让高祖符健没有后人，就饶恕了符廋的七个儿子，让他的长子袭爵〔2〕为魏公。其他的儿子都封为县公，让他们做厉王符生以及符生弟弟中无后者的继承人。

苟太后问符坚说："符廋与符双一起造反，你唯独不给符双安排继承人，这是为什么？"

符坚说："天下，是高祖符健的天下，所以高祖的儿子不可以没有后人。至于符双，不顾及太后，阴谋危害宗庙，天下自有法律，不可以徇私啊。"

相关链接

〔1〕前燕：鲜卑人所建，都城在邺城，为十六国之一。

〔2〕袭爵：承袭爵位。

东晋大司马桓温的人生哲学是：若不能流芳百世，那就要遗臭万年。屡次兵败后，他依然想建立卓越功勋，于是怀着反叛的念头废掉了司马奕，另立司马昱为皇帝。

晋大司马桓温[1]，倚仗他的才能与声望地位，暗中怀有反叛的念头，曾经拍着枕头慨叹地说："大丈夫不能流芳百世，也应当遗臭万年！"

术士杜炅能预测人的贵贱，桓温问他自己的官位能到什么地步。杜炅说："明公的功勋举世无双，能做到一人之下，万人之上。"桓温听了以后很不高兴。

桓温想先在河朔建立功业，赢得更大的声望以后，再回来接受九锡[2]的礼遇。结果在枋头战败，影响了他的声望。

等到攻克寿春，平定叛乱，桓温对参军郗超说："这足以洗雪枋头战败的耻辱了吧？"郗超回答他："不能。"

过了一段时间，郗超到桓温的住处留宿，半夜对桓温说："明公没有什么打算吗？"

桓温说："你有什么话要说吗？"

郗超说："明公承担着天下的重任，在六十高龄的时候，却遭遇大败，如果不建立非常的功勋，就不足以满足百姓的期望！"

桓温说："那该怎么办呢？"

郗超说："明公不做伊尹放逐太甲、霍光废黜昌邑王那样的事情，就无法建立大权威，镇伏天下之人。"桓温一向有这个想法，就和他一起谋划。

考虑到海西公司马奕一向谨慎，没有什么过错，而床笫之事比较容易捏造，于是就造谣说："皇帝早就患有阳痿，受皇帝宠爱的相龙、计好、朱灵宝等人侍候皇帝起居，与田氏、孟氏两位嫔妃生下三个儿子，将要立为太子，或封为藩王，转移司马氏的基业。"偷偷将这些话在民间散播，当时的人都不能辨别真假。

晋咸安元年（公元 371 年），十一月初九，桓温准备从广陵返回姑孰，驻扎在白石。十三日，抵达建康，含蓄地劝说褚太后，请求废黜司马奕，立丞相会稽王司马昱为帝，还草拟了诏令呈给褚太后。

太后正在佛室烧香，内侍通报说："外边有紧急奏章。"褚太后出来，靠着门看奏章，刚看了几行就说："我本来就怀疑会这样！"看了一半停下来，向内侍要来笔加上："未亡人不幸遭受了这些忧患，想起死去的和活着的，心如刀割！"

十五日，桓温把文武百官召集到朝堂。废立皇帝是晋朝建立以来所没有过的事情，所以没有人知道原来的典礼，百官都很恐惧。桓温也非常紧张，不知道该怎么办。

尚书左仆射王彪之知道事情不能就此作罢，就对桓温说："您废立皇帝，应当效法前代的成规。"于是就令人取来《汉书·霍光传》，很快就决定了礼节仪式。

王彪之穿着上朝的官服站在台阶上，神情沉着，一点也不慌张，文武官员的礼仪标准，全都由他决定，满朝文武也因此而佩服他。

于是宣布太后的诏令，废黜司马奕为东海王，以丞相、录尚书事、会稽王司马昱继位为帝。百官进入太极前殿，桓温让督护竺瑶、散骑侍郎刘亨收走了皇帝的玺绶。

司马奕头戴白帽，身穿单衣，走下西堂，乘着牛车出神虎门，群臣叩拜辞别，都哽咽流泪。侍御史、殿中监带领一百多名士兵，把他护送到东海王的宅第。

桓温率领百官准备好皇帝的车驾，到会稽王的官邸去迎接会稽王司马昱。司马昱在朝堂更换了服装，戴着平顶的头巾，穿着单衣，面朝东方哭泣，叩拜接受玺绶。

当天，司马昱即位，改年号咸安。桓温暂时住在中堂，分派兵力安排守卫。桓温的脚有毛病，司马昱下诏让他坐着车子进殿，一见到桓温就哭泣流泪。桓温原来准备好了话，想陈述废立皇帝的理由，这时心里紧张，竟然一个字也说不出来。

前秦王苻坚听说桓温废立皇帝，对群臣说："桓温以前在灞上兵败，后来又在枋头兵败，不能够反省过错，给自己贬职来向百姓谢罪，反而又废黜君主来满足私欲。六十岁的老头，做事情这样，将靠什么来容于天下呢！俗话说'对老婆不满，却向父亲发脾气'，就是说桓温这样的人吧！"

相关链接
〔1〕桓温：公元312－373年，字符子，谯国龙亢（今安徽怀远）人，东晋大将。
〔2〕九锡：锡通"赐"字，九锡是车马、衣服、乐、朱户、纳陛、虎贲、斧钺、弓矢、鬯九种礼器，是皇帝赐给诸侯、大臣的表示最高礼遇的器物。

前秦宰相王猛

符坚重用王猛，把军国政务交于他一人，王猛恭敬勤谨，鞠躬尽瘁，死后符坚非常惋惜。

符坚还是东海王的时候，因为君主符生残暴，大臣建议他夺取政权。符坚就去询问尚书吕婆楼，吕婆楼对他说："我，已经是系在屠刀上的人了，不足以帮你成就大事。我的门客王猛，这个人谋略当世无二，殿下应该向他咨询。"

符坚就通过吕婆楼召见王猛，一见如故。与他讨论时事，符坚听了非常高兴，自认为就像刘备遇到了诸葛亮。

符坚杀死符生，自己即位后，立刻重用王猛。王猛铲除权贵，以法治国，平五公，灭前燕，立下赫赫功劳。晋咸安二年（公元372年）六月，符坚任命王猛为丞相、中书监等职，以前的职位和封号也依旧保留。

八月，前秦丞相王猛抵达长安，又加任都督中外诸军事。王猛推辞说："丞相职权显耀，太傅身份尊贵，尚书令事务纷繁，司隶校尉责任重大，还要总管军务，实施诏令，文武职务集于一身，大事小事都要身体力行，就算是伊尹、吕望、萧何、邓禹那样的贤臣，尚且不能兼备，更何况像王猛这样的呢？"

屡次上表辞让，符坚就是不同意，说："朕正在统一四海，除了你没有别人能够委以重任。你不能推辞宰相，就像朕不能推辞天下一样。"

王猛做了宰相，符坚在上面拱手而治，群臣在下面统一接受领导，朝廷内外军国大事，无不经由王猛处理。

王猛刚正严明，廉洁肃穆，而且善恶分明。罢免占着官位却不努力做事的人，提拔有才能而不得志的人。王猛鼓励农业生产，训练军队，任用官吏符合他们的才能，施用刑罚也符合所犯的罪过。

从此国富兵强，战无不克，前秦大治。符坚敕令太子符宏和长乐公符丕等人说："你们对待王猛公，要像对待我一样。"

晋宁康三年（公元375年）六月，王猛生病，卧床不起，前秦王符坚亲自到南郊、北郊和宗庙、社稷坛[1]为他祈祷，并分派侍卫大臣前往黄河、华山祈祷各个神灵。王猛的病情略微好转，符坚就为此而赦免死刑以下的犯人。

王猛上书说："没想到陛下因为臣的性命而损害天地之德，这是开

天辟地以来，从来没有过的事情。臣听说报答恩德最好的办法是言无不尽，谨以我将死之命，向陛下献上剩余的忠诚。

"陛下的威德功业，震动八荒；声望教化，光耀天地；九州百郡，十有其七；平定燕、蜀，如拾草籽。善于开创的人不一定善于完成，善于肇始的人不一定善于结束，所以古代的圣哲帝王，知道建立功业的艰难，都是战战兢兢，如临深渊。臣只盼望陛下能够效法古代的圣哲，就是天下的大幸。"苻坚看了，十分悲恸。

七月，苻坚亲自到王猛的住处探望他的病情，询问身后之事。王猛说："晋朝虽然偏居长江以南，但他们是帝王正统，递相继承，君臣相安，上下和睦。臣死以后，希望陛下不要图谋晋朝。鲜卑、西羌，是我们的仇敌，终将成为我们的祸患，应当逐渐消灭他们，有利于社稷。"说完就死了。

苻坚亲自参与装殓[2]，几次痛哭流涕，对太子苻宏说："上天不想让我统一天下吗？为什么这么快就夺走了我的王猛呢？"然后按照汉代霍光的规格安葬了王猛。

相关链接

〔1〕社稷坛：指皇帝祭祀社、稷神祇的祭坛。社是土地神，稷是五谷神，古人用社稷代指江山国家。

〔2〕装殓：指给尸体穿衣下棺，也叫"入殓"。

○ 品画鉴宝

褐色点彩鸡首壶（东晋）此器为盛酒用器，与常见鸡首壶不同，可直接手持颈部倒酒，造型设计和施釉技巧极为上乘。

谢安王坦之稳晋

司马昱死后，继位的天子年幼，而桓温等藩臣又势力强大，由于谢安、王坦之对皇帝的全力保护，才使得东晋江山得以稳固。

晋咸安元年（公元371年），大司马桓温废黜司马奕，立会稽王司马昱为帝，诛杀了反对他的人，权倾一时。中书侍郎郗超是桓温的亲信，朝廷中人都很怕他，小心对待他。

谢安曾经与王坦之一起去见郗超，太阳都快落山了，还没有被召见。王坦之想走了，谢安说："你难道就不能够为了性命忍耐一会儿吗？"

次年七月，简文帝司马昱身体不适，留下遗诏[1]，说："大司马桓温按照周公旧例代替皇帝摄政。"又说："太子年轻，可以辅佐就辅佐他，如果不可以辅佐，你可以取而代之。"侍中王坦之自己拿着诏书进入寝宫，当着司马昱的面就把诏书撕了。

司马昱说："天下，只不过是凭运气偶然得来的，我都这样，你又有什么不满的？"

王坦之说："天下，是宣帝司马懿和元帝司马睿的天下，陛下怎么能看作是自己一个人的？"

于是司马昱让王坦之修改了诏书，说："皇位继承和国家政事一律托付给大司马桓温，就像以前诸葛亮和王导辅政一样。"当日，司马昱病故。

桓温本来指望司马昱临终时将帝位禅让[2]给自己，否则也该让他摄政。结果没有满足他的愿望，很是生气，给弟弟桓冲写信说："遗诏只让我像诸葛亮和王导那样辅政。"桓温认为之所以这样，一定是王坦之、谢安在背后摆弄的，于是心中怀恨。

晋宁康元年（公元373年）二月，桓温前来朝拜孝武帝司马昌明。二十四日，司马昌明命令吏部尚书谢安、侍中王坦之到新亭迎接桓温。

当时，京城里人心惶惶，有人说桓温来是要诛杀王、谢，然后夺取晋室天下。王坦之很害怕，谢安神色如常，说："晋室是存是亡，就取决于此行了。"

桓温到了以后，布置了很多士兵护卫，然后在大殿接见朝廷百官。有地位有名望的人都两腿发抖，神色紧张。王坦之也紧张得出了一身的汗，沾湿了衣服，还把手版给拿倒了。

谢安从容就坐，坐下以后，对桓温说："我听说'诸侯有道，守在四邻'，您哪里用得着在墙壁后面安排卫兵啊？"桓温笑着说："正是由于不能不这样做啊。"于是让手下将卫兵撤了，与谢安谈笑了很久。郗超经常为桓温出谋划策，谢安与王坦之见桓温，桓温让郗超藏在帐幕后面听他们的谈话。正好一阵风刮过，吹开了帐幕，谢安笑着说："郗超可称得上是'入幕之宾'了。"

当时，天子年幼，势力弱小，外面又有强大的藩臣，谢安与王坦之竭尽忠诚辅佐保护，最后才让晋室得以稳固。

相关链接

〔1〕遗诏：指君主临死前留下的诏书。

〔2〕禅让：指君主把位置让给有才能、有道德的人。在古代社会，有尧禅位给舜、舜禅位给禹的故事，反映了一种朴素的民主主义。

谢安（公元 320－385 年）

字安石，号东山，东晋政治家、军事家，祖籍陈郡阳夏（今河南太康），汉族。历任吴兴太守、侍中兼吏部尚书兼中护军、尚书仆射兼吏部尚书加后将军、扬州刺史兼中书监兼录尚书事、都督五州、幽州之燕国诸军事兼假节、太保兼都督十五州军事兼卫将军等职，死后追封太傅兼庐陵郡公。世称谢太傅、谢安石、谢相、谢公。

苻坚灭前凉

苻坚认为前凉张天锡虽然对自己称臣，却没有尽到本分，便召他进京，张天锡却杀了使者，苻坚发兵击之，遂灭前凉。

晋太元元年（公元376年），前秦王苻坚下诏说："凉王张天锡虽然对我们称臣，而且接受我们授予的官位，但他做臣子却不尽本分，可以派军队进逼西河[1]，让尚书郎阎负、梁殊带上诏书，征召张天锡前来朝拜。如果他敢违抗命令，就出兵讨伐。"

这时，前秦有步兵、骑兵十三万，军司段铿对周虓说："以这样的兵力出战，有谁能够抵挡？"周虓说："对戎狄来说，确实是从来没有过的。"苻坚又命令秦州刺史苟池、河州刺史李辩、凉州刺史王统率领三州的军队作为苟苌的后继部队。

七月，阎负、梁殊抵达姑臧[2]。张天锡召集官员商量，说："如果现在入朝，肯定再也回不来了。如果不听从征召，前秦的军队一定会打过来，该怎么办呢？"

禁中录事席仂说："用您心爱的儿子作人质，再给他们献上贵重的宝物，让他们的军队撤退，然后慢慢地再想办法，这是以屈求伸的办法。"

众人听了都很气愤，说："我们世代侍奉晋朝，忠诚气节闻名天下。如今一旦委身敌人的朝廷，连祖宗都污辱了，还有比这更大的羞耻吗？况且凭着河西的天险，一百年都不会有危险。如果出动全部兵力，再请西边的西域、北边的匈奴抵抗他们，怎么就知道不能取胜呢？"

张天锡捋起袖子，大声说："我主意已定。再有说投降的，斩首！"

于是张天锡派人告诉阎负、梁殊说："你们是想活着回去，还是想死了回去？"梁殊等人的言辞语气丝毫也不屈服。

张天锡发怒，把他们捆在军营的门柱上，命令士兵乱箭射死他们，说："射不中的人，就是不和我同心。"

张天锡的母亲严氏哭着说："前秦君主凭借一州之地起家，横扫天下，向东平定了鲜卑，向南攻取了巴、蜀，军队都没有受过阻滞。你如果投降，还可以多活几年。现在要以这小小的地方，与大国抗衡，又杀了他们的使者，离灭亡没有几天了！"

张天锡派龙骧将军马建率领二万士兵抵抗前秦。

前秦听说张天锡杀了阎负、梁殊，八月，梁熙、姚苌、王统、李辩

从清石津渡河，在河会城攻打前凉骁烈将军梁济，前凉大败。十七日，苟苌从石城津渡河，与梁熙会合，攻取了缠缩城。马建害怕，从杨非退守清塞。

张天锡又派征东将军掌据率领三万士兵驻扎在洪池，张天锡亲自率领剩下的五万士兵，驻扎在金昌城。安西将军宋皓向张天锡进言说："臣白天观察人事，晚上观察天象，前秦军队不可抵挡，不如投降。"张天锡很生气，把宋皓贬为宣威护军。

苟苌让姚苌率领三千甲士作前锋。广武太守辛章说："马建是从军队里提拔上来的，唯利是图，一定不会为国家效力。"果然，二十三日，马建率领一万人向苟苌投降，其余的士兵四下逃散。

二十四日，苟苌与掌据在洪池交战，掌据的部队被打败，战马被乱兵杀死。属下董儒给他一匹马，掌据说："我三次统率各路军队，两次持符节斧钺，八次带领宫中卫队，十次统管禁军，所受的恩宠达到极至。今天被困在这儿，这里是我死的地方，怎么还能偷安苟活呢？"就走进营帐，解下盔甲，向西叩拜，然后自杀身亡。

二十六日，前秦的军队开进清塞，张天锡派司兵赵充哲率领士兵抵抗。前秦的军队与赵充哲在赤岸交战，大胜，俘虏和斩首的一共有三万八千人，赵充哲战死。张天锡亲自出城迎战，城内又发生叛变。张天锡与几千名骑兵逃回姑臧。

二十七日，前秦的军队到达姑臧，张天锡用白车白马载着棺材，双手绑在面前，在军营门前投降。苟苌为他松绑，烧毁棺材，送他到长安。凉州的郡县全都投降了前秦。

张天锡被送到长安后，苻坚封他为归义侯，授他北部尚书的官职。当初前秦军出发的时候，就已经预先为张天锡在长安建造了府第，现在就让他住在那里。

相关链接

〔1〕西河：黄河以西的地区，又称河西。
〔2〕姑臧：在今甘肃省武威市，是魏晋南北朝时期河西走廊的政治和军事重镇。

秦晋淝水之战

公元383年，苻坚不听劝告，出重军攻打东晋，双方在淝水展开激战，苻坚大败而归，途中闻风声鹤唳，皆以为晋兵且至。

晋太元八年（公元383年），前秦王苻坚不听从劝告，决心入侵东晋。七月，苻坚发布诏令，大举入侵。

百姓每十个成年男子中抽调一名士兵。贵族子弟年龄二十岁以下，有才智勇气的，都征拜为羽林郎。贵族子弟自己带着马匹来应征的，有三万多人，苻坚任命秦州主簿赵盛之为少年都统。

当时，朝中大臣都不愿意苻坚出征，只有京兆尹慕容垂、兖州刺史姚苌以及贵族子弟劝说出征。

阳平公苻融对苻坚说："鲜卑、羌的族人，与我们是仇敌，常常盼望风云突变，好让他们的志向得逞。他们所献的计策，怎么可以听从呢？贵族子弟家里富有，不熟悉军事，只是苟且用阿谀谄媚的话来迎合陛下。如今陛下听信他们的话，轻易地发兵进攻，我担心最后既不能收获战果，还将留下后患，到时候后悔都来不及了！"苻坚没有听从。

八月初二，苻坚派遣苻融统率张蚝、慕容垂等人的步兵、骑兵共二十五万作为先锋。任命姚苌为龙骧将军，统管益州、梁州各项军务。

苻坚对姚苌说："过去我从龙骧将军这个位置创建大业，从来不曾轻易授予别人。你可以努力啊！"左将军窦冲说："君无戏言，这话是不祥之兆啊。"苻坚沉默不语。后来姚苌果真建立后秦。

初八，苻坚发兵长安，将士共六十多万，骑兵二十七万，旌旗相望，战鼓相闻，前后长达一千里。

东晋颁下诏书，任命尚书仆射谢石为征虏将军、征讨大都督，以徐州、兖州二州刺史谢玄为前锋都督，与谢安的儿子、辅国将军谢琰，还有西中郎将桓伊等人一起总共率领八万人进行抵抗。让龙骧将军胡彬率领水军五千人援助寿阳。

当时前秦的军势非常强盛，京城建康人心惶惶。谢玄前去求见谢安，问他有什么计策。谢安很平静地回答说："已经另有安排了。"接着就什么也不说了。

谢安命令驾车出游山间别墅，亲朋好友聚集在一起，与谢玄下围棋赌博。谢安下棋总是输给谢玄，这一天，谢玄心里害怕，结果输给了谢安。谢安就去登山游玩，到了晚上才回来。

桓冲非常担心京城的安全，派遣精锐部队三千人进京保卫。谢安坚持拒绝了，说："朝廷已经决定了对策，士兵和武器都不缺乏，你们还是留在西藩防守。"

桓冲对下属叹息说："谢安有能力在朝廷辅佐，但不熟悉军事战略。如今大敌即将抵达，还纵情玩乐，高谈阔论，只派没有经历过战争的年轻人去抵抗。况且人少力弱，天下之事已经可以预知，我们要受外族的统治了！"

十月，符融等人攻打寿阳。十八日，攻克了寿阳，俘获了平虏将军徐元喜等人。慕容垂攻下了郧城。胡彬听说寿阳被攻陷，退守硖石。符融率领军队攻打硖石。前秦卫将军梁成等率领五万士兵驻扎在洛涧，沿淮河布防以牵制东面的部队。

谢石、谢玄等在离洛涧二十五里的地方驻军，因为害怕梁成，不敢前进。胡彬的粮草快用完了，就秘密派遣使者向谢石等人报告，说："现在敌人强大而我的粮草已经耗尽，恐怕不能再见到大军了！"前秦士兵俘获了胡彬，把他送到符融那里。

符融立刻派使者报告符坚说："现在敌人兵力不足，容易擒获，只是怕他们逃走，应该迅速派兵前来。"符坚就把大部队留在项城，亲自带领八千轻装骑兵，日夜兼程赶到寿阳与符融会合。

符坚派尚书朱序去劝说谢石等人，认为："强弱相差悬殊，不如快快投降。"

朱序暗地里却对谢石等人说："如果前秦百万军队全部抵达，的确难

○ 品画鉴宝

石围棋子（西晋）棋子用黑、白石子磨成，扁圆形，共二百七十二枚，表面光滑圆润，出土时装于灰陶罐内。

311

以抵挡。如今乘着各路军队还没有会合，应当迅速攻击他们。如果能打败他们的前锋部队，就可以挫伤他们的士气，然后就可以战胜他们。”

谢石听说苻坚在寿阳，十分害怕，想以不出战来拖垮前秦军队。谢琰劝说谢石听从朱序的话。

十一月，谢玄派广陵相刘牢之率领五千精锐士兵进军洛涧。在距离洛涧十里的地方，梁成驻守山涧布阵等待刘牢之。刘牢之径直向前渡河，攻击梁成，大胜，斩杀了梁成和弋阳太守王咏。又分出部队夺取了他们逃回的渡口。

前秦的步兵、骑兵全部溃败，争先恐后跳进淮河，死了一万五千人。

这一仗，俘虏了前秦扬州刺史王显等人，收缴了他们全部的武器军粮。

于是谢石等各路军队，从水路、陆路相继进发。苻坚与苻融登上寿阳城观望，看见东晋的军队阵容严整。又看见了八公山上的草木，也都以为是东晋的士兵。苻坚回头对苻融说："这也是劲敌，怎么能说他们弱小呢！"神色怃然，开始害怕起来。

前秦的军队逼近淝水[1]布阵，东晋的军队无法渡河。

谢玄派使者对苻融说："您孤军深入，却紧逼淝水布阵，这是相持的策略，不是速战速决的办法。如果让军阵稍稍退后，让晋朝的军队能够渡河，一决胜负，不是很好吗？"

前秦的将领都说："我们人多，他们人少，不如压制他们，让他们不能上岸，这样才可以万无一失。"

苻坚说："只要稍微后退一点，让他们渡河，渡到一半，我们再出动铁甲骑兵攻击，没有不胜的道理！"

苻融也认为可以，于是指挥军队后退，结果一退就不可收拾。

谢玄、谢琰、桓伊等人率领军队渡过淝水攻击他们。苻融骑马跑过军阵，想收拾后退的士兵，结果战马跌倒，苻融被晋兵杀死，前秦军队于是溃逃。

谢玄等乘胜追击，一直追到青冈，前秦军队大败，很多人自相践踏而死。逃跑的人听到风声与鹤唳，都以为是东晋的军队要到了，日夜不息，慌不择路，风餐露宿，冻饿交加，死掉的人有十之七八。晋军缴获了苻坚所乘坐的装饰云母的车子。

当初，前秦的军队稍稍后退时，朱序在军阵后面高声呼喊："秦军败了！"士兵们听了就纷纷逃跑了。朱序乘机与张天锡、徐元喜都投奔了东晋。

苻坚中了流箭，单身匹马逃到淮河以北，十分饥饿。百姓送来泡饭、猪骨头，苻坚吃了，赏赐给他们十匹帛，十斤绵。

这些人推辞说："陛下厌倦困苦，安于享乐，所以如今会陷入艰难困苦。我们是陛下的儿子，陛下是我们的父亲，哪里有儿子给父亲饭吃还要报偿的呢！"他们连赏赐的东西看也没看就离开了。

苻坚对张夫人说："我如今还有什么面目去治理天下呢！"说着潸然泪下[2]。

谢安收到驿站送来的书信，知道前秦军队已经被打败。当时他正与客人下围棋，拿着信放在床上，脸上一点也没有流露出喜悦的样子，像刚才一样继续下棋。

客人问他是什么事，谢安慢慢地回答说："小孩子们已经打败敌人了。"下完棋以后，回到房间里，过门槛时，连木屐的屐齿折断了都没有发觉。

相关链接

〔1〕淝水：又叫淝河，源于今安徽省合肥市西北一带。

〔2〕潸然泪下：形容因有所感触而流泪。潸然，流泪的样子。

慕容农起兵败石越

前燕被前秦所灭，前燕人慕容垂、慕容农便趁前秦刚在淝水战败而起兵，慕容农斩杀了前来征讨的石越。

当初，前燕吴王慕容垂因为不被太傅慕容评所容，所以来投奔苻坚。后来前燕被前秦所灭，大家都把复兴的希望寄托在慕容垂身上。

淝水之战，前秦各路军队纷纷溃败，只有慕容垂的三万人马得以保全，苻坚就带着一千多骑兵到他那里寻求保护。慕容家的人纷纷劝说慕容垂杀死苻坚乘机起兵恢复燕国，慕容垂不肯答应。

慕容农[1]对慕容垂说："您不在险境逼迫别人，这种义举足以感动天地。我听说谶纬书里记载：'燕复兴当在河阳。'摘取尚未成熟的果子，与等待果熟以后自己落下，相差不过十天左右，但事情的难易与味道的好坏，相差实在是太远了！"慕容垂心里认为他说得很对。

晋太元九年（公元384年）年底，慕容垂打算起兵，通知邺城的慕容农，让他也起兵响应。次年正月，慕容农偷马逃出邺城，来到列人县，住在乌桓人鲁利家里。鲁利为他准备了吃的，慕容农笑了笑，没有吃。

鲁利对他妻子说："郎君是贵人，我们家里穷，拿不出好东西给他吃，怎么办？"

他妻子说："郎君有雄才大略，而且心怀壮志，现在无缘无故到这

○ 品画鉴宝
斫琴图（东晋）顾恺之／绘　图绘古代文人雅士制琴的场景，人物情态各异，造型生动。

314

儿来，一定有事情发生，不是为吃好东西来的。你赶紧出去，看远处有
没有动静，以防发生不测。"鲁利照她的话做了。

慕容农就对鲁利说："我想在列人县招集军队，要复兴燕国，你会
跟从我吗？"

鲁利说："不论是死是活，都跟从郎君。"

于是慕容农就去见乌桓族的张骧，劝他说："我家大王已经发动恢
复大事，远近响应，所以我来告诉你。"

张骧拜了两拜，说："能侍奉以前的君主，怎么敢不舍命效忠呢！"

于是，慕容农招集列人的居民作为士兵，砍下树木作为兵器，撕破
衣裳作为旗帜，然后派手下赵秋去劝说屠各人毕聪。毕聪与屠各人卜
胜、东夷人馀和、乌桓人刘大等人各率部众几千人前来投奔。

慕容农暂时任命张骧为辅国将军，刘大为安远将军，鲁利为建威将
军。慕容农亲自带兵攻克了馆陶县[2]，收缴了那儿的装备器械，又派部
下掠夺了康台的牧马几千匹。从此步兵、骑兵云集，人数达到几万人。

张骧等人共同推举慕容农为使持节、都督河北诸军事、骠骑大将
军，统率各将领，根据他们的才能加以安排，上下秩序井然。

慕容农因慕容垂未到，所以不敢封赏将士。赵秋对慕容农说："军队
没有赏赐，则士兵不肯打仗。如今来投奔我们的人，都想建一时之功，而

获万世之利，应该按照规定封官拜爵，来奠定中兴燕室的基础。"

慕容农听从了，于是前来投奔的人更多了。慕容垂听说后，夸奖了他的做法。慕容农的军队号令严明，秋毫无犯，当地百姓非常高兴。

前秦长乐公苻丕派遣石越率领步兵、骑兵共一万多人前来讨伐。慕容农说："石越有聪明机灵的名声，如今不往南抵抗慕容垂的大军，却到这儿来，是害怕慕容垂而想欺负我啊。他一定没有好好防备，可以用计策攻取他。"

士兵们请求慕容农据守列人县城，慕容农说："善于打仗的人，结交勇士靠的是赢得人心，不是靠的其他东西。如今发动义兵，所要的就是敌人，应当把山河当作城池，一个小小的县城哪里值得据守？"

初七，石越到达列人城西面。慕容农派赵秋和参军綦毋滕攻击石越的前锋，打败了他们。

参军赵谦对慕容农说："石越的军队，铠甲武器虽然很精良，但士兵心怀恐惧，很容易打败，应该赶紧进攻他们。"

慕容农说："他们的铠甲穿在外面，我们的铠甲藏在心里。白天打仗，士兵们看到他们穿戴威严齐整，心里会害怕，不如等到天黑再去进攻，一定能够胜利。"

于是命令军士严阵以待，不得随便行动。

石越立下栅栏加强防御，慕容农笑着对将领们说："石越装备精良，士兵众多，不乘刚刚到达的锐气进攻我，反而立下栅栏，我就知道他成不了什么事了。"

天快黑的时候，慕容农带领军队呼喊而出，在列人城的西面列阵。牙门刘木请求先进攻石越的营栅，慕容农笑着说："人见了好吃的，谁不想上去吃，你怎么单独为自己请求呢？不过我看你勇猛，值得奖励，就让你做先锋吧。"

刘木于是率领勇士四百人越过栅栏攻了进去，后秦士兵望风披靡。慕容农率领主力跟随，大败后秦军队，斩杀了石越，将他的首级送到慕容垂那里。

相关链接

〔1〕慕容农：？－公元398年，昌黎棘城（今辽宁义县西北）人，鲜卑族，后燕名将。

〔2〕馆陶县：位于今河北省馆陶县一带。

后凉懿武帝吕光时，凉州发生饥荒，康宁、彭晃、王穆联合叛变，吕光出兵而败之，遂平定凉州。

晋太元十二年（公元387年），凉州发生严重饥荒，每斗[1]米竟然卖到五百钱。饿死的人占一半以上，出现了人吃人的事情。

后凉西平太守康宁自称为匈奴王，刺杀湟河太守强禧后叛变。张掖太守彭晃也相继叛变，与东边的康宁和西边的王穆联合。

后凉懿武帝吕光想亲自率领军队前去袭击彭晃[2]，众将领都说："现在康宁在南方，正等待机会动手。如果彭晃、王穆还没有被打败，康宁又带兵杀到，我们就会进退两难，局势一定会非常危险。"

吕光说："形势确实像你们所说的那样。现在彭晃刚刚叛变，与康宁、王穆联系还不紧密，我们出其不意地进攻，比较容易取胜。"

吕光于是亲自率领骑兵三万人，日夜兼程地赶路。到达张掖以后，攻打了二十天，攻破了城池，杀死彭晃。

王穆起兵的时候，曾经派遣使节征召敦煌的隐士郭瑀，郭瑀叹息着说："现在百姓就要穿夷狄的衣服了，我怎能忍心不去救助他们呢！"于是他和同郡人索嘏一起起兵响应王穆，并给送去三万石粮食供应部队。

王穆任命郭瑀为太府左长史、军师将军，任命索嘏为敦煌太守。不久，王穆听信谗言，率领部队去攻打索嘏。郭瑀尽力劝阻，王穆也不听。郭瑀只好辞职，出城后大声哭泣，并举起手来向城池道歉说："我恐怕再也见不到你了！"回家后，郭瑀用被子蒙住脸，不跟别人说话，绝食而死。

吕光听说后，说："两个贼寇互相攻击，要被我抓了。我们不能因为害怕连续战斗的辛苦而失去一劳永逸的机会。"于是亲自统率步兵、骑兵二万人攻克了酒泉。

吕光又继续进军凉兴，王穆只好带着自己的部队向东撤退，还没有跑回自己的老巢，部队已溃不成军。王穆独自骑马逃走，被骓马县令郭文砍下了脑袋，送给吕光。

相关链接
[1] 斗：古代一种量粮食的器具，一斗等于十升。
[2] 吕光：公元338－399年，字世明，略阳（今甘肃天水）人，氐族，十六国之一后凉的建立者。

后秦屡战胜前秦

前秦趁后秦国君生病以及太子年幼的机会，多次攻打后秦，却屡战屡败，连国家都被消灭了。

晋太元十七年（公元392年），前秦高帝苻登听说后秦武昭帝姚苌生病，十分高兴，就向世祖的神位[1]祭告，然后实行大赦，将文武百官的职位连升两级，整顿军马，进逼安定，驻扎在离城池九十多里的地方。

八月，姚苌的病情稍有起色，就率领军队出城抵抗。苻登率领军队出营准备交战，姚苌派遣安南将军姚熙隆从别的地方进攻前秦营寨。苻登害怕营寨被袭，赶紧撤退。姚苌晚上率领部队开拔，从侧面穿插到苻登军队的后面。

天亮的时候，前秦的侦察骑兵回来报告说："敌人的军营都空了，不知去向。"

苻登大惊失色，说："姚苌这家伙是什么人，离去让我无法知道，袭来时我又不能察觉；都说他快死了，但是忽然又出来与我对阵。我和这个羌贼生在同一时代，是多么倒霉啊！"于是撤军回到雍城，姚苌也回到安定。

次年七月，苻登在野人堡攻打窦冲，窦冲向后秦求救。尹纬对姚苌说："太子姚兴[2]仁爱宽厚，远近闻名。但他的英勇谋略并没有得到宣扬，请您派他去攻打苻登，来宣扬这一名声吧！"姚苌听从了。太子姚兴率领军队进攻胡空堡，苻登急忙解除对窦冲的围困，赶去那里解救。姚兴趁机进攻平凉，大获全胜。

十二月，姚苌召太尉姚旻、仆射姚晃等人进宫，让他们接受遗诏辅佐太子姚兴治理朝政。

姚苌对姚兴说："如果有诋毁攻击这几位先生的人，你一定要小心，不要听信。你如果能用恩德抚慰亲人，用礼貌接见大臣，用信义处理事情，用仁爱对待百姓，这四个方面能不偏废的话，我就没有什么可担忧了。"

姚晃流着眼泪询问征服苻登的计策，姚苌说："现在大业就要完成，姚兴的才能智谋足以胜任，还要问我干什么？"

当月，姚苌去世。姚兴秘不发丧，立刻命令他的叔叔姚绪去镇守安定，姚硕德去镇守阴密，他的弟弟姚崇留守长安。

太元十九年（公元394年）正月，苻登听说姚苌已死，喜不自禁地说："姚兴这个小孩，我折一根树枝就能打他一顿。"于是大赦，率领全部兵力向东开进，只留下司徒、安成王苻广镇守雍城，太子苻崇留守胡空堡。

四月，苻登从六陌进发到废桥，后秦始平太守姚详驻守马嵬堡抗拒他。姚兴派遣尹纬带领军队前去营救。尹纬占据废桥，在那儿等待前秦军队。前秦士兵到达以后，与后秦争夺水源，没能得到，渴死的人有十分之二三，因此急着进攻尹纬。

姚兴派狄伯支赶来告诉尹纬说："苻登这家伙已是穷途末路，我们应该谨慎持重来打败他。"尹纬说："先帝刚刚仙去，人心难免骚动惊恐。如果我们现在不乘士气旺盛时制服敌人，大事将不可收拾！"于是与前秦军队交战，大胜。

当天晚上，前秦军队崩溃，苻登独自骑马逃奔雍城。苻崇及苻广听说前秦军队失败，都弃城而逃。结果苻登到达的时候，已经没有地方可以投靠。于是，苻登又投奔平凉，收集剩下的军队，进入马毛山。

没过多久，苻登和苻崇相继被敌人所杀，前秦就在这一年灭亡了。

相关链接

[1] 神位：原指给神灵设立的牌位；后来也指给已经去世的先人等设立的牌位。
[2] 姚兴：公元366－416年，字子略，赤亭（今甘肃陇西西）人，羌族，十六国时期后秦帝王之一。

慕容盛平乱存后燕

后燕惠愍帝慕容宝时，兰汗叛变，杀害了慕容宝；慕容盛假装投降兰汗，除掉他平定了叛乱，开始把持后燕朝政。

晋隆安元年（公元397年），后燕外受北魏[1]攻击，内有赵王慕容麟叛乱。惠愍帝慕容宝担心故都龙城被慕容麟占据，于是决定放弃都城中山，退保龙城。慕容宝离开中山后，中山被北魏攻陷。

次年二月，慕容宝不听劝告，从龙城出兵亲征。军队到达乙连的时候，前高阳王慕容隆的老部下、长上官段速骨等人造反，逼迫慕容隆的儿子慕容崇为他们的君主。慕容宝率领十几个骑兵逃走。

后燕[2]尚书、顿丘王兰汗与段速骨等互通消息，故意驻扎在龙城东边，龙城中的守军非常少。三月，段速骨攻下龙城。然后兰汗趁机偷袭段速骨，将他与他的部下全部杀死，废黜慕容崇，奉立太子慕容策，派遣使者迎接慕容宝。

慕容宝因兰汗祭祀着燕室宗庙，而且又是他父亲慕容垂的舅舅，认为他比较忠心，就决定返回龙城。慕容宝到达索莫汗陉，距离龙城还有四十里。城中的人都很高兴。

兰汗十分惶恐，想要出城向慕容宝请罪，他的兄弟一起劝阻了他。于是兰汗派他弟弟兰加难率领五百名骑兵出城迎接。又派哥哥兰堤关上城门，禁止携带兵器，不让平民出入城。城里的人都知道兰汗要发动变乱，但都没有办法。

兰加难在索莫汗陉北边见慕容宝，行完拜见的礼节以后，就与慕容宝一起向龙城进发。颖阴烈公馀崇偷偷对慕容宝说："我观察兰加难的神色，变乱即将来临，应该留下来三思而行，为什么就这样直接前去呢？"慕容宝不听。

走了几里路，兰加难先把馀崇抓了起来，馀崇大声骂他，说："你们家有幸成为燕宗室的亲戚，受到国家的恩宠，哪怕用整个家族来报答都不够。如今竟敢谋反篡位，天地不容，我看你们很快就要被诛杀殆尽，只是遗憾我不能亲手把你们烤了吃罢了！"兰加难就把他杀了，然后带领慕容宝到城外的宅邸中，把他也杀了。

长乐王慕容盛被慕容宝留在后面，听说慕容宝被杀，就想骑马去奔丧。将军张真劝阻他。慕容盛说："我现在因为走投无路才归依兰

○ 品画鉴宝　洛神赋图（东晋）顾恺之／绘　图中所绘形象生动，设色明快、艳丽，富于诗意美。

汗，兰汗生性愚蠢浅陋，一定会念在我是他女婿的份上，不忍心杀我。只要给我十天到一个月的时间，就足以让我大展鸿图。"于是前去见兰汗。

兰汗的妻子乙氏与他做慕容盛王妃的女儿都哭着请求兰汗饶过慕容盛，慕容盛的王妃还向兄弟们叩头请求。兰汗起了恻隐之心，就让慕容盛住在宫中，任命他为侍中，像以前那样亲热地对待他。

兰堤和兰加难屡次请求杀死慕容盛，兰汗没有听从。兰堤骄横荒淫，对待兰汗有很多失礼的地方，慕容盛趁机离间他们，于是兰汗兄弟之间开始互相猜疑。

后燕太原王慕容奇是慕容楷的儿子，兰汗的外孙，兰汗也没杀他，任命他为征南将军，因而可以进宫拜见慕容盛。慕容盛暗中让他逃出城去，在外面起兵。慕容奇就在建安起兵，共有士兵几千人。

兰汗派兰堤去讨伐他，慕容盛对兰汗说："慕容奇是一个听话的孩子，没有能力做这么大的事情，莫非有人在外假借他的名义起兵，而自己想在龙城作内应？太尉兰堤一向骄纵，不可信任，不应该给他那么多

军队。"兰汗觉得他说得对,就不让兰堤率领军队出征,另外派抚军将军仇尼慕领兵讨伐慕容奇。

龙城从夏天开始,就没有下雨,一直持续到秋季的七月。兰汗每天都去后燕各宗庙以及慕容宝的牌位前面叩头祈求,把弑君篡权的罪名全部推卸到兰加难身上。兰堤与兰加难听说后非常生气,而且害怕被兰汗诛杀。七月十五日,兰堤与兰加难一起率领部下偷袭仇尼慕的部队,并且打败了仇尼慕。兰汗非常害怕,派遣太子兰穆率领军队前去讨伐。兰穆对兰汗说:"慕容盛与我们是仇敌,一定是他与慕容奇里应外合。这是我们的心腹之患,不能姑息养奸,应该先将他除掉。"

兰汗准备杀掉慕容盛,就先把他召来相见,想观察一下他。慕容盛的王妃知道了,偷偷告诉了慕容盛,慕容盛就借口生病,没有去见兰汗。兰汗也暂时作罢,没杀慕容盛。李旱、卫双等人一向受慕容盛厚待,而兰穆也把他们当作自己的心腹。李旱、卫双因而得以出入慕容盛的住所,偷偷地与慕容盛一起谋划。

十七日,兰穆去攻击兰堤、兰加难等人,获胜。二十日,兰汗大摆筵宴,犒赏将士,兰汗和兰穆都喝醉了。

慕容盛晚上出去上厕所,趁机跳墙进入东宫,与李旱等人一起杀死了兰穆。这时,军队还都没有解除战备,将领们还聚集在兰穆家里。他们听说慕容盛终于站出来,欢呼雀跃,争先恐后,一起进攻兰汗,把他杀了。兰汗的儿子鲁公兰和陈公兰扬分别驻扎在会支、白狼,慕容盛派遣李旱、张真去进攻他们,把他们斩首。兰堤、兰加难逃走躲了起来,最后也被抓住斩首。从此以后,都城内外人心安定,男男女女相互庆贺。

二十一日,慕容盛祭告太庙。然后大赦,改年号为建平。慕容盛不敢称皇帝号,仍旧以长乐王的名义统管后燕朝政,以前的其他各王都降级为公。

相关链接

〔1〕北魏:又称拓跋魏、元魏,鲜卑族拓跋氏建立,初都云中盛乐(今内蒙古和林格尔),后迁平城(今山西大同),又徙洛阳,我国南北朝时期北朝第一个王朝,后分裂为东魏与西魏。

〔2〕后燕:鲜卑人慕容垂所建,都城在中山(今河北定县),十六国之一。

东晋安帝时，孙恩起兵于海上，所到之处烧杀抢掠，做了不少坏事，很快被刘牢之等将领赶了回去。

晋隆安三年（公元 399 年），孙恩 [1] 因为民心不安，从海岛上率领他的手下杀了上虞令，然后进攻会稽。会稽内史王凝之，是王羲之 [2] 的儿子，一向信奉天师道，他既不出兵也不设防，只是每天在道堂上磕头念咒。

手下官员请求派兵出城讨伐孙恩，王凝之说："我已请来大仙，借来鬼兵把守各个险要关卡，每个地方都有几万鬼兵，敌人不值得担忧。"

等到孙恩逐渐逼近，才听从他们出兵抵抗，可是孙恩的部队已经到达城下了。孙恩很快攻下会稽城，王凝之逃走，被孙恩抓住杀了，还杀了他的几个儿子。

王凝之的妻子谢道蕴，是谢奕的女儿，听说敌人来到，从容不迫，命令婢女们抬着轿子，拔出佩刀出门，亲手杀了几个人，才被抓住。

吴国内史桓谦、临海太守新秦王司马崇、义兴太守魏隐等人都放弃郡城逃走。会稽人谢铖、吴郡人陆瓌、义兴人许允之、临海人周胄、永嘉人张永等人，以及东阳、新安等共八个郡的百姓，同时起兵，杀掉本地官员响应孙恩。十天之内，聚集了几十万人。

吴兴太守谢邈、永嘉太守司马逸、嘉兴公顾胤、南康公谢明慧、黄门郎谢冲、张琨、中书郎孔道等人都被孙恩的军队杀死。当时三吴一带一直都很太平，百姓不善于打仗，所以郡县的守兵都闻风而逃。

孙恩占据会稽，自称征东将军，逼迫士人充当他的属官，并把手下的人称作"长生人"，百姓中如果有不服从他的，就连婴孩一起杀掉，百姓死在他刀下的有十分之七八。他还把县令剁成肉酱，逼迫他们的妻子儿女吃下去，如果拒绝，就被分尸。

他们路过一个地方就烧杀抢掠，砍伐树木，埋堵水井，率领百姓聚集在会稽。妇女怀孕不能跟着去的，都被扔到水中淹死，说："恭喜你先登上天堂，我随后一定会来找你的。"孙恩上表安帝，列数会稽王司马道子和他的世子司马元显的罪状，请求杀掉他们。

自从安帝即位以来，朝廷内外变乱丛生，石头城以南的地区都被荆州、江州所占据，以西的地区都被豫州吞并，京口地区以及长江以北都

○ 品画鉴宝

青瓷插座（东晋）整器造型为一只温顺可爱的小绵羊，羊首顶端有一插孔。

是刘牢之以及广陵相高雅之控制的地盘，中央的指令就只能在三吴这一小片地方通行了。

孙恩作乱之后，三吴的八个郡也被孙恩攻占。京畿的几个县，祸乱四起。孙恩的党羽也有潜伏在建康城中的。大家都人心惶惶，唯恐有意外发生。

朝廷于是宣布全国戒严。安帝加授司马道子黄钺，任命司马元显为中军将军，命令徐州刺史谢琰兼管吴兴、义兴等郡的军事，讨伐孙恩。刘牢之也出兵讨伐孙恩，向朝廷上表之后，立即出师。

当初，孙恩听说八个郡都响应他，就对他的下属说："天下不会再有事了，我将与诸位一起穿着朝服去建康。"

过了不久，听说刘牢之率领军队到了钱塘江边上，他说："我即使割据钱塘江以东，也不失为一个越王勾践。"

后来，刘牢之率领大军渡过钱塘江，孙恩得知后，说："我并不以逃走为耻。"于是驱赶百姓二十多万人向东逃去，一路上扔掉了许多金银财宝和妇女儿童，官军争着抢他们扔下的东西，孙恩因此得以逃脱，又逃回到海岛上。

相关链接

〔1〕孙恩：？—公元402年，字灵秀，祖籍邪琊（今山东胶南县南），孙泰之侄，家族在永嘉之乱时南渡，世代信奉五斗米道。

〔2〕王羲之：公元321—379年，字逸少，号澹斋，因曾官至右军将军，故人又称之"王右军"，山阴（今浙江绍兴）人，祖籍邪临沂（今山东临沂），东晋伟大的书法家，后人尊其为"书圣"，和其子王献之并称"二王"，有书法作品《兰亭集序》传世。

殷仲堪犹疑遭败亡

殷仲堪为人慎于小节、优柔寡断，在与桓玄的斗争中，这些都成了他致命的弱点，使他落了个兵败身亡。

荆州刺史殷仲堪担心桓玄[1]过于跋扈，就与雍州刺史杨佺期结成亲家，互相援助。杨佺期几次想要进攻桓玄，都被殷仲堪竭力阻止。桓玄害怕自己最终被殷仲堪、杨佺期消灭，就向朝廷要求扩大他管辖的地区。

朝廷想离间他们，便加任桓玄为都督荆州四郡军事。同时，让桓玄的哥哥桓伟代替杨佺期的哥哥杨广做南蛮校尉。杨佺期又生气又担忧。

杨广本想拒绝桓伟接任，但殷仲堪不许，把杨广调出来任宜都、建平两郡的太守。杨孜敬原来是江夏相，桓玄派兵去攻击并劫持了他，任命他做咨议参军。

杨佺期招集军队，建立军旗，声称要去援救洛阳，想和殷仲堪一起进攻桓玄。殷仲堪虽然表面上与杨佺期结交，心里却怀疑他的用心，所以苦苦劝阻杨佺期。又担心无法阻止杨佺期，就派他的堂弟殷遹去北部地区驻守，以此遏止杨佺期。杨佺期无法自己起兵，又猜不出殷仲堪的用意，只好解散军队。

这一年，荆州发大水，平地积水三丈深。殷仲堪把府库中储备的粮食全都拿出来赈济饥民。桓玄打算趁他内部空虚的时候征讨他，于是发动军队向西进发，声称要去援救洛阳。

桓玄又给殷仲堪写信，说："杨佺期身受国家恩惠，却不去参加皇帝的葬礼，我们应该一起兴师问罪。现在应开进沔水讨伐他，我已经在江口一带集结了兵力。如果你的看法与我一样，就把杨广抓起来杀掉。如果不这样做，我就率领军队进入长江，攻击江陵。"

这时，巴陵[2]还有积蓄的粮食，桓玄派兵先去攻击。梁州刺史郭铨正赶去上任，途中经过夏口。桓玄骗殷仲堪说，朝廷派郭铨担任自己的前锋，所以把江夏的部队交给他，并让自己统率各支部队一起前进。桓玄暗中告诉他的哥哥桓伟作内应。

桓伟惊慌失措，不知道该怎么办，就把桓玄的密信交给殷仲堪看。殷仲堪扣下桓伟作人质，命令他给桓玄写信，文辞极其凄苦。桓玄说："殷仲堪为人优柔寡断，常常考虑打败之后怎么办，为儿子考虑好后路，我哥哥一定不会有危险。"

殷仲堪派殷遹率领水军七千人到达西江口,桓玄派郭铨、苻宏进攻他,殷遹等大败逃走。桓玄驻扎在巴陵,吃的是殷仲堪留下的粮食。殷仲堪派遣杨广和自己的侄儿殷道护等人率领军队抵抗,全都被桓玄打败。江陵一带大为恐慌。

江陵城中缺乏粮食,殷仲堪只能发给士兵胡麻充饥。桓玄乘胜到达零口,距离江陵只有二十里。殷仲堪急忙写信请杨佺期来救援。杨佺期却说:"江陵没有粮草,用什么来对付敌人?你可以屈尊到我这里来,我们一起据守襄阳。"

殷仲堪想保全自己的军队和地盘,不愿意放弃荆州流亡,就骗杨佺期说:"近来我征集了许多粮草,已经有所储备。"杨佺期相信了,率领步兵、骑兵共八千人前来救援,兵强马壮,铠甲在阳光下闪闪发光。

到达江陵后,殷仲堪只能用米饭供应杨佺期的军队。杨佺期十分生气,说:"这次必败无疑。"也不去见殷仲堪,就与他哥哥杨广一起向桓玄进攻。桓玄害怕他的锐气,撤退到马头。

第二天,杨佺期带兵急攻郭铨,几乎将郭铨抓住。正好桓玄的部队赶到,杨佺期军队大败,他一个人骑着马逃奔襄阳。殷仲堪逃奔酂城。

桓玄派将军冯该追捕杨佺期和杨广,把他们全部抓住杀了,又把他们的人头送到建康。

殷仲堪听说杨佺期已死,带着几百人正要投奔长安,走到冠军城,冯该追上去俘获了他。回到柞溪以后,逼着他自杀了。

殷仲堪信奉天师道,祭祀鬼神时从来不吝惜财物,却舍不得拿出钱来周济救急。又喜欢以小恩小惠向别人示好,见到有人生病,就亲自为他把脉配药。用计过于烦琐细密,缺乏远见,所以导致失败。

相关链接
〔1〕桓玄:公元369 – 404年,字敬道,又名灵宝,谯国龙亢(今安徽怀远)人,东晋桓温之子。
〔2〕巴陵:今湖南岳阳。

罗企生舍生取义

罗企生为了报答殷仲堪的知遇之恩，所以对他忠心耿耿，誓死不肯向殷仲堪的敌人桓玄低头。

殷仲堪生性多疑，优柔寡断。他的咨议参军罗企生对他弟弟罗遵生说："殷侯为人仁厚，却优柔寡断，一定会遭遇大难。我承蒙他知遇之恩，从道义上说不能舍他而去，一定会因他而死。"后来殷仲堪遭受桓玄攻打，逃走的时候，文武官员没有送行的，只有罗企生一个人跟着他。罗企生路过家门的时候，他的弟弟罗遵生说："我们现在要生离死别，怎么能不握一下手？"罗企生把马转回来，伸手给弟弟。罗遵生很有力气，把他从马上拉了下来，说："家里还有年迈的母亲，你要跑到哪里去？"罗企生哭着说："今天的事情，我一定是要去死了。有你供养母亲，不会没有人尽孝。我们家里，既有尽忠的，也有尽孝的，还有什么遗憾呢？"[1] 罗遵生把他抱得更加紧了，殷仲堪在路上等着，看罗企生没有挣脱的希望，就独自骑马走了。桓玄到了以后，荆州的士人都去拜见桓玄，只有罗企生一个人不去，却在料理殷仲堪家里的事。有人说："你这样做，一定会大祸临头！"罗企生说："殷侯像对待国家栋梁那样对待我，我被弟弟阻拦，才不能跟他一起去诛杀叛贼，又有什么脸面去桓玄那里乞求保全性命呢？"桓玄听说以后很生气，但他一向对罗企生很好，就先派人告诉罗企生："你如果向我道歉，我就放过你。"罗企生却说："我是殷仲堪手下的官吏，殷仲堪失败，我不能够挽救，还有什么可道歉的呢？"桓玄于是就把他抓了起来，又派人问他还有什么话，罗企生说："文帝司马昭杀了嵇康[2]，他的儿子嵇绍却是晋朝的忠臣。我只请求留下我的弟弟，让他赡养老母。"

桓玄于是杀了罗企生，而赦免了他的弟弟。

相关链接

〔1〕古人认为，为人臣要忠于君主，为人子要孝敬父母，故一人忠孝不能两全。所以罗企生说他和弟弟一个人尽忠、一个人尽孝，从而无所遗憾了。

〔2〕嵇康：公元223－263年，字叔夜，谯郡铚县（今安徽宿州）人，三国时魏国著名的思想家、诗人和音乐家，是"竹林七贤"的领袖人物，也是魏晋玄学的代表人物之一。

后凉王吕光死后，立太子吕绍为王，吕篆和吕弘谋反夺了他的位置，不久，吕弘又反吕篆，亦被吕篆消灭。

晋隆安三年（公元399年），后凉懿武帝吕光病重，就把太子吕绍立为天王，自号太上皇帝。又任命太原公吕篆[1]为太尉[2]，常山公吕弘为司徒。

吕光对吕绍说："如今国家多灾多难，外边又有强邻窥伺。我死了以后，你让吕篆统率六军，让吕弘总管朝政。你自己恭顺无为，把重任委托给两位兄长，或许勉强可以熬过难关。如果自己内部先互相猜忌，那么很快就会祸起萧墙了。"

又对吕篆、吕弘说："吕绍没有拨乱反正的才能，只是因为嫡子继承符合常规，才让他忝居帝位。如今外有强敌，人心不安，你们兄弟如果能和睦相处，紧密团结，那么我们的社稷还可以流传万世。如果自己人互相图谋，则大祸眼看就要来临了！"

吕篆、吕弘都哭着说："不敢。"

吕光又抓住吕篆的手，告诫他说："你生性粗鲁暴躁，是我最担忧的。你一定要好好辅佐吕绍，千万不要听别人的挑拨离间！"

当天，吕光去世。吕绍密不发丧。吕篆推开小门，进去痛哭不已，一直到心里的哀伤平息以后才出来。

吕绍害怕，坚持要把皇位让给吕篆，吕篆就是不答应。

骠骑将军吕超对吕绍说："吕篆做将军已经有很多年了，名声威望震动朝廷内外。父亲去世，他却并不哀伤，反而昂首阔步，心中一定有叛逆的想法，应该尽早把他除掉。"

吕绍说："先帝的话好像还在耳边，我怎么能不听呢？我这么小就担负国家重任，正要仰仗两位兄长的帮助，来使国家安宁。即使他们真的图谋我的位置，我也视死如归，终究不能忍心杀死兄长。你不要再说了！"

吕篆到湛露堂拜见吕绍，吕超拿着刀侍立在吕篆身旁，用眼睛示意吕绍让自己把吕篆抓起来，吕绍没有允许。

吕弘偷偷派尚书姜纪对吕篆说："主上昏庸懦弱，不能在现在多灾多难的时候胜任他的位置。大哥一向恩威并著，应该为国家社稷考虑，不应该拘泥小节。"

　　吕纂就在当天夜里，带领几百名勇士翻跃北城，进攻皇城的广夏门。吕弘也带着东苑士兵，用斧头劈砍皇城的洪范门。

　　左卫将军齐从守卫融明观，迎面喝问来人说："谁？"

　　众人回答说："太原公。"

　　齐从说："国家发生大的变故，主上新近即位，太原公不在正道上行走，深更半夜进入皇城，难道要谋反吗？"

　　于是抽出佩剑，上前砍杀吕纂，正中他的前额。

　　吕纂的手下将齐从抓住，吕纂说："真是义士，不要杀他！"

　　吕绍派遣虎贲中郎将吕开率领宫廷禁军，在端门抵抗。吕超也率领二千士兵赶到。士兵们一向害怕吕纂，还没有交战就自行溃散。吕纂从青角门进入禁城，登上谦光殿。吕绍逃到紫阁自杀，吕超逃奔广武。

　　吕纂忌惮吕弘兵力强大，要把皇位让给吕弘。吕弘说："我因为吕绍身为弟弟却继承国家皇位，大家心里不满意，才违背先帝的遗命，将他废黜，以至将来要愧对九泉之下的父亲！现在如果再越过哥哥而当皇帝，哪里是我吕弘本来的目的呀！"

　　吕纂就让吕弘出宫告诉大家说："先帝临终的时候，留给我们诏书，要我们这样做。"

　　文武大臣都说："只要国家社稷有人主持，谁敢违背呢。"

　　吕纂就即天王位，下令大赦，改年号为咸宁，谥吕绍为隐王。又任命吕弘为大都督、督中外诸军事、大司马、司隶校尉等，改封他为番禾郡公。

　　吕纂对齐从说："你上次砍我，太过分了吧？"

齐从流着泪说："隐王是先帝所立。陛下虽然合乎天意顺乎人心，只是我的心里还没体会到，因此砍陛下的时候，唯恐陛下不死，怎么能说过分了呢？"

吕纂赏识他的忠诚，待他很好。

吕纂的叔父、征东将军吕方这时正在广武镇守，吕纂派使者过去对吕方说："吕超确实是忠臣，他的忠义勇气都值得奖赏。但是他不懂得国家大局，也不懂从权变通。我如今正想派他的大用场，一起度过危难之世。你可以把我的意思转告给他。"吕超知道后，上书表达歉意，吕纂就恢复了他的爵位。

后凉王吕纂因为大司马吕弘功劳高，镇守的地方又离京城很近，所以很忌惮他。吕弘也疑心上面对自己猜忌，于是率领东苑的士兵造反，进攻吕纂。吕纂派他的部将焦辨攻击，吕弘的部队溃散，吕弘逃走。

吕纂纵容士兵在城中大肆抢掠，并把东苑中的妇女全部犒赏给军队，吕弘的妻子女儿也在其中。

吕纂笑着对大臣们说："今天这场战斗怎么样？"

侍中房晷回答说："老天降祸给我们后凉，所以忧患不断。先帝刚刚去世，隐王便被废黜；先帝刚刚安葬，大司马又起兵谋反；京师血流不止，兄弟之间白刃相行。

"这次虽然是吕弘自取灭亡，但也是陛下没有兄弟的恩情。陛下应该责备自己，来向百姓谢罪才对；如今反而纵容士兵抢掠，关押士人，污辱妇女。

"这场祸乱虽然是吕弘挑起的，百姓又有什么罪过？况且吕弘的妻子，是陛下的弟媳；吕弘的女儿，是陛下的侄女；怎么能让她们被那些无赖小人当作婢女侍妾来侮辱呢？天地神明，怎么会忍心看到这样悲惨的事情？"

然后感慨流泪。吕纂立即神色严肃地向他道歉，把吕弘的妻子女儿召回，安置在东宫，优厚地抚恤她们。

相关链接

〔1〕吕纂：？—公元401年，字永绪，略阳（今甘肃天水）人，氐族，十六国时期后凉君主吕光之子。

〔2〕太尉：秦汉时期中央掌管武事的最高官员，魏晋时太尉为三公之一。

桓玄受禅让即位

桓玄做了很多形式上的准备，然后接受皇帝的"禅让"；执政后，不但无所作为，而且劳民伤财，越来越不得人心。

晋元兴二年（公元403年）二月，大将军桓玄上表请求统率各路大军北伐，要平定关中、洛阳地区，随后又暗示朝廷下诏不要同意，于是说："我接到朝廷诏令，所以才停止北伐。"

桓玄开始打点行装，准备出征，却先命令制造轻舟快艇，装满服饰珍玩、名人字画等。有人问他为什么这样，桓玄说："战争充满危险，万一发生意外，轻舟速度快，装着东西逃脱。"大家心里都笑话他。

九月，侍中殷仲文、散骑常侍卞范之劝说桓玄早日接受禅位做皇帝，暗地里撰写了加授九锡以及册命的文告。朝廷任命桓谦为侍中、开府、录尚书事，王谧为中书监、兼任司徒，桓胤为中书令，加授桓修为抚军大将军。

十六日，朝廷册命桓玄为相国，统领文武百官，以十个郡的封地让他做楚王，加授九锡。他所管辖的楚国，也设置丞相以下的各级官吏。

桓谦私下里问彭城内史刘裕说："楚王功勋卓著，德高望重，朝廷群臣的想法，多数认为应该实行禅让，让楚王做皇帝。你认为怎么样？"

刘裕说："楚王是南郡宣武公桓温的儿子，功勋德望举世无双。如今晋室已经衰微，民心早已转移，乘着时运举行禅让，有什么不可以的？"

桓谦高兴地说："你说可以，那就一定可以了。"

十月，楚王桓玄上表请求回到他的封地去，然后又让安帝司马德宗作亲笔诏书，坚决挽留他。

○ 品画鉴宝
列女仁智图（东晋）顾恺之／绘　图绘历史上有智谋远见的女子。通过人物眉、眼、嘴的微妙及身姿动态，表现出复杂的性格特征。

他派人造谣说，钱塘临平湖的湖水突然又满了，江州也降下甘霖，就让文武百官相聚庆贺，以此作为自己接受皇帝禅让的征兆。

他又因为古代禅让的时候，都有隐士[1]出来做官，因而觉得唯独现在没有是一种耻辱。所以便访求到西晋隐士皇甫谧的第六代孙子皇甫希之，供给他一切生活需要，让他隐居到深山老林里去。这时又以朝廷的名义征召他出来做著作郎，并让皇甫希之坚决推辞不肯应征，然后再发下诏书表彰他，称他作高士。当时的人都称皇甫希之为"充隐"，也就是"冒充的隐士"。

桓玄又想恢复古制，废除钱币，用谷物、布帛作交换工具，以及恢复肉刑[2]等。各种规章制度制定了很多，但是始终没有一个固定的想法，因此变过去又变回来，最终也没有实行什么。

桓玄生性又很贪婪鄙陋，别人有好的书法、绘画，以及漂亮的园林宅第等，他一定通过赌博手段巧取豪夺，据为己有。他尤其喜爱珍珠美玉，日夜把玩，从不离手。

十一月，司马德宗下诏，让桓玄使用天子的礼仪和乐舞，让他的王妃改称王后，让他的世子改称太子。

十八日，卞范之草拟了禅让的诏书，让临川王司马宝逼迫司马德宗亲自抄写。

二十一日，司马德宗到大殿前，派王谧手捧皇帝的玺绶，将帝位正式禅让给桓玄。

二十三日，司马德宗搬出皇宫，迁居永安宫。

二十四日，把东晋的太庙和先帝牌位迁到琅邪国，然后文武百官一起到姑孰劝说桓玄登基称帝。

十二月初一，桓玄在九井山的北侧修建祭坛。

初三，正式即皇帝位。

桓玄即位时宣读的文告上，有很多批评和贬低晋室的言辞。有人劝他不要这么说，桓玄说："皇帝接受禅让的文告，是向天下百姓宣布的，怎么可以欺骗上天呢？"于是大赦，改年号为永始。

初九，桓玄进入建康宫。当他坐上皇帝宝座的时候，宝座下面的地面忽然陷下去了，群臣大惊失色。殷仲文说："大概是因为皇上恩德太重，所以大地都不能承载。"桓玄听了非常高兴。

桓玄自从即皇帝位以来，心里常常感到不安。次年二月初一，夜里长江掀起大浪，江水卷进石头城，卷走淹死了很多人，呼叫声震天动地。桓玄听了很害怕，说："奴才们要造反了。"

桓玄性情苛刻琐屑，喜欢夸耀自己的能力。负责具体事务的官员上奏，如果有一个字用得不恰当，或者一个词用错了，他都要加以指出纠正，来显示自己的高明。尚书回答诏书的时候，误将"春蒐"写成"春菟"，结果自左丞王纳之以下，凡是经手签过字的官员，都被降级或者贬黜。

桓玄有时还亲自选定当天值日的官员，或者亲自命令小官吏做一些具体的事情，结果发下来的诏书纷繁杂乱，有关部门都来不及处理。然而对朝廷事务却不好好管理，没有处理的奏章堆积如山。

桓玄喜好打猎，有时候一天甚至出去好几趟。又迁居到东宫，修建宫殿居室，大兴土木，督促得很严，朝廷内外一片哗然，想造反的人越来越多。

相关链接

〔1〕隐士：古代隐居乡下或山林不出来做官的知识分子。

〔2〕肉刑：主要为宫（去势）、刖（断足）、劓（割鼻）、黥（刺面后着墨），是古代对犯人砍断肢体或割裂肌肤的刑罚。

　　桓玄被赶出建康，刘毅等人率军穷追不舍，后益州督护冯迁杀死桓玄，晋安帝得以在江陵复位。

　　晋元兴三年（公元404年）三月，桓玄从建康逃出，逃到寻阳，郭昶之为他提供生活用品，补充兵力。十四日，桓玄逼迫挟持晋安帝[1]司马德宗一同向西逃窜，刘毅统率何无忌、刘道规等几支军队随后紧追不舍。桓玄留下龙骧将军何澹之、前将军郭铨与郭昶之一起据守溢口。

　　桓玄在路上亲自撰写"起居注"，叙述讨伐刘裕的经过，自称所用的战略没有任何失误，只是手下的军队违背自己的指挥调度，所以才打了败仗。桓玄把心思全用在写这些东西上面，根本没时间与百官将领们议论时事。"起居注"写完以后，又公开展示给所有的人看。

　　四月初三，桓玄挟持安帝来到江陵[2]，桓石康收留了他们。桓玄重新设置文武百官，任命卞范之为尚书仆射。自从失败逃跑以来，桓玄担心自己的命令不能得到实施，就加重了刑罚的力度，人心更加离散，怨声四起。

　　殷仲文劝他，桓玄生气地说："现在因为这些将领作战不讲章法，老天也不保佑我们，所以我们才回到楚国旧都来。但是这些小人却还妄加议论，正应当用强硬的手段来纠正，绝不能用宽容的态度对待他们。"

　　荆州、江州的几个郡听说桓玄西迁，有上表问候日常起居的，桓玄一概不接受。又命令江陵百姓祝贺迁移新都。

　　桓玄派遣武卫将军庾稚祖、江夏太守桓道恭率领几千人与何澹之等一起守卫溢口。何无忌、刘道规到桑落洲。二十三日，何澹之等人率领水军迎战。

　　何澹之经常乘坐的船只，装饰了很多旗帜。何无忌说："敌人的将帅一定不会坐在这条船上，不过想欺骗我们而已。我们应该尽快进攻他们。"

　　大家都说："何澹之不在这条船上，就算缴获它也没什么好处。"

　　何无忌说："现在敌众我寡，很难抵挡，我们没有全胜的把握。何澹之既然不在这条船上，那么船上的兵力一定很弱。我们以精锐士兵进攻，一定能缴获这条船，缴获了这条船，敌人的士气就会受打击，而我们的士气则会受到鼓舞。然后趁机进攻，就一定可以打败敌人了。"

桓玄兵败被杀

335

刘道规说："对啊！"

于是带兵猛攻并缴获了那条船，乘机大喊："已经活捉何澹之了！"

何澹之的军队惊慌失措，乱作一团。何无忌的军队也以为是真的，士气大振，乘胜进攻何澹之等人的部队，大败他们。

何无忌等人攻克了湓口，进兵据守寻阳，派使节奉送装着晋室宗庙牌位的石匣回到京师。朝廷加授刘裕为都督江州诸军事。

桓玄招募荆州兵马，还没到一个月，就聚集了二万人，多层战舰、兵器装备也都充足。二十七日，桓玄再一次统率大军挟持安帝向东进军，让苻宏兼任梁州刺史，担任军队的前锋。

桓玄又派散骑常侍徐放赶在部队前面，去劝刘裕等人说："如果你们能解散军队，一定会给你们一个自新的机会，各授官职，绝不让你们失望。"

刘毅、何无忌、刘道规、下邳太守孟怀玉率领军队从寻阳向西进发。五月十七日，他们与桓玄的部队在峥嵘洲相遇。刘毅等人的士兵不到一万人，而桓玄手下的士兵却有几万人，因此大家都很害怕，想要撤回寻阳。

刘道规说："不行！敌众我寡，强弱不同，现在如果畏惧而不敢进攻，一定会被敌人抓住机会，就算回到寻阳，又怎么能守得住呢？桓玄虽然窃取英雄豪杰的名号，其实很怯懦，再加上他现在已经历过奔逃失败，部下根本就没有死战的决心。决定胜负，勇猛奋战是关键，不在于人数的多少。"于是指挥部下先行，刘毅等人率领军队紧随。

桓玄经常在座舰旁准备一艘小快艇，失败的时候好坐它逃走，因此士兵都没有斗志。刘毅等人顺着风向放火，将精锐部队全部投入战斗，士兵奋勇争先。桓玄的军队大败，烧掉自己的辎重物资，连夜逃跑。郭铨向刘毅投降。

桓玄挟持安帝坐了一艘小船向西逃走，把永安何皇后和王皇后留在巴陵。殷仲文此时正在桓玄的船上，请求到别的船上去召集溃散的的士兵，乘机叛变，恭奉两位皇后投奔夏口，又回到建康。

二十三日，桓玄与安帝回到江陵。冯该劝他再东征一次，桓玄没有听从。他打算逃往汉中投奔桓希，但这时部下人心叛离，意志消沉，发号施令却没人执行。

二十四日深夜，桓玄作好准备打算出发，而城内已经大乱，就和一

百多个心腹骑马出城，向西逃跑。刚走到城门，他左右的亲信中突然有人在暗中砍桓玄，没有砍中，其他的人就自相残杀，尸横遍地。桓玄保住性命逃到船上，左右侍从早已逃散，只有卞范之还跟在身旁。

桓玄准备前往汉中。屯骑校尉毛祐之，是毛璩的侄子，他骗桓玄前往蜀地，桓玄听信了。宁州刺史毛祐，是毛璩的弟弟，死在官任上。毛璩派他哥哥的孙子毛祐之和参军费恬带领几百人护送毛瑶的灵柩回江陵。

二十六日，他们与桓玄在枚回洲相遇。毛祐之、费恬迎战桓玄，箭如雨下，桓玄的宠臣丁仙期、万盖等人用自己的身体掩护桓玄，都死了。

益州督护冯迁拔出佩刀，冲上前去砍桓玄，桓玄连忙拔下头上玉做的头饰递给冯迁，说："你是什么人？竟敢杀天子！"冯迁说："我是杀贼害天子的人！"就把他杀了。

安帝在江陵重新复位，任命毛修之为骁骑将军。二十八日，实行大赦，那些畏惧桓玄的威逼而参与叛逆的人，全都不加追究。刘毅等人把桓玄的首级送到建康，悬挂在大桁上面示众。

相关链接

〔1〕晋安帝：孝武帝司马曜长子，名司马德宗，公元382－418年在位，谥安帝。

〔2〕江陵：今湖北省荆州市。

慕容熙宠妻失国

慕容熙对符皇后的宠爱，达到了无以复加的地步，皇后死后他亲自披麻戴孝护送灵柩，被慕容云等人趁机占领了皇宫。

后燕昭文帝慕容熙[1]非常宠爱符皇后，他与符皇后出游打猎，往北登上了白鹿山，往东越过了青岭，往南到达沧海边上，玩得尽兴了才返回，士兵被虎狼吃掉以及冻死的有五千多人。

慕容熙为符皇后建造了承华殿，从京城的北门外运土，土的价格与谷子相等。宿军典军杜静用车子载着棺材向慕容熙极力劝谏，慕容熙将他杀了。

符皇后曾经在夏天的时候想吃冻鱼，冬天的时候想吃新鲜地黄，慕容熙下诏让有关部门采办，没有办到，就将负责人杀了。

晋义熙三年（公元407年）四月，符皇后去世，慕容熙痛哭到晕了过去，过了很长时间才又苏醒。他好像死了父母那样地举行丧礼，披麻戴孝[2]，只喝稀粥。命令文武百官在宫内设置皇后的牌位，一起痛哭，还派人检查哭的人，没有眼泪的就治罪，群臣只好在嘴里含上辛辣的东西，刺激自己落泪。

高阳王慕容隆的王妃张氏，是慕容熙的嫂子，美丽而且聪明，慕容熙想用她殉葬，就诬陷她为死者缝制的鞋子里有坏了的毛毡，就赐她自杀。右仆射韦璆等人都害怕让自己去殉葬，每天洗澡更衣，等候命令。

公卿以下的官员一直到下面的士兵百姓，每一户都参加皇后陵墓的修建，官府的积蓄消耗殆尽。陵墓占地方圆几里，慕容熙对负责监工的人说："好好修，我跟着也要住进去。"

七月二十六日，慕容熙把皇后符氏埋葬在徽平陵。因为送丧的车驾太高，拆了北城门才得以出去。慕容熙披散头发，光着双脚，跟着灵柩走了二十多里。二十七日，实行大赦。

当初，中卫将军冯跋和他的弟弟侍御郎冯素弗都在慕容熙那里获罪，慕容熙打算杀了他们，冯跋等人便逃到偏僻的山林里。

后来，慕容熙的赋税劳役过于繁多，百姓不能忍受，冯跋、冯素弗就与堂弟冯万泥谋划："我们不能回去认罪，还不如趁着百姓的怨气发动变乱，或许也可以建立一番事业。即使失败，到那时候，再死也不晚。"

于是，他们坐上一辆马车，让一个妇女赶着，混进了龙城，藏在北部司马孙护之家里。等到慕容熙出城送葬，冯跋等人便和左卫将军张兴，以及苻进的余党发动叛乱。

冯跋一向与夕阳公慕容云的关系很好，就推举慕容云为盟主。慕容云借口有病推辞。冯跋说："慕容熙荒淫暴虐，人神共怒，这是上天要他灭亡的时候。您出身高家，高家也是名门，怎么能做别人的养子，放弃这难得的机会呢？"就扶他走出家门。

冯跋的弟弟冯乳陈等人率领士兵攻打弘光门，呐喊进攻，禁卫军全都溃散逃走。他们冲进宫中，分发了宫中的武器盔甲，关闭城门坚守。

中黄门赵洛生逃出城去报告慕容熙，慕容熙说："这几个老鼠一样的强盗，能干什么大事？我这就回去诛杀他们。"于是把苻皇后的灵柩放在南花园，系好头发，穿上盔甲，骑马回城解救危难。当夜，赶回龙城，进攻北门，没能够攻克，只好露宿在城外。

二十八日，慕容云即天王位，大赦，改年号为正始。慕容熙撤退到龙腾苑驻守。尚方兵褚头翻过城墙投奔慕容熙，说护卫营的士兵一心效忠，只等大军到来。

慕容熙听后却惶恐不安，跑了出去，左右的人也不敢追随。慕容熙从河道边上偷偷溜走，过了很久，左右侍从都奇怪他还不回来，就出去寻找，只找到了他的衣服帽子，人却不知哪里去了。

中领军慕容拔对中常侍郭仲说："大事即将成功，皇上却无缘无故地惊慌失措，真是奇怪。可是城中将士正盼望我们回去，回去一定会成功，我们不能在这里多耽搁。我先去攻城，你留在这里等候皇上。如果皇上找到了，那就赶快来。如果皇上还是没有回来，那么等我按计划平定都城后，再慢慢寻找皇上也不迟。"就与其他将领分别率领两千多名士兵进攻北城。

○ 品画鉴宝
青瓷直流尊（东晋） 此尊为盛酒器，与常见尊不同的是它有一个半圆状直流，利于斟酒。

　　城里的官兵以为慕容熙回来了，纷纷放下武器投降。可是后来过了很长时间，慕容熙也没有来，慕容拔又没有后续部队，士兵们都怀疑而且恐惧，最后放弃攻城，退回到龙腾苑，然后全都溃散逃走。结果慕容拔被城里叛乱的士兵杀死。

　　二十九日，慕容熙穿着平民的衣服，藏在树林里，被人抓住，押送给慕容云。慕容云列数了他的罪状后，把他杀了，还杀死了他的几个儿子。慕容云又恢复高姓，后燕政权被北燕政权所取代。

相关链接

[1] 慕容熙：公元385－407年，字道文，又字长生，鲜卑人，十六国后燕君主之一。

[2] 披麻戴孝：通常指长辈去世后子孙身披麻服、头上戴白，表示悲痛哀悼之意。

公元409年，东晋将领刘裕率兵讨伐南燕，南燕君主慕容超执意孤行，既不"据守大岘山"，也不"坚壁清野"，使刘裕军队得以迅速前进，一举而灭南燕。

晋义熙五年（公元409年）三月，刘裕上表请求讨伐南燕，朝廷群臣商议后都认为不可以，只有左仆射孟昶、车骑司马谢裕、参军臧熹认为一定成功，鼓励刘裕出征。刘裕任命孟昶为监中军留府事。

四月十一日，刘裕从建康出发，率领水军从淮河进入泗水。

五月，东晋军队到达下邳，留下舰船、辎重，步行前进到琅邪。所经过的地方，都修筑起城池，留下军队把守。

有人对刘裕说："燕国人守住地势险要的大岘山[1]，或者坚壁清野[2]，固守城池，那样的话，我们大军深入，不但不能建功立业，而且可能回都回不去了，那可怎么办？"

刘裕说："我已经将这些考虑得很清楚了，鲜卑人生性贪婪，没有长远眼光，前进的时候只希望能够多俘虏抢掠，后退的时候又生怕踩坏了田地里的禾苗。他们以为我们孤军深入，一定不能长期坚持，因此最多进军据守临朐，或者退守广固，一定不会据守险要，或者坚壁清野。这一点，我敢向你们保证。"

南燕太上帝慕容超听说东晋军队前来讨伐，便召集群臣一起商议对策。

征虏将军公孙五楼说："吴地的士兵快速果断，比较擅长速战速决，所以我们不应该出去迎战，应该占据大岘山，让他们无法深入，拖延时间，打击他们的锐气。然后慢慢地挑选精锐骑兵二千人，沿着海往南进发，断绝他们的运粮通道；另外再让段晖率领兖州的军队，沿着山脉往东，与我们一起腹背夹击。这是上策。

"命令各地官员凭借险要自己固守，计算自己所需要的物质储备，除此之外，剩下的东西一律烧毁。再把田地中的禾苗全部铲除，让敌人得不到东西补充给养。他们深入敌人领土作战，没有粮食，想会战却没有人接战，十天一个月时间，什么也不用做，就可以制服他们了。这是中策。

"放敌人入大岘山，再出城迎战，这是下策。"

慕容超说："从天的角度来看，今年的吉星正在我们三齐上面，按照天道推测，我们不用打仗也能战胜他们。

"从地的角度来看，现在敌人进入我们的领土作战，我们是主，他们是客，形势对我们有利。

"从人的角度来看，他们远道而来，疲惫不堪，一定不能持久。我占据五个州，拥有富庶的百姓，铁甲骑兵数以万计，庄稼遍布田野，怎么能铲除未成熟的庄稼，迁移百姓，自己先向人示弱呢？不如放他们进入大岘山，再派精锐骑兵前去践踏他们，何必担心打不过他们？"

辅国将军、广宁王贺赖卢也苦苦劝谏，慕容超不肯听从。退朝以后，贺赖卢对公孙五楼说："一定要这样的话，用不了多久就要亡国了。"

太尉、桂林王慕容镇劝慕容超说："如果陛下一定认为骑兵在平地作战比较有利的话，也应该越过大岘山去迎战敌人。那样即使战斗没有胜利，也还可以退回大岘山防守。不应该放任敌人进入岘山，自己放弃险要的地势。"慕容超还是不肯听从。

慕容镇退出后，对人说："主上既不能主动迎战，击退敌人；又不肯迁移居民，坚壁清野。把敌人引进自己腹地，坐在那里等待敌人进攻围困，太像汉朝末年的刘璋了。今年国家就要灭亡，我一定会死。你是中原人，却要像越人那样纹身了。"

慕容超听说后，大怒，把慕容镇抓起来关进监狱。然后下令撤回戍守莒城、梁父的守军，修筑都城的防御工事，挑选将士和战马，等待东晋军队到来。

刘裕经过大岘山，南燕的军队没有出击。刘裕举起手指着上天，脸上露出欢喜的神色。

左右侍从说："您还没有看见敌人，就自己先高兴起来，这是为什么？"

刘裕说："大军已越过险要，士兵们都有拼死作战的决心；余下的粮食都在田地里储存，我们不必为缺粮而担忧。敌人已经落入我的掌心了。"

六月十二日，刘裕抵达东莞。慕容超此前已经派公孙五楼、贺赖卢以及左将军段晖等人率领步兵、骑兵共五万人驻扎在临朐，听说东晋军队已经通过大岘山，便亲自率领步兵、骑兵共四万人前去迎战，并派公孙五楼率领骑兵前去占据巨蔑水。晋军前锋孟龙符与公孙五楼展开激战，将他打败，公孙五楼撤退逃走。

刘裕用四千乘战车摆在两边作为左右两翼，平行向前慢慢地推进，

在临朐城南边与南燕军队交战。太阳快要落山了，双方的胜负还没有最后决出。

参军胡藩对刘裕说："南燕出动全部人马与我们交战，临朐城中留守的士兵一定很少。我愿意带领一支奇兵走小路去夺取这座城池，这是韩信用来打败赵国的方法。"

刘裕就派胡藩和咨议参军檀韶、建威将军向弥率领分队偷偷穿插到南燕军队的后面，进攻临朐城，自称是从海路直接赶来增援轻装部队。向弥身披铠甲率先登上城墙，于是攻克了临朐城。

慕容超听说以后，大吃一惊，单人匹马赶到城南去找段晖。刘裕趁机指挥大军奋力进攻，南燕军队大败，段晖等十名大将被斩杀。慕容超逃回京城广固，晋军缴获了他的玉玺、车辇以及挂在车后的豹尾。刘裕乘胜追击败兵，一直追到广固。

十九日，攻下了广固城的外城，慕容超聚集士兵进入内城据守。刘裕修筑长长的围墙，在上面据守。围墙有三丈高，还挖了三道壕沟。

七月，南燕尚书垣尊和他弟弟京兆太守垣苗，越过城墙向东晋军队投降，刘裕任命他们为行参军。垣尊、垣苗都是慕容超信任重用，并且视作心腹的人。

有人对刘裕说："张纲心思巧妙，如果能得到他来制作攻城用具，广固城一定可以攻克。"

正好张纲从长安回来，太山太守申宣将他抓住，送到刘裕那里。

刘裕让张纲站在高高的楼车上，让他绕着城对城里的人喊："夏王刘勃勃打败了后秦军队，所以没有援军来救你们了。"城中将士听了，全都大惊失色。

张纲为刘裕设计制造的攻城用具，每一样都奇巧无比。慕容超大怒，将张纲的母亲吊在城墙上，把她活活肢解了。

东晋每次发兵增援，或者派遣使者来，刘裕总是偷偷派一支部队在前一天夜里前去迎候。第二天，让所有的人都打着大旗、敲着锣鼓到来，让敌人以为来了很多军队。北方的百姓拿着兵器、背着粮食归附刘裕的，每天都有上千人。

晋军对广固城的围攻更加猛烈了，南燕大臣张华、封恺都先后被刘裕俘获。慕容超表示愿意割让大岘山以南的土地，并且向东晋称臣，以此求和。刘裕没有答应。

慕容超派遣尚书令韩范向后秦请求救兵，后秦文桓帝姚兴派遣使者对刘裕说："慕容氏与我们相邻，关系友好。如今晋对他们进攻得那么紧急，我们秦已经派遣十万铁骑驻扎在洛阳，晋军如果不撤军，我们就要长驱直入了。"

刘裕把后秦的使者叫来，对他说："告诉你们姚兴：我打败燕之后，让军队休息三年，然后就要去夺取你们的关中、洛阳。今天你们要是能自己送上门来，那就快点来吧！"

刘穆之听说有后秦使者来，便骑马进去见刘裕，而后秦使者已经走了。刘裕把自己说的话告诉了刘穆之。

刘穆之埋怨他说："平时事情不论大小，都一定让我参与讨论。如今事关重大，应当仔细考虑，为什么这么快就答复他呢？你的话不足以威慑敌人，恰恰会激怒他们。如果广固还没有攻下，而羌族的敌人又突然到来，不知道该怎么对付他们呢？"

刘裕笑着说："这是用兵的奥妙，不是你所能明白的，所以才没跟你商量。要知道兵贵神速，他们如果真的能赶来救援的话，一定害怕我们知道，哪里还会先派人前来通知，事先将这些告诉我们呢？这是他们虚张声势的大话！晋军不出征，已经很久了。羌人看见我们讨伐三齐之地，心里早就开始害怕。他们自保都来不及，哪里还能援救别人呢？"

九月，南燕尚书张俊从长安返回，投降了刘裕，就对刘裕说："燕人所倚仗的，是认为韩范一定能请来后秦的救兵。现在把韩范抓来给他们看，那么燕就一定会投降了。"刘裕就上表请求朝廷任命韩范为散骑常侍，然后写信招降韩范。

后秦长水校尉王蒲劝韩范投奔后秦，韩范说："刘裕从平民起家，讨灭桓玄，兴复晋室，这次兴兵伐燕，所到之处，无不崩溃瓦解；这是上天要他这样，不是靠人力做到的。燕亡，则秦也会紧接而亡，我不能再忍受一次亡国之辱。"于是投降刘裕。

刘裕带着韩范环绕广固城，城里的人顿时人心沮丧。

次年二月，贺赖卢、公孙五楼挖了一条地道出来袭击晋军，没能将晋军击退。广固城关闭了太久，城里的男女百姓患软脚病的人超过了一半，因此不断有人出城投降。

初五，刘裕发动全部兵力攻城。有人说："今天是往亡日，不利于军队出征。"刘裕说："我往他亡，有什么不利的？"在四面同时发起猛攻。悦寿打开城门，把晋军放进城去。

慕容超与几十个侍卫骑马越过城墙，冲破包围圈逃走，被东晋军队追上抓获。刘裕列数不投降的种种罪名，慕容超神色平静，一言不发，只是把母亲托付给刘敬宣照顾。

刘裕愤恨广固城久攻不下，打算把城里的军民全部杀了，然后把他们的妻子女儿赏给手下将士。

韩范劝阻他说："晋室迁移到江南，中原混乱不堪，士民百姓无所依靠，有强有力的政权，自然前去依附。依附后既然做了人家的臣民，就要为人家尽力。他们都是过去的士族，是先帝的遗民。如今王师北伐，却要把他们全部杀了，那让这些百姓到哪里去呢？我担心西北的百姓再也不会盼望我们去解救他们了。"

刘裕于是改变态度，向他道歉，但还是杀了王公以下三千多人，没收家族人口也有一万多。然后拆毁了广固城墙，把慕容超送回建康斩首。

相关链接

〔1〕大岘山：今山东沂山。

〔2〕坚壁清野：坚固壁垒，清空郊野，使敌人既攻不下据点，也抢不到用于充实军力的物资，是对付外敌入侵的一种方法。

王镇恶是王猛之孙，他足智多谋，在刘裕攻打刘毅时，正是靠着他的计策才得以很快取得胜利。

王镇恶[1]是前秦宰相王猛的孙子。前秦苻氏政权败亡的时候，王镇恶投奔东晋，朝廷任命他为临澧令。王镇恶对骑马不大擅长，也没有拉弓射箭力气，但是却擅长谋略，有决断能力，喜欢谈论军国大事。

有人把王镇恶推荐给刘裕，刘裕和他交谈，很喜欢他，于是就留他住在自己家里。第二天早晨，对手下参谋说："我听说名将家里出名将，看王猛的孙子王镇恶，确实是这样。"立即就任命王镇恶为中军参军。

荆州刺史刘毅[2]自认为当年勤王讨伐桓玄的功劳和刘裕差不多，心里非常骄傲。等到做了地方之长，总觉得郁闷不得志。刘裕对他总是容让，更加助长了刘毅的傲气。

晋义熙八年（公元412年）九月，刘毅抵达江陵，对地方上的官员作了很大调整。又擅自抽调豫州官员，以及江州兵力一万多人跟随自己。

正在这时，刘毅生了重病，就向朝廷要求调自己的堂弟兖州刺史刘藩来做自己的副手，刘裕当时是太尉，就假装答应了。刘藩入京朝见。

十二日，刘裕让皇帝下诏，列举刘毅罪状，说他与刘藩等人阴谋造反，抓住刘藩，命令他自杀了。

十五日，刘裕各路大军从建康出发，王镇恶请求给他一百条船，让他担任前锋。

二十九日，抵达姑孰，任命王镇恶为振武将军，与龙骧将军蒯恩带领一百条船作为前锋。

刘裕告诫他们说："如果敌人可以战胜，就进攻他们；如果不能，就把他们的舰船烧毁，留在水边驻扎等我到来。"王镇恶日夜兼程，紧急行军。因为刘毅还不知道刘藩已死，就自称是刘藩来了。

十月二十二日，王镇恶抵达豫章口，离江陵城只有二十里。他们放弃舟船，上岸步行前进。蒯恩率领军队走在前面，王镇恶紧跟着他。

王镇恶在每条船上留了一两个人，在船边的岸上立起六七面军旗，旗下放置战鼓，然后交代留下的人："估计我们快要到江陵城时，你们就拼命擂鼓，做出后面还有大部队的样子。"又另外派人去烧江津的舰船。

王镇恶径直前去突袭江陵城，告诉前面的军士："如果有人问，就说刘藩到了。"守卫渡口的士兵和当地百姓听了都安下心来，一点也不怀疑。离城还有五六里的时候，碰上刘毅手下大将朱显之准备去江津，问："刘藩在哪里？"军士们说："在后面。"

朱显之到了军队的后面也没有见到刘藩，却看见士兵们扛着挡箭板等攻城用具，又远远望见江津的舰船已经被火烧毁，江边擂鼓的声音又很大，明白过来，知道不是刘藩来，就跳上马背，骑马回城向刘毅报告，一边跑一边下令守城士兵关闭各个城门。王镇恶也骑着马跟进，城门还来不及关闭，士兵因此得以进入江陵城。

王镇恶率领军队与城内的士兵展开激战，同时进攻江陵的牙城，从中午打到傍晚，城内的守军终于失败溃散。王镇恶让人在牙城的墙上挖了一个洞，从洞里攻了进去。于是派人把皇帝降罪的诏书和赦免他的文告，以及刘裕写的亲笔信交给刘毅。刘毅将它们全部烧掉，看也不看，与司马毛脩之等人督促士兵奋力死战。

城里的人还不相信刘裕亲自到来，但是军队里那些跟随刘毅从东方来的士兵，与朝廷军队中的一些士兵是表亲，他们一边打一边交谈，知道刘裕真的来了，人心因此离散害怕。到了夜里，刘毅官府前的卫兵全都逃散，并杀死了刘毅手下猛将赵蔡，只有刘毅身边的侍卫还关紧东西大门顽强抵抗。王镇恶担心黑暗里自己的士兵彼此误伤，于是把部下带出去围困牙城，并在南面放开一个口子。刘毅害怕南面有伏兵，半夜的时候，率领三百多个侍卫打开北门突围逃出。

刘毅连夜逃奔牛牧寺。当初，桓蔚兵败的时候，就逃到这里，投奔牛牧寺的僧人昌。昌把桓蔚藏起来保护，刘毅把昌杀了。

现在，寺里的僧人拒绝他，说："过去我们的师傅昌收留桓蔚，被刘毅杀了。现在我们实在不敢再收留陌生人了。"刘毅感叹说："作法自毙啊！"于是自己上吊而死。

相关链接

〔1〕王镇恶：公元373－418年，字景略，北海剧（今山东昌乐西）人，前秦王猛之孙，东晋名将。

〔2〕刘毅：？－公元412年，字希乐，彭城沛（今江苏沛县）人，东晋北府兵将领。

王镇恶攻灭后秦

公元416年，刘裕北伐后秦，王镇恶一路斩杀，攻入长安，消灭后秦，立下了赫赫功勋。

晋义熙十二年（公元416年）八月，太尉刘裕统率大军从建康出发，讨伐后秦。刘裕派遣龙骧将军王镇恶、冠军将军檀道济率领步兵从淮河、泗水向许昌、洛阳进发。另外派出多路军队进攻各战略要点。

总管朝政的左仆射刘穆之对王镇恶说："刘公这次将伐秦的重任委托给你，你要努力啊。"王镇恶说："我不攻克关中，发誓不再回渡长江！"

王镇恶、檀道济进入后秦境内，所向披靡，连连报捷，不久就攻克了许昌。

十月，檀道济进军逼近洛阳，后秦镇守洛阳的陈留公姚洸出城投降。这时后秦的援军还没赶到，听说洛阳已经陷落，就没有继续前进。

次年二月，王镇恶进军渑池[1]，派毛德祖在蠡吾城袭击尹雅，将他擒获。尹雅杀死看守他的人逃走，王镇恶带兵追赶，一直抵达潼关。三月，檀道济等人也抵达潼关，与王镇恶会合。

后秦鲁公姚绍出战不利，退守地势险要的据点，并对手下将领说："敌人兵力不多，孤军深入，只能坚守营垒等待后援。我们分出兵力断绝他们的运粮通道，坐在这儿等他们粮食吃完，就可以将他们活捉。"于是派遣部下把守大路上的据点，断绝了王镇恶他们的运粮通道。

当初，刘裕曾命令王镇恶等人，让他们在攻克洛阳后，要等大军赶到才一起向前推进。王镇恶等人乘胜直接进攻潼关，结果受到后秦军抵抗，不能前进。而且运粮通道被切断，时间一久，军队缺粮，大家都有点猜疑担心。

有人建议放弃辎重退回去与大军会合，建武将军沈林子按着宝剑发怒，说："刘裕相公立志统一天下，如今许昌、洛阳都已平定，关右地区也即将收复，大事能不能成功，就全看我们前锋的表现了。怎么能打击胜利后的士气，放弃即将成就的功业呢？

"而且大军离我们还远，敌人的势头还很强盛，我们就算想退回去，难道就可以吗？我接受命令以来，就没有作回头的打算。今天的事，我将自己率领军队完成使命，只是不知道你们退回去后，有什么面目见刘相公的旗鼓？"

348

349

王镇恶等人派遣使者去通知刘裕，要求支援粮食和兵力。刘裕正沿着黄河水陆进军，叫来使者，打开船上朝北的窗户，指着黄河北岸牵制他们的北魏大军说："我都说了让他们不要自己前进，如今轻率地深入，以致受困。我这儿岸上形势这样，又怎能派得出援军呢？"

王镇恶只好亲自到弘农去，向百姓劝说，晓以大义。百姓纷纷捐献粮食，军队的粮饷重新得到补充。

八月初二，刘裕亲抵潼关，王镇恶请求让自己率领水军绕道，从黄河进入渭水，然后从渭水直趋长安，刘裕同意了。

后秦镇北将军姚强与姚难会师，在泾水岸边驻扎，来抵挡王镇恶。王镇恶派毛德祖率领军队进击，获胜，杀死了姚强、姚难逃奔长安。

王镇恶率领水军沿渭水逆流而上，乘坐艨冲[2]小舰，划桨的士兵都在船内。后秦人看到战舰前进却没有看到划桨的人，都很惊奇，以为有神仙相助。

二十三日凌晨，王镇恶军队抵达渭桥，命令战士们吃饱喝足，然后全部手持兵器，登上河岸，落后的人斩首。士兵们全部登上河岸以后，渭水水流湍急，东晋的战舰随波逐流，瞬息之间，已不见了踪影。

当时长安城内，后秦国主姚泓统率的军队还有几万人。王镇恶向士兵们宣告说："我们的亲属和家园都在江南，这是长安北门，离家有万里之遥，舟船和补给也都被河水带走。如今我们前进作战，胜利了，可以立功扬名。失败了，尸骨都回不了家。就这两种可能，没有第三条路可选。大家努力吧！"

于是，王镇恶身先士卒，冲在前面。士兵们踊跃战斗，争着向前。结果在渭桥大败后秦守卫渭桥的姚丕军队。姚泓领兵救援，却被姚丕的败兵冲击践踏，不战自溃，姚泓单人匹马逃回皇宫。

王镇恶从平朔门进长安城，姚泓和车骑将军姚裕等带着几百名骑兵逃奔石桥。东平公姚赞听说姚泓战败，急忙率领军队前来救援，但士兵们毫无斗志，一下子就溃散了。

　　姚泓打算出去投降，他的儿子姚佛念，才十一岁，对父亲说："晋人要靠我们来达到他们的目的，就算投降了也不能免死。不如自杀吧。"姚泓心中悲伤，没有回答。姚佛念爬上宫墙，自己跳下去自杀而死。

　　二十四日，姚泓带着妻子儿女以及群臣到王镇恶的军营门口请求投降，王镇恶将他们交给手下官吏。

　　九月，刘裕到达长安，王镇恶到霸上迎接。刘裕慰劳他说："成就我霸业的人，就是你呀！"

　　王镇恶拜了两拜，谦让说："全靠明公的威望，以及各位将领的努力，我王镇恶有什么功劳。"

　　刘裕笑着说："你想学冯异吗？"

　　冯异是东汉光武帝刘秀手下大将，屡立军功，但为人谦恭，将领们坐下来讨论功绩的时候，他常常一个人躲到树底下，所以被称为"大树将军"。

　　王镇恶生性贪婪，后秦仓库里财物积得满满的，王镇恶偷偷取走了不知道有多少。刘裕念他功劳大，所以没有追究。

　　有人向刘裕报告说："王镇恶私藏了姚泓做伪皇帝时的车驾，将要谋反。"刘裕派人去察看，王镇恶赶紧把车驾上的金银剔下来，然后把车驾扔到城墙边上，刘裕才放心。

　　刘裕下令没收后秦的礼器、浑天仪、记里鼓、指南车等，送到建康。其余金银布帛珍珠宝玉全部赏赐给作战的将士。后秦宗族一百多人到刘裕的大营投降，刘裕把他们全杀了。又把姚泓送到建康，在街市上斩首示众。

相关链接

〔1〕渑池：在今河南省三门峡市渑池县一带。

〔2〕艨冲：又作"艨艟"，古代的一种战船。

阅读国学经典·品鉴古今智慧

领悟先贤哲思·创造人生辉煌

目 录

资治通鉴故事

·日录

隋 纪

唐 纪

五代纪

资治通鉴故事

·目录

　　"国学"，产生于西学东渐、文化转型的历史时期，兴起于20世纪初，鼎盛于20年代，80年代又有"寻根"热，90年代"国学"热再次掀起至今，无不是对传统文化在今日中国乃至世界多元文化中的一次次定位固基。

　　一般来说，国学指以释道儒三家学问为主干，文学艺术、戏剧音乐、武术菜肴、民俗礼仪等为枝叶的传统中国文化体系。

　　国学以学科分，应分为哲学、史学、宗教学、文学、礼俗学、考据学、伦理学、版本学等，其中以儒家哲学为主流；以思想分，应分为先秦诸子、儒道释三家等，儒家贯穿并主导中国思想史，其他则从属地位；以《四库全书》分，应分为经、史、子、集四部，但以经、子部为重，尤倾向于经部。

　　近代学者邓实定义国学说："国学者何？一国所自有之学也。有地而人生其上，因以成国焉。有其国者有其学。学也者，学其一国之学以为国用，而自治其一国者也。……国学者，与有国以俱来，本乎地理、根之民性而不可须臾离也。君子生是国则通是学，知爱其国无不知爱其学。"邓先生的国学概念很广泛，同时也强调了国学的经世致用性。

　　总的来说，国学是有别于西方学术，独具特点且自成体系的文化形态，是中国固有的文化传统、人文理念和认识方法。其博大精深之内涵，雄厚内敛之魂魄，足以令世人千百年传诵。可以说国学经典是中华文化的根基，其中蕴含着前人洞察世事的精妙哲理。学习国学可以在潜移默化中学会为人处世的方法，增强个人的文化修养，使思想在"润物细无声"中得到浸润和升华。

　　为让广大读者能够真正与国学亲密接触，我社去芜存菁，在卷帙浩繁的中华传统文化典籍中精心挑选出一系列国学经典。在尊重原著的基础上，通过释疑、修饰、考证、援引等，汇编成为本套丛书，以飨读者。

　　您现在所看到的《资治通鉴故事》便是丛书之一。

　　无论从哪个角度来讲，《资治通鉴》都称得上是一本经典之作。它由北宋司马光编撰，上自周威烈王二十三年（公元前403年），下至后周世宗显德六年（公元前959年），共记载了1362年的历史，是中国第一部编年体通史，具有相当高的史学价值和文学价值，历来与《史记》《汉书》等并列为中国古代史家之绝笔。

　　毛泽东一生酷爱此书，曾通读达十七遍之多，并最喜爱向人推荐。《资治通鉴》的内容以政治、军事的史实为主，展示了历代君臣治乱、成败、安危之迹，以此作为历代朝廷的借鉴。

　　本部《资治通鉴故事》以故事为线索，从原著巨大的篇幅及零散的叙述中，抽取完整的故事，加以组织、整理，并运用准确、流畅的白话文进行叙述。编者在每一篇故事前插入了简评，使本书的知识含量系统化；大量切合正文内容的彩色文物、艺术图片，使本书呈现出丰富的文化内涵。

　　衷心地希望本系列丛书能成为广大读者的良师益友，使您在品味国学博大精深的同时，能从中汲取源源不断的智慧甘泉。

宋顺帝·刘准　宋后废帝·刘昱　宋明帝·刘彧　宋前废帝·刘子业　孝武帝·刘骏　宋文帝·刘义隆　宋少帝·刘义符　宋武帝·刘裕

宋纪

公元 420 – 479 年

东晋末年，刘裕在与四大家族的斗争中取得了胜利，于公元420年取代东晋政权而自立为王，国号宋。刘裕成为了宋朝的开国皇帝。为与后来赵匡胤所建立的宋朝相区别，历史上通常称之为"刘宋"。

刘裕的出身十分贫寒，他吸取了东晋四大族屡屡兴兵而最终灭亡的教训，不再重用名门，而多任用贫寒出身的有才之士，并由皇子掌握兵权，避免了重蹈东晋大族割据的覆辙。然而，由于皇子位高权重，相互间争权夺利，甚至最终相互残杀，这是刘裕始料未及的。

刘裕死后，宋少帝与宋文帝相继即位。其中，宋文帝刘义隆在位时是刘宋朝最繁荣的一段时期，此时南方的经济、文化均有所发展。宋与北朝的魏国交战虽各有胜负，却都损失惨重，使南北方经济受到严重损失，无力再发动大型战事。由此，南北方才逐渐相对稳定。

宋文帝死后，宋孝武帝、宋明帝都是有名的暴君，不仅没能给予臣子、将士应有的信任，甚至兄弟间也相互残杀，政治一度陷入混乱。在此期间，南兖州刺史萧道成趁政治混乱之机而形成了较强的势力。后来，宋终被萧道成所灭，建立了齐。刘宋从此退出了历史舞台。

- 公元 420 年／刘裕建立宋朝（刘宋），东晋亡。
- 公元 422 年／魏明元帝建立太子监国制。
- 公元 424 年／宋大臣徐羡之等废杀少帝，迎立宜都王刘义隆。
- 公元 427 年／晋诗人陶渊明去世。
- 公元 431 年／檀道济唱筹量沙智退魏军。
- 公元 436 年／宋文帝忌檀道济威名，杀之。
- 公元 439 年／魏太武帝经过十六年征战，统一北方。
- 公元 444 年／魏太武帝灭佛。
- 公元 450 年／宋文帝北伐失败，魏军兵临瓜步。北魏爆发国史之狱。
- 公元 452 年／魏太武帝在政变中被杀。
- 公元 453 年／宋文帝在政变中被杀。
- 公元 460 年／云冈石窟开建。
- 公元 462 年／祖冲之奏新历，纠正《元嘉历》的错误，定一回归年为 365.2428 日。
- 公元 466 年／魏文明太后临朝称制。
- 公元 471 年／太子宏即位，是为北魏孝文帝。

公元420年，宋王刘裕通过暗示的方式迫使东晋恭帝司马德文将皇位"禅让"给他，刘宋建立，东晋灭亡。

刘宋永初元年（公元420年），东晋的宋王刘裕，希望晋恭帝[1]司马德文能实行禅让，将帝位传给自己，却又不好开口，于是召集朝廷群臣，设宴饮酒。

在酒宴上，刘裕假装不经意地说："当年桓玄篡位，晋国政权被夺取，是我最先倡导大义，复兴宗室，南征北战，平定了天下。建立功业后，又蒙皇上恩赐九锡之礼。现在我老了，地位又如此尊贵，凡事忌讳太满，太满则难保久安。现在我要把爵位奉还皇上，回到京师养老。"

朝臣只称颂他的功德，没有人明白他真正的意图。天色已晚，大家散席离去。中书令傅亮走出宫门，突然醒悟，但是宫门已经关闭。傅亮敲门求见刘裕，刘裕立刻下令开门召见。

傅亮入宫，只说："我应该暂时返回京师。"

刘裕明白他的意思，也不多说别的，直接问他："你要多少人护送？"

傅亮回答："几十个人就够了。"然后告辞离去。

傅亮出宫时，已经是半夜了，正好看见彗星划过夜空，傅亮拍着大腿感叹说："我以前不相信天象，现在看起来，要开始应验了。"

傅亮抵达京师建康。到了四月，晋恭帝征召刘裕入京辅弼。六月初九，刘裕到达建康。

傅亮委婉地暗示恭帝把帝位禅让给刘裕，并草拟了退位诏书，呈给司马德文，让他亲自抄写。

司马德文装出高兴的样子，提起笔来，对左右侍从说："桓玄的时候，晋朝已经失去天下，全靠刘公，才使得重新延续将近二十年。今天禅位，我心甘情愿。"于是在红纸上抄写诏书。

十一日，司马德文回到琅邪旧居，百官叩拜辞别，秘书监徐广痛哭流涕，悲恸不已。

十四日，刘裕在南郊设坛，即皇帝位。仪式结束，刘裕从石头乘法驾进入建康宫殿。徐广又悲痛哭泣。

侍中谢晦对他说："徐公有些过分吧！"

劉裕

徐广说："您是宋王佐命的大臣，我是晋朝遗老，悲欢之间，当然不同。"

刘裕登上太极殿，大赦天下，改年号为永初。议论朝政的人，一律除去罪名，让他们改过自新。

刘裕尊奉司马德文为零陵王，对待他的礼节，全都按照晋初的先例。

第二年，刘裕把一罐毒酒交给前琅邪郎中令张伟，让他毒死司马德文。张伟叹气说："毒死君主以求活命，还不如死！"于是在路上自己把毒酒喝了。

后来刘裕派伏兵翻入司马德文住处，给他毒药，让他服下去。司马德文不肯，说："佛教[2]的教义，自杀的人不能够投胎再得人身。"士兵们就用被子捂住他的脑袋，将他闷死了。

相关链接

[1] 晋恭帝：公元385－420年，名司马德文，晋孝武帝之子，晋安帝之弟，共在位两年，为刘裕所废。

[2] 佛教：世界三大宗教之一，由印度释迦牟尼所创，主张人的修行和解脱，于东汉明帝刘庄时传入我国，在魏晋南北朝时达到鼎盛。

北魏太武帝拓跋焘趁夏国后方兵力空虚，就进攻其都城统万，通过战争俘虏了夏国王公贵族并尽收其宝物。

北魏司空奚斤与夏国平原公赫连定在长安对峙。北魏太武帝拓跋焘想趁夏国后方空虚，进攻夏国的都城统万。于是厉兵秣马[1]，部署将领。任命司徒长孙翰等人率领三万骑兵，为前锋部队；常山王拓跋素等人率领三万步兵，作为后续部队；派遣南阳王拓跋伏真等率领步兵三万人，运送攻城的器具；将军贺多罗带领三千精锐骑兵，在部队最前面负责侦察。

刘宋元嘉四年（公元427年）五月，拓跋焘从平城出发，命令龙骧将军陆俟统率留在北方的各支部队，镇守大碛，防备柔然汗国的进攻。

五月初九，拓跋焘从君子津渡过黄河，抵达拔邻山后，在那儿修筑城寨，留下辎重，率领轻骑三万人，加速前行。

随行的官员都劝他，说："统万城十分坚固，不是一天就能攻下的。现在您率领轻装部队前去讨伐，进不能攻克，退又没有粮草物资。还是与步兵一起，带着攻城器具进发。"

拓跋焘说："用兵的策略，攻城是最下策，逼到万不得已，才能使用。现在如果以步兵带着攻城器具一起进发，敌人见了，心里恐惧，就一定会坚守。到了那个地步，如果不能及时攻下，粮草用尽，士兵疲惫，城外又没有可以抢掠的，就会进退维谷了。不如先用轻骑直接进军到统万城下，敌人没看见我们的步兵，一定不会在意。我们假装虚弱引诱他们，他们如果出城迎战，就能擒获他们了。

"之所以这样做，是因为我们距离家乡二千多里，又隔着黄河，所谓'置之死地而后生'啊！三万人的轻骑，攻城当然不够，但决战是足够了。"于是率军出发，抵达统万，分出大批兵力埋伏在山谷里，只派少数部队进军城下。夏国的大将狄子玉投降北魏，报告拓跋焘说："夏王赫连昌听说北魏大军将至，就征召平原公赫连定率军返回。赫连定说：'统万城十分坚固，不容易被攻破，等我擒获奚斤，再赶赴统万，内外夹击，一定可以成功。'所以赫连昌决定坚守，等待赫连定。"

拓跋焘听到后，非常担心，于是撤退示弱。又派遣娥清和永昌王拓跋健率领骑兵五千人到西边抢掠百姓。北魏军队里有士兵因为犯罪逃走，投降夏军，说魏军的粮草已经用尽，士兵们每天只吃野菜，辎重补给还在后面，步兵也还没到达，应该乘机迅速进攻。赫连昌听从了。

六月初二，赫连昌亲自率领步兵、骑兵共三万人出城。

北魏司徒长孙翰等人都说："夏国的阵势很难攻破，应该避开他的锋芒。"

拓跋焘说："我们远道而来，就是要引诱敌人出城。现在他们出城了，我们却躲避不战，就会帮敌人振奋士气，而削弱我们自己，不是好计策！"于是集合士兵，假装逃跑，引诱敌人追赶，使他们身体疲惫。夏军兵分两路追击，大声呐喊。追了五六里路，遇到风雨从东南袭来，扬起漫天沙尘。

北魏军中的宦官赵倪，通晓方术[2]，对拓跋焘说："现在风雨从敌人那边袭来，我们逆风，敌人顺风，表明天不助我。况且我们的将士又饥又渴，希望陛下暂时躲避他们，以后再寻找机会。"

太常崔浩呵斥他说："这是什么话！我们千里而来，已经定下取胜的计策，一天之内怎么能说变就变？敌人贪图胜利，一定会继续追击，又没有后续军队。我们应该让隐藏的军队分别出击，出其不意。刮风下雨，要看人怎么利用，哪里会有不变的常规？"

拓跋焘说："对！"于是把骑兵分成左右两队，牵制敌军。

拓跋焘突然因为坐骑失蹄，摔下马来，差点就被夏国的士兵擒获。拓跋齐用自己的身体掩护拓跋焘，拼死力战，夏国的士兵被魏军打退。拓跋焘趁机翻身跳上马背，刺杀了夏国尚书斛黎文，随后又杀死十几个敌人，自己被流箭射中，但仍然奋力杀敌，夏军大败。

北魏部队乘胜追击，一直追到统万城北，杀死了赫连昌的弟弟河南公赫连满和侄儿赫连蒙逊，斩

杀士兵一万多人。夏王赫连昌来不及进城，就逃奔上邽。拓跋焘换上普通衣服追赶逃跑的敌人，追进统万城。拓跋齐坚决劝阻，拓跋焘就是不听。

夏国人发现了，就将所有的城门关闭。拓跋焘与拓跋齐等人混进内宫，弄了几件女人的裙子，系在槊（一种长柄武器）上，拓跋焘撑着爬上城墙，才得以逃脱。黄昏的时候，夏国的尚书仆射问至保护赫连昌的母亲逃走。北魏司徒长孙翰率领八百骑兵追赶赫连昌，一直追到高平，没有追上，返回。

初三，拓跋焘进入统万城，俘虏了夏国的亲王、公卿、将领以及赫连昌的太后、皇后、嫔妃、姐妹、宫女几万人。缴获马匹三十多万，牛羊几千万头，国库中的珍宝、车辆、旌旗、各种器物多得数不过来，拓跋焘按等级赏赐给众将士。

当初，夏王赫连勃勃十分奢侈，修筑统万城，城墙高十仞，城墙根基厚三十步，上部宽十步，宫墙高五仞，坚硬得可以磨砺刀斧。亭台水榭都很雄伟壮丽，全部雕刻着图画，挂着锦绣，华丽奢侈到了极点。拓跋焘回头对左右侍从说："一个小国，如此奴役百姓，怎么能不灭亡呢？"

相关链接

〔1〕厉兵秣马：《左传·僖公三十三年》："郑穆公使视客馆，则束载厉兵秣马矣。"意思是磨好兵器，喂饱马匹，准备战斗。

〔2〕方术：古代用来推测解释吉凶祸福的占卜、星相和神仙等术的总称。

冯弘投奔高丽

冯弘向北魏称臣，拓拔焘要求其子入魏为人质，冯弘不同意，于是拓跋弘进攻北燕，冯弘投奔高丽。

刘宋元嘉十一年（公元434年），北燕王冯弘[1]向北魏上表称臣，请求让自己的小女儿充实北魏后宫。北魏太武帝拓跋焘接受了，又征召北燕太子冯王仁入朝。

冯弘不愿意把太子送到北魏当人质，结果拓跋焘多次出兵讨伐北燕，北燕的形势十分危险，从朝廷到民间都非常忧惧。

太常杨崏又劝冯弘赶快派太子冯王仁到魏国作人质，冯弘说："我不忍心这样做。如果情形危急，我准备先投靠东边的高丽，以后再图谋复兴。"

杨崏说："北魏以全部的力量攻打我们一个小国，按理说不可能攻不下来。高丽没有信用，开始虽然亲善，最后恐怕还是会发生变化。"

冯弘不听，秘密地派遣尚书阳伊去高丽，请求接纳。

十三年二月，冯弘派使者到北魏进贡[2]，请求送太子冯王仁作人质。拓跋焘没有答应，准备出兵讨伐北燕。

初十，北魏派出十几名使者，分别前往东方高丽等国，告诉他们即将出兵的事。

三月二十日，北魏平东将军娥清、安西将军古弼率领一万名精锐骑兵，讨伐北燕，平州刺史拓跋婴率领辽西各路军队与他们会师。

四月，娥清、古弼进攻北燕的白狼城，攻了下来。高丽派将领葛卢孟光率领部队几万人，随北燕使臣阳伊到和龙迎接北燕王冯弘，将军队驻扎临川。

北燕尚书令郭生，因为百姓不愿意迁徙，就打开城门迎接北魏军队。北魏却心生怀疑，不敢进去。郭生于是聚集士兵进攻冯弘，冯弘引导高丽军从东门进城，与郭生在皇宫前交战，结果郭生被流箭射中死了。

葛卢孟光率军进入和龙城，命令高丽士兵脱掉破军衣，夺取北燕的军械库里的精良武器用来装备自己，在和龙城中恣意掠夺。

五月初五，冯弘率领和龙城中的居民向东迁徙，焚烧了宫殿，大火烧了十多天。

他们让妇女披着铠甲走在军队中间，阳伊等人率领精兵走在外边，高丽的将领葛卢孟光率领骑兵殿后，组成方阵前进，前后长达八十多里。

古弼的部将高苟子想率领骑兵追赶，古弼喝醉了，拔出刀阻止他，燕王因此得以逃脱。拓跋焘听说后，非常生气，把古弼和娥清装入囚车，押送回平城，罢黜为看门的卫士。

○ 品画鉴宝　锻铁制轮图（北朝）　此图为北朝墓室壁画。形象地反映了北朝时期的民族生活风情。

相关链接

〔1〕冯弘：字文通，长乐信都（今河北冀州）人，十六国时期北燕君主之一。

〔2〕进贡：古代附属、附庸国等政权首领定期或不定期地向帝王供奉本地特产等财物的形式。

孔熙先范晔谋反

孔熙先和范晔密谋造反，想杀害刘义隆后拥立刘义康为帝，事未发而败露，二人及同伙等人皆被诛杀。

鲁国人孔熙先的文史知识渊博，并且通晓数术[1]，有纵横天下的才能和抱负。但他官只做到员外散骑侍郎，不为世人所知，因此郁闷不平，很不得志。

孔熙先的父亲孔默之担任广州刺史时，曾因贪赃枉法获罪，多亏彭城王刘义康相救才得免。后来刘义康被贬黜，孔熙先对他心怀感激，决心为他效命报恩。而且他认为根据天文、图谶，都表明宋文帝刘义隆一定会死于非命，原因是骨肉相残，天子应该出在江州，正应了刘义康。

孔熙先因为太子詹事范晔心中也对朝廷不满，就想办法说动范晔。他们又纠结受过刘义康恩惠的丹杨尹徐湛之、尼姑法静、法静的妹夫许曜等人，商定一起谋反，拥立刘义康为帝。

刘宋元嘉二十二年（公元445年），十一月，刘义隆到武帐冈赴宴，范晔等人谋划在这一天叛乱。

当时许曜侍卫刘义隆，把手放在佩刀上，向范晔使眼色，范晔都没敢抬头看。不久散席，徐湛之害怕事情不成，阴谋暴露，就偷偷地报告了刘义隆。

刘义隆派徐湛之详细了解情况，得到了他们的檄文，和参与人的名单，上报朝廷。刘义隆命令有关部门仔细追查。

当天夜里，召范晔入宫，把他软禁在客省。在这之前，先在外面逮捕了谢综和孔熙先兄弟，全都认罪。

文帝派人审问范晔，范晔仍然隐瞒。孔熙先听说后，大笑，说："所有的安排、符节、檄文和书信，都是范晔制定的，为什么到现在了还要抵赖呢？"

文帝把范晔的亲笔书信拿出来给范晔看，他才招供认罪。

第二天，士兵将他们交付廷尉。孔熙先按照形势，交代情况，语气一点也不怯懦。

文帝对他的才华十分惊奇，派人劝慰鼓励，说："以你的才能，在集书省埋没了这么久，难怪心生反叛，是我亏待了你。"又责怪前吏部尚书何尚之，说："让孔熙先年近三十，仍然只担任散骑郎，怎么能不反叛？"

孔熙先在监狱里上书谢恩，并具体陈述了图谶上的征兆，告诫文帝要特别警惕兄弟骨肉之间的灾祸，说："希望不要扔掉，把它存放在中书省。我死了以后，如果还会查看，那我就算到了九泉之下，也能多少赎免一些罪责。"

范晔在监狱里作诗，说："虽然不能像嵇康那样，临刑前弹奏《广陵散》[2]，至少可与夏侯玄相比，临刑前神色不变。"范晔本以为自己被关进监狱的当天就会被处死，但是刘义隆还要彻底追查，所以拖了二十多天，范晔以为还有活的希望。

狱吏嘲弄他，说："外边传说太子詹事范晔或许会被长期囚禁。"范晔听了，又惊讶又高兴。谢综、孔熙先笑话他，说："詹事以前卷着衣袖，瞪着眼睛，顾盼驰骋，自以为是一世英雄。现在混乱纷扰，如此怕死，就算皇帝赐他活命，身为人臣，而图谋不轨，又有什么脸面活着呢？"

十二月十一日，范晔、谢综、孔熙先和他们的儿子、兄弟、党羽全都被诛杀。范晔的母亲到刑场，痛哭流涕，责骂范晔，用手打他的脖子，范晔没有后悔的神色；范晔的妹妹和妻妾前来告别，范晔却悲伤流泪。谢综说："舅舅的神色，可比不上夏侯玄呀。"范晔才收住泪水。

相关链接

〔1〕数术：指通过阴阳五行生克来推测吉凶祸福的理论，属《周易》研究范畴的一大支派，又称术数。

〔2〕《广陵散》：又名《广陵止息》，古代一首大型琴曲，至少在汉代已经出现，一般看作与《聂政刺韩王》是异曲同名，旋律慷慨悲昂。

王玄谟滑台惨败

王玄谟刚愎自用，听不进别人的意见。公元450年，他奉命北伐，在滑台被北魏军队打得大败，夺路逃命而回。

刘宋元嘉二十七年（公元450年）七月，文帝刘义隆下诏北伐，全国总动员，各路军队一起进发。青、冀二州刺史萧斌命令宁朔将军王玄谟[1]率军包围滑台。

九月，北魏太武帝拓跋焘率领军队南下，援救滑台。

王玄谟的军队兵力强大，装备精良，但王玄谟刚愎自用，贪婪好杀。刚刚包围滑台的时候，滑台城里有很多茅草房，士兵们请求用火箭把这些茅草房烧掉。王玄谟说："那些是我的财产，为什么要烧了它们？"

滑台城里的人很快拆了茅草房，住进地洞。当时，黄河、洛水一带的百姓都竞相给刘宋军队送粮食，每天拿着武器来投奔的有几千人。王玄谟不把这些人分配给他们原来的将领，却把他们分给自己的亲信，还要求每家交一匹布和八百个梨，于是大家都很失望。

王玄谟进攻滑台几个月，没有攻下，听说北魏的援军就要到了，大家都请求用战车围成营垒，王玄谟不同意。

十月，拓跋焘到达枋头，派关内侯陆真夜里和几个人穿过包围，潜入滑台，抚慰城中的百姓与守军，并登城观望王玄谟军营的情况，回去报告太武帝。

过了两天，拓跋焘渡过黄河，号称百万大军，战鼓震天动地。王玄谟害怕，撤退逃跑。魏军追击，杀死一万多人。王玄谟的部下不是逃跑就是战死，几乎全军覆没，丢下的物资和武器，堆积如山。

　　在这之前，王玄谟派钟离太守垣护之率领一百只小战船为前锋，占据石济，位于滑台西南一百二十里的地方。垣护之听说魏军快要到了，派人骑马送信，劝王玄谟迅速进攻，说："以前，武皇帝进攻广固，死了很多人。况且现在情况比那时更紧急，怎么还顾得上士兵的伤亡疲惫？希望把屠城当作最急迫的事。"王玄谟没有听从。

　　等到王玄谟战败撤退，来不及通知垣护之。北魏军队把缴获的王玄谟的战舰，用铁链连起来，拴了三重，切断黄河，断绝垣护之的退路。河水湍急，垣护之从河中间顺流而下，遇到铁链，就用长柄大斧把它砍断，魏军无法阻止。垣护之只损失了一只船，其余的都安全返回。

　　萧斌派沈庆之[2]统领五千士兵去援救王玄谟。沈庆之说："王玄谟的士兵疲惫，士气低靡，敌军已经逼近，得有几万人才能前往。小部队轻率前去，没有什么帮助。"萧斌坚持派他去。

　　正好王玄谟逃了回来，萧斌要杀他，沈庆之极力劝谏，说："佛狸（拓跋焘）威震天下，率领百万大军，哪里是王玄谟能够抵挡的？而且，斩杀战将只会削弱自己，不是好办法。"萧斌这才饶了王玄谟。

相关链接

〔1〕王玄谟：公元388－468年，字彦德，太原祁（今属山西）人，南朝刘宋将领。

〔2〕沈庆之：公元387－465年，字弘先，吴兴武康（今属浙江）人，为刘宋前废帝刘子业所害。

○ 品画鉴宝　敦煌壁画·运输队及建筑物（北朝）

沈璞臧质守盱眙

北魏拓跋焘带领军队南下，一路烧杀抢掠，沈璞和臧质共同守护盱眙城，与北魏军队浴血奋战，使得盱眙没有失守，沈璞把功劳都给了臧质，皇帝知道了以后，愈加奖赏他。

刘宋元嘉二十七年（公元450年），文帝刘义隆北伐，宁朔将军王玄谟在滑台战败撤回，反而让北魏军队深入刘宋腹地，攻克了许多城池。

十二月，刘义隆派辅国将军臧质率领一万士兵援救彭城。臧质到达盱眙[1]时，发现北魏军队绕过了彭城，已经渡过淮河。臧质军队在城南扎营，被北魏军击败，臧质抛弃辎重器械，带领七百人奔赴盱眙。

盱眙太守沈璞刚刚到任的时候，王玄谟还在滑台，长江、淮河一带没有危险。沈璞认为盱眙郡地处要冲，就下令修筑城墙，清理护城河，积蓄粮食，储备弓箭石头，为守城作准备。他的僚属都认为没有必要，朝廷也认为他做得过度了。

等到北魏军队向南推进，各地的太守、县宰大部分都放弃城池逃走，也有人劝沈璞返回建康，沈璞说："如果敌人因为城小而不进攻，有什么可怕的呢？如果出兵进攻，则正是我报效国家的时候，也是诸位封侯的时候，为什么要逃走呢？诸位曾经见过几十万大军聚集在小城之下，却不失败的吗？昆阳、合肥，就是以前的例子。"大家心里才稍稍安定。

沈璞招集士兵，得到精锐二千人，说："足够了。"

等到臧质逃到盱眙，大家都对沈璞说："敌人如果不来进攻，就用不着这么多人；如果进攻，城里也只能容下现有的兵力。地方小而人多，一定会有忧患，再加上敌众我寡，大家也都知道。

"如果靠臧质的军队打败敌人，保全城池，功劳就不全是我们的了；如果我们撤退，回到都城，人多船少，一定会相互残杀。臧质足以给我们带来祸患，还不如关闭城门，不接纳他们。"

沈璞叹息说："敌人一定无法攻破城池，我敢向各位保证。乘船撤退，早已经不提了。胡虏的凶残暴虐，从古到今不曾有过，百姓被屠杀抢掠，大家都已看见，其中幸运的，也不过是被赶到北魏做奴婢。

"臧质他们虽然是乌合之众，难道就不怕这些吗？正所谓'同舟共

济，胡越一心'。现在我们兵力强盛，就能更快地打败敌人；兵少，则敌人退兵就会更慢。难道我们为了独占功劳，而要留下敌人吗？"

于是打开城门，迎接臧质。臧质看到城里准备充实，大喜过望，士兵们都欢呼万岁。此后臧质就和沈璞一起守卫盱眙城。

北魏军队南下，不带粮草物资，靠抢掠获得补给。到他们渡过淮河，百姓大多逃散躲藏，抢掠不到什么，人马又饿又乏。他们听说盱眙城有积蓄的粮草，就想夺来作撤退时的给养。

拓跋焘率领军队围攻盱眙城，没有攻克，就留下大将韩元兴率领几千人驻守在城外，自己率领大军继续南下。盱眙城则利用这一时机，进一步完善城防。

第二年春天，北魏军队撤退，路过的时候，顺势进攻盱眙城。拓跋焘派人向臧质索要好酒，臧质把尿封在坛子里送给他。拓跋焘勃然大怒，围着盱眙城修筑长墙，一夜之间就已合拢。又搬来东山的土石填平沟渠，在君山上架起浮桥[2]，断绝了盱眙城与外界的水陆通道。

○ 品画鉴宝　敦煌壁画·官兵征剿（北朝）

　　拓跋焘写信劝降，臧质在回信中把他痛斥了一顿。拓跋焘更加生气，命令手下做了一个铁床，在上面倒放钉耙，说："攻下城池，捉住臧质，我一定让他坐在这上面！"

　　臧质又给北魏大军写了封信，鼓动他们起来反对拓跋焘，并将朝廷的悬赏写在信上，说："砍下佛狸（拓跋焘）人头的，封万户侯，赏赐绵布、丝绸各一万匹。"

　　北魏军队用钩车钩住城楼，城里的守军就用铁环制成的大铁链，拴住钩车，让几百人高声呼喊，拉住铁链，北魏的钩车无法后退。夜里，守军用桶把士兵从城上放出来，砍断车钩，缴获了钩车。

　　第二天早晨，魏军又用冲车攻城，城墙很牢固，每次只能撞下几升墙土。魏军派士兵攀登城墙，分成几组轮流进攻，摔下来再重新攀登，没有人后退，杀伤的士兵有几万人，尸体堆得和城墙一样高。

　　这样进攻了三十多天，仍然没有攻下。正赶上魏军中很多士兵生病。有人报告说，建康派遣水军从东海进入淮河，又命令彭城守军切断了北魏军队的退路。

　　二月，拓跋焘命令焚毁攻城器械，撤退。盱眙守军想追击，沈璞说："现在我们的兵力并不多，虽然可以坚守，但不足以出城交战。不过还是要整顿船只，装出要北渡淮河的样子，能让他们加快逃走，但并不需要真那样做。"

　　臧质因为沈璞是盱眙城主，就让他向朝廷通报胜利。沈璞坚决辞让，把功劳全都归于臧质。刘义隆听说后，愈加奖赏他。

相关链接

〔1〕盱眙：在今江苏省淮安市盱眙县，春秋时名善道，秦始皇时建盱眙县。

〔2〕浮桥：古时称舟梁，意思是用船舟代替桥墩架设桥梁，一般为临时性应用。由于浮桥架设简便，故此在军事上多有应用，称为"战桥"。

刘宋文帝想废黜刘劭另立太子，刘劭知道后就密谋造反，一天早上，直接带兵进殿杀了文帝和他的亲信徐湛之，然后把罪责推脱到徐湛之身上。

刘宋元嘉三十年（公元453年），文帝刘义隆打算废黜太子刘劭，另立刘宏为太子，但是又担心不合长幼顺序，考虑了很久也决定不下来。

刘义隆秘密与尚书仆射徐湛之商议，总是非常小心，唯恐被人偷听。后来他把这件事告诉了潘淑妃，结果被潘淑妃泄露出去。刘劭得知后，立刻与他的心腹队主陈叔儿、斋帅张超之等人密谋造反。

当初，刘义隆因为宗室力量过于强盛，担心发生内乱，就特别加强了东宫[1]的兵力，和羽林军差不多，实际兵力达到了一万人。

刘劭生性狡猾，又刚强勇猛，刘义隆一直很依赖他。刘劭准备叛乱的时候，每天夜里都设宴犒劳东宫卫队的士兵，有的时候还亲自敬酒。王僧绰秘密地报告了刘义隆。

当时正好捉住了女巫[2]严道育的婢女，即将送到朝廷，晚上的时候，刘劭伪造刘义隆诏令，说："鲁秀谋反，你可以在清晨守卫宫门，率兵入宫。"命令张超之等人聚集平时蓄养的士兵二千多人，全部穿上铠甲；召集内外巡逻队的正副队长，约束他们的部队，说将有所征讨。

夜里，刘劭召来前中庶子右军长史萧斌、左卫率袁淑、中舍人殷仲素和左积弩将军王正见，让他们一起入宫。

刘劭流着泪对他们说："皇上听信谗言，要把我治罪废黜。我自己反省并没有过错，不能这样被冤枉。明天早晨，将做一件大事，希望你们尽力协助。"说完站起来，对着他们下拜。大家都很惊愕，没有人敢回答。

袁淑和萧斌都说："自古以来都没有这样的事，希望三思。"刘劭大怒，脸色都变了。

萧斌觉得害怕，就和大家一起说："一定尽力执行您的命令。"

袁淑叱责他们，说："你们以为殿下真要这样做吗？殿下小时候得过疯病，现在大概旧病发作了。"

刘劭更加愤怒，斜着眼睛看袁淑，说："我的事能办成吗？"

袁淑说："处于不被怀疑的地位，不用担心做不到！只怕做成以后，不被天地所容，大祸也就要来临。如果真有这种念头，现在还来得及打消。"

左右侍卫把袁淑拉出去，说："这是什么事情，怎么能作罢？"袁淑回去后，左思右想，绕床徘徊，直到四更才睡觉。

二月二十一日，皇宫宫门还没开，刘劭在战甲外面穿上朝服，乘坐着画轮车，和萧斌同乘一车，侍卫随从和平时入朝时一样。

刘劭派人急急忙忙去召袁淑，袁淑还在睡觉，不肯起床。刘劭把车停在奉化门，不断派人催他。袁淑慢慢地起床，到了刘劭的车子后边，刘劭让他上车，袁淑又推辞不肯上去，刘劭就命令左右侍卫杀了他。

宫门打开，刘劭从万春门入宫。以往的制度，太子宫的卫队不能入宫。刘劭就把伪造的诏令给守卫看，说："接到诏令，入宫讨伐叛逆。"命令后面的队伍迅速赶来。张超之等几十个人，骑着马从云龙门到斋阁，拔出佩刀直接上合殿。

那天夜里，刘义隆和徐湛之秘密商谈，一直到第二天早上，蜡烛还没熄灭，门前窗外值班的卫士还在睡觉。刘义隆看见张超之进来，举起身旁的小几抵挡，五个手指全被砍掉，张超之就把文帝杀了。徐湛之受惊起身，往北窗奔去，还没来得及打开北窗，就被士兵杀死。

刘义隆已死，刘劭即位。刘劭颁下诏书，将罪名推给徐湛之等人，说他们谋反弑君，而自己带兵入殿是想保护皇帝，可惜没有赶上。

相关链接

〔1〕东宫：古代指皇宫里太子、太后及嫔妃等人所居住的宫殿。

〔2〕女巫：女性巫师。巫师，古代以求神、占卜为职业的人，或指古代以祈祷为人治病的人。

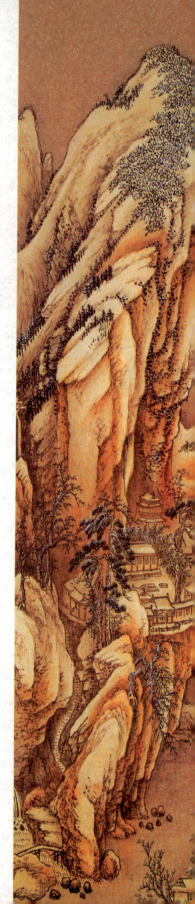

○ 品画鉴宝　牧牛人（南朝）　图中牧牛人手撑木杖，神情虔诚，似为佛教题材绘画。

刘子勋称帝失败

公元466年，邓琬拥立晋安王刘子勋称帝，部下刘胡等人与前来讨伐的官军交战失利而逃，后张悦斩杀邓琬，刘子勋也被他人所杀。

刘宋泰始二年（公元466年），晋安王刘子勋手下镇军长史邓琬托符瑞，假称接到路太后的密诏，率领将佐们向刘子勋奉上皇帝尊号。刘子勋登上皇帝位，以邓琬为尚书右仆射。

七月，各路官军与叛军将领袁顗、刘胡在浓湖对峙，很久都没有决出胜负。当时官军在长江下游，叛军在上游，官军的力量足以对峙，却不足以剿灭叛军。官军龙骧将军张兴世施出奇计，用一支奇兵，伺机溯流而上，在上游敌人后方的钱溪扎下营寨，站稳了脚跟。

张兴世占领钱溪后，浓湖的叛军大营开始缺粮。郑琬想运送大量军用物资，又害怕张兴世拦截，不敢前往。

刘胡率领四百艘快船，从鹊头内航道前进，准备进攻钱溪，对长史王念叔说："我年轻的时候学的是陆战，不懂水战。如果是步兵作战，我是在几万人中间；可是水上作战，只是在一条船上。战船各自前进，不能互相照应，我顶多在三十个人中间。这不是安全的打法，我不干。"

于是刘胡借口得了疟疾[1]，在鹊头停兵不前，派龙骧将军陈庆率领三百艘战船开赴钱溪，又叮嘱陈庆不要交战，说："我很了解张兴世，他自己会逃走的！"陈庆抵达钱溪，在梅根驻扎。

刘胡派遣部将王起率领一百多只战船进攻张兴世，张兴世还击，打败了王起的军队。

○ 品画鉴宝 敦煌壁画·运输队及建筑物（北朝）

刘胡率领剩下的船只撤回浓湖，对袁颛说："张兴世已陷入我们的包围，不用再忧虑。"

袁颛愤恨刘胡不出战，对他说："运送粮草的水道被切断，该怎么办？"

刘胡说："他们能绕过我们，逆流而上，我们运送粮草为什么不能绕过他们，顺流而下呢？"于是派遣安北府司马沈仲玉带领一千人，步行前往南陵，迎接粮草。

沈仲玉抵达南陵，装了三十万斛米，军饷、布匹一共几十船，竖起木板作为围墙，想要突围。到了贵口，不敢前进，于是派人抄小路报告刘胡，请求派重兵支援。

张兴世命令寿寂之、任农夫等人率领三千人开赴贵口，进攻沈仲玉。沈仲玉逃回袁颛大营，所有的物资全部被缴。刘胡的部众十分惊恐，将领张喜投降。

二十四日，刘胡准备偷偷逃走，就骗袁颛说："我准备率领步兵、骑兵两万人，到上游夺回钱溪，并运回积存在大雷的剩余物资。"让袁颛把全部的马匹都给他。

当天，刘胡丢下袁颛，直奔梅根。先命令薛常宝聚集船只，又发动南陵各路军队，放火烧了大雷各城，然后逃走。

到了夜里，袁颛才知道刘胡逃走，勃然大怒，借重捕刘胡之名也逃走了。

二十五日，建安王刘休仁率领军队进入袁颙的军营，接纳投降的士兵十万人，派遣沈攸之等人追捕袁颙。

袁颙逃到鹊头，与戍守在那里的主将薛伯珍会合，并带领他所属的部队几千人一起向西撤退，打算去寻阳[2]。

晚上，在山里露营，袁颙杀马犒劳将领士兵，回头对薛伯珍说："我并不是不能死，只是想到寻阳，在主上面前谢罪，然后自刎罢了！"说得慷慨激昂，唤左右侍从拿符节来，但没有人理他。

等到天亮，薛伯珍请求单独和他说话，趁机砍下袁颙的脑袋，投降了钱溪军的首领俞湛之。俞湛之斩杀了薛伯珍，与袁颙的首级一起呈上，作为自己的功劳。

刘胡率领两万人逃回寻阳，骗刘子勋说："袁颙已经投降，全军溃散，只有我率领部属逃了回来。应当采取紧急措施决战，我暂时驻守在溢城，誓死也没有二心。"于是连夜奔赴沔口。

邓琬听说刘胡逃走了，忧虑惶恐，无计可施，召集中书舍人褚灵嗣等人商议，大家都不知道该怎么办。

吏部尚书张悦假装生病，请邓琬到自己的住处，商议大事，让左右守卫埋伏在帐后，叮嘱他们说："听见我命令拿酒，就出来动手。"

邓琬到了以后，张悦说："当初是你先倡议这样做的，现在情况紧急，有什么办法吗？"

邓琬说："应该杀掉刘子勋，查封府库，以此向朝廷谢罪。"

张悦说："现在难道还可以出卖殿下以求活命吗？"于是下令拿酒。张悦的儿子张洵，提着刀冲出来，斩杀了邓琬。

邓琬的儿子，也一并杀了，然后张悦单独乘船，提着邓琬的人头顺流而下，投降建安王刘休仁。

寻阳陷入混乱，蔡那的儿子蔡道渊被囚禁在寻阳的兵器作坊里，解脱枷锁，入城抓住刘子勋，关进监狱。沈攸之各路大军抵达寻阳，斩杀了刘子勋，把首级送到建康。刘子勋当时才十一岁。刘胡逃到石城，被官军捉住杀掉了。

相关链接

[1] 疟疾：一种经疟蚊叮咬而感染的疾病，全身发冷、发热、多汗，而且为周期性规律发作。

[2] 寻阳：在现在的江西九江一带。

北魏派慕容白曜攻打刘宋，慕容白曜一路攻城略地，很快青州、冀州等地皆为北魏所有。

刘宋泰始三年（公元467年），北魏派平东将军长孙陵等人率领军队，进攻刘宋领地青州，征南大将军慕容白曜[1]率领骑兵五万人，作为后援。慕容白曜是前燕太祖慕容皝的玄孙。

慕容白曜抵达无盐[2]，准备进攻。手下的将佐都认为攻城器械还没有完全准备好，不适合马上进攻。当时镇守无盐的，是刘宋东平太守申纂。左司马郦范说："现在轻装部队远道来袭，深入敌人领土，怎能久留？而且申纂一定认为我们来得太快，来不及围攻，所以没有防备，现在如果出其不意，可以很快攻克。"慕容白曜说："司马说得对。"于是率军假装撤退，申纂果然不再防备。慕容白曜半夜的时候部署军队，三月初三清晨，发起进攻。早饭的时候，攻克无盐，申纂逃走，被追上活捉，随即被杀。

慕容白曜准备把无盐城里的人，全都当作战利品赏赐给部下，郦范说："这里是古代齐国的领地，位置重要，地势险阻，应该长远经营。现在我们刚刚到这里，百姓还没有归顺，城池之间互相观望，都有守城拒降的意思，如果不以恩德和信任安抚他们，不容易平定。"

慕容白曜说："好！"就赦免了全城百姓。

慕容白曜准备进攻肥城，郦范说："肥城虽然小，但攻打起来也要很长时间。胜了不能增加我们的声势，失败就会损害我们的威望。他们看到无盐被攻破，遍地死伤，一定会害怕，如果送信警告，他们就是不投降，也会逃跑的。"慕容白曜听从了，结果肥城守军果然自行崩溃，北魏大军缴获粟米三十万斛。慕容白曜对郦范说："这次出征，有你出谋划策，三齐一定可以平定。"于是又攻取垣苗、麋沟。十天之内，连克四座城池，震惊了齐地。

此后慕容白曜继续前进，包围了历城和东阳。一年后，攻下历城；再过一年攻下东阳。从此以后，青州、冀州的土地全部并入北魏版图。

相关链接

[1] 慕容白曜：？—公元570年，昌黎棘城（今辽宁义县西北）人，鲜卑族，为南北朝时期北魏名将。

[2] 无盐：在今山东东平一带。

北魏献文帝拓跋弘喜欢佛老哲学，无意于皇权国务，想让位于叔叔拓跋子推，因为众臣反对，就让给了年幼的太子拓拔宏。

北魏献文帝拓跋弘，从小聪明睿智，刚毅果断，喜好黄老哲学和佛学，经常接见朝官和僧侣，一起谈论玄理[1]，淡薄荣华富贵，总想出家修行。他认为叔父京兆王拓跋子推沉稳仁厚，一向声誉很高，想把帝位禅让给他。

当时，太尉源贺率领各路军马在漠南驻守，拓跋弘召他迅速回京。源贺抵达的时候，正好赶上公卿会议，没有一个人敢先说话。

任城王拓跋云是拓跋子推的弟弟，说："陛下正逢太平盛世，君临四海，怎么可以上违背祖宗，下抛弃百姓。而且父子相传，由来已久，陛下一定要放弃俗务，也该由皇太子继承。天下是祖宗的天下，陛下如果要授给旁支，恐怕不合祖先的心意，还会引发奸人的野心。这是祸福的源头，不能不谨慎。"

源贺说："陛下现今想要禅位给皇叔，恐怕会扰乱继承的顺序，后世会嘲笑我们颠倒祭祀的次序。希望仔细考虑任城王的话。"

东阳公拓跋丕等人说："皇太子虽然早已显出德行，但实在还太小。陛下正当壮年，刚开始治理天下，怎么能只顾自己，不把天下放在心上？皇家宗庙怎么办？亿万百姓怎么办？"

尚书陆馛说："陛下如果舍弃太子，传位给亲王，请让我在金銮殿上自杀，不敢奉诏。"

拓跋弘很生气，脸色都变了，又问宦官选部尚书赵黑。赵黑说："我以死侍奉皇太子，不知道其他的。"拓跋弘没有说话。

这一年，皇太子拓跋宏才五岁。拓跋弘因他太小，所以才想传位给拓跋子推。

中书令高允说："我不敢多说什么，希望陛下不要忘记宗庙的重要，追念周公辅佐幼主的事情。"

拓跋弘说："那么让皇太子登基，由你们辅佐，有何不可？"又说："陆馛，是忠直的臣子，一定能保护我的儿子。"

于是任命陆馛为太保[2]，与源贺一起持符节，把皇帝的玺绶传给皇太子拓跋宏。刘宋泰始七年（公元471年），拓跋宏即位，是为北魏孝文帝。

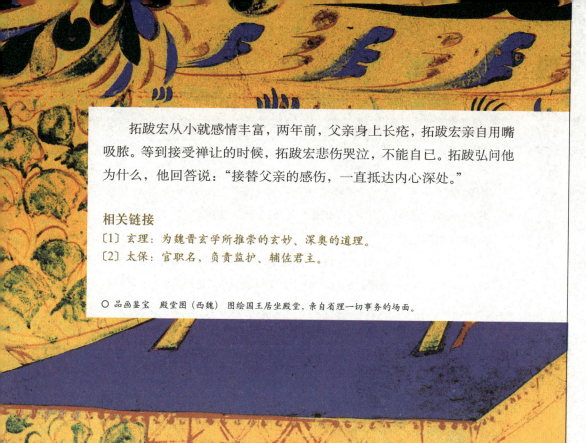

拓跋宏从小就感情丰富，两年前，父亲身上长疮，拓跋宏亲自用嘴吸脓。等到接受禅让的时候，拓跋宏悲伤哭泣，不能自已。拓跋弘问他为什么，他回答说："接替父亲的感伤，一直抵达内心深处。"

相关链接

〔1〕玄理：为魏晋玄学所推崇的玄妙、深奥的道理。

〔2〕太保：官职名，负责监护、辅佐君主。

○ 品画鉴宝　殿堂图（西魏）　图绘国王居坐殿堂，亲自省理一切事务的场面。

萧道成守新亭

刘昱即位后，桂阳王刘休范造反，萧道成率兵讨伐，杀了刘休范父子，叛乱得以平定。

刘宋泰豫元年（公元472年），明帝刘彧驾崩，太子刘昱[1]继位为帝，年仅十岁。第二年五月，桂阳王刘休范起兵谋反。

朝廷召集群臣，紧急商议。右卫将军萧道成[2]认为，此前多次从长江上游发动的叛乱，都是因为行动迟缓而导致失败，刘休范也在上游，他一定会吸取这些教训，这次会采取轻装突袭。所以朝廷方面，军队不应该离开很远，而应就近在新亭等地驻兵防守。

这个建议最后获得通过，由萧道成率领前锋部队，进驻新亭。当时时间紧迫，都来不及发放兵器铠甲，只好打开南北两个军械库，让将士们随意取用。

萧道成抵达新亭，修筑工事尚未完成，二十一日，刘休范的前锋部队已经抵达新林。萧道成脱下衣服睡觉，以安定军心，又从容不迫地挂起白虎幡，登上西城墙，派宁朔将军高道庆、羽林监陈显达、员外郎王敬则率领水军舰队与刘休范交战，颇有斩获。

二十二日，刘休范从新林登岸。他的部将丁文豪，请求刘休范直接进攻台城。刘休范却派丁文豪另率士兵进攻台城，自己则率领大军进攻新亭萧道成的营垒。

萧道成率领军队全力抵抗，从巳时到午时，攻势越来越强，大家全都惊慌失措。萧道成说："敌人虽然人数众多，但杂乱没有章法，很快就会打败他们。"

刘休范穿着白色的衣服，坐着轿子，亲自登上新亭南面的临沧观瞭望，只带了几十名卫兵。屯骑校尉黄回与越骑校尉张敬儿，策划假装投降刘休范，然后偷袭他。

黄回对张敬儿说："你可以去杀他。我以前发过誓，不杀害各藩王。"

张敬儿报告了萧道成，萧道成说："你能成功，就把本州赏赐给你。"

于是张敬儿和黄回出城南，放下武器，大喊投降。刘休范很高兴，把二人叫到轿旁。黄回假称萧道成秘密派他们来传话，要投降刘休范。刘休范相信了，就把两个儿子刘德宣、刘德嗣送给萧道成作人质。两个儿子一到，萧道成立刻把他们杀了。

刘休范把黄回、张敬儿留在身边，他的亲信李恒、钟爽都劝阻他，刘休范不听。刘休范白天喝酒，黄回见刘休范没有防备，就向张敬儿使眼色。张敬儿夺过刘休范的防身佩刀，砍下刘休范的脑袋，左右侍从惊慌失措，四下逃散。张敬儿骑上马，带着刘休范的首级回到新亭。

萧道成派队主陈灵宝，把刘休范的人头送回台城。陈灵宝途中遭遇刘休范的军队，紧急之中把刘休范的人头扔到路边的水沟里，得以脱身，抵达台城，高喊："已经平定！"可惜没有人头作证，大家都不相信。

刘休范的将士也不知道刘休范被杀，将领杜黑骡对新

○ 品画鉴宝　彩绘骑马持物俑（北朝）

亭发动猛烈攻击。萧道成在射堂，叛军的司空主簿萧惠朗率领敢死队几十个人，冲进东门，径直冲到射堂。萧道成上马，率领部下奋战，打退了萧惠朗，再次保住新亭。

萧道成与杜黑骡交战，从午后一直到第二天早晨，箭如雨下，飞石不断。当天夜里，突然下起了大雨，双方战鼓和呐喊声都听不到了。将士们连续两天没有吃饭，也没有睡觉；军马夜里忽然受惊，在城内乱跑。萧道成点着蜡烛，正襟危坐，厉声呵责。这样的混乱发生四五次。

进攻台城的丁文豪一路推进，在皂荚桥打败台城守军，一直打到朱雀桁的南边，几乎攻下台城。不久，丁文豪的部下得知刘休范已经死了，有点退后，想要逃散。丁文豪厉声呵斥，说："我难道就不能够平定天下吗？"

桂阳王典签许公舆谎称刘休范并没有死，还在新亭。官吏百姓都很惶惑，到新亭求见刘休范。误入萧道成军营，呈递名片的，有几千人。

萧道成把这些名片都烧了，登上北城对大家说："刘休范父子昨天已经被杀，尸体在劳山南冈下面。我是平南将军萧道成，请各位看清楚。名片都已经烧掉，不必担心害怕。"

萧道成派陈显达、张敬儿和辅师将军任农夫、马军主东平人周盘龙等人率领士兵从石头渡过秦淮河，由承明门入宫，保卫皇宫。

前尚书令、因母丧丁忧的袁粲对众将领慷慨激昂地说："现在敌军进逼，人心离散，我受先帝嘱托，不能安定国家，只有跟各位一起为国而死。"于是穿上铠甲，跨上战马，准备冲出去。

陈显达等人率领军队出战，在杜姥宅打败了杜黑骡，陈显达的眼睛被流箭射中。

二十六日，张敬儿等人在宣阳门打败叛军，杀了杜黑骡和丁文豪。又乘胜攻克东府，余下的党羽也全被铲除。萧道成整饬军队，返回建康。百姓聚集在路边观看，说："保全国家的就是这个人啊！"

相关链接

〔1〕刘昱：字德融，小字慧震。公元473－477年在位，史称后废帝。

〔2〕萧道成：公元427－482年，字绍伯，小名斗将，祖籍东海兰陵（今山东枣庄），公元479年建立南齐，在位四年。

　　刘昱长大以后，不理朝政，每日游玩杀人，无所节制，曾想杀害萧道成，萧道成就和刘昱身边的人谋划杀害了他，然后迎立刘准为皇帝。

　　刘宋后废帝刘昱做皇太子的时候，喜欢沿着漆帐竿往上爬，能爬到一丈多高的地方。刘昱喜怒无常，侍从官员都无法劝阻。明帝刘彧经常让他的母亲陈太妃狠狠地打他。

　　刘昱即帝位以后，对内畏惧皇太后、皇太妃，对外害怕众大臣，不敢放纵。但是自从举行了冠礼，宫廷内外逐渐不能够制约他，刘昱就不停地出宫游玩。一开始出宫，还带着整齐的仪仗队。过了不久，就丢下车马，只带几个随从侍卫，有时候跑到野外，有时候跑到街市上。

　　陈太妃每次乘着青盖牛犊车，跟在后面，监视约束刘昱。刘昱就改乘快马，一口气跑上一二十里，让太妃追不上。仪仗和卫队也害怕惹怒刘昱，不敢追随，只好把队伍停在别的地方，远远地观望而已。

　　刘彧曾把陈太妃赏赐给宠信的弄臣李道儿为妻，后来接她回去，生下刘昱。所以，刘昱每次微服外出，就自称"刘统"，或者"李将军"。

　　他经常穿着短裤短衫，在军营官府、大街小巷之间到处乱跑。有时晚上住在旅店，有时白天就睡在路边，在下等的百姓中间出没，跟他们做买卖。有时遭到怠慢侮辱，也欣然接受，毫不在意。任何低贱的事情，像缝衣服、制帽子，看过就会。从来没有吹过篪[1]，一拿起来，就能吹得符合曲调。

　　刘宋元徽三年（公元475年），有人在京口反叛。反叛平定以后，刘昱更加骄纵放肆，每天都出宫，晚上出去，凌晨回来，或者凌晨出去，晚上才回来。

　　随从拿着短刀长矛，路上的行人，不论男女，或者狗马牛驴，只要碰上，就被杀死。百姓扰乱恐惧，做买卖的商贩都停止经营，大门白天也关着，路上行人几乎绝迹。

　　针椎凿锯这些东西，刘昱总带在身边，只要有人稍微触犯他，就当场杀戮剖腹。一天不杀人，就闷闷不乐。朝廷官署里的人忧虑惶恐，吃饭睡觉都不安稳。

　　宋升明元年（公元477年），阮佃夫与直阁将军申伯宗等人，密谋趁刘昱到江边打野鸡的时候，假称皇太后的旨令，传仪仗和卫队回宫，关闭城门，派人逮捕刘昱，然后将他废黜，立安成王刘准。结果事情泄密，五月二日，刘昱逮捕了阮佃夫等人，全部处死。

皇太后经常教训刘昱，刘昱很不高兴。正好是端午节[2]，太后赏赐给刘昱一把羽毛扇，刘昱嫌它不够华丽，命御医配制毒药，想毒死太后。

左右侍从劝他说："如果这样做，陛下就要做不孝子了，怎么还能出宫玩耍呢？"

刘昱说："你说得很有道理。"于是作罢。

六月二十二日，有人举报，说散骑常侍杜幼文、司徒左长史沈勃、游击将军孙超之，与阮佃夫同谋。刘昱立即率领卫士，亲自前去诛杀这三个人的家族，肢解残害，连婴儿都没能幸免。

沈勃当时正在家里守丧，卫队还没到，刘昱挥刀独自在前。沈勃知道不能幸免，就赤手空拳与之搏斗，用力击打刘昱的耳朵，骂他说："你的罪恶超过桀、纣，就快灭亡了。"然后被杀。

刘昱曾经直接闯进领军府，当时天气很热，萧道成白天光着身子小憩。刘昱让他站在屋里，在他肚子上画了一个箭靶，准备拉弓射箭。

萧道成说："老臣无罪。"

侍从王天恩说："萧道成肚子大，是个好箭靶，一箭射死，以后就不能再射了。不如用钝头骨箭。"

刘昱于是换用钝头骨箭，一箭正中肚脐。扔掉弓大笑，说："这只手怎么样！"

刘昱十分忌惮萧道成的威名，曾经自己磨利短矛，说："明天就杀了萧道成。"

陈太妃骂他说："萧道成对国家有功，如果杀了他，谁还为你尽力！"刘昱才作罢。

萧道成忧惧不安，想废黜刘昱，另立新帝。

越骑校尉王敬则偷偷结交萧道成，夜里换上黑衣服，潜伏在路边，替萧道成侦查刘昱的行动。萧道成让王敬则秘密结交刘昱的左右侍从杨玉夫、杨万年、陈奉伯等十五人，他们都在宫里任职，窥伺机会。

七月初七，刘昱乘坐没有车篷的车驾，带着随从去台冈赌博，然后前往青园尼姑庵。晚上，到新安寺偷狗，找到昙度道人煮狗肉。喝醉了，回仁寿殿睡觉。

弄臣杨玉夫一向受刘昱宠信，这一天，刘昱突然憎恨杨玉夫，一看

见他就咬牙切齿，说："明天就杀了这小子，挖出肝肺！"

当天夜里，刘昱让杨玉夫等着看织女星渡河，说："看见了就报告我。如果看不见，就杀了你。"

那时候，刘昱出入皇宫没有定时，宫里的大门夜里都不关。守卫的官员都害怕值班时被碰上，都不敢出来。卫士们更是躲得远远的，宫廷内外没有相互的约束。

当天夜里，王敬则出营。杨玉夫等到刘昱睡熟了，与杨万年一起解下刘昱的防身佩刀杀了他，然后假传皇帝的命令，让外面演奏音乐。陈奉伯把人头藏在袖子里，按照以前的惯例，称皇帝的命令，打开承明门出宫，把首级交给王敬则。王敬则骑马飞奔至将军府，报告萧道成。

接下来萧道成将局面控制住，以皇太后的名义发布命令，列举刘昱罪状，追封为苍梧王。迎立安成王刘準为皇帝。

相关链接

〔1〕箎：古代的一种竹管乐器，形状和笛子相仿，有八个孔。

〔2〕端午节：我国民间传统节日之一，又叫端阳、端五、重午等，日期在每年的农历五月初五，据说是为了纪念战国时期的屈原，在这一天一般要吃粽子，南方人还有赛龙舟等习俗。

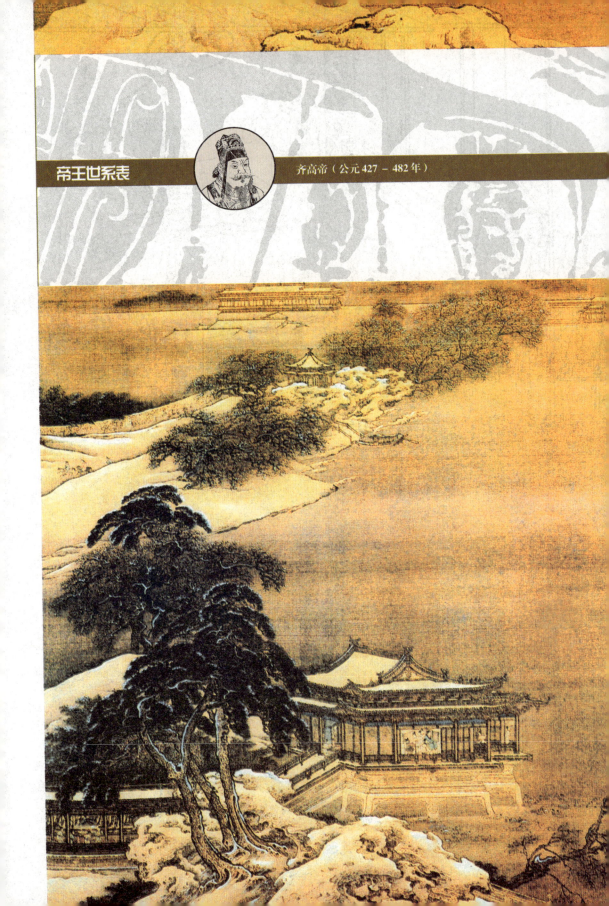

齐纪

公元 479 – 502 年

齐是南朝的第二个王朝，在四个朝代中存在时间最短，仅二十三年。由齐高帝萧道成所建。历史上又称"南齐""萧齐"。萧道成借鉴了刘宋灭亡的教训，以宽厚为本，提倡节俭。在他临死前，要求其子齐武帝继承其方针，告诫后代不要手足相残。齐武帝遵其遗嘱，使南朝出现了一段相对稳定发展的阶段，虽然有过暴动，但政局仍相对稳定。齐初对宋末的暴政进行了一些改革，注意劝课农桑和学校教育，但是人民的生活负担并没能减轻，濒于破产的农民纷纷沦为豪强大族的隐户。

国家不拘一格，任用贫寒的才学之士担任中央机构中的重要职责，地方则重用典签，对皇族严加控制、监视，名门士族的实权进一步削弱。

到了齐明帝萧鸾在位期间，皇室间的相互残杀愈演愈烈，甚至比宋末时更为严重。高、武子孙，几乎都被萧鸾杀绝。萧鸾死后，继位的萧宝卷更是一个喜好杀戮的暴君，造成了当时人人自危，统治阶级众叛亲离的极度混乱的政治局面。公元 501 年，雍州刺史萧衍起兵攻入建康，结束了齐的统治。

- 公元 479 年／萧道成称帝，建立南齐，刘宋亡。
- 公元 482 年／齐高帝卒，太子赜即位。褚渊、王俭辅政。
- 公元 484 年／魏始"班禄"，每户增调帛及谷，以供百官之禄。
- 公元 485 年／北魏实行均田制。
- 公元 488 年／沈约撰成《宋书》。
- 公元 489 年／范缜著《神灭论》。
- 公元 490 年／魏太皇太后冯氏卒，谥文明。北魏孝文帝始亲政。
- 公元 493 年／齐武帝卒，太孙昭业立（郁林王）。北魏孝文帝迁都洛阳，开始推
  行汉化政策。
- 公元 494 年／洛阳龙门石窟始凿于本年前后。
- 公元 495 年／魏始行太和五铢钱（原不用钱）。嵩山少林寺始建。
- 公元 496 年／北魏孝文帝易俗改姓。
- 公元 498 年／齐明帝卒，太子萧宝卷立（东昏侯）。
- 公元 499 年／齐太尉陈显达攻魏，谋收复失地，败还。
- 公元 501 年／萧衍率兵攻入建康，次年灭齐。

公元479年，南宋顺帝刘准将皇位禅让给了齐王萧道成，南宋灭亡，南齐建立。

南齐建元元年（公元479年），三月初二，南宋顺帝刘准任命太傅萧道成为相国，统领百官，封给他十个郡，号齐公，赐九锡，他以前的骠骑大将军、扬州牧、南徐州刺史的官职仍然保留。

四月初一，刘准进封齐公萧道成的爵位为王，加封十个郡。

四月二十日，刘准下诏，将帝位禅让给齐王。

次日，刘准本应朝见百官，但他不肯出去，躲到佛像的宝盖下面。王敬则率领卫队到大殿前，抬着板舆迎接刘准。太后害怕，亲自带着宦官找到刘准。王敬则劝说刘准，让他从宝盖下出来，带着他坐上板舆。刘准正哭着，止住眼泪，对王敬则说："要杀了我吗？"

王敬则说："让你居住到外面的宫殿而已。当初你家取代司马家，也是这样做的。"

刘准哭着说："希望以后投胎[1]，永远不要再生在帝王家里！"宫里的人都哭了。

刘准拍着王敬则的手说："如果没有意外，就赏赐你十万钱[2]。"

当天，百官陪坐，参加典礼。侍中谢朏值班，应该由他解下刘准身上的玺绶，然而他却假装不知，说："有什么公事吗？"

有人传诏说："解下玺绶，交给齐王。"

谢朏说："齐王应该有自己的侍中。"然后拉过枕头睡觉。

传诏的官员害怕，就让谢朏自称病了，准备另找一个临时兼任的人。谢朏说："我没有生病，为什么要这么说？"于是穿上官服，走出东掖门，上车回家。

最后让王俭担任侍中，解下皇帝玺绶。

典礼结束后，刘准坐着画轮车，从东掖门出去，前往太子的府邸。

刘准问："为什么今天没有演奏音乐？"左右没有人回答。

右光禄大夫王琨，在晋朝时已担任郎中，到这时候，他抓着车上挂着的獭尾失声恸哭，说："人都为长寿而欣喜，老臣却为长寿悲哀。就是不能早死，才频频看见这样的事情！"哽咽不能自已，百官都泪如雨下。

司空兼太保褚渊等人捧上玺绶，率领百官前往齐王宫殿，请萧道成即位，萧道成谦让推辞。

齐高祖萧道成

褚渊的堂弟、前任安成太守褚炤对褚渊的儿子褚贲说："今天司空在哪里？"

褚贲说："在齐宫大司马门奉玺绶。"

褚炤说："我真不明白，你家司空把一家的东西给另一家，到底算什么！"

四月二十三日，萧道成在建康南郊即帝位。萧道成回宫以后，大赦天下，改年号为建元。尊奉刘准为汝阴王，优待他的礼仪，都仿照刘宋初年对待晋恭帝那样。

相关链接

[1] 投胎：迷信的说法，认为人死后还有灵魂存在，通过灵魂的投胎转世能再次获得生命。

[2] 钱：既是古代对货币的称呼，也是一种重量单位，一钱大致等于3.125克。

北魏孝文帝拓跋宏想迁都洛阳，但又怕群臣反对，便以南伐的名义带领众人向南进发，冒雨行至洛阳而止，遂成就迁都大计。

南齐永明十一年（公元493年），北魏孝文帝拓跋宏因为平城气候寒冷，六月还下雪，又经常起风沙，准备把京都迁到洛阳。因为担心群臣反对，于是提议讨伐南齐，想以此胁迫大家。

拓跋宏在明堂东边的偏殿斋戒，让太常卿王谌卜卦，得到"革"卦[1]。拓跋宏说："卦辞[2]上说：'商汤和周武的变革，上应天命，下顺人心。'还有什么比这更吉祥的呢？"大臣们没有人敢说话。

尚书、任城王拓跋澄说："陛下继承大业，发扬光大，在中原称帝。现在出兵去讨伐还没有臣服的地方，而得到汤武变革的卦象，还不是全然吉利。"

拓跋宏严厉地说："繇辞说：'主上老虎一般变革'，怎么说不吉利呢？"

拓跋澄说："陛下作为飞龙，兴起已经很久，怎么到了今天，又实施老虎一般的变革？"

拓跋宏脸色一变，说："社稷是我的社稷，任城王想阻止大家吗？"

拓跋澄说："社稷虽然为陛下所有，臣是社稷的臣，怎能知道危险却不说呢？"

拓跋宏过了很久才消解怒意，说："各说自己的看法，又有什么关系！"

拓跋宏回到皇宫，召拓跋澄入宫进见，迎头就说："刚才的'革'卦，现在要和你再讨论讨论。在明堂我发脾气，是害怕大家竞相发言，破坏我的大计，所以才声色俱厉，吓唬文武百官而已。我想你应该明白我的心意。"

于是命令身边的人退下，对拓跋澄说："现在要做的，的确很不容易。我们国家在北方兴建，后来迁居到平城。这里是打仗的地方，不适合推行政治教化。现在我想移风易俗，确实很困难。我想以大军南下征伐为由，把京城迁到中原，你认为怎么样？"

拓跋澄说："陛下想把京城迁到中原，以经营四海，这也是以前周、汉兴盛的原因。"

拓跋宏说："北方人的风俗，留恋传统的生活，要是迁都，一定会使他们受到惊扰，怎么办？"

拓跋澄回答说:"不同寻常的事情,本来就不是常人所能明白的。陛下的决定,出自陛下内心,他们又能怎么样?"

拓跋宏高兴地说:"任城王,就是我的张良啊!"

六月初七,拓跋宏下令在黄河上修桥,准备让南下大军渡河。七月初十,朝廷内外戒严,发布公文,并转送各地,宣称即将南伐。

八月十一日,拓跋宏从平城出发,亲自率领步兵、骑兵三十多万,大举南征。九月二十二日,抵达洛阳,一路上不停地下雨。

二十八日,拓跋宏下令各路大军继续向南进发。次日,他自己也身穿军服,拿着马鞭,骑马准备出发。大臣们赶紧在马前不停地叩拜劝阻。

拓跋宏说:"计划已经确定,各路大军要继续前进,你们还想说什么?"尚书李冲等人说:"现在的行动,天下人都不愿意,只有陛下愿意。臣不知道陛下一个人出发,想到什么地方去。我们心里明白,却没有言辞表达,只好冒死请求。"

拓跋宏大怒,说:"我现在正经营天下,你们这些文弱书生,却屡屡怀疑大计。斧钺该使用时就使用,你们不要再说了!"说完,用马鞭打马要走,安定王拓跋休等人一齐流着泪劝谏。

拓跋宏于是对大家说:"我们现在大规模出兵,如果没有什么成就,要拿什么留给后人?我家世代住在幽朔,想南迁中原。如果不向南征伐,就把京城迁到这里,你们认为怎么样?愿意迁都的人站在左边,不愿意的站在右边。"

南安王拓跋桢走上前说:"'做大事的人,不与众人图谋。'现在陛下如果放弃南伐的计划,迁都洛邑,这是我们的心愿,百姓的幸运。"群臣高呼万岁。鲜卑人虽然不愿意迁移中原,但是又害怕南伐,也没有人敢说话。于是决定了迁都的大计。

李冲对拓跋宏说:"陛下将要迁都洛邑,需要重建祖庙宫室,不是骑在马上就能等到的。希望陛下暂时返回代都,等到群臣全部准备好以后,陛下再准备仪仗驾临新都。"

拓跋宏说:"朕准备巡查各州郡,先到邺城,稍作停留,一开春就返回,不应该返回北方。"于是派遣任城王拓跋澄返回平城,向留守的官员宣布迁都的事情,对任城王说:"现在才是真正的变革,你要努力。"

拓跋澄回到平城，大家一听要迁都，没有不震惊害怕的。拓跋澄引用古代的例子，慢慢地向他们解释，大家于是才明白。拓跋澄回到滑台向孝文帝报告，孝文帝很高兴，说："没有任城王，朕的事就办不成。"

次年三月，拓跋宏抵达平城，让群臣再讨论迁都的利害，每个人都说了自己的意见。

燕州刺史穆罴说："四方还没有安定，不适宜现在就迁都。何况征伐的时候缺少战马，要怎么取胜呢？"

拓跋宏回答说："养马的地方在平城，何必担心没马？代地在恒山北边，九州之外，在这儿定都，不能成就帝王大业。"

尚书于果说："我并不认为代地比洛阳好，但自从道武皇帝以来，一直居住在这里，百姓已经习惯这里的生活，一旦南迁，恐怕大家会不满。"

平阳公拓跋丕说："迁都是大事，应当占卜询问。"

拓跋宏说："古代的周公、召公都是圣贤，所以能占卜询问居住的地方。现在没有他们这样的圣贤，占卜又有什么用？何况'占卜为了解决疑难，没有疑难何需占卜！'

"以前黄帝占卜，烧焦了龟甲，还没有裂纹，天老说是'吉'，黄帝就听从了。也就是说，圣人能够预知未来，比龟甲还要灵验。帝王四海为家，有的住在南方，有的住在北方，哪有规律可循？

"朕的远祖，世代居住在北方荒凉的地方，平文皇帝开始在东木根山建都，昭成皇帝又营建了盛乐，道武皇帝迁都于平城。朕有幸拥有太平盛世，却唯独不能迁都吗？"群臣不敢再说话了。

二十八日，拓跋宏驾临朝堂，安排迁留的事宜。

十月初三，北魏任命东阳王拓跋丕为太傅、录尚书事，留守平城。初七，拓跋宏亲自去太庙祭告，派高阳王拓跋雍等将祖先牌位迁往洛阳。三天后，拓跋宏从平城出发，前往新都洛阳。

相关链接

〔1〕革卦：《周易》共有六十四卦，革卦为第四十九卦。
〔2〕卦辞：《周易》中，每一卦后面都有相应的解释此卦、占断吉凶的语言，称为卦辞。另外，每一卦有六爻，每爻也都有相应的爻辞。

萧鸾诛杀藩王

拥立萧昭文为帝后，萧鸾的权力更为强大，先后杀害了各地的多个藩王。在扫清篡位的道路后，他废了萧昭文自立为皇帝。

齐建武元年（公元 494 年），宣城公萧鸾废除鬱林王萧昭业，另立新安王萧昭文为帝。萧鸾的权势更为强盛，朝廷内外都知道他有篡夺皇位的想法。

鄱阳王萧锵一开始并不知道萧鸾的阴谋，等到萧昭业被废黜，萧锵每次去见他，萧鸾总是来不及穿好鞋子，就到车后面去迎接他。谈到国家大事，萧鸾总是声泪俱下，萧锵因此很信任他。

朝廷里都倾向萧锵，劝他入宫发兵，辅佐朝政。制局监谢粲劝说萧锵和随王萧子隆，说："二位王爷只要乘着油壁车入宫，把皇帝带到朝堂上，左右挟制，施发号令，我们其他人关闭城门，安排卫士，还有谁敢不从？东城的人正好可以把萧鸾绑着送过来。"

萧子隆想定下计策，萧锵因为朝中兵力全都由萧鸾控制，又担心事情不一定成功，犹豫不决。

马队主刘巨是武帝萧道成时候的旧臣，他进见萧锵请求单独说话，叩头劝说萧锵行动。萧锵命令准备车马，准备入宫，又回到屋里，与母亲陆太妃告别，直到天黑还没出发。典签 [1] 得知了他们的谋划，就向萧鸾告发了他。

九月初二，萧鸾派遣士兵两千人，包围了萧锵的府邸，把他杀了，又杀了萧子隆、谢粲等人。武帝的几个儿子，萧子隆最为高大强壮，很有才能，因此萧鸾格外忌惮他。

江州刺史、晋安王萧子懋听说鄱阳王萧锵和随王萧子隆都被杀死，准备起兵，对防阁陆超之说："事成则宗庙安宁；失败，我们也是为义而死。"

防阁董僧慧说："江州虽小，但宋孝武帝就是从这里起兵的。我们现在如果起兵入朝，讨伐萧鸾，谁能抵挡呢？"

萧子懋的母亲阮氏在建康，萧子懋秘密写信把她接来，阮氏把事情告诉了自己的同母哥哥于瑶之，和他商量。于瑶之骑马报告了萧鸾。

初四，皇帝授萧鸾黄钺 [2]，宫廷内外戒严，派遣中护军王玄邈讨伐萧子懋，又派遣军主裴叔业与于瑶之先去袭击寻阳，声称是郢府司马。

　　萧子懋得知后，派遣三百人守卫溢城。裴叔业溯流而上，等到夜里，又回来袭击溢城，城局参军乐贲打开城门接纳。萧子懋听说后，率领府州的兵力据城防守。萧子懋的部下大部分是雍州人，都很踊跃地准备作战。

　　裴叔业害怕，派遣于瑶之去劝说萧子懋，说："您现在若自己主动返回京城，一定没有什么可忧虑的，正好可以做个闲散的官，不会缺少富贵荣华。"

　　萧子懋不出兵攻打裴叔业，大家的情绪就有些低落。中兵参军于琳之，是于瑶之的哥哥。他劝说萧子懋贿赂裴叔业，免除灾祸。萧子懋派于琳之前去，于琳之却又劝说裴叔业捉拿萧子懋。

　　裴叔业派军主徐玄庆带领四百名士兵，跟随于琳之进入江州城，萧

子懋手下的官员都四下逃散。于琳之领着二百人,拿着刀剑闯进萧子懋的住处,萧子懋骂他说:"小人!怎能做出这样的事情?"于琳之用衣袖遮住脸,让别人杀了萧子懋。

王玄邈抓住董僧慧,准备杀了他,董僧慧说:"晋安王萧子懋举义兵,我确实参与了谋划,能为主人而死,没有遗憾!希望能在晋安王安葬之后,再把我处死。"王玄邈认为董僧慧很是忠义,就详细报告了萧鸾,赦免了董僧慧,把他发配到东冶。

萧子懋的儿子萧昭基,当时才九岁,用二寸见方的丝绢写了一封信,打听董僧慧的情况,还送去五百钱贿赂,信才被转交给董僧慧。董僧慧看到后,说:"这是小公子的信!"悲恸而死。

于琳之劝陆超之逃走,陆超之说:"人都要死的,没有什么值得害怕。我如果逃走,不但抛弃晋安王的家眷,而且恐怕还会被田横门客嘲笑。"王玄邈等人想把陆超之押送回京都,陆超之笔直地坐着,等他们来逮捕他。

陆超之的门生以为杀了陆超之一定有重赏,就偷偷地从背后斩杀了陆超之。

萧鸾派遣平西将军王广之袭击南兖州刺史、安陆王萧子敬。王广之抵达欧阳,派手下将领陈伯之作先锋。陈伯之到达后,看见城门大开,就独自闯进去,杀了萧子敬。

萧鸾又派遣徐玄庆西上,谋害各藩王。临海王萧昭秀为荆州刺史,西中郎长史何昌寓管理州中事务。徐玄庆抵达江陵,准备找机会下手。何昌寓说:"我受朝廷委托,辅助临海王。殿下并没有过失,你只是别人的一个使臣,怎么能让我把殿下交给你?如果朝廷一定要殿下,我自己会上奏,等待圣上的旨意。"萧昭秀因此才得以返回建康。

萧鸾派吴兴太守孔琇之管理郢州的事务,想让他杀了晋熙王萧銶。孔琇之推辞,但萧鸾不答应,于是他就绝食而死。

裴叔业从寻阳向湘州进发,想杀害湘州刺史、南平王萧锐,南平王的防阁周伯玉大声对大家说:"这不是天子的旨意。现在斩杀裴叔业,起兵匡正社稷,谁敢不从?"萧锐的典签呵斥左右卫士,斩杀了周伯玉。

十四日,萧鸾派人杀害了南平王萧锐,又杀了萧銶和南豫州刺史、宜都王萧铿。

萧铄与鄱阳王萧锵名声相当。萧锵喜好文学,萧铄喜好玄理,被当时的人称之为鄱、桂。萧锵死后，萧铄十分不安，到东府进见萧鸾，回来后对左右的人说："刚才萧鸾接见我，态度十分殷勤，流连不舍，不能自已，但又神色惭愧，一定是想杀了我。"当天晚上，萧铄就被杀了。萧鸾每诛杀一个藩王，总是夜里派兵包围他的府邸，翻越围墙，破门而入，把他的财产全部没收。

江夏王萧锋，有才能德行，萧鸾曾经对他说："始安王萧遥光很有才干，可委以重任。"

萧锋说："萧遥光比起殿下，就像殿下之于高皇帝。守卫宗庙，安定社稷，确实可以委托重任。"萧鸾大惊失色。

等到萧鸾杀害各藩王的时候，萧锋给萧鸾送去一封信，嘲讽斥责。萧鸾非常忌惮他，不敢到他的府邸去抓他，就让萧锋在太庙里兼任祠官，夜里，派兵到太庙里逮捕他。

萧锋从太庙出来，登上自己的车子，那些士兵也想上车。萧锋很有力气，空手把好几个人打倒在地上，然后被杀。

萧鸾派遣典签柯令孙去杀建安王萧子真，萧子真躲到床底下，柯令孙把他拉出来，他给柯令孙磕头，乞求做他的奴仆。柯令孙不答应，仍然杀了他。

萧鸾又派中书舍人茹法亮去杀巴陵王萧子伦。萧子伦性情英勇果断，当时任南兰陵太守，镇守琅邪。琅邪城有守卫的部队，萧鸾担心萧子伦不肯束手就擒，问典签华伯茂怎么办，华伯茂说："大人如果派兵逮捕他，恐怕不能立刻办到。如果委托给我，一个人就行。"

华伯茂亲自拿着毒酒逼他，萧子伦整理衣冠，出来接受诏令，对茹法亮说："前朝太祖灭了刘氏。今天的事情，也是天理注定的。你是前朝老臣，今天拿着这个来，也是身不由己罢了。这酒不是宴饮的酒。"一口喝完，中毒身亡，当时他才十六岁。茹法亮和旁边的人都哭泣流泪。

杀死各藩王后，已经没有人能阻止萧鸾篡夺帝位。萧鸾便将萧昭文废为海陵王，自己登上皇位，大赦天下，更改年号。萧鸾就是南齐的明帝。

相关链接
[1] 典签：又称主帅，南朝设置的地方长官之下负责典掌机要之官，朝廷通过典签监视和控制地方军政事务。
[2] 黄钺：钺，为古代一种斧形兵器，安装木柄，用以砍斫。后来黄钺成为权力的象征。

王敬则谋反

王敬则是前朝旧将,萧鸾称帝时他起兵谋反,声势非常浩大,但很快就溃散了。

南齐明帝的时候,大司马、会稽太守王敬则因为自己是高帝、武帝时候的旧将,心里很不平衡。明帝萧鸾虽然表面上对他很好,但心里却猜疑提防他,曾经几次询问他的饮食、身体状况。听说他年老体衰,又呆在内地,才稍微放宽心。

萧鸾的病情,几次加重,于是安置兵力,暗中提防王敬则。朝廷内外都传言说,又将有不同寻常的事情发生了。

王敬则听说后,私下里说:"东边现在还有谁?只是想除掉我而已。我又何尝是那么容易就能除掉的?我终究不会接受他的毒酒。"

一天夜里,他与手下的官员玩赌博,对大家说:"你们想让我怎样做呢?"没有人敢先说话。防阁丁兴怀说:"您应该起事。"王敬则没有回答。

第二天清晨,王敬则召山阴令王询、台传御史钟离祖愿相见,把刀横着,跪坐在席上,问王询、祖愿两人说:"如果发兵可以招集多少人?府库里还有多少钱财器物?"

王询说:"县里的壮丁仓促间不能召集起来。"祖愿说:"府库的财物大多还没有输入库房。"王敬则大怒,准备把他们二人拉出去斩首。

王公林劝谏说:"什么事情都能反悔,只有这件事不能反悔。您为什么不再考虑考虑呢?"

王敬则唾了王公林一脸口水,说:"我做的事情,和你小子有什么关系?"于是举兵谋反,招集兵力,分配战服,两三天后就出发了。

前任中书令何胤,辞官隐居若邪山,王敬则想挟持他任尚书令。长史王弄璋等人进谏说:"何大人清高隐居,一定不会顺从;如果不从,就应该杀了他。但是做大事先杀有名的贤士,一定不会成功。"王敬则于是作罢。

王敬则率领甲兵一万人渡过钱塘江[1],张瑰派遣三千兵力在松江抵挡。这些士兵一听到王敬则部队的战鼓声,就立刻四下逃散,张瑰只好抛弃郡署,逃到民间躲起来。

王敬则以前朝旧将的身份起兵,百姓都扛着竹竿锄头[2]前来投奔,追随他的有十几万人。到达晋陵,南沙人范修化杀了县令公上延孙,响应王敬则。经过武进高帝陵墓所在的陵口,王敬则恸哭而过。

乌程人丘仲孚是曲阿县令,王敬则的前锋部队刚刚抵达,丘仲孚就对

手下的官吏百姓说："敌人虽然乘着胜势，气势很盛，但只是乌合之众，很容易溃散。现在如果把船舰收起来，挖开长冈水坝，把河水放掉，使他们前进受阻。如果能阻挡他们几天，朝廷的军队一定就到了，这样一定能大功告成。"王敬则的军队抵达后，因为河渠干涸，果然军队受阻，不能前进。

五月，萧鸾下诏命令前军司马左兴盛、后军将军崔恭祖、辅国将军刘山阳、龙骧将军马军主胡松在曲阿长冈修筑营垒。任右仆射沈文季为持节都督，在湖头驻兵，防守京口的道路。

王敬则进攻左兴盛、刘山阳，朝廷的军队不能抵挡，准备撤退，但是不能突围，只好死战。胡松率领骑兵从背后进攻王敬则的军队，百姓手里没有武器，都惊慌失措，四下逃散。

王敬则的军队大败，王敬则还想找一匹马继续战斗，找不到，被崔恭祖刺中，倒在地上，刘兴盛手下的军客袁文旷斩杀了他。初五，王敬则的首级被送到建康。

当时，萧鸾的病情已经十分危险，王敬则突然在东边起兵，朝廷为之震惊惶恐。太子萧宝卷让人爬上屋顶，看见征虏亭失火，以为是王敬则到了，急忙穿上军服准备逃走。

王敬则听说后，大喜，说："檀公三十六策，走为上策，估计你们父子只有逃走了。"所谓"檀公三十六策，走为上策"，是当时的人讥讽檀道济躲避北魏军队的话。王敬则来势汹汹，声势浩大，但很短的时间内就失败了。

相关链接

〔1〕钱塘江：古称浙江、渐江、之江等，发源于安徽南部黄山一带，经杭州注入杭州湾，有著名的"钱塘潮"景观。

〔2〕锄头：一种长柄农具，可用于除草、松土等。

萧鸾很信任江祐兄弟，临死时嘱咐他们辅佐萧宝卷，但萧宝卷贪恋游玩，不理朝政，江祐兄弟就谋划废除他，因事情泄露而被杀。

　　齐永泰元年（公元498年），明帝萧鸾去世，太子萧宝卷即位。萧宝卷做太子时就不好好学习，整天游玩，没有节制。即位以后，他不爱和朝臣们来往，专门亲信宦官和左右侍从。

　　萧鸾临终前，虽然嘱托群臣，但最信任的是江祐兄弟二人，更多把遗命托付给他们两个人。江氏兄弟于是轮流在宫殿里值班，皇帝的一举一动都要干涉。萧宝卷逐渐想按自己的意思办事，江祐总是坚决制止，萧宝卷对他十分愤恨。

　　萧宝卷的左右心腹茹法珍和梅虫儿等人，受皇上委任办事，也常被江祐阻止，茹法珍等人对江祐恨得咬牙切齿。

　　徐孝嗣[1]对江祐说："皇上稍微有些自己的意见，怎么能全都反对阻止呢？"

　　江祐说："只要把事情交付给我，就没什么可忧虑的。"

　　萧宝卷丧失德行的情况日益严重，江祐提议要废黜他，另立江夏王萧宝玄为帝。

〇 品画鉴宝
生活图（北周）图中以骑马之人的所见连缀画意，反映了当时屠宰、耕作、猎鹿、网鱼的情景。

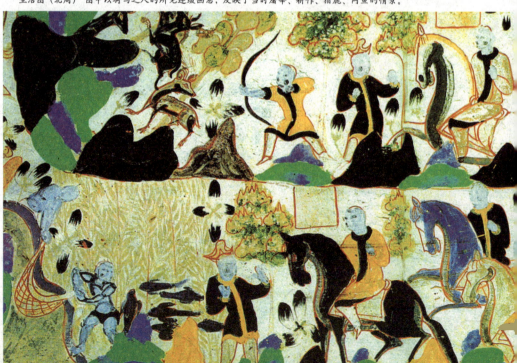

刘暄曾经做过萧宝玄的郢州行事，处理事情呆板、苛刻。有人献给萧宝玄一匹马，萧宝玄想去看一看，刘暄说："一匹马有什么值得看的？"萧宝玄的妃子想吃煮鸡肫，手下的人请示刘暄，他说："早上已经吃了煮鹅，不要麻烦再做这个了。"

萧宝玄生气地说："刘暄根本没有一点舅舅的情义。"刘暄因此怨恨萧宝玄，不同意江祏的主张，而想立建安王萧宝寅为帝。

江祏与始安王萧遥光秘密商量，萧遥光自以为年长，想自己即皇帝位，稍稍向江祏透露。江祏的弟弟也认为皇帝年纪太小不容易保住，就劝江祏立萧遥光为帝。江祏犹豫不决，就去询问萧坦之，萧坦之当时正在为母亲守丧，仍然任领军将军。

萧坦之对江祏说："萧鸾自立为帝，已经没有按照顺序，天下到现在仍然不服气。如果再来一次，恐怕要天下大乱，我不敢说什么。"于是仍然回家为母亲守丧。

江祏和江祀秘密地对吏部郎谢朓说："江夏王萧宝玄年纪尚小，也许不堪重负，怎么能到时候再把他废黜呢？始安王萧遥光年长，由他继承，不会违背大家的意愿。我这样想，并不是想由此得到荣华富贵，只是为国家求得安定。"

萧遥光又派自己的亲信丹阳丞刘沨,秘密地告诉谢朓,想拉谢朓为同党,谢朓没有回答。不久,萧遥光让谢朓兼任知卫尉事,谢朓很害怕,就把江祏的谋划报告了太子右卫率左兴盛,左兴盛没有敢上报。

谢朓又去劝说刘暄,说:"始安王萧遥光一旦称帝,刘沨、刘晏就会占据你现在的地位,而把你当作反复的小人。"刘暄假装吃惊的样子,回头立刻骑马去报告了萧遥光和江祏。

萧遥光想把谢朓调到东阳郡[2]去做太守,因为谢朓常常轻视江祏,所以江祏坚决请求除掉他。萧遥光就把谢朓抓起来,交付廷尉,和徐孝嗣、江祏、刘暄等人联名上书:"谢朓煽动朝廷内外,妄自贬低皇帝,私自议论宫禁,诽谤亲贤,轻视议论朝中大臣。"谢朓最后死在监狱里。刘暄认为如果立萧遥光为皇帝,自己就失去了皇舅的尊贵,不赞同江祏的意见,所以江祏犹豫了很久也不能决定。

萧遥光大怒,派遣手下黄昙庆在青溪桥刺杀刘暄。黄昙庆看见刘暄的卫士很多,不敢下手,反而被刘暄发现了,于是告发了江祏的阴谋,萧宝卷命令逮捕江祏兄弟。

江祀正在内殿值班,怀疑情况有异,派人送信给江祏说:"刘暄似乎有别的阴谋,现在该怎么办呢?"

江祏说:"以静制动。"不久,有诏令召江祏入宫进见,被扣押在中书省。

当初,袁文旷因为斩杀了王敬则有功,应该封官,但江祏不肯。萧宝卷就让袁文旷去杀江祏,袁文旷用刀背上的环子敲江祏的心口,说:"能再夺去我的封赏吗?"

江祏和他的弟弟江祀一起被处死。刘暄听说江祏等人已经死了,睡觉的时候大惊,跑到门外,问左右侍从说:"逮捕的人来了吗?"过了很久,才定下心神,回到屋里坐下,十分悲伤,说:"不是怀念江氏弟兄,而是悲痛自己啊!"

相关链接

[1] 徐孝嗣:公元453－499年,字始昌,东海郯(在今江苏境内)人,南朝宋大臣,具文才,有文集传于世。

[2] 东阳郡:在今浙江省金华市。

　　萧宝卷除掉江祐等人后，愈加荒淫残暴，想把萧衍兄弟全部杀害，萧衍拥立萧宝融，带兵包围都城，萧宝卷手下人杀了他开城投降。

　　南齐东昏侯萧宝卷诛杀江祐后，无所忌惮，于是越发放纵，荒淫残暴。太尉陈显达和平西将军崔慧景相继叛乱，结果都失败了。

　　萧宝卷怀疑雍州刺史萧衍[1]有谋反之心。直后郑植的弟弟郑绍叔，任萧衍的宁蛮长史，萧宝卷派郑植以探望弟弟为借口，去刺杀萧衍。郑绍叔得知后，偷偷地报告了萧衍。

　　萧衍在郑绍叔家里设宴，开玩笑地对郑植说："朝廷派你来杀我，今天正好有空宴饮，是下手的好机会呀。"宾客和主人哄堂大笑。

　　萧衍又带郑植把雍州的城墙、壕沟、仓库、兵马、器械、船舰等仔细看了一遍。郑植退下，对郑绍叔说："雍州的实力强盛，不容易图谋。"郑绍叔对他说："哥哥回去后，请详细地对天子说：如果要攻取雍州，我将率领军队决一死战！"郑绍叔把郑植送到南岘，兄弟二人握着手，恸哭告别。

　　齐永元二年（公元500年）十月，萧衍的哥哥、尚书令萧懿受萧宝卷所忌，萧宝卷派人赐下毒酒，将萧懿毒死，并捕杀他的各个弟弟。萧衍听说了，连夜召集张弘策、吕僧珍、长史王茂、别驾柳庆远、功曹吉士瞻等人到家里商议对策。

　　初九，萧衍把手下的臣僚召集起来，对他们说："昏庸的君主暴虐无度，罪恶超过纣王[2]，我应当与你们一起把他除掉。"

　　当天，萧衍召集兵马，得到武装士兵一万多人，战马一千多匹，船舰三千艘。萧衍又命令搬出檀溪中的竹子木材，装到战舰上，上面用茅草掩盖，事情很快就准备妥当。将领们争夺船桨，吕僧珍把原先准备好的拿出来，每只船发两支，才制止了争夺。

　　萧衍联合南康王萧宝融等一起讨伐萧宝卷。次年三月，萧宝融在江陵称帝，任命萧衍为左仆射，加授征东大将军、都督征讨诸军事，并授予代表皇帝的黄钺。萧衍进兵，接连获胜，逼近京城建康。十月，萧衍坐镇石头，命令各军攻打建康的六个城门。萧宝卷下令烧毁城门内的军营、府署，驱赶士人百姓，全部进入宫城，关闭宫门死守。萧衍让各军修筑长长的围城工事，进行围困。

　　萧宝卷迷信钟山神蒋子文，萧衍大军到来，萧宝卷尊蒋子文为灵帝，将他的神像迎入后堂，令巫师祈祷求福。宫城关闭后，萧宝卷就把城中的军务全都委托给征虏将军王珍国，让赶来守卫京城的兖州刺史张稷做王珍国的副手。

　　当时，城中的士兵还有七万人。萧宝卷一向喜好军阵，与身边的黄门、卫士和宫人在华光殿前演习战斗，假装受伤，让人用木板抬去，用来求取吉祥。

　　萧宝卷还经常在宫殿里穿着军服，骑马出入，用金银做成铠甲和头盔，用翡翠装饰。白天睡觉晚上起床，像平时一样。听到外面的战鼓和呐喊声，就披上大红袍，登上景阳楼观望，以致差点被弓弩射中。开始的时候，萧宝卷与左右心腹商量，认为陈显达交战一次就失败，崔慧景包围城池很快就逃走，于是认为萧衍的军队也会这样，所以命令太官准备木柴和粮食，够用一百天就行了。

　　等到大桁失败，百姓都人心惶惶。茹法珍等人担心士兵和百姓逃跑，就关闭城门，不再出兵交战。过了不久，萧衍的长围已经布置好，战壕深挖，栅栏坚固。城里再派兵出城交战，屡战屡败。

萧宝卷特别吝啬金钱，不肯赏赐。茹法珍磕头请求，萧宝卷说："敌人来只是要抓我一个人吗？为什么要我赏赐？"后堂里储存了几百块木材，有人向萧宝卷启奏，拿去做防御工事，他却想留下来用来修建宫殿。

　　萧宝卷又催御府制作了三百人使用的精锐兵器，准备等长围解除，出外游玩的时候，卫士们用来驱赶百姓。至于金银雕镂的物品，萧宝卷也催着赶制，比平时要快一倍。

　　大家都怨恨倦怠，不愿意为他出力。外面包围了很久，城里的人都希望能早点逃走，只是没有人敢先逃而已。茹法珍和梅虫儿劝萧宝卷说："大臣不用心，使包围不能解除，应该把他们全都杀了。"

　　王珍国和张稷害怕有灾祸。王珍国偷偷派遣亲信献给萧衍一块明镜，萧衍截断金子作为回答，两人都互相会意。

　　兖州中兵参军张齐，是张稷的心腹。王珍国就通过张齐秘密地和张稷谋划，一起杀掉萧宝卷。夜里，张齐把王珍国带到张稷那里，两人一起商议决定计划，张齐亲自在旁边拿着蜡烛，又把计划告诉了后阁舍人钱强。

　　十二月初六夜，钱强偷偷让人打开云龙门，王珍国和张稷带兵冲进殿里，御刀丰勇之为内应。萧宝卷在含德殿弹唱歌，还没有睡着，听到士兵冲进来，急忙从北门跑出去，想跑回后宫，可是宫门已经关闭。宦官黄泰平用刀砍伤了他的膝盖，倒在地上，张齐斩下了他的脑袋。张稷召集群臣，派人把萧宝卷的首级送到石头，向萧衍投降。

相关链接

[1] 萧衍：公元464－549年，字叔达，小字练儿，南兰陵（今江苏常州一带）人，公元502年称帝，建立南梁，谥武帝。

[2] 纣王：商朝最后一个帝王，以凶暴残虐著称，人称"纣王"，周武王带兵攻下都城朝歌后，他自焚而死。

○ 品画鉴宝
黄釉瓷扁壶（北朝）　此壶图案明显受外来文化的影响，造型别致，胎质细腻，是研究中西文化及乐舞发展史不可多得的实物资料。

梁敬帝·萧方智

梁元帝·萧绎

梁简文帝·萧纲

梁武帝·萧衍

梁纪

公元 502 – 557 年

梁是南朝的第三个王朝，由萧衍所建。前后共四位帝王，共存在五十六年，历史上又称"萧梁"。盛时疆域较广，约为今广东、广西、海南、福建、江西、浙江、江苏、安徽、湖北 、湖南 、云南 、贵州等省区；河南、陕西、四川各一部分以及越南北部东部、缅甸北端小部分。

萧衍期间放松了对皇族的控制，提倡佛教，又勒令地方官"上献"，以致地方官吏竞相聚敛，盘剥百姓，百姓徭役繁重，人人苦不堪言。东魏大将侯景投降于梁，萧衍不顾朝臣反对，妄图依靠侯景灭掉魏。后来，侯景起兵反梁，造成了侯景之乱，叛军攻克台城，萧衍被活活饿死。

侯景起初立太子萧纲为帝，后又杀掉萧纲，自称汉皇帝。此时，萧衍诸子及孙各据一方，互相争夺，萧绎灭掉萧纶又灭侯景后称帝，是为梁元帝。几年后，萧绎被杀，后梁建立。后来，陈霸先复立萧方智为帝，是为梁敬帝。此后，陈霸先受禅称帝，改元永定，都建康，国号陈。梁朝亡。另外，萧衍的孙子萧察曾在江陵建立西梁，传三帝，后亡于隋。

大事年表

- 公元502年／萧衍称帝，建立梁朝。
- 公元514年／梁在钟离筑浮山堰，准备用淮水灌魏寿阳城。
- 公元515年／魏宣武帝死，太子诩即位，是为孝明帝。
- 公元518年／魏胡太后派宋云与僧惠生西行求佛经。
- 公元520年／南天竺僧人菩提达摩到广州。
- 公元523年／梁罢铜钱，改铸铁钱。魏怀荒镇民杀镇将起义。破六韩拔陵率沃
  野镇兵民起义，杀镇将。六镇起义开始。
- 公元524年／北魏各族人民起义爆发。
- 公元526年／鲜于修礼率流民在定州左人城起义。
- 公元531年／高欢起兵讨伐尔朱氏。
- 公元534年／北魏分裂为西魏、东魏。
- 公元544年／贾思勰著成《齐民要术》。
- 公元547年／梁下诏伐东魏，以贞阳侯萧渊明督诸将。
- 公元548－552年／侯景之乱。
- 公元550年／高洋建立北齐，东魏亡。
- 公元554年／西魏攻陷江陵，俘杀梁元帝。
- 公元555年／梁王詧在江陵称帝，为魏附庸，是为后梁。

平定萧宝卷后，萧衍与沈约等人谋划自己称帝。公元502年，南齐和帝萧宝融禅位于梁王萧衍，梁朝建立，南齐灭亡。

南齐大司马萧衍拥立和帝萧宝融，讨伐东昏侯萧宝卷，平定天下，立下赫赫大功。萧衍占领建康，迎接宣德太后进宫，让她临朝听政，代行皇帝权力。

萧衍与黄门侍郎范云[1]、南清河太守沈约[2]，当年曾一起在竟陵王西官邸共事，关系非常亲密。当上大司马后，萧衍就让范云担任自己的谘议参军、领录事，沈约担任骠骑司马，让他们参与各项事务的谋划。

萧衍心里有受禅的想法，沈约稍稍挑明，萧衍没有回答。有一天，沈约又向萧衍进言说："现在和古代不一样，不能期望还有淳朴的古风，士大夫们都攀龙附凤，希望有或大或小的功劳。现在连小孩牧童都知道齐已经要完了，明公应当继承它的国运，天象谶文也如此显示。天意不可违背，人心不能失去。如果天数如此，即使想要谦让，也是不行的。"萧衍说："我正在考虑。"

沈约又说："明公刚开始在樊、沔起兵的时候应该考虑，现在王业已成，还考虑什么？如果不早点定下大业，只要有一个人有异心，就会损害您的威德。何况人又不是金石，能够坚定不移；时事无常，怎么能把建安郡公的封爵留给子孙？如果天子返回京城，公卿各司其职，那么君臣的名分确定，人们就不会再有异心。圣明的君主在上，忠诚的臣子在下，怎么还会有人再起来反叛呢？"

萧衍很是赞同。沈约出去后，萧衍召范云进见，告诉了他，范云的看法和沈约的差不多，萧衍说："智者所见不谋而合。你明天早晨带着沈休文再来。"范云出来后，告诉了沈约，沈约说："你一定要等我！"范云答应了。但是第二天，沈约提前到了，萧衍命令他起草登基的诏书，沈约从怀里取出已经写好的诏书和人事安排的名单，萧衍没作改动。过了一会，范云从外边来，到了殿口门，不让进去，又等不到沈约，只好在寿光阁外徘徊，感觉很奇怪。沈约出来后，范云问他："怎么安排我的？"

沈约举起手指向左边（意思是安排范云为尚书左仆射），范云笑着说："和我希望的差不多。"

过了一会，萧衍召范云进去，赞叹沈约的才智纵横，并且说："我起兵到现在已经有三年了，功臣将领的确出了不少力气，但成就帝业的，只有你们两人。"

梁天监元年（公元502年）正月，宣德太后下诏给萧衍加官，并封他为梁公，给他十郡封地，加赐九锡。二月，又进封为梁王，加十郡封地。

四月，宣德太后宣布，南齐皇帝要效法前代，将帝位禅让给梁王萧衍。然后颁下策书，派人奉持皇帝玺绶，送到梁王宫殿。萧衍接受，在南郊即皇帝位，梁朝正式取代南齐。

相关链接

〔1〕范云：公元451－503年，字彦龙，祖籍南乡舞阳（今河南泌阳），南朝时诗人。

〔2〕沈约：公元441－513年，字休文，吴兴武康（今浙江德清）人，南朝时文学家、史学家。

○ 品画鉴宝

青瓷莲花尊（北朝）此器纯朴庄重，美观实用，反映出北朝时期青瓷制作的成就。

骑乘人物图（北朝）此图原绘于木板上，图中二人手持葡萄酒杯或碗，神态谦恭。

萧衍即位后准备杀害南齐各地藩王，萧宝寅越过长江，独身逃到了北魏。

梁王萧衍准备谋害南齐各藩王，但防卫还不是很严密。鄱阳王萧宝寅[1]家里的宦官颜文智和左右心腹麻拱等人秘密策划，夜里挖开墙壁，把萧宝寅送出去，在长江岸边准备了一只小船。萧宝寅穿着黑布短衣，腰里系着一千多钱，偷偷地跑到江边，穿着草鞋步行，两只脚全都磨破了。

看管的人天亮后才发现，急忙去追赶。萧宝寅装成钓鱼的人，和追赶的人在江里并舟而行，行了十几里，追赶的人都没有怀疑。等到追赶的人离开后，萧宝寅就渡到西岸，投奔百姓华文荣家。

华文荣和他的同族人华天龙、华惠连抛下家业，带着萧宝寅逃到山里。然后租了一头毛驴，让萧宝寅骑，白天躲起来，夜晚才赶路，到了寿阳[2]的东城。

北魏戍主杜元伦骑马去报告扬州刺史任城王元澄，用车马侍卫迎接萧宝寅。萧宝寅当时才十六岁，因为徒步赶路，十分憔悴，看见的人还以为是被掠卖的人口。

元澄用招待客人的礼节对待他，萧宝寅请求用为皇帝守丧的生麻布做丧服，元澄派人劝说了他一番，给了他为兄长守丧穿的熟麻布做的丧服。

元澄率领手下的官吏前往凭吊，萧宝寅的举动礼节，就像为君父服丧一样。寿阳有很多南齐的旧人，都来凭吊，只有夏侯一族因为夏侯详跟从了萧衍，所以没有人来。元澄对萧宝寅非常器重。

相关链接

〔1〕萧宝寅：公元485－530年，字智亮，南齐明帝萧鸾的儿子，逃到北魏后企图光复南齐。公元527年，他控制长安自称齐帝。

〔2〕寿阳：今山西省寿阳县。

高欢有远见

高欢深沉而有大志，当他看到北魏大势已去，就倾尽自己的财产结交宾客贤士，以图他日成就非凡之业。

梁天监十八年（公元 519 年），北魏张彝的儿子张仲瑀上书，请求修订选官制度，限制武将，不让他们列入士大夫。于是喧哗抗议声充满街道，大家在街上张榜，约定时间，屠害张家。张彝父子没放在心上。

二月二十日，羽林、虎贲近千人到尚书省诟骂，没有找张仲瑀的哥哥张始均，就用瓦片、石头砸尚书省的大门。尚书省没人敢挡。

这些武士又拿火把点燃路边的蒿草，用石头、木棍为兵器，一直冲进张家府邸，把张彝拖到堂下，恣意殴打污辱，还烧了他的房屋。

张始均翻墙逃走，又回来向他们求饶，请求饶恕他父亲的性命。这些人趁机殴打他，把他扔到火里。张仲瑀受重伤逃走了，张彝被打得只剩一口气，第二天晚上就死了。

远近的人都震惊恐惧。胡太后[1] 只抓了羽林、虎贲将士里最凶恶的八个人，杀了他们，其余的人都不再追究。二十五日，颁布大赦，安抚他们，命令武官可以按资格入选。有见地的人都知道北魏就要动乱了。当初，燕国的燕郡太守高湖逃奔魏国，他的儿子高谧担任侍御史，获罪被流放到怀朔镇，世代居住在北部边境。高谧的孙子高欢[2]，深沉而有大志，家里贫困，在平城做奴役。有钱人娄氏的女儿看到他，觉得他很不一般，就嫁给了他。高欢因此才有了马匹，得以做镇上的信使。

高欢抵达洛阳，看到张彝被打死，回家后就倾尽财产结交宾客。有人问他原因，高欢说："宫里的卫兵纠结起来，焚烧大臣的府邸，朝廷畏惧他们而不敢过问。政治到了这个地步，事情可想而知，这些财物怎么可能长久拥有呢？"

相关链接
〔1〕胡太后：北魏宣武帝拓跋恪的皇后，孝明帝拓跋诩的母亲，孝明帝即位年幼，她在一些大臣支持下摄政。
〔2〕高欢：公元 496－547 年，小字贺六浑，渤海（今河北景县东）人，其子高洋称帝建立北齐后，追尊他为高祖。

源子雍平叛

北魏北方胡人反叛，源子雍和其子全心全意守护城池，被俘后劝降了曹桑生部，并很快平定了夏州、东夏州两地。

北魏北方的胡人反叛，包围了夏州[1]刺史源子雍[2]，城里的粮食吃完了，就煮马皮吃，大家都全心全意地固守城池。源子雍想亲自出城收集粮食，留下他的儿子源延伯驻守统万城。

将校们都说："现在四方离散叛乱，粮食用尽，援助断绝，不如你们父子一起去。"源子雍流着泪说："我家世代蒙受皇恩，应该拼死守护城池。因为没有粮食，所以想前往东州，为大家筹集几个月的粮食。如果有幸能获得，就一定能保全城池。"于是率领羸弱的士兵去东夏州运粮食，源延伯和将校们流着泪为他送行。

源子雍走了几天，遭到胡人头领曹阿各拔的袭击，被俘虏。源子雍偷偷派人给统万城送信，命令城里的士兵和百姓努力坚守。大家都很担心害怕，源延伯劝导他们说："我父亲吉凶未卜，我心里焦急，方寸大乱。但是奉命守护城池，责任重大，不敢因私害公，希望各位明白我的心意。"大家都被源延伯的忠义感动，全都奋发励志。源子雍虽然被擒，但是胡人经常用百姓对待官长的礼节对待他。他给胡人分析祸福凶吉，劝说曹阿各拔投降。正好曹阿各拔去世，他的弟弟曹桑生竟率领部队追随源子雍投降。

源子雍与行台、北海王元颢见面，详细分析了各路反贼可以消灭的情状，元颢拨给源子雍兵力，让他做先锋。当时，整个东夏州境内都起兵造反，到处都有贼寇聚集，源子雍转战而前，九十天之内，出战几十次，终于平定了东夏州，征收税粟补给统万城。夏州、东夏州因此得以保全。

相关链接

[1] 夏州：在今陕西横山一带。

[2] 源子雍：？—公元528年，字灵和，河南洛阳人，北魏将领，封乐平县开国公，谥庄穆。

411

元叉弄权被杀

元叉凭借自己的权势在朝中肆意妄为，曾勾结刘腾谋害元怿并囚禁胡太后。胡太后和皇帝元诩想办法罢黜了他的官职，后来又把他赐死在家中。

北魏太傅、侍中、清河文献王元怿[1]，仪表堂堂，胡太后逼他和自己私通。元怿一向有才能，辅佐朝政，多有匡正贡献，喜好文学，对士大夫很尊敬，声望很高。

侍中、领军将军元叉在门下省，兼管禁兵，倚仗胡太后的宠幸肆意妄为，奢侈无度，元怿总是以律法限制他，元叉因此怨恨元怿。

卫将军、仪同三司刘腾，权倾朝廷内外。吏部为了奉承刘腾，就上奏请求任命刘腾的弟弟为郡太守，但是刘腾的弟弟才能资历都不够，元怿就压了下来没有上奏，刘腾因此也怨恨他。

龙骧府长史宋维，是宋弁的儿子，元怿推荐他任通直郎。宋维是个轻薄无行的小人，元叉许诺他荣华富贵，让他告发司染都尉韩文殊父子谋反，要立元怿为帝。

元怿被逮捕囚禁，经过审查，没有谋反的行为，得以释放。宋维以诬陷应该被治罪，元叉对太后说："现在杀了宋维，以后真有反叛的人，就没人敢报告了。"于是把宋维贬为昌平郡太守。

元叉担心元怿最终成为自己祸患，就和刘腾密谋，让主食中黄门胡定自首说："元怿贿赂我，让我毒死皇上，许诺如果他做了皇帝，就让我荣华富贵。"北魏孝明帝元诩当时只有十一岁，相信了他的话。

梁普通元年（公元520年），七月初四，胡太后在嘉福殿，没到前殿来。元叉侍奉皇帝到显阳殿，刘腾关闭永巷门，胡太后无法出来。

元怿进宫，在含章殿后面遇到元叉，元叉厉声呵斥，不许元怿入宫。元怿说："你想造反吗？"元叉说："我不造反，我正要抓造反的人！"命令卫士和直斋抓住元怿，送到含章东省，派人看守他。

刘腾假称皇上的命令，召集公卿讨论，列数元怿谋反。大家都害怕元叉，没有人敢反对，只有仆射新泰文贞公游肇反驳，认为元怿不可能谋反，最终没有签名。

元叉、刘腾拿着公卿的意见进宫，很快就得到元诩的同意，在夜里处死了元怿。又伪造胡太后的旨令，称自己患病，要把政权还给元诩，然后把胡太后幽禁在北宫的宣光殿，宫门昼夜关闭，内外隔绝，

刘腾自己拿着钥匙，连元诩都不能探望，只许递送饮食。

胡太后的衣服饮食都不如从前，免不了挨饿受冻，叹息着说："养虎却被虎咬，说的就是我啊。"

元叉派中常侍贾粲侍奉元诩读书，命令他暗中监视元诩的行动。元叉与太师高阳王元雍等人共同辅政，元诩叫元叉姨父。元叉和刘腾内外专权，元叉防备朝廷之外，刘腾监视朝廷之内，两人经常在殿里值勤，一起决定刑赏，政事不论大小，都由他们两人决定，威震朝廷内外，百官都小心谨慎。

梁普通四年（公元523年），刘腾去世，此后胡太后与元诩身边的监视稍稍有些放松。元叉自己也觉得宽慰，经常出宫游玩，流连不返，亲信多次劝说，他也不听，胡太后察知了这一情况。

第二年秋天，胡太后当着元诩的面，斥问群臣，说："现在把我们母子隔绝，不许我们往来，那要我还有什么用？我应该出家，到嵩山闲居寺修行。"说完就要剃下头发，元诩和群臣磕头流泪，苦苦哀求，胡太后神色言语却更加严厉。

梁普通六年（公元525年）二月，元诩住在嘉福殿，住了好几天，与胡太后一起密谋罢黜元叉。元诩隐藏形迹，胡太后也装作忿恨的样子。

元诩就把胡太后想在显阳殿之间往来告诉了元叉，还流着泪对元叉说胡太后想出家为尼，一天里有好几次忧虑害怕。

元叉一点也没怀疑，还劝元诩答应胡太后的要求。于是胡太后屡次驾临显阳殿，两宫之间不再有禁令阻碍。

元叉推荐元法僧任徐州刺史，元法僧叛乱，胡太后几次提起，元叉十分羞愧后悔。

丞相高阳王元雍，虽然官位比元叉高，却非常畏惧元叉。正好胡太后与元诩到洛水游玩，元雍就邀请他们驾临自己的府邸。黄昏时分，元诩与胡太后到元雍的内室，随从都不许进去，一起商定对付元叉的计划。

胡太后对元叉说："元郎如果忠于朝廷，没有反叛之心，为什么不辞去领军的官职，担任其余的官职辅政朝廷呢！"元叉十分害怕，脱下官帽，请求解除领军的官职。朝廷于是任命元叉为骠骑大将军、开府仪同三司、尚书令、侍中、领左右。

元叉虽然被解除了兵权，仍然总管朝廷内外，并不认为自己会被罢黜。胡太后犹豫不决，侍中穆绍劝胡太后迅速除去元叉。

潘嫔受元诩宠爱，宦官张景俊对她说："元叉想害您。"

潘嫔哭着对元诩说："元叉不仅要害我，还想对陛下不利。"

元诩相信了，趁元叉出宫的机会，解除了他的侍中官职。第二天早晨，元叉要入宫，守卫不让他进去。四月十七日，胡太后再次临朝摄政。下诏追削刘腾的官爵，把元叉罢黜为平民。

以前，给事黄门侍郎元顺为人正直，违背了元叉，元叉就把他贬出朝廷，担任齐州刺史，胡太后召他回朝廷，任他为侍中。

有一次，元顺陪胡太后坐着说话，元叉的妻子坐在太后身后，元顺指着她说："陛下为何因为妹妹的缘故，不法办元叉，让天下人不能伸冤解恨？"胡太后没有话说。

有一天，胡太后对侍臣说："刘腾和元叉过去曾经向我请求铁券，希望任何时候都能不被处死，但朕始终都没有给。"

韩子熙说："事关生死，怎么是铁券所能决定的？陛下过去既然没给他们，不明白现在为什么不杀掉他！"胡太后怅然。

过了不久，有人上告："元叉和弟弟元瓜密谋诱降六镇降户，在定州反叛，又招集鲁阳各蛮族部落侵扰伊阙 [2]，准备作内应。"并得到元叉的亲笔书信，胡太后还是不忍心杀他。群臣坚决请求，元诩也这样说，胡太后就顺从了，赐元叉和弟弟元瓜在家中自尽，仍然追赠元叉为骠骑大将军、仪同三司、尚书令。

相关链接

[1] 元怿：公元487－520年，字宣仁，北魏孝文帝第四子，封清河王。
[2] 伊阙：即龙门，位于今洛阳城南十三公里处，因香山、龙门山两山东西对峙，如若天然门阙，而伊水又自南向北经流其间，故称"伊阙"。

> 小皇帝元诩死后，胡太后为了能更长久地控制朝政，立三岁的元钊为帝。尔朱荣兴兵斩除了胡太后，另立元子攸为帝。

北魏胡太后再次听政以来，宠信小人，政务荒废，恩德不施，威信不立，结果国内盗贼四起，朝廷控制的疆域一天比一天小。

梁大通二年（公元528年）二月，北魏孝明帝元诩突然去世，胡太后立皇女为帝；过了几天，又立前临洮王元宝晖的长子元钊[1] 为帝。元钊当时才三岁，胡太后想更长久地掌权，看中他年幼，所以才选中他。

尔朱荣[2] 为北魏车骑将军、仪同三司，以及并、肆、汾、广、恒、云六州讨虏大都督，手握重兵，朝廷也很忌惮他。尔朱荣听说胡太后立了小皇帝，大怒，对元天穆说："皇上驾崩的时候已经十九岁，天下人还称他为小皇帝，况且现在立一个还不会说话的小儿统治天下，想求得长治久安，怎么可能？我准备率领骑兵奔赴国都，哀悼皇帝，翦除奸佞小人，另立一位年长的皇帝，怎么样？"

元天穆说："这是伊尹、霍光于今日重生。"

于是尔朱荣上书朝廷，对元诩暴死的原因表示了怀疑，要求太后让他回到京城，参与国家大事，调查元诩的死因，诛杀朝中奸佞，另选合适的皇室成员继承皇位。

尔朱荣的堂弟尔朱世隆，当时任直阁。胡太后派他去晋阳慰问尔朱荣。尔朱荣想把他留下，尔朱世隆说："朝廷怀疑兄长，才派我来，现在把我留下，就会让朝廷能预先防备，不是好办法。"于是送尔朱世隆回去。

尔朱荣跟元天穆商量，认为彭城武宣王元勰有功，他的儿子长乐王元子攸，一向有很高的声望，想立元子攸为帝。

尔朱荣又派侄子尔朱天光与亲信奚毅、奴仆王相到洛阳，与尔朱世隆秘密商量。尔朱天光与元子攸见面，详细陈述尔朱荣的心意，元子攸答应了。

尔朱天光等人回到晋阳，尔朱荣仍然犹豫不决，于是用铜为皇室的子孙铸造铜像，只有元子攸的铜像铸造成功。于是尔朱荣从晋阳起兵，尔朱世隆逃出京城，在上党与尔朱荣会合。

胡太后得知后，非常恐惧，把王公大臣全召进宫商量。宗室大臣都

很痛恨胡太后，没有人说话。只有徐纥一个人说："尔朱荣这个胡人，敢起兵进犯朝廷，文武禁军绝对可以制服他。只要守住险要关口，以逸待劳，他们远征千里，兵马疲惫，就能打败他们。"

胡太后认为徐纥说的对，任命黄门侍郎李神轨为大都督，率领军队抵挡，副将郑季明、郑先护率领士兵守护河桥，武卫将军费穆屯兵小平津。

尔朱荣的军队抵达河内，尔朱荣派王相秘密进入洛阳城，迎接长乐王元子攸。四月初九，元子攸与他的哥哥彭城王元劭、弟弟霸城公元子正悄悄地从高渚渡过黄河。初十，在河阳与尔朱荣会合，将士们都称他万岁。

十一日，大军渡过黄河，元子攸即位，任元劭为无上王，元子正为始平王，尔朱荣为侍中、都督中外诸军事、大将军、尚书令、领军将军、领左右，封为太原王。

郑先护平时与元子攸交好，听说他已即位，就与郑季明一起打开城门，迎接尔朱荣的军队。李神轨抵达河桥，听说北中已经失守，就立刻逃了回来。费穆抛下军队，先投降了尔朱荣。

胡太后把元诩的后宫嫔妃召集起来，命令她们都出家，自己也削了头发。

尔朱荣召集百官迎接皇帝车驾。十二日，百官捧着皇帝的玉玺、印绶，准备法驾，从河桥迎接孝庄帝元子攸。

十三日，尔朱荣派骑兵抓获了胡太后和小皇帝，把他们送到河阴。胡太后对尔朱荣说了很多恳求的话，尔朱荣拂袖而起，命令把胡太后和小皇帝沉入黄河。

相关链接

[1] 元诩：公元526－528年，北魏第十位皇帝，临洮王元宝晖之子，在胡太后操纵下于公元528年称帝，年仅三岁。

[2] 尔朱荣：公元493－530年，字天宝，北秀容（今山西忻县）契胡人，因先世居于尔朱川，故以地为氏，世为部落酋帅。

尔朱荣的权力非常大，元子攸怕有一天会控制不了他，就和温子升一起谋划，亲手杀害了他，朝廷内外的人知道了都很高兴，欢庆的声音充满了洛阳城。

北魏孝庄帝元子攸与尔朱荣互相猜忌，外界也传言纷纷，有的说尔朱荣要反叛，有的说元子攸要借机诛杀尔朱荣。梁中大通二年（公元530年）九月，尔朱荣入朝，照看女儿尔朱皇后生产，元子攸就想趁这个机会将他杀了。

十八日，元子攸召见中书舍人温子升[1]，跟他说了准备杀尔朱荣的事，又问他东汉王允杀董卓的事情，温子升详细地说给他听。

元子攸说："王允当时如果立即赦免凉州士兵，一定不会到这个地步。"

过了很久，元子攸对温子升说："朕的想法，你都知道。就是死了也一定要做，何况不一定会死。我宁愿像高贵乡公曹髦那样死，也不愿像常道乡公曹奂那样活！"

元子攸认为除掉尔朱荣、元天穆，然后立刻赦免他们党羽，那些人应该都不会反叛。应诏官王道习说："尔朱世隆、司马子如、朱元龙等人很受尔朱荣的信任，十分了解国家的虚实，我认为不应该留下他们。"

元徽和杨侃都说："如果尔朱世隆被杀，尔朱仲远和尔朱天光怎么还会来投降呢？"元子攸认为他们二人说得对。

元徽说："尔朱荣腰间经常佩着刀，逼急了也许会伤人，到时候请陛下躲避一下。"于是让杨侃等十几个人埋伏在明光殿东侧。

这一天，尔朱荣与元天穆一起入朝，坐下来吃饭，没吃完就起身出去了。杨侃等人从东边的台阶上殿的时候，看到尔朱荣、元天穆已经走到中庭，事情没有成功。

二十一日，尔朱荣上朝只呆了一会，就到陈留王家里喝酒，喝醉了，就说生病，好几天都没有上朝。

元子攸的计划大半被泄露，尔朱世隆又告诉了尔朱荣，并劝他赶快逃走。尔朱荣很轻视元子攸，认为他不会有什么作为，说："为什么要这么着急？"

与元子攸一起谋划的人都很害怕，元子攸也很担心。元徽说："以皇后生太子为理由，尔朱荣一定会入朝，趁机杀了他。"

元子攸说："皇后才怀孕九个月，行吗？"

元徽说:"产妇不到日期生产的很多,尔朱荣一定不会怀疑的。"元子攸听从了。

二十五日,元子攸在明光殿东厢埋伏了武士,声称皇太子出生了,派元徽骑马赶到尔朱荣家通知他。尔朱荣正在和上党王元天穆赌博,元徽摘下尔朱荣的帽子,拿在手上扔来扔去,表示庆贺。殿里的文武官员也来催尔朱荣,尔朱荣相信了,就和元天穆一起入宫。

元子攸听说尔朱荣来了,不觉变了脸色,温子升说:"陛下的脸色都变了。"元子攸连忙要酒来喝。

元子攸命令温子升起草赦文[2]。写完以后,温子升拿着出宫,正好遇到尔朱荣从外面进来,尔朱荣问他:"这是什么文书?"温子升神色都没变,说:"赦文。"尔朱荣没有拿过来看一下,就走了进去。

元子攸在东墙下面西而坐,尔朱荣、元天穆在御榻西北面朝南坐。元徽进来,刚拜了一拜,尔朱荣看见光禄少卿鲁安、典御李侃晞等人拿着刀从东门闯了进来,就立刻站起来,快步走到元子攸身边。元子攸事先把刀横在膝下,这时就亲手杀了尔朱荣。鲁安等人上前去乱砍,尔朱荣与元天穆一起被杀。

尔朱荣的儿子尔朱菩提与车骑将军尔朱阳睹等三十名随尔朱荣入宫的人,也都被埋伏的士兵斩杀。元子攸得到尔朱荣的几份奏折,写的都是皇帝身边要除去或者留下的人的名单,不是尔朱荣心腹的人全都要被逐出朝廷。

元子攸说:"这小子如果活过今天,就不能控制了。"于是朝廷内外人人都很高兴,庆贺的声音充满洛阳城。百官入朝庆贺,元子攸登上阊阖门,下诏大赦。

相关链接

〔1〕温子升:公元495-547年,字鹏举,济阴冤句(今山东菏泽一带)人,晋朝将领温峤的后代,北魏著名文学家。

〔2〕赦文:古代帝王赦免他人罪行的文书。

官兵与盗贼鏖战图（西魏） 图中官兵着铠甲，军马披装具，五百强盗着短裙靠衣，一手拿盾牌，一手执刀戟，正相互厮杀。

尔朱荣被杀，其侄尔朱兆反叛，立元晔为帝，攻下洛阳后绞死了元子攸。高欢遂起兵讨伐尔朱兆。

梁中大通二年（公元530年），北魏孝庄帝元子攸诛杀了尔朱荣之后，尔朱荣的侄子、汾州刺史尔朱兆占据晋阳造反，另立长广王元晔为帝。不久，尔朱兆攻下了京城洛阳，将元子攸绞死。

次年二月，尔朱兆的叔父、尚书令尔朱世隆与兄弟商量，认为元晔与皇族嫡系关系较远，又没有什么声望，就打算另立嫡系近亲为帝。于是选中广陵王元恭，让元晔将帝位禅让给他。元恭过去为了避祸，就假装嗓子哑，至此已经有八年没有开口说话了。

六月，北魏大都督、冀州刺史高欢在信都起兵，但还没敢公开宣称反叛尔朱氏。

正好赶上李元忠起兵逼近殷州，高欢命令高乾率领军队前去援救。高乾骑着马进城，与殷州刺史尔朱羽生见面，与他商量计划。尔朱羽生和高乾一起出城，高乾趁机擒获斩杀了他，带着人头去拜见高欢。

高欢拍着胸口说："现在只好造反了！"于是任命李元忠为殷州刺史，镇守广阿。高欢上表，列数尔朱氏的罪状，尔朱世隆偷偷地把奏表藏了起来，没有上奏。

十月，长史孙腾劝高欢说："现与朝廷隔绝，没有号令可以接受，如果不暂且立一位皇帝，大家就会泄气溃散。"

高欢很是迟疑，孙腾多次坚持请求，于是立勃海太守元朗为皇帝，是为安定王。元朗即位，任命高欢为侍中、丞相、都督中外诸军事、大将军、录尚书事、大行台。

高欢准备与尔朱兆交战，但畏惧尔朱兆兵力强盛，就询问亲信都督段韶，段韶说："所谓多，是得到大家效死的决心。所谓强，是得到天下的人心。尔朱氏上谋害天子，中屠杀公卿，下暴虐百姓，大王以顺讨逆，就像用开水浇在雪上，敌人有什么强盛呢？"

高欢说："虽然是这样，我们以少对多，如果没有天命，大概也是没法成功的。"

段韶说："我听说'小能敌大：小的道义，大的淫邪'，'上天没有偏爱，只是辅助有德行的人'，现在尔朱氏外扰乱天下，内失去人心，有智慧的人不为他策划，勇敢的人不为他战斗，已经失去民心，天意怎么会不顺从呢？"

十五日，高欢在广阿打败尔朱兆，俘虏敌军五千多人。

梁中大通四年（公元532年）正月，高欢攻打邺城，在城墙下挖掘地道，用木头柱子支撑。挖好后，点火将柱子烧毁，地道坍塌，城墙陷入地下。当月，攻下了邺城。

闰三月[1]，尔朱氏各路军队聚于邺城下，号称二十万，沿洹水两岸驻扎。高欢命吏部尚书封隆之镇守邺城，自己率军出城，在紫陌驻扎，大都督高敖曹率领家乡部曲三千人跟从。

二十七日，尔朱兆率领三千轻骑夜袭邺城，攻打西门，没有攻下，于是撤退。

二十九日，高欢率领一千多骑兵，二万多步兵出战。人数多少悬殊很大，就在韩陵布成圆阵，把牛驴等牲畜连在一起，阻挡退路，将士都有死战的决心。

尔朱兆看见高欢，远远地斥骂他背叛自己。高欢说："我原本与你齐心协力，是为了共同辅佐皇室，现在皇帝在哪里？"

尔朱兆说："孝庄帝冤枉了天柱大将军，把他杀了，我只是报仇而已。"

高欢说："我过去听说天柱大将军的计划，你就在门口站着，怎么能说不是造反呢？何况君主杀臣子，有什么可报仇的？我今天与你情义断绝。"

于是两军激战，高欢统领中军，高敖曹统领左军，高欢的堂弟高岳统领右军。高欢的军队失利，尔朱兆乘机进攻。高岳率领五百骑兵从正面进攻尔朱兆；别将斛律敦聚集起散落的士兵，从后面进攻尔朱兆；高敖曹率领一千骑兵从栗园出发，从侧面进攻尔朱兆。尔朱兆大败，逃奔晋阳。

这时，大都督斛斯椿等人在洛阳发动兵变，反叛尔朱氏，将尔朱世隆等抓起来，向节闵帝元恭启奏说："高欢的义举已经成功，请陛下诛杀尔朱氏。"然后将尔朱世隆等斩首，把首级送到高欢那里。

节闵帝元恭派中书舍人卢辩到邺城犒劳高欢，高欢让他去见安定王元朗，卢辩严词抗议，不肯听从，高欢勉强不了他，只好算了。

高欢因元朗与皇族嫡系关系较远，想另立新君，就派仆射魏兰根去洛阳慰问,顺便观察元恭的为人,想仍旧奉立元恭。魏兰根回来报告,说元恭神采飞扬,恐怕将来难以驾驭,高欢就将元恭囚禁起来。

当时北魏各封王大多都逃走躲藏起来,尚书左仆射平阳王元修,藏在田舍。高欢想立元修为帝,就派斛斯椿去寻找元修[2]。

斛斯椿拜见元修的亲信,员外散骑侍郎太原人王思政,询问元修的下落,王思政说:"要知道你的用意。"

斛斯椿说:"想立他为天子。"王思政于是告诉了他。

斛斯椿跟随王思政见到了元修,元修神色大变,对王思政说:"难道你出卖了我?"

王思政说:"没有。"

元修说:"你敢保证吗?"

王思政说:"事情变化无常,怎么能保证?"

斛斯椿骑马报告高欢,高欢派四百名骑兵迎接元修到毛毡大帐里,表明自己的诚意,说着就流下泪水,打湿了衣襟。元修声称自己德行不够,几次谦让推辞,高欢拜了两拜,元修也拜了两拜。高欢出来准备衣服物品,让元修沐浴更衣,彻夜警戒。

第二天早晨,文武百官拿着马鞭朝拜元修。高欢让斛斯椿进去奉上劝进表,斛斯椿进了帐门,弯腰行礼,不敢走到元修面前。元修让王思政接过劝进表查看,说:"不得不即位了。"于是为元朗作诏书,禅位给元修。

二十五日,元修在洛阳东郊即位,是为孝武帝。沿用鲜卑以前的制度,用黑毡蒙在七个人身上,高欢就是其中一个。元修在毡上向西祭拜上天,然后进入太极殿,群臣朝拜庆贺。元修登上阊阖门,大赦,改年号为太昌。任命高欢为大丞相、天柱大将军、太师、世袭定州刺史。

七月,高欢率领军队进攻尔朱兆。尔朱兆大肆掠夺晋阳,然后向北逃奔秀容。尔朱兆抵达秀容,分配兵力把守险要关口,到处抢掠。高欢声称讨伐尔朱兆,军队已经出发,又停了下来,反复多次,尔朱兆戒备逐渐松懈。

高欢猜测尔朱兆年初应当设宴,就派遣都督窦泰率领精锐骑兵迅速进军,一天一夜走了三百里,高欢自己率领大军跟在后面。

次年正月,窦泰率军突然冲进尔朱兆军营前庭,军队里的人因为宴

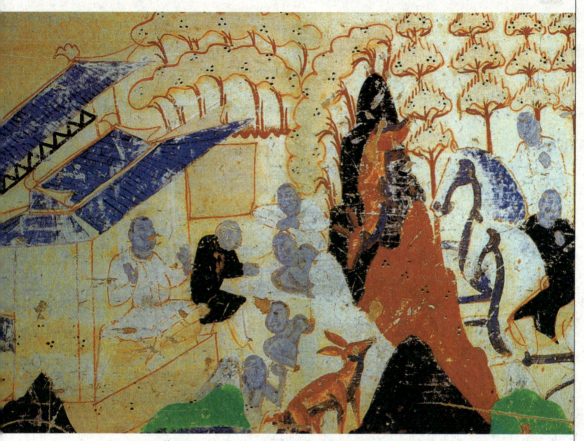

○ 品画鉴宝　押解受审（北周）　本图设色艳丽，通过传神的笔触，表现出不同处境中人们的不同心态。

饮而放松警戒，这时忽然看见窦泰的军队，惊慌失措，撤退逃走，在赤　
䃅岭被追上，大败，士兵全都投降或者逃散了。

　　尔朱兆逃到荒山里，命令侍从西河人张亮与奴仆陈山提砍下自己的　
脑袋投降，张亮与陈山提都不忍心。尔朱兆于是杀了自己的白马，在树　
上上吊而死。高欢亲自到尔朱兆自杀的地方，厚葬了他。

相关链接
〔1〕闰三月：公元532年是闰年，其中闰月是三月。农历年有闰月，为了协调与　
　　回归年之间的矛盾，有"十九年七闰"的说法。
〔2〕元修：公元532－534年，字孝则，广平武穆王元怀第三子，南北朝时北魏　
　　最后一位皇帝，公元532年即位，谥孝武帝。

北魏分裂东西

元修忌惮高欢，想讨伐他，高欢率兵而出，元修逃往长安，依靠宇文泰，建立西魏；高欢到达洛阳，拥立元善见为帝，迁都邺城，建立东魏。

北魏丞相高欢当初起兵讨伐尔朱氏，拥立孝武帝元修，功高权大，手握重兵，元修非常忌惮他。梁中大通六年（公元534年）五月，元修想讨伐在晋阳的高欢，就下诏让军队戒严，假称自己将亲自率军讨伐南梁。元修征发河南各州的军队，在洛阳举行了盛大的阅兵典礼。

六月，元修给高欢送去密诏，说自己觉察到国内宇文黑獭（即宇文泰）、贺拔胜有反叛的企图，所以假称南征，想发兵征讨他们，希望高欢派兵支援，想以此试探高欢。

高欢回奏说，已经暗中派遣部下率领大军出发。元修知道高欢已经觉察自己的图谋，就拿出高欢的表奏，让群臣商议，想办法阻止高欢出兵。

高欢也聚集部下商议，又上表说："我受到陛下身边的奸臣离间，陛下因此对我产生怀疑。我如果敢辜负陛下，就让我身受天谴，断子绝孙。陛下若相信我一片赤诚，使我不必动用军队，就请考虑废黜身边的几个奸臣。"这样书面往来了几次，没有什么结果。

中军将军王思政对元修说："高欢的居心非常明显，谁都能看出来。洛阳不是打仗的地方，宇文泰是向着皇室的，现在迁到他那里，以后再光复旧都，何必担心不成功？"

元修也这样认为，就派散骑侍郎柳庆到高平会见宇文泰，一起讨论当下的情形。宇文泰请求去迎接元修，柳庆回京报告，元修私下里问柳庆说："我想到荆州去，怎么样？"

柳庆说："关中地形有利，宇文泰的才能谋略值得依靠。荆州不是要害之地，南面接近强敌梁，我认为不能去。"

元修又询问阁内都督宇文显和，宇文显和也劝元修驾临西边。

当时，元修从各州郡召集兵马，东郡太守裴侠率领部属到达洛阳，王思政问他说："现在掌握大权的官员擅作主张，皇室日益衰微，怎么办？"

裴侠说："宇文泰被三军推崇，占据了以二万人就可以抵挡百万人的险要地势。这正是所谓的自己拿着戈矛，怎么愿意把手柄交给别人？虽然想去投靠他，恐怕是躲开沸水，又进了火坑。"

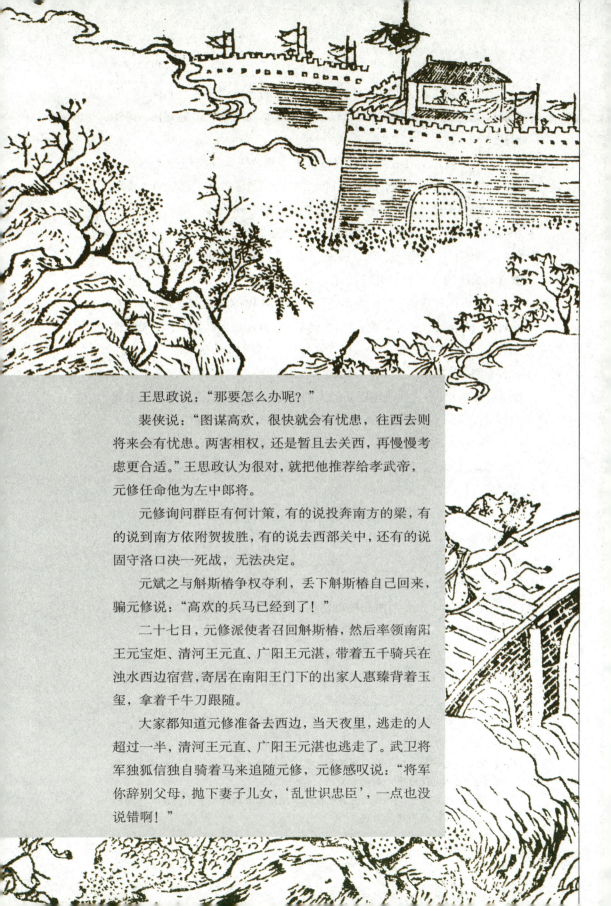

王思政说："那要怎么办呢？"

裴侠说："图谋高欢，很快就会有忧患，往西去则将来会有忧患。两害相权，还是暂且去关西，再慢慢考虑更合适。"王思政认为很对，就把他推荐给孝武帝，元修任命他为左中郎将。

元修询问群臣有何计策，有的说投奔南方的梁，有的说到南方依附贺拔胜，有的说去西部关中，还有的说固守洛口决一死战，无法决定。

元斌之与斛斯椿争权夺利，丢下斛斯椿自己回来，骗元修说："高欢的兵马已经到了！"

二十七日，元修派使者召回斛斯椿，然后率领南阳王元宝炬、清河王元直、广阳王元湛，带着五千骑兵在浊水西边宿营，寄居在南阳王门下的出家人惠臻背着玉玺，拿着千牛刀跟随。

大家都知道元修准备去西边，当天夜里，逃走的人超过一半，清河王元直、广阳王元湛也逃走了。武卫将军独孤信独自骑着马来追随元修，元修感叹说："将军你辞别父母，抛下妻子儿女，'乱世识忠臣'，一点也没说错啊！"

二十八日，元修向西逃奔长安，李贤在崤县境内遇上了元修。二十九日，高欢进入洛阳，住在永宁寺，派遣领军娄昭等人追赶元修，请他东还。

长孙子彦没有守住陕城，弃城逃走。高敖曹率领精锐骑兵追赶元修，一直追到陕城以西，没有追到。元修骑马走了很久，粮食和水都用完了。两三天里，跟随元修的官员只能喝山涧里的水。

到了湖城，王思村里的村民献给元修麦饭和一壶水，元修很高兴，免除了全村十年的徭役。到了稠桑，潼关大都督毛鸿宾迎接元修，送上酒食，跟随的官员才解决了饥渴。

宇文泰派遣赵贵、梁御率领两千名穿戴铠甲的骑兵迎接元修，元修沿着黄河向西前行，对梁御说："河水向东流，朕却西上。如果有一天能重见洛阳，亲自祭祀宗庙，都是你们的功劳。"说完与左右侍从都流下泪水。

宇文泰准备好仪仗队与卫士迎接元修，在东阳驿拜见。宇文泰脱下帽子，流着泪说："我没能阻止敌人的侵犯，使得皇上流离迁徙，是我的罪过。"

元修说："你的忠心节义，远近闻名。是朕没有德行，让贼寇横行，今天与你见面，实在是太惭愧了。现在就把国家的重任托付给你，你一定要努力！"将士们都高呼万岁。

元修进入长安，任命宇文泰为大将军、雍州刺史兼尚书令，军政国事都由他决定。这个政权，史称"西魏"[1]。

高欢见追不回元修，就立元善见为皇帝，是为孝静帝，当时才十一岁。这个政权，史称"东魏"[2]。

丞相高欢认为洛阳西面接近西魏、南面靠近梁朝，就提议迁都邺城，文书颁下三天，就开始迁都。

二十七日，元善见从洛阳出发，四十万户人家被迫一起上路。征发文武百官的马匹，尚书丞、郎以上，不是陪同的人，都命令他们骑驴。十一月十二日，元善见抵达新的都城邺城。

相关链接

[1] 西魏：公元535－557年，由鲜卑人宇文泰控制北魏后代元宝炬所建立，都长安，实际大权为宇文泰所掌握。

[2] 东魏：公元534－550年，由高欢控制北魏孝文帝后代元善见所建立，都邺城，实际大权为高欢所掌握。

宇文泰向苏绰询问政事，彻夜不眠，很佩服他的才能，对他加以重用。

西魏丞相宇文泰任用武功人苏绰[1]为行台郎中。过了一年多，宇文泰对苏绰并不了解，但是行台官署里的人都称他有才能，遇上疑难问题都请他帮助解决。

宇文泰与仆射周惠达[2]讨论一件事，周惠达回答不出来，就请求出去和别人商量。

周惠达出去后告诉了苏绰，苏绰帮周惠达分析解决，周惠达再进去按照苏绰说的回答。

宇文泰十分赞赏，问他说："谁和你一起讨论的？"周惠达说是苏绰，并称赞苏绰有辅佐君王的才能，宇文泰于是提升苏绰为著作郎。

宇文泰与公卿一起去昆明池参观打鱼，走到汉代传下来的仓池，回过头询问身边的人，没有一个人知道。宇文泰叫苏绰来问他，苏绰回答得又详细又生动。

宇文泰很高兴，又问天地造化的开始，历代的兴亡，苏绰对答如流。宇文泰与苏绰骑着马并排前行，到了昆明池，竟然没等撒网就回去了。

宇文泰把苏绰留下过夜，询问他为政的事。开始时，宇文泰躺着听；后来苏绰指出治理国家的要点关键时，宇文泰起身，整理好衣服端坐着听，不知不觉膝头已经往前移动。苏绰从晚上讲到第二天清晨，宇文泰还没有厌倦。

第二天上朝，宇文泰对周惠达说："苏绰真是个奇才，我要让他管理政事。"随即任苏绰为大行台左丞，让他参与管理机要大事，苏绰从此越来越受宇文泰的宠信。

苏绰开始制订处理文书的程序，比如用红笔批出，用黑笔签收，以及记账、管理户籍的办法，后来的人大多遵循沿用。

相关链接

[1] 苏绰：公元498－546年，字令绰，京兆武功（今陕西武功西）人，北朝西魏大臣，博学多闻，有《佛性论》、《七经论》等著作。

[2] 周惠达：？－公元544年，字怀文，文安（今属陕西）人，南北朝时北周、西魏大臣。

高澄弄权跋扈

高澄弄权朝野，飞扬跋扈，把元善见当成傀儡，派人监视他的行动。元善见和荀济密谋杀害他，事情败露，元善见被幽禁，荀济被烹杀。

东魏孝静帝元善见仪容俊美，膂力过人，能够夹着石狮子跃过宫墙，射箭百发百中。他还喜好文学，举止从容优雅，当时的人都认为他有孝文帝拓跋宏的遗风。大将军高澄 [1] 对此非常忌惮。

高澄执掌政权以后，高傲怠慢，让中书黄门郎崔季舒观察皇帝的动静，元善见大小事情都要让崔季舒知道。高澄给崔季舒写信，说："傻子比以前怎么样了，痴呆的程度好些没有？你应该用心检查。"

元善见曾经在邺城城东打猎，骑马追逐野兽，速度飞快，监卫都督乌那罗受工伐从后面大声呼喊，说："皇上不要纵马飞奔，大将军要责怪的！"

高澄曾经陪元善见喝酒，他举起大酒杯对元善见说："臣高澄劝陛下酒。"

元善见十分愤怒，说："自古没有不灭亡的国家，朕要这一生有什么用？"

高澄生气地说："朕？朕？狗脚朕！"让崔季舒打了元善见三拳，甩下衣襟出门。第二天，高澄让崔季舒进宫慰问元善见，元善见也道歉，赏赐一百匹绢。

元善见不堪侮辱，吟诵谢灵运 [2] 的诗说："韩亡子房奋，秦帝鲁连耻。本自江海人，忠义动君子。"常侍、侍讲荀济明白元善见的心意，就和祠部郎中元瑾、长秋卿刘思逸、华山王元大器、淮南王元宣洪、济北王元徽等人一起密谋诛杀高澄。

元善见假装下令问荀济说："您打算什么时候开讲？"于是假称要在宫里修一座土山，挖掘地道通向城北。地道挖到千秋门的时候，守门的卫士察觉地下有响声，就报告了高澄。

高澄带着士兵进宫，进见元善见，没有叩拜就坐了下来，说："陛下为什么要谋反？我们父子有保护国家的功劳，哪里对不起陛下？这一定是您身边的侍卫和嫔妃这些人干的。"

高澄准备杀掉胡夫人与李嫔。元善见神色严肃地说："自古以来，只

听说臣子反叛国君，没听过君王反叛臣子的。你自己想造反，何必责备我？我杀了你，江山社稷就能安定；不杀你，很快就会灭亡。我怜惜自己尚且顾不过来，何况这些嫔妃？你如果一定想弑君反叛，早晚都在你自己！"

高澄于是下床叩头，痛哭谢罪。于是畅饮，深夜才出宫。过了三天，高澄把元善见幽禁在含章堂，在街市上烹杀了荀济。

相关链接

〔1〕高澄：公元520－549年，字子惠，高欢长子，东魏权臣。

〔2〕谢灵运：公元385－433年，乳名客儿，世称谢客，陈郡阳夏（今河南太康）人，谢玄之孙，曾袭封康乐公，南朝刘宋时诗人，作品多写山水，明代张溥辑有《谢康公集》两卷。

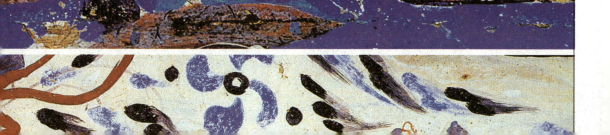

高洋继承家业

高洋聪明果断，但外表显得愚笨，为高澄等人所看不起，唯独高欢器重他。高澄死后，他主持高家基业，才能让文武百官非常吃惊。

当年，东魏丞相高欢的几个儿子中，高洋[1]聪明果断，但看上去显得很笨拙，兄弟与其他人都经常笑话他，看不起他，只有高欢认为他不一般，对长史薛琡说："这个孩子的见识谋略都比我强。"

小的时候，高欢曾经想看看几个儿子的聪明才能，让他们各自整理一团乱丝，只有高洋一个人抽出刀砍断了乱丝，说："乱的一定要砍断！"

高欢又给他们配备了士兵，让他们四下出击，让都督彭乐率领穿着铠甲的骑兵假装进攻他们。兄长高澄等人都很害怕，连忙求饶，只有高洋布置兵力与彭乐对抗。彭乐脱去铠甲说出实情，高洋还是把他抓起来，献给高欢。

高欢死后，长子高澄继承家业，担任大将军，封勃海文襄王。由于他的弟弟太原公高洋年龄仅次于自己，心里很记恨他。高洋十分小心谨慎，很少开口说话，经常贬低自己，与高澄说话，总是顺从他的意思。

高澄很看不起高洋，经常对别人说："这个人也能得到富贵，相书[2]怎么解释呢？"

高洋为他的夫人李氏买衣服、小玩意，高澄看见了就要自己拿去。高洋的夫人有时候很生气，不愿给他，高洋笑着说："这些东西还能再弄到，兄长需要，怎么能吝啬呢？"高澄有时候也有些羞愧，于是作罢，高洋就拿回来，也不谦让。

每次退朝回家，高洋就关起楼阁静坐，就是对自己的妻子，也整天不开口说话。有时候还光着脚跑跑跳跳，夫人问他原因，高洋说："为你戏耍一下。"其实是要锻炼身体。

高澄擒获徐州刺史兰钦的儿子兰京，让他做负责膳食的奴仆。兰钦请求把兰京赎出去，高澄不答应。兰京自己也多次请求，高澄就棒打他，说："再说就杀了你！"兰京与他的党羽，一共六个人，谋划作乱。

高澄在邺城，住在北城东侧的柏堂，宠幸琅邪公主，为了使往来方便没有干扰，经常把侍卫派到外面。

梁太清三年（公元549年），闰八月初八，高澄与散骑常侍陈元康、吏部尚书侍中杨愔、黄门侍郎崔季舒，喝退左右侍从，一起密谋逼东魏皇帝禅让给高澄，议定百官的名单。

兰京送食物进来，高澄叫他退下，对他们说："昨天夜里梦见这个奴才用刀砍我，应该赶快把他杀了。"

兰京听到了，把刀子放在盘子下面，假装说要送食物进来，高澄生气地说："我没要食物，为什么突然进来？"

兰京挥着刀说："来杀你！"高澄闪躲，自己扭伤了脚，钻到床底下，兰京把床掀开，杀了他。

杨愔狼狈逃走，掉了一只鞋；崔季舒藏到厕所里；陈元康用身体掩护高澄，和兰京争夺刀子的时候被砍伤，肠子都流了出来；库直王纯迎着刀抵抗；纥奚舍乐在搏斗中被杀死。当时事情发生得很突然，朝廷内外都非常惊恐。

高洋在城东的双堂，听说后，神色从容，立即布置军队去讨伐叛贼，杀了他们，把尸体切成碎块。然后慢慢地走出来，说："奴才造反，大将军受伤了，并不严重。"朝廷内外都很惊讶。高洋隐瞒了高澄的死讯，秘不发丧。

陈元康写信给母亲诀别，又口授功曹参军祖珽很多事情，让他一一写下来，到夜里就死了。高洋把陈元康收殓在府邸里，假称派他出使外地，还假装任命他为中书令。又任命王纮为领左右都督。

东魏孝静帝元善见私下里对身边的人说："现在大将军死了，好像是天意，权威应当重新归还皇室！"

功臣权贵们考虑到大部队都在并州，劝高洋尽快赶到晋阳，高洋接受了这一意见。高洋留下太尉高岳、太保高隆之、开府仪同三司司马子如、侍中杨愔镇守邺城，其余的功臣亲王都跟随在身边。

十一日，高洋到昭阳殿晋见元善见，随从有八千名穿着铠甲的卫兵，登上台阶的有二百多人，都卷起袖子按着刀柄，好像面对强敌一般。

高洋叫主持朝会的官员传奏说："我有家事，必须赶到晋阳。"拜了两拜就出宫了。

元善见大惊失色，看着高洋离开，说："这个人看起来又是不能相容，我不知道哪天会死？"

晋阳原来的官员将领平时都很轻视高洋，等到高洋抵达晋阳，大会文武百官，神采飞扬，英姿勃发，言辞敏锐恰当，大家都很惊讶。高澄政令中有不合适的，高洋一一作了更改。

相关链接

〔1〕高洋：公元529－559年，字子进，高欢次子，公元550年称帝，建立北齐。公元550－577年，定都邺城，谥文宣帝。

〔2〕相书：供相面使用的书籍。相面：一种通过观察面部五官等人体部位来推测人的吉凶祸福、前途命运等的行为。

○ 品画鉴宝

阿弥陀佛说法石造像（北魏）

王僧辩守巴陵

侯景之乱时，王僧辩据守巴陵，侯景久攻不下，等到任约被打败后，侯景烧营而逃。

梁大宝二年（公元551年）四月，湘东王萧绎任命王僧辩[1]为大都督，率领巴州刺史淳于量、定州刺史杜龛、宜州刺史王琳、郴州刺史裴之横东进，攻打侯景，自徐文盛以下将领都由王僧辩指挥安排。

初五，王僧辩等人率领军队抵达巴陵，听说郢州已经被攻陷，就留在巴陵驻守。萧绎给王僧辩写信，说："敌军乘胜，一定会西下。我们不用远道攻击，只需驻守巴陵，以逸待劳，不必担心打不败敌人。"

萧绎又对身边的将佐们说："敌军如果水陆并进，直接进攻江陵，这是上策；占据夏首，修养士兵，储蓄粮草，这是中策；倾尽全力进攻巴陵，这是下策。巴陵城池虽小，但很坚固，王僧辩完全可以守住。侯景进攻无法攻克，野外也没有什么东西可以抢掠，酷暑瘟疫[2]不时发生，粮草用尽，士兵疲惫，打败他们是一定的！"于是命令罗州刺史徐嗣徽从岳阳出发，武州刺史杜崱从武陵出发，率领军队与王僧辩会合。侯景派丁和率领士兵五千人据守夏首，宋子仙率领士兵一万人为先锋部队，进军巴陵。另外派任约直指江陵，自己率领大军水陆并进。自此，萧绎手下沿着长江戍守的士兵，望风归降。侯景把巡逻的范围扩大到隐矶。王僧辩据城固守，下令把军旗藏起来，也不许敲响战鼓，安静得好像没有人一般。

十九日，侯景的军队渡过长江，派骑兵到城下问："城里是谁？"

回答说："王领军。"

问："为什么不早投降？"

王僧辩说："大军尽管进军荆州，这座城自然不是障碍。"骑兵离去。没过多久，侯景派人押着王珣等人

433

到城下，让他劝说弟弟王琳投降。王琳说："哥哥接受命令讨伐叛贼，不能以死解救危难，难道不内疚吗？反而想诱我投降？"拿过弓箭射他，王珣惭愧地退了回去。

侯景让士兵分成上百列，肉搏攻城，城里的战鼓和呐喊声震天动地，箭矢飞石像雨点一样落下。侯景手下的士兵死了很多，于是撤退。

王僧辩又派骑兵出去交战，如此十几次，全都得胜。

侯景穿着铠甲在城下督战，王僧辩佩带印绶、坐着轿子，奏着鼓乐，巡视城池。侯景望见，十分佩服他的胆识勇敢。

五月，萧绎派武猛将军胡僧祐率军援救巴陵，到达湘浦时，侯景派任约率领精兵五千阻击他。胡僧祐避开任约，由别的道路前进，任约以为他怕自己，赶紧率军追赶。胡僧祐把军队带到赤沙亭，正好信州刺史陆法和也率军赶来，两下合兵一处。六月初，胡僧祐、陆法和将随后追到的任约军队打得大败，还捉住了任约，送到萧绎所在的江陵。

○ 品画鉴宝　剃度出家（西魏）

侯景包围巴陵城以来，日夜不停地攻打，一直攻不下来。此时军队粮食吃完，又染上了传染病，士兵死伤了一大半，听说任约被打败，就烧掉营帐，连夜逃跑了。

相关链接

〔1〕王僧辩：？—公元555年，字君才，太原祁（今山西祁县）人，南朝梁著名将领。

〔2〕瘟疫：由强性致病微生物所引起的传染病。古代医学水平相对落后，每当瘟疫发生时都会死很多人。

○ 品画鉴宝

青釉瓷罐（北朝）此罐直口，圆腹，平底微凹，刻画纹饰如儿童画一般，表现出一种天真烂漫的情趣。

435

平定侯景之乱后，萧绎于江陵称帝。公元554年，西魏攻梁，很快进入了江陵城，萧绎被杀。

承圣元年（公元552年），湘东王萧绎[1]，平定了侯景之乱，公卿大臣和各地方首领多次劝他登基称帝。十一月十二日，萧绎在江陵即皇帝位，是为梁元帝。萧绎见建康残破，就以江陵为京城。

梁承圣三年（公元554年），西魏命柱国常山公于谨、中山公宇文护、大将军杨忠率军五万，入侵梁朝。十月初九，大军从长安出发。

西魏荆州刺史长孙俭询问于谨，说："假如我们为萧绎策划，会怎么做呢？"于谨说："在汉江、沔水屯兵，携带全部人力物力渡过长江，直接据守丹杨，这是上策。把江陵外城的百姓迁徙到内城，加高城墙，等候援军，这是中策。如果迁徙困难，据守外城，这是下策。"长孙俭问："您估计萧绎会使用哪种计策？"于谨说："下策。"

长孙俭问其原因，于谨说："萧氏据守江南自保，已经绵延了几十年。恰好中原多有变乱，没有向外扩张，又因为我们东边有齐的忧患，一定以为我们分不出兵力。而且萧绎为人懦弱，没有谋略，多疑却不能决断，百姓很难与他一样考虑，都眷恋故乡家庭，所以知道他一定会用下策。"

萧绎情报失误，行动迟疑，等西魏大军到达，真的像于谨说的那样防守外城。萧绎向四方征兵求援，援兵还没赶到，西魏军队就从四面八方一起攻城，很快就攻下了江陵城。

萧绎躲进东阁竹殿，命令舍人高善宝焚烧古今图书十四万卷。自己正准备跳进火里自杀，左右侍从一起阻拦他。萧绎又用宝剑砍在柱子上，宝剑折断。

谢答仁、朱买臣进谏说："城里部队还很强大，如果乘夜突围，贼兵一定惊慌，借此可以接近敌人，渡过长江去投靠任约。"

萧绎平时不善骑马，主张投降。谢答仁要为萧绎护驾，并请求防守子城，萧绎听信王褒之言，都拒绝了。谢答仁的请求没有得到批准，气得吐血走了。

于谨要求让太子作人质，萧绎让王褒送太子去。于谨的儿子因为王褒的书法很好，就给他纸和笔写字，王褒于是写下"柱国常山公家奴王褒"。

436

过了一会，黄门郎裴政冲出门去投降，萧绎扔掉羽毛饰物，骑着白马，穿着素衣逃出东门，抽出佩剑敲击着门扇[2]说："萧世诚就到了这个地步？"

西魏士兵跳过沟堑，拉住他的马辔头，拉到白马寺北边，夺下他骑的骏马，给了他一匹又老又瘦弱的马，派一个身高体壮的胡人扼着他的背押走。遇到于谨，胡人拉着萧绎，让他跪拜。投降西魏的梁王萧詧让铁甲骑兵拥着萧绎进了军营，囚禁在黑幔里，被萧詧狠狠地责骂羞辱。

于谨命令长孙俭进入金城据守。萧绎骗长孙俭说："城里埋了一千斤黄金，想送给你。"长孙俭就把萧绎带进城里。

萧绎趁机向长孙俭报告萧詧对他的侮辱，对长孙俭说："刚才骗了你，只是想告诉你这些而已，哪有天子自己埋金子的？"长孙俭于是把萧绎留在主衣库。

萧绎生性残忍，而且有鉴于武帝萧衍宽容放纵之弊病，所以为政讲求严苛。西魏军队围城时，监狱里的死囚还有几千人，有关部门请求将他们放出来充当士兵，萧绎不准，让把他们全部用棍棒打死。结果命令还没来得及执行，京城就已经被攻破了。

萧绎天生喜爱看书，常常让身边的人为他朗读，不分昼夜，就算睡着了也不让停。读的人若有差错，或有意欺骗，萧绎总是会立刻醒过来。

萧绎写文章，提起笔来，即刻完成。常常说："比起文士来，我犹有过之；但在武将面前，却有些惭愧。"评论他的人认为他说得很对。

有人问萧绎："为什么把书都烧了？"

萧绎说："我读书万卷，仍旧落得今日的下场，所以都烧了。"

十二月初八，西魏人将萧绎处死。萧詧派尚书傅准监刑，让人用装满土的袋子把萧绎活活压死。

相关链接

[1] 萧绎：公元508－554年，字世诚，小名七符，南兰陵（今江苏武进）人，梁武帝萧衍第七子，谥元帝，善书画，好文学，有《圣僧像》、《宣尼像》等画作，另有《周易》讲疏、《老子》讲疏等多卷。

[2] 门扇：即门板，因门板有轴，可来回转动，故名。亦称门扉、扉等。

陈霸先袭杀王僧辩

王僧辩迎立萧渊明为帝，陈霸先认为他对内扰乱拥立君主次序，对外投靠依附胡人，就趁王僧辩说北齐有兵来犯的机会袭杀了他。

王僧辩和陈霸先[1]一起消灭了侯景，两人的感情很好。王僧辩为儿子王頠迎娶陈霸先的女儿，正逢上王僧辩的母亲去世，没能成婚。王僧辩居住在石头城，陈霸先在京口[2]，王僧辩对他十分信任，王頠的哥哥王颛屡次劝说提醒他，王僧辩都不听。

梁绍泰元年（公元555年），王僧辩受北齐胁迫，迎立投降北齐的贞阳侯萧渊明为帝。陈霸先派使者苦苦劝阻，往返了好几趟，王僧辩不听。陈霸先私下感叹，对他的亲信说："武帝的子孙很多，只有孝元帝萧绎能为祖宗报仇雪耻。他的儿子有什么罪过，突然就废了他？我和王公僧辩一起接受先帝托孤，然而王僧辩突然改变了主意，对外依附戎狄，不按次序立天子，他到底想干什么呢？"于是秘密地准备几千件战袍和丝帛金银等，用来作为赏赐。八月，有报告说，北齐大军已经抵达寿春，准备进犯。王僧辩派记室江旰通知陈霸先，让他布置防备。陈霸先于是把江旰扣留在京口，举兵进攻王僧辩。九月二十五日，陈霸先召集部将侯安都等人密谋，定下计策。当天夜里，率领各军出发。知道此行目的的人，只有侯安都等四位将领，其他人都以为江旰来征调兵马抵御北齐，所以对军队出发丝毫不感到奇怪。二十七日，侯安都指挥战船准备进军石头，陈霸先拉住马不向前走。侯安都大为惊恐，追上陈霸先骂他说："现在造反，已成定局，生死必须作个决断，你留在后面还想什么？如果失败，我们都得死，留在后面就能免遭砍头吗？"陈霸先说："侯安都责怪我！"于是进发。

侯安都到了石头城北，放弃舟船上岸。石头城北连接着山丘高陵，不算太险峻。侯安都穿着铠甲，拿着长刀，让士兵把他抬起来扔到城墙里，部众跟随着涌进去，一直闯进王僧辩的卧室。这时，陈霸先的部队也从南门攻了进来。王僧辩正在处理公事，外面报告说有士兵。过了一会，里面也有士兵出来，王僧辩急忙逃走，遇到他的儿子王頠，一起跑出去，带领左右侍卫几十人在议事厅前苦战，抵挡不住，逃到南门楼上，跪拜请求哀怜。陈霸先想放火烧掉南门楼，王僧辩和王頠只好下楼做俘虏。陈霸先说："我有什么过失，你想和北齐军队讨伐我？"又问："你

为什么一点也不布置防备？"王僧辩争辩说："派你驻守北门，怎么说没防备？"当天夜里，陈霸先吊死了王僧辩父子。但后来始终没有发现齐军，可见起兵之事也并不全是陈霸先的诡计。

二十八日，陈霸先写了檄文，布告中外，列数王僧辩的罪状，还说："我要讨伐的只是王僧辩父子兄弟，其余的亲戚党羽，全都不加追问。"二十九日，萧渊明退位，出宫返回自己的府邸。百官上表晋安王萧方智，劝他即位。十月初二，萧方智即皇帝位，是为梁敬帝。

相关链接

〔1〕陈霸先：公元503—559年，字兴国，吴兴下若里（今浙江长兴）人，于公元557年禅梁称帝，建立陈朝（公元557—589年），谥武帝，庙号高祖。

〔2〕京口：原属江苏丹阳郡丹徒县，为古代长江下游军事重镇。

陈纪 公元 557 – 589 年

陈是南朝的第四个王朝，在公元557年，陈霸先废黜梁敬帝后称帝，建立陈，被称为陈武帝。南方经过了多年的战乱摧残，经济已经遭到了严重的破坏。在此基础上建立起来的国家，其根基是极不稳固的。

陈武帝与后来的陈文帝、陈宣帝消灭了王僧辩、王僧智等反动势力，又在建康附近打败了北齐军。太建五年（公元573年），陈征讨四方，不仅恢复了淮南故土，也恢复了淮北的部分州县，在一定程度上巩固了陈的统治。

陈朝的疆域在太建时达到最广阔的程度。但毕竟国力衰微，虽如此也不能使陈的统治更为长久。

陈在中国历史上有一个特殊之处，即朝代名与皇帝之姓重合。陈宣帝死后，其子陈叔宝即位，此时北方已被隋朝统一，全国的统一也指日可待。公元589年，隋文帝杨坚灭陈，结束了中国长达近三百年的分裂局面。

大事年表

- 公元 557 年／陈霸先称帝，建立陈朝，梁亡。
- 公元 558 年／陈武帝至大庄严寺舍身。
- 公元 559 年／陈武帝卒，文帝即位。
- 公元 560 年／陈出兵与北周、后梁争巴、湘。高演废主自立，是为孝昭帝。
- 公元 565 年／齐武成帝禅位于太子纬（后主），自称太上皇帝。
- 公元 572 年／北周武帝杀宇文护亲政。
- 公元 573 年／陈吴明彻攻齐，收复淮南。
- 公元 574 年／北周武帝禁佛、道二教。
- 公元 577 年／北周灭北齐，统一北方。
- 公元 579 年／周宣帝传位于太子阐，是为静帝。
- 公元 581 年／杨坚代周称帝，国号隋，是为隋文帝。改革中央官制，建立三省
  六部制。
- 公元 582 年／陈宣帝卒，太子叔宝即位（陈后主）。
- 公元 584 年／隋开广通渠。

高洋当了皇帝后，整日酗酒成性，荒废朝政，他的弟弟高演非常忧虑，屡次直言进谏，高洋很不高兴，常常因此责罚他。

北齐常山王高演[1]因为文宣帝高洋整天酗酒，十分忧虑怨愤，在神色上有所表现。高洋发觉了，说："只要有你在，我为什么不纵情取乐？"高演只能流泪哭泣，伏在地上跪拜，竟然说不出话来。

高洋也很悲伤，把酒杯扣在地上说："你似乎是嫌我酗酒，从今以后，有敢向我进献酒的，就把他斩首！"于是把自己用的酒杯全都砸碎。但没过多久，高洋酗酒更厉害了。

高洋有时候在皇亲贵戚们家里摔跤格斗，玩起来不分贵贱，但是高演一到，就立刻安静下来。

高演秘密地撰写条陈，准备进谏，他的朋友常山王王晞认为不行。高演不听，趁机进谏，说得非常彻底，惹得高洋大发雷霆。

高演性情严肃，他手下的尚书郎中处理事情有过失，动不动就鞭笞棒打，令史们如果作奸犯科，就拷打质问。

高洋于是站在高演面前，用刀上的环抵着他的肋骨，召来高演惩罚过的人，用刀刃指着他们，问他们高演的过失，都没有说出什么，于是释放了高演。

高洋怀疑高演是按照王晞的意思进谏的，想杀了王晞。高演私下里对王晞说："王博士，明天要做一件事，为了让你活命，保全自己，希望您体谅，不要责怪我。"于是当着众人打了王晞二十杖。

高洋刚好发怒，听说王晞被杖打，因此没有杀他，剃了他的头发，鞭笞一顿，发配到兵器坊[2]。

过了三年，高演又因为诤谏被鞭笞。高演绝食，太后日夜哭泣，高洋不知道该怎么办，说："如果这小子死了，那拿我老母亲怎么办呢？"

于是几次去问候高演，对他说："如果努力吃饭，我就把王晞放出来还给你。"

高洋释放了王晞，让他去看望高演。高演抱着王晞说："我觉得气息虚弱，恐怕不能再相见了。"

王晞痛哭流涕，说："天道神明，怎么会让殿下就这样死在这里呢？论亲，皇上是您兄长；论尊，他是君主。怎么能和他计较？殿下不吃饭，

〇 品画鉴宝　校书图（北齐）杨子华创稿，唐阎立本再稿，宋摹本。

太后也不吃饭，殿下即使不爱惜自己，难道也不顾念太后吗？"

话还没说完，高演就勉强坐起来吃饭。王晞因此免去服役，重新担任原职。

等到高演任录尚书事，新任的官员上任时都来拜见高演道谢，调任的官员离开时也去拜见高演辞行。王晞对高演说："朝廷大臣从天子那里接受官爵，却向私人拜谢，自古以来都认为不可以，应该全部拒绝。"高演听从了。

很久以后，高演从容地对王晞说："皇上起居没有规律，你应该多加留意，我怎么能因为以前冒犯过皇上一次，就不再进谏呢？你应当为我起草谏书，我会找机会劝谏。"

王晞于是就列举了十几条呈给高演，说："现在朝廷能依靠的，只有殿下。您却想学匹夫的耿介，轻率地冒生命之险！酒能乱性，让人失去理智，刀箭哪能辨认亲疏？一旦出乎意料降下灾祸，殿下的家业要怎么办？皇太后要怎么办？"

高演流泪唏嘘，不能自已，说："就到了这种地步吗？"

第二天，高演见到王晞说："我想了一整夜，今天终于打消了念头。"于是让人燃起火，当着王晞的面把谏书的草稿烧了。

后来，高演又乘机进谏，高洋让武士把高演反捆起来，拔出刀子架在他脖子上，骂他说："小子知道什么，是谁教你的？"

高演说："天下都不敢说话，除了我还有谁敢说？"高洋拿起木杖，乱打了几十下，正好酒意涌上来醉倒了，高演才得以脱身。

相关链接

〔1〕高演：公元535－561年，字延安，高欢第六子，公元560年发动政变，杀高殷后称帝，谥孝昭帝。

〔2〕兵器坊：古代制造兵器的作坊。

祖珽多才多艺，但没有德行，高湛在位时，他极尽谄媚之能事，后来为了增强自己的权力和宠信，他又劝高湛禅位给了年少的皇太子。

北齐著作郎祖珽[1]，精通文学，多才多艺，但疏忽轻率，没有德行。他曾经任高欢的中外府功曹，宴会的时候丢失了金酒杯，结果在他的发髻里找到。又因为诈骗三千石[2]官粟，被鞭笞二百下，发配到甲坊作苦役。

文宣帝高洋的时候，祖珽任秘书丞，偷了《华林遍略》，以及其他的贪赃枉法行为，罪当绞死，后免去官职，贬为庶民。高洋虽然讨厌他经常触犯法纪，但是喜爱他的才气，让他在中书省任职。

武成帝高湛被封为长广王的时候，祖珽做了胡桃油献给他，说："殿下的骨相非同寻常。我梦见殿下乘龙飞上天空。"

高湛说："如果这样，一定让你荣华富贵。"等到高湛即位，就提升他为中书侍郎，又提升为散骑常侍。他与和士开狼狈为奸，谄媚高湛。

祖珽私下里游说和士开，说："皇上的宠幸，自古以来无人可比。皇上一旦驾崩，最终要怎么保全自己呢？"和士开向他询问计策。

祖珽说："应当劝说皇上，'文襄、文宣、孝昭皇太子，都没有被立，现在应当让皇太子早日登上皇位，确定君臣的名分。'如果成功，皇后、皇太子一定会感激你，这是万全之计。请你稍稍劝说皇上，让他领会，我自当从朝廷外上表议论这件事。"和士开答应了。

正好有彗星出现，太史上奏说："彗星，除旧布新的征兆，应当会发生君王更替的事。"

祖珽于是上书说："陛下虽为天子，还没有尊贵

445

○ 品画鉴宝

陶马（北朝）此马雄健肥大，昂首挺胸，双目正视
前方，造型生动大方。

到极点。应该传位给皇太子，并且顺应天道。"并上奏，讲述北魏献文
帝传位给儿子的事情，高湛听从了。

二十四日，高湛派太宰段韶手持符节，捧着皇帝的玺绶，传位给太
子高纬。太子在晋阳宫即皇帝位，大赦天下，改年号为天统。又下诏封
太子的妃子斛律氏为皇后。

群臣尊奉高湛为太上皇帝，军国大事仍然都向他奏报。派黄门侍郎
冯子琮、尚书左丞胡长粲辅佐年少的皇帝，出入禁宫，专门管理上报奏
书。任祖珽为秘书监，加仪同三司，非常受宠信，同时受太上皇和皇帝
器重。

相关链接

〔1〕祖珽：字孝征，范阳狄道（今河北涞水）人，一说献县（今河北定县）人，
生卒不详。

〔2〕石：我国古代容量单位，十斗为一石。

陈顼独揽大权

陈顼受先王之托辅佐陈伯宗，具有很大的权力。他又通过排除异己而独揽朝政，不久就废了陈伯宗而自己称帝了。

陈天康元年（公元566年），文帝陈蒨因病去世，太子陈伯宗继位为帝。陈蒨去世前，留下遗诏，命中书舍人刘师知、安成王陈顼[1]、尚书仆射到仲举一起辅政。

陈光大元年（公元567年）二月，刘师知看到陈顼的地位、名望、权势被朝廷内外所瞩目，心里非常嫉妒他，和尚书左丞王暹等人谋划，想把陈顼排挤出尚书省。大家都犹豫不决，没人敢先有举动。

东宫通事舍人殷不佞，一向以名望气节自诩，又受先皇委托，于是跑到尚书省，假传太后的敕令，对陈顼说："现在天下平定，安成王可以返回自己的东府管理州郡事务。"

陈顼正准备出发，中记室毛喜骑马赶来进见，对陈顼说："陈朝获取天下还不久，国家连续遇到丧事，朝廷内外都很恐惧。太后深思熟虑，才决定让您进尚书省，共同参与朝政。

"今天殷不佞说的，一定不是太后的旨意。社稷重任在，希望您多加考虑。应当向朝廷奏明，不能让奸佞小人的阴谋得逞。现在离开尚书省，就会受制于人，到时像曹爽那样，哪怕只想做个富翁，也都不能实现了。"

陈顼派遣毛喜[2]和领军将军吴明彻筹划，吴明彻说："继位的国君还在服丧，平时的政务繁多，殿下与皇室亲如周公、召公，应当辅佐少主安定社稷，希望殿下留下，不要犹疑。"

陈顼于是声称患病，召刘师知进见，把他留下谈话。又派毛喜进宫禀报太后。太后说："现在伯宗皇帝年纪尚幼，国家大事都委托给二郎陈顼。殷不佞说的不是我的旨意。"

毛喜又去禀报陈废帝陈伯宗，陈伯宗说："这是刘师知他们自己干的，朕也不知道这件事。"

毛喜出宫，把情况报告了陈顼。陈顼于是囚禁刘师知，亲自入宫进见太后与皇帝，详细报告刘师知的罪过，草拟了敕令，请皇帝御批，把刘师知交付廷尉。当天夜里，在监狱里赐他自杀。

陈顼又任命到仲举为金紫光禄大夫。王暹、殷不佞一起交付有关部门治罪。从此以后国家政权全部归于陈顼。

　　右卫将军韩子高镇守领军府，在建康的众多将校中，他的兵力最为强盛，曾经与到仲举密谋，但没有被发现。毛喜请求陈顼选派兵马给韩子高，并赐给他铁和木炭，让他整修兵器盔甲。陈顼惊讶地说："韩子高想要谋反，应当把他抓起来，为什么反而这样做？"

　　毛喜说："先帝的陵墓刚刚完成，边境的盗寇还很多，韩子高受前朝的委任，如果逮捕他，恐怕不能斩杀，或许还会引起祸端。应该对他亲近安抚，让他不起疑心，找机会再解决他。到那时，只需一个壮士就足够了。"陈顼认为很有道理。

　　到仲举被免去官职，返回府邸，心里很不安。他的儿子到郁，娶了文帝的妹妹信义长公主，被授予南康内史的官职，还没有去上任。

　　韩子高也觉得自己有危险，请求调离京城，前去镇守衡、广等地。到郁总是乘着小轿，穿戴妇女的衣服，去与韩子高谋划。

　　正好前上虞令陆昉和韩子高的主将报告到郁谋反，当时陈顼正在尚书省，召集文武百官商议册立皇太子。清晨，到仲举、韩子高到尚书省，都被抓了起来，与到郁一起交付廷尉，下诏在监狱里赐死，其余的党羽一概不追问。

　　次年十一月，陈顼以太皇太后的命令诬告废帝陈伯宗，说他与刘师知、华皎等人串通合谋，还说："当年文皇帝对儿子所知很深，不想传位给他，就像唐尧那样；而传位给弟弟的心意，则能与泰伯相比。现在应当重申文皇帝过去的意愿，另立一个贤明的君主。"

　　于是废黜皇帝为临海王，立陈顼为帝。当初始兴王陈伯茂因为陈顼独揽朝政，非常不满，经常说放肆的话。陈顼即位后，就下令罢黜陈伯茂为温麻侯，安置在别馆，又让强盗在路上拦截，在车里杀了他。

相关链接

〔1〕陈顼：公元528－582年，字绍世，小字师利，陈霸先之侄，于公元
　　　569年称帝，谥号宣帝。
〔2〕毛喜：字伯武，荥阳阳武（今河南原阳）人，擅长书法，生卒年代
　　　不详。

琅邪王高俨嫉恨专权的和士开，就假传诏令诛杀了他。奸佞之臣恐惧，劝说皇帝高纬把高俨给谋害了。

北齐琅邪王高俨因为和士开 [1]、穆提婆等人专横独断、奢侈放纵，非常不满。

和士开、穆提婆对彼此说："琅邪王神采奕奕，几步以外就气势逼人，平时跟他稍稍面对，就不知不觉地冒冷汗。我们进见天子，当面奏事也不会这样。"因此非常忌惮他，把高俨调到北宫，五天上朝一次，不准他随时去见太后。

陈太建三年（公元571年）四月，任命高俨为太保，其它的官职都被撤掉，不过仍然担任御史中丞和京畿大都督。和士开等人因为北城有武器库，想把高俨调到城外，然后夺取他的兵权。

治书侍御史王子宜，和高俨的亲信开府仪同三司高舍洛、中常侍刘辟强劝说高俨，说："殿下被疏远，是和士开挑拨离间，您怎能离开北宫住到民间去？"

高俨对侍中冯子琮说："和士开罪孽深重，我想杀了他，怎么样？"而冯子琮心里想废黜后主高纬，立高俨为帝，就借此机会劝说高俨。

高俨让王子宜上表弹劾和士开，请求将他逮捕拷问。冯子琮把这份奏表夹杂在其他文书里，一起上奏，高纬没有仔细看就批准了。

高俨骗领军库狄伏连说："奉皇上旨令，命令领军逮捕和士开。"

库狄伏连告诉了冯子琮，请他再次上奏，冯子琮说："琅邪王已经接到敕令，何必再次启奏？"库狄伏连相信了他，派遣京畿的士兵，埋伏在神虎门外，并告诫守门的卫士不要让和士开进入。

七月二十五日清晨，和士开与往常一样，入宫早朝，库狄伏连上前拉住他的手说："今天有一件大好的事情。"

王子宜递给他一封信，说："皇上有令，让你去台省 [2] 进见。"又派卫士护送他。高俨让都督冯永洛在台省杀了和士开。

高俨本来只想杀和士开，他的党羽却逼迫他，说："事已至此，不能中途停止。"高俨于是率领京畿士兵三千多人，屯兵千秋门。

高纬派刘桃枝率领八十名禁兵召高俨进见，刘桃枝远远地就向高俨跪拜，高俨下令把他反绑起来，要杀了他，禁兵全都逃走。

○ 品画鉴宝　饮马灌驼（北周）

　　高纬又派冯子琮召见高俨，高俨推辞说："和士开以往的罪过，罪该万死，阴谋废黜天子，让亲生母亲剃发为尼，臣因此才假称陛下的诏令诛杀了他。兄长如果要杀我，我不敢逃避惩罚。如果能赦免，希望派姐姐来找我，臣立刻去进见陛下。"

　　所谓姐姐，说的是乳母陆令萱，高俨想把她骗出来杀了。陆令萱拿着刀，躲在高纬背后，听到高俨的话，吓得发抖。

　　高纬又派韩长鸾召见高俨，高俨准备入宫，刘辟强拉着他的衣服劝谏说："如果不杀掉穆提婆母子，殿下就不能去。"

　　广宁王高孝珩、安德王高延宗从西边过来，说："为什么不能去？"

　　刘辟强说："兵少。"

　　高延宗看看大家说："孝昭帝杀杨遵彦，只有八十个人。现在有几千人，怎么说少？"高纬哭着启奏太后说："有缘还能与母亲再见。无缘，就永别了！"于是急忙召见右丞相斛律光，高俨也召见斛律光。

　　斛律光听说高俨杀了和士开，抚掌大笑，说："龙子的作为，自然不同一般人！"于是入宫，在长巷进见高纬。

　　高纬带领在宫中宿卫的步兵、骑兵共四百人，配给铠甲，准备出战，斛律光说："小孩子动干戈，一交手就会手忙脚乱。俗话说：'奴才见了皇帝，心就死了。'陛下应当亲自前往千秋门，琅邪王一定不敢有什么举动。"高纬听从了。斛律光走在前面带路，让人走出队伍大喊："天子来了。"高俨的党徒都吓得逃走了。

高纬在桥上勒住马，远远地叫高俨，高俨还站着不敢上前，斛律光对他说："天子的兄弟杀一个人，有什么大不了的？"于是拉着他的手，硬拉他往前走。

斛律光向高纬请求说："琅邪王年少，肠肥脑满，举动轻率，等到年长一些，自然不会再这样。希望能宽恕他的罪过。"高纬拔出高俨的佩刀，用刀环胡乱打他的头，打了很久，才放了他。

太后责问高俨，高俨说："冯子琮教我的。"太后大怒，派遣使者到台省用弓弦绞死了冯子琮，让太监用库车拉着尸体送回他家。从此以后，太后经常把高俨留在宫里，每次吃饭都要自己先尝一尝。

九月，陆令萱等人劝高纬杀了高俨，高纬启奏太后说："明天早晨想和高俨一起出去打猎。"

夜里四更，高纬召见高俨，高俨起疑。陆令萱说："兄长叫你，为什么不去？"

高俨出门，走到长巷，刘桃枝把他反绑起来，高俨大喊："让我去见母亲、兄长。"刘桃枝用衣袖堵住他的嘴，把他的衣服翻过来蒙住头，背到大明宫。高俨的鼻血流了满脸，被人摧折而死，当时才十四岁。尸体用席子裹起来，埋在屋子里。

高纬派人启奏太后，太后前往哭吊。才哭了十几声，就被人拥着回宫了。

相关链接

[1] 和士开：公元523－570年，字彦道，清都临漳人，其先为西域商胡（古指到中国经商的胡人），本姓素和氏。

[2] 台省：汉代尚书属于少府，在宫禁台阁之中，因当时称宫禁中为省中，所以尚书省又有"台省"之称。

　　斛律光清正廉洁，很讨厌祖珽的小人得势，祖珽就暗中制造谣言，说他有谋反的迹象，把他害死了。

　　北齐武成帝高湛在世当太上皇时，祖珽曾得罪高湛，被囚禁在地牢里，戴着手铐脚镣。到了晚上，就用芜菁子榨出来的油点灯，祖珽的眼睛被烟所熏，因此双目失明。

　　高湛死后，后主高纬亲政，想念祖珽，就把他放出来，担任官职。祖珽重新受宠，职位也一再升迁，做到尚书右仆射，权倾朝野。

　　左丞相、咸阳王斛律光 [1] 因为祖珽权倾朝野，很讨厌他，远远看到总是骂他说："惹事贪婪的小人，想干什么？"

　　还曾对手下的将领说："军事的布置安排，尚书令赵彦深经常和我们一起商议。这个瞎子掌管机密以来，什么都不告诉我们，恐怕他会耽误国家大事。"

　　斛律光曾经在朝堂上坐在帘子后面，祖珽不知道，骑着马从前面经过，斛律光很生气，说："小人竟敢这样！"

　　后来，祖珽在门下省，说话很大声且语调傲慢，恰好斛律光经过，听到了，又很生气。

　　祖珽察觉后，私下贿赂斛律光的随从奴仆，询问他，奴仆说："自从您执政以来，相王每天夜里抱膝感叹，说：'瞎子入朝，国家必破'。"

　　斛律光虽然地位极高，但生性节俭，不好声色，很少接待宾客，不接受馈赠，不贪图权势。每逢朝廷集会议论，他总是最后发言，说话也很合情理。有时候要上表奏疏，就让人执笔，自己口述，务必简洁确实。

　　斛律光用兵仿效他的父亲斛律金的方法，军队营房没有落实，自己不进帐幕。有时候整天都不坐下休息，也不脱铠甲，经常身先士卒。士兵有罪过，只用棍棒捶打，从来不随便杀人，所以部下争着为他效命。自从年少的时候参军，从来没打过败仗，敌人都很忌惮他。

　　北周的勋州刺史韦孝宽偷偷制谣说："百升飞上天，明月照长安。"又说："高山不推自崩，槲木不扶自举。"派间谍把谣言传到邺城，邺城的小孩都在路上传唱。

　　祖珽又加上两句："盲老公背受大斧，饶舌老母不得语。"让他的妻兄 [2] 郑道盖上奏高纬。

高纬询问祖珽，祖珽和陆令萱都说："的确听说过。"

祖珽还解释说："百升，就是斛。盲老公，是说我，与国家同忧愁。饶舌老母，好像是说女侍中陆令萱。何况斛律氏几代都是大将，斛律光字明月，声望远播关西，斛律羡字丰乐，威名震慑突厥，女儿做了皇后，儿子娶了公主，谣言的确让人害怕。"

高纬又询问韩长鸾，韩长鸾认为不可能，事情才中止。

祖珽又进见高纬，请求高纬屏退左右，只有何洪珍在场。高纬说："上次接到你的奏章，就打算执行，韩长鸾认为斛律光没有造反的道理。"

祖珽没有回答，何洪珍进言说："如果您本来就没有诛杀斛律光的意思，倒也罢了。如今已有此意，却不能果决地执行，万一被泄露出去，该怎么办？"

高纬说："洪珍说得有道理。"但还是犹豫不决。

正好丞相府佐封士上密奏，说斛律光当初不服从诏令，出征回来却不解散军队，进逼都城，欲谋不轨，只是没有实行罢了。又说斛律光在家里私藏武器铠甲，蓄养奴仆，有造反的企图。高纬相信了，打算诛杀斛律光。

高纬把祖珽召来，告诉他说："我想召见斛律光，唯恐他不服从命令。"

祖珽出主意说："派使者赐给他骏马，告诉他：'明天要去东山游玩，王可以骑这匹马同往。'斛律光一定会入宫道谢，趁机就可以把他抓起来。"高纬按照祖珽说的做了。

六月，斛律光进宫，到凉风堂，刘桃枝从背后扑过去，没有把他摔倒。斛律光回头说："刘桃枝经常做这样的事情。我没有辜负国家！"

刘桃枝和另外三个壮士用弓弦缠住他的脖子，用力勒死了他，血流在地上，虽然用铲子铲了，血迹也没除掉。于是下诏，说斛律光谋反，把他的儿子也杀了。

祖珽派二千石郎邢祖信清理斛律光的家产，并登记下来。祖珽在尚书都省询问查到的物品，邢祖信说："十五张弓，宴会时用的箭一百支，七把刀，朝廷赏赐的长矛两杆。"

祖珽提高声音说："还有什么？"

邢祖信说："二十捆枣木棍，准备当奴仆和别人殴打时，不问曲直，先打奴仆一百棍。"

祖珽非常惭愧，低声说："朝廷已经对他处以重刑，郎中不宜为他洗雪！"

等到邢祖信离开尚书都省的时候，有人认为他为人太耿直，邢祖信感叹着说："贤德的宰相都被杀了，我又何必顾惜余生呢？"

相关链接

〔1〕斛律光：公元515－572年，字明月，朔州（今山西朔县）高车族人，南北朝时北齐名将。

〔2〕妻兄：指妻子的哥哥，又称内兄。

○ 品画鉴宝

彩绘骑马俑（北朝）三骑马乐俑头戴圆顶帽，上着褐色紧袖交领衣，下穿裤，分别在击鼓、吹角、吹排箫。从装束上看，应为当时军中仪仗乐队。

北周灭北齐

公元576年，北周武帝宇文邕亲自带兵攻打北齐，于次年消灭北齐，统一了北方。

陈太建八年（公元576年），北周武帝宇文邕亲自率军讨伐北齐。十月，攻下了平阳。十一月，北齐后主高纬率军到达平阳，宇文邕为避锋芒，退回长安，北齐军队围困平阳。

宇文邕再次率军出征，十二月初四，到达平阳。过了两天，各路军队也都到齐，共有八万人，推进到城下布阵，东西绵延二十多里。

此前，北齐担心北周军队突然到来，就在城南开凿河沟，从乔山连到汾水。如今高纬见北周大军到达，就把军队都开出去，在河沟的北面布阵。宇文邕想逼近齐军，在河沟处受阻，停了下来。两军隔河对峙，从早上到下午，相持不战。

高纬对右丞相高阿那肱说："是出战呢？还是不战呢？"

高阿那肱说："我们的士兵虽然众多，能作战的不过十万人，生病负伤的和在城边打柴做饭的占了三分之一。以前进攻玉璧，对方援军一到，就立刻撤退。现在的将士，怎么能比得过神武皇帝时的？还不如不要交战，退守高梁桥。"

安吐根说："一小撮盗贼，在马背上就能擒获他们，扔到汾水里！"高纬犹豫不决。

很多太监说："他是天子，陛下也是天子。他还是远道而来，我们为什么守着护城河示弱？"

高纬说："这话说得对。"于是填塞护城河，把水引向南面。

宇文邕大喜，率领各路军队进攻。双方军队刚交锋，高纬和冯淑妃一起骑马观战。东面的军队稍稍后退，冯淑妃害怕地说："我军败了！"录尚书事城阳王穆提婆说："皇上快离开！皇上快离开！"

高纬于是与冯淑妃骑马到高梁桥。开府仪同三司奚长劝谏说："时进时退，是作战时常见的。现在军阵严整，没有伤亡，陛下舍下军队，要到哪儿去呢？马脚一动，人心惊恐混乱，不能再振作。希望陛下立刻回去安慰他们！"武卫张常山从后面赶来，也说："军队已经收拢，十分严整，围城的士兵也没有动摇。天子最好返回。不相信我的话，请与宦官前往巡视。"

高纬准备听从他，穆提婆拉着高纬的胳膊说："他的话不能相信。"高纬于是带着冯淑妃向北逃走。北齐军队溃散，死了有一万多人，丢弃的军用物资、器械，堆积如山，绵延了几百里。高纬抵达洪洞，冯淑妃正对着镜子涂脂抹粉，后面声音嘈杂，大喊敌人到了，于是再次逃走。高纬到达晋阳，忧虑恐惧，不知道该怎么办。高纬向朝臣询问计策，都说："应当减免赋税劳役，安慰民心。聚集剩余的士兵，背城死战，安定社稷。"高纬想留下安德王高延宗、广宁王高孝珩，镇守晋阳，自己前往北朔州。如果晋阳失守，就投奔突厥[1]，群臣都认为不可以，高纬不听。高纬准备逃走，将领们都不愿跟随。

十三日，北周军队抵达晋阳。高纬任命安德王高延宗为相国、并州刺史，统领山西的军队，对他说："严并州请你自己去夺取，我现在要离开了。"

高延宗说："陛下为了社稷就不要走。臣愿意为陛下效力死战，一定能打败他们。"

穆提婆说："天子已经决定大计，安德王不要再阻拦！"

高纬在夜里冲出五龙门离开，想投奔突厥，随从的官员四下逃散。领军梅胜郎勒住高纬的马劝谏，于是返回邺城。

穆提婆向西投奔北周军队，陆令萱[2]自杀，家里的亲属全被诛杀。宇文邕任穆提婆为柱国、宜州刺史，下诏晓谕北齐群臣，于是北齐官吏都相继向北周投降。

宇文邕随即攻下晋阳，继续向邺城前进。高纬手足无措，听会望气的人说，朝廷将会发生变革更替，就叫来尚书令高元海等

人商议，决定按照当年武成帝高湛禅位的旧例，将帝位让给太子高恒。

次年正月初一，北齐太子高恒即位，当时才八岁。尊奉高纬为太上皇帝。十八日，北周军队到达邺城城下；次日，将邺城包围，焚烧西城门。北齐士兵出城迎击，北周军奋勇作战，大败北齐军队。高纬等人带着一百名骑兵从东门逃走，北周军队攻入邺城，派将军尉迟勤追赶高纬。高纬抵达青州，快要进入陈朝的国境。高阿那肱却秘密地联络北周军队，约定活捉高纬，于是屡次启奏说："周朝的军队还远，我已经下令焚烧桥梁截断道路。"高纬听信了，就在青州停留。

北周军队到达关隘，高阿那肱立刻投降。北周军队很快到了青州，高纬用袋子装满金子系在马鞍上，和皇后、妃子、幼主等十几个人骑马向南逃走，二十五日，逃到南邓村，尉迟勤追上他们，全部擒获，与胡太后一起押送邺城。

四月初三，宇文邕抵达长安，把高纬安排在前面，让北齐的王公在后面跟随，车辆、旗帜、器物，都依次陈列。准备好车驾仪仗，布置六军，奏着凯旋的音乐，到太庙进献俘虏。观看的人都称万岁。

初六，封高纬为温公，北齐的三十多个王，都受封爵。宇文邕和北齐的君臣饮酒，让高纬跳舞。

十月，北周人诬陷高纬与宜州刺史穆提婆谋反，宇文邕于是命令把高纬及其宗族一并赐死，只有高纬的弟弟高仁英因为狂放不羁、高仁雅是哑巴而得到赦免。

相关链接

〔1〕突厥：公元6世纪中叶至8世纪中叶活跃于中国北方和西北方的古代民族，亦为其民族所建立的汗国名，是现在中亚民族的主要来源之一。

〔2〕陆令萱：？—公元576年，鲜卑族人，北齐后主高纬的乳母，因高纬而得以把持政权，聚集奸佞之人长期祸乱朝政。

杨坚执政掌大权

北周天元皇帝死后，因为继位的皇帝年幼，就有人推举外戚杨坚辅佐，于是他开始执掌朝廷大权，为政宽厚、提倡节俭，颇受人们欢迎。

北周杨皇后的父亲杨坚[1]任大前疑，地位声望都很高。天元皇帝宇文赟很忌惮他，曾在生气的时候对杨皇后[2]说："一定要把你家灭族。"

宇文赟召见杨坚，对左右侍从说："如果他变了神色，就立刻杀了他。"杨坚到后，神色自若，宇文赟于是作罢。

内史上大夫郑译，小时候与杨坚一同学习，惊奇于杨坚的相貌，诚心与他交往。杨坚既然被宇文赟忌惮，心里总是很不安。有一次在宫中的长巷里，偷偷地对郑译说："很久以来我就想镇守藩镇，你是知道的，希望你能帮我留心！"

郑译说："以您的德行声望，天下归心。我也想祈求多福，怎么敢忘呢？我自当向皇帝启奏。"

宇文赟准备派遣郑译率领军队进攻南陈，郑译请求任命一位元帅。宇文赟问："你认为派谁合适？"

郑译回答说："如果要平定江东，当然非懿戚重臣不可，不然难以镇守安抚。可以让随公杨坚同行，担任寿阳总管，督管军事。"宇文赟答应了。

陈太建十二年（公元580年），五月初五，任命杨坚为扬州总管，让郑译发兵前往寿阳，与杨坚会合。正要出发，杨坚突然得了脚病，没能成行。

○品画鉴宝

黄褐釉陶铠甲马（北朝） 此种釉陶铠甲马极为罕见。此马形体高大，装备完整，威武矫健，具有极高的艺术性。

459

○ 品画鉴宝　骑马人物（北周）　图中骑马者手搭凉棚，回首后望，极具动感。

　　初十夜，宇文赟乘坐车驾，临幸天兴宫，次日生病返回。小御正刘昉，一向以狡黠谄媚受宇文赟宠爱，与御正大夫颜之仪都很得宇文赟的信任。宇文赟召见刘昉、颜之仪到卧室，想托付后事，但是喉咙嘶哑，说不出话来。

　　刘昉因为静帝宇文阐年幼，杨坚是杨皇后的父亲，声名隆盛，于是与领内史郑译、御饰大夫柳裘、内史大夫韦謩、御正下士皇甫绩商议，让杨坚辅政。

　　杨坚坚持推辞，不敢接受。刘昉说："您如果想做，就赶快上任；不然，我自己干。"杨坚于是听从了，声称接受诏命，入宫居住侍奉疾病。

　　当天，宇文赟去世，秘不发丧。刘昉、郑译又假传诏命，让杨坚总管内外的军队。颜之仪知道不是皇帝的旨意，拒绝接受。

　　刘昉等人草拟诏书并署上名字，逼颜之仪也署名，颜之仪严厉地说："天元皇帝已经升天，继承的皇帝年幼，辅佐朝政的任命，应该选宗室中有才能的人。你们备受朝廷恩惠，应当考虑如何尽忠报国，怎么能把天下神器借给他人呢？我颜之仪宁愿死，也不能欺骗先帝。"

刘昉等人知道不能让他服从，就替颜之仪署名，然后颁布下去。各将领既然接受了诏命，就接受了杨坚的调度指挥。

杨坚索要兵符玺印，颜之仪严厉地说："这是天子的东西，自然有人掌管，宰相为什么要呢？"杨坚大怒，令人把他拉出杀了，随即又因为颜之仪很有声望，放过了他，把他调离京城，去西部边境任郡守。

杨坚最初接受诏命辅佐朝政的时候，派邘国公杨惠对御正下大夫李德林说："朝廷赐令，让我总管文武大事。治理国家，责任重大，现在想与你共事，一定不要推辞。"

李德林说："我愿意以死侍奉您。"杨坚大喜。

当初，刘昉、郑译商议让杨坚任大冢宰，郑译自己想担任大司马，刘昉又要求担任小冢宰。杨坚私下询问李德林，说："要怎么安排我呢？"

李德林说："您应当任大丞相、假黄钺、都督中外诸军事。不然，就不能镇住大家的心意。"等到为宇文赟发丧后，就按照李德林说的施行。当时群臣还没有全部服从杨坚，杨坚把司武上士卢贲安置在自己的身边。杨坚准备去正阳宫，百官都不知道是否应该跟随。

杨坚秘密命令卢贲布置侍卫禁军，同时召见公卿，对他们说："想求取富贵的人就跟随我。"大家都窃窃私语，有的想去有的不想去。卢贲带着禁兵到了，众人都不敢再离开。

众人出崇阳门，到正阳宫，守门的卫士不让他们进去，卢贲上前说明，卫士仍然不退下。卢贲瞪大眼睛，呵叱他们，守门的卫士退下，杨坚进入正阳宫。于是让卢贲负责丞相府的守卫，任郑译为丞相府长史，刘昉为司马，李德林为府属。

杨坚执政以后，革除了宇文赟时期过于苛酷的政令，改行宽厚简便的措施。他删削旧律，制定《刑书要制》，上奏朝廷颁行天下。他提倡节俭，身体力行，朝廷内外的人都很高兴。

相关链接

[1] 杨坚：公元581－604年，弘农华阴（今陕西华阴）人，北周皇室外戚，袭父爵为隋国公，于公元581代周建隋，为隋朝（公元581－618年）开国皇帝，谥文帝。

[2] 杨皇后：即北周天元皇帝的皇后杨氏，名丽华，杨坚的长女。

宇文招谋除杨坚

宇文招想谋害杨坚，在家里埋伏士兵请他喝酒，多亏元胄的机智和勇猛，才使他化险为夷。

北周赵僭王宇文招[1]图谋杀掉丞相杨坚，邀请杨坚到他的府邸。宇文招把杨坚带进寝室，他的儿子宇文员、宇文贯和妻弟鲁封等人都佩着刀站在旁边。又藏了兵器在帷幕与座席之中，在寝室后面埋伏了武士。

杨坚的左右侍卫都不许跟随，只有杨坚的从祖堂弟、开府大将军杨弘与大将军元胄[2]坐在门旁。杨弘与元胄都很勇武有力，是杨坚的心腹。酒喝到酣畅，宇文招不断用佩刀刺着瓜果给杨坚吃，想趁机刺杀他。元胄上前对杨坚说："相府有事，不可久留。"宇文招呵斥他说："我与丞相说话，你是什么人？"喝叱他退下。元胄怒目相视，手按着佩刀，在杨坚身旁守卫。宇文招赐元胄酒喝，说："我难道会有恶意？你为什么这样警戒？"宇文招假装呕吐，想去后阁。元胄担心有变，就扶他坐好，如此反复多次。宇文招又假称口渴，命令元胄到厨房拿水，元胄不动。恰好滕王宇文逌迟到，杨坚走下台阶去迎接他。元胄乘机附耳对杨坚说："情况有异，应当赶快离开！"杨坚说："他没有兵马，能干什么？"元胄说："兵马都是他的，他如果先发制人，大事就完了。元胄并不怕死，只是担心死了却没有用处。"杨坚不听，重新入坐，元胄听到寝室后面有士兵穿戴铠甲的声音，于是上前说："相府事务繁忙，您怎么能这样？"于是把杨坚拉下座床，快步离开。宇文招想要追赶，元胄用身体挡住门，宇文招出不去。等杨坚出了大门，元胄才从后面赶上去。宇文招后悔没有及时下手，把手指弹出血来。

过了几天，杨坚诬陷宇文招与越野王宇文盛谋反，把二人处死，他们的儿子也一并诛杀。给元胄的赏赐，多得数都数不过来。

相关链接

[1] 宇文招：？－公元580年，字豆卢突，宇文泰之子，封赵王，喜好文学，著作已佚。

[2] 元胄：河南洛阳人，魏昭成帝六世孙，其祖父元顺为魏濮阳王，英勇果毅，隋朝时官至上柱国，封武陵郡公。

隋纪

公元 581 – 618 年

隋朝存在时间只有三十八年，但在中国历史上却起着承前启后的重要作用。在这三十八年中，中国的政治、经济、军事、文化等各方面均有所发展，是中国历史上最伟大的朝代之一，也是公认的最强盛的时代之一。

首先，在政治方面，隋朝调整了中央与地方的统治机构，增强了中央集权统治。制定了律法，开设了科举制度。在经济方面，规范户籍，普查人口，实施了均田制，降低了农民的负担。与此同时，开凿"广通渠"引渭水直达潼关。公元 608 年又开通了京杭大运河，这对中国南北地区之间的经济、文化发展与交流，特别是对运河沿线地区工农业经济的发展和城镇的兴起均起了巨大作用。另外，隋朝之前连年的战乱导致社会上币制混乱，这极大影响了市场商品的交易与流通。而隋朝建立以后统一了货币，对私铸货币与使用旧币进行严惩。同时，还在全国范围内规范了度量衡。这些举措为经济的持续稳定增长创造了良好条件。

在隋王朝统治内的短短三十几年中，几乎中断了几个世纪的对外关系也得到了恢复。通过"丝绸之路"，联结了中国与其他国家之间的贸易往来，在一定程度上，为后世的盛唐奠定了基础，带来了隋之后中华民族引以为傲的盛唐文化。

大事年表

- 公元 589 年 / 隋灭陈，统一中国。
- 公元 590 年 / 改革府兵制，诏军人悉属州县，垦田籍账，一与民同。
- 公元 591 年 / 制州县佐史，三年一代，不得重任。
- 公元 598 年 / 隋发兵三十万攻高丽，无功而返。
- 公元 600 年 / 文帝废太子杨勇为庶人，立晋王杨广为太子。
- 公元 604 年 / 隋文帝死，隋炀帝即位。
- 公元 605 年 / 隋建东京，开凿大运河。
- 公元 607 年 / 突厥启民可汗来朝。炀帝北巡至榆林。遣朱宽入海至流求（今台湾）。
- 公元 609 年 / 改东京为东都。诏天下均田。
- 公元 610 年 / 凿江南河，南至余杭。
- 公元 611 年 / 隋末农民大起义开始。
- 公元 612 － 614 年 / 隋炀帝三征高丽。
- 公元 616 年 / 隋炀帝带领禁军至江都，各路起义军联合起来，形成强大的起义军集团。
- 公元 617 年 / 李渊于太原起兵，进军关中，攻占长安，立代王杨侑为帝。

公元588年，隋文帝杨坚派遣重兵攻打陈朝，于次年俘获后主陈叔宝，南陈灭亡。至此，我国长期南北分裂的格局得到了统一。

陈祯明二年（公元588年）三月，隋文帝杨坚下诏，陈述陈朝的罪恶，宣布将要进行讨伐。又让使者送玺书到陈朝，列举了后主陈叔宝[1]的二十条罪状。还下令将诏书抄写三十万份，散发到整个江南地区。

十月二十八日，杨坚要出师讨伐陈朝，于是祭告太庙，然后任命各路统帅，部署行军路线。共有各路军总管九十人，士兵五十一万八千人。

十一月初二，杨坚亲自为将士饯行。隋师出发后，各路军队推进很快，抵达长江北岸。然而陈叔宝却依然漫不经心，迟迟不派出军队。陈叔宝让朝廷群臣商议，由于奸臣阻挠，也一直定不下方案。

陈后主曾经从容地对身旁侍奉的近臣说："帝王之气在这里。齐军三次进犯，周军两次入侵，全都惨败。现在他们又算什么呢？"

都官尚书孔范说："长江是天堑，自古以来都认为隔绝南北。现在敌军难道能飞过来吗？是边境的将领想立功，才谎报情况紧急。我总是嫌自己官职太低，敌军如果渡过长江，我一定可以立功做太尉了。"

有人谎报说隋军的马匹死了很多，孔范说："这些都将是我们的马，为什么会死呢？"陈后主笑着认为他说的很对，所以没有布置防备，仍然奏乐、歌舞、纵酒、赋诗不断。

隋开皇九年（公元589年）正月，隋军渡过长江，进逼建康。当时建康还有正式武装的军队十多万人，陈后主一向怯懦，不懂军事，只是白天黑夜地哭泣，台城里的安排布置，全都委托大监军施文庆。

施文庆知道众将领都痛恨自己，唯恐他们立功，于是上奏说："这些将领总是不满足，平时就不服从陛下，现在情况紧急，怎么能完全信任他们呢？"因此这些将领凡是有事启奏的，大部分都不被批准。

隋吴州总管贺若弼进攻京口的时候，陈朝都督萧摩诃请求率领军队迎战，陈后主不答应。等贺若弼进军到钟山，萧摩诃又说："贺若弼孤军深入，还没有构筑坚固的营垒，出兵袭击，一定可以攻克。"陈后主还是不答应。

陈后主召集萧摩诃、镇东大将军任忠在内殿商议军事。任忠说："兵法有言：到敌人地盘进攻，速战速决更为有利；在自家地盘抵抗，稳重放手更为有利。现在国家兵力粮草都很充足，应该固守台城，沿秦淮河修建栅栏，隋军即使前来进攻，也不要出兵交战。

"然后分出兵力截断长江水路，让隋军的消息无法传递。陛下再给我一万精兵，金翅战船三百艘，顺长江而下，直接进攻六合镇。隋朝军队一定以为他们渡过长江的士兵已经被俘虏，气势自然挫败。

"淮南的百姓与我以前就很熟悉，现在听说是我前往，一定会响应服从。再扬言说要进军徐州，截断敌军的退路，那么不用进攻敌人，他们也会自己撤退了。等到雨季春水上涨，上游的周罗睺等各部队一定能顺流而下，赶来增援。这是良策。"陈后主没有听从。

第二天，陈后主忽然说："长期相持不战，让人心烦，让萧摩诃出兵攻打他们。"任忠叩头苦苦请求不要出战。

忠武将军孔范又上奏说："请求决战，一定为陛下在燕然山刻石记功。"

陈后主答应了，对萧摩诃说："你可为我决一死战！"

萧摩诃说："从来作战都是为了国家与自己，今天的情况，也是为了妻子儿女。"陈后主拿出很多金帛财物，给各军队作赏赐。

二十日，陈后主让鲁广达在白土冈布阵，在各路大军的最南边，接下来依次是任忠、樊毅、孔范，萧摩诃的军队在最北边。各路军队南北绵延了二十里，首尾之间，进退互相都不能知晓。

隋将贺若弼率领轻骑登上钟山，望见陈朝各路军队，于是奔驰下山，与手下的七位总管杨牙、员明等人，士兵共八千人，也布好军阵等待陈军。

陈后主与萧摩诃的妻子私通。所以萧摩诃自始就没有拼死作战的想法。只有鲁广达率兵抵挡贺若比弼。隋军撤退了好几次，贺若弼的士兵死了二百七十三人。后来他们放烟火掩护自己，士气才得以重新振作。

陈朝士兵得到隋军的人头，都跑去献给陈后主求赏。贺若弼知道他们骄纵松懈，于是又率军进逼孔范。孔范的军队刚一交锋就立刻逃走，陈朝各路大军看见，骑兵、步兵都陷入混乱，死了五千人。

总管员明擒获萧摩诃，押送到贺若弼那里，贺若弼命令拉出去斩首，萧摩诃神色自若，贺若弼于是把他放了，并且以礼相待。

任忠骑马进入建康台城，进见陈后主，告诉他失败的情况，说："陛下自己保重，我是无能为力了！"

陈后主给了他两串金子，让他再招募人马出战，任忠说："陛下只有准备船只，前往上游会合各路大军，我当以死侍奉护卫。"

陈后主听信了他，让他出外布置，命令宫女整理行装等待，等了很久都没有回来，大家都觉得奇怪。当时韩擒虎[2]率军从新林进军，任忠已经率领几名骑兵去石子冈投降。

陈朝领军将军蔡徵率领部队镇守朱雀航，听说韩擒虎的军队即将抵达，军队惊慌溃散。任忠领着韩擒虎直接进入朱雀门，一些陈军的士兵想抵抗，任忠挥挥手说："我都投降了，你们还想干什么？"于是全都四下逃走。

台城里的文武百官全都逃走，躲了起来，只有尚书仆射袁宪还在殿里，尚书令江总等几个人留在尚书省府。陈后主对袁宪说："我一向对你并不比对别人好，今天只感到非常惭愧。这不仅因为朕没有德行，也是因为江东士大夫的道义全都丧失了。"

陈后主惊慌失措，想要逃走躲起来，袁宪严肃地说："隋军入侵，一定不会冒犯陛下。情况已经这样了，陛下还想到哪里去？请陛下整理衣冠，在正殿端坐，像梁武帝萧衍见侯景一样。"

后主不听，下坐床骑马离开，说："兵刃底下，我自有办法！"与十几个宫人走出后堂景阳殿，准备跳到井里，袁宪苦谏不听。后阁舍人夏侯公韵用身体挡住井口，陈后主与他争了很久，才得以跳进井里。

过了不久，隋军士兵来了，向井里张望，大声叫喊，没有人答应，准备要扔下石头，才听到叫声，于是用绳子拉上来，还惊讶为什么如此沉重，后来才发现，原来陈后主与张贵妃、孔贵嫔三个人是一起被拉上来的。

沈皇后仍然在平时住的地方，像平时一样，一点也不惊慌。皇太子陈深当时十五岁，关闭阁门坐在屋里，舍人孔伯鱼在旁边侍奉。隋军推门进屋，陈深安然而坐，慰劳他们说："一路行军，非常劳累吧。"隋军士兵都向他致敬。

当时，陈朝宗室王侯在建康城里的有一百多人，陈后主担心他们变乱，把他们全都召进宫，命令他们聚集在朝堂，让豫章王陈叔英监视他们，又偷偷地加以戒备。等到台城失守，他们都出去投降。

相关链接

[1] 陈叔宝：公元553 — 604年，字元秀，小字黄奴，南朝陈后主，亡国之君，好酒色音律，有文集传于世。
[2] 韩擒虎：公元538 — 592年，字子通，原名擒豹，河南东垣（今河南新安县东）人，隋朝著名大将。

陈叔宝全无心肝

后主陈叔宝在位时，每天和群臣嫔妃饮酒赋诗，荒淫无度，被隋俘虏押解到长安后，依然脾性不改，杨坚说他"全无心肝"。

陈后主陈叔宝以太子的身份，继位成为陈朝的皇帝。陈叔宝做了皇帝以后，不好好地治理国家，反而大兴土木，宠爱女色，荒淫无度。

陈至德二年（公元584年），陈后主在皇宫光昭殿前修建临春、结绮、望仙三座楼阁。每座都有几十丈高，一连几十间，窗户、壁带、悬楣、栏杆、门槛都是用沉香木和檀香木[1] 做的，用黄金、玉石夹杂着珍珠、翡翠装饰，外面都挂着珠帘，里面有宝床、宝帐，衣物与玩物的瑰丽精美，近古以来都没有过。每当微风吹过，香味几里内都能闻到。楼阁下面用石头堆成假山，引水为池，奇花异草相间种植。

陈后主自己住在临春阁，张贵妃住在结绮阁，龚、孔两贵嫔住在望仙阁，楼阁之间都有复道往来。还有王美人、李美人、张淑媛、薛淑媛、袁昭仪、何婕妤、江修容，都受到宠爱，经常到三座楼阁上游玩。又任宫女中通文学的袁大舍等人为女学士。

尚书仆射江总[2] 虽然是宰相，自己却不处理政务，每天都和都官尚书孔范、散骑常侍王瑳等十几个文官，侍奉后主在皇宫后庭游玩宴饮，没有尊卑次序，被称为"狎客"。

陈后主每次设宴饮酒，都让各位嫔妃与学士及狎客一起赋诗，互相赠答，选取特别艳丽的，谱上新曲，挑出几千个宫女练习歌唱，分成几个部分依次进行。歌曲有《玉树后庭花》《临春乐》等，大多是赞美各位嫔妃的容貌姿色。君臣饮酒唱歌，从晚上到清晨，常常这样。

后来陈朝被隋朝所灭。隋朝军队攻进建康时，陈叔宝被俘，被带到长安，住在修葺过的民宅里。隋文帝杨坚赦免了他。

杨坚给陈叔宝的赏赐非常丰厚，几次接见他，与三品官员同列。每次陈叔宝参加宴会，隋文帝担心让他伤心，就不许演奏吴地的音乐。

后来，看守陈后主的官吏上奏称："陈叔宝说：'既没有官职，总是参加朝见集会，希望能得到一个官号。'"

杨坚感慨说："陈叔宝真是没有心肝！"

看守的官吏又说："陈叔宝经常喝醉，很少有清醒的时候。"

文帝问他说："喝多少酒？"

470

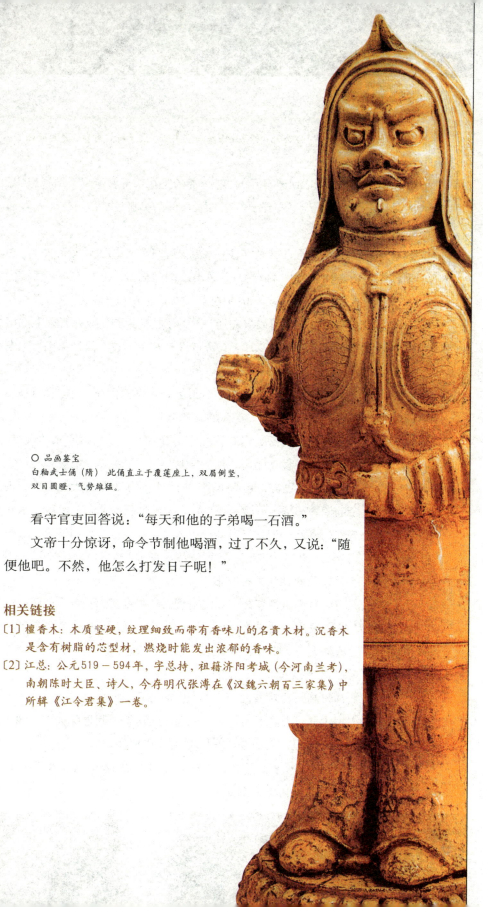

○ 品画鉴宝
白釉武士俑（隋） 此俑直立于覆莲座上，双眉倒竖，
双目圆瞪，气势雄猛。

看守官吏回答说："每天和他的子弟喝一石酒。"

文帝十分惊讶，命令节制他喝酒，过了不久，又说："随
便他吧。不然，他怎么打发日子呢！"

相关链接

〔1〕檀香木：木质坚硬，纹理细致而带有香味儿的名贵木材。沉香木
　　是含有树脂的芯型材，燃烧时能发出浓郁的香味。

〔2〕江总：公元519－594年，字总持，祖籍济阳考城（今河南兰考），
　　南朝陈时大臣、诗人，今存明代张溥在《汉魏六朝百三家集》中
　　所辑《江令君集》一卷。

杨广即位为帝

隋文帝仁寿四年，即公元604年，杨坚病重去世，太子杨广即位，是为隋炀帝。

隋仁寿四年（公元604年），隋文帝杨坚在仁寿宫避暑，结果患病。七月，文帝病重，尚书左仆射杨素[1]、兵部尚书柳述、黄门侍郎元岩都进入仁寿宫侍奉。

文帝召皇太子杨广[2]入宫住在大宝殿。杨广考虑如果文帝去世，必须预先防备，于是亲手写信封好，送出去询问杨素，杨素罗列事项报告太子。宫人错把回信送到文帝的寝宫，文帝看了十分恼怒。

文帝宠爱的陈夫人清晨去厕所，被太子杨广逼迫，陈夫人靠了抗拒才得以脱身。回到文帝的寝宫，文帝奇怪她神色异样，问她原因，陈夫人流着泪说："太子无礼！"

文帝大怒，拍打着床说："畜生，怎能托付国家大事？独孤误我！"于是叫来柳述、元岩，说："召我的儿子来！"

柳述等人准备去叫杨广，文帝说："是杨勇！"杨勇是原来的太子，因为失宠，又被杨广设计陷害，所以被废。

柳述、元岩出了寝宫，起草诏书。杨素听说了，告诉太子杨广。杨广假传文帝的诏令，逮捕了柳述、元岩，关进大理寺监狱。然后命东宫士兵迅速赶到仁寿宫守卫，宫门禁止出入，派宇文述、郭衍调度，命令右庶子张衡入文帝的寝宫侍候。后宫侍从全都被赶到别的房间。过了不久，文帝去世，因此朝廷内外有很多议论。

陈夫人与后宫们听说变故，互相对视，吓得发抖，脸色也变了。黄昏的时候，杨广派使者送来小金盒，外面贴着封纸，上面有杨广亲笔写的封字，赐给陈夫人。陈夫人看见了，惊惶恐惧，以为是鸩毒，不敢打开。使者催她，才打开盒子，里面有几枚同心结。

宫人们都很高兴，对彼此说："可以免死了！"

陈夫人很生气，坐着不动，不肯致谢。众宫人一起逼陈夫人，她才拜谢使者。当天夜里，太子杨广在陈夫人那里留宿。

二十一日，为文帝发丧，杨广即位，是为炀帝。杨广派人假称文帝的诏命，赐死前太子杨勇，把他绞死了。

观天象言亮进谏

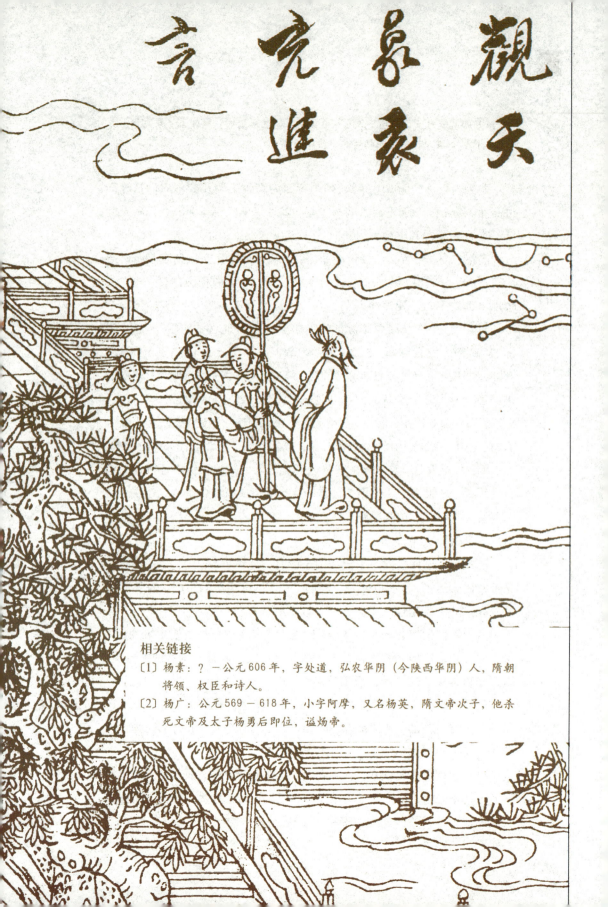

相关链接

〔1〕杨素：？—公元606年，字处道，弘农华阴（今陕西华阴）人，隋朝将领、权臣和诗人。

〔2〕杨广：公元569—618年，小字阿摩，又名杨英，隋文帝次子，他杀死文帝及太子杨勇后即位，谥炀帝。

隋炀帝三征高丽

隋炀帝穷兵黩武，从公元612－614年，他三征高丽，结果都无功而返，反而使人民苦不堪言，国内硝烟四起，隋朝面临灭亡。

大业六年（公元610年），隋炀帝因为高丽王的礼数不周，打算征讨高丽。炀帝强令天下富人购买军马，以致每匹卖到十万钱。又命人挑选、查验兵器，务求精、新。

次年二月，炀帝下诏征讨高丽。命令幽州总管元弘嗣到东莱海口造船三百艘。官吏监督劳役，民夫日夜站在水中，不敢稍微休息一下，从腰以下都生了蛆，死掉的人有很多。

四月十五日，炀帝驾临涿郡的临朔宫，随从的文武官员，九品[1]以上的，都命令安置宅邸。在这之前，炀帝下诏征发天下士兵，无论远近，都在涿郡集合。又征发江淮以南的水手一万人，弓弩手三万人，岭南的排镩手三万人，于是从四面八方赶来的人像河水一样涌过来。

五月，命令河南、淮南、江南制造兵车五万辆，送到高阳，用来装载衣物、铠甲、幔幕，让士兵自己拉车。征发河南、河北的民夫供应军需。

七月，征发江、淮以南的民夫及船只，运送黎阳和洛口各粮仓的粮食到涿郡，舟船相连几千里。运送兵器铠甲和攻城器具的人，来往于路上的有几十万人，挤满道路，昼夜不停。死掉的人互相叠压，路上到处散发着臭气，天下骚动。

炀帝为了讨伐高丽，下诏在山东设府，命令养马，供应军队使用。又征发民夫运米，积蓄在泸河、怀远二镇。运送粮车的牛都没有能回来的，死亡的士兵超过一半。

由于耕作庄稼的季节被耽误，田地大多荒芜，再加上发生饥荒，谷价上涨，东北边境尤其厉害，一斗米要几百钱。运来的米有的很粗糙，就命令百姓买去这些米，用来补偿。

又征发车夫六十几万，两个人推三石米，道路险阻遥远，三石米还不够车夫路上吃的，到达镇上的时候，已经没有粮食缴纳，都因为害怕获罪，所以只好逃亡。

再加上官吏贪婪残暴，趁机剥削，百姓穷困潦倒，钱财力气都用尽了。安分守己的，无法忍受饥饿寒冷，死期迫近。抢劫掠夺的，还能延长活命，于是百姓开始互相聚集作盗贼。

　　大业八年（公元612年），正月初二，炀帝下诏，命令左十二军由镂方、长岑、溟海、盖马、建安、南苏、辽东、玄菟、扶余、朝鲜、沃沮、乐浪等道出发；右十二军从粘蝉、含资、浑弥、临屯、候城、提奚、蹋顿、肃慎、碣石、东暆、带方、襄平等路出发。路上人马络绎不绝，在平壤城会合，总计一百一十三万三千八百人，号称二百万大军，运送军需的人则是这个数目的两倍。

　　炀帝在桑干水南面祭祀土地，在临朔宫南面祭祀上天，在蓟城北边祭祀马祖。炀帝亲自指挥调度：每支军队设立大将、亚将各一人；骑兵四十队，每队一百人，十队为一团；步兵八十队，分为四团，每团各有偏将一名；每团的铠甲、缨拂、旗幡颜色都不相同，设受降使者一名，负责承奉诏书、慰劳安抚，不受大将节制；其他的辎重、散兵等也分为四团，由步兵在两旁护送；进军、停止、扎营，都有次序规矩。

初三，第一军出发，以后每天出发一军，前后相距四十里，军营相接前进，经过四十天，所有的军队才全部出发。各军首尾相连，战鼓号角声互相可以听见，旌旗相连，绵延九百六十里。

炀帝的御营共有十二卫、三台、九省、九寺，分别隶属内、外、前、后、左、右六军，按照次序，最后出发，又绵延了八十里。这样的出师盛况，自古以来还没有过。

隋军进攻辽东城，久攻不下。六月，九路大军齐发，在鸭绿江[2]的西岸会合，然后渡过鸭绿江，追击高丽军队。左翊卫大将军宇文述渡过萨水，在平壤城外三十里处扎营，后因平壤城坚固难攻而撤退。

七月，宇文述军队渡萨水，渡到一半时，高丽军队袭击隋军，隋军大败，各路军队也相继溃乱，无法制止。将士们奔逃，一日一夜跑到野绿江边，行程四百五十里。将军王仁恭殿后，攻击追来的高丽军队，将高丽军打退。当初渡江的九路军队，共三十五万五千人，回到辽东城下，就只剩下二千七百人了，数以万计的军用物资、武器装备丧失殆尽。二十五日，炀帝撤军。第一次征高丽，隋军只在辽水以西攻下了高丽的武厉逻，设置了辽东郡以及通定镇而已。

第二年正月初二，炀帝下诏，让天下军队到涿郡集结。开始招募平民，建立新军，称作"骁果"。并修筑辽东古城，在那里储备军粮。

二月，炀帝对侍臣说："高丽这个小强盗，竟敢侮慢我大隋上国。如今以我们的国力，就算是移山填海，也可以办到，何况这个小强盗呢！"于是又让朝廷商议出征高丽。

三月，炀帝不顾到处都有起义，仍然驾临辽东，作出征准备。

四月，炀帝的车驾渡过辽水，派宇文述和上大将军杨义臣进军平壤。

炀帝命令将领们进攻辽东城，并接受上次的教训，给他们更大的自由度。隋军用飞楼、橦、云梯、地道从四面攻城，昼夜不停，高丽守军随机应变，二十多天后还没攻下。

炀帝让人做一百多万只布袋，装满土，要堆成一个鱼背一样的坡道，宽三十步，和城墙一样高，打算让战士登上去攻城。又让人制作八个轮子的楼车，安置在坡道的两旁，打算让士兵在上面居高临下，向城内射箭。

攻城的日期已经定下，辽东城危在旦夕。正在这时，国内传来杨玄感反叛的文书，炀帝只好秘密通知各将领，让他们率军返回。军用物资、武器装备、攻城器具，堆得像山一样，加上营寨、帐篷，全都丢弃在原地。当时隋军人心惶惶，不听约束，撤退毫无部署，各路军队分散逃回。第二次出征高丽，因为国内叛乱，就这样不了了之。

又过了一年，大业十年（公元614年），炀帝既已镇压杨玄感的反叛，就又打算出征高丽。二月，炀帝下诏让文武百官商议此事，一连几天，都没有人敢说话。

七月十七日，炀帝车驾驻留怀远。当时天下大乱，所征召的军队有很多过了期限却没有到达，高丽当时也已困顿疲惫。

右骁卫大将军来护儿率领军队抵达毕奢城，高丽出兵迎战。来护儿打败了高丽军队，准备进逼平壤。高丽王高元十分恐惧，二十八日，派遣使者乞求投降。炀帝大喜，派遣使者持符节召回来护儿。

来护儿召集部下说："大军三次出征，都没能平定高丽，这次回去就不能再来了，劳而无功，我私下很以为耻。现在高丽的确困顿疲惫，以我们这么多兵力进攻，用不了几天就能取胜。我准备进兵直接包围平壤，擒获高元，凯旋而归，不是很好吗？"

于是来护儿上表请求出征，不肯奉诏返回。长史崔君肃坚决争执，来护儿不答应，说："看高丽的形势，一定会被攻破，只要相信我，我完全可以办到。我在朝廷之外，可以自己决定，我宁愿擒获高元而受到谴责，也不能放弃这次成功的机会！"

崔君肃对大家说："如果听从元帅，违抗诏命，一定会被上奏皇帝，都会获罪。"各将领都很恐惧，要求返回。来护儿只好接受诏命。

炀帝返回西京，又征召高元入朝晋见，但高元竟然不来。于是炀帝下令众将领整理行装，准备再一次进攻，但终究没能成行。

隋朝建国之初，曾经富庶一时，炀帝不恤国力，三次动用大军，征讨高丽。不但最后无功而返，而且使百姓苦不堪言，怨声载道，结果起义不断，埋下了隋朝覆亡的祸根。

相关链接

〔1〕九品：古代官吏的等级。汉朝时，官吏等级用"石"表示，如"万石"等，曹魏时则分为九品，如相国为第一品等。

〔2〕鸭绿江：古称坝水，汉代称为营水，因其水色青绿、色如鸭头而得名，发源于长白山南麓，沿中朝边界向西南流，在我国丹东西南注入黄海，全长约八百公里，为中、朝两国的界河。

杨玄感谋反

杨玄感趁隋炀帝攻打高丽时起兵谋反，隋炀帝派宇文述等人讨伐，杨玄感兵败身亡。

礼部尚书杨玄感[1]，是已故的楚公杨素的儿子，十分骁勇，善于骑射，喜好读书，喜欢结交宾客，海内知名的士人多与他来往。

杨素依恃自己有功，就骄傲轻慢，朝见宴会的时候，经常有失臣子的礼节。炀帝心中很是不满，但没有说出来，杨素自己也觉察到了。

等到杨素去世，炀帝对身旁的近臣说："如果杨素不死，最终也得被诛灭九族。"

杨玄感知道这些，而且自认为家中几代都是显贵，在朝的文武大臣，又有很多是他父亲以前的部下，看到朝政日益混乱，炀帝对他又很猜忌，心中很是不安，于是和几个弟弟暗地谋划叛乱。

大业九年（公元613年），隋炀帝出征高丽，让杨玄感在黎阳监督水运。杨玄感故意停留，拖延水运，不按时进发，想让渡过辽河的各路军队缺乏粮草。炀帝派遣使者催他，杨玄感声称水路中有很多盗贼，不能按时运送。

当时，右骁卫大将军来护儿率领水军，准备从东莱入海，进军平壤。杨玄感派家奴伪装成从东方来的使者，假称来护儿谋反。

六月初三，杨玄感进入黎阳，关闭城门，大肆招集男丁，用帆布做头盔铠甲，部署官员，都按照隋文帝的旧制。向附近各郡发送文书，以讨伐来护儿为名，命令各郡发兵在黎阳仓会合。

杨玄感在运送粮草的民夫中，挑选出身强力壮的五千多人，丹阳、宣城的船夫三千多人，宰杀三牲，与大家盟誓，对他们说："主上无道，不顾念百姓，使天下骚扰，死在辽东的人数以万计，现在与你们起兵拯救百姓，怎么样？"大家都高呼万岁。

杨玄感与蒲山公李密[2]交情很好。准备谋反的时候，就偷偷派家童到长安，把李密召到黎阳，让他做自己的首要谋士。李密为杨玄感策划了三条计谋，杨玄感单单看中了李密的下策，也就是袭取东都，说："你的下策，正是我的上策啊！"

杨玄感进军攻打东都，到了七月中旬，还没有攻下来。这时，前来讨伐的右候卫将军屈突通已到达河阳，右翊卫大将军宇文述紧随其后。有人给杨玄感出主意，让他放弃洛阳，进入关中。

478

华阴杨家的族人请求为向导。二十日，杨玄感解除对东都的包围，率领军队向西进逼潼关，宣称："我已经攻破东都，现在要去攻取关西！"宇文述等各路军队跟随在后面。

杨玄感路过弘农宫，百姓挡在路上劝说杨玄感，说："弘农的宫城空虚，又有很多积蓄的粮食，很容易就能攻下。"杨玄感认为很对。

弘农太守蔡王杨智积对手下的官员说："听说杨玄感的大军即将抵达，想要向西夺取关中，如果他成功了，就很难攻克他了。应当用计谋牵制住他，让他无法前进，不出十天，就可以把他抓获。"

杨玄感的大军抵达城下，杨智积登上城墙大骂。杨玄感十分恼怒，于是就停止进军，留下攻城。

李密劝谏说："您现在假称西进，兵贵神速，何况追兵即将抵达，怎么能停留呢？要是前进不能占据潼关，退后又无地可守，大家逃散，要怎么保全自己？"

杨玄感不听，率领大军进攻，放火焚烧弘农城门。杨智积从城里放更大的火，杨玄感的士兵不能进城，过了三天仍然没有攻下城池，于是率领军队西进。

到达阌乡，宇文述、卫文升、来护儿、屈突通等各路军队在皇天原追上他。杨玄感率领军队登上槃豆，布下阵势，绵延五十里，一边交战一边进军，杨玄感一天里败了好几次。

八月初一，杨玄感在董杜原布阵，各路大军一起进攻，杨玄感大败，带领十几名骑兵逃往上洛。追赶的骑兵追上了杨玄感，杨玄感呵斥他们，追兵都转身退去。

到达葭芦戍，杨玄感和他的弟弟杨积善步行，知道自己不能幸免，就对杨积善说："我不能忍受别人的侮辱，你可以杀了我！"杨积善抽出佩刀杀死杨玄感，然后自杀，没有死掉，被追兵擒获，与杨玄感的首级一起押送到炀帝所在的地方。

相关链接

〔1〕杨玄感：？－公元613年，弘农华阴（今陕西华阴东）人，司徒杨素之子，官至柱国、礼部尚书。

〔2〕李密：公元582－619年，字法主，京兆长安（今陕西西安）人，祖籍辽东襄平（今辽宁辽阳南），隋末农民起义中瓦岗军重要领袖之一。

瓦岗寨起义

○ 品画鉴宝
黄釉武士俑（隋） 此俑姿态充满力量，铠甲极富质感，给人以咄咄逼人之势。

隋朝末年，各地起义不断，盗贼出身的翟让骁勇善战，于是李密游说他，准备和他共举大事。

韦城人翟让[1]是东都的法曹，因为获罪当被斩首。狱吏黄君汉惊奇于他的骁勇，夜里偷偷地对翟让说："翟法司，天时人事，也许是可以预料的，怎么能在监狱里等死？"

翟让惊喜地说："翟让，是关在圈里的猪，生死只听黄曹主的命令。"

黄君汉立刻给翟让打开枷锁，放他出来，翟让拜了两拜，说："我蒙受您的再生之恩，得以幸免，黄曹主您怎么办呢？"说完哭泣流泪。

黄君汉生气地说："本来以为你是个大丈夫，可以挽救百姓性命，才冒死放你出来，你怎么学小儿女的样子流泪感激呢？你自己努力逃脱吧，不要为我担心！"于是翟让逃到瓦岗[2]做盗贼。他的同郡人单雄信，骁勇矫健，擅长骑马用槊，招集年轻人前往投奔。

离狐人徐世勣家在卫南，十七岁，勇敢又有谋略，他劝说翟让，说："东郡对您与我来说都是乡里，很多人都认识，侵犯抢掠他们不太合适。荥阳、梁郡，汴水从那儿流过，我们抢掠行船，掠夺商旅，足以自给。"

翟让同意了，于是率领众人进入荥阳、梁郡的边境，抢掠公私船只，资用充足，归附的人越来越多，达到了一万多人。

当时聚众起义的人很多，蒲山公李密跟随杨玄感谋反失败，从雍州逃亡后，往来于各义军首领之间，向他们游说夺取天下的谋略。

程咬金

开始时大家都不相信，时间长了，逐渐有点相信，对彼此说："这个人是公卿子弟，有这样的志气，现在人们都说杨氏将要灭亡，李氏将要兴起，我听说能做王的人不会死，这个人多次被救，难道是这个人吗？"于是渐渐敬重李密。

李密观察各首领，只有翟让势力最强，于是由人引见，见到翟让，为翟让出谋划策，去游说那些力量小的盗贼，都归附了翟让。翟让很高兴，逐渐亲近李密，与他一起商议大事。

相关链接

〔1〕翟让：？－公元617年，东郡韦城县（今河南滑南）人，和李密同为隋末农民起义中瓦岗军重要领袖。

〔2〕瓦岗：在今河南滑县瓦岗寨乡。

李密退敌称公

在李密的劝说下，翟让起兵反隋，他们打开兴洛仓赈济百姓，并打败了前来讨伐的官军，于是李密称魏公，各路起义首领都前来响应。

隋义宁元年（公元617年）二月，李密游说翟让，说："现在东都空虚，士兵平时又不操练，越王杨侗[1] 年幼，留守的各官员政令不一致，士人百姓离心。段达、元文都两人，愚蠢没有谋略，按我的料想，他们不是将军的对手。将军如果能用我的计策，只要挥一挥军旗，天下就可以平定。"

于是派遣党羽裴叔方去侦察东都的虚实，留守东都的官员察觉到了，准备防卫，并派人骑马去江都[2] 奏报。

李密对翟让说："事情已经如此，不能不行动。兵法上说：'先发者制人，后发者制于人。'现在百姓饥饿，洛口粮仓里有很多积蓄的粮食，离东都只有几百里，将军如果亲自率领大军，轻装行军，前去偷袭，他们因为路程遥远，无法援救，事先又没有防备，夺取洛口粮仓，就像从地上捡东西一样容易。

"等他们得到消息，我们已经获得粮仓，然后发放粮食赈济穷困的百姓，远近之人谁不归附我们？百万大军，一个早晨就能召集起来。倚靠威名，养精蓄锐，以逸待劳，即使东都派军队前来，我们也有防备。

"然后，我们发布檄文号召四方，招集贤才豪杰询问计策，挑选骁勇强悍的，让他率领军队，消灭隋朝，发布将军的政令，岂不是一件壮举？"

翟让说："这是英雄的谋略，不是我能担当的。我只唯命是从，尽我的力量做事，请您先出发，我来殿后。"

初九，李密、翟让率领精兵七千人从阳城北边出发，越过方山，从罗口袭击兴洛仓，攻克，打开粮仓，随便百姓搬取。老人、虚弱的人还有抱着小孩的妇女，在路上络绎不绝。

杨侗派遣虎贲郎将刘长恭，光禄少卿房崱，率领步兵、骑兵两万五千人讨伐李密。当时东都的人都以为李密是因为饥饿而抢米的盗贼，只是乌合之众，容易攻破，所以争着来应募。国子等三馆的学士以及贵族、皇亲都来从军，器械严整，衣服华美，旌旗钲鼓十分齐全。

刘长恭等人率领军队充当前锋，让河南讨捕大使裴仁基等人的军队从汜水进入兴洛仓，掩袭李密军队的后部，约定十一日在兴洛仓城南面会合。李密、翟让详细得知了他们的计谋。

　　东都的官军先到，士兵们还没吃早饭，刘长恭等人就催促他们渡过洛水，在石子河西边布阵，军阵从南到北有十几里长。

　　李密、翟让挑选骁勇强壮的士兵，分成十队，命令四队埋伏在横岭下等待裴仁基，其余六队在石子河东岸布阵。刘长恭等看到李密的兵力少，很轻视他们。

　　翟让首先率领士兵交战，不利；李密率领的部队从侧面进攻，隋兵饥饿疲惫，于是大败。刘长恭等脱掉战袍，偷偷逃走，得以幸免，逃回东都，隋军士兵死伤的十有五六。杨侗赦免了刘长恭等人的罪过，慰问安抚他们。

　　李密、翟让把隋军的辎重、兵器、器械、铠甲全都缴获，威名大振。于是翟让推举李密为主，上尊号为魏公。十九日，设立坛场，李密即魏公位，称元年，大赦。李密拜翟让为上柱国、司徒、东郡公，其余的人也封官拜爵，各有等次。

　　于是赵、魏以南，江、淮以北，各地群盗莫不响应，都来归附李密。李密给他们全部封官授爵，让他们各自统领本部人马，设置百营簿来总管他们。前来归降的人络绎不绝，如流水一般，李密的部众达几十万人。

相关链接

〔1〕杨侗：？—公元619年，隋炀帝的孙子，封越王，隋炀帝死后，曾被拥立为
　　　皇帝，在位不足一年。

〔2〕江都：位于今江苏省江都市一带。

李世民才识过人，有安定天下的大志，他看到隋朝江山日趋末落，隋炀帝残暴荒淫，就劝其父唐公李渊起兵反隋。

　　唐公李渊[1]的二儿子李世民[2]，聪明、勇敢、果断，见识胆量过人，看到隋室混乱，暗中有安定天下的志向。李世民礼贤下士，散布钱财，结交宾客，得到他们的欢心。

　　晋阳宫监裴寂、晋阳令刘文静，两个人住在一起，看见城上的烽火，裴寂叹息着说："贫贱如此，又赶上乱世，怎么才能保全自己呢？"

　　刘文静笑着说："时事可以了解，我们二人相互信任，何必忧虑贫贱？"

　　刘文静看到李世民，认为他很不一般，就与李世民结交。他对裴寂说："李世民不是普通人，豁达如汉高祖刘邦，神武如魏武帝曹操，虽然年少，却不世出的人才。"裴寂最初并没有认同。

　　刘文静因为与李密联姻而获罪，囚禁在太原监狱。李世民去探望他，刘文静说："天下大乱，没有汉高祖、汉光武帝那样的贤才是不能安定的。"

　　李世民说："怎么知道没有？只是人们分辨不出来。我来探望你，不是出于小儿女的情谊，是想与你商议大事。你有什么计策吗？"

　　刘文静说："现在皇帝在南方巡游江淮，李密围逼东都，各路盗贼数以万计。在这个时候，如果有真命天子驾御这些人，夺取天下易如反掌。

　　"太原百姓为了躲避盗贼都搬进城里，我做过几年县令，知道其中的豪杰，一旦把他们集中起来，可得到十万人，你父亲率领的军队也有几万人，说一句话，谁敢不从！以这些兵力乘虚入关，号令天下，不出半年，帝王之业就可以完成。"

　　李世民笑着说："你的话正合我意。"于是暗中部署宾客，李渊都不知道。李世民担心李渊不答应，犹豫了很久，不敢告诉李渊。

　　李渊和裴寂以前有交情，二人经常在一起宴饮交谈，有时候从早说到晚。刘文静想让裴寂去劝说，于是引见裴寂和李世民结交。

　　李世民自己拿出几百万钱，让龙山令高斌廉与裴寂赌博，稍稍输给他。裴寂大喜，从此每天都跟着世民游乐，感情日益亲近。李世民把自己的谋略告诉了裴寂，裴寂答应为他劝说李渊。

　　恰好突厥人侵犯马邑，李渊派高君雅率领军队与马邑太守王仁

恭一起抵抗。王仁恭、高君雅交战失利，李渊担心被一起治罪，十分忧虑。

李世民乘机屏退左右，劝李渊说："现在主上无道，百姓穷困，晋阳城外都是战场。大人想要守住小节，但下有寇盗，上有严刑，危亡没有几天了。不如顺应民心，兴起义兵，转祸为福，这是上天授予的机会。"

李渊大吃一惊，说："你怎么说这种话，我现在就把你抓起来向皇帝告发！"于是拿来纸笔，要写奏表。

世民慢慢地说："我观察天时人事是这样，才敢说话。如果一定要告发我，我不敢推辞，愿意受死！"

李渊说："我怎么忍心告发你。你要谨慎，不要乱说！"

第二天，李世民又劝李渊说："现在盗贼日益增多，遍布天下，大人接受诏令讨伐盗贼，能讨伐完吗？总之，最后还是免不了要获罪。

"而且世人都传言，说李氏当应验图谶，所以李金才本没有罪，却在一个早晨被灭族。大人如果能消灭盗贼，则功劳高也没有赏赐，而自己却更加危险。只有昨天的话，可以挽救灾祸，这是万全之策，希望大人不要迟疑。"

李渊叹息着说："我一夜都在考虑你的话，很有道理，今天家破人亡也由你，保家为国也由你！"

在这之前，裴寂私下用晋阳宫的宫女侍奉李渊。李渊去裴寂那里喝酒，喝到酣畅的时候，裴寂从容劝说："二公子暗地里养兵买马，想做大事，正是因为我私自让宫女侍奉您，担心事情败露，一起被诛杀，所以才定这条应急的计策。大家的意见已经协商好了，您意下如何？"

李渊说："我的儿子的确有此谋划，事已至此，又能怎样呢？只能听从他的意见。"

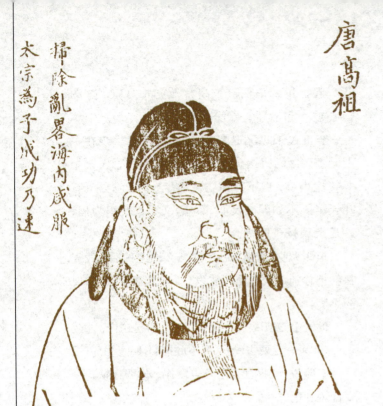

扫除乱暑海内咸服
太宗为子成功乃速

炀帝认为李渊与王仁恭不能抵抗突厥，派使者要把他们押到江都。李渊十分恐惧，李世民与裴寂等人再次劝李渊说："现在主上昏庸，天下动乱，尽忠没有什么好处。本来是交战失利，却牵连到您，事情已经很紧迫了，应该早点定下大计。

"何况晋阳的军队兵强马壮，宫监积蓄巨万，依靠这些起兵，还怕不成功吗？代王年幼，关中豪杰纷纷起兵，不知道要归附谁，您若敲响战鼓，向西进军，安抚他们，使他们归附，就如探囊取物一样容易。为什么要受一个使者的监禁，坐等灭亡呢？"

李渊认为很有道理，秘密部署军队，准备发动。恰好炀帝又接着派使者骑驿马赶来，赦免李渊与王仁恭，让他们恢复原来的官职。李渊的计划也就先搁置了。

相关链接

〔1〕李渊：公元566－635年，字叔德，陇西成纪（今甘肃秦安县北）人，祖籍赵郡（今河北赵县），母为隋文帝杨坚独孤皇后的姐姐，袭爵唐国公，于公元617年从太原起兵反隋，公元618年建立唐朝，定都长安，公元626年退位，庙号高祖。

〔2〕李世民：公元599－649年，李渊次子，始封秦王，为唐朝第二位皇帝，庙号太宗，公元627－649年在位，期间社会安定、经济繁荣、文化昌盛，被后人称为"贞观之治"，是我国历史上著名的治世。

　　刘文静等很多人也都劝李渊起兵，趁机夺取天下，经过一番犹豫和谋划，李渊正式起兵太原，反叛隋朝统治。

　　李渊任河东讨捕使的时候，请求让大理司直夏侯端为他的副手。夏侯端善于占卦，观察星象，以及给人相面。他对李渊说："现在玉床星摇动，帝座星不安，岁星在参宿的位置，一定有真命天子在这里兴起。不是您还有谁呢？主上猜忌残暴，特别猜忌各李姓家族，李金才已经死了，您不想变通，一定会成为李金才第二。"

　　李渊心里很是赞同。等到他留守晋阳，鹰扬府司马许世绪劝李渊说："图谶上有您的姓氏，歌谣里有您的名字，您掌握五郡的军队，身处的地方可以四面用兵。举兵起事，就可以成就帝业；安坐不动，则很快就会灭亡。希望您考虑！"

　　行军司铠武士彟、前太子左勋卫唐宪、唐宪的弟弟唐俭，都劝说李渊举兵。唐俭说："您在北面招抚戎狄，南面收罗豪杰，以此取得天下，这是商汤、周武的壮举。"

　　李渊说："商汤、周武不是我敢比的，为私要保全自己，为公要拯救动乱，你姑且自己注意，我会考虑。"当时李建成[1]、李元吉[2]还在河东，所以李渊迟迟没有发动。

　　刘文静对裴寂说："先发者制人，后发者制于人，为什么不早点劝唐公起兵，反而推迟拖延？何况你是宫监，却用宫人侍奉宾客，你死了也就算了，为什么要耽误唐公呢？"裴寂十分恐惧，屡次催李渊起兵。李渊于是让刘文静伪造敕书，征发太原、西河、雁门、马邑等地二十岁以上、五十岁以下的人，全部当兵，规定年底在涿郡集合，进攻高丽。因此人心惶惶，想造反的人越来越多。

　　等到反叛隋朝的刘武周占据汾阳宫，李世民对李渊说："大人受诏留守，盗贼却占据了离宫，如果不早点定下大计，灾祸就要降临了。"

　　李渊于是召集将领幕僚，对他们说："刘武周占据了汾阳宫，我们不能制服，罪当灭族，怎么办？"副留守王威、高君雅等人都很害怕，再三叩拜，请求计策。

　　李渊说："朝廷用兵，发动停止都要禀报，服从调度。现在盗贼在几百里之内，江都在三千里之外，道路险阻，还被别的盗贼占据，如果

依靠据城固守和不能变通的军队，抵挡狡猾且气势汹汹的敌人，一定无法保全。我们进退维谷，该怎么办呢？"王威等人都说："您既是宗室亲戚，又是贤德的大臣，与国家休戚相关，如果等着奏报，哪里来得及？关键是要平定盗贼，自己专断也可以。"李渊装作不得已只好听从的样子，说："这样就要先征集兵力。"

于是命令李世民与刘文静、长孙顺德、刘弘基等人各自招募兵马。远近的百姓奔赴聚集，十天之内就有了近万人。李渊秘密派人去河东召李建成、李元吉，去长安召柴绍。

王威、高君雅看到兵众聚集，怀疑李渊图谋不轨，对武士彠说："长孙顺德、刘弘基二人都是逃避征役的三侍，罪该处死，怎么能率领士兵？"想收捕长孙顺德与刘弘基。

武士彠说："这两个人都是唐公的宾客，如果这样做，一定会引起大乱。"王威等人只好作罢。留守司兵田德平想劝王威等人调查招募人的情况，武士彠说："讨贼之兵，都属于唐公，王威、高君雅只是寄身在唐公这里，他们能怎么样呢？"田德平也作罢了。

晋阳乡长刘世龙秘密报告李渊说："王威、高君雅想趁您在晋祠祈雨，做不利于您的事情。"

五月十四日夜，李渊让李世民率领士兵，埋伏在晋阳宫城外面。十五日清晨，李渊与王威、高君雅坐在一起处理公事，刘文静带着开阳府司马刘政会进来，站在庭院里，声称有密状。李渊看看王威等人，示意他们拿过状纸，刘政会不给他们，说："告发的是副留守的事情，只有唐公能看。"

李渊装作吃惊地说："怎么会有这样的事？"看了状子，说："王威、高君雅私下勾引突厥人入侵。"

高君雅拎起袖子大骂，说："这是谋反的人想杀我。"

当时，李世民已布置军队堵住街道，刘文静和刘弘基、长孙顺德等人一起逮捕了王威、高君雅，把他们关进监狱，李渊正式起兵，反叛隋朝。

相关链接

〔1〕李建成：公元589－626年，小字毗沙门，李渊长子，始封为太子，与李元吉皆死于玄武门之变。

〔2〕李元吉：公元603－626年，小字三胡，李渊第四子。

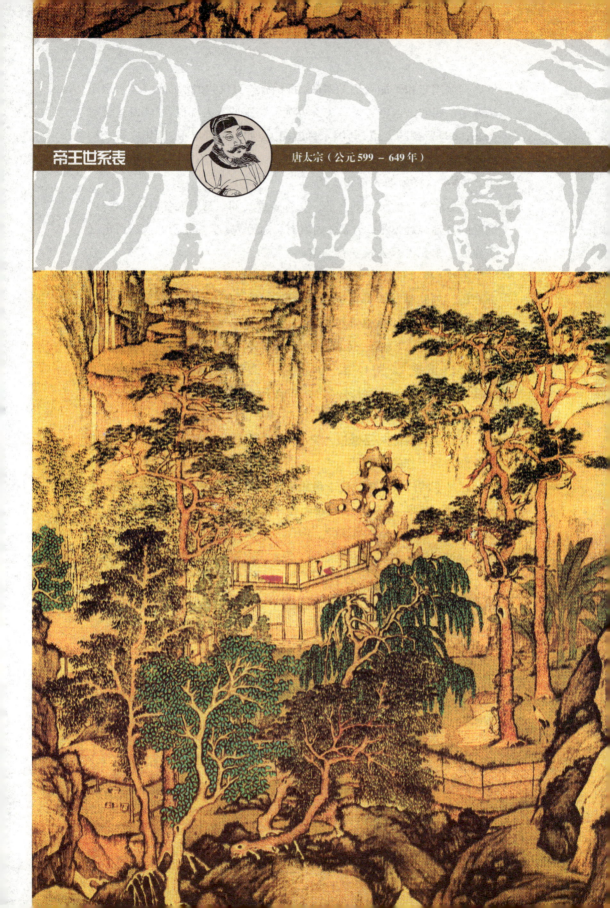

唐　唐　唐　唐　唐　唐　唐　唐　唐　唐　唐　唐　唐　唐　圣　唐　唐　唐　唐　唐
哀　昭　僖　懿　宣　武　敬　穆　宪　顺　德　代　肃　玄　中　神　睿　中　高　太　高
帝　宗　宗　宗　宗　宗　宗　宗　宗　宗　宗　宗　宗　宗　宗　皇　宗　宗　宗　宗　祖
李　李　李　李　李　李　李　李　李　李　李　李　李　李　李　帝　李　李　李　李　李
　　　　　　　　　　　　　　　隆　　　武　　　　　世
祝　晔　儇　漼　忱　瀍　湛　恒　纯　诵　适　豫　亨　基　显　曌　旦　显　治　民　渊

唐纪

公元 618 - 907 年

公元 618 年，李渊建立唐朝，以长安（今陕西西安）为都，后来又将洛阳设为东都。
公元 7 世纪时，唐朝达到其鼎盛状态，疆域东至朝鲜半岛，西达中亚咸海，南到越南
顺化一带，北包贝加尔湖。公元 690 年，武则天改国号"唐"为"周"，迁都洛阳，史
称武周，公元 705 年，唐中宗恢复大唐国号。安史之乱以后，唐朝日渐衰落，至公元
907 年梁王朱温篡位灭亡，共延续了二百八十九年，传了二十一位皇帝，其中包括中
国历史上著名的女皇帝武则天。

此外，唐朝在政治、经济、文化、外交等方面也有着十分辉煌的成就，是当时世界上
最强大的国家之一，对当时东亚邻国的政治体制和文化有很大的影响。天文学家僧一
行在世界上首次测量了子午线的长度，药王孙思邈著就了《千金方》。出现了世界上最
早的雕版印刷《金刚经》。中国的造纸、纺织等技术通过阿拉伯地区远传到西亚、欧洲。
同时，唐朝有着令人瞩目的文学成就，著名诗人层出不穷，陈子昂和"初唐四杰"，盛
唐时期的李白、杜甫、岑参、王维，中唐时期的白居易、韩愈、李贺、晚唐时期的李
商隐、杜牧是其中的代表。在军事方面，唐朝取得了中原王朝对大漠部落军事上的巨
大胜利。在经济方面，到了唐玄宗时期，唐朝经济已经远远超越了同时期的拜占庭以
及阿拉伯地区。

大事年表

- 公元 618 年／江都兵变，炀帝被杀。李渊称帝，建立唐朝，是为唐高祖。
- 公元 626 年／玄武门之变，唐太宗即位。
- 公元 630 年／唐灭东突厥。各族君长尊称唐太宗为"天可汗"。
- 公元 641 年／唐文成公主和吐蕃松赞干布结婚。
- 公元 645 年／玄奘去天竺学佛取经归来，带回佛经六百五十七部。
- 公元 649 年／唐太宗去世，高宗李治继位。
- 公元 690 年／武则天称帝，改国号为周。
- 公元 734 年／李林甫与裴耀卿、张九龄同任宰相。
- 公元 755 年／安禄山发动叛乱，南下攻陷洛阳。
- 公元 756 年／马嵬坡兵变。唐肃宗即位。
- 公元 757 年／唐军与回纥军收复长安、洛阳。
- 公元 762 年／唐代大诗人李白逝世。
- 公元 763 年／安史之乱结束。
- 公元 777 年／藩镇割据局面形成。
- 公元 780 年／宰相杨炎推行两税法。
- 公元 835 年／甘露之变。
- 公元 880 年／黄巢进长安，建立大齐政权。

隋炀帝不顾中原兵乱，依然巡幸江都，在那里过着更加荒淫的生活，他的部下也开始反叛，以宇文化及为首的一伙人把他绞死了。

隋炀帝不顾中原乱兵四起，巡幸江都，已经过了一年多。炀帝在江都，更加荒淫无道，宫里有一百多间房，每间的摆设都极度奢侈，里面住着美女，每天让其中之一做主人。

江都郡丞赵元楷负责供应酒食，炀帝与萧后以及宠幸的美女到处宴饮，酒杯不离口，随从的一千多美女也经常喝醉。

但是炀帝看到天下危乱，也经常忧虑不安，退朝后戴着幅巾，穿着短衣，拄杖步行，走遍宫里的台馆，不到天黑就不停止，急于观赏景色，唯恐看不够。

炀帝自己会占卜相面，喜欢说吴地的方言，经常夜里喝酒，抬头观望天象，对萧后说："外面有很多人图谋不轨，但我仍然不失为长城公陈叔宝，你也不失为沈后。姑且一起饮酒作乐吧！"然后倒满酒杯，喝到烂醉。

炀帝又曾经自己照着镜子，回头对萧后说："大好头颅，该由谁来砍呢？"

萧后吃惊地问原因，炀帝笑着说："贵贱苦乐，循环更迭，又有什么可伤心的？"

唐武德元年（公元618年），炀帝见中原已经混乱不堪，不想再回北方，想把国都迁到丹阳，据守江东。

当时江都的粮食吃完了，跟随炀帝来的骁果[1]大多是关中人，长期在外地，思念故乡，见炀帝不想回去，很多人都谋划叛逃回乡。

虎贲郎将司马德戡一向很得炀帝的信任，炀帝派他率领骁果，驻扎在东城。司马德戡与平时交好的虎贲郎将元礼、直阁裴虔通谋划，担心骁果们逃跑，他们也要获罪，打算一起逃跑。于是相互联络，公开商量叛逃的事情，没有顾忌。

有一个宫女告诉萧后："外面人人都想反叛。"

萧后说："你去奏报吧。"

宫女去报告炀帝，炀帝大怒，认为这不是宫女该说的话，就把她杀了。后来又有宫女告诉萧后，萧后说："天下的形势已经到这个地步，无可挽救了，何必再说呢？说了也只是让皇上白白地忧虑！"从此再也没有人进言了。

少监宇文智及也参与谋划，给他们出主意，认为逃跑也难逃一死，还不如趁机造反。于是推宇文智及的哥哥、右屯卫将军宇文化及 [2] 为首领，商量定了，才告诉宇文化及。

宇文化及生性驽钝怯懦，听说后，脸色大变，汗流满面，但最后还是听从了。

三月初十，司马德戡召集全体骁果官兵，把计划告诉他们，大家都说："唯将军之命是从！"

当天，大风刮得天昏地暗。司马德戡等人串通城门守卫，各城门都不上锁。三更时分，司马德戡在东城集合了几万人，点起火堆与城外呼应。炀帝看到火光，又听到外面的喧闹声，询问发生了什么事情。

当时正在值班的裴虔通回答说："草坊失火，外面的人正在扑救。"当时宫城内外隔绝，炀帝相信了他的话。

十一日凌晨，司马德戡等人率领士兵从玄武门入宫。炀帝听说发生了变乱，就换好衣服逃到西阁。

裴虔通和元礼让士兵撞开左阁门，魏氏开了门，于是进了永巷，问："陛下在哪里？"

一个美人出来，告诉了他们。校尉令狐行达拔出刀，直接冲了进去。炀帝躲在窗户后面对令狐行达说："你想杀我吗？"

令狐行达回答说："臣不敢，只想侍奉陛下西还长安而已。"于是扶炀帝下阁。

裴虔通以前是炀帝做晋王时的亲信，炀帝看见他，对他说："你不是我的老部下吗？有什么仇恨，让你要谋反？"

裴虔通说："臣不敢谋反，但将士想回乡，想尊奉陛下回京师而已。"

炀帝说："朕正准备回去，只是因为长江上游的粮船还没有到，既然这样，今天就和你们回去！"裴虔通于是布置士兵，看守炀帝。

等到天亮，鹰扬郎将孟秉派武装骑兵迎接宇文化及。宇文化及全身发抖，说不出话来，有来参见的人，他只会低头靠在马鞍上说罪过。宇文化及到达城门，司马德戡迎接他进入朝堂，称他为丞相。

裴虔通对炀帝说："百官都在朝堂，陛下应当亲自出去慰劳。"送上自己随从的坐骑，逼炀帝上马。炀帝嫌马鞍笼头破旧，换了新的才骑上去。

裴虔通牵着缰绳，提着刀，走出宫门。叛乱的士兵欢呼，声音震天动地。宇文化及扬言说："何必让这家伙出来，赶快拉回去结果了。"

　　炀帝问："虞世基在哪？"虞世基是内史侍郎。

　　乱党马文举说："已经斩首了。"

　　于是把炀帝带回寝殿，裴虔通、司马德戡等人拔出刀站在旁边。炀帝叹着气说："我有什么罪过，到这个地步？"

　　马文举说："陛下抛弃宗庙，不停地巡游，对外频频征伐，在内荒淫无度，使壮丁都死于刀兵，妇女抛尸野外，百姓困顿，盗贼四起，只任用奸佞阿谀的小人，掩饰过错，拒绝纳谏，怎么说没有罪过？"

　　炀帝说："我的确辜负了百姓，至于你们这些人，享尽荣华富贵，为什么还这样？今天的事情，谁是首领？"

　　司马德戡说："普天同怨，何止一人！"

　　宇文化及又派封德彝列数炀帝的罪过。炀帝说："你是士人，怎么也这样做？"封德彝羞愧脸红，退了下去。

　　炀帝喜爱的儿子赵王杨杲，当时十二岁，在炀帝身边不停地啼哭。裴虔通杀了他，血溅到炀帝的衣服上。

　　他们又要杀炀帝，炀帝说："天子有天子的死法，怎能动刀？拿毒酒来！"

　　马文举等不答应，让令狐行达按着炀帝坐下。炀帝自己解下练巾交给令狐行达，令狐行达绞死了他。

　　萧后和宫女撤下漆床板，做成小棺材，把炀帝和杨杲收敛在西院流珠堂。

　　当初，炀帝早已料到会遇难，经常用罂装着毒酒带在身边，对宠幸的美人说："如果贼人来了，你们先喝，然后我喝。"等到发生变乱，四下索要毒酒的时候，左右侍从都逃散了，竟然不能如愿。

相关链接

〔1〕骁果：骁勇果毅之意，隋炀帝所建立的新军的名字。隋炀帝南下江都时，骁果负责随行禁卫。

〔2〕宇文化及：？－公元619年，代郡武川（今内蒙古武川西）人，鲜卑族，隋朝将领宇文述的儿子。

李密降唐反唐

李密被王世充打败后，先是投靠李渊，后又背叛了他，在与唐朝军队的战斗中兵败被杀。

武德元年（公元618年），魏公李密打败了宇文化及，于是全力进攻东都洛阳。隋炀帝死后，越王杨侗被东都留守拥立为帝。郑国公王世充[1]发动政变，清除政敌，掌握东都大权。

李密虽然打败宇文化及，但也损失了许多兵马，士兵们也很疲劳。但他因东都军队屡次打败仗，而且内部自相残杀，认为可以很快就能平定。王世充专权后，重赏将士，修缮器械，也暗中打算谋取李密。

李密有些轻视王世充，没有修筑壁垒。王世充夜里派遣二百多名骑兵偷偷进入北邙山[2]，埋伏在山谷里，命令士兵们喂饱马。

九月十二日清晨，将要出战，王世充与大家盟誓说："今天出战，不只是争胜负，是死是生，也在此一举。如果胜了，富贵自然不用说。如果败了，没有一个人能幸免。我们为活下去而战斗，不只是为了国家，各位请努力！"

天色微亮，王世充率领士兵逼近李密。李密出兵应战，还没来得及布好军阵，王世充已进军攻击。王世充的士兵都是长江、淮河一带的人，剽悍骁勇，出入军阵像飞一样。

王世充事先找了一个面貌与李密很像的人，捆住他藏起来，战斗激烈的时候，让人拉着从阵前走过，大声叫喊，说："已经擒获李密！"士兵们都高呼万岁。

王世充命令埋伏的骑兵出击，从高处冲下来，直奔李密的军营，放火烧毁了营舍。李密的军队溃败，将领张童仁、陈智略都向王世充投降，李密与一万多士兵逃奔洛口。

守卫洛口仓的长史邴元真反叛李密。李密准备进入洛口城时，邴元真已经秘密派人去招王世充的军队了。李密知道但没有声张，于是与大家策划，等王世充军队渡洛水，渡到一半时再进攻。

王世充的军队抵达洛水，李密的侦察骑兵没能及时发现，等到想要出战的时候，王世充的军队已经全部渡过洛水了。李密估计自己不能抵挡，于是率领手下的骑兵逃奔虎牢。邴元真献出洛口城，向王世充投降。

496

　　李密无路可走，准备自杀向大家谢罪。手下大将王伯当抱着李密号啕大哭，昏了过去，大家全都伤心哭泣。

　　李密又说："幸得各位不抛弃我，一定一起返回关中。我虽然没有功劳，各位一定能保住富贵。"

　　李密最后带两万人入关，到长安后，有关部门对他们的供应很差，部下士兵接连几天没饭吃，大家无不抱怨。

　　李密原以为李渊会让他担任要职，结果只让他担任光禄卿、上柱国，赐爵邢国公，没有实权。朝中大臣多数看不起他，有些掌权的人还来索取贿赂，李密心里很不平衡。

　　李密向李渊献计，要求派自己去崤山以东，去收降王世充军中自己的旧部。李渊同意了，还派王伯当做他的副手，一起去收降。

　　十二月下旬，李渊让李密分出一半兵马留在华州，率领另一半军队出关。长史张宝德在行军途中，担心李密逃走，自己被牵连获罪，于是秘密上奏，说李密一定会叛变。

　　结果李渊改变了心意，又担心李密受到惊动，就颁下敕书犒劳，让李密留下军队慢慢前进，自己单独骑马入朝，接受新的调度。

　　李密抵达稠桑，接到敕书，知道朝中的谗言起了作用，李渊已产生猜疑，于是打算攻下桃林，起兵反叛。同行的贾闰甫反对，认为应按朝廷命令行事，表示自己没有异心，李密不听。

　　王伯当也劝阻李密，认为不能起事，李密不听。王伯当就说："义士的志向，不因为存亡而改变。您一定不听，伯当可以与您一同死，只是恐怕到头来也没有什么用处。"

　　李密决定起兵，于是抓住使者，把他杀了。三十日清晨，李密骗桃林县官说:"我奉皇上诏命,暂且返回京城,请让家人寄居在县舍。"

于是挑选几十名骁勇的士兵,穿上女人的衣服,戴上面罩,把刀藏在裙子下面,假称是自己的妻妾,亲自带着他们进入县舍。没过多久,这些士兵换了装束突然冲出来,乘机占据县城。

李密攻下桃林后,劫持百姓,驱赶着他们,径直奔向南山,凭借险要地势向东进发,派人骑马告诉以前的将领伊州刺史张善相,让他派兵接应。

右翊卫将军史万宝镇守熊州,对行军总管盛彦师说:"李密是骁勇的叛贼,又有王伯当辅助,现在决定反叛,几乎不可抵挡。"

盛彦师笑着说:"请用几千人拦截,一定能斩得李密的人头。"

史万宝问:"你有什么办法?"

盛彦师说:"兵法讲究'诈',不能告诉你。"

于是立刻率领士兵,翻过熊耳山,据守主要道路,让弓弩手埋伏在路两旁的高处,拿着刀盾的士兵埋伏在溪谷里,命令他们说:"等到叛贼一半过河,就同时出击。"

有人问他:"听说李密想去洛州,而您却进山,为什么?"

盛彦师说:"李密扬言要去洛州,其实是想出人意料,逃到襄城,投奔张善相。如果叛贼进了谷口,我们从后面追击,山路狭窄险峻,无法施展力量。他们只要派一个人殿后,我们就制服不了。现在我们先入谷,一定能擒获他们。"

李密已经过了陕州,认为剩下的都不值得忧虑,于是率领军队慢慢前进,果然翻过熊耳山,从山的南面出来。盛彦师攻击他们,李密部队首尾被切断,不能相互援救。盛彦师斩杀了李密和王伯当,把首级传送到长安。

相关链接

〔1〕王世充:?-公元621年,字行满,本姓支,原为西域人,因其母改嫁仪同霸城人王粲,故冒姓王。

〔2〕北邙山:即邙山,又写作北芒,在今河南洛阳东北。顾祖禹《读史方舆纪要·河南府》:"山连偃师、巩、孟津三县,绵亘四百余里,古陵寝多在其上……"。

公元618年，秦王李世民攻打自称秦帝的薛仁杲，占领了他的城池并将他在长安街市斩首。

武德元年（公元618年），唐高祖李渊任命秦王李世民为元帅，攻打薛仁杲。十一月，李世民率军抵达高墌。

当初，薛举自称秦帝，薛仁杲为太子，和大多数的将领有矛盾。薛举去世，他当皇帝后，众人心里疑忌不安，王国的势力也从此逐渐衰落。

薛仁杲派宗罗睺率领士兵抵挡李世民，宗罗睺几次挑战，李世民都坚守营垒，不肯出兵接战。

众将领都请求出战，李世民说："我军此前刚打了败仗，士气沮丧，敌人乘着胜利骄傲自满，轻视我们，应当紧闭营门等待。他们骄傲我们奋发，可以只打一仗，就攻克他们。"

于是下令军中："敢请战的人斩首！"

相持了六十多天，薛仁杲的粮草用尽，将领梁胡郎等人率领部下投降。李世民得知薛仁杲的将士人心离散，命令行军总管梁实在浅水原[1]扎营，引诱敌军。

宗罗睺大喜，出动全部精锐兵力进攻梁实。梁实遏守险要，不出兵交战。营地里没有水源，好几天士兵与军马都没有水喝。

宗罗睺的攻击非常猛烈，李世民估计敌军已经疲惫，告诉各将领说："可以进攻了！"

天色微亮，李世民命令右武侯大将军庞玉在浅水原布阵。宗罗睺集中兵力进攻庞玉，庞玉几乎不能抵挡，李世民率领大军出人意料地从浅水原北边冲过来，宗罗睺率领军队迎战。

李世民率领几十名骁勇的骑兵率先冲进敌阵，唐军内外奋力攻击，呼声震天动地，宗罗睺的军队溃败，唐军斩杀敌人几千名。

李世民率领二千多骑兵追击宗罗睺，窦轨拉住马劝谏说："薛仁杲还占据坚固的城池，虽然打败了宗罗睺，还是不能轻易进攻，请求暂且按兵不动，观察一会儿。"

李世民说："我已经考虑很久了，现在势如破竹，不能失去机会，舅舅不要再说了！"于是进攻。

薛仁杲在城下布阵，李世民沿着泾河[2]扎营，与他面对。薛仁杲

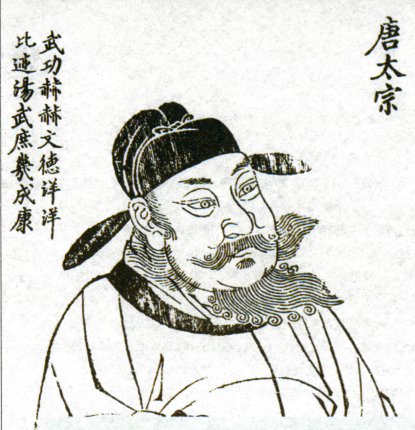

唐太宗

武功赫赫文德详详
比迹汤武庶几成康

手下的骁将浑斡等人到唐军阵前投降。薛仁杲惧怕，率领士兵进城拒守。天快黑的时候，唐大军相继抵达，包围了城池。

半夜，守城的士兵争着攀下城墙投降。薛仁杲没有办法，初八，出城投降。李世民得到薛仁杲精兵一万多人，百姓五万人。

众将领都来祝贺，问："大王打了一仗取得胜利，突然舍弃步兵，又没有攻城的器具，率骑兵直接攻到城下。大家都认为无法攻克，没想到很快夺取了城池，为什么？"

李世民说："宗罗睺的部下都是陇西人，将领士兵都很剽悍。我只是出其不意地打败他们，斩杀俘获并不多，如果停下攻势，他们都会退入城里，薛仁杲安抚以后，再次出战，就不容易攻克了。现在迅速追击，他们都会逃回陇西，城中虚弱，薛仁杲吓破了胆，没有时间谋划，所以被我攻克。"

大家听了，都心悦诚服。李世民回到长安后，在街市将薛仁杲斩首。

相关链接
〔1〕浅水原：今属陕西长武。
〔2〕泾河：发源于六盘山马尾巴梁，在陕西高陵汇入渭河，是六盘山脉中最大的一条河。

公元621年，李世民率兵攻打洛阳，俘虏了王世充以及前来助敌的夏王窦建德等人，洛阳平定。

唐武德四年（公元621年）二月，秦王李世民讨伐郑王王世充，进攻洛阳。李世民包围了洛阳宫城，城中守卫严密，李世民从四面进攻，昼夜不停，过了十多天还没有攻下。

三十日，王世充的郑州司兵沈悦派人到唐左武候大将军李世勣处请降。唐左卫将军王君廓连夜带兵偷袭虎牢，沈悦作内应，结果唐军攻取了虎牢。

三月，夏王窦建德[1]发兵援救洛阳，王世充的弟弟、徐州行台王世辩派手下将领郭士衡率领几千士兵与窦会合，共十几万人，号称三十万，在成皋东边的平地上扎营，与王世充互通消息。

李世民手下很多人都认为应该暂避锋芒，退到潼关，郭孝恪和记室薛收则主张据武牢之险，一举打败郑、夏二国。李世民采用后者的意见，急行军进入武牢。王世充在城墙上望见唐军行动，但摸不透对方意图，竟没有敢出击。

二十六日，李世民率领五百名骁勇的骑兵，出武牢城，到城东二十多里的地方，侦察窦建德的营地。沿路分别留下随行的骑兵，让李世勣、程咬金、秦叔宝分别率领，埋伏在路边，只剩下四名骑兵，与他一起前往。

李世民对尉迟敬德[2]说："我拿着弓箭，你拿着长枪跟随，就是有一百万人，又能拿我们怎么样？"又说："敌人看见我们就撤回，是上策。"

到了离窦建德营地三里的地方，遇上窦建德的巡逻兵，巡逻兵以为他们是侦察兵。李世民大喊说："我是秦王。"拉弓射箭，射死对方一名将领。

窦建德军大吃一惊，派出五六千名骑兵追击，跟随李世民的人都变了脸色。李世民说："你们只管在前面，我与敬德殿后。"

于是勒住缰绳慢慢地走，追兵快要追上的时候，就拉弓射箭，总能射死一个人。追兵害怕，于是停止追击，过了一会，又继续追赶，反复了好几次，每次追上来就一定有被杀的。李世民先后射杀几个人，尉迟敬德杀死十几个人，追兵不敢再逼近。

李世民故意徘徊，又稍微后退，引诱追兵到埋伏圈里，李世勣等奋

○ 品画鉴宝　仪卫图（唐）

力出击，大败敌军，斩首三百多人，擒获了窦建德的将领殷秋、石瓒，返回武牢。

窦建德在武牢受阻，无法前进，留在原地驻扎了一个多月，打了几仗也都没能取胜，将士们都想回去。凌敬劝窦建德渡过黄河，避免相持，从其他方向上对唐施压。但窦建德因为王世充不断告急，将领们又希望决战，所以最终没能采纳。

唐军的间谍报告说："窦建德探听到唐军草料用尽，在黄河以北牧马，准备袭击武牢。"

五月初一，李世民向北渡过黄河，从南面逼进广武，侦察敌军的形势，乘机留下一千多匹马，在黄河边放牧，以引诱窦建德。傍晚，返回武牢。

初二，窦建德果然带领全部兵力抵达，从板渚出发，兵出牛口布阵，北边倚着黄河，西边接近汜水，南面连接鹊山，横亘二十里，擂响战鼓进军。

唐军的将领都很害怕，李世民带着几名骑兵登上高丘观望，对众将领说："敌人从山东起兵，还没碰到过强敌。现在身处险境却如此喧嚣，是没有纪律。逼近城池布阵，是轻视我们。

"我们按兵不动，他们的锐气自然会衰竭。布阵时间一长，士兵饥饿，势必会自动撤退。那时我们再追击，一定可以取胜。我与你们约定，过了正午，一定可以打败他们！"

窦建德轻视唐军，派了三百名骑兵渡过汜水，在离唐军军营一里远的地方停下。派使者告诉李世民说："请挑选几百名精兵与他们耍耍。"

李世民派王君廓带领二百名长枪手应战，两方交战，有进有退，不分胜负，各自返回。

王琬骑着隋炀帝的青骢马，铠甲兵器都很新鲜，站在阵前向大家夸耀。李世民说："他骑的真是一匹好马！"

尉迟敬德请求前去夺取，李世民阻止他说："怎么能为了一匹马，而损失一名猛士？"

尉迟敬德不听，与高甑生、梁建方三人骑马径直冲进敌阵，擒获王琬，牵着他的马奔回，没有人敢阻拦。李世民让他招回黄河北岸的牧马，等他回来后一齐出战。

窦建德布好军阵，从早晨到中午，士兵饥饿疲惫，都坐了下来，又争水喝，前后徘徊，想要撤退。

李世民命令宇文士及带领三百名骑兵，从窦建德军阵的西边向南奔驰，告诫他说："敌人如果不动，你就带兵返回。如果有所举动，你就领兵向东进发。"

宇文士及到了窦建德军阵前，敌阵果然有所行动，李世民说："可以进攻了！"这时，尉迟敬德带着黄河滩上的牧马也已到了，于是下令出战。李世民率领骑兵先出发，大军紧随其后，向东涉过汜水，径直冲向敌阵。

窦建德的群臣正在朝谒，唐军骑兵突然抵达，群臣都聚拢到窦建德身边。窦建德急召骑兵抵挡，因为朝臣阻挡，骑兵过不去，窦建德挥手命令朝臣退下。进退之间，唐军已经冲到阵前，窦建德十分窘迫，撤退到东面的山坡。窦抗带兵进攻，战斗稍稍失利。

李世民率领骑兵赶去支援，所向披靡。淮阳王李道玄挺身冲入敌阵，径直冲到敌阵后方，又重新冲入军阵，进出好几次，射在身上的箭就像刺猬身上的刺一样，而勇气一点也不衰减，每次射敌人，敌人都应弦而倒。李世民把自己备用的战马给他，让他跟随在自己身边。

接着，各支军队大战，飞起的尘土遮住了天空。李世民率领史大奈、程咬金、秦叔宝、宇文歆等人卷起旗帜，冲进敌阵，从阵后冲出，再打开唐军旗帜。窦建德的士兵回头看见唐军军旗，立刻溃败，唐军追击逃兵追了三十里，斩首三千多人。

窦建德被长枪刺中，逃到牛口渚躲了起来。唐车骑将军白士让、杨武威追击他，窦建德掉下马来，白士让拿起长枪想刺，窦建德说："别杀我，我是夏王，能让你们富贵。"

杨武威下马捉住了窦建德，用备用马匹驮着他，去见李世民。

李世民斥责窦建德说："我们讨伐王世充，干你何事？为什么你要越过自己的领土，进犯我军？"

窦建德说："如今我若不自己来，只怕还要麻烦你远道攻取。"

窦建德的将士都溃败逃走，唐军俘虏了五万人。李世民当天就释放了俘虏，让他们返回家乡。

王世充的将领王德仁放弃洛阳老城逃跑，副将赵季卿献出城池投降唐军。李世民押着窦建德、王琬、长孙安世、郭士衡等人到洛阳城下，让王世充看。王世充与窦建德一边说话一边哭泣，李世民让长孙安世等人进城，说明失败的情况。

王世充召集将领们商议突围，准备向南投奔襄阳，将领们都说："我们依赖的是夏王窦建德，现在夏王已经被俘，就算突围，最后也不能成功。"

初九，王世充穿着白衣服，带领太子、群臣等二千多人到军营门前投降。李世民按礼节接待他们，王世充伏在地上，汗流浃背。

李世民说："你总是把我当成小孩，现在见了小孩，为什么如此恭敬？"

王世充叩头谢罪。于是分出部分军队，先进入洛阳，分别把守市场，禁止侵犯抢掠，没有一个人敢违犯。

李世民把王世充的重要党羽，在洛水边斩首。李世勣与王世充手下将领单雄信情同手足，曾发誓生死与共。李世勣就向李世民请求，说单雄信骁勇无比，希望以自己所有的官爵来赎单雄信，李世民不准。李世勣再三请求，仍然不能说动李世民，只好痛哭着退下。

单雄信对他说："我就知道你不会履行以前的誓言。"

李世勣说："我不是舍不得余生，不肯和兄长一起死，但我既然已经把自己交给国家，忠义就不能两全。况且我要是死了，还有谁来照顾兄长的妻儿子女呢？"

于是在大腿上割下一片肉，让单雄信吃了，说："我让这片肉随着兄长化为尘土，算是不负当年的誓言吧。"

相关链接

[1] 窦建德：公元573－621年，贝州漳南（今河北故城东北）人，隋唐交替之际河北起义军领袖，称夏王。

[2] 尉迟敬德：公元585－658年，名恭，字敬德，朔州鄯阳（今山西朔县）人，族出羌人尉迟部，唐朝著名大将，凌烟阁二十四功臣之一，中国传统两位门神之一，另一个是秦琼。

刘黑闼造反

刘黑闼是窦建德的老部下。窦建德覆亡后，他在别人拥立下起兵作乱，被打败投降突厥后又卷土重来，最终兵败身亡。

唐武德四年（公元621年）七月，原夏王窦建德的将领高雅贤、王小胡等人，因为害怕朝廷追究，谋划造反。

他们占卜的结果，姓刘的人为首领吉利，于是一同到漳南县，去见窦建德过去的将领刘雅，把计划告诉了他。

刘雅说："天下刚刚安定，我打算终老乡下，不想再起兵。"众人很不高兴，又怕他泄露阴谋，于是将刘雅杀了。

窦建德的汉东公刘黑闼[1]，这时在漳南隐居，这些将领就去拜见他，把起兵的计划告诉他，刘黑闼欣然从命。当时刘黑闼正在种菜，当即宰杀耕牛，和他们边吃边商定大计，聚集了一百来人。

十九日，刘黑闼等人起兵，袭击并占领了漳南县。随后攻城略寨，又得到窦建德旧部的响应，势力发展很快。

十一月十九日，刘黑闼攻下定州[2]，俘虏了定州总管李玄通，刘黑闼爱惜他的才能，想任命他为大将，李玄通不答应。

军中有李玄通的老部下，给他送来酒肉，李玄通说："各位可怜我被幽禁，拿酒肉来安慰我，我应当为你们一醉方休。"

酒喝得酣畅，李玄通对看守的卫士说："我能舞剑，希望借我一把刀。"

看守给了他一把刀，李玄通舞完后叹息着说："大丈夫蒙受国家厚恩，镇抚一方，不能保全镇守的领地，还有什么脸面活在世上？"于是举刀自杀，剖开肚子而死。唐高祖李渊听说后，为他痛哭流涕。

十二月初三，刘黑闼攻陷冀州，然后率领几万人马进逼宗城。当时唐黎州总管李世勣驻扎在宗城，闻讯放弃宗城，退保洺州。

十二日，刘黑闼追击李世勣，打败唐军，杀死步兵五千人，李世勣只身逃脱，洺州当地豪强翻过城墙响应刘黑闼，刘黑闼随即进入洺州州城。

此后十天，刘黑闼率军攻陷相州，捉住州刺史房晃。又往南攻取黎、卫二州。刘黑闼起兵半年，全部恢复了当年窦建德的领地。

武德五年（公元622年）正月，刘黑闼自称汉东王，在洺州定都。刘黑闼的政治法律，全都效仿窦建德，但刘黑闼作战勇猛果断，远远超过窦建德。

当月，唐幽州总管李艺，率领部下的几万军队，与秦王李世民会合，一起讨伐刘黑闼。

三月，李世民和李艺在洺水以南扎营，另外还分出军队驻扎在洺水北岸，与刘黑闼对峙。

两军相持不下，李世民推测刘黑闼的粮草已经用尽，一定会来决战，于是命人在洺水上游修筑堤坝，对看守堤坝的官吏说："等我与敌军交战的时候，就决堤放水。"

二十六日，刘黑闼率领步兵、骑兵两万人，向南渡过洺水，逼近唐军军营布阵。李世民亲自率领精锐骑兵进攻刘黑闼的骑兵，大败敌军，乘胜驰马冲击刘黑闼的步兵。

刘黑闼带领军队殊死决战，从中午到黄昏，交战了好几个回合，刘黑闼的士兵快要不能支持了。

王小胡对刘黑闼说："我们的谋略力量都已耗尽，应该早点逃走。"于是王小胡与刘黑闼先行逃跑，其余的士兵不知道，仍然继续战斗。

唐军看守堤坝的官吏决开堤坝，洺水冲进战场，有一丈多深。刘黑闼的军队溃败，被斩首一万多人，淹死的有几千人，刘黑闼与范愿等二百人骑马逃奔突厥，唐军平定了整个山东。

六月，刘黑闼带着突厥军队入侵定州，他的旧部又召集兵马响应。朝廷任命淮阳王李道玄为河北道行军总管，讨伐刘黑闼。

九月，刘黑闼攻陷瀛州，杀死刺史马匡武。盐州人马君德占据州城，叛归刘黑闼。

十月，李渊下诏，任命李元吉为领军大将军、并州大总管，让他在峰山以东讨伐刘黑闼。

十七日，淮阳王李道玄与刘黑闼在下博交锋，唐军失败，李道玄被刘黑闼杀死。当时李道玄率领三万兵力，与副将史万宝没有协调好，李道玄率领骑兵率先冲进敌阵，让史万宝率领大军紧随。

史万宝却按兵不动，对他的亲信说："我奉皇帝敕令，因为淮阳王是个小孩子，所以军事都委托给老夫。现在淮阳王轻举妄动，如果与他一起进攻，一定会一起败亡，不如用淮阳王作饵，引诱敌人。淮阳王失败，敌人一定争着前进，我摆下坚阵等候，一定能攻破敌人！"

故此，李道玄孤军深入敌阵，战败覆亡。史万宝率领军队准备作战，但士兵都丧失斗志，唐军于是溃败，史万宝逃回京城。

李道玄多次跟随李世民出征，死的时候才十九岁。李世民十分痛惜，对人说："道玄经常跟着我征伐，看见我深入敌阵，心里羡慕，想要效仿，以至于此。"为他痛哭流涕。

十二月，刘黑闼攻打魏州，没能攻下，太子李建成、齐王李元吉率大军到昌乐，两军两次列阵对峙，但都没有交战。不久后刘黑闼军粮吃完，部众逃亡了很多，有的将自己的头领绑起来投降唐军。

刘黑闼担心城里的唐军出来，自己受夹击，于是连夜退逃。逃到馆陶，永济桥还没修好，不能过河。刘黑闼背水布阵，见桥搭好，立刻过桥逃走，结果他的部下迅速崩溃。唐军过桥追击，才过了一千多骑兵，桥就塌了，因此刘黑闼才得以与几百名骑兵逃走。

武德六年（公元623年），正月初五，刘黑闼任命的饶州刺史诸葛德威俘虏了刘黑闼，献出城池，投降唐军。

当时，太子李建成派遣骑兵将领刘弘基追击刘黑闼，刘黑闼被唐军追赶，不停地奔逃，不得休息，到达饶阳时，随行的只有一百多人，十分饥饿，疲惫不堪。

诸葛德威出城迎接刘黑闼，请他进城，刘黑闼不愿意。诸葛德威流着泪坚持请求，刘黑闼于是答应了，到城墙旁的市场休息。

诸葛德威给他送来食物，还没吃完，就带兵把他抓了起来，押送到李建成那里，连同他的弟弟刘十善在洺州被斩首。

刘黑闼临刑前感叹说："夏王败亡时，我有幸逃过，好好地在家里锄地种菜。谁知被高雅贤等人所误，落到了这般下场！"

相关链接

〔1〕刘黑闼：？－公元623年，清河漳南（今河北武城漳南）人，隋唐交替之际河北起义军领袖，曾在李密、窦建德等人麾下做事。

〔2〕定州：今河北省定州市一带。

辅公祏于江南作乱，自称皇帝，国号为宋。唐军前往讨伐，辅公祏溃败，江南得以平定。

吴王杜伏威与淮南道行台仆射辅公祏交情很好，辅公祏年纪大，杜伏威像对待兄长一样对待他，军中都称辅公祏为伯父，敬畏他如同敬畏杜伏威一样。

杜伏威逐渐猜忌辅公祏，于是任命自己的养子阚稜为左将军，王雄诞为右将军，暗中削夺了辅公祏的兵权。辅公祏知道以后，心里忿忿不平，就假装和他的老朋友左游仙学道，修炼辟谷术[1]，以掩饰自己。

武德五年（公元 622 年），杜伏威入朝，临走时留下辅公祏守卫丹杨，命令王雄诞掌管军队，作辅公祏的副手，私下里对王雄诞说："我到了长安，如果没有失去职位，千万不要让公祏发动什么变乱。"

到了第二年，左游仙劝说辅公祏谋反，但是王雄诞掌握兵权，辅公祏无法发动，于是假称收到杜伏威的来信，怀疑王雄诞有二心。王雄诞听说后很不高兴，借口生病，不去处理公事，辅公祏因此夺取了王雄诞的兵权，让自己的党羽西门君仪告诉王雄诞谋反的计划。

王雄诞这才醒悟，后悔莫及，说："现在天下刚刚平定，吴王又在京师长安，大唐军队一到，所向披靡，为什么无缘无故地自取灭族呢？王雄诞只有一死而已，不能听从命令。现在跟随你做忤逆之事，不过延长一百天的性命而已，大丈夫怎能吝惜短暂的生命，而陷自己于不义呢？"辅公祏知道不能让他屈服，就勒死了他。

王雄诞善于安抚部下，能让士兵为他效命，而且纪律严明，每次攻破城邑，都秋毫无犯。他死的那天，江南军中将士与民间百姓都为他流泪哭泣。

辅公祏又假称杜伏威不能返回江南，送来书信命他起兵，于是大肆整修武器，运粮储备。过了不久，在丹杨称帝，国号为宋，修复以前陈朝的宫殿居住，设置百官，任命左游仙为兵部尚书、东南道大使、越州总管。

高祖李渊下诏，命赵郡王李孝恭、岭南道大使李靖[2]等率军讨伐。李孝恭准备出发的时候，与将领们举行宴会，命人取水，取来时忽然变成了血，在座的人都大惊失色。

　　李孝恭神色不变，举止自如，说："这是辅公祏将要灭亡的征兆！"说完一饮而尽，大家由惊而喜，佩服得五体投地。

　　武德七年（公元624年），三月十六日，李孝恭在芜湖打败辅公祏，攻克梁山等三处据点，接着进攻丹杨。

　　在这之前，辅公祏派遣手下的将领冯慧亮、陈当世率领三万水兵驻扎在博望山，陈正通、徐绍宗率领三万步兵、骑兵驻扎在青林山；又在梁山用锁链切断了江中的航道；还修筑了却月城，绵延十几里；又在长江西岸修筑营垒，以抵抗唐军。

　　李孝恭与李靖率领水军在舒州驻扎。李世勣率领一万步兵渡过淮河，攻取寿阳，驻扎在硖石。冯慧亮等人坚守壁垒，不出兵交战，李孝恭派出奇兵，切断敌人的运粮通道。冯慧亮等人的军队缺乏粮草，半夜，派出士兵逼近李孝恭的军营，李孝恭坚持不出战。

　　李孝恭召集众将领商议军事，大家都说："冯慧亮等人兵力强盛，占据了水陆险要，进攻他们不可能很快取胜。不如直接进军丹杨，趁他们没有防备，袭击他们的老巢。丹杨溃败后，冯慧亮等人自然就会投降！"

　　李孝恭准备采纳众将领的意见，李靖说："辅公祏的精锐部队虽然就在这水陆两支军队，但是他自己统率的士兵也不少。现在博望的各营寨都攻不下来，辅公祏依据石头城自保，又哪里是容易攻克的？

　　"进军攻打丹杨，十天半个月是攻不下来的。冯慧亮等人跟在我们背后，我军腹背受敌，这是危险的方法。冯慧亮、陈正通都是身经百战的老将，不是他们不想出战，而是辅公祏定下的计策，让他们按兵不动，想以此拖垮我军而已。我们现在进攻他们的营垒，向他们挑战，可以一举攻破！"

510

○ 品画鉴宝 狩猎纹菱花镜（唐）

此器有圆钮，以钮为中心置四株树木和四座山峦，山树周围饰四组狩猎纹，表现手法写实，场面生动。

　　李孝恭很是赞同，于是先派羸弱的士兵进攻敌人营垒，而调遣精锐部队摆开军阵，等待敌军。进攻营垒的部队失败撤退，敌军出兵追击，追了几里地，遇到唐军精锐，与之交战，大败唐军。

　　在这危急关头，阚稜摘下头盔，对敌军说："你们不认识我吗？胆敢前来与我交战？"敌军中有很多阚稜的旧部下，都失去了斗志，还有人向阚稜行礼，叛军因此溃败。

　　李孝恭、李靖乘胜追击败兵，转战一百多里，博山、青林两处的敌军全都溃败，冯慧亮、陈正通等人逃回丹杨，被唐军杀伤及淹死的有一万多人。

　　李靖的部队先赶到丹杨，辅公祏十分惊慌，率领几万兵马，抛弃丹杨城向东逃跑，想到会稽投奔左游仙。李世勣在后面追击。

　　辅公祏到了句容，随从的军队能跟上他的只有五百人。晚上，在常州宿营时，他手下的将领吴骚等人谋划将他抓起来。辅公祏觉察到他们的阴谋，抛弃妻子儿女，自己单独一人带领几十名心腹，冲破关卡逃走。

　　辅公祏逃到武康，被乡民攻击，西门君仪战死。乡民们抓住了辅公祏，把他送到丹杨斩首示众。唐军又分头搜捕剩余的党羽，全部处斩，江南地区全部平定。

相关链接

〔1〕辟谷术：又称却谷、绝谷、休粮或绝粒等，即不食人间五谷杂粮，古代道家认为这是凡人修炼成神仙的途径之一。

〔2〕李靖：公元571－649年，字药师，京兆三原（今陕西咸阳）人，唐朝著名的将领和军事家，凌烟阁二十四功臣之一。

李世民退突厥

突厥可汗颉利、突利率领大军南下侵犯，李世民答应了其和亲的请求，然后双方订立盟约而退之。

武德七年（公元624年）八月，突厥的颉利[1]、突利两可汗率领全国兵马进犯，营帐连接，向南进军，唐高祖李渊派秦王李世民率领军队抵抗。

恰好关中地区下雨，下了很久都不停，粮食运输受阻，将士们因行军跋涉而疲惫不堪，兵器锈钝，器械残破，朝廷百官与军中将领都很担忧。

李世民在豳州[2]与突厥相遇，调度军队，准备交战。十二日，突厥可汗率领骑兵一万多人，突然奔到豳州城西面，在五陇阪布阵，唐军将士都很受震动，恐惧不已。

李世民对李元吉说："现在突厥进逼我军，我们不能向他们示弱，应当与他们决一死战，你能和我一起去吗？"

李元吉害怕地说："突厥军队的阵势这么强大，为什么要轻易出击？万一失利，后悔还来得及吗？"

李世民说："既然你不敢出战，我就独自前往，你留在这里观望吧。"李世民就率领骑兵，疾驰到突厥阵前，对他们说："我国与可汗和亲，你们为什么违背盟约，深入到我国的领土来？我就是秦王，如果可汗能够战斗，就独自出来与我比试。如果可汗让大家一齐上，我就只用这一百名骑兵抵挡。"颉利猜不出李世民的用意，只是笑了一笑，没有回答。

李世民又向前推进，派遣骑兵告诉突利说："以前你我订有盟约，约定有危难的时候互相援救。现在你却率领兵马进攻，哪里还有盟誓时的情谊？"突利也没有回答。

李世民又向前推进，准备渡过一条河沟。颉利看到李世民轻易出阵，又听到他说盟誓的话，怀疑突利与李世民有阴谋，于是派人阻止李世民，说："秦王不必渡过河沟，我没有别的意思，只想与秦王重申并加强盟约而

○ 品画鉴宝　男侍图（唐）

已。"于是，颉利率领兵马稍稍后退。

　　此后的日子里，大雨仍然下个不停，李世民对众将领说："突厥兵倚仗的是弓箭，现在雨下个不停，弓上粘筋弦的胶溶化松弛，弓箭不能用了，他们就像飞鸟折断了翅膀一样。我们居住在房屋里，吃的熟食，兵器锐利，以逸待劳。不趁着这个机会，还要等到什么时候呢？"

　　于是在夜里偷偷出兵，冒雨前进，突厥军队大惊。李世民又派人向突利陈述利害关系，突利很高兴，听从了。颉利想要出战，突利不答应，颉利就派遣突利和他的堂叔、夹毕特勒阿史那思摩，前来拜见李世民，请求和亲，李世民答应了。

　　突利此后主动依托李世民，请求与李世民结拜为兄弟。李世民也以恩义安抚他，与他订下盟约，然后送他离去。

相关链接

〔1〕颉利：？—公元634年，突厥族，东突厥可汗，于公元620年继其兄处罗为颉利可汗，以后母（隋义成公主）为妻，一时军事力量比较强大，给唐朝统一带来了一定障碍。突利是颉利的侄子。

〔2〕豳州：古代地名，在今陕西彬县、旬邑一带。

玄武门之变

太子李建成、齐王李元吉忌妒李世民的功劳，想除掉他，李世民知道后先发制人，在玄武门布置兵力，趁上朝时杀掉了他们，历史上称这件事为"玄武门之变"。

唐武德九年（公元626年），天下已定，太子李建成、齐王李元吉妒忌秦王李世民的军功，嫌隙越来越深，与后宫的嫔妃一起，日夜在高祖李渊面前说李世民坏话，李元吉还劝李渊杀掉李世民。

秦王府中人人自危。李建成和李元吉更是想尽种种办法，或是治罪关押，或是任职外派，或是诬陷驱逐，把李世民身边的人弄走，削弱他的力量。秦王府中，李世民的亲信所剩寥寥。

正好突厥入侵，李建成便推荐李元吉，让他代替李世民督率各军北伐。李元吉请求派李世民手下大将尉迟敬德、程咬金[1]等一起前往，还挑选秦王军中的精锐士兵，充实自己的军队。

李建成见李元吉得到李世民的将兵，让他趁李世民为他钱行的时候，埋伏武士刺杀李世民。李世民得知后，便与长孙无忌、尉迟敬德、房玄龄、杜如晦等人商议，决定发动事变，诛杀李建成和李元吉。

六月初三，李世民呈上密奏，称李建成和李元吉与后宫嫔妃淫乱，而且说："我没有丝毫对不起哥哥与弟弟的地方，但现在他们却想杀我，像是要为王世充和窦建德报仇。我如今含冤而死，永远离开君亲，魂魄回到地下，实在耻于见那些被我诛杀的贼人！"

李渊看了奏章，惊愕不已，回复说："明天就调查这件事，你应该尽早入朝参见。"

初四，李世民率领长孙无忌等人入朝，在玄武门埋伏士兵。

张婕妤暗中得知了李世民上表的内容，急忙告诉李建成。李建成把李元吉叫来商量，李元吉说："我们应当控制住东宫与齐王府的军队，借口生病，不去上朝，以观察形势。"

李建成说："军队的防备已经很周密，我与你应当入朝参见，亲自询问消息。"于是一起入宫，走向玄武门。

当时，高祖已经召见裴寂、萧瑀、陈叔达等人，准备调查这件事了。李建成与李元吉走到临湖殿的时候，察觉到情形不对，立刻调转马头，准备往东返回东宫和齐王府。

李世民从后面叫他们，李元吉拉开弓射李世民，拉了好几次都没有

○品画鉴宝 持笏给使图（唐）

把弓拉满。李世民射李建成，一箭就把他杀了。尉迟敬德带领骑兵七十人随即赶到，他身边的士兵把李元吉射下马来。

李世民的坐骑奔入树林，被树枝挂住，倒在地上起不来。李元吉随即赶到，夺过弓，准备把李世民勒死，尉迟敬德打马赶来呵斥住他。李元吉想逃到武德殿，尉迟敬德追着射他，把他杀了。翊卫车骑将军冯立听说李建成死了，叹息说："怎能活着的时候蒙受别人的恩惠，死了就逃避别人的灾难吗？"就与副护军薛万彻、屈咥直府左车骑谢叔方率领东宫和齐王府的精兵两千人，迅速赶往玄武门。

张公谨[2]力气很大，独自关闭城门，冯立等人无法入城。

云麾将军敬君弘掌管宿卫军，驻扎在玄武门，准备出战。亲近的人阻止他说："事态还不清楚，姑且观察形势变化，等卫兵集合，排好阵形再出战，也为时不晚。"敬君弘不听，与中郎将吕世衡大声呼喊着冲上去，全都被杀死。

守卫玄武门的士兵与薛万彻等人奋力交战，双方打了很久。薛万彻擂鼓大喊，准备进攻秦王府，将士们都很恐惧。这时，尉迟敬德提着李建成和李元吉的首级给他们看，东宫和齐王府的兵力立刻溃散，薛万彻与骑兵几十人逃进终南山。

冯立杀了敬君弘，对手下的人说："这也可以稍稍报答太子了。"于是，他脱下战袍，逃奔到野外。

高祖李渊正在海池划船，李世民让尉迟敬德入宫宿卫，尉迟敬德穿着铠甲，手握长予，直接来到高祖所在的地方。

李渊大惊，问他说："今天谁作乱？你到这里来干什么？"

尉迟敬德回答说："秦王因为太子和齐王作乱，举兵诛杀了他们。唯恐惊动了陛下，所以派臣来宿卫。"

李渊对裴寂等人说："想不到今天竟然会发生这样的事，该怎么办呢？"

萧瑀和陈叔达说："建成与元吉本来就没有参与反隋的义举，对天下也没有功劳，还嫉妒秦王功高望重，一起策划阴谋。现在秦王已经声讨诛杀了他们，秦王功盖寰宇，天下归心。如果陛下能够立他为太子，委托国家大事，就不会再有什么事情了。"

李渊说："好！这也正是我一直的心愿啊。"

当时，宿卫军、秦王府兵与东宫、齐王府的士兵还仍然在交锋，尉迟敬德请求李渊颁布亲笔敕书，命令各军都由秦王处置，李渊答应了。天策府司马宇文士及由东上阁门出来宣读敕令，大家听了，都安定下来。李渊又让黄门侍郎裴矩到东宫通报各将士，将士们都放下武器，各自逃散。

李渊传召见李世民，安抚他说："近日来，我差点听信别人的挑拨而怀疑你。"李世民跪下来，趴在高祖的胸前痛哭，哭了很久。

初七，李渊立李世民为皇太子，并下诏说："从今往后，军队和国家的事务，不论大小，全都交给太子处置决断，然后再奏报给我。"

八月初八，李渊颁下诏书，将皇位传给太子李世民。李世民再三推辞，李渊不答应。第二天，李世民在东宫显德殿即位，就是唐太宗。

相关链接

[1] 程咬金：公元 593－665 年，字义贞，济州东阿（今山东东阿）人，唐朝大将，凌烟阁二十四功臣之一。

[2] 张公谨：公元 594－632 年，字弘慎，魏州繁水（今属河北）人，唐朝将领，凌烟阁二十四功臣之一。

唐太宗李世民即位后，居安思危、励精图治，出现了社会安定、国家富强的大好局面，史称"贞观之治"。唐太宗是我国历代帝王在政治上的楷模之一。

唐太宗李世民即位为帝，改年号为贞观。太宗居安思危，励精图治，任用贤良，从谏如流，实行轻徭薄赋、疏缓刑罚的政策，终于促成了国家富强、社会安定、百姓安居乐业的升平景象，史称"贞观之治"。

太宗与群臣讨论消灭强盗，有人主张制订严刑峻法，太宗不以为然，认为百姓之所以做强盗，是因为赋役太重，官吏贪暴，以至于饥寒交迫，才铤而走险，所以应该减轻赋税和徭役，整顿吏治。如此过了几年，天下太平，路不拾遗，夜不闭户，客商行旅可以在野外露宿。

太宗曾对身边的大臣说："君主依靠国家，国家依靠百姓。剥削百姓侍奉君主，就像割下身上的肉来充饥，吃饱了人也死了，君主富足而国家灭亡。所以君主的忧虑，不来自于外界，往往是在自身。欲望多则花费大，花费大则赋税繁重，赋税繁重则百姓忧愁，百姓忧愁则国家危殆，国家危殆则君主不保。朕经常考虑这些，所以不敢放纵欲望。"

太宗对大臣裴寂说："最近很多提建议的奏章，朕都把它们贴在寝宫的墙上，进出的时候可以阅读，经常思考治国之道，有时到深夜才入睡。你们也应当恪尽职守，不要辜负朕的这番心意。"

太宗神采英武刚毅，群臣进见的时候，都惊慌失措。太宗知道后，每次朝见大臣奏事，都神色温和，希望听到规劝净谏。

太宗曾经对公卿说："人想看见自己的样子，一定要借助明镜。君主想自己知道过失，一定要依靠忠臣。如果君主刚愎自用，自以为贤，大臣阿谀奉承，刻意迎合，君主就会失去国家，大臣又怎能独自保全？像虞世基等人，谄侍隋炀帝以求保住富贵，结果炀帝被杀，世基等人也都受诛。希望你们引以为戒，事情总有得失，不要吝啬，畅所欲言！"

贞观四年（公元630年），四方各民族首领都到宫殿前，请求给太宗上尊号，称"天可汗"。

太宗说："我是大唐的天子，又要负责可汗的事务吗？"朝廷群臣及各民族首领一起高呼万岁。从此以后，太宗给西北各族首领的玺书中，都自称"天可汗"。

贞观五年（公元631年），河内人李好德得了心病，胡乱说话，妖言惑众，太宗下诏审理此事。

大理丞张蕴古上奏说："好德生病有证据，依法不应治罪。"

治书侍御史权万纪弹劾说："张蕴古籍贯在相州，李好德的哥哥李厚德为相州刺史，张蕴古为了讨好李厚德，所以弄虚作假。"

太宗大怒，下令将张蕴古斩首，很快又后悔了，于是下诏说："从今以后凡是死罪，即使下令立即处决，也要三次复奏后才能执行。"

当年十二月，太宗因为自己虽然下令死刑犯被处决前，要经过三次复奏，但有关部门往往流于形式，在片刻之间完成三次复奏，于是颁下制书，增加复奏次数。结果很多被冤枉或是判刑过重的人，因此而免于死罪。

第二年年底，太宗亲自审核监狱囚犯，见到应该处死的人，心生怜悯，就放他们回家，但是约好到秋天就回来受死。并且下令，把全国的死刑犯都放回家，让他们到期赶往京师。

又过了一年，当初放回家去的死刑犯，全国共有三百九十人，在没有人监督管理的情况下，都自己按期来朝堂上报到，没有一个人逃亡。太宗把他们全都赦免了。

太宗对执政的官员说："朕常常担心因为个人喜怒而妄行赏罚，所以希望你们诤谏。你们也应接受别人的劝谏，不能因为自己的要求，而讨厌别人违背自己的意思。如果自己不能接受劝谏，又怎么能劝谏别人？"

太宗问魏征[1]："群臣上书，很多都说得有道理，可以采纳；等到召见他们，当面询问的时候，都语无伦次，为什么？"

魏征回答说："我观察各部门的上奏，经常思

○ 品画鉴宝

唐太宗评字图（清）任颐／绘 图绘唐太宗命虞世南、褚遂良等大臣审定王羲之书法的故事。作者自出心裁，所绘人物须眉毕现，几近活人。

518

考好几天，等到了陛下面前，三分说不出一分。何况进谏的人担心触怒陛下，陛下如果不和颜悦色，怎么敢畅所欲言呢？"

从此，太宗在接见大臣的时候，言辞神色更加温和，曾经说："隋炀帝多猜忌，临朝的时候很少和群臣说话。朕不这样，与群臣亲近得像一个人一样。"

太宗曾经问身边的大臣："创业与守成哪个更难？"

房玄龄[2] 说："建国之初，我们与群雄一起举义，以实力相竞争，然后使之臣服，创业难啊！"

魏征说："自古以来的帝王，都是从艰难中夺取天下，在安逸中失去天下，守成更难！"

太宗说："玄龄与我共同夺取天下，出生入死，所以知道开创大业的艰难。魏征与我共同安定天下，经常担心因为富贵而生出骄傲奢侈，因为轻忽而生出灾祸变乱，所以知道守成的艰难。然而创业的艰难，已经过去了；守成的艰难，正应当与各位慎重面对。"

玄龄等人叩拜，说："陛下这样说，是天下百姓的福气！"

太宗善于驾驭臣下，让他们为自己效力。李世勣曾经得急病，药方说"胡须烧的灰可以治疗"。太宗亲自剪下自己的胡须，为他配药。

李世勣磕头陈谢，直到流血，太宗说："这是为了社稷，不是为你，有什么可谢的？"

李世勣曾经侍奉太宗饮宴，太宗从容地对他说："朕在群臣中想找可以托孤的人，没有人能比得上你，当年你曾经不辜负李密，又怎么会辜负朕？"李世勣流泪辞谢，咬破指头流血发誓，因此喝醉，太宗脱下身上的衣服，盖在他身上。

太宗立晋王李治为太子后，曾经对身边的大臣说："朕自从立李治为太子，遇到事情就趁机教诲，看到他吃饭，就说：'你知道耕种的艰难，才能经常吃上饭。'看到他骑马，就说：'你知道马的劳逸，不要耗尽它的力量，就能经常骑它。'看见他坐船，就说：'水能载舟，亦能覆舟。百姓就像水，君主就如舟。'看到他在树下休息，就说：'木头经过墨线矫正则直，君主接受劝谏才能圣明。'"

太宗曾临幸未央宫，卫士已经走过去，忽然在路边草丛里看见一个人带着刀，就质问他，那人回答说："我听见卫士经过，害怕不敢出来，卫士没有看见我，我趴着没敢动。"

唐天子开科取士

太宗带他回宫，对太子说："这件事执行起来，得有几名卫士被处死，你从后面立刻送他出去。"

太宗坐轿，有卫士无意碰到太宗的衣服，十分害怕，脸色都变了，太宗说："这里没有御史弹劾你，我不会给你加罪的。"

太宗死前，写成《帝范》十二篇，赐给太子，对他说："修身治国的道理，都在这里面了。有一天我死了，除了这些文字，就再也不能告诉你什么了。"

太宗还告诉太子，要以古代的圣哲先王为师，取法乎上，才能得其中。太宗认为自己即位以来，不应该的事做了很多，如锦绣珠玉之类的享受不能免除，还不停地兴建宫室，平时喜好打猎，罗致鹰犬骏马，又巡游四方，使各地惮于供给，这些都不值得效仿。

相关链接

[1] 魏征：公元580－643年，字玄成，巨鹿下曲阳（今河北晋县）人，官至宰相，历史上有名的谏臣，名列凌烟阁二十四功臣。

[2] 房玄龄：公元579－648年，名乔，字玄龄，齐州临淄（今山东淄博东北）人，官至宰相，善于出谋划策，名列凌烟阁二十四功臣。

　　魏征为社稷百姓考虑事情，敢于直言进谏，唐太宗也从谏如流，魏征死后，他悲痛地说自己失去了一面能够明白得失的镜子。

　　唐高祖时，魏征任太子洗马[1]，经常劝李建成趁早除去李世民。等到李建成失败被杀，李世民召见魏征说："你为什么离间我们兄弟呢？"

　　大家都为他担心恐惧，魏征却从容地回答说："如果太子早听我的话，一定不会有今天的下场。"

　　李世民一向器重他的才能，这时就改变态度，以礼相待，让他担任詹事主簿，后来又任命为谏议大夫。

　　李世民即位以后，励精图治，多次让魏征进入卧室内，询问政治得失。魏征知无不言，太宗均高兴地采纳。不久以后，将魏征任命为右丞。

　　贞观元年（公元627年），有人告发右丞魏征偏袒他的亲戚，太宗派御史大夫温彦博审察，没有证据。温彦博对太宗说："魏征办事毫无掩饰，不避嫌疑，虽然没有私心，也有应当责备的地方。"

　　太宗让温彦博责备魏征，并且说："以后要注意自己的行为。"

　　有一天，魏征入宫觐见，对太宗说："我听说君主与臣下就像一个整体，应当彼此真心诚意。如果上下都对自己的行为加以掩饰，那么国家的兴亡就不知道了，我不敢遵奉诏令。"

　　太宗霍然醒悟，说："我已经后悔了。"

　　魏征拜了两拜，说："我有幸侍奉陛下，希望陛下让我做良臣，不要让我做忠臣。"

　　太宗问："忠臣、良臣有什么区别？"

　　魏征回答说："稷、契、皋陶，君臣齐心协力，共享尊贵荣耀，这是所谓良臣。龙逢、比干，朝廷上当面诤谏，身死国亡，这就是所谓的忠臣。"

　　太宗十分高兴，赏赐他丝绢五百匹。

　　魏征貌不惊人，但很有胆识谋略，常常冒犯龙颜坚持劝谏。有时候碰上太宗很生气，也面不改色，太宗也往往因此稍为缓和。

　　他曾经告假回去祭扫祖先坟墓，回来后对太宗说："人们都说陛下要临幸南山，外面都准备好了，您最后却没去，为什么？"

　　太宗笑着说："起初确实有这个想法，害怕你责怪，于是中止了。"

　　太宗曾得到一只鹞鹰，非常喜欢，把它放在手臂上玩。远远看见魏征过来，就急忙藏在怀里。魏征向他奏事，说个没完，鹞鹰最后竟闷死在了太宗怀里。

贞观六年（公元632年），文武百官请求封禅^[2]，太宗也想听从，唯独魏征认为不可。

太宗说："你不想让朕去封禅，认为朕的功劳不够高吗？"

魏征回答："够高了！"

问："德行不够厚吗？"

答："很厚了！"

问："大唐还没安定吗？"

答："安定了！"

问："四方的夷族还没归服吗？"

答："归服了。"

问："年成还不丰吗？"

答："够丰了！"

问："符瑞没有出现吗？"

答："出现了！"

问："那么为什么不可以封禅？"

答："陛下虽然拥有这六个条件，但自从隋朝灭亡，天下大乱之后，户口没有恢复，粮仓还很空虚，而陛下的车驾东巡，随从如云，路上的供给耗费，不是很容易承担的。

"而且陛下封禅，各国君主都要随从。现在从伊水、洛水东到泰山、大海，人烟稀少，满眼都是草莽，这是引戎狄进入我们的腹地，向他们展示我们的虚弱。何况即便赏赐无数，也不能满足这些人的欲望。

"封禅一次，就算免除几年徭役，也不能补偿老百姓的劳苦。崇尚虚名而实际损害，陛下怎么能实行呢？"恰好黄河南北几个州县发大水，这事就被搁置下来。

贞观十三年（公元639年），魏征见太宗逐渐倦怠松懈，上疏认为："陛下的治国大业，比起贞观初年，不能善始善终的，共有十条。"

其中有一条："因为最近几年轻易地动用民力，就说：'百姓没有事情就会变得骄逸，劳役使他们容易差遭。'自古以来，国家没有因百姓安逸而败亡，因百姓劳苦而安定的。这恐怕不是振兴国家的话。"

太宗十分赞赏，感慨地说："已经把你的奏折挂在屏风上，早晚阅读，并抄下来交给史官了。"赏赐魏征黄金十斤，御厩中的马两匹。

太宗对身边的大臣说："我虽然平定天下，但要守住却很艰难。"

魏征回答说："我听说取胜容易，守成最难。陛下能够说这样的话，是宗庙社稷之福呀！"

太宗问身边侍奉的大臣说："自古以来，有时候君主昏乱而臣下清明，有时候君主清明而臣下昏乱，二者哪个更过分？"

魏征回答说："君主清明则善恶赏罚得当，臣贼又如何作乱？如果放纵暴虐、刚愎自用，即使有良臣，又能有什么用？"

太宗说："齐文宣帝得到杨遵彦，难道不是君主混乱而臣子清明吗？"

魏征回答说："他也只能拯救危亡罢了，哪里谈得上天下大治理呢？"

贞观十七年（公元643年），正月，郑文贞公魏征卧病不起，太宗派遣使者去问候，赐给他药饵，来看望的人络绎不绝。又派中郎将李安俨住在魏征家里，一有动静立刻报告。太宗又和太子一起去他的府第，指着衡山公主，想把她嫁给魏征的儿子魏叔玉。

十七日，魏征去世，太宗命九品以上文武百官都去奔丧，赐给仪仗和鼓吹，陪葬在昭陵。

魏征的妻子说："魏征一向生活简朴，现在用一品官的礼仪安葬他，不是死者的愿望。"全都推辞不接受，只用布罩在车上，载着棺材安葬。

太宗登上禁苑西楼，瞻望哭泣，十分悲哀，亲自撰写碑文，并且亲自写到碑石上。

太宗非常思念魏征，对身边的大臣说："人们用铜作镜子，可以整齐衣冠。用历史作镜子，可以观察历代的兴衰更替。用人作镜子，可以知道自己的得失。魏征死了，朕失去了一面镜子啊。"

相关链接

〔1〕太子洗马：即太子的侍从官员，负责辅佐太子，并教授文理、政事等。洗马：在马前驰驱之意。洗，音"先"。

〔2〕封禅：我国古代帝王为祭拜天地而举行的重大仪式。封：即天子登上泰山之巅设坛祭天，报天之功。禅：即天子在泰山下的小山除地祭地，报地之功。封禅具有表示君权神授、君主对天下的统一、祈祷风调雨顺及物阜民和等意义。在我国古代政治生活中，帝王的封禅大典可谓是最盛大最隆重的一种典礼。

公元640年，唐太宗答应了吐蕃赞普的通婚请求，次年正月十五日，派遣李道宗护送文成公主进藏。

太宗曾经派使者冯德遐去抚慰吐蕃[1]，吐蕃听说突厥、吐谷浑都曾经娶过唐室的公主，就派使者跟随冯德遐入朝，带了很多金银珠宝，上表请求通婚，太宗没有答应。

使者返回，对吐蕃赞普（国王）弃宗弄赞说："我最初到大唐的时候，大唐对我很好，答应通婚。恰好碰到吐谷浑王入朝，挑拨离间，唐朝的礼节逐渐轻减，也没有同意婚事。"

于是弃宗弄赞出兵攻打吐谷浑，吐谷浑不能支撑，逃到青海北面，百姓的牲畜很多都被吐蕃掠夺。吐蕃接着又攻破了党项、白兰等羌族，率领军队二十多万人，屯兵在松州西部边境，派遣使者进献金银绸缎，说是来迎接公主。

过了不久，吐蕃又进攻松州，打败都督韩威。羌族首领阎州刺史别丛卧施、诺州刺史把利步利一起献出州郡投降。吐蕃不停地出战，大臣劝谏不被听从，因而自杀的，一共有八个人。

贞观十二年（公元638年）八月二十七日，唐朝廷任命吏部尚书侯君集为当弥道行军大总管，督率各路人马，步兵、骑兵共五万人攻打吐蕃。

唐军以牛进达为前锋，九月初六，乘吐蕃军没有防备，大败吐蕃军于松州城下，杀死一千多人。弃宗弄赞害怕了，率领军队撤退，派遣使者谢罪，趁机再次请求通婚。太宗答应了。

贞观十四年（公元640年）十月，吐蕃赞普派他的宰相禄东赞献上黄金五千两，还有珍宝、器玩几百件，来请求通婚，太宗答应将文成公主嫁给吐蕃赞普。

次年正月，唐朝任命禄东赞为右卫大将军。太宗赞赏禄东赞善于应对，想把琅邪公主的外孙女段氏嫁给他，禄东赞推辞说："臣在本国中已经有了妻子，是父母为我定娶的，不能抛弃。而且赞普还没有迎娶公主，陪臣怎么敢先娶？"

太宗更加认为他贤德，想要以厚恩安抚他，但禄东赞最终也没有顺从太宗的心意。

○ 品画鉴宝　簪花仕女图（唐）周昉／绘

　　十五日，太宗命令礼部尚书、江夏王李道宗带着符节，护送文成公主去吐蕃。吐蕃赞普大喜，拜见李道宗时，完全按照子婿的礼节。

　　赞普喜欢唐朝的服装和仪仗的美丽，把公主安置在特地修建的城郭室里，自己穿着丝绸的衣服与公主见面。吐蕃人都用红褐色涂在脸上，公主十分讨厌，赞普于是下令禁止涂脸，并逐渐改变自己猜忌粗暴的性格，派遣子弟入国子监[2]学习《诗经》《尚书》。

相关链接

〔1〕吐蕃：公元7－9世纪时期古代藏族所建立的王国，位于现在的青藏高原，是西藏历史上创立的第一个政权，国王称赞普（意为雄武豪迈的大丈夫），公元632年，松赞干布将都城迁到了拉萨。

〔2〕国子监：我国古代国家最高学府，同时也是国家教育管理机关，又叫国子学。

李承乾谋反

太子李承乾昏庸愚昧，在侯君集教唆下结党谋反，事发被贬为庶民，侯君集等人也受到了相应的处决。

魏王李泰颇有才能，受太宗宠爱。他看见太子李承乾患有脚病，私下里有夺位的想法，于是礼贤下士，博取名声。

太宗让黄门侍郎韦挺负责魏王府的事务，后来又命令工部尚书杜楚客代替他，二人都为李泰结交朝廷里的官员。杜楚客有时候用黄金贿赂权贵，趁机游说，说魏王十分聪明，应当立为太子。文武大臣都有依附的，暗中结为朋党。

李承乾害怕李泰逼位，派人冒充魏王府典签秘密上奏，里面说的都是李泰的罪恶。太宗命令逮捕上奏的人，没有捕获。

李承乾私下宠幸太常寺的乐童称心，与他同起同睡。道士秦英、韦灵符利用妖术，也被李承乾宠幸。太宗知道了，十分生气，把称心等人全都抓起来杀掉，连坐处死了几个人，还狠狠地责备了李承乾。

李承乾认为是李泰告发的，对他更加怨恨。李承乾不住地思念称心，在宫里修造一间房屋，竖立称心的塑像，早晚祭奠，在屋里徘徊流泪。又在宫苑里筑了一个坟冢，私下追赠称心官爵，并树立石碑。

太宗越来越不喜欢李承乾，李承乾也知道，一连几个月借口生病，不去朝见。偷偷地收养刺客纥干承基等人及一百多名壮士，谋划杀掉魏王李泰。

吏部尚书侯君集的女婿贺兰楚石担任东宫千牛，李承乾知道侯君集[1]对朝廷不满，好几次让贺兰楚石带侯君集到东宫，向他询问保全自己的方法。

侯君集认为李承乾愚昧昏庸，想乘机利用他，于是劝他谋反，并举起手对李承乾说："这一双好手，当为殿下效力。"

又说："魏王被皇上宠爱，我担心殿下会像隋太子杨勇那样，有被贬为庶民的危险。如果有敕令宣召进宫，应当暗中防备。"

李承乾十分赞同，于是重金贿赂侯君集以及左屯卫中郎将李安俨，让他们刺探太宗的心意，一有动静就告诉他。李安俨以前侍奉隐太子李建成，李建成失败，李安俨为他拼死战斗，太宗认为他忠诚，所以非常信任他，让他掌管宿卫。到了这时，李安俨就把自己交付给了李承乾。

　　汉王李元昌也劝李承乾谋反，还说："最近看见皇上身边有一个美人，琵琶弹得很好，事成之后，希望把她赐给我。"李承乾答应了。

　　洋州刺史、开化公赵节，是赵慈景的儿子，母亲是高祖的女儿长广公主。驸马都尉杜荷，是杜如晦的儿子，娶了城阳公主。二人都受李承乾亲近，参与了谋反。

　　凡是参与谋反的人，都割破手臂，用绢帛沾上血，烧成灰混在酒里喝掉，发誓生死与共，于是暗中谋划带领兵马闯入西宫。

　　杜荷对李承乾说："天象有变化，应当迅速发兵以顺应天象。殿下只要声称得了急病，危在旦夕，皇上一定会驾临探望，乘机就可以得手。"

　　李承乾听说齐王李祐在齐州谋反失败，对纥干承基等人说："我住的东宫西墙，离大内只有二十步，与你们谋划大事，怎么会像齐王那样呢？"

　　正在这时，因为处理李祐谋反的事，牵连到纥干承基，将他关进大理寺监狱，论罪应当处死。

　　贞观十七年（公元643年），四月初一，纥干承基上奏告发李承乾谋反。太宗敕令长孙无忌、房玄龄、萧瑀、李世勣与大理寺、中书省、门下省一起参与审查，谋反的罪证十分明显。

　　太宗对左右侍臣说："要怎么处置承乾？"

　　群臣没有人敢回答，通事舍人来济进言，说："如果最后陛下不失

为慈父，儿子又能享尽天年，就最好不过了。"太宗听从了。

初六，太宗下诏，废李承乾为庶民，幽禁在右领军府。太宗想赦免李元昌的死罪，群臣坚持诤谏，于是赐他在家里自尽，宽恕了他的母亲、妻子和儿女。侯君集、李安俨、赵节、杜荷等人都依法处斩。

左庶子张玄素、右庶子赵弘智、令狐德棻等人因为没能劝谏，都连坐获罪，免除官职，废为庶民。其他应当连坐获罪的，全都赦免。詹事于志宁因为多次劝谏，单独蒙受慰劳勉励。任命纥干承基为祐川府折冲都尉，封爵平棘县公。

侯君集被囚禁在监狱里，贺兰楚石又入宫告发他谋反的事，太宗召见侯君集，对他说："朕不想让那些刀笔吏羞辱你，所以亲自审问。"

侯君集起初不认罪，太宗召见贺兰楚石，贺兰楚石详细陈述事情的始末，又拿出他与李承乾的书信给他看，侯君集理屈辞穷，只好认罪。

太宗对身边侍臣说："侯君集有功劳，我想期求赦免他的死罪，可以吗？"群臣都认为不可以。

于是太宗对侯君集说："与你永别了！"说完流泪，侯君集也伏在地上叩头。

太宗将侯君集在街市斩首，侯君集临刑前，对监刑将军说："我一时失足走到了这一步！但我当年在秦王府侍奉陛下，攻取吐谷浑、高昌二国，立下功劳，乞求保全我一个儿子，让他祭祀祖先。"太宗就宽恕了他的妻子和子女，把他们迁到岭南[2]。

相关链接

[1] 侯君集：？—公元643年，豳州三水（今属陕西）人，唐朝将领，名列凌烟阁二十四功臣。

[2] 岭南：泛指我国南方五岭以南的地区，大致相当于现在的广东、广西全境及湖南、江西等省的部分地区，古为百越民族杂居之地。

唐太宗废掉李承乾后，在立嗣上非常谨慎，经过周密的考虑和与大臣的商议，最后决定立晋王李治为太子。

贞观十七年（公元 643 年），太子李承乾因为谋反获罪，被幽禁起来，魏王李泰每天进宫侍奉太宗，太宗当面许诺立他为太子。岑文本、刘洎也劝太宗立李泰，长孙无忌 [1] 则坚持要求立晋王李治 [2] 为太子。

太宗对身边的侍臣说："昨天李泰扑在我怀里对我说：'我今天才成为陛下的儿子，这是我的再生之日。我有一个儿子，我死的时候，一定为陛下杀了他，将来好传位给李治。'谁不疼爱自己的儿子，朕听李泰这么说，十分同情他。"

谏议大夫褚遂良说："陛下的话错了。希望谨慎考虑，不要有什么差错。陛下万岁以后，魏王拥有天下，怎会愿意杀掉自己疼爱的儿子，把皇位传给晋王？

"以前陛下既已立李承乾为太子，又宠爱魏王，对他的宠爱超过李承乾，以致酿成现在的灾祸。事情过去不远，足以成为现在的借鉴。陛下现在如果要立魏王为太子，希望先安置好晋王，这样才能够安稳。"

太宗流着泪说："我不能这么做。"说完，起身回宫。

李泰唯恐太宗立李治为太子，对李治说："你与李元昌关系很好，李元昌谋反，事情败露，你不忧虑吗？"

李治听了，忧心忡忡。太宗觉得奇怪，多次问他原因，李治就如实告诉了太宗。太宗很失落，开始后悔以前对李泰说的话。

太宗曾经当面责备李承乾，李承乾说："我是太子，还有什么要求？只是因为李泰图谋不轨，有时与朝臣谋求保全自己的策略，不法之徒趁机教我做不轨的事情。现在如果立李泰为太子，那就正好落入他的圈套。"

太宗亲自驾临两仪殿，让群臣都退下，只留长孙无忌、房玄龄、李世勣、褚遂良四人。太宗对他们说："我的三个儿子，一个弟弟，所作所为就像这样，我心里实在是百无聊赖。"

说完，太宗撞向床头，长孙无忌等人争相上前抱住。太宗又抽出佩刀，想要刺自己，褚遂良夺下刀，交给李治。

长孙无忌等人请求太宗告知心意，太宗说："朕想立晋王为太子。"

长孙无忌说："谨奉诏令。有异议的人，臣请求将他斩首。"

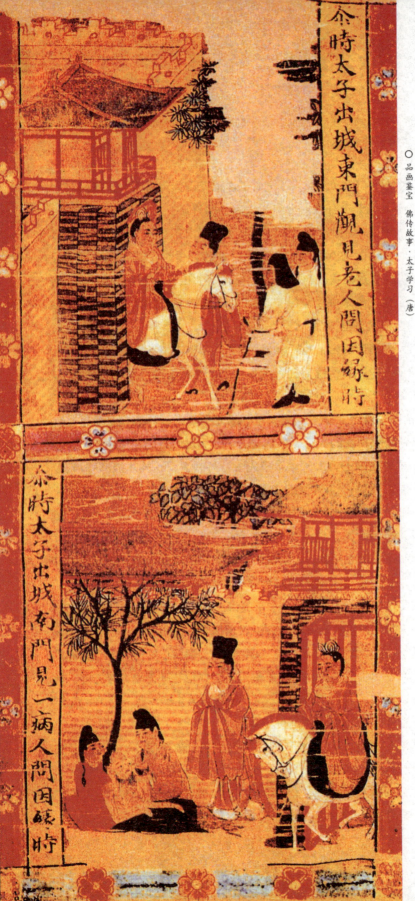

尔时太子出城东门观见老人间因缘时

尔时太子出城南门见一病人间因缘时

○ 品画鉴宝

鎏金折枝凸花银盘（唐）

此器银质，盛食用。内底心一朵凸起的五瓣折枝花，周围以茎、叶、蕾相衬托。花纹鎏金，使折枝凸花更加鲜明艳丽。

太宗对李治说："你舅父已经应许你了，你应当向他拜谢。"李治于是拜谢长孙无忌。

太宗对长孙无忌等人说："你们已经同意我的意见，但不知道朝廷外面会怎么议论？"

众人回答："晋王仁义孝敬，天下归心已久，希望陛下召见文武百官询问，如果有反对的，就是臣等辜负陛下，罪该万死。"

太宗于是驾临太极殿，召见六品以上文武百官，对他们说："李承乾大逆不道，李泰居心险恶，都不能立为太子。朕想从众位皇子中选一位继承人，谁可以担当？你们可以明说。"

众人都欢呼说："晋王仁义孝敬，应当立为太子。"太宗十分高兴。

当天，李泰率领一百多名骑兵到永安门。太宗敕令守门的官员拦住他的骑兵，带李泰进入肃章门，把他幽禁在北苑。

四月初七，太宗下诏，立李治为皇太子。太宗对身边的侍臣说："我如果立李泰为太子，那么太子之位就可以通过耍手段而得到。从今往后，凡是太子无道，而有藩王窥伺，两个人都弃置不用。这个规定要传给子孙，永远让后人效法。而且我若立李泰为太子，李承乾和李治都不能保全；立李治为太子，李承乾与李泰都能安然无恙。"

相关链接

[1] 长孙无忌：？－公元659年，字辅机，河南洛阳鲜卑人，原属北魏皇室宗族，唐朝开国功臣之一，封齐国公，后徙赵国公，名列凌烟阁二十四功臣。

[2] 李治：公元628－683年，字为善，唐太宗第九子，始封晋王，公元650年即帝位，庙号高宗。

531

公元 645 年，唐太宗李世民率兵从洛阳出发亲征高丽，攻克多座城池，迁徙了大批百姓，但是没有取得最终的胜利。

高丽人盖苏文杀死高丽王高武，立高武的侄子高藏为王，自封为莫离支[1]，其官职相当于大唐的吏部兼兵部尚书。

太宗得知后，与大臣商议，认为攻取高丽不难，只是不想烦扰百姓，打算先容忍一下，等他们更加骄横，作恶更多后，再去讨伐。

贞观十七年（公元 643 年）九月，新罗[2]派使者来，说百济攻取了他们国家的四十座城，又与高丽军队联合，图谋截断新罗到唐的道路，请求派兵救援。太宗命令司农寺丞相里玄奖带着皇帝的玺书前往高丽，对他们说："新罗归顺大唐，朝贡不少，你们与百济最好都停战，如果继续进攻，明年就发兵进攻你们。"

次年七月，太宗打算征讨高丽，下令造船，用来运送军粮。又下诏派遣营州都督张俭等人，督帅幽、营二都督府的士兵，以及契丹、奚、靺鞨的军队，先行进攻辽东，试探那儿的情况。

十一月，任命刑部尚书张亮为平壤道行军大总管，率领士兵四万三千人，战舰五百艘，从莱州入海，直趋平壤；任命太子詹事、左卫率李世勣为辽东道行军大总管，统率步兵、骑兵六万人，以及兰、河二州投降的胡人军队，前往辽东。两军相互呼应，同时前进。

李世勣率军从柳城出发，多方营造声势，做出将要取道怀远镇的样子，实则秘密挥师向北，前往甬道，给高丽来了个出其不意。

贞观十九年（公元 645 年）四月初一，李世勣从通定渡过辽水，到达玄菟。高丽人大惊，各城都闭门守备。

十五日，李世勣、江夏王李道宗进攻高丽盖牟城；二十六日，攻克盖牟，俘虏二万多人，粮食十多万石。五月初二，进军到辽东城下。初八，打败了来救援的高丽骑兵。

太宗自二月亲率军队从洛阳出发，此时也已到达。初十，太宗车驾渡过辽水，随即撤除浮桥，以此坚定将士们的决心。

太宗亲自带领几百骑兵来到辽东城下，见士兵们正在背土填壕沟，就分了很重的一块土，在马上抬着，于是随从官员争着把土背到城下。

李世勣昼夜不停地进攻辽东城。到了第十二天，太宗带领精兵与他会合，把城团团围住。

十七日，南风刮得很大，太宗派勇士爬到冲竿顶上，点着了西南面的城楼，火借风势，延烧到城里。于是指挥将士们攀登城墙，高丽守军抵挡不住，辽东城被攻克。唐军杀死一万多人，俘虏士兵一万多人、男女百姓四万人。

二十八日，唐军进发到白岩城下。在第二天的战斗中，右卫大将军李思摩中了弩箭，太宗亲自为他吮血。将士们听了，没有不受感动的。

六月初一，李世勣攻打白岩城西南边，太宗亲自驾临城西北。城主孙代音偷偷派心腹请求投降，约定唐兵临近城池，扔出刀斧为信号，说："我愿意投降，城里没有不听从的。"

太宗把唐朝的旗帜交给使者，说："一定投降的话，可以把旗子插在城墙上。"孙代音插上旗子，城里的人以为唐朝军队已经登上城楼，于是都跟着孙代音投降。

十一日，太宗车驾从辽东城出发。二十日，到达安市城下，发兵攻打。二十一日，高丽北部首领高延寿、高惠真率领高丽、靺鞨士兵十五万人援救安市，被唐军打败，高延寿、高惠真带领部下三万六千八百人请求投降，太宗将俘虏的三千三百名靺鞨士兵全部活埋。

八月初十，唐军将营帐迁移到安市城南。太宗在辽东，凡是设立营帐，只在明处安排哨兵，而不设堑壕堡垒。即使逼近高丽城池，高丽人也不敢出城袭掠，士兵或单独出行，或是在野外宿营，就像在中原一般。

九月，各路大军紧急进攻安市城。太宗听见城里鸡和猪的叫声，对李世勣说："围攻了很久，城里炊烟越来越稀少，现在鸡和猪叫得厉害，一定是在犒劳士兵，想在夜里出来偷袭我们，应当严加防备。"当天夜里，高丽几百士兵顺着绳子从城墙上爬下来。太宗听说后，亲自到城下，召集士兵紧急进攻，斩首几十人，剩余的高丽兵退逃。

李道宗率领部下在城东南角堆筑土山，渐渐逼近城墙，城里也不断增高城墙抵挡。士兵们轮番交战，每天交战六七个回合。唐军用冲车发射石块，撞坏城墙，城里随即用木栅堵住缺口。李道宗的脚受伤，太宗亲自为他针灸。

唐军昼夜不停地堆筑土山，总共用了六十天，劳力五十万人，山顶离城有几丈，可以向下俯瞰城里的情形。李道宗让果毅都尉傅伏爱率领士兵在山顶驻守，防备高丽兵，结果土山坍毁，压向城墙，城墙塌陷。恰好傅伏爱私自离开营垒，高丽几百名士兵从城墙缺口处出来进攻，夺取了土山，在那儿挖掘沟堑守卫。

太宗大怒，斩杀傅伏爱示众，命令众将领攻城，三天都没攻下。李道宗光着脚到太宗的旗下请罪。太宗说："你罪当处死，但是朕认为汉武帝杀了大将王恢，不如秦穆公重新任用孟明，且你有攻破盖牟、辽东的功劳，所以特别赦免你。"

太宗攻不下安市，认为辽东天气寒冷得早，草木枯萎，水面结冰，士兵和马匹难以久留，而且粮食快要吃完，就于十八日下令班师。先让辽东、盖牟二州的百姓渡过辽水，于安市城下炫耀兵力后，率领大军撤退，城中守军都不敢有什么举动。

这次征讨高丽，攻克了玄菟、横山、盖牟、磨米、白岩、辽东、卑沙、麦谷、银山、后黄十座城池，迁徙辽、盖、岩三州户口，加入唐朝户籍的共七万人。新城、建安、驻驆三次大战，杀死高丽兵四万多人，唐朝将士死了近二千人，战马损失十之七八。太宗认为最后没能取胜，十分后悔，感叹地说："如果魏征还在，不会让我出兵的！"

相关链接

〔1〕莫离支：据考证源于蒙语"葨儿干"及满语"墨尔根"，大意是神射手。

〔2〕新罗：朝鲜三国分裂时期的国家之一，由三韩的辰韩斯卢部于公元4世纪建立，都城为金城（今庆州），先期统治朝鲜半岛东南部，后来扩大到整个大同江以南地区，公元935年为高丽所灭。

武则天是前朝太宗的才人，后来得到高宗李治的宠幸。她在宫中玩弄权术，使李治废掉了王氏而改立她为皇后。

贞观二十三年（公元649年）五月，唐太宗李世民去世，太子李治继位为帝，是为高宗。高宗立太子妃王氏为皇后。

起初，王皇后没有儿子，萧淑妃被高宗宠幸，王皇后十分忌妒她。高宗做太子的时候，入宫侍奉太宗，看见才人[1]武氏[2]，对她十分喜欢。

太宗驾崩，武氏跟随众嫔妃到感业寺出家为尼。太宗的忌日，高宗到感业寺上香，看见了她，武氏哭泣，高宗也哭泣。王皇后听说了，暗中让武氏蓄发，劝说高宗纳武氏入后宫，想用她来隔断高宗对萧妃的宠爱。

武氏机敏聪慧，很会玩弄权术。刚入宫的时候，谦卑恭敬，委屈自己，以侍奉皇后。皇后非常喜欢她，经常在高宗面前称赞。过了不久，武氏就得到皇上不一般的宠幸，封为昭仪，皇后与萧妃的宠爱都有减弱。二人又一起诬告武氏，高宗都不理睬。

武昭仪想追赠他的父亲武士彟官爵，但没有什么名义，于是假托要褒奖功臣，武士彟也在其中。

王皇后、萧淑妃与武昭仪相互诽谤，高宗不相信王后、萧妃的话，只相信武昭仪。王皇后不会曲意侍奉高宗左右的人，她的母亲魏国夫人柳氏与舅舅中书令柳奭进见六宫的时候，又不讲礼节。

武昭仪对皇后不尊敬的人，就与他们结交，得到的赏赐也分给他们。于是王皇后与萧妃的举动，武氏都知道，并且都告诉高宗。

皇后虽然失宠，但高宗并未有废黜她的意思。恰好武昭仪生了一个女孩，皇后很喜欢，在屋里逗弄她。皇后出去以后，武氏偷偷地把小孩掐死，用被子盖上。正好高宗驾临，武氏假装欢笑，打开被子看孩子，发现已经死了，立即惊讶痛哭。

他们向左右侍从询问，都说："皇后刚刚来过。"

高宗大怒，说："皇后杀了我的女儿！"

武昭仪于是哭着列数她的罪过。皇后无法为自己辩白，高宗就想废黜皇后，改立武昭仪。又担心群臣不服从，就与武氏一起临幸太尉长孙无忌的府邸，喝酒喝到兴头上，在酒席上把长孙无忌宠姬的三个儿子都拜为朝散大夫，又命人装了十车金银财宝、锦缎丝绸赏赐给长孙无忌。

高宗乘机说王皇后没有子嗣，暗示长孙无忌，长孙无忌故意说其他的话，没有顺从皇上的心意，高宗与武氏都很不高兴，罢席回宫。武昭仪又让自己的母亲杨氏到长孙无忌家里多次请求，长孙无忌始终没有答应。礼部尚书许敬宗也屡次劝说长孙无忌，长孙无忌严肃地斥责他。

永徽六年（公元655年）九月的一天，高宗退朝后，在内殿召见长孙无忌、李世勣、于志宁和褚遂良。

褚遂良说："今天皇上召见，多半是为了立皇后的事情。皇上的心意已定，触犯他的人一定会被处死。太尉（长孙无忌）是元舅，司空（李世勣）是功臣，不能让皇上有诛杀元舅与功臣的罪名。而我褚遂良出身草民，也没有汗马功劳，获得今天的地位，又受先帝的嘱托，不以死谏争，怎么去九泉之下见先帝？"

李世勣借口生病，没有入殿。长孙无忌等人到了内殿，高宗对他们说："皇后没有子嗣而武昭仪有，现在朕想立武昭仪为皇后，怎么样？"

褚遂良回答说："皇后出身名家望族，是先帝为陛下娶的。先帝临死的时候，拉着陛下的手对我说：'朕的好儿子好儿媳，现在就托付你了。'这都是陛下亲耳听到的，言犹在耳，又没听说皇后有什么过错，怎么能轻易废黜？我不敢顺从陛下，违背先帝的遗愿！"高宗很不高兴，于是作罢。

第二天，又说起这件事，褚遂良说："陛下一定要改立皇后，我请求挑选全国的世家望族，何必一定要武氏？武氏曾经侍奉过先帝，众所周知，天下人的耳目，哪能遮掩得住？万世之后，天下人会怎么说陛下呢？愿陛下三思！我今天触怒陛下，罪当处死。"

说完把朝笏放在殿内台阶上，解下头巾叩头叩到流血，说："还陛下的朝笏，请求放我回老家去。"高宗大怒，命人把他拉出去。

武昭仪在帘幕里大声说："何不杀了这老东西？"

长孙无忌说："褚遂良是先朝顾命大臣，有罪也不可以加刑。"褚遂良免于一死。

有一天，李世勣入宫进见高宗，高宗问他说："朕想立武昭仪为皇后，褚遂良固执己见，认为不行。褚遂良是顾命大臣，就当作罢吗？"

李世勣回答说："这是陛下的家事，何必问外人呢？"高宗的心意于是定了下来。

许敬宗在私下说："庄稼汉多收了十斛麦子，还想换个老婆！何况

天子要立皇后，和别人又有什么关系，为何随便议论呢？"武昭仪让左右侍从告诉高宗。

十月十三日，高宗下诏说："王皇后、萧淑妃阴谋用毒酒杀人，废为庶民。母亲兄弟全部削除官爵，流放岭南。"

十九日，群臣上奏，请求册立皇后。高宗于是下诏表扬武氏，立她为皇后。

十一月初一，高宗让司空李世勣拿着印玺，在殿前册封武则天为皇后。当天，群臣在肃义门朝拜皇后。

原皇后王氏和原淑妃萧氏，一起被囚禁在别院。高宗挂念她们，私下去看她们，看到屋子封闭得很严密，只留墙上的小洞送食物。

高宗十分感伤，大喊说："皇后、淑妃在哪里？"

王氏哭泣着回答："我们犯下罪过，已经是奴婢，哪里还有尊称！"又说："皇上如果挂念从前的情分，让我们重见天日，请将这个院子赐名为回心院。"

高宗说："朕会安排的。"

王氏听到宣布命令的时候，拜了两拜说："祝皇帝万岁！武昭仪承受皇恩，死是我的本分。"武后听说了这件事，大怒，派人把王氏和萧氏各杖打一百下，砍去手足，扔到酒坛子里，说："让这两个女人连骨头都醉掉！"几天后就死了，又被斩下首级。

萧淑妃临死时大骂说："阿武邪恶狡猾，竟至如此！愿来生为猫，阿武为鼠，活生生地扼住她的喉咙。"从此宫中不养猫。过了不久，又改王氏姓蟒，萧氏姓枭。

武后多次看见王氏和萧氏的鬼魂作祟，披散头发，浑身滴血，和死的时候一样。后来移居蓬莱宫，还是能看见。所以她经常住在洛阳，终身不回长安。

相关链接

〔1〕才人：唐代后宫宫官之名，初为正五品，后升为正四品。

〔2〕武氏：即武则天，公元624－705年，并州文水（今山西文水）人，初为太宗才人，太宗死后出家，后唐高宗李治纳之入宫，又封为皇后。公元690年改唐国号为周，都洛阳。

长孙无忌获罪

武则天因为长孙无忌不攀附自己，非常怨恨他，她的党羽许敬宗就在高宗面前诬陷长孙无忌谋反。

皇后武则天因为太尉、赵公长孙无忌受了厚重的赏赐，仍然不肯帮助自己，十分怨恨他。中书令许敬宗[1]一再陈述利害，想说服长孙无忌，被长孙无忌当面斥责，因此也很怨恨他。武则天被立为皇后，长孙无忌非常不安，武后命令许敬宗找机会陷害他。

恰好洛阳人李奉节告发太子洗马韦季方、监察御史李巢结集党羽，高宗令许敬宗与辛茂将审问。许敬宗审讯逼迫，韦季方自杀，但没有死成。

许敬宗借此诬陷，说韦季方想与长孙无忌诬陷忠臣和皇室亲戚，使权力归于长孙无忌，找机会谋反，现在事情败露，所以自杀。

高宗非常吃惊，着泪说："家门不幸，亲戚里总是有想谋反的人。以前高阳公主与房遗爱[2]谋反，现在元舅又这样，让朕愧对天下。这件事情如果是真的，该怎么办？"

许敬宗回答说："房遗爱是幼稚小儿，与一个女子谋反，能有什么成果？长孙无忌与先帝谋划夺取天下，天下人佩服他的智谋。担任宰相三十年，天下人都畏惧他的权威。如果有一天暗地发动谋反，陛下派谁抵挡他？

"现在倚仗宗庙神灵，皇天憎恨罪恶，因为审问小案件，而发现大恶人，实在值得天下庆贺。我私下担心长孙无忌知道韦季方自杀，困窘急而发动叛乱，振臂一呼，同党云集，一定是国家的忧患。

"我以前见宇文化及的父亲宇文述受隋炀帝信任重用，结为婚姻，把朝政托付给他。宇文述死后，宇文化及掌管禁兵，一旦在江都作乱，先杀死不归附自己的人，我家也遭到灾祸。而大臣苏威、裴矩这样的人，都在马前舞蹈庆贺唯恐来不及，天刚亮就颠覆了隋室。以前的事情并不遥远，希望陛下赶快决定！"

高宗让许敬宗进一步审查。第二天，许敬宗又上奏说："昨天晚上韦季方已承认与长孙无忌谋反，我问韦季方说：'长孙无忌是皇上的至亲，历朝都受到宠信重用，有什么仇恨要谋反？'

"韦季方回答说：'韩瑗曾告诉长孙无忌，说柳奭、褚遂良劝他立梁王为太子，现在梁王被废，皇帝开始怀疑，所以把他的亲戚高履行调到

长孙无忌（约公元597－659年）
字辅机，河南洛阳人。先世乃鲜卑族拓跋氏，北魏皇族支系，后改为长孙氏。
是唐太宗李世民的内兄，文德顺圣皇后的哥哥。长孙无忌非常好学，永徽二
年（公元651年）奉命与律学士对唐律逐条解释，撰成《律疏》（宋以后称
《唐律疏议》）三十卷。为两朝良佐。因反对高宗立武则天为皇后，为许敬宗
诬陷，削爵流黔州（今贵州），自缢死。

外地。长孙无忌从此忧虑恐惧，逐渐想保全自己。后来看到长孙祥又被调到外地，韩瑗获罪，就日夜与我等商量谋反。'

"我检验供词，与事实都符合，请依法逮捕他。"长孙祥是长孙无忌堂兄的儿子，在这之前由工部尚书调任荆州长史，所以许敬宗利用这件事诬陷长孙无忌。

高宗又流着泪说："舅舅真的这样？朕决不忍心杀他，否则后世会怎么说朕！"

许敬宗回答说："薄昭是汉文帝的舅父，汉文帝从代返回即位，薄昭也有功劳，犯的罪只是杀人，汉文帝就让百官穿上丧服哭他，让他自杀，至今天下人都把汉文帝视为明主。

"现在长孙无忌辜负两朝恩德，图谋社稷，他的罪过与薄昭不可同年而语。幸亏事情败露，叛徒认罪，陛下迟疑什么，还不早点决定？古人说，'当断不断，反受其乱。'安危之间，连一根发丝的空隙都没有。

"长孙无忌是当世的奸雄，属王莽、司马懿一类的人物。陛下稍微拖延，我担心会立刻发生变故，后悔都来不及。"高宗认为他说的有理，竟然都没有召见长孙无忌询问。

唐显庆四年（公元659年），四月二十二日，高宗下令削除长孙无忌太尉的官职和收回他的封地，任他为扬州都督，安置在黔州，按一品官的标准供给俸禄。

七月，朝廷命令李世勣、许敬宗等人一起重审长孙无忌的案子。许敬宗派中书舍人袁公瑜等到黔州去，重新讯问长孙无忌谋反的供状。袁公瑜等到了那儿，就逼着长孙无忌上吊自杀了。

相关链接

[1] 许敬宗：公元592－672年，字延族，杭州新城人，隋末曾为李密效劳，唐时官至右相，受武则天宠幸，善属文，有文集传于世。

[2] 房遗爱：房玄龄的次子，曾和其妻高阳公主密谋发动宫廷政变，事泄被杀。

武则天弄权

唐高宗李治因病而让武则天代理政务，自此她开始把持朝政，事情无论大小都由她裁决，恣肆妄为，独断专横。

○品画鉴宝

金莲花（唐）金质，由梗、茎、叶、花、蕾组成，錾刻敷色，别具特色。

显庆五年（公元660年）十月，高宗因为得了风邪，头晕目眩，眼睛不能看东西，各部门的上奏，有时候就让皇后武则天决定。

武则天聪明敏锐，阅读过很多文史书籍，处理事情都很符合高宗的心意。从此开始把国家政事委托给她，权力与皇帝相同。

武则天开始时，虚与委蛇，顺从奉承唐高宗的心意，但唐高宗不听众人的意见，立她为皇后。等到她得志以后，独断专横，作威作福，唐高宗做什么，动不动就会被她牵制，唐高宗非常愤怒。

有一个叫郭行真的道士，经常出入禁宫，曾经施过厌胜[1]的法术，被太监王伏胜告发。唐高宗大怒，秘密召见西台侍郎、同东西台三品上官仪一起商量。

上官仪说："皇后专权恣肆，天下人都不赞成，请废黜她。"唐高宗也这么认为，于是立刻命令上官仪起草诏书。

左右侍从跑去告诉武则天，武则天急忙到高宗那里申诉。当时诏书的草稿还在高宗手里，高宗羞愧畏缩，不忍心废黜她，又像原来一样对待她。又担心她生气，于是骗她说："我本来没有这个意思，都是上官仪的主意。"

上官仪原先担任陈王谘议，与王伏胜都侍奉过已经被废黜的太子李忠。武则天于是指使许敬宗诬陷上官仪、王伏胜与李忠谋反。

十二月十三日，上官仪被逮捕，关进监狱，与他的儿子上官庭芝及王伏胜都被处死，抄家没收全部财产。十五日，赐李忠在流放的地方自杀。

右相刘祥道因为与上官仪关系很好，被免去官职，降为司礼太常伯。左肃机郑钦泰等朝廷官员很多人都被流放贬官，都是因为与上官仪有交往。

从此以后，每逢唐高宗临朝，武则天都在后边垂帘听政，政事无论大小，她都要参与。天下大权，全都归于武则天。升官罢黜，处死放生，全都由她决定。皇帝只是无所事事的清闲人而已，朝廷内外称他们为二圣。

上元元年（公元674年）八月，高宗为了避开已故皇帝、皇后的称讳，将自己改称天皇，皇后改称天后。

太子李弘仁爱孝敬、谦虚谨慎，高宗很喜欢他。他对待士大夫礼仪周到，朝廷内外都归附他。武则天正要施展抱负，李弘的奏请经常违背她的心意，因此失去武则天的宠爱。

义阳、宣城二位公主，是萧淑妃的女儿。受母亲牵连获罪，被幽禁在后宫，已经过了三十岁，仍然不能出嫁。李弘见了，非常吃惊，又很同情她们，于是立刻上奏，请求允许她们出嫁，唐高宗答应了。武则天大怒，当天就把她们分别嫁给正在值班的翊卫权毅、王遂古。

上元二年（公元675年）四月二十五日，李弘死于合璧宫，当时认为是被武则天用毒酒害死的。六月，立雍王李贤为皇太子。

调露元年（公元679年）四月，靠符咒幻术而受高宗和武则天器重的偃师人明崇俨，被强盗杀死。朝廷下令搜捕强盗，始终没有抓到。武则天怀疑这事是太子李贤干的。

李贤喜欢音乐，好女色，与家奴赵道生等人狎昵[2]，赏赐给他们很多金帛，司议郎韦承庆上书劝谏，李贤不听。

永隆元年（公元680年）八月，武则天指使人告发这些事。高宗命令薛元超、裴炎与御史大夫高智周等人一起审问李贤，在东宫马坊搜出黑色铠甲几百件，认为是谋反的器具，赵道生又供认李贤指使他杀了明崇俨。

高宗一向喜爱李贤，迟疑不决，想赦免他。武则天说："为人子却有阴谋反叛，天地不容。应该大义灭亲，怎能赦免？"

二十二日，废黜太子李贤，贬为庶民。派遣右监门中郎将令狐智通等人，押送李贤到京城，幽禁在别的住所，党羽都被处死，在洛阳天津桥南边焚烧搜出的黑色铠甲示众。

相关链接

[1] 厌胜：古代的一种巫术，认为通过施展此法就可以伤害到想要伤害的人或物。
[2] 狎昵：过于亲近且有不庄重的行为。

裴行俭平突厥

裴行俭善于用兵，唐高宗时，他带兵平定了突厥的多次作乱，在西方树立了威信和英名。

唐调露元年（公元 679 年），西突厥十姓可汗阿史那都支与他的别帅李遮匐，联合吐蕃，进逼侵扰安西，朝廷议论，准备发兵讨伐西突厥。

吏部侍郎裴行俭[1] 说："吐蕃侵犯，刘审礼全军覆没，战事还没有平息，怎么能再出兵西方！现在波斯王已经死了，他的儿子泥洹师还在京师长安作人质，应该派遣使者送他回去，中途遇到阿史那都支和李遮匐的时候，寻找机会袭击他们，可以兵不血刃就将他们擒获。"

高宗听从了他的意见，让他去册立波斯王，担任安抚大食[2] 的使者。裴行俭上奏，请求命肃州刺史王方翼为副手，仍然担任检校安西都护。

裴行俭曾经担任西州长史，他奉命出使的时候，路过西州，当地的官吏百姓都去郊外迎接他。裴行俭招集当地的豪杰子弟几千人跟随自己，并且声称天气太热，不适合远行，等稍微凉爽，再向西进发。阿史那都支听说了，就没有设防备。

裴行俭慢慢地召见龟兹、毗沙、焉耆、疏勒四镇的胡人酋长，对他们说："以前在西州的时候，一起出去打猎，玩得非常高兴，现在想重新寻回以前的欢乐，谁愿意与我一起去打猎？"胡人子弟争着请求随行，共得到将近一万人。

裴行俭假装去打猎，整编队伍，几天后，迅速向西进发。到距离阿史那都支部落十几里的地方，先派阿史那都支亲近的人向他问安，表面上显得悠闲，好像不是要讨袭他们，又接着派使者催促他前来见面。

阿史那都支开始与李遮匐约定，等到八月一起抵抗唐朝的使者，突然听说唐军抵达，想不出什么办法，只好率领子弟出来迎接拜见，于是全部被抓了起来。

裴行俭又借阿史那都支的令箭传令，召来他所属的各部落的酋长，一起押送到碎叶城。然后挑选精锐骑兵，轻装前进，日夜兼程，突袭李遮匐。中途俘获了从李遮匐那里返回的使者，以及与他同行的李遮匐的使者。

裴行俭放回李遮匐的使者，让他先回去报告李遮匐，说阿史那都支已经投降，李遮匐于是也投降了。阿史那都支和李遮匐被押送回长安，

裴行俭送波斯王回到他的国家，留下王方翼驻扎安西，修筑碎叶城。

十月，单于大都护府的突厥阿史德温傅、奉职两部落一起反叛，拥立阿史那泥熟匐为可汗。二十四州酋长也都反叛，响应他们，人数达到数十万。

十一月初六，唐高宗宴请裴行俭，对他说："你文武双全，如今要授予你两个职位。"于是任命他为礼部尚书、检校右卫大将军。

二十七日，又任命裴行俭为定襄道行军大总管，率领十八万大军，会同西军检校丰州都督程务挺、东军幽州都督李文暕的军队，总共三十多万，讨伐突厥，由裴行俭统一指挥。

裴行俭进军到朔川，对他的属下说："用兵之道，安抚士兵要真诚，制服敌人要使诈。前一段时间，萧嗣业运送的军粮被突厥人掠夺，士兵受冻挨饿，所以失败。现在突厥人一定还会用这个计策，应当用计欺骗他们。"

于是伪装运送粮草的车子三百辆，每辆车里埋伏了五名壮士，都拿着大刀弓弩，派老弱的士兵几百人押车，又埋伏精兵在险要的地方等待敌人。

敌人果然来抢掠，押车的老弱士兵扔下粮车逃跑。他们把粮车赶到有水草的地方，解鞍牧马，准备搬粮食。壮士们突然从车里跳出来，袭击他们。敌人受惊逃走，又受到埋伏的士兵的拦截，几乎全被俘虏或者杀死。从此再也不敢靠近唐军运送粮草的队伍。

裴行俭行军到单于府北面，已经接近黄昏，扎下营寨。四周的壕沟已经挖好了，裴行俭突然命令转移到高岗上。众将领都说士兵已经安顿好了，不要再移动，裴行俭不答应，催促他们赶快转移。

当天夜里，突然刮起狂风，下起暴雨，原来的营地，积水有一丈多深。众将领又是惊讶又是佩服，问他原因，裴行俭笑着说："今后只管服从我的命令，不必问我是怎么知道的。"

永隆元年（公元680年）三月，裴行俭在黑山大败突厥兵，捉住突厥酋长奉职。突厥可汗泥熟匐被部下杀死，他们拿着可汗的脑袋前来投降。

奉职被擒后，他的余党退守狼山。唐高宗让户部尚书崔知悌乘坐驿

站马车,赶赴定襄,传达皇帝对将士们的慰问,并且负责对付残余敌人,让裴行俭率军返回。

开耀元年(公元681年)正月,裴行俭的军队返回后,突厥阿史那伏念又自立为可汗,与阿史德温傅联合作乱。唐朝又任命裴行俭为定襄道大总管,让右武卫将军曹怀舜和李文暕做他的副手,率军讨伐突厥。

裴行俭驻扎在代州的陉口,屡次使用反间计,阿史那伏念与阿史德温傅逐渐互相猜疑。阿史那伏念把妻子儿女、辎重都留在金牙山,率领骑兵袭击曹怀舜。裴行俭派遣副将何迦密从通漠道、程务挺从石地道突袭金牙山。

阿史那伏念与曹怀舜订下和约,然后返回。等回到金牙山,已经失去妻子儿女和辎重,士兵中又有很多人患病,于是率领军队,向北逃往细沙。裴行俭派副总管刘敬同、程务挺等人率领单于府兵追踪他。

阿史那伏念请求捉拿阿史德温傅报效朝廷,然而还有些犹豫,又认为道路遥远,唐兵一定追不上,于是没有再设防备。刘敬同等人率领军队抵达,阿史那伏念狼狈不堪,无法整理队伍,就抓住阿史德温傅,从小路去向裴行俭投降。

侦察骑兵报告说尘埃弥漫而来,将士们都很震惊害怕,裴行俭说:"这是阿史那伏念捉了阿史德温傅前来投降,不是别的贼寇。然而接受投降如同对付敌人一样,不能没有防备。"于是命令严加防守,只派了一名使者前去迎接慰劳他们。

过了不久,阿史那伏念果然率领酋长,绑着阿史德温傅,到军营前请罪。于是裴行俭平定了剩余的突厥余党,把阿史那伏念、阿史德温傅带回长安。朝廷把阿史那伏念、阿史德温傅等五十四人在街市斩首示众。

当初,裴行俭曾经许诺不杀阿史那伏念,所以他才投降。后来裴炎妒忌裴行俭的功劳,就上奏说:"阿史那伏念被副将张虔勖、程务挺逼迫,又有回纥等从漠北向南进逼,困窘计穷才投降的。"于是诛杀了他。

裴行俭感叹地说:"王浑、王浚争夺功劳,古今都认为是耻辱。只担心杀了投降的人,以后没有再来投降的了。"从此借口患病,不出家门。

相关链接

[1] 裴行俭:公元619—682年,字守约,绛州闻喜(今山西闻喜一带)人,唐高宗时官至礼部尚书兼右卫大将军,封闻喜县公。

[2] 大食:唐宋时期对波斯语的音译,意指阿拉伯人和阿拉伯帝国,并泛指伊朗语地区的穆斯林。

李治死后，武则天大权在握。公元690年，她改国号为周，改年号为天授，赐皇帝姓武氏，自称圣神皇帝。

弘道元年（公元683年）十二月，唐高宗李治在贞观殿驾崩，遗诏中让太子在灵柩前即位，军国大事有难以决断的，参照天后武则天的意见。

太子李显[1]即位，是为中宗。尊武则天为皇太后，政事都由她来决定。

次年正月，中宗想任命皇后韦氏的父亲韦玄贞为侍中，又想授给乳母的儿子五品官，中书令裴炎坚持劝谏。中宗大怒，说："我就是把天下送给韦玄贞，又有什么不可以？竟然要吝惜侍中的职位？"裴炎害怕，报告武则天，秘密策划废黜皇帝。

二月初六，武则天在乾元殿召见群臣，裴炎与中书侍郎刘祎之、羽林将军程务挺、张虔勖率领卫兵入宫，宣布武则天的诏令，废黜中宗为庐陵王，扶他下殿。

中宗说："我有什么罪过？"

武则天说："你想把天下送给韦玄贞，怎么没有罪？"

初七，武则天立豫王李旦[2]为皇帝，是为睿宗。朝政大事由武则天决断，让皇帝居住在另外的大殿，不得有所干预。

初九，武则天命令左金吾将军丘神勣前往巴州，检查原太子李贤的府邸，防止发生意外，实际上是暗示丘神勣杀了李贤。丘神勣到达巴州以后，把李贤幽禁在别的房间，逼他自杀。

十二日，武则天驾临武成殿，皇帝率领王公以下的官员奉上尊号。十五日，武则天到大殿前，派礼部尚书武承嗣册封继位的皇帝。从此以后，武则天经常驾临紫宸殿，垂挂浅紫色的帷帐，视朝听政。

九月，武则天的侄子武承嗣，请求武则天追封她的先祖为王，立武氏七代祖先的祖庙，武则天答应了。

裴炎进谏说："太后母仪天下，应当向百姓作出表率，显示公平，不应该偏私自己的亲戚。您这样做，难道没看见汉朝吕氏的败亡吗？"

武则天说："吕后将权力委任给活人，所以败亡。现在我追尊死者，又有什么损害呢？"

裴炎回答说："应当防微杜渐，不能让它发展。"武则天没有听从。

二十一日，追尊武则天五世祖父武克己为鲁靖公，五世祖母为夫人；高祖父武居常为太尉、北平恭肃王，曾祖父武俭为太尉、金城义康王，祖父武华为太尉、太原安成王，父亲武士彟为太师、魏定王；高祖母、曾祖母、祖母、母亲都为王妃。

垂拱二年（公元686年）正月，武则天下诏，把政权交还皇帝。睿宗知道武则天不是出于真心，上表坚决辞让。武则天于是重新临朝，行使皇帝的职权。

永昌元年（公元689年），十一月初一，冬至，武则天在万象神宫举行祭祀，大赦天下，开始使用周朝的历法，改永昌元年十一月为载初元年正月，以十二月为腊月，夏历正月为一月。

凤阁侍郎宗秦客，改造"天""地"等十二个字进献。正月初八，朝廷下令推行。武则天自己取名为"曌"，改"诏"为"制"。

天授元年（公元690年），九月初三，侍御吏傅游艺率领关中百姓九百多人到皇宫前上奏，请求改国号为周，赐皇帝姓武氏。

武则天没有同意，但提升傅游艺为给事中。结果百官以及宗室亲族、远近百姓、四夷酋长、和尚道士共六万多人，都上表提出与傅游艺一样的请求，皇帝也上表请求赐姓武氏。

初五，群臣上奏，说：有凤凰从明堂飞进上阳宫，又飞回去停在左台的梧桐树上，过了很久，向东南方飞去；还有赤雀几万只聚集在朝堂。

初七，武则天同意了皇帝与群臣的请求。初九，武则天登上则天楼，大赦天下，改唐为周，更换年号。十二日，上尊号为圣神皇帝，皇帝为皇位继承人，赐姓武氏。

相关链接

〔1〕李显：公元656－710年，原名李哲，唐高宗第七子，武则天第三子，高宗死后继位，不久被武则天废黜，武则天死后得以重新执政，前后共在位七年，庙号中宗。

〔2〕李旦：公元662－716年，又名旭轮，唐高宗第八子，武则天第四子，李显被废后立为帝，初幽禁深宫，后亦被废，武则天死后继李显重新为帝，后禅位于玄宗，前后共在位八年，庙号睿宗。

武则天废黜中宗帝位，大封武氏亲族，引起天下人的不满，徐敬业便以恢复中宗帝位为借口，和骆宾王等人起兵造反。

光宅元年（公元 684 年），太后武则天废中宗李显为庐陵王，另立豫王李旦为帝，大封武氏亲族。当时武氏掌权，李唐宗室人人自危，大家心里都很愤慨。

正好李世勣的孙子、担任眉州刺史的英公李敬业[1]，和他弟弟盩厔令李敬猷、给事中唐之奇、长安主簿骆宾王、詹事司直杜求仁都因事获罪，或被降职，或被免官，加上曾任御史、现在是第二次被罢黜的盩厔尉魏思温，他们都聚在扬州，又都因失去官职而不满，便阴谋叛乱，以恢复庐陵王的帝位为借口。

魏思温是其中最主要的谋划者，他指使党羽、监察御史薛仲璋请求出使江都，让雍州人韦超到薛仲璋处报告有变乱，说"扬州长史陈敬之谋反"。薛仲璋于是把陈敬之抓了起来，关进监狱。

过了几天，李敬业乘坐驿车到达，假称自己是扬州司马那里来的官员，说"奉太后密旨，因为高州酋长冯子猷谋反，要发兵讨伐"。于是打开府库，命扬州士曹参军李宗臣到铸钱作坊，驱逐囚徒、工匠，发给他们盔甲。

李敬业将陈敬之在监狱斩首。录事参军孙处行抗拒，也被斩首示众，官吏中没有人再敢反抗。发动整个州的兵力，改用中宗的年号，称嗣圣元年。

在扬州设置三府：一个称匡复府，第二个称英公府，第三个称扬州大都督府。李敬业自称匡复府上将，领扬州大都督，十天不到就聚集起士兵十几万人。

李敬业发布檄文到各州县，大意是说："僭位临朝的武氏，人非温顺，出身寒微。当年充实太宗后宫，钻到空子侍奉太宗。太宗晚年，又与太子淫乱。隐瞒先帝的恩幸，谋取后宫的宠爱，踏皇后之宝座，陷君主于乱伦。"

又说："杀害姐妹，屠戮兄弟，杀害皇帝，毒死皇后，人神共愤，天地不容。

"包藏祸心，觊觎社稷。君王的爱子，被幽禁在别殿，武氏的亲族，都任命为高官。

"先帝坟上的黄土还没干，先帝托付的幼主又在哪？

"试看今天的中国，究竟是谁家的天下？"

这篇檄文文采斐然，武则天看了以后，问："谁写的？"

有人回答说："骆宾王[2]。"

武则天说："这是宰相的过失啊。此人有这样的才华，却让他飘零流落，不被重用！"

李敬业找了一个长得很像前太子李贤的人，骗大家说："李贤没有死，逃亡到城里，命令我们起兵。"于是侍奉他以号令天下。

魏思温劝李敬业说："您用匡复社稷为口号，应当率领大军，大张旗鼓地进军，直接向东都洛阳进发，那么天下人都知道您是为了援救天下，四方都会响应。"

薛仲璋说："金陵有帝王气象，又有长江天险，足以固守。不如先夺取常、润二州，作为霸业的基础，然后再向北夺取中原。这样向前可以取胜，后退也有立足之地，是最好的计策。"

魏思温说："崤山以东地区，豪杰们因为武氏专制，愤懑不满，听说您起事，都自己蒸了麦饭作干粮，拿着锄头作武器，等待南方军队到达。我们不乘此形势建功立业，反而退缩不前，自己修建巢穴，让远近的人知道了，还有谁不离散呢？"

李敬业没有听从，派唐之奇驻守江都，自己率领军队渡过长江，进攻润州。魏思温对杜求仁说："兵力聚集就强大，分散就衰弱。李敬业不聚集力量渡过淮河，招集山东的兵众攻取洛阳，失败眼看就要来了！"朝廷任命左玉钤卫大将军李孝逸为扬州道大总管，率领士兵三十万，前去讨伐。又追削李敬业的祖父和父亲的官爵，掘开坟墓，劈开棺材，恢复他们家的本姓徐。

徐敬业听说李孝逸就要来讨伐，从润州回师抵抗，在高邮的下阿溪驻扎。徐敬业派徐敬猷进逼淮阴，别将韦超、尉迟昭驻扎都梁山。

李孝逸进军，他的副手马敬臣进攻都梁山，斩杀了尉迟昭。到了十一月，韦超、徐敬猷相继兵败逃跑。徐敬业部署军队，隔着下阿溪拒守。

李孝逸等各路军队相继到达，与徐敬业交战，几次都失败了。李孝逸害怕，准备撤退，魏元忠与行军管记刘知柔对他说："现在是顺风，而且芦苇干燥，是火攻的好机会。"坚持请求决战。

徐敬业布下军阵，过了很久，士兵们都感到疲倦，回头张望，军阵不再严整。李孝逸出兵进攻，乘着风势纵火，徐敬业大败，被斩首七千人，淹死的士兵更是数不过来。

徐敬业等人骑马逃入江都，带着妻子儿女逃奔润州，准备走海路投奔高丽。李孝逸进军驻守江都，分别派遣各将领追击徐敬业。

十八日，徐敬业到达海陵边界，被大风阻挡，他的部将王那相砍下徐敬业、徐敬猷和骆宾王的脑袋投降。剩下的党羽唐之奇、魏思温都被擒获斩首，首级被送往神都（即东都）。

○ 品画鉴宝
三彩骑马狩猎俑（唐） 此俑一手勒缰，一手高举握拳，侧身后顾，坐骑正紧密配合，蓄势欲动，极具动感。

相关链接
[1] 李敬业：？－公元684年，祖籍曹州离狐（今山东鄄城），本姓徐，赐姓为李，造反后被恢复原姓。
[2] 骆宾王：约公元640－684年，字观光，义乌（今浙江义乌）人，唐朝初期著名诗人，极富文采，与当时的王勃、杨炯、卢照邻合称"初唐四杰"。

武则天专权，致力于铲除皇室宗族，各地李姓藩王人人自危，李冲、李贞等人起兵讨伐武氏，皆以失败告终。

太后武则天阴谋取代李唐，逐渐清除皇室宗族。绛州刺史韩王李元嘉、青州刺史霍王李元轨、邢州刺史鲁王李灵夔、豫州刺史越王李贞，以及李元嘉的儿子通州刺史黄公李譔、李元轨的儿子金州刺史江都王李绪、虢王李凤的儿子申州刺史东莞公李融、李灵夔的儿子范阳王李蔼、李贞的儿子博州刺史琅邪王李冲，在皇室宗族里都因为才能德行享有美名，武则天特别记恨他们。李元嘉等人十分不安，暗中有匡复朝廷的想法。

李譔用暗语写信给李贞，说："我的妻子病情愈发严重，应当赶紧治疗，如果拖到今年冬天，恐怕就变成不治之症了。"实际上是指武则天。

后来武则天召集皇室宗族，在明堂[1]朝见，李姓诸王都互相惊吓说："神皇准备在大摆宴席的时候，指使人告密，把皇室宗族全部诛杀，一个也不留。"

李譔伪造皇帝的玺书给李冲，说："朕被幽禁，李姓诸王应该各自发兵救我。"

李冲又伪造皇帝的玺书说："神皇准备把李氏的国家交给武氏。"

垂拱四年（公元688年），八月十七日，李冲召集长史萧德琮等人，命令他们招募士兵，同时分别通知韩、霍、鲁、越各王，与贝州刺史纪王李慎，让他们各自起兵，一起向神都进军。武则天得知后，任命左金吾将军丘神勣为清平道行军大总管，讨伐他们。

李冲招募了士兵五千多人，准备横渡黄河，夺取济州，于是先进攻武水，武水县令郭务悌去魏州求救。莘县县令马玄素率领士兵一千七百人，在中途截击李冲，担心兵力不能抵挡，就进入武水县城，关闭城门固守。

李冲推草车堵住县城南门，趁着风势放火，焚烧城门，想乘着火势冲进城里。不料大火燃起后，风向逆转，李冲的军队无法进入，因而士气沮丧。

堂邑人董玄寂替李冲带领士兵进攻武水，对别人说："琅邪王与国

家交战，这是造反。"李冲听说后，把董玄寂斩首示众，众人都十分恐惧，散逃到荒野草莽，李冲无法阻止，最后只剩下家仆和左右侍从几十人还在身边。

李冲撤退逃奔博州，二十三日，到达博州城门，被城门守卫杀死，起兵一共七天，就遭到失败。丘神勣到达博州，官吏穿着便服出城迎接，丘神勣把他们全都杀了，使一千多户人家为之残破。

听说李冲起兵，李贞也在豫州起兵，派遣军队攻陷上蔡。

九月初一，朝廷任命左豹韬大将军麴崇裕为中军大总管，岑长倩为后军大总管，率领军队十万人讨伐李贞。又命张光辅为诸军节度。朝廷削除李贞、李冲皇室宗族的属籍，改姓虺氏。

李贞听说李冲兵败，想捆绑自己到朝廷请罪，恰好他任命的新蔡县令傅延庆招募到勇士二千多人，李贞就向大家宣布说："琅邪王已经攻破魏、相等几个州，有兵力二十万，很快就要到这里了。"

然后征发豫州所属各郡县的士兵共五千人，分成五个营，让汝南县丞裴守德等人率领，任命九品以上官员五百多人。由于所任命的官吏都是受胁迫的，没一个人有斗志，只有裴守德与他一起谋划，李贞把女儿嫁给他，任命他为大将军，把他当作心腹。

李贞让道士、和尚念经，祈求大事成功，左右卫士与士兵都佩戴避免兵器伤害的神符。

麴崇裕等各路大军到达豫州城东四十里的地方，李贞派遣小儿子李规与裴守德作战抵抗，结果大败撤回。李贞十分恐惧，关闭城门自守。

麴崇裕等到达城下，左右侍从对李贞说：

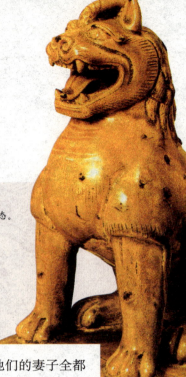

"您怎么能坐以待毙呢？"于是李贞、李规、裴守德与他们的妻子全都自杀身亡，与李冲一起被割下头颅，悬挂在东都皇宫门前示众。

起初，范阳王李蔼派使者对李贞和李冲说："如果四方诸王同时起事，一定能成功。"于是诸王都互相往来，约定时间。结果时间还没有约定，李冲就首先起兵，只有李贞仓促之间响应，其他诸王都不敢起兵，所以失败。

李贞失败后，武则天想把韩、鲁等诸王全部处死，命令监察御史苏珦审察他们密谋的情况。苏珦询问后，都没有确切的证据。

有人告发苏珦与韩、鲁等诸王串通，武则天就召来苏珦询问，苏珦争执辩论，不改变自己的观点。

武则天说："你是高雅的读书人，朕应当派给你另外的任务，这个案子不用你办了。"于是命令苏珦到河西监军[2]，改由周兴等人审察。

周兴逮捕了李元嘉、李灵夔、李谯、常乐公主等人，带到东都洛阳，逼迫他们全部自杀。武则天改他们的姓氏为"虺"，他们的亲戚朋党都被处死。

相关链接

〔1〕明堂：帝王宣明政教的地方，先秦时期为帝王接受诸侯觐见、进行祭祀的场所，后来也指皇帝接受大臣朝拜的宫殿。

〔2〕监军：古代官职名，负责督察将帅并代表朝廷处理军中部分事务。

武则天为了巩固自己的权力，想以大肆诛杀来威慑天下，便大开告密之道，又任用酷吏周兴等人，使朝野上下诚惶诚恐。

垂拱二年（公元686年）三月，太后武则天命令铸造铜匦；铜匦分四格，东边的叫"延恩"，进献赋颂、请求做官的，可以把表疏投进去；南边的叫"招谏"，议论朝政得失的投；西边的叫"伸冤"，有冤枉委屈的投；北边的叫"通玄"，议论天象灾变和军机秘计的投。每格上面各有一孔，表疏从孔里投进去，只能进，不能出。

徐敬业造反的时候，侍御史鱼承晔的儿子鱼保家教徐敬业制造刀、车和弓弩，徐敬业败亡后，只有他被赦免了死罪。武则天想知道天下所有的事情，鱼保家便上书，请求铸造铜匦，武则天十分高兴。过了不久，鱼保家的仇人投进表疏，告发他曾经为徐敬业制造兵器，杀伤很多官军，于是将他处死。

武则天自从徐敬业造反，怀疑天下人多半想谋害自己，自己又长期专权，在宫内的行为也不端正，知道宗室大臣怨恨，心里不服，想以大肆诛杀来威慑他们，于是大开告密的渠道。

有告密的人，官吏不得询问，都给他们提供驿马，供应五品官标准的食物，使他们能去武则天所在的地方。即使是农夫或者打柴的人，都得到召见，由客馆供给食宿。所说的如果符合旨意，就破格授予官职；与事实不符的，也不问罪。

于是四方告密的人蜂拥而起，人们小心翼翼，唯恐哪儿做得不对，被人抓住把柄。

有一个叫索元礼[1]的胡人，明白武则天的用意，通过告密，获武则天召见，被提升为游击将军，命令他审查监狱里的案件。索元礼性情残忍，审讯两个人，一定会牵连出几十人甚至上百人。武则天多次召见，给他赏赐，以扩大他的权威。于是尚书都事周兴、侍御史来俊臣[2]之流纷纷效仿。

周兴接连升官，做到秋官侍郎，来俊臣升官到御史中丞。他们勾结在一起，私下蓄养无赖几百人，专门从事告密。想诬陷一个人，动辄让他们几处同时告发，内容都一样。

来俊臣与司刑评事万国俊，共同撰写《罗织经》几千字，教他们的门徒如何陷害无辜的人，编造罪状，安排情节，得连细节都具备齐全。

武则天接到告密，就派索元礼等人审讯。他们争相发明刑讯用的残酷办法，有"定百脉"、"突地吼"、"死猪愁"、"求破家"、"反是实"等名号。

有用橼子串连人的手脚，再朝一个方向旋转，叫做"凤凰晒翅"；有用东西固定人的腰部，将脖子上的枷向前拉，叫做"驴驹拔橛"；或让人跪在地上捧枷，在枷上垒瓦，叫做"仙人献果"；或让人立在高木台上，从后面拉住脖子上的枷，叫作"玉女登梯"；或将人倒吊，在脑袋上挂石头；或用醋灌鼻孔；或用铁圈套住脑袋，在脑袋与铁圈之间钉楔子，甚至到脑袋裂开，脑浆迸流。

○品画鉴宝锁谏图（唐）阎立本／绘　此图画刘聪冒死进谏，取景于紧张时刻，气氛激烈。

每次有囚犯来，就先陈列刑具，让他们观看。囚犯们看了，都两腿发抖，冷汗直冒，才做出要用刑的样子，即使是清白的人，也马上就认罪了。

每次有赦令来，来俊臣总是命令狱卒，先杀死重犯，然后宣布赦令。武则天认为他们忠心耿耿，更加宠信。朝廷内外畏惧这几个人，远远超过虎狼。

天授二年（公元691年），当时武则天已经称帝，有人告发周兴谋反，武则天派来俊臣审讯他。来俊臣与周兴在一起，边吃饭边讨论事情，来俊臣对周兴说："囚犯多数不肯认罪，应当用什么办法呢？"

周兴说："这太容易了！拿一口大瓮，用炭火在四周烤，让囚犯进里面，还有什么事情不肯承认？"

于是来俊臣要了一口大瓮，按周兴说的办法，在四周堆上火烤，然后站起来对周兴说："有宫里的文书，要审问老兄，请君入瓮！"

周兴惶恐万分，叩头认罪，依法应当处死。武则天宽恕了他，将他流放岭南，结果途中被仇人杀死。

神功元年（公元697年），六月来俊臣诬告监察御史李昭德。而此时，来俊臣自己也因为得罪武氏诸王及太平公主，被关进监狱，判处死刑。奏章送上去，武则天迟迟不批，本想赦免来俊臣，但身边的人都劝她，所以最后还是批准了。

初三那天，李昭德、来俊臣一起在街市被斩首。当时的人都痛惜李昭德，而为处死来俊臣拍手称快。仇人争着吃来俊臣的肉，转眼就吃完了，有的人挖下眼睛，有的剥面皮，有的剖腹挖心，践踏成泥。

武则天知道天下人都痛恶来俊臣，就颁下制书，列举他的罪恶，并且说："应该诛灭他全族，使百姓的冤愤得以洗雪。可依法查抄他的家产。"

不论士人百姓，在路上相见时，都互相庆贺，说："从今往后，睡觉可以安心，背脊可以贴在席子上了。"

相关链接

〔1〕索元礼：？－公元691年，原为胡人，武则天时有名酷吏，生年不详，籍贯亦不详。

〔2〕来俊臣：公元651－697年，雍州万年（今陕西西安）人，武则天时的有名酷吏，曾任侍御史、左御史中丞等。

宰相狄仁杰

李唐遗臣狄仁杰刚正仁厚，善于处理国务，武则天不但很器重他，让他做了宰相，而且很礼遇他，称他"国老"。

天授二年（公元691年），洛州司马狄仁杰被朝廷任命为地官侍郎、同平章事，做上了宰相。武则天对狄仁杰说："你在汝南的时候，为政的成绩很不错。你想不想知道有谁诬陷过你？"

狄仁杰道谢说："如果陛下认为我有过失，请允许我改正；知道我没有过失，是我的幸运。我不愿意知道是谁诬陷我。"武则天赞叹不已。

长寿元年（公元692年），左台中丞来俊臣诬陷狄仁杰等七位大臣谋反。以前，来俊臣曾奏请武则天下命令：一经审问就承认谋反的，可以减免死罪。等到狄仁杰等人入狱，来俊臣便用这道命令引诱他们认罪。狄仁杰回答说："大周改朝换代，万象更新。我是唐朝的旧臣，甘愿受到诛戮。谋反确是事实！"于是来俊臣对他逼迫得没那么紧了。来俊臣的属官王德寿对狄仁杰说："您一定可以减免死罪。我已受人指使，想找一个升官的机会，劳烦您牵连出杨执柔，可以么？"狄仁杰说："皇天后土，竟然要狄仁杰做这种事！"说完一头撞在柱子上，血流满面。王德寿害怕，向他道歉。这个案子后来被查出，这些人都是冤枉的。于是武则天将他们释放，但都降职，狄仁杰被贬为彭泽[1]县令。

万岁通天元年（公元696年），契丹入侵，武则天重新起用狄仁杰，任命他为魏州刺史。前任刺史独孤思庄害怕契丹突袭，将百姓全部赶到城里，让他们修筑工事。狄仁杰到任后，将百姓全都遣回，让他们务农，说："敌人还远着呢，用不着这样烦劳百姓！万一敌人来了，我自己抵挡他们。"百姓都很高兴。

狄仁杰后来又担任宰相，武则天让宰相们各举荐尚书郎一名，狄仁杰举荐自己的儿子狄光嗣，被任命为地官员外郎。后来他很胜任，武则天高兴地说："春秋时晋国大夫祁奚，举荐

自己的儿子，你足以成为他的继承者了。"武则天十分信任和器重狄仁杰，群臣中没有人能比得上。她常常称狄仁杰为"国老"，而不叫他的名字。狄仁杰总是在朝堂上当面争谏，武则天也总是违拗自己的心意听从他。

狄仁杰曾经陪武则天游玩，遇到大风把狄仁杰的头巾吹到地上，他的坐骑也受惊不受控制。武则天让太子李显追上惊马，抓住它的辔头，把它拴好。狄仁杰屡次以年老多病为由，请求辞官，武则天不答应。入朝进见的时候，武则天经常不让他行跪拜礼，说："每当看到您跪拜，都让朕也感到身体疼痛。"

武则天还免去狄仁杰夜晚值班，并告诫他的同事说："如果没有军国大事，都不要去烦扰狄公。"

久视元年（公元700年），狄仁杰去世。武则天流着泪说："朝堂无人了！"从此以后，朝廷有大事，群臣有时不能决断，武则天就会叹息着说："老天为什么这么早就把我的国老夺走呢！"

相关链接

〔1〕彭泽：位于今江西彭泽一带。

557

吉顼降职尽忠言

吉顼被武则天贬黜，临行对她说，是她给日后的江山埋下了战乱的祸根，武则天无言以对。

武则天因为天官侍郎、同平章事吉顼[1]有才干谋略，所以把他视为心腹。吉顼与武懿宗[2]在武则天面前为赵州之战的功劳而争执，吉顼魁梧高大，能言善辩，武懿宗矮小驼背，吉顼直视武懿宗，言辞神色都很凌厉。

武则天很不高兴，说："吉顼在朕面前，还敢轻视我们武家的人，何况将来我不在了，还能够依靠吗？"有一天，吉顼上奏，正在引经据典，武则天生气地说："你说的，朕听够了，不要再说了！当年太宗有一匹马叫狮子骢，肥壮任性，没人能驯服。朕当时是宫女，在太宗身边侍奉，对太宗说：'我能够制服它，只需要三样东西：一是铁鞭，二是铁棍，三是匕首。用铁鞭抽打它，不服，就用铁棍敲它脑袋，还是不服，就用匕首割断它的喉管。'太宗夸奖朕心志高。今天你又哪里值得玷污朕的匕首呢？"吉顼惶恐流汗，趴在地上跪拜，请求饶命，于是作罢。武姓亲戚都怨恨吉顼依附太子，一起揭发他的弟弟冒充官吏的事，吉顼因此获罪，被贬官。辞别那天，吉顼获得武则天召见，他流着泪对武则天说："我现在远离朝廷，永远没有再见面的机会了，请允许我说一句话。"武则天让他坐下，问他，他说："水和土混在一起成为泥，有争斗吗？"

武则天说："没有。"

吉顼又说："分一半做佛像，一半做天尊像，有争斗吗？"

武则天说："有争斗。"吉顼叩头说："皇室宗族、外戚各守本分，那么天下安定。现在已经立了太子，而外戚仍然为王，这是陛下造成的，以后一定有争斗，双方都不能安定。"

武则天说："朕也知道，但是情形已经如此，没有什么办法。"

相关链接

[1] 吉顼：？—公元700年，一名旭，洛州（今河南洛阳）人，高大魁伟，唐朝进士，武则天时任左肃政台御史中丞。

[2] 武懿宗：并州文水人，祖父武士逸为武则天伯父，身材短小，腰背弯曲，相貌丑陋且性情残暴。生卒年不详。

张柬之等人趁武则天病重垂危，发动宫廷政变，武则天同意传位于太子李显，李氏江山得以恢复。

神龙元年（公元705年）正月，武则天病得很重，麟台监张易之和春官侍郎张昌宗[1]在宫中弄权，张柬之[2]、崔玄暐与中台右丞敬晖、司刑少卿桓彦范，以及相王府司马袁恕己策划诛杀张易之和张昌宗。

当初，张柬之接替荆州都督府长史杨元琰的官职，二人一起在长江里划船，到江心的时候，谈到武则天以周代唐的事情，杨元琰慷慨激昂，大有匡复唐室的意思。张柬之做了宰相以后，就引荐杨元琰担任右羽林将军，对他说："你还记得你在江心时说的话吧？今天的官职，可不是随便给你的。"张柬之还任用桓彦范、敬晖与右散骑侍郎李湛，让他们都担任左、右羽林将军，掌握禁军的兵权。

张易之等人怀疑恐惧，张柬之又任用他们的党羽武攸宜为右羽林大将军，张易之等人才安心。不久，灵武道安抚大使姚元之从灵武入朝，张柬之和桓彦范相互说："大事要成了！"于是把计策告诉姚元之。桓彦范把事情告诉了他母亲，母亲说："忠孝不能两全，应当先为国，后为家。"

当时太子李显在北门居住，桓彦范和敬晖前去进见，偷偷地告诉太子他们的计策，太子表示同意。

二十二日，张柬之、崔玄暐、桓彦范与左威卫将军薛思行等人，率领左右羽林兵五百多人到玄武门，派李多祚、李湛与内直郎驸马都尉王同皎去东宫迎接太子李显。太子犹疑，不肯出来，王同皎说："先帝把社稷交给殿下，殿下无故遭幽禁废黜，人神共愤，已经二十三年了。现在上天引导人心，大家同心协力，诛灭凶恶小人，恢复李氏社稷，希望殿下暂且去玄武门满足大家的期望。"

太子说："凶恶的小人的确应该诛灭，但是圣上正在生病，不会惊扰到她吗？请各位以后再计划。"

李湛说："将相们不顾家族，为社稷献身，殿下为什么要把他们推进火坑呢？请殿下亲自去制止他们。"太子于是出宫。

王同皎把太子抱到马上，跟随太子到玄武门，斩断门栓入宫。武则天在迎仙宫，张柬之等人在走廊里斩杀了张易之和张昌宗，然后进入武则天居住的长生殿，环绕在她周围侍卫。

武则天吃惊起身，问："谁作乱？"

回答说："张易之、张昌宗谋反，我们奉太子之命杀了他们。因为担心事情泄露，所以没有向您奏报。我们在禁宫动兵，罪该万死！"

武则天看见太子李显，说："是你干的？小子已经受诛，你可以回东宫去了。"

桓彦范上前说："太子怎能回东宫呢？以前天皇把爱子托付给陛下，现在他已经长大，一直在东宫为太子，天意人心，思念李氏已久。群臣不忘太宗、天皇的恩德，所以奉太子命令，诛杀贼臣。希望陛下把帝位传给太子，以顺从天意人心！"

李湛是李义府的儿子，武则天看见他，对他说："你也是诛杀张易之的将军吗？我对你们父子不薄，才会有今天！"李湛十分羞愧，不能回答。

武则天又对崔玄暐说："其他人都是由别人推荐提拔的，只有你是朕亲手提拔的，怎么也在这里呢？"

崔玄暐说："这正是为了报答陛下的恩德。"

于是逮捕了张昌期、张同休、张昌仪等人，全都处斩，与张易之、张昌宗的首级一起悬挂在神都天津桥南边示众。

二十三日，武则天颁下制书，由太子李显代理朝政。次日，武则天传位李显。又次日，中宗李显即位，重新当上皇帝。

二月初四，恢复大唐国号，郊庙、社稷、陵寝、百官、旗帜、服色、文字，一律恢复成高宗永淳年前的老样子，以妃子韦氏为皇后。

相关链接

〔1〕张昌宗：？—公元705年，定州义丰（今河北安国）人，张易之为其兄，二人皆美姿容，并以此得宠于武则天。

〔2〕张柬之：公元625—706年，字孟将，襄州襄阳（今湖北襄樊襄阳）人，科举进士，官至宰相。

中宗复位后，武三思得宠，武氏势力重振朝廷。太子李重俊恼怒武三思等人的跋扈和对自己的欺凌，就带兵杀了他们。

　　武则天统治末期，张柬之等人发动政变，唐中宗李显重新登上皇位。过去受武则天宠爱而执掌朝政的人中，张易之、张昌宗兄弟以及他们的党羽均遭到诛杀，只有武则天的侄子武三思[1]未受惩处。

　　中宗被幽禁时，与韦氏共渡艰难，感情十分深厚。中宗曾私下对韦氏发誓："日后若能重见天日，不论你想怎么做，我都不加限制。"因此等到中宗复位，韦氏重新当上皇后，就像武则天在高宗朝那样，开始干涉起朝政来。

　　当年，高宗朝的西召侍郎、同东西台三品上官仪，受高宗委托，起草废黜武则天的诏书。后来废黜一事没有实行，武则天怀恨上官仪，设计诬陷，将他连同儿子一起杀死，查抄家产，孙女上官婉儿被没入后宫。

　　上官婉儿性格聪慧，口齿伶俐，富有文采，熟悉官府事务。武则天十分喜欢她，从圣历年间开始，经常让她参与处理各部门的表章奏疏。唐中宗即位以后，又让她专门负责起草诏令，封她为婕妤，让她负责宫中事务。

　　中宗的女儿安乐公主嫁给了武三思的儿子武崇训。上官婉儿与武三思私通，所以偏袒武氏，她向韦后推荐武三思，引荐武三思入宫。唐中宗于是开始与武三思商议政事，张柬之等人从此都受制于武三思。

　　唐中宗让韦后与武三思玩双陆（游戏名），自己坐在一边为他们数筹码。武三思于是又与韦后私通，从此武氏的势力得以重振。

　　武三思忌惮敬晖、张柬之、桓彦范等五位大臣，与韦后天天在中宗面前诬陷他们，说他们恃功专权，将要产生野心，中宗相信了。武三思又出主意，封敬晖等五人为王，免去他们的宰相职务，只要求他们每月初一、十五朝见天子。

　　接着，武三思让百官恢复武则天时的政策，罢黜不肯依附武氏的人，起用当初被敬晖等五王贬谪的人，结果朝廷大权都落入武三思之手。

　　神龙二年（公元706年），武三思设计陷害敬晖等五王，最后将他们折磨至死。武三思杀死五王后，权势盖过中宗，常常说："我不知道

世上什么是好人，什么是坏人。我只知道，对我好的人就是好人，对我
坏的人就是坏人。"

中宗立李重俊[2]为太子。韦后因为李重俊不是自己亲生的，很讨
厌他，武三思尤其嫉恨李重俊。上官婉儿因为武三思的缘故，在她拟定
的制书敕令里，经常推崇武氏。

安乐公主与驸马、左卫将军武崇训经常凌辱李重俊，有时候甚至叫
李重俊奴才。武崇训又教安乐公主向唐中宗进言，请求废掉太子，立自
己为皇太女。李重俊心中积愤不平。

景龙元年（公元707年），七月初六，李重俊与左羽林大将军李多
祚、将军李思冲、李承况、独孤祎、沙吒忠义等人，假传皇帝诏令，发
动羽林千骑的士兵三百多人，把武三思、武崇训父子与亲戚十几人杀死
在武三思家中。

李重俊又让左金吾大将军、成王李千里，和他的儿子天水王李禧分
别带领士兵守住宫城各门，李重俊和李多祚带领士兵从肃章门砍断门栓
入宫，四处敲门，寻找上官婉儿。

上官婉儿大声说："看来他们是想先抓住我，然后抓住皇后，最后要抓住皇帝。"唐中宗与韦后、安乐公主、上官婉儿一起登上玄武门门楼躲避，派右羽林大将军刘景仁率领羽林飞骑一百多人在楼下屯兵，保护自己。

杨再思、苏瓌、李峤与兵部尚书宗楚客、左卫将军纪处讷带领二千多士兵聚集在太极殿前，闭门坚守。李多祚率先到玄武楼下，想登上楼，但被卫兵阻拦。李多祚与李重俊犹豫不决，按兵不动，希望唐中宗询问他们。

宫闱令杨思勖站在唐中宗身后，请求允许他带兵攻击。李多祚的女婿羽林中郎将野呼利是前锋总管，杨思勖拔出佩刀斩杀了他，李多祚手下的士兵立刻就丧失了士气。

唐中宗扶着栏杆，俯下身子对楼下李多祚带领的千骑士兵说："你们都是朕的卫士，为什么要跟随李多祚谋反？如果能杀掉谋反的人，不用担心没有荣华富贵。"

于是千骑士兵斩杀了李多祚、李承况、独孤祎之、沙吒忠义，其余的人都四下逃散。

李千里、李禧父子攻打太极宫右延明门，想杀死宗楚客和纪处讷，未能攻克，反而战死。李重俊带着一百多名骑兵逃奔终南山，到达鄠西，只有几个人跟得上，在树林里休息的时候，被左右侍从杀了。

唐中宗把李重俊的首级献到太庙，又用它祭祀武三思和武崇训的灵柩，最后悬挂在朝堂里示众。

另外，中宗又把成王李千里的姓改为蝮氏，李重俊的同党全都被处死。

相关链接
〔1〕武三思：？－公元707年，并州文水（今山西文水东）人，武则天之侄，以外戚故，官至夏官、春官尚书，监修国史，封梁王。
〔2〕李重俊：？－公元707年，唐中宗李显第三子，初封义兴郡王，后徙封卫王，公元706年被立为太子。

李隆基诛韦氏

韦后下药毒死了中宗，谋划自己当皇帝，李隆基发动政变铲除了韦氏势力，李旦重登帝位。

景云元年（公元710年），安乐公主[1]希望韦后临朝，自己好当皇太女，就与韦后的一些党羽谋划，在糕饼中放上毒药，进献给中宗。六月初二，中宗在神龙殿驾崩。

韦后先不公布消息，伪造遗诏，立温王李重茂为太子，由皇后主持政务。初四，韦后召集群臣，为中宗发丧，宣布自己临朝摄政。初七，年仅十六岁的李重茂即位。

中书令宗楚客伙同韦后同党，劝说韦后效仿武则天称帝。宗楚客还打算害死李重茂，只是非常忌惮相王李旦及太平公主，与韦温、安乐公主密谋除掉他们。

相王李旦的儿子、临淄王李隆基[2]，在京师暗中聚集智勇双全的人，谋划匡复李唐社稷。羽林军中有一支精锐部队，名叫"万骑"，李隆基对其中的豪杰之士都深相结交。

兵部侍郎崔日用一向依附韦后及武氏，与宗楚客的关系也很好，他得知宗楚客的阴谋以后，担心灾祸会牵连到自己，就派宝昌寺僧人普润秘密进见李隆基，向他报告，并劝李隆基迅速发动。

李隆基于是和太平公主，以及公主的儿子卫尉卿薛崇暕、西京苑总监钟绍京、尚衣奉御王崇晔、前任朝邑尉刘幽求、利仁府折冲麻嗣宗等人策划，先于韦氏集团发动，铲除他们。

韦播、高嵩二人为了树立自己的威名，经常鞭笞万骑士兵，使得万骑士兵都很怨恨他们。果毅葛福顺和陈玄礼进见李隆基，告诉他这些事情，李隆基暗示他们诛杀韦氏，两人都踊跃请求，要以死效力。万骑果毅李仙凫也参与了具体谋划。

有人建议李隆基应当告诉他的父亲相王李旦，李隆基说："我们是为了社稷效力，如果成功，福分归相王；万一失败，我们自己受死，不会连累相王。如果告诉他，他同意的话，那么他也参预了谋划。如果他不同意，就会坏了大事。"所以没有告诉李旦。

二十日申时，李隆基身穿便服与刘幽求等人进入禁苑，到钟绍京住的地方会合。钟绍京后悔，想要拒绝，他的妻子许氏对他说："为国献

身，神灵一定会帮助的。而且你平时一直与他们谋划，现在即使不参加，又怎么能逃脱呢？"钟绍京于是开门拜见李隆基，李隆基拉着他的手与他一起坐下。

当时，左右羽林军将士都驻扎在玄武门，等到夜里，葛福顺和李仙凫都到李隆基的住处，询问起事的信号，准备行动。将近二更，夜空里流星如雪花散落，刘幽求说："天意如此，机不可失！"

葛福顺拔出佩剑，径直闯进羽林营，把韦璿、韦播、高嵩三人斩首示众，说："韦后毒死先帝，图谋社稷，今晚应当一起铲除韦氏，比马鞭高的人一律处斩。拥立相王安定天下。如果敢有贰心，帮助叛逆的，罪过牵连三族。"羽林军的士兵都欣然听命。

于是把韦璿等人的首级送到李隆基那儿，李隆基拿过灯看了以后，就和刘幽求等人一起出禁苑南门，钟绍京率领工匠二百多人，拿着斧头锯子跟随在后面。

李隆基让葛福顺率领左万骑攻打玄德门，派李仙凫率领右万骑攻打白兽门，约定在凌烟阁前会合，随即大声呐喊。葛福顺等人一起杀了守门的卫士，攻入宫门。李隆基率领士兵守在玄武门外，三更，听到喧哗声，立刻率领总监及羽林兵入宫，在太极殿守卫中宗灵柩的南牙卫兵听到喧哗声之后，全都穿起铠甲响应。

韦后仓皇混乱中逃进飞骑营，被一个飞骑兵斩首，首级进献给李隆基。安乐公主正对着镜子画眉，也被士兵斩杀。

上官婉儿本已依附李唐，与安乐公主各树朋党。中宗驾崩后，上官婉儿起草遗诏，让相王李旦辅佐李重茂，宗楚客、韦后将这个内容改掉了。

李隆基率军入宫的时候，上官婉儿拿着灯笼带领宫人前去迎接，把她起草的诏书草稿给刘幽求看。刘幽求为她求情，李隆基没有答应，在旗下斩了上官婉儿。当时，李重茂住在太极殿，刘幽求说："大家约好了今天晚上拥立相王，为什么不早点定下来呢！"李隆基急忙阻止他，收捕宫内与把守宫门的韦氏族人，并把平常被韦后亲信的人也一起斩首。天快亮的时候，宫内宫外一起全部平定。

二十一日，李隆基出宫拜见父亲李旦，因为事先隐瞒而叩头谢罪。李旦流着泪抱住他说："宗庙社稷得以保全，是你的功劳啊！"于是迎接李旦入宫辅佐李重茂。

李隆基下令关闭宫门以及京城城门，派万骑士兵分头搜捕韦氏亲党。宗楚客身穿丧服，骑着一头黑毛驴出逃，到了通化门，看门的说："你不就是宗尚书吗？"说完摘掉他的布帽，抓起来斩了。

二十三日，太平公主传达李重茂旨意，要求将皇位让给李旦，李旦坚决推辞。

二十四日，李重茂在太极殿面西而坐，李旦立在中宗灵柩旁。太平公主与刘幽求商议，要以李重茂的制书，将帝位让给相王李旦。

当时李重茂坐在御座上，太平公主上前对他说："天下人心已经归附相王，这不再是你这个小孩的座位了。"说完把他拉下来。当天，睿宗李旦即位，恢复李重茂原来的温王爵位。

相关链接

〔1〕安乐公主：约公元685－710年，名裹儿，唐中宗李显幼女。

〔2〕李隆基：公元685－762年，睿宗李旦的第三子，公元712年即位，统治期间社会安定，经济繁荣，唐朝进入全盛时期，后人称之为"开元盛世"，庙号玄宗，史称唐明皇。

太平公主专擅朝政，想废掉玄宗李隆基，事情被告发，李隆基诛杀了她。

太平公主[1]冷静沉着，聪明而有谋略，武则天认为她很像自己，所以在众多的子女中特别喜爱她，经常让她参与机密谋划，然而她畏惧武则天的威严，不敢招揽权势。

张柬之等人诛杀张易之、张昌宗兄弟的时候，太平公主有功劳。唐中宗时，韦后和安乐公主都畏惧她，她又和太子李隆基一起诛灭了韦氏。太平公主几次建立大功，地位更加尊崇，唐睿宗经常与她商量朝政大事，每次她入朝奏事，都坐着谈很久。有时候没去上朝进见，睿宗就让宰相到她的家里询问她的意见。

宰相每次上奏，睿宗动辄询问他们："与太平公主商量过吗？"又问："与三郎商量过吗？"然后才会批准。三郎，是指皇太子李隆基。

太平公主想做的事，睿宗没有不同意的。朝中群臣自宰相以下，升官还是贬职，都由她一句话决定，其余由她举荐而担任要职的士人更是不计其数。她的权势甚至超过了睿宗皇帝，无数人到她府邸拜访，门庭若市。

太平公主忌惮太子李隆基，经常在睿宗面前挑拨，让他废掉太子。睿宗生性淡泊，又喜好道术，他汲取以往宫廷变乱的教训，听了太平公主的话，反而打算让出帝位，以避免灾祸。

先天元年（公元712年）七月，睿宗颁下制书，要将帝位让给李隆基。

八月初三，李隆基即位，是为唐玄宗。玄宗尊奉睿宗为太上皇，凡三品以上官员的任命，以及重大的刑狱政务由太上皇决定，其他事务都取决于皇帝。

此后，太平公主倚仗太上皇的势力，继续专擅朝政，与玄宗发生冲突，朝中七位宰相之中，有五位出自她门下，超过一半的文臣武将依附于她。

太平公主与同党们一起谋划，要废掉玄宗；又与宫女元氏合谋，想用毒药害死玄宗。

开元元年（公元713年）七月，侍中魏知古告发太平公主准备在本月四日作乱，命令常元楷、李慈率领羽林军冲进武德殿，派窦怀贞，萧至忠、岑羲等人在南牙举兵响应。

唐公主

玄宗于是与岐王李范、薛王李业、郭元振[2]以及龙武将军王毛仲、殿中少监姜皎、太仆少卿李令问、尚乘奉御王守一、内给事高力士、果毅李守德等人商定计策，抢先诛杀太平公主。

初三，玄宗让王毛仲调集闲厩中的马匹与禁兵三百多人，从武德殿进虔化门，召见常元楷和李慈二人，先斩杀了他们，在内客省逮捕了贾膺福和李猷，把他们带出来，又在朝堂上逮捕了萧至忠和岑羲，全都斩首。窦怀贞逃进壕沟里自杀，于是斩戮他的尸首，并把他的姓改为毒氏。

太上皇听说发生变乱，登上承天门的门楼。郭元振上奏说："皇帝奉太上皇诰命，诛杀窦怀贞等人，没有其他的事情。"

玄宗寻找太上皇，到了门楼，太上皇就颁发诰命，列数窦怀贞等人的罪状，并因此大赦天下，只有逆臣的亲戚党羽不被赦免。

初四，太上皇唐睿宗颁布诰命："从现在开始，军政国事、刑赏教化，都由皇帝决定。朕好清静无为，修心养性，以遂平素的心愿。"当天，太上皇移居百福殿。

太平公主逃进山寺，过了三天才出来。唐玄宗下诏，赐她在家中自尽，她的儿子与党羽也被处死，共有几十人。

相关链接
〔1〕太平公主：约公元665－713年，名令月，为唐高宗李治幼女，母为武则天，受武则天宠爱，权倾一时。
〔2〕郭元振：公元656－713年，名震，字元振，魏州贵乡（今河北大名北）人，科举进士，唐朝著名将领。

开元年间，皇甫惟明出使吐蕃，使吐蕃重新归附唐朝，停息了双方之间长达几年的战争。

吐蕃自恃国家强大，对唐致书使用对等国家的礼节，言辞悖逆傲慢，玄宗常常为此感到愤怒。开元十五年（公元727年），玄宗开始派军队讨伐，两国交战，打了几年的仗。

至开元十八年（公元730年），吐蕃因屡次战败而请求和亲。忠王友皇甫惟明[1]趁着上奏的机会，从容地向唐玄宗说明和亲的好处。

唐玄宗说："吐蕃赞普过去给我的书信里，言辞傲慢，怎么能不管呢？"

皇甫惟明回答说："赞普在开元初年，年纪还小，怎么会写这样的信？恐怕是边境的将领伪造的，想激怒陛下而已。边境有战事，将领官吏就能趁机盗取或隐藏官府的东西，还可以胡乱上报战功，以求取功勋官爵。这些是奸臣的利益，但不是国家的福气。

"战事连年不断，每天耗费千金，河西、陇右因此贫困凋敝。陛下可以派遣使臣去看望金城公主[2]，趁机与赞普当面约定婚姻，让他俯首称臣，永远平息边境祸患，这难道不是驾驭夷狄的好方法吗？"

唐玄宗十分赞赏，就命令皇甫惟明和内侍张元方出使吐蕃。

十月，赞普派大臣论名悉猎跟随皇甫惟明一同入朝，进献贡品，上表说："外甥两代都娶了天朝的公主，我们两国的情义如同一家人。中间由于张玄表等人先带兵侵犯掠夺，才使边境关系恶化。外甥深深明白尊贵卑贱的关系，怎么敢失礼呢？

"以前因为边将挑拨离间，让我得罪了舅父。我屡次派遣使者入朝，都被边将阻拦，现在承蒙您派使臣远道而来，外甥不胜喜悦，如果能重修旧好，死而无憾！"从此，吐蕃国又诚心归附大唐。

○ 品画鉴宝　迎宾图（唐）

相关链接

[1] 皇甫惟明：？－公元747年，唐朝著名将领，籍贯不可考。

[2] 金城公主：？－公元739年，唐中宗李显养女，公元710年入藏嫁于吐蕃赞普，为汉藏民族友好往来做出了巨大贡献。

杨贵妃受宠

玄宗的武惠妃死后，接其子的妃子杨氏进宫，对她万分宠爱。杨氏的哥哥等人也因此获得高官厚禄。

玄宗宠爱的武惠妃死后，玄宗心里怀念不已。后宫女子几千人，没有一个合他心意的。

有人对玄宗说，寿王李瑁的妃子杨氏[1] 的美貌举世无双，玄宗见了以后，十分喜欢。

玄宗让杨妃自己请求做女道士，号"太真"，然后偷偷接到宫中。太真体态丰满，容貌娇艳，通晓音律，生性机警，善于逢迎玄宗的心意。

不到一年，宠爱就如武惠妃一样，宫中都称她为"娘子"，对待礼仪与皇后相同。

○ 品画鉴宝　杨贵妃上马图（元）钱选／绘　图绘唐玄宗携杨贵妃出游的场景。

天宝四载（公元745年）八月，玄宗册封杨太真为贵妃，赐她父兄很高的官职。杨贵妃的三个姐姐，也都赐予京师的宅第，待遇非常显赫。

杨贵妃深受玄宗的宠爱，每次骑马，高力士[2] 都为她拿马鞭牵辔头，专门为杨贵妃织绣衣服的工匠有七百人，朝廷内外争着进献器物、衣服和珍宝。

岭南经略使张九章与广陵长史王翼因为进献的物品精美，张九章加封三品，王翼入朝任户部侍郎，天下人都纷纷效仿。

民间有歌谣传唱："生男勿喜女勿悲，君今看女作门楣。"

杨贵妃喜欢吃新鲜荔枝，玄宗就命令岭南每年都用驿马飞奔送来，到了长安，颜色味道都还没变。

杨玉環

唐明皇

　　天宝五载（公元746年），杨贵妃因为嫉妒泼悍，对玄宗无礼，玄宗很恼怒，就下令把她送回她哥哥杨铦家里。结果一整天，玄宗都很不高兴，到了中午，还不吃饭，左右侍从总是不合心意，屡屡被鞭笞捶打。高力士想试探玄宗的心意，就请求把贵妃院中储备的器物送给贵妃，总共装了一百多车，玄宗又把自己吃的食物赐给贵妃。到了晚上，高力士跪下上奏，请求迎接贵妃回来，于是打开宫门让贵妃入宫。从此对杨贵妃的宠爱更深，后宫没有人能比得上。

　　天宝九载（公元750年）二月，杨贵妃又违背了玄宗的心意，被送回杨家。户部郎中吉温让宦官对玄宗说："妇道人家见识短浅，违背圣上的心意，陛下何必吝啬宫中一席之地，不让她死在宫里，而忍心让她在宫外受辱呢？"玄宗也后悔了，就派宦官把自己吃的饭赐给贵妃。

　　杨贵妃哭着对宦官说："我罪该万死，有幸陛下不杀我，让我回家。现在要永远离开宫阙，金玉珍宝玩物，都是陛下赏赐的，不值得献给陛下，只有头发是父母给我的，胆敢献给陛下，表达我的真诚。"于是剪下一束头发献给玄宗。玄宗立刻派高力士把她接回宫中，从此更加宠爱她。

相关链接

〔1〕杨氏：公元719－756年，名玉环，祖籍蒲州永乐（今山西永济一带），生于蜀郡（今四川成都），擅长歌舞，原为玄宗之子寿王李瑁的妃子，后被玄宗纳进宫中，集后宫宠爱于一身，公元745年被册封为贵妃。我国古代四大美女之一。

〔2〕高力士：公元684－762年，潘州（今广东高州）人，唐朝玄宗李隆基最宠爱的心腹宦官，曾一时权倾朝野。

安禄山反叛

公元755年，曾极度受宠于唐玄宗和杨贵妃的安禄山，在范阳起兵反叛唐朝，爆发了中国历史上著名的"安史之乱"。

安禄山[1] 本是营州地方的混血胡人，原名阿荦山。他的母亲是一个女巫，父亲死后，带着安禄山嫁给了突厥人安延偃。刚好突厥部落衰败溃散，就与安延偃哥哥的儿子安思顺逃到幽州，冒姓安氏，名叫禄山。

有一个混血胡人名叫史窣干，与安禄山原是街坊邻居，两人生日相差一天。长大后，成为朋友，都做了互市[2] 牙郎，以勇敢闻名。

幽州节度使张守珪以安禄山为捉生将，每次带领几名骑兵出去，都能擒获几十名契丹人回来。又加上安禄山狡猾，善于揣摩人的心意，所以深受张守珪的喜爱，让他做自己的养子。史窣干曾为张守珪立下大功，张守珪上奏任命他为果毅，后来升为将军。史窣干入朝奏事，玄宗与他说话，很喜欢他，就赐名为"思明"。安禄山后来担任平卢兵马使，为人乖巧，善于讨人欢喜，人们多数都称赞他。玄宗身边的人到了平卢，安禄山就用丰厚的财礼贿赂他们，他们回去后尽说好话，因此玄宗更加认为安禄山是个贤能之人。

天宝元年（公元742年），朝廷把平卢分出来，另外设立军镇，任命安禄山为节度使。次年正月，安禄山入朝，玄宗对他十分宠幸，允许他随时入朝。过了一年，又让他兼任范阳节度使，后来还让他兼御史大夫。安禄山身体肥胖，大腹便便，垂下来超过膝盖，曾自称肚子重三百斤。他外表看上去慈厚老实，内心实际上非常奸猾。

安禄山在玄宗面前应对敏捷，且诙谐幽默。玄宗曾经开玩笑地指着安禄山的肚子说："你这个胡人肚子里有什么东西，竟然这么大？"

安禄山回答说："没有什么其他的东西，只有一片忠心！"玄宗十分高兴。

玄宗曾经让安禄山进见太子，安禄山不行拜礼。左右的人催他跪拜，安禄山站着说："我是胡人，不懂得朝廷的礼仪，不知道太子是什么官？"

玄宗说："太子是将来的皇上，朕去世以后，代替朕做你的君主。"

安禄山说："我愚蠢浅薄，只知道有陛下一人，不知道还有太子。"不得已，然后跪拜。玄宗听信了他的话，更加喜欢他。

安乐山造反

玄宗曾经在勤政楼设宴，群臣都坐在楼下，却单独为安禄山在自己座位东边设了金鸡障，安置床榻，让安禄山坐在前面，并命令卷起帘子表示荣宠。又让杨铦、杨锜以及杨贵妃的三个姐姐与安禄山按兄弟辈论交。

安禄山可以出入禁宫，就趁机请求做杨贵妃的干儿子。玄宗与贵妃一起坐着，安禄山却先跪拜贵妃。玄宗问他原因，安禄山回答说："我们胡人先母而后父。"玄宗十分高兴。

天宝十年（公元751年），玄宗下令在长安为安禄山修建宅第，极尽壮丽，不惜财力。所用器物极其豪华，连宫里的都比不上。玄宗常常告诫监工的宦官："胡人眼界大，别让他笑话我。"

安禄山过生日，玄宗和杨贵妃赏赐给他很多衣服、珍宝、器物和丰盛的酒食。过了三天，又召安禄山进宫，杨贵妃用锦绣做成大襁褓，裹住安禄山，让宫女用花轿抬着。唐玄宗听见后宫的欢笑声，就问原因，左右侍从说是贵妃为儿子三天洗身。玄宗亲自前往观看，很高兴，赏赐给杨贵妃洗儿金银钱，又重赏了安禄山，尽情作乐，然后才罢休。从此安禄山可以自由出入禁宫，不受限制，有时候与杨贵妃同桌吃饭，有时候一整夜不出宫，宫外颇传丑闻，玄宗也不怀疑。

安禄山请求兼任河东节度使，玄宗就让原河东节度使担任羽林将军，让安禄山代替他。安禄山兼任三镇节度使，大权在握，赏罚由己，日益骄纵。安禄山因为过去见了太子从不下拜，如今见玄宗年事已高，一旦驾崩，将由太子继位，所以心里有些害怕。又见朝廷武备松弛，颇有轻视中原的心思。

李林甫去世后，杨贵妃的远房堂兄杨国忠担任宰相。安禄山因为李林甫比自己狡猾，所以对他十分畏惧佩服。等到杨国忠任宰相，安禄山颇为看不起他，两人因此有矛盾。杨国忠屡次说安禄山要谋反，玄宗不信。安禄山虽然早就有叛乱的想法，但因玄宗待他很好，想等到玄宗死后再反叛。这时杨国忠因为与安禄山不和，多次上言说他要谋反，玄宗不信。杨国忠又多次以事激怒安禄山，想让他立刻反叛以取信于玄宗。安禄山于是决意立即反叛。

天宝十四年（公元755年），安禄山自八月以来，多次犒赏士兵，厉兵秣马。这时，正好有官员入朝奏事回来，安禄山就假造敕书，召集所有将领，拿出伪造的敕书给他们看，说："皇帝有密诏，让我带兵入朝，讨伐杨国忠，你们应该马上随军行动。"将士们听了，都十分惊讶，互相对视，但谁也不敢反对。

十一月初九，安禄山发动自己统辖的军队及同罗、奚、契丹、室韦兵共十五万人，号称二十万，在范阳起兵反叛。

当时唐朝经过长期的和平，百姓已有几代没有经历战争，突然听说范阳起兵，远近都受惊动，恐慌不已，整个中国顿时陷入"安史之乱"的动荡之中。

相关链接

〔1〕安禄山：公元703－757年，原名阿荦山，营州（今辽宁朝阳）人，父为胡人，母亲为突厥，幼年丧父，母改嫁，得姓安氏，生性狡诈而骁勇善战，唐玄宗时为范阳节度使，把持重兵。

〔2〕互市：古代中国与外国或异族之间进行的贸易称为互市。

　　哥舒翰奉命讨伐叛军，率兵驻守潼关，玄宗听信奸臣之言，让哥舒翰领兵出击，结果潼关失守。

　　天宝十四年（公元755年），安禄山起兵反叛，河西、陇右节度使哥舒翰[1]正在家中养病，玄宗以为他威名赫赫，而且一向与安禄山不和，于是召见他，拜为兵马副元帅，让他率领八万军队，前去讨伐安禄山。

　　哥舒翰称病，坚决推辞。玄宗不同意，任命田良丘为御史中丞兼行军司马，起居郎萧昕为判官，连同蕃族将领火拔归仁等，各自率领所属部队，归哥舒翰指挥，再加上高仙芝的旧部，号称二十万，驻扎在潼关。

　　哥舒翰生病，就把军政事务都交给田良丘处理。田良丘又不敢独自承担，就让王思礼负责骑兵，李承光负责步兵。这两人互相争斗，以致军令无法统一。而且哥舒翰军法严厉，不体恤士兵，士兵们松懈怠惰，士气低落，没有斗志。

　　到了第二年，叛军虽然攻下洛阳，但受阻于潼关，又遭到各路勤王[2]军队的攻打，形势危殆。这时有人告诉玄宗，说安禄山的将领崔乾祐在陕郡，兵力不足四千，而且都是老弱，没有防备，玄宗便让哥舒翰出兵，收复陕郡和洛阳。

　　哥舒翰上奏，极力说明不可以出兵。郭子仪和李光弼也上言，要求坚守潼关，挫伤敌人锐气。然而杨国忠担心哥舒翰谋害他，劝说出兵，还诋毁哥舒翰拖延时机，玄宗相信了。

　　玄宗不断派宦官去催促哥舒翰，让他出兵作战，使者一个接着一个。哥舒翰没办法，抚着胸口恸哭。六月初四，哥舒翰亲自率领军队，从潼关出兵。

　　初七，哥舒翰在灵宝西原遇上崔乾祐的叛军。崔乾祐的军队占据险要地势，以逸待劳，南面靠山，北边倚着黄河，中间狭道长七十里。

　　初八，官军与崔乾祐交战。崔乾祐在险要关口埋伏士兵，哥舒翰与田良丘乘船在黄河中观察军情，看见崔乾祐兵力很少，就命令大军进军。王思礼等人率领精兵五万人在前面，庞忠等人率领其余的十万士兵跟在后面，哥舒翰率领士兵三万人登上黄河北岸的高丘观望，擂响战鼓为军队助威。

　　崔乾祐派出的兵力不到一万人，三五成群，稀疏松散，官军看见了

都嘲笑他们。崔乾祐约束精兵，在这后面布阵。两军刚一交锋，前面的叛军就偃旗息鼓，假装要逃跑，官军松懈没有防备。

过了一会，埋伏的士兵出战，从高地上滚下木头和石块，杀死了很多官军士兵。因为道路狭窄，士兵挤在一起，刀枪施展不开。

哥舒翰让马拉着毡车，作为前锋，想用来冲击叛军。午后，突然刮起猛烈的东风，崔乾祐把几十辆草车堵在毡车前面，放火焚烧。浓烟夹着火焰，令官军士兵睁不开眼睛，胡乱攻击砍杀。又以为叛军在浓烟里，就召集弓弩手射击。天色渐晚，箭也射光了，才知道根本没有叛军。

崔乾祐派遣精锐骑兵越过南山，从官军后面进攻。官军首尾都惊慌混乱，不知道如何防备，于是大败。有的丢弃铠甲逃进山谷，有的互相推挤，掉进黄河淹死，喧嚣声震天动地，叛军乘胜追击。官军后军看见前军大败，自行溃散，黄河北岸的军队看见了也纷纷溃逃。

哥舒翰与手下几百名骑兵逃走，从首阳山西边渡过黄河，逃入潼关。潼关城外以前挖了三条壕沟，全部是二丈宽，一丈深，如今人马纷纷坠入壕沟，很快就填满了。其余的人踏着他们才得以过去，入关的士兵只有八千多人。

初九，崔乾祐进军，攻陷了潼关。

哥舒翰到了关西驿站，张贴告示，想聚集逃散的士兵，再去守卫潼关。火拔归仁等带领一百多名骑兵，劝哥舒翰一起投降安禄山，哥舒翰不同意，火拔归仁便把他绑在马上，向安禄山的军队投降。

相关链接

〔1〕哥舒翰：？—公元757年，龟兹（今新疆库车一带）西突厥哥舒部落人，其父哥舒道元为哥舒部落首领。唐朝将领、节度使。

〔2〕勤王：古代皇帝处于危机之中时，地方兵马前去救援，称为"勤王"。

潼关失守，玄宗西逃蜀中，至马嵬坡发生兵变，杨贵妃兄妹被杀。

　　至德元年（公元 756 年）六月，潼关失守，通往京师长安的门户被打开。玄宗得知后，惊慌失措，招宰相来商议。杨国忠[1] 因为自己兼任剑南节度使，事先在剑南储备了物资，这时就劝玄宗去蜀中避难，玄宗赞同。

　　十二日，百官上朝的人不到十分之一二。玄宗登上勤政楼，颁下制书，说想要亲征，听到的人都不相信。当天，玄宗移居大明宫，命令龙武大将军陈玄礼集合禁军，重重地赏赐金帛，还挑选了九百多匹马。这些事外人都不知道。

　　十三日，天刚刚亮，玄宗只与杨贵妃姐妹、皇子、妃子、公主、皇孙、杨国忠、韦见素、魏方进、陈玄礼以及亲信宦官、宫人从延秋门出发，其他在宫外的妃子、公主、皇孙一概弃之不顾，只管自己逃离。

　　十四日，到达马嵬驿[2]，将士们饥饿疲劳，都很愤怒。陈玄礼认为灾祸是由杨国忠造成的，想杀了他，于是让东宫宦官李辅国告诉太子李亨，太子犹豫不决。恰好有吐蕃的二十几名使者，拦住杨国忠的马，对他抱怨没有吃的；杨国忠还没来得及回答，士兵们都大声喊道："杨国忠与胡人谋反！"有人用箭射他，射中了马鞍。杨国忠逃到马嵬驿西门里，士兵追上他，把他杀了，将尸体肢解，把首级挂在矛上，插在西门外示众。又杀了他的儿子户部侍郎杨暄与韩国夫人、秦国夫人。御史大夫魏方进说："你们怎么敢杀宰相？"士兵们把他也杀了。

　　韦见素听到外面混乱，跑出去看，被乱兵捶打，头破血流。众人都说："不要伤了韦相公。"把他救了下来，才免去一死。

　　士兵们又包围驿站。玄宗听到喧哗声，问外面有什么事，左右侍从回答说杨国忠谋反。玄宗走出驿门，慰劳士兵，让他们撤走，士兵们不听。玄宗让高力士问他们，陈玄礼回答说："杨国忠谋反，杨贵妃不应当再侍奉陛下，希望陛下割爱，把贵妃正法。"

　　玄宗说："我自己会处理。"走入驿门，拄着拐杖，垂着脑袋站在那儿。过了很久，京兆司录参军韦谔上前说："现在众怒难犯，安危在顷刻之间，希望陛下赶快决断！"于是跪下叩头，血流满面。

　　玄宗说："杨贵妃一直住在禁宫里，怎么知道杨国忠谋反呢？"

　　高力士说："贵妃确实无罪，但将士们已经杀了杨国忠，杨贵妃还在陛下左右侍奉，怎么能安心？希望陛下慎重考虑，将士们安心，则陛下安全。"于是玄宗命令高力士把杨贵妃带到佛堂里，用绳子把她勒死，把尸体抬到驿站的庭院里，叫陈玄礼等人进来察看。陈玄礼等人脱下铠甲，叩头谢罪。玄宗慰劳他们，让他们劝告士兵。陈玄礼等人都高呼万岁，拜了两拜出去，开始整顿军队，准备出发。

　　杨国忠的妻子裴柔与她的小儿子杨晞，还有虢国夫人及她儿子裴徽都逃走了，逃到陈仓县，被县令薛景仙率领官吏追上抓住，全部处死。

相关链接

〔1〕杨国忠：？—公元756年，原名杨钊，杨贵妃同曾祖兄，杨贵妃受宠后，他也跟着飞黄腾达，任唐朝宰相，属弄权误国之人。

〔2〕马嵬驿：马嵬地方的驿站。马嵬坡：在今陕西兴平县境内。

马嵬兵变之后，玄宗继续前往蜀中，太子李亨前往朔方，于灵武即皇帝位。

至德元年（公元756年）六月，玄宗在马嵬坡杀死杨贵妃兄妹，安定众将士之后，准备前往扶风。准备出发的时候，当地的百姓拦在路上请求留下，说："宫阙，是陛下的室家；陵寝，是陛下的坟墓。现在舍弃这些，要到哪里去呢？"

玄宗勒住马，停留了很久，命令太子李亨 [1] 留在后面安慰百姓。百姓们就对李亨说："皇上既然不愿留下来，我们愿意带领子弟，跟随殿下向东讨伐叛军，夺取长安。如果殿下与皇上都到蜀地去了，那么让中原百姓以谁为主呢？"一会儿，就聚集起来几千人。

李亨不愿意，说："父皇冒着艰难险阻到遥远的地方去，我怎么忍心不跟在他身边？而且我还没有当面向他辞别，我要回去告诉父皇，然后听他的决定。"说完流泪哭泣，打马想向西而行。

建宁王李倓与宦官李辅国拉住李亨的马辔头进谏，说："胡贼进犯长安，四海分崩离析，如果不顺从民心，怎么能复兴帝业！现在殿下跟随皇上前往蜀地，如果贼兵烧断栈道，那么中原地区就拱手送给叛军了。人心一旦离散，就无法再聚合，即使再想像现在这样，还能够做到吗？

"不如聚集西北边境的军队，召集郭子仪与李光弼在河北的兵力，与他们一起东进讨伐叛贼，收复两京，平定四海，使社稷从危难中重新恢复安定，使大唐宗庙由毁灭中继续生存。然后整理宫室，迎接皇上返回，难道不是最为孝顺的行为吗？何必因为区区温情，像小儿女一样眷恋不舍呢？"

广平王李俶也劝李亨留下来。百姓们拦住李亨的马，让他无法前进。李亨于是就让李俶骑马去报告玄宗。

玄宗勒住马等待李亨，等了很久太子还没来，就派人去问，回来报告了情形，玄宗说："这是天意啊！"于是从后面的军队分出二千兵力，以及飞龙厩马给李亨。

玄宗通告将士说："太子仁义孝顺，可以继承大唐帝业，你们要好好辅佐他。"

又派人对李亨说："你要努力，不要挂念我。西北地区各族胡人，我一直待他们不薄，你一定可以得到帮助。"

李亨向着南方号啕大哭。玄宗又派人把东宫的宫女送给李亨，并且宣旨要传位给李亨，李亨不肯接受。

李亨已经留了下来，但不知该去哪里。李俶说："天色渐晚，不能停留在这里，大家想到哪里去呢？"没有人回答。

李俶说："殿下过去曾经做过朔方节度大使，那里的将领官吏每年都写信来，我大概记得他们的姓名。现在河西与陇右的军队都战败投降，父兄子弟很多都在叛军里，也许会有别的图谋。

"朔方路途很近，兵强马壮，河西行军司马裴冕出身有名望的家族，一定不会有二心。叛贼正在长安大肆抢掠，顾不上向外侵略，应该趁机立刻前往朔方，再慢慢商议大计，这是最好的计策。"大家都说好。

李亨一行到了渭水岸边，遇上潼关战败的士兵，以为他们是敌人而交战，自相残杀，死伤很多。之后聚集剩余的士兵，选择水浅的地方，乘马渡过渭水，没有马的人只好哭泣返回。

李亨从奉天北上，抵达新平，一夜之间行军三百里，士兵和武器丢失的超过大半，留下来的只有几百人。新平太守薛羽抛弃郡县逃跑，被李亨杀了。当天抵达安定，安定太守也要逃跑，李亨把他也杀了。

李亨到达乌氏县，彭原太守李遵出来迎接，献上衣服和干粮。到达彭原后，招募了几百名士兵。又在当天到达平凉郡，察看监牧养的马，有几万匹，又招募士兵五百多人，兵力稍稍增强。

李亨在平凉停留了几天，朔方留后杜鸿渐等人，以及路过平凉、正要入朝做御史中丞的裴冕，都劝李亨前往朔方，认为朔方兵强马壮，旁边的吐蕃、回纥都已归附，郡县百姓都愿意抵抗叛军，是图谋复兴的好地方。七月初九，李亨一行抵达朔方镇的灵武 [2]。

裴冕、杜鸿渐等人向李亨上笺，请求他遵照玄宗在马嵬驿的命令即皇帝位，李亨不同意。裴冕等人对李亨说："将

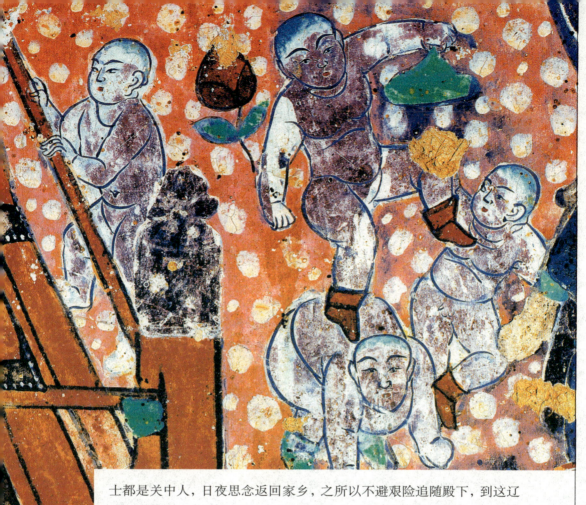

士都是关中人，日夜思念返回家乡，之所以不避艰险追随殿下，到这辽
远荒凉的地方，是希望建立功业。如果有一天人心离散，就无法再聚集
了。希望殿下顺应人心，也为社稷考虑！"一连上笺五次，李亨答应了。

当天，肃宗于灵武城南楼即帝位，群臣拜舞，肃宗也流涕哭泣。尊
称玄宗为上皇天帝，大赦天下，改天宝十五年（公元756年）为至德元
载。肃宗即帝位后十几天，归附的人越来越多。

相关链接

〔1〕李亨：公元711－762年，原名李玙，唐玄宗第三子，曾封忠王，公元756年
　　在灵武即位，庙号肃宗。
〔2〕灵武：在今宁夏灵武，古称灵州。

张巡死守睢阳

安禄山叛军攻打睢阳，张巡在内缺粮草、外无援兵的情况下与将士们死守孤城，和敌人奋战到了最后一刻。

至德二年（公元757年）正月，安庆绪派尹子奇率领十三万大军进攻睢阳[1]。许远向张巡[2]求援，张巡随即率领军队从宁陵进入睢阳。张巡的兵力有三千人，与许远联合起来，共有六千八百人。

叛军发动全部兵力进攻，张巡亲自督战，勉励将士，昼夜苦战，有的时候一天里交战二十多次。一共打了十六天，俘虏叛军将领六十多人，杀死叛军士兵二万多，于是士气大增。

许远对张巡说："我性情怯懦，不懂军事，你智勇双全，请让我为你坚守，你为我作战。"从此以后，许远只负责调集粮草，修理武器，在城中接应，作战策划都由张巡决断。叛军攻城不下，乘夜撤退离去。

三月，尹子奇再次率领大军前来进攻。张巡对将士说："我蒙受国家恩德，誓死坚守城池。但是考虑大家为国献身，战死沙场，而赏赐不能依照功勋，因此十分痛心。"将士们慷慨激昂，奋勇请战。

于是张巡杀牛设宴，犒劳士兵，出动全部兵力作战。叛军看见官军士兵少，都嘲笑他们。张巡举着战旗，率领众将领径直冲进叛军军阵，叛军溃败，斩杀敌将三十多人，杀死士兵三千多人，追击敌军追出了几十里。

第二天，叛军又聚集在城下，张巡率领士兵出战，昼夜不断，交战了几十个回合，屡次挫败叛军的锋锐，但叛军仍然不停地围攻。

七月，尹子奇又征召几万名士兵，围攻睢阳。在这之前，许远在睢阳城里积蓄的粮食有六万石，虢王李巨让他分一半给濮阳、济阴二郡，许远坚决争辩，但未被允许。

济阴得到粮食后，不久就献出城池投降叛军，而睢阳城里的粮食却已吃光。将士每人每日供给米一合，夹杂着茶叶、树皮吃。叛军粮道畅通，士兵战死了就再征集。睢阳守城的将士战死，得不到补充，也没有粮食救援。士兵死伤，只剩下一千六百人，都因为饥饿疾病不堪战斗，于是被叛军包围。

张巡准备守城的器具抵抗敌人。叛军造了云梯，像半个彩虹，上面安置了二百名精兵，推到城墙下，想让士兵跳进城里。张巡事先在城墙上凿了三个孔洞，等云梯靠近的时候，从一个洞里伸出一根大木，顶端安置铁钩，钩住云梯，让它不能退后。又从一个孔洞里伸一根木头，顶住云梯，让它不能前进。剩下一个孔洞中伸出一根木头，顶端安置铁笼，装着燃烧物焚烧云梯，云梯从中间折断，上面的士兵全部都被烧死。

叛军又用钩车钩城头上的阁楼，钩到的地方，全都崩陷。张巡在大木头的末端安置连锁，锁头安置大铁环，套住叛军的钩车头，用皮车拔进城里，截断车上的钩头，然后把车放回去。叛军又制作木驴攻城，张巡熔化铁水灌进去，木驴立刻被烧毁。

叛军又在城西北角用土袋和木柴堆成台阶，想以此登城。张巡不与争锋，每天夜里，偷偷地把松明与干草投进去，过了十几天，叛军都没有发觉。张巡乘机派军队出战，派人顺着风势纵火焚烧，叛军无法救火，过了二十多天，火才熄灭。

张巡所做的，都是随机应变。叛军佩服他的智谋，不敢再来进攻。于是在城外挖了三道壕沟，立木栅围城，张巡也在城内挖掘壕沟拒敌。

坚守睢阳的士兵死伤很多，只剩下六百人。张巡与许远把城池分开镇守，张巡镇守东北，许远镇守西南，二人与士兵一起吃茶叶，日夜苦战，不下城楼。

城中日益困窘，张巡让南霁云率领三十名骑兵突围出城，向临淮贺兰进明求援。南霁云出城以后，叛军几万人拦截，南霁云率领骑兵径直冲入敌阵，左右驰射，所向披靡，而南霁云这边只死了两名骑兵。

南霁云抵达临淮，拜见贺兰进明，贺兰进明说："现在睢阳城不知是存是亡，派援兵去又有什么用呢？"

南霁云说："睢阳城如果被攻陷，我以死向你谢罪。而且睢阳如果被攻陷，接着就是临淮，这两座城池就像毛皮相依，怎能不救呢？"

贺兰进明十分赞赏南霁云的勇敢，但不听他的劝告，强迫他留下，准备了酒食与音乐，与南霁云坐在一起。南霁云慷慨激昂，流着泪说："我来的时候，睢阳人已经有

一个多月没有粮食吃了！我虽然想自己吃，实在咽不下去。您坐拥强兵，眼看着睢阳陷没，却丝毫没有救援的心意，难道是忠臣义士应当做的吗？"

于是咬下自己一根手指，给贺兰进明看，说："南霁云既然不能完成主将的命令，请求留下一个指头作为信物，回去报告主将。"在座的人都哭泣落泪。

南霁云知道贺兰进明终究不肯出兵，于是离去，到达宁陵，与宁陵城使廉坦一起率领步兵、骑兵三千人，冲进叛军的包围圈，一边交战一边前进。到了睢阳城下，又与叛军大战，毁坏敌营，自己的士兵死伤很多，只剩下一千人进城。城中的将士、官吏知道没有救援，都放声恸哭。叛军知道没有援兵，围攻得更加猛烈。

到了十月，城中粮食已经吃完，有人建议放弃睢阳向东撤退。张巡与许远商议，认为撤退也一定无法逃脱。坚持固守，等待救援。

茶叶吃完以后，就杀马吃。马杀完以后，又捕捉鸟雀，挖掘地鼠。鸟雀地鼠吃完以后，张巡杀掉自己的爱妾，给士兵们吃，许远也杀了他的家奴，然后把城里的女人全找出来杀了吃掉，接着是老弱的男子。城里的人都知道不能免死，没有一个人叛变，最后只剩下四百人。

初九，叛军登上城头，将士疲病，不能战斗。张巡向西拜了两拜，说："我已经尽力，不能保全睢阳城，活着既然不能报答陛下，死了当为厉鬼杀贼！"城池被攻陷，张巡与许远都被俘虏。

尹子奇问张巡说："听说将军每次作战，都眼角撑裂，咬碎牙齿，为什么？"张巡说："我想吞掉叛贼，只是力不从心。"尹子奇用刀撬开张巡的嘴巴看，只剩下三四颗牙齿。

尹子奇认为张巡十分忠义，不想杀掉他。他的部下说："这样守节的人，终究不会为我们所用。再说他深得军心，不杀了他，一定会有后患。"于是尹子奇把张巡与南霁云、雷万春等三十六人全部斩杀，把许远送往洛阳。张巡临死前，神色从容，和平时一样。

相关链接

〔1〕睢阳：今河南省商丘市南。
〔2〕张巡：公元708－757年，唐蒲州河东（今山西永济）人，一说邓州南阳人，开元进士。

584

肃宗征召大量回纥士兵，李俶带领唐军与他们共同攻打叛军，收复了长安、洛阳两座都城。

天下兵马副元帅、宰相郭子仪[1]认为回纥军队精锐，就劝肃宗多征召回纥兵，攻打叛贼。回纥怀仁可汗派他的儿子叶护和将军帝德率精兵四千多人到凤翔。肃宗接见叶护，设宴犒劳，赏赐财物，随他想要什么。

至德二年（公元757年）九月，天下兵马元帅、广平王李俶[2]率领朔方等各镇军队与回纥、西域各国士兵共十五万，号称二十万大军，从凤翔出发。李俶见到回纥叶护，二人约为兄弟，叶护大喜，称李俶为兄长。回纥兵到达扶风，郭子仪留他们宴饮三天。

叶护说："国家有难，我们远道而来帮助，怎么能只顾吃喝？"宴饮后立刻出发。唐朝每天供给回纥军二百头羊，二十头牛，四十斛米。

二十五日，各路大军同时进发。二十七日，到达长安城西，在香积寺北、沣水东岸布阵。李嗣业为前军，郭子仪为中军，王思礼为后军。叛军十万人在北边布阵，叛将李归仁出阵挑战，官军追击，贼军一齐进发，官军撤退，叛军乘机进攻，官军军中惊慌混乱，叛军争着抢夺辎重。

李嗣业说："现在不拼死抵抗，官军就会覆灭。"于是袒露上身，手执长刀，在阵前大声呼喊，奋勇出击；被他砍到的，人马俱死，一连杀了几十人，军阵才稍稍稳定。于是李嗣业率领前军手持长刀，排成横队，像一堵墙一样向前推进，身先士卒，所向披靡。

都知兵马使王难得为救他的裨将，被叛军射中眉毛，垂下的皮肉遮住眼睛。他自己拔出箭头，扯掉肉皮，血流满面，但仍然上前奋战不已。叛军在阵地东面埋伏精兵，想从后面袭击，被侦察兵发觉，朔方左厢兵马使仆固怀恩率回纥兵袭击他们，叛军被全部消灭，因此士气低落。

李嗣业又与回纥兵绕到叛军阵后，与大军夹击，从午时到酉时，斩首六万多人，死在野外的不计其数，叛军溃败，剩余的士兵逃进长安城，喧嚣声一整夜都没有停息。

仆固怀恩对李俶说："叛军弃城逃走，请让我率领二百名骑兵追击，活捉安守忠、李归仁等人。"

李俶说："将军作战已经很疲劳了，暂且休息，等明天早晨再说。仆固怀恩说："李归仁、安守忠，都是叛军骁勇的将领，现在突然被我们打败，是天赐良机，为什么要放他们回去呢？如果让他们收集残兵，再来进攻我们，后悔也来不及了。兵贵神速，为什么要等到明天早晨？"

李俶坚持不同意，让仆固怀恩返回军营。仆固怀恩坚持请求，反反复复，一夜四五次。天色微亮，间谍回来报告说，安守忠、李归仁与张通儒、田乾真等人都已逃走。二十八日，朝廷大军进入西京。

起初，肃宗想尽快收复京师，与回纥约定说："攻克城池的时候，土地、男子归唐朝，金帛、女人都给回纥。"到这时，叶护就想按约定的那样办。

李俶在叶护的马前下拜，说："现在刚收复西京，如果大肆抢掠，那么东京的人都会为叛军死守，不能再攻克，希望到东京后再履行约定。"

叶护吃惊，跳下马回拜，跪在地上，捧着李俶的脚说："当为殿下立刻前往东京。"于是与仆固怀恩率领回纥、西域的军队从长安城南经过，在浐水东岸扎营。李俶留在长安镇抚百姓，过了三天，率领大军向东，去收复洛阳。

十一月十五日，李俶率领军队抵达曲沃。叶护命令他的手下鼻施吐拨裴罗等人率领士兵顺着南山搜寻叛军，于是在岭北驻军。郭子仪等人率领军队与叛军在新店相遇，叛军靠着山布阵，郭子仪初次交战失利，被叛军赶到山下。

回纥军从山的南面袭击叛军的背后，在黄沙里射了十几箭。叛军吃惊地回头看，说："回纥兵来了！"于是溃败，官军与回纥军乘机夹击，叛军大败，尸横遍野。严庄与张通儒等人放弃陕郡向东逃跑，李俶与郭子仪进入陕城，仆固怀恩等人率领士兵分头追击叛军。

十八日，李俶率兵进入东京。回纥军嫌军功分配不均，李俶十分忧虑。东京百姓请求用一万匹丝帛贿赂回纥军，回纥军才作罢。

相关链接

〔1〕郭子仪：公元697－781年，华州郑县（今陕西华县）人，祖籍山西汾阳（在今山西吕梁），武举出身，安史之乱时任朔方节度使，后封汾阳郡王，唐朝著名的将领、军事家。

〔2〕李俶：公元726－779年，后改名为豫，唐肃宗李亨长子，公元762年即位，庙号代宗。

安庆绪想杀掉史思明，史思明投降唐朝，后因肃宗派乌承恩杀他的事情败露，史思明复反唐朝，自称大圣燕王。

至德二年（公元757年），安庆绪[1]杀死安禄山后，忌惮史思明[2]势力强大，于是派阿史那承庆和安守忠前往范阳去征调史思明的部队，并让他们暗中消灭史思明。

范阳节度判官耿仁智对史思明说："史大夫您尊贵崇高，身边的人都不敢说话，我愿冒死说一句。"

史思明说："你想说什么呢？"

耿仁智说："大夫之所以为安氏效力，是因为迫于他们的凶威。现在唐室兴隆，皇帝仁义贤明，大夫率领部下归附朝廷，是转祸为福的办法。"

裨将乌承玼也劝史思明说："现在唐室振兴，安庆绪就像是叶片上的露水。大夫你为什么要与他一起灭亡呢？如果归顺朝廷，洗去以前背叛的罪过，就会易如反掌。"史思明认为他们说得很对。

阿史那承庆与安守忠带领五千名精锐骑兵，到达范阳，史思明带领全部兵力几万人前去迎接，相距一里远的时候，史思明派人对阿史那承庆等人说："相公与大王远道而来，范阳的将士不胜欣喜。但是边境的士兵一向胆怯懦弱，畏惧你们的军队，不敢继续前进，希望你们收起武器，让他们安心。"阿史那承庆等人答应了。

史思明引领阿史那承庆到内厅宴饮作乐，另外派人收取了他们的铠甲兵器，发放粮食给士兵，然后遣送他们回去。愿意留下来的赏赐丰厚，分配到各营。

第二天，史思明把阿史那承庆等人囚禁起来，然后派人上表，率领自己所属的十三郡及八万士兵归降朝廷。肃宗大喜，封他为归义王、范阳节度使。

乾元元年（公元758年），六月，李光弼认为史思明终究还会反叛，就劝肃宗任命史思明所亲信的乌承恩为范阳节度副使，赏赐阿史那承庆铁券，让他们合谋除掉史思明，肃宗听从了。

乌承恩多次用自己的钱财招募士兵，又屡次穿上妇人的衣服，到其他将领的军营里游说，引诱士兵，众将领报告了史思明。史思明虽然怀疑但没有追查。

恰好乌承恩到京城，肃宗就派宦官李思敬与他一起去范阳慰问史思明。乌承恩宣布了皇上的圣旨以后，史思明就留乌承恩在馆舍留宿。用帷帐把他的床围了起来，让两个人偷偷躲在床底下。

乌承恩的小儿子在范阳，史思明就让他来看自己的父亲。半夜，乌承恩悄悄对他的儿子说："我受皇帝诏命，来除掉史思明这个逆贼，将任命我为节度使。"躲在床底下的两个人大叫着跳出来。

史思明于是把乌承恩抓了起来，搜查他的行装，找到铁券和李光弼的公文，公文上说："阿史那承庆的事情如果成功，就付给铁券。不成，就不能给他。"又搜出一本几百页的簿书，上面都是以前跟随史思明谋反的将士姓名。

史思明责问乌承恩说："我有什么地方辜负你，竟然做出这样的事情？"

乌承恩谢罪，说："罪该万死，这都是李光弼的计谋。"

史思明于是召集将士官吏与百姓，面向西边放声大哭，说："我率领十三万人归顺朝廷，怎么辜负了陛下，想要杀了我？"然后用棍子打死了乌承恩父子，连坐获罪而被处死的有二百多人。

史思明把宦官李思敬关了起来，然后上表朝廷。肃宗派宦官安慰史思明说："这不是朝廷与李光弼的意思，都是乌承恩干的，杀了他很对。"

史思明决意反叛，上表威胁朝廷，要求朝廷杀掉李光弼。次年正月初一，史思明在魏州城北面筑坛，自称大圣燕王。

相关链接

〔1〕安庆绪：？-公元759年，安禄山第二子，原名仁执，唐玄宗赐名"庆绪"，擅长骑射。

〔2〕史思明：公元703-761年，原名干，唐玄宗赐名"思明"，宁夷州突厥族中杂胡，勇猛善战，安史之乱始作俑者之一。

安庆绪陷入困境，向史思明投降，史思明把他杀了，占有了他的兵马和土地。

乾元元年（公元758年）十月，安庆绪被郭子仪打败，退入邺城固守。郭子仪围城，安庆绪见情形危急，就派人向史思明求援，并请求将帝位让给他。

史思明先派部将率小部队去滏阳[1]驻扎，为安庆绪遥张声势。次年二月，见郭子仪和安庆绪斗得两败俱伤，才亲自率军从魏州出发，前往邺城。

史思明先命令手下将领，各自在离邺城五十里的地方扎营，采取骚扰战术，等官军缺乏粮食，人心涣散后，才率领大军抵达城下，与官军约好日期决战。

三月初六，官军步兵、骑兵六万人在安阳河北岸列阵，史思明亲自率领五万精兵前来交战。结果刮起大风，两军各自溃散，官军混乱，不可收拾。

史思明得知官军确实败退，就整顿兵马，回到邺城南面驻扎。安庆绪收集了郭子仪军队留在军营里的粮食，有六七万石，于是与孙孝哲、崔乾祐等人商量关闭城门抗拒史思明。众将领都说："现在怎能背叛史王呢？"

史思明既不与安庆绪通报消息，也不南下追击官军，只是每天在军中宴请士兵。张通儒、高尚等人对安庆绪说："史王远道而来，我们应当前去迎接感谢。"

安庆绪说："随便你们。"

史思明见到张通儒、高尚等人，哭泣流泪，赏赐丰厚，然后送他们回去。

过了三天，安庆绪还没来。史思明秘密召见安太清，让他引诱安庆绪。安庆绪困窘，不知道该怎么办，于是派安太清上表，向史思明称臣，请史思明整顿好军队入城后，就奉上皇帝印玺。

史思明看了表书，说："哪里需要这样！"把表书拿出来给将士传看，将士们都高呼万岁。

史思明就亲手写信安慰安庆绪，并不称他为臣，只是说："希望与你作为兄弟邻国，互相援助。鼎足而立，还差不多。如果向我称臣，绝对不敢接受。"并把表书封好还给安庆绪。

安庆绪非常高兴，因此请求与史思明歃血结盟[2]，史思明答应了。安庆绪带领三百名骑兵到史思明军中，史思明命令士兵穿戴铠甲配备兵器等待安庆绪，引领安庆绪与他的几个弟弟进入庭院。

安庆绪拜了两拜，低着头说："臣不堪重负，丧失东西二京，又陷入敌人的包围许久，没想到大王因为太上皇的缘故，远道来援，搭救我于死地，恩重如山，无以报答。"

史思明忽然发怒，说："丢失两京，有什么值得说的？你身为人子，杀父夺位，天地不容。我是为太上皇讨伐逆贼，怎么会被你的假话欺骗！"

于是命令左右卫兵把安庆绪与他的四个弟弟以及高尚、孙孝哲、崔乾祐等人全部杀掉，张通儒、李庭望等人则被授以官职。史思明整顿军队，进入邺城，收集了安庆绪的兵马，把府库中的财物赏赐给将士，安庆绪原来占据的州、县及兵马，都归史思明所有。

相关链接
〔1〕滏阳：在今河北省南部一带。
〔2〕歃血结盟：指发下誓言订立盟约。歃血：古人宣誓订盟时，把牲畜的血涂在嘴唇上，表示诚心诚意。

○ 品画鉴宝
三彩牵马俑（唐）　此马与俑造型生动，形态逼真，反映了当时胡人在洛阳与西域之间经济、文化交往等方面的情况。

史朝义杀父夺权

史思明不喜欢史朝义，扬言说要杀了他，史朝义的党羽就和他密谋，先下手杀了史思明，随即让他登上帝位。

史思明杀死安庆绪后，自称大燕皇帝，改范阳为燕京。史思明好猜疑，性情残暴，喜欢杀人，手下稍有不如意，动辄诛灭宗族，人人都不能自保。

史朝义[1] 是史思明的长子，经常跟随史思明带兵，十分谦恭谨慎，爱护士兵，将士们大多都归附他。但史朝义不受史思明宠爱，史思明喜爱小儿子史朝清，派他镇守范阳，总是想杀掉史朝义，立史朝清为太子，左右侍从泄露了一些他的想法。

上元二年（公元761年），史思明打败了李光弼[2] 的军队，想乘胜向西进发入关，于是派遣史朝义率领军队为前锋，从北道袭击陕城，史思明亲自率领大军从南道进攻。

三月初九，史朝义的军队达到礓子岭，遇到唐军卫伯玉的进攻，大败。史朝义几次进攻，都被卫伯玉打败。史思明退兵驻守永宁，认为史朝义怯懦，史思明说："终究不能成就我的大事！"想要按军法杀了史朝义与众将领。

十三日，史思明命令史朝义修筑三隅城，准备贮存军粮，限期一天完工。史朝义修好了之后，还没有抹泥，史思明来了大骂史朝义，命令左右随从骑在马上监督抹泥，片刻就完工了。史思明又说："等到攻克陕州，一定要杀了史朝义。"史朝义十分忧虑恐惧，不知道该怎么办。

史思明在鹿桥驿，命令心腹曹将军带领士兵警卫。史朝义在馆舍住宿，他的部将骆悦、蔡文景劝说史朝义说："我们与您死到临头了！自古以来就有废立的事情，请您召见曹将军商议大事。"史朝义低着头，没有回答。

骆悦等人又说："如果您不答应，我们现在就归附李唐，您也无法保全。"

史朝义哭着说："你们妥善处理，不要惊吓我父亲。"

骆悦等人听了，就命令许叔冀的儿子许季常叫曹将军来，来了以后，就把计划告诉他。曹将军知道众将领都十分怨恨，唯恐灾祸牵连自己，不敢违抗。

当天晚上，骆悦等人率领史朝义的士兵三百人，穿戴铠甲来到驿

站。守卫的卫兵十分奇怪，但都畏惧曹将军，不敢有所举动。骆悦等人
带领士兵闯入史思明的卧室，正好史思明去上厕所，于是问左右侍从，
没等他们回答，骆悦已经杀了好几个人，左右侍从告诉了他们。

史思明听说有变乱，跳过围墙，跑到马厩，自己备马逃跑。骆悦的
侍从周子俊射箭，射中他的手臂，史思明从马上掉了下来，被他们抓住。

史思明问："是谁作乱？"

骆悦说："奉怀王史朝义的命令。"

史思明说："早晨我说错了话，应该得到这样的下场。但现在杀我
太早了，为什么不等攻克长安以后呢？现在不能成就大事了。"

骆悦等人把史思明押到柳泉驿，关押起来，回去报告史朝义说："大
功告成。"

史朝义说："没有惊吓到我父亲吗？"

骆悦说："没有。"

当时，周挚、许叔冀率领后军驻扎在福昌，骆悦等人派许季常告诉
他们，周挚惊骇倒地。史朝义率领军队回来，周挚、许叔冀出来迎接，
骆悦等人劝史朝义逮捕周挚，把他杀了。

军队到达柳泉，骆悦等人担心众人心意不统一，于是勒死史思明，
用毡毯裹住尸首，用骆驼运回洛阳。史朝义即帝位，改年号为显圣。

史朝义秘密派人到范阳，命令散骑常侍张通儒等人杀掉史朝清以及
史朝清的母亲辛氏，还有几十个不归附自己的人。叛军自相残杀，在城
里打了几个月，死了几千人，范阳这才安定。

相关链接

〔1〕史朝义：？－公元763年，史思明长子，史思明称帝后，曾封他为怀王。

〔2〕李光弼：公元708－764年，营州柳城（今辽宁朝阳）人，其父为契丹首长，
　　武则天时归顺唐朝。李光弼英勇善战，为唐朝中期名将。

鱼朝恩受诛

代宗时，宦官鱼朝恩干预朝政，胡作非为，朝臣都很忌惮他，代宗和元载一起谋划好把他除掉了。

　　宦官鱼朝恩[1]专门负责禁军，代宗对他非常宠爱，经常与他商议军事朝政，朝廷内外，没有人能比得上他。鱼朝恩喜欢在大臣聚集的地方放肆地议论时政，侮辱大臣，宰相元载虽然能言善辩，也只是拱手沉默，不敢应答。

　　神策都虞候刘希暹，都知兵马使王驾鹤，都受鱼朝恩宠爱。刘希暹劝鱼朝恩在北军中设置监狱，让坊市里的地痞无赖罗织罪名，控告富豪人家，诬陷罪名，将他们抓起来关进地牢，严刑逼供，迫使他们招认，然后将他们的家产没收，充作军费，以及分赏诬告和搜捕的人。监狱设在宫里，人们都不敢说什么。

　　鱼朝恩每次奏事，心里总是假定代宗一定同意。如果朝中政事，有没和他商量的，他就往往生气地说："天下大事有不经过我的吗？"代宗听说后，很不高兴。

　　鱼朝恩的养子鱼令徽年纪还小，担任内给使，穿着绿色的朝服，与同班朝臣争位次，回家后告诉了鱼朝恩。

　　第二天，鱼朝恩面见代宗说："我的儿子官位卑微，被同辈欺负，乞求陛下赐他紫衣。"

　　代宗还没有答应，有关官员已经拿来紫色的朝服。鱼令徽穿上紫衣，向代宗拜谢。代宗假装笑着说："小孩子穿紫衣，也很合适。"然而心里更加愤恨不平。

　　宰相元载明白代宗的心思，乘机上奏，控告鱼朝恩专断独行，恣意

不轨，请求除掉他。代宗也知道天下人都很怨恨鱼朝恩，于是命令元载制订计划。

鱼朝恩每次入朝，常常派射生将周皓率领一百人保护自己；又让他的同党陕州节度使皇甫温在朝廷外掌握重兵，作为声援。元载用重金贿赂他们，与他们结交，因此鱼朝恩的阴谋和秘密的言谈，代宗全都知道，而鱼朝恩却丝毫没有察觉。刘希暹觉察代宗的心意有些不同，告诉鱼朝恩，鱼朝恩开始怀疑害怕。然而代宗每次见到他，礼遇恩惠更加隆盛，鱼朝恩也就安心了。皇甫温来到京师，元载把他留下来，不让他回去，与他和周皓秘密策划诛杀鱼朝恩。确定计划后，元载就报告代宗，代宗说："仔细考虑，不要反让自己遭受灾祸！"

三月初十，这天是寒食节[2]，代宗设宴，在宫里宴请显贵及亲近大臣，元载留守中书省。散席后，鱼朝恩准备回营，代宗让他留下来商议事情，就此斥责他图谋不轨。鱼朝恩为自己辩解，言辞十分荒悖傲慢。周皓与部下抓住鱼朝恩，把他勒死，外面没有人知道。

代宗颁下诏书，罢免了鱼朝恩观军容使等官职，内侍监官职仍然保留。假称"鱼朝恩接到诏书，就上吊自杀了"，把他的尸体送回家，赏赐六百万钱用来埋葬。

相关链接

〔1〕鱼朝恩：公元 722—770 年，泸州泸川（今四川泸县）人，玄宗时入宫，曾一度权倾朝野，作威作福，为唐朝历史上有名的专权宦官。

〔2〕寒食节：农历清明节前、中、后三天，古人在这三天里是不生火做饭的，因此叫寒食节。

○ 品画鉴宝　职贡图（唐）阎立本／绘

杨炎行两税法

德宗即位后，由于户口发生很大变动，而朝廷依然采用以前的赋税制度，百姓都不堪重负，宰相杨炎看到了这一弊端，改革赋税制度为两税法。

大历十四年（公元779年），代宗去世，德宗继位。德宗刚刚当上皇帝，励精图治，用人不拘级别等次，提拔了正在贬谪中的道州司马杨炎，让他担任宰相职务。

唐朝的初期，赋税制度叫做租、庸、调，有田地就要交租，有人就要服庸，有户口就要纳调。玄宗末年，户籍逐渐破坏，很多已经与实际不符了。

等到安史之乱爆发，战事四起，各处征收赋税都是逼迫催促，再没有固定的标准。征收赋税的部门增加，可是互相之间没有统辖关系，随意增加赋税科目，自己订立名称，新老交替重复征收，没有限制。

富有人家人丁多，还可以做官做和尚，减免赋税劳役。贫困人家人丁多，躲都没有地方躲。所以富有人家安逸悠闲，而贫困人家劳苦困顿。

征收赋税的官吏乘机贪污，百姓十天一个月的就要交纳赋税，不胜困窘，很多都逃亡成为浮户[1]。本地的百姓，还不足百分之四五。

建中元年（公元780年），德宗采纳宰相杨炎[2]的建议，颁布赦文，实行两税法：首先，计算州县每年需要的费用，以及上缴朝廷的数目，然后向百姓征税，通过估量支出来限制征收的数额。

无论主户、客户，都按现在的居住地编制户籍。无论成年人还是尚未成年的，都按贫富划分等级。流动经商的人，在所居州县纳税三十分之一，让他们与定居的百姓一起纳税，不得侥幸逃免。定居百姓的赋税，分秋天、夏天两次征收。

租、庸、调及其他的徭役全都省去，所有赋税事务都由度支部负责。

相关链接

〔1〕浮户：指随处流动而无定籍的人。

〔2〕杨炎：公元727－781年，字公南，凤翔天兴（今陕西凤翔）人，富文采，有文集传于世。

颜真卿是唐朝三代元老，时逢李希烈于淮西谋反，德宗听从谗言命他前去招抚。颜真卿在淮西表现得大义凛然，至死不肯投降贼众。

建中三年（公元 782 年），淮西节度使 [1] 李希烈自称天下都元帅、太尉、建兴王，起兵反叛，还与此前已经据藩镇反叛，并且自称冀王的朱滔、自称魏王的田悦、自称赵王的王武俊、自称齐王的李纳相联合。

次年正月，李希烈派手下将领攻陷汝州。德宗向宰相卢杞询问计策，卢杞一向忌恨颜真卿 [2]，就回答说："李希烈年轻骁勇，倚仗有功便骄傲轻慢，手下的将佐没有人敢劝阻他。

"如果能够选出一位儒雅的朝廷重臣，奉旨宣示恩泽，为他陈述逆顺祸福之间的道理，李希烈一定会洗心革面，后悔以前的所作所为。那么不用派出大军，就能让他归服。

"颜真卿是玄宗、肃宗、代宗三朝旧臣，忠诚耿直，刚正果决，名声传播四海，为天下人所信服，是最合适的人选！"德宗认为他说得有道理。

正月十七日，德宗命令颜真卿前往许州，宣示皇帝的旨意，招抚李希烈。诏书一颁下，满朝文武都大惊失色。

颜真卿乘坐驿车到达东都洛阳，郑叔则对他说："您如果前往，一定不能幸免。还是稍稍停留，看看后来有没有新的命令。"

颜真卿说："这是皇上的命令，能躲到哪里去呢？"于是出发。

李勉上表说："丧失一位元老，是国家的羞耻，请把颜真卿留下来。"李勉又让人拦下颜真卿，但没有赶上他。

颜真卿给儿子写信，只是让他"供奉家族祭庙，抚育各位幼子"而已。

颜真卿到许州，欲宣布诏旨，李希烈让他的千余个养子围着颜真卿谩骂，拔出刀向他比划，装作要割了他的肉来吃的样子。颜真卿一动也不动地站着，神色不变。李希烈急忙用身子挡住他，挥手命令众人退下，把颜真卿安置在馆舍，礼貌地对待他。

李希烈想把颜真卿放回去，恰好刚投降的汝州别驾李元平也在座，颜真卿当面责备他，李元平惭愧地站起来。李元平给李希烈写了一封密信，劝他留住颜真卿。于是李希烈改变主意，把颜真卿留下，不让他回去。此前以节度使反叛，又各自称王的朱滔、王武俊、田悦、李纳四人，各自派遣使者到李希烈那里，上表称臣，劝他称帝。使者劝李希烈说："朝廷诛灭功臣，失信于天下。都统英明威武，简直是上天授予的，而且功业盖世，已经被朝廷猜疑忌妒，将会有韩信、白起一样的灾祸了。希望都统早日称帝，让四海的臣民，都知道他们有归附的地方了。"

李希烈叫颜真卿来看，对他说："现在冀、魏、赵、齐四王派遣使者，不谋而合，一起推举我。太师看这样的情形，难道我只是受朝廷猜忌，而无处容身吗？"

颜真卿说："这乃是四凶，怎么能叫四王？你不保住自己所建立的功业，努力做唐朝的忠臣，反而与乱臣贼子在一起，想要和他们一起覆亡吗？"李希烈很不高兴，让人把颜真卿扶出去。

有一天，颜真卿与四镇的使者一起宴饮，四镇的使者说："久闻太师名望崇高，现在都统准备称帝，而太师刚好到来，是上天给都统赐下宰相啊。"

颜真卿呵斥他们说："什么宰相！你们知道有个因为痛骂安禄山而被杀的颜杲卿吗？那是我哥哥！我已经八十岁了，只知道守节而死，难道还会受你们的引诱胁迫吗？"四镇使者都不敢再说话。

于是李希烈让十名甲兵在馆舍里看守颜真卿，在庭院中挖了一个坑，说要活埋了他。颜真卿神色安详，看见李希烈，对他说："是死是生，已经决定，何必还要做那么多文章呢？赶快给我一剑，岂不是更让你痛快？"李希烈听了，向他道歉。

兴元元年（公元784年）正月，李希烈准备称帝，派人询问颜真卿有关的礼仪，颜真卿说："我虽然曾经做过礼官，但所记得的，只有诸侯朝见天子的礼仪！"

李希烈即帝位，国号大楚，设置百官，又派遣他的将领辛景臻对颜真卿说："你既然不愿意屈节服从，干脆自焚算了！"于是在他居住的庭院里，堆起柴禾浇上油，然后点燃。颜真卿向火堆快步走去，辛景臻急忙拉住他。

八月初三，李希烈看到王师接连获胜，担心发生变故，就派中使到蔡州去诛杀颜真卿。中使到了说："有敕书！"颜真卿拜了两拜。

中使说："今天赐颜真卿死。"

颜真卿说："老臣没有成绩，罪当死。不知道使者是哪天从长安出发的？"

颜真卿起义

中使说:"我是从大梁来的,不是从长安来的。"

颜真卿说:"这样说来,只是贼寇罢了,怎么能说是敕书呢?"于是中使勒死了颜真卿。

相关链接

〔1〕节度使:唐朝时设立的地方军政长官,因受职时朝廷以旌节赐之,故名。

〔2〕颜真卿:公元709-785年,字清臣,京兆万年(今属陕西)人,祖籍琅邪临沂(今山东临沂),科举进士,擅长书法,人称"颜体",有《多宝塔碑》、《麻姑仙坛记》等作品传世,因曾封鲁郡开国公,故又世称颜鲁公。

泾原兵变

泾原士兵因为皇帝赏赐菲薄、食物粗糙，从而攻入京城作乱，德宗逃走，乱军拥立朱泚为帝。

建中四年（公元783年），李希烈的叛军包围襄城，襄城情况危急，德宗征发泾原[1]各道兵马援助襄城。

十月初二，泾原节度使姚令言率领五千士兵抵达长安。当时是冬天，天又下着雨，士兵们冒雨进军，十分寒冷。他们中有很多人携带自己家里的子弟前来，希望得到丰厚的赏赐，送给自己家人，但抵达以后，却没有得到任何赏赐。

初三，泾原军出发，抵达浐水。德宗下诏，命令京兆尹[2]王翃犒劳军队，但却只有粗米饭和菜饼。士兵十分愤怒，跳起来踢翻饭食，扬言说："我们就要死在敌人刀下，却连饭都吃不饱，怎么能这样就拿自己的小命往刀刃上碰呢？听说皇上琼林、大盈两个内库里装满了金银布帛，不如一起去取吧。"于是大家都穿上铠甲，举起旗帜，擂鼓呐喊，掉头前往京城。当时姚令言入朝辞行，还在宫里，听说之后，立刻骑马急驰到长乐坂，与士兵们相遇。士兵用箭射姚令言，姚令言趴在马背上，冲进乱兵里，大声呼喊，说："各位想错了！这次东征立功，哪用担心不会富贵，为什么要做这种满门抄斩的事呢？"士兵们不听，用兵器簇拥着姚令言，向西进发。德宗急忙命令赏赐布帛，每人才两匹。大家愈发愤怒，用弓箭射皇帝派来的中使。德宗又另派中使前去安抚，而乱兵已经来到通化门外，中使才出通化门，就被乱兵杀死。德宗又下令，拿出金银布帛二十车，赏赐给乱兵。但是乱兵已经入城，喧哗骚动，无法制止。

百姓见状，惊惶不已，狼狈逃跑。乱兵大声叫喊，对他们说："你们不必惊慌，不会再夺取你们的买卖典当的利钱了，不会再向你们征收间架税和除陌钱了！"德宗派遣普王李谊与翰林学士姜公辅出来抚慰乱兵，乱兵已经在丹凤门外列阵，围观的百姓数以万计。

当初，神策军使白志贞主持招募禁兵，对东征战死的士兵一概隐瞒不报，只是收取市井富人子弟的贿赂，就把他补为禁兵。这些人的名字写在军队的名单里，享受供给赏赐，但人仍然在商肆之中贩卖货物。司农卿段秀实曾经上奏，说："禁兵不精，数目缺少，万一突然发生祸乱，要怎么防御呢？"德宗不听。到了这时，德宗召集禁兵前去抵御，竟然没有一个人来。

乱兵攻破宫门，冲了进来，德宗与王贵妃、韦淑妃、太子、各亲王、唐安公主等人从宫苑的北门逃走，王贵妃把传国之宝系在衣服里。后宫中的各亲王、公主，来不及跟随德宗出走的有十之七八。

姜公辅拉住德宗的马辔，进言说："朱泚曾经担任过泾原的统帅，因为弟弟朱滔反叛，牵连被废，闲居京城，心里一直不高兴。我认为陛下既然不能推心置腹地对待他，就不如将他杀了，不要留下后患。现在乱兵如果拥戴他为首领，那就很难控制了。请把朱泚召来，让他随行。"

德宗在仓猝之间，没有工夫考虑姜公辅的话，说："来不及了！"随即出发，当夜抵达咸阳，只吃了几勺饭就继续前行了。

乱兵进入宫中，登上含元殿，大声呼喊，说："皇帝已经出走，大家应该各自

○ 品画鉴宝
鎏金朵带银熏炉(唐) 此器用银板锤鍱成型,附件浇铸,纹饰鎏金。做工精细,构思巧妙。

求取富贵了！"于是欢呼喧哗，争着冲进府库，运走金银布帛，直到运不动了才停下来。

百姓也趁机冲进宫中，偷窃库房中的物品，一整夜都没有停下来。那些没能进入库房的人，就在路上抢劫。各坊的居民都聚在一起各自守卫。姚令言与乱兵商量，说："现在大家没有主子，不能长久。朱太尉闲居在私人府第，让我们一起拥戴他吧。"大家都答应了，于是派出几百人，骑马到晋昌里的府第迎接朱泚。

半夜时分，朱泚拉着缰绳，排列火炬，前后传呼着入宫，在含元殿住下，严加戒备，自称暂且统辖六军。

初四早晨，朱泚移居白华殿，在宫外贴出告示，称："泾原的将士长期居住在边疆，不熟悉朝廷礼仪，轻易闯入宫殿，惊动皇上西出巡幸。朱太尉已经暂且统辖六军。神策军士兵与文武百官凡是领取俸禄的，应当全部跟随圣上出巡。不能前往的，可到本官府署来。如果超过三天，查出两处都没有具名的人，全部斩首。"

百官见了，就开始出来见朱泚。有的人劝说朱泚前去迎接德宗，朱泚很不高兴，于是百官逐渐逃走。

京兆少尹源休从回纥出使回来后，因为赏赐菲薄而埋怨朝廷。这时，他入宫进见朱泚，屏退左右侍从，秘密交谈，说了很久。他为朱泚陈述成败的可能性，征引符命的说法，劝朱泚称帝。朱泚大喜，但仍然犹豫不决。

在宫中宿卫的各支军队举起白旗，投降朱泚，排列在宫门前面，人数很多。朱泚夜里从宫苑大门放士兵出去，天亮的时候再让他们从通化门进来，络绎不绝，张弓露刃，想以此威吓众人。

凤翔、泾原的将领张廷芝、段诚谏带领几千人援助襄城，还没走出潼关，听说朱泚占据长安，就杀死了大将陇右兵马使戴兰，率领乱兵归附了朱泚。朱泚因此以为自己是人心所向，就决定谋反。初八，朱泚从白华殿进入宣政殿，自称大秦皇帝，改年号为应天。

相关链接
〔1〕泾原：在今甘肃省泾川县北。
〔2〕京兆尹：官名。古代一般称负责掌治京师之地的行政长官为京兆尹。

达奚抱晖害死了节度使,德宗怕他占据要地危害国家,于是李泌孤身前往,劝降了达奚抱晖。

贞元元年(公元785年)七月,陕虢都兵马使达奚抱晖用毒酒毒死了节度使张劝,自己总揽军中事务,希望求得节度使的旌节,而且还暗中召李怀光的将领达奚小俊作为援助。

德宗对李泌[1]说:"如果蒲、陕联合抗拒朝廷,就不是一下子所能制服的了。而且达奚抱晖如果占据了陕地,水陆运输都会被阻断。不得不麻烦你去一趟。"

初八,德宗任命李泌为陕虢都防御水陆运使。德宗准备让神策军[2]护送李泌赴任,问李泌:"你需要多少人?"

李泌回答说:"陕州城三面悬崖绝壁,如果攻打的话,不知道什么时候才能攻克。请让我单人匹马入城。"

德宗说:"你一个人怎么进得了城呢?"

李泌回答说:"陕州城的百姓,并不是一贯违抗朝廷命令的,只是达奚抱晖一人为非作歹而已。如果率领大军前去,达奚抱晖一定会闭城自守。现在我一个人到陕州近郊,达奚抱晖派大军前来,则实在太不相称;如果他只派一个小校来杀我,未必不会反被我所用。

"而且,现在河东的全部兵马都在安邑驻扎,节度使马燧入朝,希望陛下颁下敕令,让马燧与我同时离开。陕虢人若是想加害于我,就会害怕河东调军讨伐他们,这也算是造一种形势吧。"

德宗说:"虽然非你去不可,但朕正想重用你,宁愿失去陕州,也不能失去你。朕还是换别人去好了。"

李泌回答说:"其他的人一定无法进入陕州。现在事变刚刚发生,大家的心意还没有定下,所以可以出其不意,破坏他们的阴谋。其他的人犹豫不决,不能决断,达奚抱晖打算好了以后,就无法进去了。"德宗同意了。

李泌召见陕州过来上奏的官员,以及在长安的将领官吏,对他们说:"皇上因为陕州、虢州有饥荒,所以不让我任节度使,而让我出任水陆运使,想让我监督江淮地区的粮运,去赈济灾民。陕州行营驻扎在夏县,如果达奚抱晖愿意听从调遣,就让他来统领行营;如果有功,就会赐给他节度使的旌节。"

达奚抱晖的探子骑马报告了达奚抱晖，达奚抱晖稍稍安心。

李泌把这些话详细告诉德宗，还说："我想陕虢士兵想得到粮食，达奚抱晖想得到节度使的旌节，那他就一定不会想害死我了。"德宗称好。

十五日，李泌与马燧一起向德宗告别。十七日，德宗加封李泌为陕虢观察使。

李泌出潼关以后，鄜坊节度使唐朝臣率领步兵、骑兵三千人安置在关外，说："我奉皇上的密诏，护送你前往陕州。"

李泌说："向皇上辞别的时候，我已奉旨，允许我相机行事。这次一个人也不能跟来，如果有人跟随，我就无法进入陕州了。"唐朝臣因为接受了诏命，不敢离去。李泌写了一纸文书，让他回去，然后策马飞奔前行。

达奚抱晖没有派将佐出城迎接，只是连续派出探子。李泌夜晚留宿曲沃，将佐们不等达奚抱晖下命令，就前来迎接。李泌笑着说："我的事情要成功了。"

李泌距离州城还有十五里的时候，达奚抱晖也出来谒见李泌。李泌称赞他代理政事、保全城池的功劳，说："军中的传言，不必在意。你们的职务都与以前一样。"达奚抱晖出来后，十分高兴。

李泌既已入城管理事务，宾客将佐中有人请李泌屏退他人，说是有事要禀告，李泌说："在更换将帅的时候，军中传言很多，这是很自然的。我来了以后，自然会妥帖安排。我不想听你说这些事情。"从此以后，心里不安的人都安定下来。李泌只是索取账簿文书，整治粮食储备。

第二天，李泌把达奚抱晖召到住处，对他说："我不是因为怜惜你才不杀你，只是担心以后危机四伏、疑虑重重的地方，朝廷任命的将帅都无法进入，所以才给你留条活路。你为我带着灵牌、奠仪与器物去祭奠前任节度使，注意千万不要再进入潼关，自己找一个安身的地方，悄悄地接走家人，我保证你不会有意外。"

李泌向德宗告别的时候，德宗把陕州参与作乱的将领七十五人登记

○ 品画鉴宝
三彩宝相花穿带肩壶（唐）此器胎质疏松，造型纹样皆对称。唐三彩是适应唐代厚葬风气而兴起的。

成册，交给李泌，让李泌杀了他们。李泌已经把达奚抱晖送走，中午的时候，皇帝派来的宣慰使到达，李泌奏报说："我已经把达奚抱晖打发走了，剩下的人不值得再追究。"

德宗又派遣中使到陕州，一定要杀掉那些人。李泌没有办法，把兵马使林滔等五人送到京城，恳请德宗赦免他们。德宗下诏，遣送他们去戍守天德，但过了一年多，最后还是把他们杀了。达奚抱晖逃亡后，不知所踪。

相关链接

〔1〕李泌：公元722－789年，字长源，京兆（今陕西西安）人，幼有神童之誉，为唐朝玄宗、肃宗、代宗和德宗四代朝臣，好神仙佛老之道，有诗文传世。

〔2〕神策军：唐朝后期皇帝的主要禁军，公元796年，唐德宗置左右神策军护军中尉掌领。

宪宗削藩诛刘辟

刘辟因为朝廷没有满足他做节度使等要求，就拥兵自反，宪宗派高崇文带兵征讨，刘辟兵败而死，西川平定。

永贞元年（公元805年）八月，西川[1]节度使韦皋去世，支度副使刘辟自任为西川留后。刘辟指使手下将领上表，请求任命他为节度使，朝廷没有同意。

十月，唐宪宗[2]让宰相袁滋充任西川节度使，征召刘辟为给事中。刘辟不接受征召，拥兵自守，袁滋害怕他兵力强大，不敢前去就任，宪宗一气之下把袁滋贬为吉州刺史。

十二月，宪宗因为自己刚刚继位，没有足够的力量去讨伐刘辟，就先任命他为西川节度副使，代理节度使的事务。

刘辟得到朝廷的任命以后，愈发的骄纵，就在元和元年（公元806年）正月，上表请求兼管整个三川地区，宪宗没有答应。刘辟于是派兵在梓州包围了东川节度使李康，想让自己幕府的卢文若担任东川节度使。

推官林蕴极力劝谏刘辟不要起兵，刘辟大怒，用枷锁住他，关进监牢。过后又把他拉出来，装作要杀他的样子，暗地里却告诫行刑的人不要杀死他，只用刀在他的脖子上比划几下，想让他屈服，然后再赦免他。

林蕴呵斥行刑的人说："小子，要杀就杀，我的脖子难道是你的磨刀石吗？"

刘辟环顾左右，说："林蕴真是忠烈之士啊！"于是，把他贬为唐昌县尉。

二十三日，宪宗命令左神策行营节度使高崇文率领步兵、骑兵共五千人作为前军，神策京西行营兵马使李元奕率领步兵、骑兵两千人作为后军，与山南西道节度使严砺一起讨伐刘辟。

当时，论名望和地位，平时一向被人们所推重的老将很多，都认为自己应当是征讨蜀中的人选。等宪宗颁下诏令，发现起用的人是高崇文之后，大家都十分惊讶。

此前，高崇文驻扎在长武城，训练了五千士兵，经常保持警戒，好像敌人就要来了一般。到了征召的命令下达，他在卯时接受诏命，辰时就已经启程，军中的器械、装备、干粮，全都准备得很齐全。

二十九日，高崇文从斜谷出兵，李元奕从骆谷出兵，共同进军梓州。

高崇文军到达兴元的时候，将士们在客舍进餐，有人把主人的筷子折断了，高崇文就把他斩首示众。

高崇文出征以后，屡次打败刘辟。九月十二日，高崇文又一次在鹿头关击败刘辟的军队，严砺的部将严秦也在神泉打败了刘辟的军队。

河东将领阿跌光颜率领士兵，与高崇文在行营会合，耽误了一天的时间，因为害怕被诛杀，就想深入敌军腹地，替自己的过失赎罪，于是在鹿头关西面驻扎，截断刘辟的运粮通道。鹿头关里的将士都十分忧虑恐惧。

结果，刘辟的绵江栅守将李文悦、鹿头关守将仇良辅都献出城池，向高崇文投降，擒获了刘辟的女婿苏强，投降的士兵数以万计。高崇文于是长驱直入，进逼成都，所向披靡，行军过程中从没有被阻挡过。

二十一日，高崇文攻克成都。刘辟、卢文若带领几十名骑兵向西逃奔吐蕃。高崇文让高霞寓等人追赶，在羊灌田追上他们。刘辟跳江自杀，但是没有死成，最终仍然被擒获。卢文若先杀死妻子儿女，然后在身上系上大石头，跳江自杀。

高崇文进入成都以后，在大路上屯兵，让士兵休息，街市店铺都没有遭到抢掠，珍贵的货物堆积如山，军队秋毫无犯。

高崇文用槛车装着刘辟押送京城，斩杀了刘辟的大将邢泚与馆驿巡官沈衍，其余的人一概不予追究。军府事务，无论大小，下令全部按前南康郡王韦皋的老规矩处理，从容指挥，西川境内全部平定。

相关链接

〔1〕西川：唐代将剑南节度使分为剑南东川节度使和剑南西川节度使，简称"东川"、"西川"，西川相当于现在四川省的中西部地区。

〔2〕唐宪宗：公元778－820年，名纯，唐顺宗长子，曾封广平郡王，公元805年即位，面对藩镇割据的混乱局面果断用兵，为唐朝取得了短暂的中兴。

李师道谋杀宰相

为了抵抗宪宗的削藩政策，保全自己的地位，平卢节度使李师道派刺客入京杀害宰相武元衡等人。事发以后，刺客逃亡。

唐宪宗即位以后，执行削藩政策。不肯交出权力的节度使，或者起兵反叛，或者观望形势，暗中支持反叛者，等待起兵的时机。

元和十年（公元815年），宪宗正忙着讨伐淮西的吴元济。原先李吉甫和武元衡[1]同时担任宰相，自从宰相李吉甫去世以后，宪宗把军事政务都委托给武元衡。

平卢节度使李师道[2]蓄养的宾客劝李师道说："天子之所以一心征讨蔡州，是因为有武元衡辅佐他，请允许我秘密前去将他刺杀。如果武元衡死了，其他的宰相就不敢继续他的主张，就会争着劝谏天子停止用兵。"李师道认为很有道理，立刻给他盘缠送他出发。

王承宗派遣牙将尹少卿上奏，为吴元济说情。尹少卿到中书省的时候，言辞所指很是不恭敬，武元衡呵斥他出去。王承宗又上书诋毁武元衡。

六月初三，天还没有亮，武元衡入朝，从他居住的靖安坊东门出来。突然，有一个刺客从暗处窜出来，用箭射他，随从人员都四处逃散。刺客拉着武元衡的马走出十几步，把他杀了，砍下他的脑袋，然后离开。

刺客又潜入通化坊，去刺杀裴度。裴度头上受伤，跌到水沟里，因为戴的毡帽很厚，所以没有死。随从王义从背后抱住刺客大声呼叫，刺客砍断他的胳臂逃走。京城里的人都很惊恐。

宪宗于是颁布诏令，宰相出入的时候，加派金吾骑士带着兵器护卫，经过坊门的时候吆喝搜索，防卫非常严密。朝中百官在天还没亮的时候都不敢出门。有时皇帝上朝，等了很久，班列还没有派齐。

刺客在金吾卫与京兆府万年、长安两县留下纸条，说："不要急着捉拿我，不然就先杀了你。"所以，追捕刺客的官员都不敢争先。

兵部侍郎许孟容觐见宪宗，说："自古以来，没有宰相横尸路旁，而不能逮捕刺客的事情。这是朝廷的耻辱啊！"因此流泪哭泣。

许孟容又前往中书省，流着泪说："请求中书省上奏，起用裴中丞为宰相，全面搜捕刺客的同伙，查清他们的根源。"

初八，宪宗颁布诏令，在朝廷内外四处搜捕刺客，能逮到刺客的人，奖赏一万缗钱，赐给五品官位。如果有人胆敢包庇隐藏刺客，就诛灭全族。

于是京城开始大肆搜捕，筑有夹壁、复屋的公卿府第，也都进行了搜查。

成德军的上奏院中，有恒州的士兵张晏等几人，行为无礼，很多人都怀疑他们是刺客。初十，神策将军王士则等人，告发王承宗派遣张晏等杀害武元衡。官吏逮捕了张晏等八人，宪宗命令京兆尹裴武与监察御史陈中师审讯他们。

二十三日，宪宗颁布诏令，出示王承宗先后三次上奏的表章给百官看，讨论他的罪责。

裴度的伤口还没有愈合，卧床休养了二十天。宪宗颁下诏令，让卫兵住在他府里宿卫，前去问候的中使络绎不绝。有人请求免除裴度的官职，好让恒州的王承宗、郓州的李师道放心。

宪宗生气地说："如果免除了裴度的官职，那就是奸人的阴谋得逞了，朝廷不再有纲纪可言。我任用裴度一个人，就足以攻破王承宗和李师道两个人。"二十四日，宪宗传召裴度入朝，商议对策。二十五日，宪宗任命裴度为中书侍郎、同平章事（宰相）。

裴度上奏说："淮西的吴元济是心腹之患，不得不除，而且朝廷已经讨伐淮西。河南、河北两地骄横跋扈的藩镇，将根据这件事情决定对朝廷的态度，不能中途停止。"宪宗认为很有道理，于是把用兵的事都委托给裴度，加紧讨伐吴元济。

陈中师审讯张晏等人，他们都承认杀害武元衡。张弘靖怀疑他们说的不是真的，屡次上奏禀报宪宗，宪宗不听。二十八日，斩杀张晏等五人，杀了他们的同伙十四人，李师道的宾客最终还是偷偷地逃走了。

相关链接

[1] **武元衡**：公元758－815年，字伯苍，缑氏（今河南偃师东南）人，为武则天曾任孙，进士出身，诗人，官至宰相。

[2] **李师道**：？－公元819年，高丽人，平卢淄青节度使李纳之子，唐朝地方割据者之一。

○品画鉴宝　打马球菱花镜（唐）

李师道受诛

李师道对自己的行为不知收敛,终于招致朝廷的讨伐。李师道的部下刘悟,带兵袭杀了他,然后向朝廷投降。

平卢节度使李师道刺杀宰相武元衡,进攻徐州,宪宗因为多方用兵,力量不足,一直采取姑息容忍的政策。淮西吴元济[1]被平定之后,宪宗已有余力,而李师道仍不悔悟,肆意妄为,终于招致朝廷派兵讨伐。

元和十四年(公元819年)二月,李师道听说官军逼近,就征发百姓整修郓州[2]城的城墙和护城河,严加戒备。甚至征发妇女,百姓日益恐惧,心生怨恨。

李师道的都知兵马使刘悟,是唐肃宗朝平卢节度使刘正臣的孙子。

李师道让刘悟率领一万多士兵屯驻阳谷,抵抗官军。刘悟为人宽厚,让士兵人人都觉得很自在,军中都称他为"刘父"。等到魏博节度使田弘正率军南渡黄河,进攻淄青的时候,刘悟的军队没有防备,交战几次,全都失败。

有人对李师道说:"刘悟不修军法,专门收买人心,恐怕他有谋反的心意,应当早点考虑。"李师道于是借口商议军事,召刘悟前来郓州,想趁机杀了他。

有人劝谏说:"现在官军围攻淄青,刘悟并没有谋反的迹象,因为一个人的话就把他杀了,众将领中还有谁肯为您效力?这是自己拔掉爪子和牙齿啊!"李师道把刘悟留了十天,又把他送了回去,还送给他很多金钱绢帛,让他心里安定。

刘悟知道了李师道想诛杀他的事,返回军营以后,秘密地布置防备。李师道因为刘悟率军在外,就任命他的儿子刘从谏为门下别奏,留在郓州。刘从谏每天与李师道的家奴游玩,知道了一些李师道的阴谋,就写密信告诉父亲。

又有人对李师道说:"刘悟最后一定会成为祸患,不如早点除掉他。"初八,李师道偷偷地派遣亲信二人,带着自己的手令前往阳谷,命行营兵马副使张暹斩下刘悟的脑袋送到郓州,然后让张暹代管军队。

当时,刘悟正在一块高地上张开帐幕,设置酒宴,距离军营有二三里。两名使者到达阳谷军营以后,秘密地把李师道的手令授给张暹。

张暹一向与刘悟的关系很好,于是假装和使者商议,说:"刘悟从郓州节度使府回来以后，已经有所防备，不能匆忙行事。请先让我去报告刘悟，就说'李师道派遣使者来慰问将士，还有赏赐的物品，请都头迅速回营，一同接受指令'。这样，刘悟一定不会怀疑，就可以找机会下手了。"使者们同意了。

张暹把李师道手令揣在怀里，到刘悟宴饮的地方，命令随从人员退下，把手令拿出来给刘悟看。刘悟于是派人秘密地逮捕了这两个使者，把他们杀了。

当时天色已晚，刘悟骑着马慢慢地返回军营，坐在军帐里，重兵把守，严加防备。随后召集众将领，声色俱厉地对他们说："我和你们不顾性命抵抗官军，实在没有辜负李师道的地方。现在李师道听信谗言，派人来杀我。如果我死了，你们接着也会被杀死。

"天子想要诛杀的，只有李师道一个人，现在军事形势日渐窘迫，我等为什么要跟着他，一起被灭族呢？我想和大家卷起军旗，解下铠甲，袭击郓州，奉行天子的命令。这不光是为了免除我们自己的危亡，更可以得到荣华富贵。大家认为怎么样？"

兵马使赵垂棘站在众将领前面，过了很久，回答说："事情真能成功吗？"

刘悟应声骂他说："难道你要与李师道合谋吗？"立刻把他斩了。然后挨个询问，只要有迟疑不说话的，一律斩首，并斩杀了军中向来被大家憎恶的人。一共斩了三十几人，尸首放在帐前。

剩下的将领都两腿发抖，说："唯命是从，愿意以死效力！"

刘悟于是命令士兵，说："攻入郓州，每人赏钱一百缗。除军库不准接近，凡是节度使的住宅和其他叛党的家财，随便你们掠取，有仇的人可以报仇。"

然后让士兵都吃饱饭，每个人都带着兵器。半夜的时候，听见鼓声响了三下，军队动身出发。人和马嘴里都咬着木棍，防止发出声音。只要遇到行人，都抓起来留在军中，没有人知道他们的行动。

距离郓州还有几里的时候，天还没亮，刘悟让军队停止行军。听城上巡逻的木梆声停止后，派十个人先出发，宣称"刘都头奉节度使手令入城"。守门的卫兵让他们等候，准备写信禀告李师道，这十个人突然拔出刀想要砍他们，卫兵全都逃散。

刘悟率领大军随后赶到，城里喧哗骚动，十分混乱。等到刘悟进城

的时候，内城已经被攻破，只有李师道住的牙城还在抗拒坚守。

刘悟下令纵火烧门，又用大斧劈砍，打开城门冲了进去。牙城里的卫兵只有几百人，开始还有人射箭抵抗，过了一会，知道寡不敌众，都把弓箭扔到地上投降。

刘悟率领将士进入节度使府，命令搜捕李师道。李师道和他的两个儿子藏在侧面的床底下，被士兵抓了出来。

刘悟下令把李师道父子押到节度使府门外的空地上，派人对他说："刘都头奉密诏，送司空回京城，只是你还有什么脸面再见皇上呢？"

李师道仍然希望能侥幸免死，他的儿子李弘方仰面长叹，说："事已至此，还是早点死吧！"不久，父子三人都被斩首。

从清晨到中午，刘悟命令左、右都虞候巡行街坊和集市，禁止将士抢掠。到了下午，城内已经安定下来。刘悟在球场召集士兵与百姓，亲自乘马绕场一周，安抚慰劳大家。

刘悟诛杀了与李师道合谋的人二十多家，文武将吏又是惊惧又是欢喜。刘悟与李公度见面，二人拉着手哭泣。又把贾直言从监狱里放了出来，把他安置在幕府里。

刘悟把李师道父子三人的首级放在盒子里，派人送到魏博节度使田弘正的军营，弘正大喜，写了露布宣告消息。淄、青等十二州全部平定。

田弘正得到李师道首级的时候，怀疑不是真的，就让被俘的李师道都知兵马使夏侯澄前来辨认。

夏侯澄仔细地看了面容，放声大哭，哭了很久。然后抱着首级，用舌尖舐净眼睛里的灰尘，然后又放声大哭。田弘正也为之变了神色，认为夏侯澄忠义，所以没有斥责。

相关链接
〔1〕吴元济：公元783－817年，沧州清池（今河北沧州东南）人，淮西节度使吴少阳之子，唐朝地方割据者之一。
〔2〕郓州：在今山东东平一带。

张韶等一帮乌合之众，之所以能杀进宫中坐上龙床，是因为唐敬宗声色犬马、贪图玩乐，给了他们以得逞的机会。

唐敬宗[1]喜好音乐女色，贪图游乐，不爱处理朝廷。敬宗贪睡晚起，总是很晚才上朝，百官在大殿外列队等候，年老体弱的，站到后来几乎要跌倒。敬宗尤其喜欢踢球，常常去别的宫殿，与宠爱的人一起踢球[2]。

占卜术士苏玄明和朝廷染坊的供役人张韶十分亲近，苏玄明对张韶说："我为你占卜，你将来应当升殿而坐，与我一起吃饭。现在皇帝昼夜踢球游猎，经常不在宫中，可以乘机图谋大事。"张韶认为很有道理，于是和苏玄明暗中结交染坊工匠和市井无赖一百多人。

长庆四年（公元824年），四月十七日，他们把兵器藏在紫草里，用车拉进银台门，等到夜里作乱。还没有到达目的地，有人因他们的车上东西过重而盘问他们。张韶一着急，立刻杀了盘问的人，然后与他的同党换了衣服，拿着兵器，大声喊叫着冲进禁宫庭院。

当时敬宗正在清思殿踢球，宦官们发现有人冲进来，十分惊慌害怕，急忙跑来关闭宫门，然后跑去告诉敬宗。只一会儿，张韶等人就攻破宫门，冲进宫里。

以前，敬宗宠爱右神策军的护军中尉梁守谦，每次左、右神策军比试武艺，敬宗经常为右军助威。这时敬宗狼狈不堪，想逃到右神策军营，左右侍从说："右军路远，恐怕半路遇上盗贼，不如到左军近。"敬宗听从了。

左神策军的护军中尉马存亮听说敬宗驾临，急忙跑出军营迎接，捧着敬宗的双脚哭泣，亲自把敬宗背到军中，然后派遣大将康艺全率领骑兵入宫讨伐乱党。敬宗担心太皇太后和皇太后被隔绝在宫里，马存亮又增派五百骑兵，把两位太后接到军中。

张韶登上清思殿，坐在皇帝的御榻上，和苏玄明一起吃饭，说："果然像你说的那样！"

苏玄明忽然醒悟，大惊失色，说："事情难道就只此而已吗？"张韶听了才感到害怕，于是逃走。

这时，康艺全和右神策军兵马使尚国忠率领士兵赶到，二人联合兵

张韶升殿坐龙床

613

力攻击，杀了张韶、苏玄明和他们的同党，尸体满地。直到夜里，宫中才恢复安定。张韶的余党中，仍有逃散而藏在禁苑里的，到第二天就全部被抓住了。

相关链接

〔1〕唐敬宗：公元809－826年，名湛，唐穆宗长子，公元824年即位，荒淫奢侈。

〔2〕踢球：唐敬宗爱踢球。古代的所踢的球和现在的足球是有很大区别的，古代的球叫"鞠"，是一种用皮或革制成的圆球，踢球叫"蹴鞠"，又叫"蹴球"、"蹴圆"、"踢圆"等。"蹴"，就是用脚踢。"蹴鞠"是我国一种古老的体育兼娱乐活动，最早见于《史记·苏秦列传》，玩法有对抗和白打等形式。

○ 品画鉴宝

宫女图（唐） 图绘唐朝王宫众宫女像，造型同中求异，刻画生动。

　　唐文宗时，宦官在宫中执掌大权，宰相宋申锡想帮助文宗肃清君侧，还没有行动，就被宦官诬告谋反。

　　当初，唐代宗诛杀了宦官鱼朝恩以后，宦官不再掌握军队。但到其子德宗时，因为发生泾原兵变，德宗不再相信外面的将领，就又将京城的禁兵——左右神策军、天威军等，交给宦官掌管，并成为定制。

　　德宗去世，其子顺宗继位，王叔文等大臣想革除弊政，夺取宦官的权力，结果宦官逼迫顺宗逊位，称太上皇，将皇位传给儿子宪宗。此后宦官势力越来越大，宪宗、敬宗均为宦官所杀，文宗为宦官所立。

　　文宗即位以后，对宦官的势力非常担忧。这时，杀害唐宪宗、唐敬宗的宦官同党，仍然有在文宗左右侍奉的。神策军中尉王守澄尤其专横，招揽权势，接受贿赂，文宗无法控制。

　　文宗曾经秘密地与翰林学士[1]宋申锡[2]谈论这件事，宋申锡请求让自己逐渐清除宦官的势力。文宗认为宋申锡深沉厚道，忠诚谨慎，可以信任重用，就与他秘密商议诛除宦官，提拔他为尚书右丞，后来又让他担任同平章事。

　　大和五年（公元831年）二月，宋申锡推荐吏部侍郎王璠为京兆尹，把文宗准备诛除宦官的意图告诉了王璠。王璠泄露了计划，王守澄及其党羽郑注得知后，暗地里作了防备。

　　文宗的弟弟漳王李凑贤德而有声望。郑注让神策军都虞候豆卢著诬告宋申锡，说他谋划拥立漳王。二十九日，王守澄将豆卢著的诬告内容上奏，文宗听信了，勃然大怒。

　　王守澄想立即派二百名骑兵，去屠杀宋申锡全家，飞龙使马存亮坚持劝阻说："如果这样，京城一定会大乱！还是召集宰相一起商议这件事。"王守澄也就作罢。

　　这天，是宰相休息的假期，文宗派遣宦官召集所有的宰相到中书省东门。宦官说："召集的名单中没有宋申锡。"宋申锡知道自己受陷害获罪，于是望着延英殿，手执笏板，叩头告退。

　　宰相到了延英殿以后，文宗拿出王守澄的奏折给他们看。宰相们面面相觑，惊诧不已。文宗命令王守澄派人逮捕豆卢著诬告的十六宅宫市

品官晏敬则、宋申锡的亲信侍从王师文等人，押到宫中由宦官审讯。王师文得知后逃亡。

三月初二，宋申锡被罢免宰相的官职，任太子右庶子。从宰相到大臣，没有人敢说宋申锡是冤枉的，只有京兆尹崔琯、大理卿王正雅接连上疏，请求把宋申锡从宫中的监狱提出来，交付御史台审查核实。宦官对此案的审理因此稍微放缓。

晏敬则等人屈打成招，声称宋申锡派遣王师文向漳王转达心意，将来要拥立漳王做皇帝。

审讯结束以后，初四，文宗召集太子太师、太子太保以下的全体官员，以及御史台，中书、门下、尚书三省，大理寺的大臣，当面询问审讯的情况。

中午的时候，左常侍崔玄亮、给事中李固言、谏议大夫王质、补阙卢钧、舒元褒、蒋系、裴休、韦温等人再次请求在延英殿面见文宗，乞求把审讯的结果交付御史台重审。文宗说："我已经和朝廷大臣商议过了。"多次让他们退下，崔玄亮等人不肯。

崔玄亮叩头流泪，说："杀一个百姓都不能不慎重，何况宰相呢？"

文宗的怒气稍稍消解，说："我会再与宰相商议这件事情。"于是，又一次召集宰相到延英殿商议。

宰相们到了以后，牛僧孺说："身为人臣，地位再高也高不过宰相。现在宋申锡已经当上了宰相，如果他真想谋反，还想获得什么呢？宋申锡应该不至于这样做的！"

郑注担心复审会揭穿他们的阴谋，于是劝王守澄奏请文宗，要求只罢黜宋申锡的官职。初五，唐文宗贬漳王李凑为巢县公，宋申锡为开州司马。飞龙使马存亮当天请求辞职，晏敬则等近百人受到牵连，被判处死刑或者流放。宋申锡最后死在被贬谪的地方。

相关链接

〔1〕翰林学士：官职名。翰林院是古代朝廷专门给具有文才学问的人设立的官府机构，里面任职的人称为翰林学士。该制度始于唐朝。

〔2〕宋申锡：籍贯不详，字庆臣，科举进士，官至宰相。

　　江湖游医郑注，相貌平平却出语惊人，凭借他的医术和三寸不烂之舌，逐步得宠于朝臣乃至皇帝，简直平步青云。

　　翼城人郑注[1]，身材矮小，眼睛总看着下面，但却很会说话，讨人欢喜，善解人意。他靠行医云游四方，十分穷困。曾经为徐州牙将治过病。牙将十分高兴，就把他推荐给节度使李愬。李愬吃了他的药以后，很有效果，于是十分宠爱他，任命他为牙推。

　　郑注倚仗受宠，逐渐干预军政，恣意妄为，作威作福，节度使府的官员都十分忧虑。监军王守澄把大家的意见告诉了李愬，请求把他除去。

　　李愬说："郑注虽然的确像他们说的那样，但他是个奇才。你如果不相信，请试着和他见一面，如果一无是处，再除去他也不晚。"于是让郑注前去拜见王守澄[2]。

　　王守澄起初还很为难，不得已接见郑注，坐下来谈话。没谈多久，王守澄就非常高兴，把郑注带到中堂，促膝交谈，欢声笑语，只恨没有早些相见。

　　第二天，王守澄对李愬说："郑注的确像你说的那样。"从此，郑注又受到王守澄的宠爱，权势更大。李愬任命他为巡官，把他当作自己的幕僚。

　　郑注掌握权力以后，唯恐原来推荐自己的牙将暴露自己的身世，就偷偷地用另外的罪名向李愬告发，李愬把牙将杀了。

　　王守澄被穆宗召入朝廷，任命为知枢密以后，就把郑注带到京城，给他修建住宅，供给他财物。又向穆宗推荐，穆宗也很厚待郑注。

　　穆宗晚年得病，王守澄专擅朝政，权倾朝廷内外。郑注日夜出入王守澄家，与他商议谋划，一谈就是通宵。通关节，收贿赂，外人不能看出其中的痕迹。

　　穆宗去世后，敬宗继位。没过几年，敬宗被身边的宦官杀死，王守澄等人立江王李涵为帝。李涵即位后，改名李昂，是为文宗。

　　文宗因为郑注依附王守澄，权势熏天，对他非常痛恨。大和七年（公元833年）九月，侍御史李款上奏弹劾郑注，不到十天，连续弹劾了几十次，王守澄把郑注藏在右神策军中。

　　左神策中尉韦元素、枢密使杨承和、王践言都很憎恶郑注，左神策

军将领李弘楚劝韦元素说："郑注奸邪狡诈，无人能比。如果不趁他羽翼未丰的时候除去，等到羽毛丰满之后，一定成为国家的祸患。现在郑注因为被侍御史李款弹劾，藏在右神策军中。我请求以你的名义，假称你生病，召他来诊断。来了之后，你请他坐下，我在旁边侍候，等你用眼睛向我示意，我就把他抓出去杀掉。然后你再面见皇上，叩头请罪，详细陈说他的罪行。况且枢密使杨承和、王践言也一定会帮你说话，怎么会因为除去奸人而降罪于你呢？"

韦元素认为有道理，就派李弘楚去召郑注。郑注来了以后，非常恭敬谦卑，谄媚的话像泉水一样源源不断。韦元素不知不觉拉着他的手，听得聚精会神，也不觉得疲倦。李弘楚在旁边多次暗示，韦元素不理他，最后又送给郑注很多金银绢帛，送他回去。

李弘楚大怒，说："你失去今天了断他的机会，将来一定会遭到他的陷害。"于是辞职离去。后来背上生了毒疮，不久就去世了。

后来，在宰相王涯及王守澄的努力之下，文宗赦免了郑注。不久，王守澄上奏请求任命郑注为侍御史，充任右神策军判官，朝野都为之惊骇感叹。

十二月，文宗中风，不能说话。王守澄向文宗推荐郑注，说他擅长医术。文宗吃了郑注开的药，很有效果，从此开始宠幸郑注。

相关链接

〔1〕郑注：？—公元835年，本姓鱼，绛州翼城（今山西翼城）人，阴险狡诈，巧言令色，初为江湖游医，偶然得宠，经举荐而步步高升，直至得宠于皇帝，任凤翔节度使。

〔2〕王守澄：？—公元835年，唐朝有名的弄权宦官，因曾毒死宪宗辅立穆宗而得以专权。

　　唐懿宗时，裘甫聚众作乱浙东，王式为朝廷讨伐叛乱。王式善于用兵，富有智谋，在他的指挥下，官军很快平定了浙东地区。

　　大中十三年（公元 859 年）十二月，浙江盗贼首领裘甫[1] 率领部众攻陷象山县，官军屡次战败，明州的城门白天都不开。裘甫又率领部众进逼剡县，手下有一百人，浙东地区一片骚动。

　　当时两浙地区由于长期平安无事，百姓不习惯战争，兵器铠甲都生锈朽钝，现役士兵不满三百人，而招募的新兵又几乎都是孱弱无力的人，所以裘甫得以屡次打败官军。

　　裘甫打败官军以后，势力发展很快，山林海岛中的盗贼，以及其他地方的无赖、亡命之徒，四方云集，部众发展到三万多人，分为三十二个队。小帅中有谋略的首推刘暀，勇猛有力的当推刘庆、刘从简。

　　盗贼们都从远方写信给裘甫，送上礼物，要求归附于他。裘甫自称天下都知兵马使，改年号为罗平，铸造大印称天平。裘甫大肆聚积物资粮草，寻求手艺好的工匠，制造军用器械，声势震动中原。

　　次年二月，懿宗听从大臣的建议，任命前安南都护王式为浙东观察使。三月初一，王式入朝与皇上谈话，懿宗问王式讨伐裘甫贼军的策略。王式回答说："只要给我军队，一定可以攻破贼军。"

　　侍立在唐懿宗旁边的宦官说："出兵，耗费太大。"

　　王式说："要是让我为国家珍惜费用，就不会这么说。出兵多，可以迅速消灭贼军，耗费反而节省。如果调发的兵力少，不能战胜贼军，与他们拖延时间，贼军的势力会更加壮大，江、淮之间的盗贼就会群起响应。

　　"现在国家的财政用度几乎全都靠江、淮地区，如果这一带被盗贼占据，截断财赋输送的路径，就会使上自九庙，下及北门十军，都没有办法保证供给，这样的耗费哪里能计算得出来？"

　　懿宗看着宦官说："应当给王式调拨军队。"于是颁下诏书，征发忠武、义成、淮南等各路军队，由王式调度。

　　王式命令越州所属各县打开仓库，把储备的粮食拿来赈济贫苦百姓。有人说："裘甫贼寇还没有消灭，正急需军粮，不能散发给百姓。"

　　王式说："这就不是你所能明白的了。"

唐官军缺少骑兵，王式说："从吐蕃、回鹘投降过来，被发配到江、淮地区的有不少，这些人习惯艰险的环境，熟悉鞍马骑射，可以起用他们。"

于是到官府查阅名籍，找到骁勇强健的吐蕃族、回鹘族的一百多人。这些人长久地漂流在外，看管的军吏对他们凶恶狠毒。王式把他们召来后，既供给他们酒食，又接济他们的父母妻儿，于是这些人都高兴流泪，叩拜欢呼，愿意为王式效命。王式让他们全部充当骑兵，让骑兵将领石宗本率领他们。

凡是在越州管辖境内的吐蕃、回鹘族人，都按这种办法征集起来，又上奏求得汝州龙陂监的二百匹好马，于是骑兵就够用了。

有人请求修建烽火台[2]，用来作警报，报告来犯贼寇的远近多寡。王式笑了笑，没有回答。王式又挑选羸弱怯懦的士兵，让他们骑着强健的马匹，配备很少的武器，担任侦察骑兵，大家都很奇怪，但不敢多问。

王式上任以后，官军接连获胜。五月二十九日，唐浙东东路军在南陈馆大破裘甫军，斩首几千人，贼军丢下很多丝绸绢帛，遍地都是，想延缓官军的追击。

昭义将领跌跌戣对士兵下令说："敢拾取的，斩首！"于是没有人敢违犯。

贼军从黄罕岭逃走，六月初五，再次进入剡县，但各路官军都不知道裘甫在哪里。义成镇将领张茵在唐兴县抓获俘虏，准备对他用刑，俘虏说："贼军已进入剡县。你如果释放我，我愿意为官军作向导。"张茵同意了。于是跟随俘虏，结果比裘甫晚一天到达剡县，在县城的东南修筑营垒驻扎。

军府里听说裘甫进入剡县，十分惊恐。王式说："裘甫贼这是来束手就擒了！"于是命令东、南两路军到剡县会合，十二日，包围了剡县城。

裘甫军的守卫十分坚固，官军攻城，无法攻破。王式手下的众将领商议断绝溪水，使他们没有水喝。裘甫军知道官军要断绝他们的水源，于是出城交战，三天内交战了八十三次，贼军虽被打败，官军也很疲惫。

裘甫军请求投降，众将领报告王式，王式说："裘甫贼想稍稍休息而已，应当加强戒备，大功就要告成了。"裘甫军果然再次出城，又与官军交战三次。

二十一日夜里，裘甫、刘暀、刘庆率领一百多人出城投降，远远地对官军将领喊话，请求接纳。官军迅速赶到城下，切断裘甫等人的后路，然

后擒获了裘甫等一百多人。二十三日，裘甫等人被押送到越州，王式下令将刘暀、刘庆等二十多人腰斩，把裘甫锁在囚车里，押送到京师长安。

官军将领回到越州，王式大摆酒宴。将领们就请教王式，说："我们这些人生长在军队里，久经行军打仗，今年有幸，能够跟随您攻破裘甫。不过，心里还有些事情不明白，想向您请教：您刚到越州的时候，正急需军粮，可您却把官仓储存的粮食散发给老百姓，赈救贫困，这是为什么？"

王式说："这很容易明白。裘甫贼众屯聚谷米，引诱饥饿的百姓，我给他们分发粮食，饥民就不会被裘甫所利用。况且各县都没有防守的军队，裘甫贼军一到，官仓里的粮食正好成为贼寇的资粮。"

众将领又问："您不设置烽火台，为什么？"

王式说："设烽火台是为了求救。我手下的军队已经全部出发，越州城中没有军队可以作援军，设烽火台不过是白白地浪费时间，惊扰士人百姓，使我们自己混乱溃散而已。"

众将领又问："您派羸弱怯懦的士兵当侦察骑兵，而且给他们很少的武器，这是为什么呢？"

王式说："如果派勇敢的士兵，配备锋利的兵器，遇到敌军就会自不量力地冲上去战斗；战斗中他要是死了，岂不是贼兵到了我们还不知道？"

众将领都说："这些不是我们所能想到的！"

八月，裘甫被押送到京师，在长安东市斩首。懿宗加授王式检校右散骑常侍，手下的将领们也分别给予赏赐。

相关链接

〔1〕裘甫：？—公元860年，唐朝剡县（今浙江嵊州）人，唐末农民起义首领。唐朝末年，朝廷政治混乱、地方藩镇割据、百姓生活非常艰难，贫苦农民出身的裘甫便在浙江聚众起义，反抗唐朝的统治。

〔2〕烽火台：古代为传递军事重要消息而在边防等地建立的高台，遇有消息时，白天放烟，晚上点火。又叫烽堠、烟墩等。

王仙芝黄巢起义

唐朝末期，国势日衰，盗贼蜂起，爆发了著名的王仙芝黄巢起义，朝廷上下为之震惊。

懿宗即位以来，朝廷日益奢侈，不停地打仗，征敛赋税也更加急迫。潼关以东地区连年遭受水旱之灾，州县官吏不上报实情，反而欺上瞒下，百姓饿死很多，又无处控诉，只好互相聚集做盗贼，于是盗贼群起。

唐朝地方州县的兵力很少，加上太平已久，大家都不熟悉打仗，每次与盗贼遭遇，官军多半失败。僖宗乾符二年（公元875年），濮州人王仙芝[1]聚集了几千人，在长垣县起事。

次年，王仙芝与他的党羽尚君长率领军队攻陷了濮州、曹州，他们的队伍发展到了几万人。唐天平军节度使薛崇出兵讨伐，被王仙芝打败。

冤句人黄巢[2]也聚集了几千人响应王仙芝。黄巢年少的时候，与王仙芝都以贩卖私盐为生。黄巢擅长骑射，性格豪爽仗义，稍稍看过一些史传经书，屡次参加进士科考试，都没有考上，于是做了盗贼。

黄巢与王仙芝一起攻略州县，横行山东，百姓被官府沉重的赋税所逼，困顿窘迫，都争相归顺黄巢。几个月里，队伍就发展到几万人。

乾符三年（公元876年），九月初二，王仙芝攻陷汝州城，活捉了唐汝州刺史王镣。王镣是宰相王铎的堂兄弟。消息传来，东都洛阳为之震动，士人百姓携家带口逃出城去。十一日，僖宗颁下敕令，赦免王仙芝与尚君长，任二人以官爵，企图招降他们。

十二月，王仙芝率领部队进攻蕲州。蕲州刺史裴偓，是王铎主持科举考试时，所选取的进士。王镣被俘，囚禁在王仙芝军中，为王仙芝写信劝说裴偓。裴偓于是与王仙芝约定，收回申、光、庐、寿、舒、通等州的军队，不再交战，并许诺为王仙芝向朝廷上奏请求官爵。

同时，王镣也劝说王仙芝答应，按裴偓的约定办。裴偓于是大开蕲州城门，请王仙芝及黄巢等三十多人入城，设宴饮酒，并拿出许多财宝送给王仙芝等人，表示自己的诚意。

宰相们多半不同意说："先帝懿宗就没有赦免庞勋的罪过，结果一年就诛杀了庞勋。现在王仙芝不过是一个小毛贼，不能与庞勋相比，赦免他的罪过，还授予官爵，只能助长奸贼的气焰。"

王铎坚持请求招降王仙芝，僖宗同意了。于是下诏，任命王仙芝为

左神策军押牙兼监察御史，派遣中使把委任状送到蕲州，授给王仙芝。

王仙芝得到委任状，十分欢喜，王镣、裴偓都前来祝贺。还没有退席，黄巢因为朝廷没有授予自己官爵，勃然大怒，对王仙芝说："我与你曾经一起立下誓言，要横行天下。如今你独自获得朝廷的官爵，要奔赴长安担任禁军左军军官，要把我们五千多弟兄安置到哪里？"因此殴打王仙芝，打伤了王仙芝的脑袋，他们的部众也喧哗不已。

王仙芝害怕触犯众怒，就没有接受朝廷的任命。然后率兵在蕲州大肆掠夺，蕲州城内的百姓，一半被驱逐出城，一半被诛杀，居住的房屋全部被焚毁。

裴偓逃奔鄂州，中使逃奔襄州，王镣被贼军拘押在军中。从此，贼军中三千多人跟从王仙芝与尚君长，二千多人跟随黄巢，各自分道扬镳。

乾符五年（公元878年）二月，官军在黄梅打败王仙芝军队，杀死五万多人，并且追上去斩杀了王仙芝，王仙芝的部下四处逃散。

当时黄巢正率军攻打亳州，尚君长的弟弟尚让，率领王仙芝余部前来归附，推举黄巢为首领，号称"冲天大将军"，改年号为王霸，设置官署职位。

相关链接

[1] 王仙芝：？—公元878年，濮州（今山东鄄城北）人，唐末农民起义领袖，初以贩卖私盐为生，公元875年于长垣（今河南长垣东北）聚众起义，自号天补平均大将军兼海内诸豪都统。

[2] 黄巢：？—公元884年，曹州冤句（今山东曹县西北）人，唐末农民起义领袖。黄巢少有大志，但屡举进士不第，遂以贩卖私盐为业，家甚富有，善骑射击剑，久愤于唐朝黑暗统治，王仙芝起义后亦聚众响应，后两军会合，将唐末农民起义推向了高潮。

张承范守潼关

黄巢西进，僖宗派张承范据守潼关，但他势单力薄，抵挡不住敌军的进攻，很快潼关失守，黄巢带领大军直逼长安。

广明元年（公元880年）十一月，黄巢大军逼近东都。十二日是冬至[1]，僖宗在延英殿召开会议商量对策，对着宰相们流泪。

宦官观军容使田令孜[2]上奏，说："请皇上选取左、右神策军中的弓弩手去把守潼关，我亲自担任都指挥制置把截使。"

僖宗说："禁军侍卫将士，不熟悉征战，恐怕没有什么用处。"

田令孜说："过去安禄山叛乱的时候，玄宗临幸四川避难。"

崔沆说："安禄山的部下只有五万人，与黄巢相比，简直不值一提。"

豆卢瑑说："以前哥舒翰率领十五万大军，仍然无法守住潼关。今天黄巢贼众有六十万人，潼关又没有像哥舒翰那样强大的军队。如果田令孜真是为大唐社稷考虑，蜀中三川帅臣陈敬瑄、杨师立、牛勖倒都是田令孜的心腹，比起当年的玄宗来，准备要充分得多。"

僖宗很不高兴，对田令孜说："请你暂且为朕调拨军队，驻守潼关。"

当天，僖宗来到左神策军军营，亲自检阅将士。田令孜又向唐僖宗推荐左神策军马军将军张承范、右神策军步军将军王师会、左神策军兵马使赵珂。唐僖宗召见这三个人，任命张承范为兵马先锋使，兼把截潼关制置使。

十三日，僖宗得到报告，说黄巢军队已经进入东都郊区，于是命令挑选左、右神策军弓弩手，挑出二千八百人，让张承范等人率领，开赴潼关。十七日，黄巢大军攻陷了东都。

田令孜上奏，请求召募长安坊市居民几千人，以补充左、右神策军。二十一日，东都陷落的消息传到长安。二十二日，僖宗任命田令孜为汝、洛、晋、绛、同、华等州都统，率领左、右神策军向东进军，讨伐黄巢。

二十五日，张承范等人率领神策军弓弩手从京师出发。神策军士兵都是长安的富家子弟，靠贿赂宦官，得以在军队的名单上挂名，以获得丰厚的供给和赏赐。

这些人平时穿着华丽的衣服，骑着快马疾驰，借助别人的权势，恣意妄为，但从来没有参加过战斗。听说要出兵征讨反贼，父子抱头大哭，许多人雇佣病坊里的穷人代替自己出征，代替的人往往连兵器都拿不动。当天，僖宗登上章信门楼，送军队出发。张承范向僖宗进言，说："听说黄巢拥兵几十万，敲着战鼓西进。齐克让率领饥饿疲惫的士兵一万人，在潼关外据守。今天又派我率领二千多人前往潼关驻守，也没有听说调拨粮饷的办法，就这样让我们去抗拒强敌，实在令我寒心。希望陛下尽早调拨各道精兵，作我们的后续支援。"

唐僖宗说："你们先出发，援军随后就到！"

二十七日，张承范等人率领军队赶到华州。恰好华州刺史裴虔馀迁任宣歙观察使，士兵百姓全都逃进华山，城里空虚萧条，州城库房里只剩下尘埃和老鼠的脚印。幸好粮仓里还有一千多斛米，张承范让军士们带上三天的粮食，继续进发。

十二月初一，张承范等人率领军队抵达潼关，搜索草木茂密的地方，找到村民一百多人，让他们搬石头，汲水，为守城做准备。这时，张承范的军队与齐克让的军队都已经绝粮，士兵们都没有斗志。

当天，黄巢的前锋部队抵达潼关城下，白色的旗帜漫山遍野，望不到边际。齐克让率领军队出战，黄巢军稍稍失利。黄巢率领大军随即赶到，全军大声呐喊，声音响震黄河、华山。齐克让奋力拼杀，从午时一直打到酉时，才各自收兵。士兵们非常饥饿，于是骚动鼓噪，焚烧营寨，溃散离去，齐克让逃进潼关。

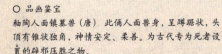
○ 品画鉴宝
釉陶人面镇墓兽（唐） 此俑人面兽身，呈蹲踞状，头顶有锥状独角，神情安定、柔善。为古代专为死者设置的辟邪压胜之物。

潼关左边有一个山谷，平时禁止人们从山谷里往来，以保证税收，人们称这个山谷为"禁坑"。黄巢大军突然袭来，官军仓促之间顾不上防守，溃散的士兵都从禁坑经过，本来里面长满灌木长藤，茂密得好像蜘蛛网一样，结果一天之间就踩成了一条平坦的大道。张承范把辎重和私人积蓄全部散发给士兵，派遣使者向朝廷告急。

初二，黄巢大军对潼关发起猛攻，张承范竭尽全力抵抗。从寅时战到申时，关上官军的箭射完了，就投石头砸黄巢的军队。潼关外面有很深的壕沟，黄巢大军驱赶百姓几千人到壕沟旁，挖土填沟，不一会儿，就填平了，于是黄巢大军渡过壕沟。

夜里，黄巢军纵火焚烧了所有的关楼。张承范分出八百名士兵，交给王师会，命令他据守禁坑，但当王师会率领士兵赶到禁坑的时候，黄巢的军队已经通过了禁坑。

初三早晨，黄巢军夹击潼关，关上的守军全部溃散，王师会自杀，张承范身穿便服，率领残余的士兵逃回长安。到达野孤泉的时候，遇到从奉天赶来的援兵二千人，张承范对他们说："你们来晚了！"

博野镇和凤翔镇的军队撤回到渭桥，看见田令孜召募的新军穿着鲜艳温暖的衣裳，十分愤怒，说："这些家伙有什么功劳，能穿上这样的衣服？我们拼死战斗，反而受冻挨饿！"于是抢劫了田令孜的新军，并为黄巢军作向导，前往长安。

相关链接

[1] 冬至：我国传统二十四节气之一，一般在阳历的12月22或23日，在这一天太阳在理论上直射南回归线，是我国乃至整个北半球白天最短的一天，故古人又叫这一天为"日短"、"日至短"等。在传统观念中，人们很重视这个节气，认为从此以后白天开始增长，阳气回升，所以值得庆贺，在我国北方，现在还有冬至吃饺子的习俗。

[2] 田令孜：？—公元893，字仲则，本姓陈，蜀（今四川）人，唐懿宗时，随其田姓养父入内侍省，后得宠，专擅朝政，侵凌皇帝，为唐末有名的专权宦官。

○品画鉴宝 门吏图（唐）

公元880年，黄巢进入长安，僖宗逃走，黄巢斩杀了留下的皇室宗族，自己即皇帝位，国号大齐。

广明元年（公元880年），十二月初五，百官退朝时，听说乱兵已经进入长安城，于是在路上逃窜躲藏。

宦官田令孜率领神策军士兵五百人，护卫僖宗从金光门出城，只有福王、穆王、泽王、寿王四王以及几位嫔妃跟随，百官没有人知道皇帝的去向。

僖宗昼夜兼程地赶路，随从官员很多都跟不上。僖宗的车驾既已离开，长安城里的士兵与坊市 [1] 百姓，都争先恐后地闯进皇家府库，盗取金银绢帛。

临近傍晚的时候，黄巢的前锋将领柴存进入长安城，唐金吾大将军张直方 [2] 率领文武官员几十人前往霸上，迎接黄巢。

黄巢坐着用金子装饰的轿子，他的手下全都披散头发，用红绡束着，身穿锦绣衣服，手持兵器跟随。

铁甲骑兵多得像流水一样，辎重车辆塞满道路，大军绵延千里，络绎不绝。

长安居民夹道观望，尚让挨个宣谕，说：“黄王起兵，本来就是为了百姓！不像唐朝李氏皇帝那样，不知道爱惜你们。你们只管安居乐业，不要恐慌。”

黄巢住在田令孜府第里。他手下的将士久为盗贼，非常富有，看到贫穷的人，往往施舍他们财物。

但住了几天以后，又各自出来大肆抢劫，焚烧坊市，满街杀人，黄巢也不能制止。黄巢的部下特别憎恨唐朝官吏，凡是抓到的，全部杀死。

十一日，黄巢把留在长安的唐朝宗室全部杀光，一个也没有留下。十二日，黄巢开始迁入禁宫居住。

十三日，黄巢称帝，在含元殿即皇帝位，穿着刚刚做好的天子礼服，敲响几百只战鼓，来替代金石音乐。黄巢登上丹凤楼，颁下赦书，定国号为大齐，改年号为金统。

又宣称说，僖宗的“广明”这个年号，正是“唐”字去掉下体，剩下一个“广”字；然后再加上“黄家日月”：“广”字加“黄”为“廣”，

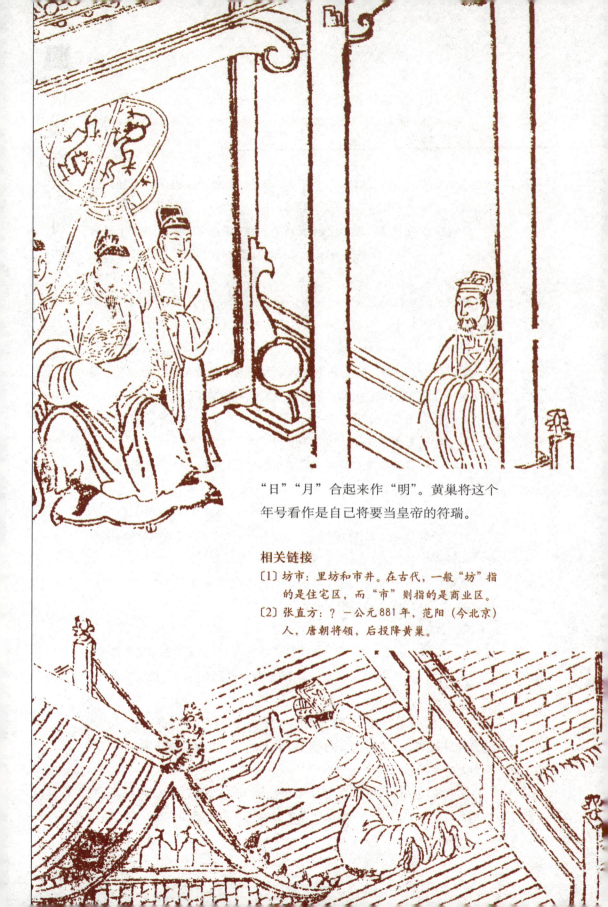

"日""月"合起来作"明"。黄巢将这个
年号看作是自己将要当皇帝的符瑞。

相关链接

〔1〕坊市：里坊和市井。在古代，一般"坊"指
的是住宅区，而"市"则指的是商业区。

〔2〕张直方：？－公元881年，范阳（今北京）
人，唐朝将领，后投降黄巢。

阡能聚众作乱，高仁厚前去讨伐。阡能不得人心，高仁厚利用反间计，六天平定了五大贼寇。

中和二年（公元 882 年），邛州的牙官阡能 [1]，因公事到了期限还没完成，为了逃避杖责，就亡命做了盗贼，捕盗使杨迁向他诱降。

此前，资阳镇的将领谢弘让因误会逃亡，加入盗贼，杨迁诱使谢弘让出来自首，却又逮捕了他，押送到西川节度使府，声称是经过讨击擒获的，想以此求取功名赏赐。

西川节度使陈敬瑄未加审问，就命令在谢弘让的背脊上打二十杖，然后把谢弘让钉在成都西城上，钉了十四天，还把沸油往他身上泼，又用胶麻拉开他的疮口，残酷悲惨到了极点，看见的人都为他喊冤。

阡能正想出山自首，听说谢弘让的冤情，大骂杨迁无耻，愤恨不已，发誓要做盗贼。于是驱逐掠夺良民，不服从命令的就全家杀光。一个多月以后，发展了一支一万人的队伍，设立建制，设置各级官职，横行于邛州、雅州之间，攻陷城镇乡邑，所过之处，劫掠一空。

阡能的党羽越来越多，一直侵犯蜀州境内。陈敬瑄此前派牙将杨行迁讨伐，但杨行迁等人长期没有立功，如今就任命押牙将高仁厚 [2] 为都招讨指挥使，带领军队五百人前去取代杨行迁。

在出发的前一天，有一个卖面的人，从早晨到中午，在军营中出入好几次。巡逻的士兵怀疑他，把他抓起来审问，果然是阡能的间谍。

高仁厚下令，给他解开捆绑，和颜悦色地询问他，那个人回答说："我是某村的村民，阡能把我的父母妻儿都抓了起来，关在监狱里，阡能说：'你刺探到情报回来，如果是实情，就放了你们全家；不然就全家杀光。'我并不是自愿这么做的。"

高仁厚说："我知道你是被迫的，又怎么忍心杀你？现在放你回去，你只需对阡能说'高仁厚明天发兵，带的军队只有五百人，没有多余的兵马'，就可以救你的父母和妻子儿女了。

"但是我救了你们一家人，你回去以后，也要偷偷为我告诉营寨里的人，对他们说：'陈敬瑄仆射可怜你们都是善良人，被贼寇逼迫，不得已才这样做。高仁厚尚书想要拯救你们，为你们洗脱罪责。高仁厚来的时候，你们就扔掉兵器投降，高仁厚会叫人在你们的背上写'归顺'

两个字，让你们回去重操旧业。想要杀掉的，只是阡能、罗浑擎、句胡僧、罗夫子和韩求这五个人，一定不会牵连到百姓的。'"

阡能派来的间谍说："这些都是百姓心里想的，尚书您全都知道。赦免百姓，有谁不手舞足蹈地听从呢？一个人传给一百人，一百人传给一千人，就像河川翻涌，大海沸腾，势不可挡。等尚书到达的时候，百姓一定会前来投奔，就像婴孩见到慈母一样。到那时候，阡能孤立无援，立刻就能把他擒获！"高仁厚于是让他回去。

第二天，高仁厚率领军队出发，到达双流，把截使白文现出来迎接。高仁厚环视堑壕营栅，生气地说："阡能役使的都是耕地的农民，你们竭尽一府的军队，过了一年多还不能擒获，现在看堑壕营栅重重叠叠，如此密集牢固，大概可以在里面安心睡觉，饱食终日，蓄养贼寇以邀功了！"

于是下令，将白文现拉出去斩首。监军极力求情营救，劝了很久，才赦免白文现一死。高仁厚下令填平堑壕，拆除营栅，只留下五百名士兵守卫，其余的士兵全都跟他走。又命令各个营寨的士兵，相继赶来集合。

阡能听说高仁厚快要到了，就派遣罗浑擎在双流的西面设立了五个营寨，在野桥箐一带埋伏了一千多名士兵，以迎击官军。高仁厚刺探到这一情报，带领士兵把罗浑擎的军营包围起来，下令不要剿杀，而是派遣士兵脱掉军服，偷偷溜进贼寇营中传话，像往日对那个间谍说的一样。

贼兵听了非常欢喜，欢呼鼓噪，争先恐后地丢弃盔甲兵器，请求投降，下拜的人多得好像高山倾倒一样。高仁厚对这些归降的人都加以安抚劝导，在他们的背上写上"归顺"二字，然后让他们返回贼寇的营寨，告诉那些还没有投降的人。

于是营寨里剩下的人，也都争着跑出来投降。罗浑擎只好越过堑壕，狼狈逃跑，结果被他的部下抓住，送到高仁厚那里。

高仁厚说："这个蠢货，不值得和他说什么。"于是给罗浑擎带上镣铐，押送到官府。高仁厚下令，把贼寇的五个营寨和盔甲武器全部烧掉，只留下旗帜。投降的人共有四千名。

第三天早晨，高仁厚对投降的人说："开始的时候，本想立

刻放你们回家，可是前面各营寨的百姓还不知道我的心意，或许有人会忧虑怀疑，现在借你们为我在前面开路，经过穿口、新津寨一带的时候，向那里的百姓展示你们背上的'归顺'二字，把投降情况告诉他们。等到了延贡，就放你们回去。"

于是取来罗浑擎的旗帜，倒着挂起来，每五十个人结为一队，扛着旗子大声呼喊："罗浑擎已经被活捉，送到节度使府。唐朝的大军就要来了，你们这些营寨里的人，赶快像我们一样出来投降，马上就可以成为朝廷的良民，保证平安无事！"

官军到达穿口，句胡僧设了十一个营寨，寨子里的人争着跑出来投降。句胡僧十分惊慌，拔出剑阻止，大家用瓦片石头打他，一起抓住他，献给高仁厚。句胡僧的部属五千多人全部投降。

第四天早晨，高仁厚焚烧了贼寇的营寨，让投降的人打着旗子走在前面，像在双流出发的时候一样。到达新津的时候，韩求设置的十三个营寨中的人也都出来投降。韩求自己跳进很深的堑壕，他的部下把他钩上来的时候，已经死了，于是砍下他的脑袋送给高仁厚。

官军将士想要烧毁营寨，高仁厚阻止他们，说："投降的人还没有吃饭。"于是让人先把资财粮食运出来，然后再焚烧营寨。刚刚投降的人争着烧火做饭，与先前投降、向他们传话的人一起吃饭，欢歌笑语，整夜都没有停息。

第五天，高仁厚把双流、穿口投降的人先放了回去，让新津投降的人打着旗帜走在前面，并且对他们说："进入邛州境内，也可以放你们回去。"

罗夫子在延贡设置了九个营寨，他的部属在前一天晚上看到新津火光冲天，已经没有睡觉。等到新津投降的人到达，罗夫子就扔下营寨，逃奔阡能，他的部属全都投降。

第六天，罗夫子逃到阡能的营寨，与阡能商量动用全部人马进行决战。计策还没商定，天快黑了，高仁厚带着延贡投降的人赶到，阡能、罗夫子骑上战马巡视营寨，想派兵出战，部属都不听号令。

高仁厚带领官军连夜逼近，次日早晨，各个营寨都知道大唐官军快到了，呐喊鼓噪，争先恐后地往外跑。有人去抓阡能，阡能急迫之下只好跳井，被众人擒获，没有死成。又去抓罗夫子，罗夫子自杀。

大家提着罗夫子的脑袋，绑着阡能，驱赶着他前去迎接官军。见了高仁厚，众人簇拥着高仁厚的马，大声呼喊，哭泣流泪，下跪叩拜，说："百姓含冤很久了，没有地方控告申诉。自从您放回那个间谍，百姓们都伸长了脖子，盼望官军早点到来，简直度日如年。现在见到高尚书，就像从阴间出来，重见天日，死而复生一样。"欢呼声此起彼伏，不可遏止。

其他地方的贼寇营寨，高仁厚也分别派遣将领前往招降。高仁厚出兵总共六天，五大贼寇都被平定。他每攻下一个县镇，就补授镇遏使，让他安抚招集百姓。

相关链接
〔1〕阡能：？－公元882年，又作千能或忏能，安仁（今四川大邑东南）人，唐朝末年蜀地农民起义军首领。
〔2〕高仁厚：？－公元886年，籍贯不详，唐朝末年将领。

公元883年，黄巢包围陈州。第二年，朱全忠、李克用等人联合唐朝多路官军攻打黄巢，黄巢大军溃散瓦解。

中和三年（公元883年）六月，黄巢大军包围陈州，陈州刺史赵犨向相邻各道求援，武宁节度使时溥、宣武节度使朱全忠[1]、河东节度使李克用[2]等人先后率领军队前去救援。

到了第二年的三月，黄巢围攻陈州已近三百天，赵犨兄弟与黄巢之间，大小战斗已经进行了几百次。虽然官兵的粮草快要用完，但大家抗击敌寇的心意却更加坚定。

李克用在陈州与许州、汴州、徐州、兖州的各路官军会合。当时，黄巢的将领尚让驻守太康。四月初三，各路官军一起进发，攻克太康。黄思邺驻扎在西华，各路官军又进攻西华，黄思邺弃城逃跑。黄巢听说后，十分畏惧，把人马撤退到故阳里，解除了对陈州的包围。

朱全忠听说黄巢快要到了，带领军队回到大梁。五月初三，下起大雨，平地积水三尺深，黄巢的军营被水淹了，又听说李克用快要到达，于是带领兵马向东北方的汴州进发，想逃奔屠尉氏。

尚让带领精锐骑兵五千人，进逼大梁，到达繁台，宣武将军朱珍、南华人庞师古击退了尚让。朱全忠又向李克用告急，请求救援。初六，李克用与忠武都监使田从异从许州出发。初八，在中牟北面的王满渡追上黄巢。

李克用趁黄巢的兵马渡河渡到一半的时候，奋力出击，打败了黄巢的军队，斩杀一万多人，贼寇因此溃败退走。尚让率领自己的人马向时溥投降，别将李谠、曲周人霍存、甄城人葛从周、冤句人张归霸与他的堂弟张归厚带领自己的部众向朱全忠投降。

黄巢经过汴河向北奔逃。初九，李克用在封丘追上黄巢，又将黄巢打败。初十夜里，又下起大雨，贼寇惊慌畏惧，向东奔逃，李克用穷追不舍，经过胙城、匡城。黄巢把剩余的人马收集起来，将近有一千人，向东逃奔兖州。

十一日，李克用追到冤句，率领的骑兵能跟上的只有几百人，一天一夜行军二百多里，士兵和马匹都疲惫不堪，粮食也没了，于是返回汴州，想带上汴州的粮食，再去追击黄巢。

李克用捉住黄巢年幼的儿子，缴获黄巢乘坐的马车和他的器具、服装、符节以及印章，得到黄巢以前掠抢的男女百姓一万多人，把他们全部释放，遣送回去。

二十二日，时溥派遣手下武宁将军李师悦，率领士兵一万人追击黄巢。六月十五日，李师悦追到瑕丘，打败了黄巢。

黄巢人马丧失殆尽，逃到泰山东南部的狼虎谷。十七日，黄巢的外甥林言斩下黄巢与其兄弟、妻子的脑袋，正要送到时溥那里，遇到沙陀人博野军，夺去黄巢等人的首级，并砍下了林言的脑袋，一起献给时溥。

七月二十四日，时溥派遣使臣进献黄巢和他家人的首级，以及他的姬妾，唐僖宗亲自驾临成都大玄楼，接受进献。僖宗询问黄巢的姬妾，说："你们都是功臣贵族的子女，世代蒙受国家恩惠，为什么要跟从贼寇呢？"

站在最前面的一位女子回答说："贼寇逞凶作乱，国家以百万大军，仍然无法守住宗庙，流落巴蜀。今天陛下责问一个女子为什么不能抗拒贼寇，那把朝中的公卿将帅置于何地呢？"

僖宗不再说话，下令全部在集市处斩。人们争着给黄巢的姬妾送酒喝，其他的人都悲伤恐惧，喝得昏昏沉沉，只有站在最前面的那位女子，既不饮酒也不哭泣，到了临刑的时候，仍然一脸严肃。

相关链接

〔1〕朱全忠：公元852—912年，本名温，砀山（今安徽砀山）人，初随黄巢起义，后降唐，因曾有军功而被唐僖宗赐名"全忠"，后又封梁王，公元907年杀唐哀帝而称帝，改名"晃"，都大梁，国号梁，史称后梁，庙号太祖。

〔2〕李克用：公元856—908年，本姓朱耶，神武川新城（今山西雁北一带）人，祖先为西北沙陀人，唐朝末年著名将领，其子李存勖于公元923年消灭后梁建立后唐。

藏梅寺黄
巢起首

董昌闭门称帝

董昌把从百姓那里横征暴敛来的东西进贡朝廷，想以此来提高官位。他希望皇帝封他为越王，没有得到批准，就开始谋划自己称帝。

义胜节度使董昌[1]苛刻暴虐，在正常的赋税之外，又增加几倍的征收，拿来进贡朝廷、馈赠内外。董昌每十天发送贡品一纲，有黄金一万两，白银五千铤，浙东绫绢一万五千匹，其他物品也都与之相当。

他向朝廷进贡的财物，天下最多，因此朝廷认为董昌忠诚，赏赐任命接连不断，官职一直升到司徒、同平章事，并被封为陇西郡王。

董昌在越州为自己修建生祠[2]，规模形式都与越州的大禹庙完全相同，命令祈福求神的百姓，都不许去大禹庙，都去他的生祠。

乾宁元年（公元894年），董昌向朝廷请求任命他为越王，朝廷没有批准。董昌很不高兴，说："朝廷想要辜负我。我多年的进贡无法计算，朝廷却舍不得一个越王的爵位！"

有阿谀谄媚的人对董昌说："大王与其做越王，还不如做越帝。"于是民间谣传时世将要变化，人们争着挤在董昌的府门前叫嚷喧哗，请求董昌称帝。

董昌大喜，派人出去答谢，说："天时还没到，时机一到我自然要称帝。"董昌的僚佐吴瑶、都虞候李畅之等人都劝说他称帝，官吏百姓争着进献歌谣、符谶和祥瑞征兆，不可胜数。开始的时候，进献的人都赏赐几百缗钱，后来进献的人日益增多，赏钱逐渐减少到五百、三百文而已。

董昌说："谶语说'兔子上金床'，这就是说我呀。我的生辰在卯年，明年又恰好是卯年，二月的卯日卯时，就是我称帝的时候。"

次年正月，董昌准备称帝，召集手下将领僚佐商议此事。节度副使黄碣说："现在大唐皇室虽然衰微，但是天道民心还没有厌弃。春秋时代的齐桓公、晋文公都是辅佐周室，成就霸业的。您从田间民夫兴起，承蒙朝廷的恩德，官至镇将、宰相，荣华富贵到了极致，为什么突然要作这遭受族诛的打算？我黄碣宁死也要做大唐的忠臣，不愿活着做叛贼！"

董昌大怒，认为黄碣妖言惑众，当场把他杀了，把他的首级扔到厕所里，大骂说："奴才贼子辜负我！好好的圣明时代的三公位子，他不能等着坐，却要先找死！"董昌还把黄碣全家八十口人全部斩杀，把他们埋在一个墓穴里。

董昌又询问会稽令吴镣，吴镣回答说："大王您不做真诸侯，传位给后世子孙；却想做假天子，这不是自取灭亡吗？"董昌也把他灭族。

董昌又对山阴令张逊说："你擅长处理政事，我非常了解。等我称帝以后，就任命你主管御史台。"

张逊说："大王当初从石镜镇兴起，在浙东建下节度使的基业，荣华富贵快二十年，何苦效仿李锜、刘辟的做法呢？浙东地处偏僻的海边，管辖的虽然只有台州、明州、温州、处州、婺州、衢州这六个州，大王如果称帝，他们一定不会服从。您白白地守着越州一座空城，只是让天下人嘲笑而已！"

董昌又将张逊杀了，对人们说："没有了黄碣、吴镣、张逊这三个人，就没有再敢违背我的人了！"

二月初三，董昌身穿帝王的冠服，登上越州内城，即位称帝。他把官吏百姓进献的祥瑞物品全都摆在庭堂上向众人展示。

在这之前，浙东一带民间谣传，说山中有一只大鸟，四只眼睛三只脚，叫着"罗平天册"，见到这只鸟的人，就要遭殃。于是百姓纷纷画像祭祀它。等到董昌称帝的时候，说："这只鸟就是我的彩凤。"于是自称大越罗平国，改年号为顺天，给越州城楼题字为"天册之楼"。命令属下称他为"圣人"。

董昌任命以前的杭州刺史李邈、婺州刺史蒋瓌、两浙盐铁副使杜郢、屯田郎中李瑜为宰相。又任命吴瑶等人为翰林学士，李畅之等人为大将军。

董昌给钱镠送去书信，告诉他说，自己已经暂且即罗平国皇帝位，任命他为两浙都指挥使。钱镠写信给董昌，说："您与其关起门来做天子，与儿族和百姓一起陷入危亡；不如打开城门做节度使，终身享受荣华富贵！现在悔过，还来得及！"

董昌不听，钱镠于是带领军队三万人抵达越州城下。钱镠到越州城西的迎恩门与董昌相见，拜了两拜，说："大王您的地位既是镇将又是宰相，为什么要舍弃安宁，自找危亡呢？钱镠我带领军队来到这里，等大王悔过而已。就算大王您不顾惜自己，乡里的士人百姓又有什么罪过，要跟随您被灭族呢？"

董昌听了，才觉得害怕，送给钱镠二百万钱犒劳军队，把首先为他谋划称帝的吴瑶与几名男女巫师抓了起来，交给钱镠，并且请求等待皇帝治罪。钱镠带领军队返回，详细报告给朝廷。

朝廷因为董昌进献贡赋非常勤勉，这次称帝的举动，像是精神出了毛病，就下诏赦免了他的罪过，放他回到乡里养老。

然而钱镠上奏，说董昌僭妄悖逆，绝不可以饶恕，请求以本道兵马讨伐。五月，朝廷下诏，削夺董昌官爵，委托钱镠前去讨伐。

乾宁三年（公元896年）五月，钱镠的军队包围了越州城。十四日夜里，钱镠的部将顾全武猛烈进攻越州，次日早晨，攻克越州外城，董昌仍然占据内城抗拒。

十八日，钱镠派遣董昌原来的将领骆团欺骗董昌，说："奉朝廷的诏令，命令大王回乡，返回临安。"董昌于是送上官印符节，迁出内城，到清道坊居住。

十九日，顾全武派遣武勇都监使吴璋，用船只把董昌从越州送往杭州，到了小江南部，就把他杀了。董昌家族三百多人，董昌任用的宰相李邈、蒋瓖以下官员一百多人，也全部诛杀。

董昌在越州城内被围困的时候，日益贪婪吝啬，按人口征收民间的钱财布帛，减少士兵的粮食。等到越州城被攻克，府库内还有货物五百间，粮仓里还有粮食三百万斛。钱镠把董昌的首级送到京师长安，散发金银布帛奖赏士兵，打开粮仓赈济贫困的百姓。

相关链接

〔1〕董昌：？－公元896年，杭州临安（今属浙江）人，义胜军节度使，唐末两浙之地军事割据者，自称大越罗平国皇帝。

〔2〕生祠：古代为活人修建的用于朝拜祷告的祠堂。

刘季述等人对昭宗不满，于是发动宫廷政变，将他囚禁了起来，另外迎接太子李裕入宫，假传诏令让他即位。

光化三年（公元 900 年），左军中尉刘季述、右军中尉王仲先、枢密使王彦范、薛齐偓等人一起暗中谋划，想要废黜昭宗[1]，另外立太子李裕为帝。

十一月初，昭宗在禁苑打猎，设宴饮酒，直到半夜，才酩酊大醉地回到宫里，又杀了几个宦官和侍女。第二天早上，已经是辰巳时分，宫门还没有打开。

刘季述到中书省告诉宰相崔胤[2]，说："宫中一定有变故，我是内臣，能够根据情况自行处理，请求进宫察看。"于是，刘季述率领禁兵一千人破门而入，经过讯问审查，了解了具体情况。

刘季述出来，对崔胤说："主上如此行为，怎么能管理国家？废黜昏君，拥立明主，自古就有这样的先例。这是为了国家大计，并不是叛逆。"崔胤害怕被杀，不敢违抗。

初六，刘季述召集文武百官，在殿前空地陈列军队，草拟了崔胤等人请求太子代理朝政的联名状，拿给文武官员看，让他们签名。崔胤与文武百官不得已，只好都签了名。

昭宗在乞巧楼，刘季述、王仲先在门外埋伏了一千甲兵，与宣武进奏官程岩等十几个人进去请求奏事。刘季述、王仲先刚刚登上大殿，将士大声呼喊，突然冲入宣化门，冲到思政殿前，遇到宫人就杀。昭宗看见有士兵进来，吓得掉到御床下，爬起来想要逃走。刘季述、王仲先架着他，让他坐下。

宫人跑去禀报皇后，何皇后赶来对刘季述等人行礼，请求说："军容使不要惊吓皇上，有事尽管请军容使商量。"

刘季述等人就拿出文武百官的联名状，禀告昭宗，说："陛下厌倦帝位，朝廷内外众人的心意，都希望太子代理国政，请陛下在东宫颐养天年。"

昭宗说："昨天与大家游乐饮酒，不觉喝得多了点，何至于这样呢？"

刘季述等人回答说："联名状不是我们写的，是南司百官的心意，难以遏止！请陛下暂且移驾东宫，等到事情稍稍安定，再迎接陛下回归大内。"

宦官废昭宗

何皇后说："皇上赶快答应军容使！"立刻取出传国玺印交给刘季述。宦官扶着昭宗与何皇后同乘一辆车，与嫔妃侍从十几人前往少阳院。

刘季述用银马鞭在地上比划，数落昭宗，说："什么时候什么事情，你没有听从过我的意见，这是罪过之一。"这样数落了几十次，还没有数落完。

刘季述亲手锁上少阳院的门，熔化铁水将锁封死，派遣左军副使李师虔率领士兵包围少阳院，昭宗有什么动静都向刘季述报告。在墙上凿出孔洞，递送饮食，兵器针刀都不准递进去，昭宗想要些钱帛也不给，要些纸笔也不给。当时天气十分寒冷，嫔妃公主没有衣服衾被，号哭的声音外面都能听到。

刘季述等人假传昭宗的诏令，命令太子代理国事，迎接太子入宫。初七，刘季述等人又假传昭宗的诏令，让太子继承皇位，改名为李缜。以昭宗为太上皇，何皇后为太上皇后。初十，太子即皇帝位，把少阳院改名为问安宫。

但这次政变维持的时间很短，到次年正月初一，对政变不满的左神策指挥使孙德昭，受崔胤鼓动，在宫中发动事变，诛杀王仲先，救出昭宗，又与崔胤等一起诛杀了刘季述及其党羽。昭宗复位，将太子废黜为德王，并恢复本名李裕，任孙德昭为宰相。

相关链接

〔1〕唐昭宗：公元867－904年，初名杰，即位后改为晔，又改为敏，他是唐懿宗第七子、唐僖宗的弟弟，公元889年即位，唐朝第十九位皇帝（不包括武则天）。

〔2〕崔胤：公元854－904年，字昌遐，清河武城（今山东武城）人，唐朝末年大臣，官至宰相。

朱全忠窥伺帝位，命蒋玄晖等人夜间入宫杀死了昭宗，立年幼的李祚为帝，给自己创造机会，以期获得"禅让"而登帝位。

天祐元年（公元 904 年），朱全忠从凤翔[1]迎接昭宗的车驾，返回长安。看见德王李裕眉清目秀，并且已经成年，十分嫌恶他，私下对宰相崔胤说："德王曾经窃取帝位，哪能再留下他？你为什么不对陛下说呢？"崔胤于是告诉了昭宗。

昭宗询问朱全忠，朱全忠说："陛下父子之间的事情，我怎么敢私下议论？这只是崔胤出卖我而已。"

昭宗自从离开长安，每天都担心发生意外，整天与何皇后喝得醉醺醺的，或者相对哭泣。朱全忠让枢密使蒋玄晖窥伺昭宗，昭宗的动静他全都知道。昭宗从容地对蒋玄晖说："德王是朕的爱子，朱全忠为什么一定要杀他？"于是落泪，咬破中指流出血来。朱全忠知道后，心里更加不安。当时，朱全忠与其他藩镇势力有移檄往来，都以兴复皇室为借口。朱全忠正率领军队向西讨伐岐州、邠州，因为昭宗英气勃发，唯恐宫中发生变故，想要另立幼君，以便谋求禅让，夺取皇帝的位子。于是，朱全忠派遣判官李振到洛阳，与蒋玄晖及左龙武统军朱友恭、右龙武统军氏叔琮等人谋划。

八月十一日，昭宗在何皇后殿内留宿，蒋玄晖挑选了龙武牙官史太等一百人，夜里敲打宫门，说军事前线有急事奏报，要面见昭宗。夫人裴贞一开门看见士兵，说："有急事奏报，要士兵干什么？"史太把她杀了。蒋玄晖问："陛下在哪里？"昭仪李渐荣对着窗口大叫："宁可杀了我们，不要伤害陛下！"昭宗刚刚喝醉，急忙起身，穿着单衣绕着柱子奔跑，史太追上去把他杀死。李渐荣用身体遮挡昭宗，史太把她也杀了。史太又要杀何皇后，何皇后向蒋玄晖苦苦哀求，于是将她放了。

十二日，蒋玄晖假造诏令，称李渐荣、裴贞一杀害昭宗，应该立辉王李祚为皇太子，更名李柷[2]，代理军国事务。又假传皇后诏令，让太子在灵柩前即位。宫里的人心中恐惧，没有人敢哭出声来。

十五日，李柷即位，是为昭宣帝，当时十三岁。朱全忠听说朱友恭等人杀死昭宗，假装震惊，大哭着扑倒在地上，说："奴才害我，让我千秋万代背负恶名！"

十月初三，朱全忠到达东都洛阳，趴在昭宗的灵柩上恸哭流涕。又进见昭宣帝，说明杀死昭宗不是自己的意思，请求讨伐叛贼。

在这之前，前来护卫皇帝的士兵中，有在街市上抢米的。初四，朱全忠上奏，称朱友恭、氏叔琮放纵士兵侵扰街市，贬朱友恭为崖州司户，恢复原姓名李彦威，贬氏叔琮为白州司户。过了不久，又赐他们自尽。

李彦威临刑前大喊，说："你以出卖我来堵塞自己的罪责，但又怎么欺瞒鬼神呢？这样做事，还指望有后代吗？"

相关链接

〔1〕凤翔：位于今陕西凤翔，古称雍州，相传秦穆公的女儿弄玉善于吹笛，华山隐士萧史善于吹箫，知音相识于此，后成眷属，乘凤凰飞翔而去，故唐时更此地名为凤翔。

〔2〕李柷：公元892－908年，原名祚，唐昭宗第九子，公元904年即位，实为藩镇傀儡，在位三年而废，为唐朝末代皇帝（不含武则天为第二十代），史称唐哀帝。

○ 品画鉴宝

七梁发冠（唐）　此冠顶雕琢七梁，故名之为"七梁发冠"。冠为古代男子束发之物，唐代盛行。

立下幼主昭宣帝后，朱全忠开始专权，他听从谗言，不但贬黜和谋害朝中大臣，还大肆杀戮科举出身的"清流"官员。

　　柳璨中进士 [1] 后，不到四年就升为宰相。他生性乖巧轻浮，当时皇帝左右都是朱全忠的心腹，柳璨用心侍奉他们。同时担任宰相的裴枢、崔远、独孤损都是朝廷一向器重的人，很轻视他，柳璨因此怨恨他们。

　　和王李福的太傅张廷范本来是戏子，朱全忠宠信他，柳璨就上奏，请求任命他为太常卿。裴枢说："张廷范是有功之臣，自有方镇来安置他，哪用得着掌管礼乐的太常卿！恐怕不是元帅的意思。"争执而不肯让步。朱全忠听说后，对宾客将佐说："我平时以为，裴十四的器量真诚，见识纯粹，不是轻浮浅薄之辈。从这些议论来看，本来的面目显露无遗了。"柳璨借此在朱全忠面前诬陷裴枢以及崔远、独孤损，所以三人都被罢去宰相之职。朝廷任命吏部侍郎杨涉为同平章事。杨涉为人平和宽厚，恭敬谨慎，听说任命自己为宰相，与家里人相对哭泣，对他的儿子杨凝式说："这是我家的不幸，一定会连累你。"柳璨倚仗朱全忠的势力，恣意妄为，作威作福。恰好有彗星出现，占卜的人说："君臣都有灾祸，应该诛杀大臣，以顺应天意。"柳璨因此向朱全忠上书，列举他平时讨厌的人，说："这些人聚集党徒，随便议论，怨恨诽谤，应该拿他们来阻止灾祸。"李振也对朱全忠说："朝廷之所以缺乏秩序，是因为官员中的轻浮浅薄之徒扰乱纲纪。况且大王想要图谋大事，这些人都是朝廷中难以制服的人，不如全部除去。"朱全忠认为很有道理。十五日，贬独孤损为棣州刺史，裴枢为登州刺史，崔远为莱州刺史。十七日，贬吏部尚书陆扆为濮州司户，工部尚书王溥为淄州司户。二十二日，贬太子太保赵崇为曹州司户，兵部侍郎王赞为潍州司户。

　　其余或者是豪门贵族，或者是科举 [2] 及第，在三省台阁任职，以名节自居，声望功绩稍为显著的人，都被指为轻浮浅薄，贬官驱逐，没

○ 品画鉴宝　韩熙载夜宴图（南唐）顾闳中／绘

有空闲的日子，朝中的官员为之一空。二十三日，贬裴枢为泷州司户，独孤损为琼州司户，崔远为白州司户。六月，朱全忠把裴枢等人与被贬斥的朝廷官员三十多人，聚集在滑州白马驿，一夜之间把他们全部杀死，把尸体扔进黄河。起初，李振屡次参加进士考试，屡试不中，所以很嫉妒科举出身的官员，于是对朱全忠说："这些人总是自称清流，应该把他们扔进黄河，把他们变成浊流！"朱全忠笑着答应了。

朱全忠曾经与幕僚将佐及游幕宾客坐在大柳树下面，朱全忠自言自语说："这株柳树应当做车毂。"没有人回答。有几个游幕宾客起身回答说："应当做车毂。"朱全忠勃然大怒，厉声说："书生之流，喜欢随声附

644

和，玩弄别人，都是这个样子的！车毂必须用榆木做，柳木怎么能做？"

看着左右随从说："还等什么！"左右随从几十人，拉出说"应当做车毂"的，全部打死。

相关链接

〔1〕进士：我国古代科举殿试及第者之称，意为可以进授爵位之士。殿试：皇帝亲自主持的考试。

〔2〕科举：古代朝廷选拔官吏的一种制度，也是文人所参加的人才选拔考试，因采取分科取士的方式，故称科举。该制度始于隋朝，终于清朝光绪二十七年（公元 1906 年），共历一千三百多年。

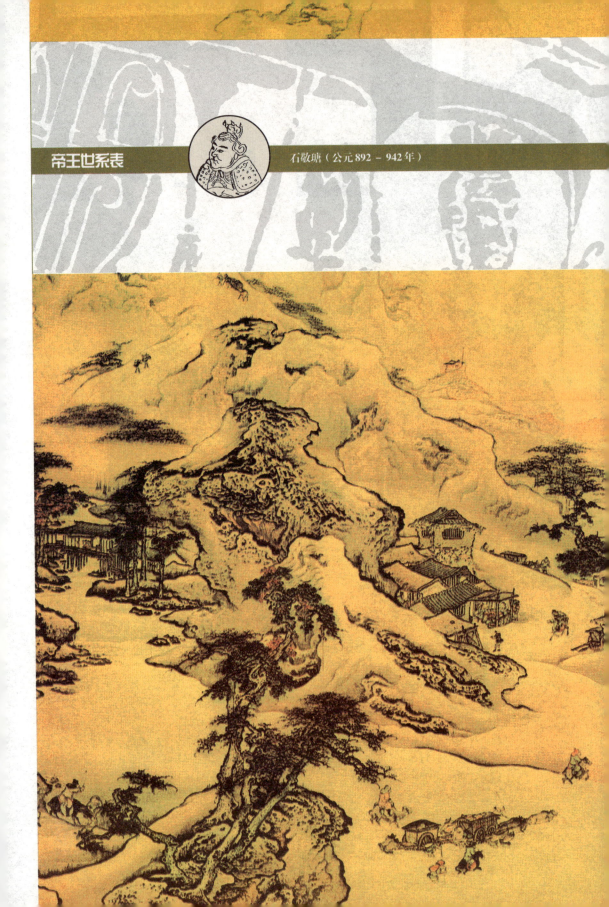

五代纪

公元 907－960年

唐朝灭亡之后，中原地区相继出现了五个朝代，后梁、后唐、后晋、后汉、后周，与割据西蜀、江南、岭南和河东的十个政权合称五代十国。五代共存在了五十四年，其中八姓称帝，共十四位帝王。后唐、后晋、后汉的帝王是沙陀族人，后梁和后周的帝王是汉族人。后梁的疆土面积最小，后唐最大。

这一历史时期，重大战事较少，政局比较稳定，有利于社会经济的恢复和发展。各个朝代都曾分别实行恢复生产的措施。后周时，手工业如纺织、造纸、制茶、晒煮盐等生产也有所发展。瓷器制造和雕版印刷业的成就尤为突出，南方和北方都出现了各色瓷器和雕版印刷。但是，由于赋役严重，使战乱破坏严重的北方社会经济难以复苏，也大大阻碍了南方经济发展的进程。

五代时，重视唐史料的编撰工作，史学方面也取得了重要的成绩。《旧唐书》是这一时期撰成的最重要的史学著作。此书保存了大量唐代的原始资料，受到后世史学家的重视。五代十国是词的重要发展时期，出现了包括李煜在内的许多著名词人。

大事年表

- 公元907年／唐哀帝禅位于朱全忠，全忠即位，国号梁，是为梁太祖。
- 公元913年／朱友贞即位，是为梁末帝。
- 公元917年／刘岩在广州称帝，国号大越。
- 公元918年／大越改国号汉，史称南汉。
- 公元923年／李存勖灭后梁，建立后唐。
- 公元932年／后唐国子监校定九经，雕印发售。
- 公元936年／石敬瑭借契丹兵灭后唐，建立后晋，割让燕云十六州给契丹。
- 公元937年／徐知诰废吴帝杨溥，自即帝位，国号大齐。次年徐知诰改国号为唐，
  史称南唐。
- 公元940年／后蜀赵崇祚编成《花间集》，这是我国最早的词总集。
- 公元944年／后蜀王孟昶作春联，中国开始出现春联。
- 公元946年／契丹灭后晋。
- 公元947年／刘知远称帝，建立后汉，是为后汉高祖。
- 公元951年／郭威称帝，建立后周，后汉亡。同年，刘崇称帝于晋阳，是为北汉。
- 公元954年／高平之战，周世宗大败北汉。
- 公元959年／周世宗死，子宗训嗣，是为恭帝。

公元907年，唐昭宣帝将皇位禅让给梁王朱全忠，朱全忠即帝位，定都东都汴梁，国号大梁，史称后梁。唐朝灭亡。

唐末，梁王朱全忠的势力越来越大，河北各藩镇全都归服他，只有幽州刘仁恭、沧州刘守文父子不肯归附。朱全忠于是大举讨伐他们，想以此坚定各藩镇的归附之心。

不久，驻守潞州的昭义节度使丁会叛变，朱全忠烧毁营寨撤回，威望大受损害。朱全忠恐怕内外因此离心离德，就想赶快接受唐昭宣帝禅让来震慑他们。

后梁[1] 开平元年（公元907年），正月初十，朱全忠进入魏州，生了病，就在节度使府中休养。魏博节度使罗绍威担心朱全忠住得久了会危害自己，于是进见朱全忠，说："现在四方发兵成为您祸患的人，都是假借拥戴唐室的名义，您不如先灭了唐，好让他们都死心。"

朱全忠虽然没有应允，心里却认为他说得有理，于是急忙起程返回，二十五日回到大梁[2]。二十七日，唐昭宣帝派遣御史大夫薛贻矩到大梁慰劳朱全忠，薛贻矩请求用臣子见君的礼节进见，朱全忠拱手作揖让他登上台阶。薛贻矩说："殿下的功业德行都在人们心里，天、地、人三灵已经另选新君，皇帝正要举行舜、禹禅让的事宜，我又怎么敢违抗！"于是，面朝北方在厅堂中拜了下去，这是朝拜皇帝的礼节。朱全忠侧身避开。薛贻矩回到东都洛阳，对唐昭宣帝说："元帅有接受禅让的意思了！"唐昭宣帝于是颁下诏书，准备在二月的时候，让位给梁王朱全忠。又派遣宰相带着书信告诉朱全忠，朱全忠仍然假意推辞。

二月，唐大臣联名上了奏折，请求昭宣帝退位。初五，昭宣帝下诏，命令宰相率领百官前往元帅府，劝请梁王即位，朱全忠派遣使者辞退了他们。从此以后，朝中大臣、各地藩镇节度使、乃至湖南的马殷、岭南的刘隐，都相继上呈奏文，劝请朱全忠即帝位。

十三日，唐昭宣帝下诏，命令薛贻矩再次前往大梁，告知禅让帝位的意愿，又诏命礼部尚书苏循携带文武百官的奏笺前往大梁。二十七日，唐昭宣帝颁下诏书让位给梁王，任命使者率领文武百官准备皇帝车驾仪仗前往大梁。

三月初四，梁王朱全忠登上金祥殿，接受唐朝的文武百官称臣，自

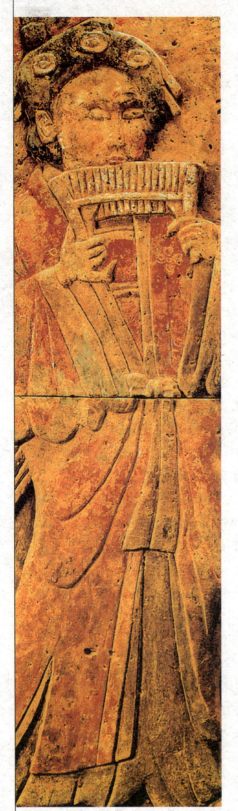

吹排箫人物画像砖（五代）排箫由若干长短不同的竹管排列而成，宋以后民间失传，只用于宫廷雅乐。

称寡人。后来又改名为朱晃，下令除去唐年号，改年号为开平，国号大梁。尊奉唐昭宣帝为济阴王，一切仿照前代禅让的成例。以汴州为开封府，命名为东都，以故东都洛阳为西都。

朱全忠的哥哥朱全昱听说朱全忠将要即位称帝，对他说："朱三，你可以做天子吗？"后来朱全忠又与亲戚在宫中饮酒赌博，酒喝得差不多的时候，朱全昱忽然把骰子扔到盆里去，斜眼看着朱全忠，说："朱三，你本来是砀山的平民，跟随黄巢做了强盗。天子任用你做四镇节度使，富贵到了极点，你为什么一下灭了唐朝三百年的社稷，自己称起皇帝来？这种事应该满门抄斩，还玩什么赌博？"朱全忠听了很不高兴，大家不欢而散。

相关链接

[1] 后梁：公元907年朱全忠所建立，自称大梁，都城在今河南开封，史称后梁，公元923年为后唐所灭。

[2] 大梁：地名，在今河南开封。

　　晋王李克用死后，其子李存勖即位，但由于其弟李克宁年长，属下多归附他，于是在他人对李克宁的怂恿下，叔侄二人进行了一场权力之争。

　　后梁开平二年（公元908年）正月，晋王李克用头上生了毒疮，病得很重。大将周德威等人撤退到乱柳驻扎。

　　李克用让他的弟弟振武节度使李克宁，监军张承业，大将李存璋、吴珙等人，扶立他的儿子晋州刺史李存勖[1]为继承人，对他们说："这孩子志向远大，一定能成就我的事业，你们要好好教导他！"

　　十九日，李克用对李存勖说："李嗣昭被敌人重重围困，我是见不到他了。等到丧事办完，你和周德威[2]等人立即竭尽全力赶去救他！"又对李克宁等人说："亚子（李存勖的小名）就烦劳你们照管了！"话一说完就死了。李克宁维持军府的纪律，内外没有人敢喧哗。

　　李克宁长期统管兵权，有兄长死了弟弟就取而代之的势头。当时，上党的围困还没有解除，军中认为李存勖年纪太轻，很多人私下议论，人心很不安定。李存勖害怕，就想把王位让给李克宁。

　　李克宁说："你是嫡长子，况且有先王的遗命，谁敢违抗！"将吏们想要谒见李存勖，李存勖正在伤心哭泣，没有出来。

　　张承业进去对李存勖说："大孝在于不失去基业，哭得多有什么用！"于是扶着李存勖出来，继位为河东节度使、晋王。李克宁首先率领诸将下拜祝贺，李存勖就把军府事务全部委托给李克宁。

　　当初，晋王李克用收养许多军中勇猛的士兵为养子，像对待亲生儿子一样宠信。等到李存勖继位，各养子的年纪都比他大，而且手握兵权，心里郁闷不服，有的借口生病不出门，有的进见新王却不叩拜。

　　李克宁的权力重地位高，很多人都归心于他。养子李存颢暗中劝说李克宁，说："哥哥死了，弟弟继位，自古就有这样的。让叔叔叩拜侄儿，道理上讲得通吗？老天赐给的如果不要，后悔就来不及了！"

　　李克宁说："我家世代以父慈子孝闻名天下，先王的基业如果有了归属，我还能再有什么要求？你别再胡说，不然我杀了你！"

　　李克宁的妻子孟氏，向来刚强蛮横，各养子都派他们的妻子到内室劝说孟氏，孟氏认为有道理，并且担心这些话泄露，传出去引来祸患，所以也屡次逼迫李克宁。李克宁性情怯懦，每天被大家的言语蛊惑，不能不动心。

李克宁又与张承业、李存璋失和，屡次责备他们。又因故擅自杀死都虞候李存质，要求兼任大同节度使，以蔚州、朔州、应州为巡属，晋王都答应了他。

李存颢等人为李克宁谋划，趁着李存勖到李克宁家里拜访的时候，杀死张承业、李存璋，拥奉李克宁为节度使，以整个河东九州的土地归附后梁，并且拘捕李存勖及太夫人曹氏，押送到大梁。

太原人史敬熔，年轻的时候曾经侍奉李克用，在李克用帐下差遣，颇受亲近信任。李克宁想知道王府中的隐秘事情，召见史敬熔，秘密地把计划告诉他。史敬熔假装答应他，出来后赶紧入王府报告太夫人。

太夫人闻讯大惊，召见张承业，指着李存勖对他说："先王把这孩子的胳膊交给你们，你们如果听到外边有人谋划着要背叛他，我只希望您找个地方安置我们母子，不要把我们送到大梁，其他的事都不敢烦劳您。"

张承业惶恐说："老奴以死奉先王遗命，您这是从何说起？"

李存勖就把李克宁的阴谋告诉他，并且说："至亲之间不应该自相残杀，我如果让位，就不会发生变乱了。"

张承业说："李克宁想要把大王母子送入虎口，不除掉他，就无法保全你们。"于是召见李存璋、吴珙及养子李存敬、长直军使朱守殷，让他们暗中戒备。

二月二十一日，李存勖在王府摆酒宴请诸将，事先埋伏甲兵，在宴席中把李克宁、李存颢逮捕。

李存勖流着眼泪责骂李克宁，说："侄儿以前把军府让给叔父，叔父不接受。现在事情都定下来了，怎么又有这样的阴谋，忍心把我们母子送给仇人？"李克宁说："这都是小人进谗言挑拨离间，事到如今还有什么话可说！"当天，诛杀了李克宁与李存颢。

相关链接

〔1〕李存勖：公元885－926年，小名亚子，李克用长子，勇猛善战，公元908年袭其父晋王位，公元923年灭后梁建后唐，为后唐庄宗。

〔2〕周德威：？－公元918年，字镇远，小字阳五，朔州马邑（今山西朔县）人，后唐著名将领。

李晋王

燕王刘守光狂妄自大，公元911年，他仗河北之地而称帝，国号大燕。就在当天，契丹人攻下了平州。

燕王刘守光曾经穿着唐代皇帝穿的赭红色的袍子，对将吏们说："现在天下大乱，英雄们以武力竞争，我兵马强壮，地势险要，也想称帝，怎么样？"

孙鹤说："现在内部的危难刚平定，公私都困顿穷竭，太原李存勖窥探我们的西部，契丹人也在北边虎视眈眈，急急忙忙打算自己称帝，没见有什么好处。大王只需要招揽人才，爱护百姓，训练军队，积蓄粮食，施行德政，四方自然就会服从了。"刘守光听了，很不高兴。刘守光又派人劝说镇州的赵王王镕和定州的义武节度使王处直，请求他们尊奉自己为"尚父"[1]。赵王王镕把这件事告诉了晋王李存勖，晋王勃然大怒，想讨伐刘守光，手下的众将领都说："刘守光这样是作恶到极点了，可以诛灭全族，我们不如假装推举他为尚父，让他多行不义。"于是与王镕、王处直、昭义节度使李嗣昭、振武节度使周德威、天德节度使宋瑶，六镇节度使一起奉册推举刘守光为尚书令、尚父。

刘守光仍然不醒悟，以为六镇节度使是真的畏惧自己，就更加骄纵蛮横，于是上表给后梁太祖，说："晋王等人推举我，我受陛下的深恩，没有敢接受。我私下考虑合适的办法，不如陛下任命我为河北都统，那么并州、镇州就用不着去平定了。"后梁太祖也知道刘守光狂妄愚蠢，于是任命他为河北道采访使，派遣阁门使王瞳等人前去册封他。

刘守光命令属官草拟尚父、采访使接受册封的礼仪。后梁乾化元年（公元911年），六月初三，下属官员拿来唐代册封太尉的礼仪进献。

刘守光看完后，问怎么能没有南郊祀天、更改年号等事宜，下属官员回答说："尚父虽然尊贵，也只是天子的臣属，哪能有南郊祀天、更改年号的事呢？"

刘守光勃然大怒，把册仪扔在地上，说："我的领地方圆二千里，披盔戴甲的将士有三十万，就算直接做河北的天子，又有谁能阻止我！尚父有什么值得做的？"

于是命令赶快准备即皇帝位的礼仪，把王瞳等人以及各道的使者都关进监狱，但不久以后，又把他们都放了。

○ 品画鉴宝　官人骑马登山图（五代）　此图设色清雅，景物象征性强，造型稚秀。

　　燕王刘守光将要称帝，将领们大多私下议论，认为不可以，刘守光就在厅堂里放上刀斧、砧板，说："敢进谏的，斩首！"

　　孙鹤说："沧州被攻破的时候，孙鹤本应当死，全靠大王才保全性命，一直活到今天，我今天又哪敢爱惜性命而忘记大恩呢！我认为如今称帝是万万不可以的。"

　　刘守光大怒，把孙鹤按在砧板上，命令军士剐下他的肉来吃。孙鹤大声叫喊，说："不出一百天，一定会有大兵来到！"刘守光让人用土塞住他的嘴，一寸一寸剐死。

　　八月十三日，刘守光即皇帝位，国号大燕，改年号为应天。受册命的这天，契丹攻下平州[2]，燕人惊慌扰乱。

相关链接

〔1〕尚父：姜太公名尚，字子牙，为周文王姬昌所重用，后辅佐其子周武王推翻商朝建立周朝，姜太公在周朝为太师，故武王称他为太师尚父，简称为师尚父或尚父，后人多有沿用，在古代是一种非常尊崇的称谓。

〔2〕平州：在今河北卢龙一带。

梁太祖叹无葬身地

晋王李存勖派兵攻打幽州，梁太祖朱全忠前去帮助刘守光，却被晋军大败，夺路而逃，感叹自己将"无葬身之地"。

后梁乾化二年（公元912年），晋王李存勖派兵攻打幽州。刘守光向后梁求援，正好后梁太祖生病刚刚有点恢复，商议后决定亲自率领大军前去进攻镇州、定州，解救刘守光。

后梁太祖带兵渡过黄河，声称有五十万大军。晋忻州刺史李存审驻扎在赵州[1]，担心兵力不足，副将赵行实建议退入土门躲避，李存审[2]没有同意。后梁平卢节度使贺德伦进攻蓨县以后，李存审对史建瑭、李嗣肱说："我们大王正在幽州、蓟州作战，不能再派军队到这里来，南方的战事委托给我们几个人。现在蓨县正吃紧，我们怎能坐着看他们受攻！假如让后梁军夺得蓨县，就一定会往西进攻深州、冀州，麻烦就更大了。我将和你们用奇计打败他们。"

李存审于是带兵扼守下博桥，派史建瑭、李嗣肱分别活捉后梁士兵。史建瑭把他的部下分为五队，每队一百人，一队去衡水，一队去南宫，一队去信都，一队去阜城，自己带领一队深入敌人势力范围，与李嗣肱率领的军队一起，把所遇到的打柴割草的后梁士兵全都俘虏，俘获了几百人。第二天各队在下博桥会合，把俘虏的后梁士兵都杀死，只留几个人，砍断胳膊后放走，说："替我告诉朱公，晋王的大军到了！"当时蓨县没有攻下，后梁太祖带领宣义节度使杨师厚的部队五万人，会同贺德伦的部队一起进攻。三月初八，刚到蓨县西边，还没有来得及扎营，史建瑭、李嗣肱就各自率领三百骑兵，摹仿后梁军队的旗帜服装，与打柴割草的后梁士兵混杂前行。

太阳快要落山的时候，到达贺德伦的营门，杀死守门人，放火呼喊，弓箭乱发，左右奔突。天黑以后，割下敌人左耳、带着俘虏离去。后梁军营中非常混乱，不知道发生了什么事。

这时，被晋军砍断胳膊的后梁士兵又来报告："晋军大部队到了！"

太祖非常惊恐，烧毁营寨，连夜逃跑，还迷了路，曲曲折折走了一百五十里，初九黎明才到达冀州。蓨县的农民都举着锄头扁担，追逐后梁士兵，后梁军丢弃的军用物资和器械不可胜数。

不久，太祖又派遣骑兵前去侦察，回来报告说："晋国的大军其实没有来，这只是史先锋的机动骑兵罢了。"太祖受不了心中的惭愧和愤恨，从此病情加重，连轿子都不能坐了。太祖在贝州住了十几天，各路军队才逐渐聚集。

闰五月十五日，后梁太祖的病情恶化，对左右官员说："我经营天下三十年，想不到太原的余孽又兴旺猖狂到了这个地步！我看他们的野心不小，老天又削除我的年寿，我死以后，我的儿子都不是他们的对手。我没有葬身之地了！"因而哽咽，昏迷过去，过了一会儿，才又苏醒过来。

相关链接

〔1〕赵州：在今河北赵县一带。
〔2〕李存审：公元862－924年，字德详，原姓符，名存，陈州宛丘（今河南淮阳）人，后唐将领。

朱友珪弑父篡位

朱全忠病重，想传位于朱友文，并将朱友珪调离京城，朱友珪便与人合谋杀了朱全忠，自己登上了皇位。

后梁太祖的长子朱友裕早死，按辈分排下来是养子博王朱友文，特别受太祖喜爱，经常留守东都大梁，兼任建昌宫使。然后是郢王朱友珪[1]，担任左右控鹤都指挥使，他的母亲是亳州的营妓。再下面是均王朱友贞，担任东都马步都指挥使。

当初，元贞张皇后严肃端正，聪明多智，后梁太祖对她很敬畏。张皇后死后，太祖纵情歌舞女色，几个儿子即使人在外地，也常常征召他们的妻子入宫侍奉，太祖经常与她们淫乱。

朱友文的妻子王氏容貌美丽，太祖尤其宠爱她，虽然没有立朱友文为太子，但心里经常把他看作继承人，朱友珪心里忿忿不平。朱友珪曾经犯错，太祖用鞭子打他，朱友珪心中更加不能自安。

后梁太祖在西都洛阳病情加重，命令王氏到东都大梁去召朱友文，想要与他诀别，并且托付后事。

朱友珪的妻子张氏也日夜侍奉在太祖身边，知道这件事，偷偷告知朱友珪说："皇上把传国玉玺交给王氏带往东都，我们活不了几天了。"

夫妻二人相对流泪，手下有人劝他们说："事情紧急时办法就有了，何不另外想办法（暗指谋逆）？时机不可错过啊！"

后梁乾化二年（公元912年），六月初一，后梁太祖命令朱友珪调离京城，出任莱州[2]刺史，而且让他立即赴任。这事已经传旨，但没有颁布敕书。当时贬官的人大多随后就赐死，朱友珪心中越发恐慌。

初二，朱友珪改换服装进入左龙虎军营，求见统军韩勍，把实情告诉他。韩勍也看到功臣老将往往因为小过错被杀，害怕自己也不能保全，于是与朱友珪共同策划造反。

韩勍带领牙兵五百人跟随朱友珪混杂在控鹤士兵中进入皇宫，埋伏在宫内，半夜砍翻守卫入内，到达寝宫，伺候病人的都吓得逃走了。

后梁太祖受惊起身，问："是谁造反？"

朱友珪说："不是别人。"

太祖说："我原来就怀疑你这贼子，只后悔没有早把你杀死。你忤逆到这个地步，天地难道会容你吗？"

朱友珪说："把老贼碎尸万段！"

朱友珪的仆人冯廷谔猛刺太祖的肚子，剑刃从背后穿了出去。朱友珪亲自用破毡裹住尸首，埋在寝宫里，秘不发丧。另外派遣供奉官丁昭溥骑马赶往东都，命令均王朱友贞杀死朱友文。

初三，朱友珪假造诏旨称："博王朱友文谋反，派兵冲入殿中。全靠郢王朱友珪忠心孝顺，带领军队将他杀死，保全了朕的生命。然而朕的病体因为惊扰而至于危殆，暂时让朱友珪主持军国事务。"韩勍替朱友珪谋划，拿出许多府库的金帛赏赐各军队以及文武百官，以收买人心。

初五，丁昭溥返回，报告朱友文已经被杀。于是发丧，宣布先帝遗留的诏书，朱友珪即皇帝位。

朱友珪即位后，马上变得荒淫无度，引起朝廷内外一片愤怒。朱友珪即使用大量金帛收买，仍旧非常不得人心。

次年二月，朱友贞鼓动禁军和龙骧军士兵造反。十七日，禁军发动兵变，朱友珪与妻子张氏逃跑不及，命令冯廷谔先杀死妻子，后杀死自己，冯廷谔也自刎而死。

朱友贞即位，追废朱友珪为庶民，恢复博王朱友文的爵位。

相关链接

〔1〕朱友珪：？—公元913年，小字遥喜，朱全忠第三子，母为亳州营妓，封郢王，公元912年杀父而称帝。

〔2〕莱州：在今山东烟台境内。

王处直养子为患

王处直的养子王都，为了和兄弟争夺权力，将王处直劫持后囚禁了起来，并杀死了他在中山所有的子孙和亲信将领。

当初，义武节度使兼中书令王处直没有儿子，妖人李应之在陉邑得到一个名叫刘云郎的男孩，把他送给王处直，并说："这个孩子有富贵相。"让他收为养子，并起名叫做王都。

王都长大后，很是聪明狡诈，王处直非常喜欢他。后来王处直组建了一支军队，就让他来统率。

王处直还有一个庶出[1]的儿子，名叫王郁，不受王处直宠爱，于是投奔晋，晋王李克用将自己的女儿嫁给他，将他一直提拔到新州团练使。

王处直的其他儿子都还年幼。王处直又任命王都为节度副大使，想让他做继承人。

晋王李存勖讨伐张文礼的时候，王处直认为平时镇州、定州唇齿相依，恐怕镇州灭亡后，定州就孤立无援了。因此极力劝说李存勖，认为如今正在防御后梁军的侵略，应该对张文礼宽大处理。

李存勖回答说，张文礼有弑君之罪，从道义上讲不能宽大。何况他还暗中勾引后梁军，恐怕对易州、定州的形势也很不利。

王处直对这件事非常忧虑，认为新州与契丹相邻，就偷偷派人劝说王郁，让他贿赂契丹，让契丹侵略晋国的边境，务必以此解镇州之围。

王处直手下的将领曾多次劝谏，他都没有听从。王郁一向嫉妒王都冒他的宗族继承家业，于是就请求王处直把自己立为继承人，王处直答应了他。

军府的人都不想招引契丹入侵，王都也担心王郁夺取他的地位，于是暗中与书吏和昭训密谋劫持王处直。

正好遇上王处直与张文礼在城东宴饮。王处直晚上回来，王都事先派所属新军士兵几百人埋伏在王处直的府第，

○ 品画鉴宝

青釉四系盖罐（五代） 此罐唇口，直颈，溜肩，造型修长，是五代景德镇窑的精品。

这时大声呼喊，劫持了王处直，说："将士们都不愿意招引契丹入侵，请您住到西房去。"

于是把他和他的妻妾软禁在西房，并杀掉王处直在中山[2]的全部子孙以及他的心腹将领。王都自居留后，并将这些情况全部报告李存勖，李存勖就让王都代替了王处直的职位。

后来，王都到西房看望王处直，王处直挥拳击打王都的胸口，说："逆贼，我哪里对不起你？"因为手中没有兵刃，就想用牙齿咬王都的鼻子，王都拉住王处直的衣襟才避免被咬。没过多久，王处直忧愤而死。

相关链接

〔1〕庶出：古称妾所生儿子为庶出，也指正妻所生除嫡长子以外的其他儿子。

〔2〕中山：在今河北定县一带。

李存勖破契丹

在张文礼和王郁的要求下，契丹发兵南侵，李存勖和他们交战，挫败了其锐气，把他们赶回了北方。

后梁龙德元年（公元921年）二月，赵王王镕被部将张文礼怂恿亲兵杀死。张文礼杀死赵王后，心里很不安，就通过契丹卢龙节度使卢文进[1]向契丹国求援。

契丹国主已经答应卢文进出兵援助张文礼，正好这时新州团练使王郁因为答应父亲王处直招契丹入侵，就去游说契丹国主，说镇州遍地美女金帛，要赶紧前往，不然就都被晋王李存勖夺取了。

于是契丹国主就不听述律皇后的劝说，于十二月派兵南侵，绕过幽州，攻下涿州，然后开始攻打定州。

李存勖从镇州率领亲军五千人前往救援。次年的正月十三，李存勖抵达新城南面。侦察的骑兵回来报告说契丹军的前锋已经驻扎在新乐，正准备涉过沙河向南进军。将士们听说后都很害怕，甚至有士兵逃跑，主将把抓到的逃兵斩首，也无法禁止。

将领们都说："契丹人把全国的军队都调到这里来，我们寡不敌众。又听说梁军入侵，应当暂时把部队调回魏州以救根本之地。或者撤除镇州的包围，让部队向西进入井陉，可以回避一下。"

李存勖很犹豫，未作出决定。中门使郭崇韬说："契丹人受王郁诱惑，本来是为了夺取财物来的，并非真心要解镇州的包围。大王刚刚击败后梁军，威震夷、夏，契丹人听到大王已经到来，一定会心惊气丧，如果能锉败他们的前锋部队，契丹人就一定会逃跑。"

昭义节度使李嗣昭刚从潞州来，也说："现在强敌在前，我们只能前进，不能后退，不能轻举妄动，动摇人心。"

李存勖说："帝王的兴起，自然已有天命，契丹人能把我怎样呢？我曾用数万军队平定了山东，现在如果遇到这些小敌就回避他们，我还有什么面目来见天下人呢？"

于是亲自率领五千骑兵率先前进。

到了新城北面，一半军队刚出桑林，契丹军一万多骑兵看到，就受惊逃跑了。李存勖把部队分为两支追逐他们，追出几十里，抓住了契丹国主的儿子。当时沙河桥窄冰薄，契丹人掉在河里淹死了很多。当天晚上，李存勖住在新乐 [2]。契丹国主的车帐扎在定州城下，败兵跑回来，契丹全军退到望都坚守。

十七日，李存勖率领军队直奔望都。契丹军迎战，李存勖率领亲军的一千多骑兵率先进军，正好遇上奚族首领秃馁的五千骑兵，被秃馁包围。李存勖奋力战斗，进出敌阵好多次，从午时起战到申时，还没有冲出重围。

李嗣昭听说后，率领三百骑兵从侧面包抄秃馁部队，秃馁的部队退走，李存勖才得以从包围中出来。于是命令士兵奋力攻击，契丹军队大败，晋军向北追逐败兵，一直追到易州。

这时，正好遇上接连十几天下大雪，平地积雪有几尺厚，契丹军的人马都没有吃的，道路上的死人一个挨着一个。契丹国主举起手指着天，对卢文进说："老天不想让我到这里来。"于是往北返回。

李存勖带兵追踪，契丹人走，晋军也走，契丹人休息，晋军也休

663

息。李存勖看到契丹人在野外睡觉的地方，地上铺的草，都环绕得方方正正，就像用剪刀剪过似的，虽然人已经离开，铺的草还没有一根乱的。李存勖感叹说："契丹人纪律竟然严格到了这个地步，中原的部队比不上他们。"

李存勖到了幽州，派二百骑兵跟在契丹军队后面，并告诉他们："契丹人出了边境，你们就回来。"这些骑兵凭借他们的勇敢，追上去攻击契丹军队，结果全部被契丹人抓获，只有两个骑兵从别的小路逃跑，才得以幸免。

契丹国主怪罪王郁，把他捆起来带回去。从此以后再也不听他的计谋了。

相关链接

〔1〕卢文进：生卒年不详，字大用，范阳（今北京）人，五代时期后唐大臣，曾引契丹兵攻打中原。

〔2〕新乐：在今河北省新乐县一带。

公元923年，李存勖称帝，国号大唐，史称后唐。是年，他发兵南下消灭后梁，统一了黄河南岸地区。

后唐[1] 同光元年（公元923年）三月，晋王李存勖在魏州牙城的南面修筑祭坛。

四月二十五日，李存勖登上祭坛，祭告上天，于是即位称帝，国号大唐，改年号为同光。尊母亲晋国太夫人曹氏为皇太后，尊父亲的正妻秦国夫人刘氏为皇太妃。任命百官，大赦天下。后唐正式建立，李存勖就是后唐庄宗。

李存勖听从枢密使郭崇韬建议，打算趁后梁后方空虚，冒险深入敌境，直接袭击大梁。十月初一，李存勖派人送魏国夫人刘氏、皇子继岌回兴唐府，并与他们诀别，说："事情成败，在此一举。如果不能成功，就把我们全家老小聚集到魏宫全部自焚。"然后率领军队渡过黄河。

李存勖击败王彦章[2] 后，初七，后唐军到达曹州，后梁驻扎在那里的将领投降了后唐。

王彦章的败兵有先跑回大梁的，报告后梁末帝朱友贞说："王彦章已经被后唐军俘虏，后唐军长驱直入，就要到了。"朱友贞把全家集合在一起，哭着说："国运已经完了。"又召集大臣询问对策，大臣们没有人能回答。

朱友贞对敬翔说："我平时忽视你的话，才到了今天这个地步。现在情况这样紧急，你不要怨恨过去的事，告诉我该怎么办呢？"敬翔也没有办法，于是和朱友贞相对痛哭。

朱友贞在大梁城中，眼看后唐大军将至，却没有任何办法。最后又召来宰相郑珏商量，郑珏请求让自己带着传国之宝假装投降，以缓解国难。

朱友贞说："我今天固然不敢再爱惜国宝，只是如果按你的办法去做，真能解救国难吗？"郑珏低下头，过了好久，说："恐怕不能。"左右大臣们听了，都缩着脖子偷笑。

朱友贞日夜流泪，不知道怎么办好。他把传国之宝放在卧室里，有一天忽然不见了，朱友贞以为是身边的人偷去迎接后唐军了。

　　初八，有人报告说后唐军已经过了曹州，尘土遮蔽了天空。朱友贞对皇甫麟说："李家与我家世代为仇，从情理上说绝不能投降他们，也不能等着被他们杀死。我又下不了手自杀，你可以把我的头砍下来。"

　　皇甫麟哭着说："我为陛下战斗，可以死在后唐军的手上，但不敢接受这个命令。"

　　朱友贞说："你打算出卖我吗？"

　　皇甫麟想自杀，朱友贞拉住他，说："我和你一起死。"

　　皇甫麟于是杀了梁主，随后自杀。

　　朱友贞为人温和，谦恭简朴，没有什么过失，只是宠信奸臣，让他们作威作福，疏远了敬翔等旧臣，不听从他们的意见，最终导致了灭亡。

　　初九早晨，李嗣源的军队到达大梁城，向封丘门发起进攻，开封尹王瓒开门出降。李嗣源进入城内，安抚城内军民。同日，李存勖从梁门入城。后梁的大臣们在李存勖的马前迎接，跪拜请罪。李存勖安慰他们，让他们回到各自的职位上。李嗣源出来迎接并表示祝贺，李存勖喜不自胜，用手拉着李嗣源的衣服，用头碰了一下，说："我取得天下，是你父子二人的功劳，我和你共享天下。"

　　李存勖下令访求朱友贞的下落，不久，有人拿着朱友贞的脑袋献给李存勖。

相关链接

〔1〕后唐：公元923 – 936年，李存勖所建，都城在洛阳，共历四帝，公元936年为后晋所灭。

〔2〕王彦章：公元863 – 923年，字贤明，寿张（今山东梁山西北）人，五代时期后梁将领。

李存勖从小喜欢音乐，当皇帝后对优伶更加宠爱，以至于他们在朝廷中具有很高的地位，他甚至越过当年跟从他征战并立下功勋的将领而给优伶封官加爵。

后唐庄宗李存勖小时候就喜欢音乐，所以十分宠爱优伶[1]，让他们侍奉在左右。优伶们经常出入于皇宫，捉弄甚至欺负士大夫，大臣们非常愤恨，但又不敢对他们生气。也有反而去依附请托，希望依靠优伶求得朝廷恩泽的。四方藩镇也争相用财物贿赂、巴结他们。

优伶中误政害人最严重的，景进[2]应数第一。景进喜欢采集一些民间小故事说给李存勖听，李存勖也想知道一些外面的情况，于是把景进当成自己的耳目。

景进每次向李存勖汇报，李存勖都要屏退左右才去问他，因此景进得以说别人的坏话，干预朝政。从将相大臣以下，所有的官员都害怕他。滑州留后李昭钦通过景进向皇宫进贡，结果被任命为泰宁节度使。

优伶中也有懂得大义的。李存勖有时自己涂上粉墨，和优伶一起在宫中演戏，让刘夫人高兴，艺名叫做"李天下"。

有一次他在演戏的时候，自己喊自己"李天下，李天下"，一个叫敬新磨的优伶突然上前打他的耳光。李存勖变了脸色，众优伶也感到害怕惊愕。敬新磨从容地说："治理天下的人只有一个，你还喊谁呢？"李存勖听了很高兴，给他很丰厚的赏赐。

李存勖曾经在中牟打猎，践踏坏了百姓的庄稼。中牟县令站在他马前进谏说："陛下是老百姓的父母，怎么能够毁坏了他们赖以为生的东西，让他们饿死呢？"李存勖十分生气，叱责他，让他滚蛋，并准备杀死他。

敬新磨赶紧追上县令，并把他抓回李存勖的马前，责骂他说："你当县令，难道不知道我们天子喜欢打猎吗？你为什么要放任百姓在这儿种地，来妨碍我们天子驰骋打猎呢？你罪该处死！"然后请求把他处死，李存勖笑了笑，就不再追究了。

在打胡柳战役时，优伶周匝被后梁俘虏，李存勖常常思念他。后来后唐军进入汴梁，那天周匝在马前拜见李存勖，李存勖十分高兴。周匝流着眼泪对李存勖说："我之所以能够安全活到今天，全靠后梁教坊使陈俊、内园栽接使储德源的帮助，希望向陛下讨两个州封赏给他们，作为报答。"李存勖答应了。

○ 品画鉴宝　舞蹈人物画像砖（五代）　琢刻线条流畅柔顺，将舞蹈者的动作、神情刻画得十分逼真传神。

　　宰相郭崇韬劝李存勖说："与陛下一起夺取天下的人，都是英豪忠勇的人。如今大功刚刚告成，这些人中还没有一个人得到封赏，却首先任命优伶为刺史，恐怕会失掉天下人心。"因此周匝的建议没有实行。一年之后，周匝经常提起这件事，李存勖对郭崇韬说："我已经答应过周匝，让我都不好意思见到这三个人。你讲的都很对，但希望能为了我通融一下。"

　　最后，李存勖任命陈俊为景州刺史，任命储德源为宪州刺史。当时亲军中有跟随李存勖转战南北却没有封得刺史的，人们无不愤慨。

相关链接

〔1〕优伶：俳优、倡优等，古代以乐舞或者谐戏为业的艺人的统称，后来也泛指戏曲演员。

〔2〕景进：籍贯、生卒年代均不详，五代时期后晋优伶，极受李存勖恩宠，被封为伶官之首，官至检校左散骑常侍、上柱国等。

王都反叛遭败亡

义武节度使王都暗中勾结其他节度使，想起兵反叛，恢复河北原来的割据局面；朝廷派王晏球讨伐，王都兵败自焚。

义武节度使兼中书令王都在易州、定州镇守了十几年，刺史以下的官吏都由自己任命，收上来租赋都用来供养本镇的军队。等到安重诲掌权，才稍稍按国家法规处置一些事务。后唐明宗李嗣源也因为王都篡夺他父亲的职位而厌恶他。

当时，契丹人多次侵略边境，所以朝廷在幽州、易州之间驻扎了大量军队。对于军队大将的任命和调离，王都均暗中有所戒备，时间长了养成猜疑的毛病。

王都害怕朝廷把他调到其他镇所，他的部下也劝他要准备好保全自己的办法。于是王都就向卢龙节度使赵德钧求婚。又知道成德节度使王建立与安重诲之间有矛盾，就派遣使者与王建立结为兄弟，同时暗中和王建立谋划恢复河北地区原来各镇割据的局面。王建立表面上答应他，却秘密将这些情况上奏朝廷。

王都又把用蜡封的密信送给青、徐、潞、益、梓五镇统帅，在他们中间挑拨离间。王都还派人劝说北面副招讨使、归德节度使王晏球[1]，王晏球不肯听从。王都于是送金子给王晏球的手下，让他们谋杀王晏球，但没有成功。

后唐天成三年（公元928年），四月十八日，王晏球把王都谋反的种种情况都上奏朝廷。二十五日，李嗣源下诏削夺王都的官爵。二十七日，任命王晏球为北面招讨使，暂时主管定州，负责定州各项事务。这一天，王晏球向定州发起进攻，攻下了北关城。

王都用丰厚的礼物请求奚人[2]首领秃馁援救。五月，秃馁率领一万骑兵突然进入定州。王晏球退守曲阳，王都和秃馁逼近攻打。王晏球与他们在嘉山下交战，大败王都、秃馁军队，秃馁率领两千骑兵飞奔逃回定州。

王晏球追击到定州城门，乘机发动进攻，夺取了西关城。定州城很坚固，不容易攻下，王晏球就扩建西关城作为临时官府，使定州、祁州、易州三州的百姓交纳税赋，供应这里的军队，让他们守在这里。

王晏球听说契丹人也发兵援救定州，就率领大军赶赴望都，并派遣张延朗分出一支军队退守新乐。张延朗前往真定，留下赵州刺史朱建丰率领部队修筑新乐城。而契丹人已经从别的道路进入定州，与王都在夜晚袭击新乐，攻克新乐城，杀死了朱建丰。

二十一日，王晏球、张延朗在行唐会师。二十二日，大军到达曲阳。王都把自己的所有兵力和契丹五千骑兵会合成一万多人，乘胜在曲阳阻截王晏球等人。

二十三日，两军在曲阳城南交战。王晏球召集将领，下令说："王

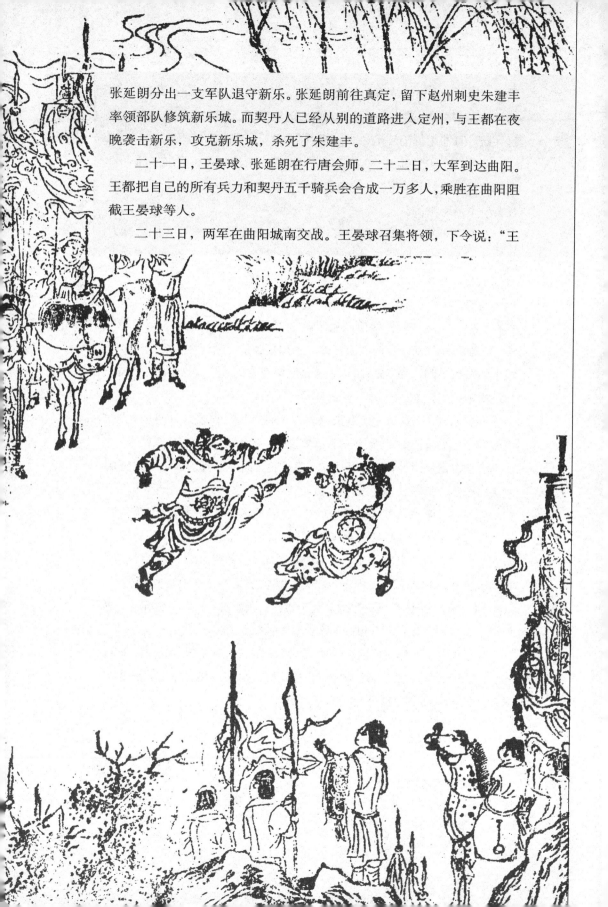

都轻敌骄傲，可以一战将他抓获。今天，是诸位报效国家的时候了。都扔掉弓箭，用短兵器进攻，回头向后看的斩首。"于是骑兵率先前进，挥舞兵器，直冲王都的阵地，大败王都的军队，尸体漫山遍野。

契丹人死了超过一半，其余的都逃跑了。王都和秃馁只剩下几个骑兵保护，才能免于一死。卢龙节度使赵德钧截击契丹人，逃走的人几乎没有一个活下来的。

王晏球知道定州城防备很好，急攻之下很难成功。朝廷中人宣称大将胆怯，李嗣源于是发下诏书催促王晏球进攻。王晏球不得已，就在六月二十二日下令攻城，结果损失将士三千人。

当初，后唐庄宗在河北地区扩充地盘的时候，得到一个男孩，把他养在宫中。等他长大，赐他姓名叫做李继陶。

李嗣源即位后，将他送回河北。王都得到他，让他穿上黄袍，坐在城上的矮墙中间，对王晏球说："这是庄宗皇帝的儿子，已经即位为帝。你蒙受前朝的大恩，难道不想报答吗？"

王晏球说："你搞这些小花招有什么用？我现在教给你两个办法，不率领全军出来决战，就捆住手出来投降，除此之外没有什么活路。"

王都占据定州城，防守坚固，巡察严密，他部下将领经常有人想翻城墙出来响应官军，但都没有成功。

李嗣源派遣使者去催促王晏球攻城，王晏球就带着使者一起骑马沿定州城巡视了一下，指着城对使者说："城墙如此高大陡峭，就算城主听任外面的士兵往上爬，云梯也不能架到墙头。勉强攻城，只是白白牺牲精锐士兵，对敌人一点损伤也没有，那攻了又有什么用呢？

"不如就让军队在三州取食，爱护百姓，训练士兵，耐心地等待，他们迟早会从内部崩溃。"李嗣源听从了他的建议。

次年正月，王都和秃馁在城中无法坚持，就想突围逃走，但没能冲出去。二月十三日，定州都指挥使马让能打开城门迎纳官军。王都全家自焚，秃馁和剩余的契丹士兵二千人被俘。

相关链接

〔1〕王晏球：公元 873 – 932 年，字莹之，河南洛阳人，五代时期名将，曾为后梁、后唐两朝效劳。

〔2〕奚人：库莫奚族人。库莫奚族是我国古代北方少数民族之一，属东胡鲜卑族的一支，隋唐时活跃在饶乐水（今西拉木伦河）上游一带，以善于造车而著称。

672

李从荣因为明宗病重，怕自己做不了继承人，便同党羽等人发动政变，企图夺取皇位，结果连自己还很小的儿子都被诛杀了。

后唐长兴四年（公元933年），十一月十六日，明宗李嗣源[1]旧病复发，到十七日，病得非常重了。秦王李从荣进宫探病，李嗣源低着头不能抬起。王淑妃说："从荣在这里。"李嗣源也没有回答。

李从荣出来，听到宫里的人都在哭泣，以为李嗣源已经死了，就想谋取帝位。第二天早上，李从荣自称有病没有进宫。而这天晚上，李嗣源的病情实际上略为好转，但李从荣却不知道。

李从荣自己知道当时舆论对他不利，害怕做不了继承人，便同他的党羽策划，以保护皇帝为名带亲兵入宫，先制服权臣。

十九日，李从荣派都押牙马处钧告诉山南节道节度使朱弘昭、忠武节度使冯赟说："我想带亲兵入宫内侍候皇上，以防变故，应该在哪里居处？"

朱、冯二人说："请秦王自己选择地方。"

不久，二人又私下对马处钧说："皇上平安无事，秦王应该竭尽心力行忠孝之道，不可以随便相信坏人的胡说。"

李从荣发怒，又派马处钧告诉朱、冯二人："你们难道不爱惜自己的家族吗？怎么敢抗拒我！"

朱、冯二人很担心，就入宫报告王淑妃及宣徽使孟汉琼，大家都说："这件事没有河阳节度使康义诚[2]就一定办不成。"便召来康义诚商议。

康义诚竟然完全不拿主意，只是说："义诚是带兵的人，不敢干预朝政，全凭宰相大人的差遣。"

朱弘昭怀疑康义诚不想在大家面前表态，到了晚上，把他请到自己家里再次问他，康义诚的回答还是和原来一样。

二十日，李从荣穿着便服，从河南府带领步兵、骑兵上千人在天津桥列阵。当天黎明，李从荣派马处钧到冯赟府第，对他说："我今天一定要进入皇宫，并且要住进兴圣宫（兴圣宫是准备继位的人居住的）。你们都各有自己的宗族，做事更应该周密慎重，是祸是福顷刻可以决定。"

李从荣又派马处钧去见康义诚，康义诚答复说："秦王来了，我一定奉迎。"

○品画鉴宝

功德神像（五代）张澄／绘　此图绘四位护法神将，色彩丰富，线条繁复。

　　冯赟骑马奔入右掖门，见到朱弘昭、康义诚、孟汉琼及三司使孙岳正聚集在中兴殿门外商议。

　　冯赟就把马处钧的话详细告诉他们，并且责备康义诚说："秦王说'是祸是福顷刻可以决定'，他想做什么也就可以知道了。您可不要因为自己儿子在秦王府供职，就左右观望。皇上提拔我们这些人，从平民升至将相，假如让秦王的士兵得以进入这道大门，将把皇上置于何地？我们这些人还能不被灭族吗？"康义诚还没来得及回答，看门官报告说秦王已经带兵到达端门外。

　　孟汉琼一甩袖子站起来说："今天的事，危害到君王，你还要犹豫观望，计较个人利益得失吗？我怎么还能爱惜自己的余生，只能自己带领士兵去抵挡他了！"立即进入内宫，朱弘昭、冯赟跟着他，康义诚不得已，也跟着他进入内宫。

　　孟汉琼见到李嗣源，报告说："秦王造反了，他的士兵已经在进攻端门，很快就要打进宫里来，那就要大乱了。"宫里的人相对号哭。

　　李嗣源说："从荣何苦做这样的事！"就问朱弘昭等人："有这回事吗？"回答说："有这回事，刚才已经命令守门人关上大门了。"李嗣源指着天流下眼泪，对康义诚说："你自己做主处理吧，不要惊扰百姓！"

控鹤指挥使李重吉，是李从珂的儿子，当时正侍奉在李嗣源身边。

李嗣源对他说："我和你父亲，冒着枪林箭雨平定天下，他几次把我从危难中解救出来。从荣他们出过什么力，如今竟受人教唆，做出这种悖逆不道的事来！我本来就知道这种人不足以交付大事，早应该把你父亲召来，将兵权交付给他。你替我安排守住各个宫门。"

李重吉立即率领控鹤军守卫宫门。孟汉琼披挂上马，召来马军都指挥使朱洪实，让他带领五百名骑兵去讨伐李从荣。

李从荣坐着胡床在桥上，派手下去召康义诚。这时端门已经关闭，就去敲左掖门，从门缝向里面窥探，看见朱洪实正率领骑兵驰来，急忙跑去报告李从荣。李从荣非常吃惊，命令取来铁掩心盔甲披挂，坐在那里调整弓弦。

过了一会，骑兵大量涌到，李从荣逃回府第，他的手下都逃窜躲藏，牙兵抢掠嘉善坊之后溃逃。李从荣和妃子刘氏躲在床下，皇城使安从益过去把他们杀了，并杀了他的儿子，将他们的首级进献给朝廷。

李嗣源听说李从荣被杀，悲伤惊骇，差点从御榻上跌下来，昏过去好几次，因此病情再次加剧。李从荣有一个儿子还很幼小，寄养在宫中，将领们要求把他杀掉，李嗣源流着泪说："这孩子有什么罪！"最后不得已，终于还是把孩子交给将领们杀掉了。

二十一日，冯道带领群臣入朝，在雍和殿觐见李嗣源。李嗣源泪下如雨，哽咽着说："我家的事情闹到这个地步，实在不好意思见到你们。"

相关链接

〔1〕李嗣源：公元867－993年，本名邈佶烈，应州金城（今山西应县）沙陀族人，其父李霓为李克用父亲的得宠将领，五代时期后唐皇帝，公元926年即位，庙号明宗。

〔2〕康义诚：？－公元934年，字信臣，山西代北（今山西代县以北）沙陀族人，五代时期后唐节度使。

石敬瑭甘当儿皇帝

石敬瑭起兵反叛，向契丹求助，认契丹国主耶律德光为父亲，并许诺事成之后割让土地给他们。他通过出卖自己和领土建立了后晋王国，自己当起了儿皇帝。

后晋天福元年（公元936年），后唐河东节度使石敬瑭[1]把所有储藏在洛阳以及各辖区的财物全部运回晋阳，借口用来补充军需，但大家心里都明白他图谋不轨。

当初，石敬瑭想试探一下后唐末帝李从珂的真实意图，屡次上表陈说自己体弱多病，请求解除兵权，调往其他藩镇。李从珂和执政大臣们商议是否答应他的请求，把他调去镇守郓州。房暠、李崧、吕琦等人极力劝阻，认为不可以这样做，李从珂听后，犹豫了很久。

五月初二晚上，李崧有急事请假在外，只有薛文遇一人值班。李从珂和他议论河东方面的事情。薛文遇说："俗话说：'在路上盖房子，三年也盖不成。'这种事情只能靠陛下自己的意志作决断。群臣们都各自为自身的利益打算，哪里肯说心里话？以我看来，河东方面，让他移镇他要反，不让他移镇他也要反，只是早晚不同而已，不如先想办法把他解决了。"在这之前，术士说国家今年应该得到贤人辅佐，提出奇谋，安定天下。李从珂以为这就应验在薛文遇身上了，所以听了他的话，非常高兴，说："听了你的话，使我心意豁然开朗，不论成功还是失败，我决心去做了。"立刻列出任命官职的名单，交付学士院草拟诏书。

初三，任命石敬瑭为天平节度使，任命马军都指挥使、河阳节度使宋审虔为河东节度使。诏书一出，满朝文武听到石敬瑭的名字，都面面相觑，惊讶得脸色都变了。

初六，李从珂派人催促石敬瑭赴郓州上任。石敬瑭很是疑惧，便和他的部下商议说："我第二次来河东的时候，皇上曾当面答应我终身不免职，也不会派别人来代替我。现在又忽然有了这样的命令，莫不是怀疑我要造反？我如果不造反，朝廷就会先发制人，又怎么能束手就擒，死在路上呢！如今我暂且上表称病，来观察朝廷的意向，如果对我宽容，我就臣服他。如果对我用兵，那我就要另作打算了。"幕僚段希尧极力反对，石敬瑭因为他为人纯朴直率，并不责怪他。节度判官华阴人赵莹劝石敬瑭去郓州赴任。观察判官平遥人薛融说："我是个书生，不熟悉军旅之事。"都押牙刘知远说："您带兵已久，得到士兵的衷心拥戴。

石敬瑭

现在占据形势险要的地盘，兵强马壮，如果在这儿起兵，布告天下，可以成就帝业。为什么只因为一纸诏令就自投虎口呢？"

掌书记洛阳人桑维翰说："皇上刚即位的时候，您入朝觐见，皇上哪会不知道蛟龙不可放归深渊的道理？然而最后还是把河东节度使这个重要的职位授给您，这说明天意要把最有用的工具交给您。

"明宗皇帝虽已驾崩，但爱戴之心还存在人们心间，当今皇上以庶子旁支的身份继位，民心并不归附。您是明宗心爱的女婿，现在皇上拿谋逆罪名加到您头上，这不是叩头谢罪就能获得赦免的，必须竭尽全力拿出一套保全自己的计策。

"契丹国主一向与您约为兄弟，现在他们的部落，就在距此不远的云州与应州。您若真能推心置腹、委屈自己来侍奉他们，那么万一出现紧急情况，可以随请随到，还用担心会不成功吗？"石敬瑭听了，决心造反，不再犹豫。

初十，昭义节度使皇甫立向朝廷报告石敬瑭已经叛乱。石敬瑭给李从珂上表说："当今皇帝是养子，不应当继承皇位，请传位给许王。"

○ 品画鉴宝
生活图·贺礼者（五代） 图中三位贺礼者均戴软脚幞头，着圆领窄袖袍服，双手抱拳作揖。

李从珂气得把石敬瑭的奏表撕碎扔在地上，下诏书回答说："你与鄂王的关系本来并不疏远，你在卫州的所作所为，天下人都知道。所谓传位给许王之类的鬼话，谁又肯相信？"十四日，李从珂下诏剥夺石敬瑭的官职和爵位。随后，调遣各路军队前去讨伐。

七月，石敬瑭派遣使者向契丹求救，让桑维翰草拟表文向契丹称臣，并请求以对待父亲的礼节对待耶律德光[2]。还约定事成之日，割让卢龙一道以及雁门关以北各州给契丹。刘知远劝谏说："称臣就可以了，认作父亲则太过分。多送他金银布匹，就足以向他借兵，不必割让土地。

割让那么多土地，恐怕日后会给中国带来大麻烦，到时后悔也来不及了！"石敬瑭不听。表文送到契丹，契丹国主耶律德光阅后大喜，对他母亲说："儿子接连梦到石敬瑭派遣使者来，如今果然如此，这是天意啊！"于是写了答复的国书，答应到了中秋节，率全国军队前往救援。

九月，耶律德光率领五万骑兵，号称三十万，从扬武谷向南，旌旗络绎不绝，长达五十余里。耶律德光的骑兵一到，就打败了晋阳城外的后唐军队。当天晚上，石敬瑭出晋阳北门见耶律德光，耶律德光握着石敬瑭的手，只恨相见太晚。

十一月，耶律德光对石敬瑭说："我不远三千里赶来救你，一定要有所建树。我看你气概不凡，识见过人，真是做中原之主的人。我想将你立为天子。"石敬瑭推辞了很多次，这时他的部下也纷纷规劝，石敬瑭这才同意。

耶律德光便作书册命石敬瑭为大晋皇帝，解下自己身上的契丹衣冠授给他。石敬瑭正式即皇帝位，是为后晋高祖。割让幽、蓟、瀛、莫等十六州之地给契丹，而且还答应每年供给契丹布三十万匹。

相关链接

〔1〕石敬瑭：公元892－942年，一名石绍雍，太原（今山西太原）沙陀族人，公元936年称帝，建立后晋，定都大梁，是为后晋高祖。

〔2〕耶律德光：公元902－947年，姓耶律，名德光，字德谨，契丹名尧骨，辽太祖阿保机次子，公元927年即位，庙号太宗。

○ 品画鉴宝 茶黄釉青瓷执壶（五代）

章德安奉立新君

> 吴越国文穆王看章德安忠诚厚道，就在临死前将自己的年幼的儿子托付给他。文穆王死后，章德安辅助钱弘佐肃清不安势力，顺利登上王位。

后晋天福六年（公元941年），吴越国[1]文穆王钱元瓘[2]病重不起，他发现内都监章德安忠诚厚道，能够决断大事，便想把身后的事情托付给他。于是文穆王召来章德安，对他说："我儿子钱弘佐年纪还小，是不是应该挑选宗室中的年长者，立他为王？"

章德安说："弘佐虽然年轻，但是群臣都佩服他的英明敏锐，希望您不要为这个担心！"

文穆王说："你好好辅佐他，我就不担心了。"八月二十四日，钱元瓘去世。内牙指挥使戴恽，受钱元瓘所信任重用，把军旅之事全部委托给他。钱元瓘养子钱弘侑的奶妈，是戴恽妻子的亲戚。有人告发戴恽阴谋拥立钱弘侑。章德安就秘不发丧，在帐幕埋伏下全副武装的士兵。

二十五日，戴恽进王府，便抓起来杀了。又把钱弘侑废为平民，恢复原来的姓氏"孙"，软禁在明州。这一天，将军和官吏根据钱元瓘的遗命，秉承皇帝诏书任命镇海、镇东副大使钱弘佐为节度使。钱弘佐当时年仅十四岁。九月初三，钱弘佐即王位，命令丞相曹仲达摄理政务。军队里声称赏赐分配不公平，举起兵器不肯接受，各位将领都不能控制。曹仲达亲自劝说，大家都放下兵器拜谢。

钱弘佐温和谦恭，礼遇士人，并亲自勤理政务，不受他人蒙骗。

百姓有人献上嘉禾，钱弘佐问掌库的官吏："现在存粮有多少？"

回答说："能用十年。"

钱弘佐说："那么供给军粮足够了，可以对百姓宽松一点。"便命令境内免税三年。

相关链接

〔1〕吴越国：公元907－978年，都城杭州，为五代十国时期十国之一。

〔2〕钱元瓘：公元887－941年，字明宝，杭州临安（在今浙江境内）人，本名传瓘，即位后改为元瓘。

石敬瑭死后，冯道等人立石重贵为帝。石重贵给契丹写信报告丧事，在信中称自己为孙。

后晋天福七年（公元942年），高祖石敬瑭患病不起。五月的一天早上，石敬瑭趁面前只有宰相冯道[1]一个人，就叫出幼子石重睿，让他拜见冯道，又命令宦官抱着石重睿放到冯道怀里，意思是要冯道辅佐他，立他为幼主。

六月，晋高祖病逝，冯道与天平节度使景延广商量，认为国家多灾多难，应该拥立年长的君主，以免朝廷被奸人控制，于是奉高祖的侄子齐王石重贵[2]为继承人。当天，石重贵即皇帝位。

石重贵即位以后，景延广认为自己拥立有功，从此开始执掌大权，禁止都城的人凑在一起私下议论。

石重贵刚刚即位，大臣们商议，要上表称臣，向契丹报告丧事。景延广则主张写封书信而不上表，只称孙，不称臣。因为称臣事关国体，称孙则只是皇帝之间的家事。

李崧说："委屈自身是为了保全国家社稷，有什么耻辱可言？陛下如果按景延广的意见办，将来必定会被逼得披盔戴甲，和契丹人交战，到那时后悔也没有用了。"

景延广极力坚持，冯道在中间模棱两可。皇帝最终还是接受了景延广的主张，只写了一封普通书信，而且只称孙，不称臣。

契丹果然大怒，派使者前来责备，并且说："为什么不先来禀告，就急忙地继承帝位！"景延广又用一些难听的话回答契丹的使者。

相关链接

[1] 冯道：公元882－954年，字可道，自号"长乐老"，五代时期瀛州景城（今河北交河东北）人，历任后唐、后晋宰相及后汉、后周太师，曾著有《长乐老自叙》。

[2] 石重贵：公元914－964年，五代时期太原（今山西太原）沙陀族人，后晋皇帝，公元942年即位，史称后晋出帝。

耶律德光带领契丹兵将和后晋军队对阵，忽起大风，后晋将领李守贞等人将计就计，率士兵逆风和敌人作战，于是大败契丹，耶律德光骑骆驼逃跑了。

后晋开运元年（公元944年），闰十二月，契丹再次大举入侵，扫荡邢、洺、磁三州，劫掠一空，并进入邺都境内。第二年正月，后晋出帝石重贵下诏亲征。

八月，都招讨使杜威[1]（即杜重威）等人率领的各路军队在定州会合，经过几次战斗，从俘虏口中得知耶律德光亲自率领骑兵八万多人正在赶来。杜威等人害怕，就退保泰州。契丹军很快也到泰州，后晋军又退，到达阳城。

二十四日，契丹军大批赶到，后晋军与他们交战，获胜，追逐了十多里，契丹军越过白沟逃跑。二十六日，后晋军结成阵势向南行军，契丹骑兵从四面包围，气势很盛，后晋军经过苦战，抵挡住了攻击。

二十七日，后晋军到达白团卫村，埋鹿角建立临时营寨。契丹军队将他们包围了好几层，还派遣骑兵穿插到营寨后面，切断了运粮的通道。

当天晚上，刮起了很大的东北风，刮破房屋，刮断了树木。在营寨中挖井，总是刚刚挖到水源就发生塌方，士兵们只好把湿泥取出来，用布绞水喝，以致人马都渴得厉害。

等到天亮，风刮得更大。耶律德光坐在车中，对他的部下说："敌人就剩这些了，我们要把他们全部抓住，然后向南夺取大梁！"然后命令铁甲骑兵下马，拔掉鹿角[2]，冲入营寨，与后晋军队短兵相接。又顺着风向放火，扬起沙尘助长进攻的气势。

后晋士兵都很愤怒，大呼说："都招讨使为什么不让出战，让士兵们等死！"将领们也请求出战。杜威说："等风势稍缓，再慢慢看可不可以出战。"

马步都监李守贞说："敌兵人多，我们人少。但是在风沙里面，看不清哪边人多哪边人少，只有奋勇作战的人才能够胜利。这风是来帮助我们的；如果等到风停了，我们这些人就没有剩下的了。"当即大呼："各队人马一起杀敌呀！"

又对杜威说："您善长守卫，我就率中路军与敌人决一死战了！"

马军左厢都排阵使张彦泽召集诸将询问计策，都说："敌人现在顺

聖朝主大
戰高歡圖

风，应该等到风向转时再与他们交战。"张彦泽也认为有道理。

诸将退下，马军右厢副排阵使、太原人药元福单独留下，对张彦泽说："现在军中又饥又渴，已经到了极点，如果等到大风转向，我们这些人早就成了俘虏。敌人认为我们不可能逆风出战，我们就更应该出其不意，赶紧发动进攻，这正是兵法上说的用兵以诡道啊。"

马步左右厢都排阵使符彦卿说："与其束手就擒，不如以身殉国！"于是和张彦泽、药元福以及左厢都排阵使皇甫遇率领精锐骑兵从营寨的西门出来攻击敌兵，其他将领也随后杀到。在他们的进攻之下，契丹军队后退了几百步。

符彦卿等人问李守贞说："现在我们是把部队收回来？还是一直往前冲杀，直到胜利为止？"

李守贞说："形势都到了这个地步，哪有掉转马头的道理！应该长驱直入取胜为止！"符彦卿等人又策马冲了过去。

这时风势更大了，天昏地暗，如同黑夜一般。符彦卿等人率领骑兵一万多人从侧面攻击契丹，喊杀之声震天动地。契丹军队大败而逃，溃败之势有如山崩。

这时，李守贞命令步兵也拔除鹿角出营作战，步兵和骑兵一同向前推进，追逐败兵二十多里。

契丹的铁甲骑兵下马之后，仓促之间难以再骑上去，于是纷纷丢下战马以及铠甲兵器，丢得满地都是。契丹士兵一直溃散到阳城东南的河边，才稍稍恢复了阵形。

杜威说："敌人已经吓破胆，不能再让他们布成阵势！"于是派出精锐骑兵追击他们，契丹士兵都渡水逃走。

耶律德光坐车跑了十几里，见追兵紧急，就捉住一头骆驼，骑上它逃走。晋军将领请求赶紧追赶他，杜威扬言说："碰到强盗，运气好没有死掉，还想向他们要回被抢走的衣服包裹吗？"李守贞也说："两天来人和马都渴极了，现在有水了，都喝得饱饱的，跑不动，难以追上敌人，不如就此全军回师。"于是退守定州。

相关链接

〔1〕杜威：？-公元948年，本名杜重威，为避石重贵之讳改名杜威，祖籍朔州（今山西朔县），五代时期后晋重臣。

〔2〕鹿角：古代打仗时用树枝等放在路上等地方防止敌人前进的防御设施，因树枝等形似鹿角，故名。

公元946年,耶律德光再次带大军入侵后晋,将领杜威在军营被包围后,听信耶律德光将让他做中原皇帝的谎言,带领部下投降契丹。

后晋开运三年(公元946年),十一月,耶律德光大举入侵,从易州、定州直奔恒州。

杜威等人到达武强,听到这个消息,打算从贝州、冀州向南退走。彰德节度使张彦泽[1]当时在恒州[2],领兵与他们会合,向他们分析契丹可以被打败的情形。于是杜威等人又再度赶赴恒州,任命张彦泽为前锋。

二十七日,杜威等人到达中度桥,桥已被契丹人占据。张彦泽率领骑兵前去抢夺,契丹军队把桥烧掉后退走。后晋军队和契丹军队在滹沱河两岸对峙。

磁州刺史兼北面转运使李谷劝说杜威和李守贞说:"现在大军离恒州近在咫尺,做饭的烟火都能互相望见。如果把很多三股木(三根木条交叉捆绑,下边撑开为三脚)放到水里,在上面放上柴枝,铺上泥土,

○ 品画鉴宝 卓歇图(五代)胡环/绘 此图描绘契丹贵族出猎休息宴饮的情景。

桥立刻就架成了。再与城中的守军秘密约定,点火呼应,招募勇士趁夜色砍断敌人营寨的栅栏冲进去,里外合兵,敌人一定败逃。"众将领都认为有道理,只有杜威认为行不通。

契丹人用大军挡在后晋军队的前面,又悄悄派出将领萧翰、通事刘重进率领一百名骑兵和羸弱的步卒,绕过西山穿插到后晋军队的身后,切断了后晋军的粮道和退路。打柴的樵夫遇到他们,全被他们抓走。有逃跑回来的,都说契丹军队的人马强盛,后晋军中人心惶惶。

萧翰等人到达栾城,城中后晋守军有一千多人,没有防备敌人来临,慌乱中全都投降了。契丹抓到后晋百姓,在他们脸上都刺上"奉敕

○ 品画鉴宝　卓歇图（五代）胡环／绘

不杀"四个字，放他们往南走。运粮的民夫在路上看见他们，都丢弃车辆，慌忙逃跑。

十二月初八，契丹人远远地用兵把后晋军营包围起来，后晋军营与外面的联系被切断，军中粮食也将要吃完。杜威和李守贞、宋彦筠开始谋划投降契丹。杜威暗中派心腹到耶律德光的牙帐，向耶律德光请求重赏。

耶律德光骗他说："赵延寿的威信和声望向来不高，恐怕不能当中原的皇帝。假如你真的投降，就让你当皇帝。"杜威很高兴，就打定了投降的主意。

初十日，杜威埋伏下武装好的士兵，然后召集众将，拿出降表给他们看，让他们签名。将领们很吃惊，没有人敢说话，只是唯唯诺诺地听从命令。杜威派阁门使高勋带着降表去见耶律德光，耶律德光颁下诏书慰劳他，接受了降表。

这一天，杜威下令所有的士兵在营外列阵，士兵们都欢呼雀跃，以为将要出战。杜威亲自告诉他们："现在粮食吃光，无路可走，我将和你们共同谋求一个生存的办法。"于是命令全军放下武器。

士兵们都失声痛哭，哭声振动了原野。杜威、李守贞向众人扬言说："君主无道，信任奸臣小人，猜忌我们。"听的人没有不咬牙切齿的。

耶律德光派赵延寿身穿赭色龙袍来到后晋军营慰抚士兵，指着赭袍对杜威说："这将是你的东西。"杜威以下的所有将领都到马前迎接。

赵延寿也给杜威穿上赭袍，做给后晋将士看，其实这都是愚弄他们的把戏罢了。耶律德光任命杜威为太傅，李守贞为司徒。

杜威投降后，各州守将纷纷投降，很快就把后晋一朝给断送了。

相关链接

〔1〕张彦泽：？－公元947年，祖籍太原（今山西太原），突厥人，行伍出身，初为五代时期后晋节度使，后投降契丹。

〔2〕恒州：地名，在今河北正定一带。

赵延寿语救降兵

杜威投降后，耶律德光想把降兵全部杀掉，赵延寿认为不可以，而应当让他们去戍守南部边疆，防止后蜀等的入侵，耶律德光同意了，降兵免于一死。

杜威恢复旧名重威，率领后晋军投降契丹后，契丹国主耶律德光把缴上来的所有铠甲兵器，一共几百万件储存在恒州，并派人赶着军马几万匹回到契丹国，然后让杜重威率领他的部下跟随自己南下。

到了黄河岸边，耶律德光看到投降的后晋士兵太多，担心他们哗变，想用契丹骑兵把他们统统赶进黄河。

有人劝谏说："后晋军队在其他地方的还有很多，他们听到投降的都被杀死，一定都会抵抗到底，不肯投降了。不如先安抚这些俘虏，慢慢考虑万全之策。"耶律德光就派杜重威带领他的部下驻扎在陈桥。

正碰上天一直下雪，官府又不供应后勤，士兵们又冷又饿，都怨恨杜重威，聚在一起哭泣。每当杜重威出帐，路边士兵见了都骂他。

耶律德光还是想杀掉后晋降兵。赵延寿就对契丹主说："您亲自冒着箭雨夺取后晋，是想自己拥有它呢，还是为别人夺取？"

耶律德光变了脸色，说："我动员全国南征，五年来没有停止打仗，才勉强夺得后晋，怎么会是为了别人了？"

赵延寿说："后晋的南面有南唐，西面有后蜀，常常与我们为敌，您是否也知道？"

耶律德光说："知道。"

赵延寿说："后晋东起沂州、密州，西至秦州、风州，地域广大，方圆几千里，跟吴、蜀两地接

687

壤的边界，得常常派兵戍守。南方炎热潮湿，契丹的人是不能居住的。

"将来您车驾回到北方，以后晋那么辽阔的土地，若没有足够的军队防守，吴、蜀之人一定争着相继乘虚入侵，这样的话，岂不是替别人夺取了后晋江山吗？"

耶律德光说："这些我倒还不知道。既然这样，我该怎么办呢？"

赵延寿说："陈桥[1]的降兵，可以分开来戍守南方的边境，那么吴、蜀就不能为患了。"

耶律德光又说："当初我在上党[2]，决策失误，把后唐的士兵都交给了后晋。等到后晋与我反目为仇，这些士兵就到北边来跟我打仗，辛苦了好几年，才把他们打败。现在幸而让他们落在我的手里，不乘这时把他们翦除干净，难道还把他们留作后患吗？"

赵延寿说："过去把后晋兵留在黄河以南，没有用他们的老婆孩子作人质，所以才有这种麻烦。现在如果把他们的家庭全都迁到恒、定、云、朔各州之间，每年轮番让他们戍守南部边疆，哪里还怕他们发生变乱呢？这是上策啊。"

耶律德光高兴地说："对！就按燕王的意见办理！"

因此陈桥的降兵才得以幸免，分别遣回各自的兵营。

相关链接
〔1〕陈桥：地名，位于今河南新乡。
〔2〕上党：地名，在今山西长治、晋城一带。

刘知远伺机称帝

契丹攻下大梁后，北方空虚，拥兵占据一方的刘知远，经过一番犹豫观望，于公元947年趁机称帝，建立后汉王朝。

当初，后晋出帝与河东节度使、中书令、北平王刘知远[1]互相猜忌，虽然任命刘知远为北面行营都统，只是给一个虚名表示尊敬罢了，各路军队的行动，实际上一点都不让刘知远干预过问。

刘知远因而大量招募士兵。阳城一战，各军的散兵游勇归附他的有几千人，又得到吐谷浑的财物牲畜，从此各藩镇中以河东最为富强，步兵、骑兵多达五万人。

后晋出帝和契丹结怨以后，刘知远估计他必然凶多吉少，但从来也不加以评论、劝谏。契丹屡次纵兵深入，刘知远也丝毫没有阻拦或派兵救援的意思。

等到听说契丹已占据了大梁，刘知远就分派军队守护四方边境，以防备契丹突然袭击。然后派客将安阳人王峻带三封奏表，前去拜见耶律德光。

第一封奏表，祝贺耶律德光进入汴州；第二封奏表，说明自己因为太原是夷、夏各族混居的地方，而且又有戍边军队屯驻，所以不敢离开辖区；第三封奏表，说明自己本应进贡却还没有进贡的原因，是因为契丹将领刘九一的军队从土门出发往西，正好驻扎在南川，太原城中的百姓担惊受怕，等到这批军队被调回去，道路通畅无阻之后，就可以进贡了。

耶律德光于是颁赐诏书褒奖。等到诏书拟好，进呈审阅的时候，耶律德光亲自在刘知远的姓名之上加了一个"儿"字，又赐给他木拐。按照契丹人的礼仪，对大臣表示优厚的礼遇的时候才赐木拐，就像汉人赐茶几手杖一样，只有契丹的伟王以叔父之尊才得到过这样的礼遇。

刘知远又派遣北都副留守、太原人白文珂献上珍奇的丝织品和名贵的千里马。耶律德光看出刘知远还在观望，不肯自己来，就趁白文珂返回太原的时候，让他转告刘知远说："你又不侍奉南朝，又不侍奉北朝，你打算等到什么时候呢？"

蕃汉孔目官郭威对刘知远说："契丹对我们怨恨很深！王峻说契丹人贪婪残暴失掉人心，一定不能长久占据中原。"

有人劝说刘知远起兵扩大地盘。刘知远说："用兵有缓有急，应当根据形势采取适当的策略。现在契丹刚刚收降了后晋的十万兵马，像老虎一样占据着都城，形势没有发生其他的变化，怎么能够轻举妄动呢！

　　"而且我观察契丹人所贪图的无非是钱财物品，钱财物品掠夺够了，就一定会回到北方去。何况现在冰雪已融，天气转暖，他们必定不能久留。应该等他们离去，再去占领那些地方，才可以确保万无一失。"

　　当初，雄武节度使何重建受到契丹胁迫，就率部下投降了后蜀。刘知远听到这个消息，就感叹说："夷狄前来欺凌，中原没有君主，以致藩镇投靠外国。我作为一方之主，实在是惭愧。"于是手下将领劝他称帝，以便号令天下，观察各藩镇态度。刘知远没有同意。

　　后来，刘知远听说后晋出帝被契丹胁迫，要到北方去，就扬言要从井陉出兵，将出帝迎归晋阳。

　　当刘知远在球场集合军队，对他们宣布出兵日期的时候，军士们都说："如今契丹攻陷都城，俘虏了皇帝，天下没有君主。做天下君主的，除了我们的大王还有谁呢？应该先即帝位，称尊号，然后出兵。"于是大家不停地争着高呼万岁。

　　刘知远说："契丹的势力还很强大，我军声威也还没有得到传播，应当先建功立业。你们这些当兵的懂得什么！"命令手下阻止了他们。

　　之后，仍不断有部下规劝，刘知远犹豫不决。最后郭威与都押牙冠氏杨邠进见刘知远，并劝他说："现在人心不论远近，都不谋而合，希望您称帝，这是天意啊。您不趁这个机会取得天下，如果再谦让推辞，恐怕将来人心转移，反而会惹来祸患。"刘知远终于听从了他们。

　　后汉[2]天福十二年（公元947年），二月十五日，刘知远正式即皇帝位。刘知远自称不忍心更改后晋年号，又厌恶后晋出帝的年号"开运"，于是就沿用后晋高祖的年号"天福"，改称"天福十二年"。

相关链接

〔1〕刘知远：公元895－948年，太原（今山西太原）沙陀族人，于公元947年
　　　称帝，建立后汉，是为后汉高祖。
〔2〕后汉：公元947－950年，刘知远于公元947年建立，都大梁（今河南开封），
　　　历两帝而亡，为五代十国时期五代之一。

李守贞跟随杜威投降契丹后又投降后汉，刘知远死后，李守贞自立为秦王，皇帝派郭威讨伐，郭威将他困在城中，李守贞最后因走投无路而自焚。

杜重威投降契丹，后汉高祖刘知远称帝以后，就率领军队去讨伐他。杜重威抵挡不住，最后投降了后汉。但刘知远并不信任他，临死的时候特意嘱咐："要小心防备杜重威。"所以刘知远一死，后汉朝廷就找借口把杜重威父子杀了。

后汉乾祐[1] 元年（公元948年），后汉护国节度使李守贞[2] 得知杜重威死讯，心里害怕，暗中也萌生造反的念头。而且，他自以为在后晋曾担任上将，立下赫赫战功，平常又慷慨好施，颇得将士们的拥戴。现在后汉建立不久，皇帝年轻，刚刚即位，执掌朝政的都是资历较浅的后进官员，所以有轻视朝廷的想法。

于是广招亡命之徒，蓄养不怕死的勇士，修筑城防工事，修治武器铠甲，日夜不停。又派人从小路携带蜡丸密信去勾结匈奴，多次被把守边关的官吏查获。

有一个叫赵修己的人，平时擅长卜筮预测之类的事，自从李守贞镇守滑州，他就署理司户参军，屡次跟随藩镇调动。

赵修己对李守贞说："时运、天命显示目前时机未到，请勿轻举妄动！"前后恳切劝谏了不止一次，李守贞不听，赵修己于是声称有病，返回家乡。僧人总伦，用他的法术讨好李守贞，说他一定会成为天子，李守贞就信以为真。

曾经和将领们相聚宴饮，李守贞弯弓搭箭，指着《舐掌虎图》说："我如果有不平常的福分，就当射中它的舌头。"一箭射去，正中舌头，大家都向他祝贺，李守贞更加自命不凡。

恰好赵思绾夺取长安以后，向李守贞奉上表奏，献上御衣，要来依附他。李守贞认为这是天意与人心相契合，于是自称秦王。

后汉听说李守贞自立为秦王，就任命郭威为西面军前招慰安抚使，其他各军都受他调度，让他讨伐李守贞。

到了李守贞的大本营河中城下，众将想要赶紧攻城，郭威说："李守贞是前朝的老将，勇猛善战，慷慨好施，屡次建立战功。况且城池又面临大河，城墙完好，坚固难攻，不可轻视。而且他们在高高的城墙上

作战，我们在城下仰面进攻，这和带着士兵自己投进沸水或走上火堆有什么两样呢！

"不如先设置包围圈防守，切断他逃往外面的通道。我们暂且悠闲地享用后方输送来的物资，吃饱穿暖还有剩余。

"等到城中粮食吃完，公私物品也都用完，然后一面攻城施加压力，一面把绑上檄文的箭射进去招降他们。他们的将士，急着脱身逃命，父子之间尚且不能互相保护，何况是乌合之众呢！"

于是征发各州民夫两万多人，让白文珂等人率领他们，挖掘长长的壕沟，修筑相连的城堡，布置队伍，把河中城包围起来。

郭威又对部下说："李守贞过去害怕高祖，所以不敢嚣张。如今认为我们从太原崛起，功劳并不显著，有轻视我们的意思，所以才敢于反叛。我们正应该将计就计，以静来制服他。"于是把军旗、战鼓都收了起来，只沿着黄河设置"火铺"传递消息，绵延几十里，派步兵轮流守护。又调遣水军船只停泊在岸边，敌人有偷偷往来的，无不被抓获。这样一来，李守贞就像坐在罗网之中一样。

李守贞屡次出兵想突出长围，都战败撤回。派人携带蜡丸密信向南唐、后蜀、契丹求救，也都被巡逻士兵抓获。城里粮食快要吃完了，饿死的人一天比一天多。

李守贞满脸愁云，召总伦和尚责问，总伦说："大王应当为天子，别人不可能夺走。现在只是转折关头的考验，等到历尽这些考验，哪怕只剩下一人一马，也是大王腾达的时候。"李守贞仍然信以为真。

但此后李守贞仍然无法突破包围，而部下将士投降郭威的却越来越多。

乾祐二年（公元949年），七月十三日，郭威进攻河中城，攻克了外城。李守贞收集残部退守内城。后汉将领请求赶快进攻，郭威说："鸟被逼到无处可逃时还会啄人，何况一支军队？把水抽干来抓鱼，有什么可着急的！"

二十一日，李守贞见大势已去，就和妻子及儿子李崇勋等人一起自焚而死。

相关链接

〔1〕乾祐：后汉刘知远的第二个年号，其子即位后继续使用。

〔2〕李守贞：？—公元949年，河阳（今河南孟县）人，本为五代时期后晋大臣、将领，后与杜威投降契丹。

694

楚王马希广性格懦弱，他的哥哥马希萼富有野心。为了得到王位，马希萼投降南唐，带兵攻打马希广，登上王位后将他杀死了。

楚王马希广性格软弱，他哥哥马希萼[1]很有野心，与他争夺势力，兴兵打仗，甚至引来南方的蛮兵与楚王对抗。

后汉乾祐三年（公元950年），九月，马希萼认为后汉朝廷偏袒马希广，于是依附南唐[2]，被任命为同平章事。十一月，马希萼留下儿子镇守根据地朗州，然后动员全境人马，向长沙进发，并自称顺天王。

当初，有一个蛮族首领彭师暠投降楚国，楚人嫌他太粗犷耿直，只有马希广爱惜他，任命他为强弩指挥使，兼任辰州刺史。彭师暠随时愿意以死报答马希广。

马希萼的手下朱进忠率领朗州军开到长沙的时候，彭师暠请求带领一支奇兵，绕到湘江西面，然后让大将许可琼用战舰横渡湘江，前后夹击，一定能打败敌人。

马希广本来想听从这个计策。但这时马希萼已派人用很好的条件引诱许可琼，答应事成之后，与他分享湖南。

许可琼有了二心，就对马希广说："彭师暠和梅山各族蛮人是同类，怎么能相信他的话？我家世代为楚国将军，我一定不会辜负大王。看他马希萼能有什么作为！"马希广听信了他的话，最终没有采纳彭师暠的计策。

结果马希萼很快率领四百多艘战舰停泊在湘江西岸。马希广命令诸将听从许可琼的节制调度，每天赐给许可琼五百两银子。

马希广多次前往许可琼的营帐，与他商议军事，许可琼总是将营垒封闭起来，不让士兵知道朗州军的进退情况。马希广还感叹着说："这是真正的将军啊，我还有什么可操心的呢！"

有时候，许可琼夜晚乘坐单只小船，假装巡视江面，与马希萼在湘水西岸会面，约定为内应。

一天，彭师暠见到许可琼，瞪大眼睛叱责他，然后拂袖而去，进见马希广说："许可琼准备叛国，人人都知道，请您迅速把他除掉，不要留下祸患。"

马希广说："可琼是侍中许德勋的儿子，怎么会做这样的事呢？"

　　彭师暠退下，叹息着说："楚王虽然仁厚，但当断不断，败亡之日很快就要到了！"

　　潭州下起大雪，平地积雪四尺深，潭州、朗州两军很久都不能交战。马希广相信巫师与僧侣的话，在江边塑起鬼像，抬起手做出让朗州军退兵的样子。又在高楼上制作巨大的鬼像，手指着湘江西岸，怒目而视。然后命令和尚们日夜诵经，马希广自己穿上僧服向鬼像膜拜，祈求赐福。

十二月十一日，朗州军从水陆两路同时向长沙发起急攻。楚步兵指挥使吴宏、小门使杨涤互相勉励说："以死报国的时候到了！"各自领兵出战。彭师暠则带兵在城东北角战斗。

许可琼先是按兵不动，继而率领全军投降马希萼，长沙于是沦陷。朗州兵和蛮兵在长沙疯狂抢掠三天，从楚武穆王马殷以来建筑的宫殿居室，全部化为灰烬，所积蓄的财宝，也全部落入蛮族部落。

吴宏的袖子在战斗的时候，沾满了鲜血，他见到马希萼，说："不幸被许可琼出卖，今天虽然死了，也不愧对先王了。"彭师暠将长矛扔到地上，大呼求死。马希萼叹息着说："真是像铁石一样坚强的人啊！"一个也没杀。

十二日，马希崇迎接马希萼进入王府治理政事，关闭城门，分头搜捕马希广等人，把他们全部抓获。

马希萼对马希广说："继承父兄家业，难道没有长幼之分吗？"

马希广说："我是被将官推举，受朝廷册命的。"马希萼把他们全部囚禁起来。

十四日，马希萼自称楚王。

十五日，马希萼对将官们说："马希广是个懦夫，过去只是被左右小人控制罢了，我想留他一命，可不可以？"将官们都不回答。

朱进忠曾被马希广鞭打，就回答说："大王您经过三年血战，才得到长沙。一个国家无法容纳两位君主，您若不杀马希广，将来一定后悔。"

于是将马希广赐死。马希广临刑之际，仍然口诵佛经。彭师暠把他葬在浏阳门外。

相关链接

〔1〕马希萼：五代十国时期南楚君主，楚王马殷之子，马希广之兄，曾任武贞节度使，负责镇守朗州（今湖南常德），生卒年代不详。

〔2〕南唐：公元 937—975 年，都金陵（今南京），五代十国时期十国之一。

节度使周行逢

周行逢任武平节度使时，虽然公正廉洁，在政务上颇有作为，但同时也多疑残忍，杀害了很多人。他的妻子邓氏多次劝他，但他没有听从，邓氏便自己回到了乡下。

后周显德三年（公元956年），七月，后周世宗[1] 柴荣任命周行逢[2] 为武平节度使，并统辖处置武安、静江等地的军务。周行逢既然已经统管洞庭湖、湘江地区，于是就矫正前人的弊端，关心百姓生计，废除楚马氏政权的横征暴敛，除去祸害百姓的污吏刁民，选择廉洁公正的官吏担任刺史、县令。

朗州地区华夷杂居，楚国旧将大多骄纵横行，周行逢一律用法制管理，丝毫不宽容姑息，众人又是怨恨又是恐惧。

有位大将与他的党羽十几人共同谋划，准备发动叛乱。周行逢得知这件事情以后，就设宴招待众将，在酒席上擒获了他，列举他的罪状，说："我穿布衣、吃粗粮，充实国库，正是为了你们，为何辜负我，想要谋反？今天的宴会，要与你诀别了！"当场把他打死。

在座的其他将领都吓得双腿直抖，周行逢说："诸位没有罪过，都该自己心安才是。"大家才高兴起来，又接着喝酒，直到散席。

周行逢足智多谋，善于发现隐患，将吏士兵有阴谋作乱和叛变逃亡的，周行逢事先一定会有所察觉，把他们捉拿斩首，因此部众对他十分敬畏。

但他生性多疑、残忍，经常派人到处秘密探察各州的情况。他派到邵州的人，没有情况可以报告，只好说刺史刘光委经常设宴饮酒。周行逢说："刘光委聚众宴饮，是想算计我吧！"立即把他召回，然后处死。

亲卫指挥使、衡州刺史张文表害怕获罪，请求解除兵权回归治所，周行逢批准了。张文表一年四季贡奉送礼，十分丰厚，同时小心侍奉周行逢身边亲信，因此得以免罪。

周行逢的妻子郧国夫人邓氏，相貌丑陋但刚强果断，善于操持生计。邓氏曾经规劝周行逢，说他用法太严，这样就没有人来亲附。

周行逢发怒说："你妇道人家知道什么？"邓氏心里不高兴，就请求到乡村草舍去看管田园，不再回归府舍。周行逢屡次派人接她，她都不肯回来。

一天早晨，她亲自带领家僮仆人前来交纳赋税，周行逢上前见她，说："我身为节度使，夫人为何如此自找苦吃！"

邓氏说："赋税，是国家的财富。你身为节度使，不首先交纳赋税，用什么去做下面百姓的表率！再说，你难道不记得当里正时替人交纳赋税，来免除笞打的日子了吗？"

周行逢想和她一起回家，她不答应，说："你杀人太过分，我经常担心有一天会发生变故。如果那样，还是乡村草舍更容易躲藏。"

周行逢又惭愧又生气，他的僚属说："夫人直言相劝，您应该接受。"

周行逢的女婿唐德要求补缺做官吏，周行逢说："你的才能不配做官吏，我如今私下照顾你倒是可以的。但如果你当官当得不成样子，我不敢枉法来包容你，那样亲戚间的情谊就断绝了。"于是给他耕牛、农具，把他遣送回家。

周行逢年轻的时候曾经获罪受刑，在脸上刺字，然后被发配辰州。有人劝说周行逢："您脸上刺有字，恐怕会被朝廷的使者嗤笑，让我用药帮您除去。"

周行逢说："我听说汉代有个黥布，脸上也刺过字，但并不因此妨碍他成为英雄，我又何必为此感到羞耻呢！"

周行逢管辖的地区里，由于多次打仗，将领官吏因为积累功劳，或者受到优待的蛮夷部落首领，经考核后，加封得到司徒、司马、司空三公头衔的数以千计。以前的天策府学士徐仲雅，自从楚王马希广被废黜以后，闭门不出。

周行逢仰慕他，让他代理节度判官。徐仲雅说："周行逢昔日在我手下做事，我怎么能做他幕下的官吏！"借口有病不接受任命。周行逢强迫征召，当面授予任职文书，徐仲雅最后还是推辞不接受。周行逢发怒，把他流放到邵州，不久以后又把他召了回来。

正好碰上周行逢的生日，各州镇分别派遣使者表示祝贺。周行逢神色很是骄傲，对徐仲雅说："自从我兼管武平、武安、静江三镇，四方邻居也都害怕我吧？"

徐仲雅说："您所统辖的境内，满天太保，遍地司空，四方邻居哪能不害怕呢？"

结果周行逢又把他流放到邵州，但是最终也没能让他屈服。

有一个叫仁及的和尚，得到周行逢的信任，军府的事务都让他参与，并让他做官，授予他检校司空，还娶了好几个老婆，出入开道的排场如同王公一样。

相关链接

〔1〕周世宗：公元921－959年，名柴荣，后周太祖郭威的内侄，为其养子，邢州（今河北邢台）人，公元954年继郭威之位为后周皇帝，庙号世宗。

〔2〕周行逢：？－公元962年，朗州武陵（今湖南常德）人，五代时期为后周节度使，后事北宋，死后追封汝南郡王。

○ 品画鉴宝
调马图（五代）赵嵒／绘　图中马夫所牵之马，白地黑花，高颈昂首，体态纵恣，系大宛名马。图中景物虽简，但一索牵连，人与马的神态跃然于绢素之上。

钟允章因为建议南唐后主刘继兴诛杀奸臣、整肃朝纲，遭到宦官等人的嫉恨，便合谋诬告他谋反。钟允章得知自己将死时，请求他们放过他的两个儿子，于是他们把他的儿子也杀了，以达到斩草除根的目的。

南汉[1]后主刘继兴因为中书舍人钟允章是自己当太子时藩王府里的旧官，所以提升他为尚书右丞、参政事，非常器重他。钟允章请求诛杀几个扰乱法纪的人，以整肃朝纲，刘继兴没有听从。

宦官们听说此事，就对钟允章怀恨在心。刘继兴准备在圜丘祭天。祭天的前三天，钟允章带领礼官[2]登上祭坛，指挥他们安放神位。

内侍监许彦真看到这些，说："这是要谋反啊！"立即带剑登上祭坛，钟允章当场叱责了他。许彦真于是骑马飞驰入宫，告发钟允章想要在祭天的那一天造反。

刘继兴说："我对待钟允章那么优厚，哪里会有这样的事情！"玉清宫使龚澄枢、内侍监李托等人共同作证，证明许彦真的话是真的，于是刘继兴下令逮捕钟允章，把他关押在含章楼下，命令宦官和礼部尚书薛用丕一起审讯他。

薛用丕平时与钟允章关系很好，就告诉他一定不能免死。钟允章抓住薛用丕的手，流着泪说："我今天好比就是砧板上的肉，被仇人煮熟了也是分内应该的。只是遗憾儿子钟邕、钟昌年纪幼小，不知道我的冤屈。等到他们长大，你一定要替我告诉他们。"

许彦真听说后，大骂说："反贼还想让他的儿子报仇吗？"

于是再次禀报刘继兴，说："钟允章与他的两个儿子一起登上祭坛，私下祈祷别的东西。"于是钟允章的两个儿子也被一起斩首。从此，南汉朝廷的宦官更加骄横。

相关链接

〔1〕南汉：刘隐（公元874 — 911年，祖籍河南上蔡）所建，曾称大越国，都番禺（今广东广州），盛时面积达今广东、广西两省全部及云南省的部分地区。

〔2〕礼官：古代指宫廷掌管礼仪的官员，后来成了一种泛称，指在红白之事等重大事件中主持、宣导礼节的人，现在又叫礼生、司仪、主持人等。

图书在版编目（CIP）数据

资治通鉴故事：全 2 册 / 金敬梅主编 . -- 北京：
世界图书出版公司，2016.5（2021.4 重印）
ISBN 978-7-5192-0921-6

Ⅰ . ①资… Ⅱ . ①中… Ⅲ . ①中国历史－古代史－编
年体－青少年读物 Ⅳ . ① K204.3-49

中国版本图书馆 CIP 数据核字 (2016) 第 049076 号

书　　　名	资治通鉴故事：全 2 册
（汉语拼音）	ZIZHITONGJIAN GUSHI:QUAN 2 CE
编　　　者	金敬梅
总 策 划	吴 迪
责 任 编 辑	刘 煜
装 帧 设 计	刘 陶
出 版 发 行	世界图书出版公司长春有限公司
地　　　址	吉林省长春市春城大街 789 号
邮　　　编	130062
电　　　话	0431-86805551（发行）　0431-86805562（编辑）
网　　　址	http://www.wpcdb.com.cn
邮　　　箱	DBSJ@163.com
经　　　销	各地新华书店
印　　　刷	唐山富达印务有限公司
开　　　本	720 mm × 1000 mm　1/16
印　　　张	44
字　　　数	700 千字
印　　　数	1—5 000
版　　　次	2019 年 6 月第 1 版　　2021 年 4 月第 3 次印刷
国 际 书 号	ISBN 978-7-5192-0921-6
定　　　价	88.00 元

阅读国学经典·品鉴古今智慧

领悟先贤哲思·创造人生辉煌

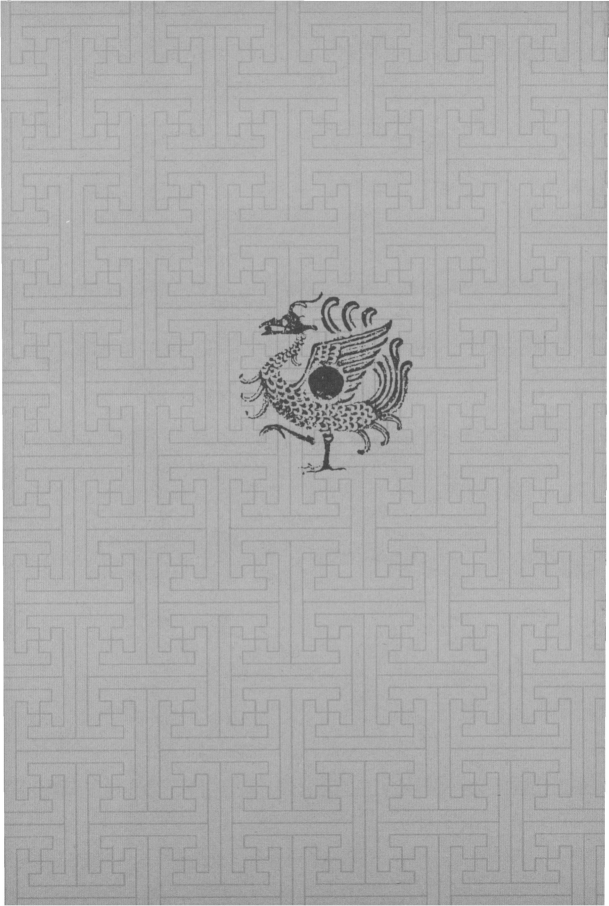